Axel Ulrich

Wilhelm Leuschner – ein deutscher Widerstandskämpfer

Für Freiheit und Recht, Einheit der Demokraten und eine soziale Republik

Mit einem Vorwort von Helga Grebing

Wiesbaden 2012

In memoriam
Dr. Gerhard Beier
1937 – 2000

ISBN 978-3-9809513-9-5

Willy-Brandt-Allee 11, D-65197 Wiesbaden
E-Mail: gthrun-ulrich@web.de
Internet: www.thrun-verlag.de

Umschlagdesign und Illustrationen: Nicole Friedrich, Geisenheim
Fotos und Faksimiles: Hessischer Landtag, Hubert Müller, Wiesbaden; Wilhelm-Leuschner-Gedenkstätte, Bayreuth; Studienkreis Deutscher Widerstand, Frankfurt/M.; Gedenkstätte Deutscher Widerstand, Berlin; NS-Dokumentationszentrum Rheinland-Pfalz / Gedenkstätte KZ Osthofen; Kulturamt – Stadtarchiv Wiesbaden

Buchgestaltung: Carolin Ruckes, gerich, druckerei + verlag
Druck und Herstellung: gerich, druckerei + verlag seit 1882 ohg, Wiesbaden
Internet: www.gerichdruck.de

Printed in Germany

Inhalt

Vorwort

Die herausragende Bedeutung Wilhelm Leuschners ist unmittelbar nach dem Zusammenbruch der nationalsozialistischen Diktatur noch vielen Menschen bewusst gewesen, vor allem jenen, die seine Tätigkeit als Gewerkschaftsführer und sozialdemokratischer Politiker in der Zeit der Weimarer Republik und vielleicht auch aus eigenem Erleben während der Jahre des Widerstandes gegen den Nationalsozialismus in Erinnerung behalten hatten. Dies hat dann in zahlreichen Straßennamen sowie Schul- und Gebäudebenennungen landauf, landab seinen sichtbaren Ausdruck gefunden. Aber das Wissen um Leuschners Widerstandstätigkeit als überzeugter Demokrat und um seine führende Funktion im Widerstand gegen das „Dritte Reich" ist im Verlauf der Jahrzehnte zunehmend verblasst.

Die Wahrnehmung des antifaschistischen Widerstandes der demokratischen Arbeiterbewegung durch Wissenschaft und breite Öffentlichkeit war in der Bundesrepublik von Anfang an defizitär. Allenfalls wurde er im Zusammenhang mit dem Umsturzversuch des 20. Juli 1944 zur Kenntnis genommen und dann meist auch noch auf kleine Zirkel reduziert, wenn nicht nur sogar auf bloßes passives Abwarten. So manche Gedenkveranstaltung auch der Bundesregierungen zum Jahrestag des „20. Juli" fand statt, ohne dass auch nur mit einem einzigen Wort auf den Widerstand aus der deutschen Arbeiterbewegung eingegangen wurde. Diese Einstellung änderte sich erst in den 1970er und 1980er Jahren, doch, wie sich zeigte, nicht nachhaltig genug, zumal die Gewerkschaften die Erforschung und Interpretation ihrer Geschichte vernachlässigten und erst vor einiger Zeit diese Einstellung wieder korrigierten. Diese Selbstdistanzierung von der eigenen Geschichte war auch in der SPD zu spüren, setzte sich aber hier nicht durch. Das lag an einzelnen Persönlichkeiten wie Heinz Putzrath, viele Jahre Vorsitzender der Arbeitsgemeinschaft ehemals verfolgter Sozialdemokraten, Richard Löwenthal und Susanne Miller, die nach langer Exilzeit wieder nach Deutschland zurückgekehrt waren, aber auch an der Arbeit der Historischen Kommissionen der SPD sowohl auf Bundes- als auch auf Landesebene, die alle dem Vergessen entgegenwirkten.

Die vorherrschende Unkenntnis über Wilhelm Leuschner mag eine Wurzel auch darin haben, dass seit längerer Zeit keine umfassende Biographie über ihn mehr greifbar gewesen ist und außerdem, von Ausnahmen abgesehen, keine Anstöße aus der politischen Bildungsarbeit und ihren Institutionen gekommen sind, diesen Teil der deutschen Geschichte lebendig zu halten. Es hat freilich schon vergleichsweise früh Bestrebungen gegeben, Wilhelm Leuschner biographisch zu würdigen. Als erster ist Hermann Schlimme, Mitglied des Bundesvorstandes des FDGB in der DDR, zu nennen. Schlimme war einer der engsten Mitstreiter Leuschners aus den Jahren des Widerstandes und hat schon unmittelbar nach 1945 versucht, eine Broschüre über ihn zu schreiben, was dann aber wegen des in der DDR angeblich nicht oder kaum vorhandenen Quellenmaterials nicht zustande gekommen ist. Aber auch Heinrich G. Ritzel, erst Reichstags-, dann Bundestagsmitglied, der bis zu seiner Flucht 1933 mit Leuschner im Abwehrkampf gegen die Nationalsozialisten in Hessen zusammengearbeitet und auch noch vom Exil aus mit ihm lange Zeit Kontakt gehalten hat, konnte die gleiche Absicht nicht verwirklichen. Ebenso bemühte sich Professor Dr. Ludwig Bergsträsser, der bekannte Parteienforscher aus Darmstadt, der gleichfalls selbst dem Widerstand um Leuschner angehört hatte, seit 1952 darum, Material über ihn zu sammeln: Sein erklärtes Ziel war es, sogar eine größere Biographie zu schreiben oder/und eine umfassende Quellenedition vorzulegen, was jedoch durch seinen Tod 1960 zunichte gemacht wurde. Die von Bergsträsser gesammelten Dokumente und Zeitzeugenberichte sowie die damals noch bei den Hinterbliebenen Leuschners aufbewahrten Materialien konnte jedoch Joachim G. Leithäuser für seine Biographie benutzen, die 1962 mit Unterstützung des DGB und seines damaligen Vorsitzenden Willi Richter als bislang einzige größere lebensgeschichtliche Würdigung Leuschners erscheinen konnte. Seither wurden nur noch kleinere biographische Arbeiten publiziert, so von Eugen Kogon, Hans Mommsen, Peter Steinbach sowie von Wolfgang Hasibether von der Wilhelm-Leuschner-Stiftung in Bayreuth. Mein Freund und Kollege Gerhard Beier ist ebenfalls zu nennen, hatte er doch wie Bergsträsser vor, ein wissenschaftlich fundiertes Werk über Leuschner vorzulegen; er ist jedoch Ende des Jahres 2000 verstorben, ohne diese Absicht verwirklichen zu können.

Ich begrüße es daher sehr, dass der Wiesbadener Widerstandsforscher Dr. Axel Ulrich den an ihn während einer Berliner Gedenkveranstaltung für Wilhelm Leuschner herangetragenen Wunsch in die Tat umgesetzt und die vorliegende Publikation binnen Jahresfrist geschrieben hat, die zu erstellen Gerhard Beier versagt geblieben ist. Jene Veranstaltung, zu der Arbeit und Leben Berlin, der DGB-Bezirk Berlin-Brandenburg, der SPD-Kreisverband Tempelhof-Schöneberg und die Gedenkstätte Deutscher Widerstand ins Schöneberger DGB-Haus in den Wilhelm-Leuschner-Saal eingeladen hatten, fand am 29. September 2011 statt, an dem Tag, an dem Leuschner 1944 hingerichtet worden ist.

Axel Ulrich hat die inzwischen vorliegende sowohl biographisch als auch regional orientierte wissenschaftliche Literatur aufgearbeitet und die überlieferten Zeitzeugenberichte kritisch überprüft. Auf diese Weise konnte ein strukturiertes und keinesfalls zufälliges Netzwerk der Widerstandsbereitschaft, das Wilhelm Leuschner anstrebte, rekonstruiert werden bis hinein ins bürgerlich-konservative Lager, zu den christlichen Gewerkschaftsführern, einigen Militärs und bis an den Rand des kommunistischen Widerstandes. Damit hat Axel Ulrich die These von der Selbstlähmung des Widerstandes aus der Arbeiterbewegung widerlegt und das Urteil der Wissenschaft korrigiert, man könne sich, da Konspiration selten an Nachlass denkt, angeblich mangels authentischer Quellen aus dem Widerstand auf den exklusiven Rückgriff auf Aussagen und Materialien der Verfolger verlassen. Die Ergebnisse, die Ulrich vorlegen kann, bringen neben der umfassenden und zugleich präzisen Darstellung der Widerstandstätigkeit von Wilhelm Leuschner und der ihn umgebenden Mitstreiter noch ein weiteres Ergebnis: Der Widerstand aus der Arbeiterbewegung war nicht beschränkt auf kleine Kreise, sondern hatte seinen Unterbau in der Gesellschaft. Damit wird die Legende von der „Volksgemeinschaft“ auch aus dieser Sicht falsifiziert, aber andererseits auch kein Gegenbild der massenhaften „Volksopposition“ konstruiert.

Eine weitere bestärkende Anregung zu diesem Buch, über die ich mich auch ganz persönlich freue, kam von Renate Knigge-Tesche und Jürgen Kerwer von der Hessischen Landeszentrale für politische Bildung, jener Institution, in der ich Mitte der 1960er Jahre das damals neu geschaffene Referat „Universitäten, Lehrerfortbildung und politische Bildung“ übernommen habe.

Berlin, Ende September 2012

Helga Grebing

Formen der Erinnerung an Leuschner

Am 29. September 1944 endete um 19.17 Uhr in der Hinrichtungsstätte der Strafanstalt Berlin-Plötzensee das Leben des Mannes, dem – wäre der Umsturzversuch vom 20. Juli 1944 erfolgreich verlaufen – in der von den Verschwörern geplanten Zivilregierung der Posten des Vizekanzlers, später womöglich das Amt des Reichskanzlers oder sogar das des Staatsoberhauptes zugefallen wäre. Zugleich hätte der Sozialdemokrat die Leitung der von ihm während seiner zehnjährigen antinazistischen Untergrundarbeit sorgsam konzipierten, nach Industriegruppen strukturierten, ansonsten strikt zentralistischen „Deutschen Gewerkschaft" übernommen. Gedacht war diese als eine allumfassende, d. h. alle früheren politisch wie weltanschaulich unterschiedlich positionierten Gewerkschaftsrichtungen integrierende, auf Pflichtmitgliedschaft sämtlicher Beschäftigten über 18 Jahren beruhende Einheitsgewerkschaft. Jakob Kaiser, früher führender Repräsentant der Christlichen Gewerkschaften, und der einstige Spitzenfunktionär des Deutschnationalen Handlungsgehilfen-Verbandes Max Habermann wären die Stellvertreter Leuschners geworden. Der nichtkommunistisch ausgerichteten Arbeiterbewegung sollte dadurch die Rolle eines wichtigen, wenn nicht die des dominierenden Faktors bei der Ausgestaltung des von den zivilen wie militärischen Widerständlern angestrebten neuen parlamentarisch verfassten Staatswesens eingeräumt werden.

Für die, die ihn noch selbst erlebt hatten im antinazistischen Abwehrkampf während der Weimarer Republik oder dann im Rahmen seiner beharrlichen Widerstandsarbeit gegen das „Dritte Reich", war seine herausragende Rolle als pragmatischer Gewerkschaftsführer, als ebenso entschlossener wie weitblickender SPD-Politiker und als umsichtiger Konspirateur völlig unstrittig. Dies galt für Hermann Schlimme, bis 1933 Sekretär beim Bundesvorstand des Allgemeinen Deutschen Gewerkschaftsbundes (ADGB), der in der „Deutschen Gewerkschaft" womöglich die Abteilung Personal und Organisation hätte übernehmen sollen, nicht anders als für Willi Richter, der von Leuschner Anfang der 1940er Jahre als Leiter der gewerkschaftlichen Illegalität in Hessen eingesetzt worden ist. Während Schlimme, der im Wechsel mit Heinrich Schliestedt, dem Leiter der Auslandsvertretung der deutschen Gewerkschaften von 1935 bis 1938, und mit Leuschner die bis zum Umsturzversuch vom 20. Juli 1944 wirksame Illegale Reichsleitung der Gewerkschaften angeführt hatte, sich schließlich in der sowjetischen Besatzungszone bzw. ab 1949 in der Deutschen Demokratischen Republik (DDR) als führender Funktionär des so genannten Freien Deutschen Gewerkschaftsbundes (FDGB) und der Sozialistischen Einheitspartei Deutschlands (SED) hervortat, wurde Richter im freien Westen ein einflussreicher Politiker der Sozialdemokratischen Partei Deutschlands (SPD) vor allem auf Bundesebene, einer der Väter unserer Sozialgesetzgebung sowie der Rentenreform und 1956 sogar zum Vorsitzenden des Deutschen Gewerkschaftsbundes (DGB) gewählt. Auch viele andere Weggefährten Leuschners haben sich seit 1945 voller Lob und Anerkennung an ihn erinnert, so etwa der vormalige preußische Innenminister Carl Severing, Prof. Dr. Ludwig Bergsträsser, der Mitschöpfer von Hessischer Landesverfassung und Grundgesetz, nicht zu vergessen der frühere Jugendsekretär des ADGB auf Reichsebene Walter Maschke, welcher nach

Büste Wilhelm Leuschners im Hessischen Landtag

dem Krieg u. a. als Mitglied des FDGB-Bundesvorstandes fungierte, der langjährige Reichstagspräsident und spätere Vorsitzende des Kuratoriums Unteilbares Deutschland Paul Löbe, der einstige Schriftleiter des „Hamburger Echos“ und dortige SPD-Politiker sowie seit 1951 Vorsitzende des Zentralverbandes deutscher Konsumgenossenschaften und dann auch kurzzeitige Aufsichtsratsvorsitzende der Bank für Gemeinwirtwirtschaft Gustav Dahrendorf, ferner der erste Präsident des Bundesamtes für Verfassungsschutz Dr. Otto John, der Berliner Vorsitzende der ostzonalen Christlich-Demokratischen Union Deutschlands (CDUD) von Ende 1945 bis 1947 und Bundesminister für gesamtdeutsche Fragen von 1949 bis 1957 Jakob Kaiser, der Herausgeber der „Deutschen Rundschau“ Dr. Rudolf Pechel, ebenso der 1963 zum Staatssekretär und Chef der Hessischen Staatskanzlei aufgerückte und im folgenden Jahr zum Frankfurter Oberbürgermeister gewählte Prof. Dr. Willi Brundert – die Reihe ließe sich beliebig fortsetzen.

Viele Schulen, Straßen und Plätze wurden nach Wilhelm Leuschner benannt. Etliche soziale Einrichtungen und Gebäude tragen seinen Namen. Auch mehrere Versammlungssäle erinnern an ihn, beispielsweise solche in den Gewerkschaftshäusern der heutigen DGB-Bezirke Berlin-Brandenburg in der Bundeshauptstadt sowie Hessen-Thüringen in Frankfurt am Main. 1964 hat der hessische Ministerpräsidenten Dr. h. c. Georg August Zinn, dabei einer Anregung Willi Richters folgend, aus Anlass der 20. Wiederkehr des Hinrichtungstages Leuschners die nach ihm benannte Medaille gestiftet, die höchste Verdienstauszeichnung dieses Bundeslandes, und zwar „als ein Zeichen“, wie es in dem Stiftungserlass explizit heißt, „dass wir das Erbe Leuschners, das politische Erbe, das uns die Opfer des 20. Juli hinterließen, ehren und mehren wollen“. Das Land Hessen sieht sich damit strenggenommen als politischer Testamentsvollstrecker Leuschners, genauso wie Willi Richter tatsächlich sein Testamentsvollstrecker in gewerkschafts- und sozialpolitischer Hinsicht gewesen ist. Und so befindet sich im Hessischen Landtag in Wiesbaden auch eine Büste Leuschners als ein fortwährendes Bekenntnis zu der von ihm repräsentierten freiheitlichen Geistestradition. Seit 2008 ist sein Bildnis zudem Teil der eindrucksvollen mehrteiligen Installation des renommierten Frankfurter Multimediakünstlers Vollrad Kutscher „Himmel über Hessen. Licht-gestalten“ im neuen Plenargebäude des Hessischen Landtages. Dabei wird eine jeweils wechselnde, von Schulklassen vorbereitete Bildauswahl aus dem Reigen 50 bedeutender hessischer Persönlichkeiten aus Kultur- und Geistesgeschichte, Wissenschaft und Politik präsentiert. Unmittelbar im Zentrum der demokratischen Auseinandersetzung und Entscheidungsfindung sollen jene Menschen – auch Leuschners späterer Bündnispartner im antinazistischen Widerstand, der nationalkonservative Generaloberst a. D. Ludwig Beck ist darunter – den Parlamentariern gleichzeitig als Mahnung und als Vorbild dienen.[1]

Zehn Jahre zuvor ist in der hessischen Justizvollzugsanstalt Rockenberg ein Wilhelm-Leuschner-Gedenkraum eingerichtet worden mit einer kleinen, situationsbedingt allerdings nicht leicht zugänglichen lebensgeschichtlichen Dokumentation über den prominenten Häftling des früheren Landeszuchthauses. Seit Ende 2011 wird auch in der ständigen Ausstellung der Gedenkstätte KZ Lichtenburg in Prettin, heute Ortsteil von Annaburg in Sachsen-Anhalt, an ihn erinnert. Vor allem aber wirkt bereits seit dem

Jahr 2002 in seinem Bayreuther Geburtshaus die organisatorisch dem dortigen Historischen Museum angegliederte, pädagogisch-wissenschaftlich jedoch von einer Stiftung getragene Wilhelm-Leuschner-Gedenkstätte, die mit einer Dauerausstellung sowie einer nicht minder interessanten Homepage zu Leuschners Leben und Werk aufwarten und auf vielfältige Weise vorbildliche Aufklärungsarbeit im demokratiestabilisierenden Sinne leisten. In der Präambel der Satzung der Wilhelm-Leuschner-Stiftung heißt es prägnant und treffend: „Das Erbe des deutschen Widerstands gegen den Nationalsozialismus ist ein Grundpfeiler der Grundordnung der Bundesrepublik Deutschland als demokratischer und sozialer Rechtsstaat."

1964 und 1990 hat die Deutsche Bundespost Briefmarken und Ersttagsbriefe mit seinem Konterfei herausgegeben. In Darmstadt, der einstigen Hauptstadt des Volksstaates Hessen, als dessen Innenminister Leuschner seit 1928 fungierte, gibt es gleich mehrere Formen der Erinnerung an ihn, darunter ein Bronzerelief neben dem Eingang zum Hessischen Landesmuseum Darmstadt – Abteilung Schriftguss, Satz und Druckverfahren, eine Büste und eine Gedenktafel für ihn und seinen Vertrauten Carlo Mierendorff im Gewerkschaftshaus der DGB-Region Südhessen sowie eine Bronzetafel für diese beiden Widerstandskämpfer und ihren Freund und Mitstreiter Ludwig Schwamb im Regierungspräsidium am Luisenplatz. Außerdem halten der Frankfurter Studienkreis Deutscher Widerstand 1933–1945 sowie die beiden Gedenkstätten Deutscher Widerstand und Plötzensee in Berlin die Erinnerung an ihn wach. In der Bundeshauptstadt dienen des Weiteren eine Porträtbüste mit Inschrifttafel am Leuschnerdamm in Kreuzberg, eine Gedenktafel an seinem Wohnhaus in der Charlottenburger Bismarckstraße 84, eine Gedenkstele vor der Kreuzberger Eisenbahnstraße 5, in deren Hof sich seine Fabrik für Apparatebau und Leichtmetallveredelung befand, und ein Porträt in der Bildergalerie des Widerstandes im Rathaus Charlottenburg dazu, das Andenken an ihn zu bewahren. Auch in etlichen anderen Städten und Gemeinden wird seiner auf vielerlei Art gedacht.

Er gehört zwar zur ganz kleinen Schar von Funktionären der Arbeiterbewegung, die überhaupt einmal in unseren Schulbüchern Erwähnung finden, nämlich immer dann, wenn der Widerstand gegen das „Dritte Reich" zur Sprache gebracht wird. Aber hierbei wird durchweg ein schlichter Hinweis auf seine Beteiligung am Umsturzversuch vom „20. Juli" als völlig ausreichend angesehen, was dazu führt, wie eine im Jahr 2009 vom Studienkreis Deutscher Widerstand durchgeführte empirische Studie erbracht hat, dass der ihn betreffende Kenntnisstand unserer Schülerinnen und Schüler unterm Strich als dürftig bzw. ungenügend bezeichnet werden muss. In der Fachliteratur über den antinazistischen Widerstand hat Wilhelm Leuschner dagegen etliche Spuren hinterlassen: Kleinere biographische Skizzen und Monographien stammen aus der Feder etwa von Annedore Leber, Prof. Dr. Eugen Kogon, Adolf Grimme, Dr. Gerhard Beier, Dr. Reiner Tosstorff, Prof. Dr. Peter Steinbach und Wolfgang Hasibether von der Bayreuther Wilhelm-Leuschner-Stiftung. Und auch Prof. Dr. Hans Mommsen hat sich wiederholt mit ihm und seinen engsten Mitstreitern befasst. Allerlei personengeschichtliche Handbücher geben über ihn komprimiert Auskunft, darunter das „Gedenkbuch der deutschen Sozialdemokratie im 20. Jahrhundert", in dem aber seine wichtige Rolle im Widerstand leider nicht besonders deutlich wird.[2]

Bislang wurde jedoch nur ein einziges umfassendes lebensgeschichtliches Porträt über ihn verfasst, nämlich durch den Sachbuchautor Joachim G. Leithäuser, einen Schriftsteller also, was verschiedentlich – als sei dies ein Makel – moniert worden ist. Sein Buch, das auf Vermittlung der Büchergilde Gutenberg und mit Unterstützung des DGB bzw. Willi Richters entstanden ist, wurde bereits vor einem halben Jahrhundert im gewerkschaftseigenen Bund-Verlag veröffentlicht. Diese Publikation ist zwar dokumentarisch recht gut untermauert, wurde aber immer wieder u. a. deshalb als „unwissenschaftlich" abgetan, weil der Autor der von ihm und seinen Förderern ins Auge gefassten Zielgruppe, genauer gesagt einer gewerkschaftlichen bzw. sozialdemokratischen, jedenfalls nicht in erster Linie akademischen Leserschaft das Studium eines Anmerkungsapparates ersparen wollte. Trotzdem kommt bis heute niemand, der sich zu Leuschner artikulieren möchte, an Leithäusers Standardwerk vorbei. Die besondere Aussagekraft seiner Biographie beruht sicherlich zu einem erheblichen Teil darauf, dass er hierfür auf die Hinterlassenschaft Leuschners zurückgreifen durfte, die ihm durch die Familie zur Verfügung gestellt wurde, aber auch auf das Material, das Prof. Dr. Bergsträsser in den 1950er Jahren für ein Leuschner-Buch zusammenzustellen begonnen hatte, dessen Niederschrift ihm dann allerdings versagt blieb. Bergsträsser war sich im Übrigen noch im Unklaren darüber gewesen, ob er eine Biographie im üblichen Sinne verfassen sollte oder vielleicht besser eine kommentierte lebensgeschichtliche Dokumentation, eine Zusammenstellung authentischer Belege für Leuschners Wirken, d. h. von Berichten seiner Freunde und Vertrauten sowie sonstiger Zeitgenossen, welche die Jahre des NS-Terrors überlebt hatten.[3]

Aus intimer Kenntnis des Geschehens hatte Bergsträsser bereits 1952 in der verbesserten und aktualisierten Ausgabe seiner berühmten Parteiengeschichte darauf aufmerksam gemacht, dass im Zusammenhang mit den Umsturzbestrebungen des „20. Juli" die „Überleitung aus der Naziherrschaft in geordnete Zustände" zum Teil „bis in Einzelheiten vorbereitet, die Personen für leitende Stellungen größtenteils bestimmt" gewesen seien. „Das Urteil, auch wenn das Attentat geglückt wäre, hätte sich die Bewegung gegenüber der nazistischen Organisation nicht durchsetzen können", erscheine „nicht gerechtfertigt", denn „die Basis", so hat er extra betont, sei „wesentlich breiter" gewesen, „als Außenstehende annehmen und übersehen" könnten.[4] Und sogar schon fünf Jahre zuvor hatte Bergsträsser in einem Schreiben an den SPD-Vorstand beklagt, die sozialdemokratisch ausgerichtete Widerstandsbewegung gelange in der öffentlichen Wahrnehmung gegenüber der bürgerlich-militärischen, der kirchlichen und der kommunistischen Opposition immer mehr ins Hintertreffen, was insbesondere für den „Widerstand führender Persönlichkeiten wie Leuschner" gelte.[5]

Nachdem erst 1976 von Peter Grasmann die noch immer einzige kompakte Gesamtdarstellung des SPD-Widerstandes gegen das „Dritte Reich" publiziert worden ist, die außerdem ein biographisches Kurzporträt Leuschners beinhaltet, sollten für das Gedenken an ihn bald darauf richtig schwere Zeiten anbrechen. Es wurde zwar schon seit einer ganzen Weile ziemlich kräftig auf den „rechten Sozialdemokraten" eingedroschen, da dieser mit den Kommunisten nichts im Sinn gehabt hatte, was selbst in manchen gewerkschaftlichen Kreisen als Sakrileg galt zu jener Zeit. Der Gipfel der Leuschner-Diskreditierung wurde 1977 mit der so genannten Marburger Gewerkschaftsgeschichte erreicht. Diese ist von einem Team von Gesellschaftswissenschaftlern erarbeitet worden, die sich dem einstigen Widerstandskämpfer und marxistischen Politikwissenschaftler Prof. Dr. Wolfgang Abendroth verpflichtet sahen, und hat sodann landauf, landab für Furore gesorgt: Einer der Mitherausgeber jenes umfangreichen Sammelbandes, Dr. Jürgen Harrer, hatte darin aus parteikommunistischer Sicht einen knapp sechzigseitigen Beitrag über den gewerkschaftlichen Widerstand gegen das NS-Regime veröffentlicht, in dem sich das abstruse Urteil findet, „als gewerkschaftlichen Widerstand" werde „man die Tätigkeit Leuschners indes nur schwerlich bezeichnen können".[6] Der folgende, auch wegen etlicher anderer, zum Teil eklatanter Unzulänglichkeiten und Verzerrungen unabdingbare gewerkschaftshistoriographische Schlagabtausch wurde mit härtesten Bandagen ausgetragen. Dabei trat als einer der schärfsten Kritiker des Buches der Gewerkschafts- und SPD-Historiker Dr. Gerhard Beier hervor, der gerade seine voluminöse Willi Richter-Biographie veröffentlicht hatte. Aber auch andere prominente Historiker der deutschen Arbeiterbewegung erteilten den meisten Autoren jener Publikation eine kräftige Abfuhr, so etwa Prof. Dr. Helga Grebing mit einer nicht minder dezidierten Missbilligung der fragwürdigen Widerstandsausdeutungen des Dr. Harrer.[7]

Auch viele sonstige Urteile und Einschätzungen, die sich zu Leuschners Widerstand in der Fachliteratur finden, divergieren gewaltig: Während Dr. Beier ihn beispielsweise zum Organisator einer Widerstandsstruktur emporstilisiert hat, die sich angeblich auf ein „rasch mobilisierbares Potential" hätte stützen können, „das viele Millionen zählte", verwies Dr. Willy Buschak solche sicherlich viel zu überzogenen Schätzungen ins Reich der Phantasie und die von Leuschner, Schlimme und anderen angeführte Illegale Reichsleitung der Gewerkschaften gleich mit. Bei der von ihm beabsichtigten Widerlegung Beiers schoss allerdings Buschak seinerseits über das Ziel viel zu weit hinaus, indem er die Leuschner-Konspiration auf einen „Kreis" von Oppositionellen komprimieren zu können glaubte, bei dem es sich aber per definitionem dann doch nur um eine recht überschaubare Personengruppe gehandelt haben müsste. Andererseits hat er zugleich eingeräumt, es könne sich dabei auch um ein „Netz" oder „Netzwerk" von widerständigen Gewerkschaftern gehandelt haben, deren Zahl „sich nach Hunderten und nicht nach Tausenden" bemesse, womit er der historischen Wahrheit schon wieder ein wenig näher kam.[8] Prof. Dr. Klaus Schönhoven räumte dagegen völlig zutreffend ein, dank seiner konspirativen Umsicht und Verschwiegenheit habe Leuschner trotz vieler gegen ihn bestehender Verdachtsmomente „zehn Jahre lang als Kopf und Koordinator eines illegalen Stützpunktsystems tätig sein" können.[9] Noch 1989 hatte Prof. Dr. Michael Schneider in seiner „Kleinen Gewerkschaftsgeschichte" behauptet, in der ohne jeden „Massenkontakt", aber auf der Basis eines „verdeckten Informationsnetzes" operierenden Illegalen Reichsleitung der Gewerkschaften seien im Prinzip allenfalls Pläne für die „Zeit danach" diskutiert worden und nur „einzelne Gewerkschafter", welche „Kontakt zu den Widerstandsgruppen des 20. Juli 1944 hatten", er nannte explizit Leuschner, Jakob Kaiser, Max Habermann und Bernhard Letterhaus, hätten „das Ziel" verfolgt, zur Beendigung des Krieges „oder zum Sturz der Diktatur" beizutragen. Nur wenige Jahre später hat er jedoch präzisierend festgestellt, „die gewerkschaftlichen Widerstandszirkel, die doch weniger zentralisiert miteinander kooperierten als dies der Begriff der ‚Illegalen Reichsleitung der deutschen Gewerkschaften' vermuten" lasse, hätten zwar „nicht über einen Mitgliederstamm im eigentlichen Sinne" verfügt, „gewiss aber über ein Informations- und Kontaktnetz von mehreren 1.000 ehemaligen Gewerkschaftern".[10]

Nachdem auch die Professoren Dr. Karl Dietrich Bracher, Dr. Kurt Finker und Dr. h. c. Joachim Fest, dem übrigens 1999 wie schon 1966 Leuschners Witwe Elisabeth, ihrem Sohn Wilhelm und Willi Richter die Wilhelm-Leuschner-Medaille verliehen worden ist, und einige andere wiederholt, aber meist kaum sonderlich konkret auf den außerordentlichen Umfang jenes informellen, primär sozialdemokratisch-gewerkschaftlichen Vertrauensleutenetzwerks und dessen Bedeutung für die Situation unmittelbar nach einem vom Militär herbeizuführenden Umsturz hingewiesen hatten[11], ist es nicht zuletzt Prof. Dr. Siegfried Mielke und den von ihm seit etlichen Jahren durchgeführten bzw. veranlassten Forschungen zu Widerstand und Verfolgung deutscher Gewerkschafter zu verdanken, dass wir inzwischen über ein recht solides Fundament an Kenntnissen zu diesem zivilen Konspirationsbereich und vielen der darin involvierten Widerständler verfügen.[12] Hervorzuheben sind außerdem der wichtige, von Dr. Winfried Meyer herausgegebene Band mit Biographien der Häftlinge des „20. Juli" im KZ Sachsenhausen sowie die fulminante Monographie von Dr. Hans-Rainer Sandvoß über den Widerstand aus den Reihen der Berliner Arbeiterbewegung, in der sich längere Passagen mit dem antinazistischen Widerstand von sozialdemokratischen Gewerkschaftern und insbesondere mit dem Leuschners und seiner Vertrauten befassen.[13] Und auch im Rhein-Main-Gebiet konnten seit Mitte der 1990er Jahre die konspirativen zivilen Strukturen, die dort einstmals in allen möglichen Städten und Gemeinden zur Unterstützung und Absicherung eines Umsturzes geschaffen worden sind, in mehreren Forschungs- und Dokumentationsschritten immer mehr erhellt werden.[14] Von einem „Leuschner-Kreis" oder einer „Leuschner-Gruppe" zu sprechen, ohne nicht gleichzeitig auf die reichsweite Ausdehnung seiner Widerstandsstruktur und dessen beträchtliche Konfidentenschar zu verweisen, dürfte vor diesem Hintergrund inzwischen schwerlich statthaft sein.

Karriere in Gewerkschaft, Partei und Staat

Wilhelm Leuschner war ganz ohne Zweifel eine der bedeutendsten Persönlichkeiten, welche die deutsche Gewerkschaftsbewegung und die deutsche Sozialdemokratie je hervorgebracht haben. Geboren am 15. Juni 1890 in Bayreuth in Oberfranken, war sein Lebensmittelpunkt jedoch seit 1908 für ein Vierteljahrhundert in Darmstadt, wo er schon 1909 ehrenamtlich die Funktion des Bezirksleiters des kleinen, später vom Deutschen Holzarbeiter-Verband absorbierten Zentralvereins der Bildhauer Deutschlands übernommen hat. Die Stationen seiner frühen Vita können in einem Buch, in dem sein vor allem von Berlin ausgehender antinazistischer Widerstand im Mittelpunkt steht, nur grob skizziert werden. Das Wichtigste hierzu lässt sich den bereits erwähnten Biographien, einem biographischen Lexikon und manch einer sonstigen einschlägigen Publikation[15] entnehmen und ist natürlich auch im Internet abrufbar, beispielsweise auf der Homepage der Bayreuther Wilhelm-Leuschner-Stiftung.

Nach dem Besuch der siebenklassigen Volksschule absolvierte der Sohn eines Ofensetzers in seiner Geburtsstadt eine vierjährige Lehre als Holzbildhauer. Anschließend ging er auf die Walz, die ihn u. a. bereits nach Darmstadt führte. 1909/1910 besuchte er überdies bei durchweg sehr guter Benotung das Grundsemester an der Königlichen Kunstgewerbeschule Nürnberg, da er damals eigentlich freier Künstler werden wollte. 1910 kehrte er nach Darmstadt zurück, um als Holzbildhauergehilfe in der Möbelbranche zu arbeiten. Im Jahr darauf heiratete er das Dienstmädchen Elisabeth Batz, genannt Lisbeth, Tochter des Bürgermeisters des heutigen Mainzer Stadtteils Weisenau, die er schon 1908 kennengelernt hatte. Sie gebar ihm die beiden Kinder Wilhelm und Käthe. 1913 trat Leuschner der SPD bei. Lisbeth folgte ihm darin fünf Jahre später und betätigte sich außerdem ehrenamtlich für die Ende 1919 als Untergliederung der Partei ins Leben gerufene Arbeiterwohlfahrt.[16] Am Ersten Weltkrieg hatte Leuschner von 1916 bis zum Schluss teilgenommen, erst an der Ostfront, dann im Westen, wobei er während der kärglich bemessenen freien Zeit seine zuvor schon im Selbststudium erworbenen Kenntnisse in Englisch, Französisch und Mathematik vertieft hatte. Durch das Erlebnis jenes kommandierten Völkerschlachtens ist seine Kritik an der Adelsherrschaft irreversibel verschärft worden. Als Vorsitzender des Soldatenrats seiner Einheit hat er seine Kameraden im November 1918 aus Frankreich in die Heimat zurückgeführt.

1919 startete er seine steile gewerkschafts-, kommunal- und landespolitische Karriere: Im Sommer jenes Jahres wurde er als Gewerkschaftssekretär eingestellt und zum Vorsitzenden nicht nur des Darmstädter Gewerkschaftskartells sowie der südhessischen Gewerkschaften gewählt, sondern zugleich zum Stadtverordneten und darüber hinaus zum 2. Landessekretär seiner Partei im Volksstaat Hessen. Im nächsten Frühjahr wurde er zudem in den Provinzialausschuss der Provinz Starkenburg gewählt. 1924 rückte er in den hessischen Landtag ein, als dessen Vizepräsident er bis 1928 fungierte, während er für den Reichstag in diesen beiden Jahren vergeblich kandidierte. Er war ein ausgesprochen dynamischer, zupackender und bedachtsamer Multifunktionär schon in jenen Tagen: Landesvorsitzender der Sozialistischen Arbeiterjugend, Vorsitzender

der Darmstädter SPD, Vorsitzender des Finanzausschusses der Stadt, stellvertretender Arbeitnehmervertreter im Verwaltungsrat der Reichsanstalt für Arbeitsvermittlung und Arbeitslosenversicherung, noch dazu von 1926 bis 1928 ADGB-Bezirkssekretär für Hessen, Hessen-Nassau und Waldeck sowie Vorsitzender des gewerkschaftlichen Bezirkskartells mit Sitz in Frankfurt am Main. Gleichzeitig hielt er Betriebsräteschulungen ab, organisierte alle möglichen Großveranstaltungen, legte sich publizistisch für die Weimarer Reichsverfassung, aber auch für ein neues SPD-Programm ins Zeug. 1923 unterhielt er im Zusammenhang mit dem „Ruhrkampf" Verbindungen zum ADGB-Bundesvorstand, zur Reichsregierung sowie zum Reichspräsidenten. 1926 warb er als Redner für die Fürstenenteignung und stellte seit dem Jahr darauf außerdem noch Überlegungen an zur Neuorganisation der hessischen Polizei.

Trotz all dieser Verpflichtungen gehörte er noch weiteren Organisationen und Gremien an, so der Darmstädter Volkshochschule, übrigens als einer ihrer Mitgründer mit der Mitgliedsnummer 1, dem Theaterausschuss des Landestages, dem Volkschor Darmstadt und dem Arbeiter-Samariter-Bund, selbstverständlich auch dem Reichsbanner Schwarz-Rot-Gold, dazu noch dem Bund Hessischer Flieger sowie dem Sturmvogel, Flugverband der Werktätigen. 1923 ist er der Darmstädter Freimaurerloge „Johannes der Evangelist zur Eintracht" beigetreten, und ferner war er Mitglied der dortigen Freireligiösen Gemeinde. Obendrein bewahrte er sich beharrlich Freiräume zur Pflege seiner Passion für Kunst, Literatur und Theater sowie für ausgedehnte Wanderungen, etwa mit dem mit seiner Familie eng befreundeten Darmstädter SPD-Kommunalpolitiker-Ehepaar Elisabeth und Jakob Kern. Deren Tochter Käthe hat nach dem Krieg berichtet, damals habe Leuschner ihr erzählt, wie er als junger Mann für einige Wochen nach Bayreuth zu seiner im Sterben liegenden Mutter zurückgekehrt war, um ihr beizustehen. Eines Tages habe er ihr dabei ein Bild unter die Decke gemalt, um ihr noch eine kleine Freude zu bereiten. Den weltberühmten Dichter, Philosophen und Komponisten Rabindranath Tagore, der 1913 den Nobelpreis für Literatur erhalten hatte und 1921 Darmstadt einen seiner wie üblich stürmisch gefeierten Besuche abstattete, hatte Leuschner bei einem persönlichen Zusammentreffen dazu zu bewegen vermocht, ins dortige Gewerkschaftshaus zu kommen, um vor den im Garten versammelten Arbeitern eine kurze Rede zu halten. Auch dies ist einem Bericht Käthe Kerns zu entnehmen, der in seinem Nachlass im Hessischen Staatsarchiv Darmstadt in einer Mappe mit Briefen und Aufzeichnungen zu verschiedenen biographischen Forschungsvorhaben zu ihm aufbewahrt wird. Mit Schriftstellern wie Kasimir Edschmid und Carl Zuckmayer war der SPD-Gewerkschafter ebenso befreundet wie mit seinem Kollegen Willi Richter, mit dem Generalintendanten des Darmstädter Landestheaters Gustav Hartung ebenso wie mit Dr. Theo Haubach und mit vielen anderen Gesinnungsfreunden und Kulturschaffenden auch.

Ein Mann mit solch vielfältigen Qualifikationen und Interessen, mit dieser Tatkraft, diesem Organisationsgeschick, diesen Verbindungen und mit diesem Erfahrungsschatz war per se prädestiniert zur Übernahme auch höchster Ämter in Partei und Gewerkschaft. Seine große Stunde kam, als sich der überaus populäre SPD-Staatspräsident Carl Ulrich, der soeben sein 75. Lebensjahr vollendet hatte, Anfang 1928 aus den Regierungsgeschäften zurückzog und durch seinen Parteifreund Bernhard Adelung, den bisherigen Landtagspräsidenten des Volksstaates Hessen, eine neue Regierung aus den dort seit 1919 bewährten Koalitionspartnern SPD, Zentrum und Deutsche Demokratische Partei gebildet wurde. Der neue Staatspräsident, so die damalige Amtsbezeichnung des hessischen Ministerpräsidenten, berief Leuschner in sein Kabinett als Minister des Inneren, was wiederum seinen Rückzug aus der Gewerkschaftsarbeit erforderlich machte. In seine Funktion als hessischer ADGB-Bezirkssekretär folgte ihm der frühere Mainzer Arbeitersekretär Karl Grötzner, ab 1925 schon sein Nachfolger als Vorsitzender bzw. Gewerkschaftssekretär des Darmstädter ADGB, dessen bisherige Aufgabe fortan vom Frankfurter Willi Richter wahrgenommen wurde. Zu seinen treuesten Gefolgsleuten, und zwar bis in die Jahre der antinazistischen Untergrundarbeit hinein, gehörten außerdem Dr. Carlo Mierendorff, den Leuschner damals auserkoren hatte, ihn als Pressechef zu unterstützen, sowie der rheinhessische Jurist und Finanzbeamte Ludwig Schwamb, der fortan als sein persönlicher Referent wirkte. Während Schwamb sich Meriten erwarb etwa durch die Ausarbeitung der Hessischen Gemeindeordnung sowie des Zweckverbandsgesetzes, überzeugte Mierendorff beispielsweise durch sein zusätzliches unentwegtes Engagement in der Schulungsarbeit ihrer Partei sowie durch seine rege Publikationstätigkeit für vielerlei SPD-Organe.

Leuschners Augenmerk galt in jenen Jahren u. a. der Reichsreform speziell im Rhein-Main-Gebiet, Fragen der Energieversorgung, dem Bau der Autobahn von Hamburg über Frankfurt bis nach Basel sowie dem Vorhaben, einen Großflughafen in Griesheim bei Darmstadt zu errichten, aber auch kultur- und bildungspolitischen Belangen. Kein Ruhmesblatt war sein nach bayerischem Vorbild im Frühjahr 1929 im Landtag zur Verabschiedung gebrachtes „Gesetz zur Bekämpfung des Zigeunerunwesens“, Ausdruck des zu jener Zeit selbst in Demokratenkreisen weit verbreiteten Antiziganismus.[17] Dagegen veröffentlichte Leuschner zum zehnjährigen Jubiläum der Weimarer Reichsverfassung im Sommer desselben Jahres die kleine Schrift „Vom deutschen Volksstaat“ als kategorische Absage an jedwede Form von Diktatur und Unterdrückung sowie gleichzeitig als flammendes Bekenntnis zu „Freiheit und Gerechtigkeit“, für die der neue Staat „eine Heimstätte“ sein solle. Darin hob er z. B. als „das Große an dem Verfassungswerk“ hervor, „dass es nicht Halt“ mache „mit der Einführung der parlamentarischen Demokratie, sondern dass es die Tür“ öffne „für den Vormarsch zur sozialen Republik, der im Zeichen des gesellschaftlichen Fortschritts vollzogen werden“ müsse. „Das Ziel“ dabei sei, „aus der politischen die soziale Demokratie zu machen, die politische und soziale Gerechtigkeit zu ergänzen und zu vollenden durch die Sicherung der wirtschaftlichen Gerechtigkeit für alle Volksgenossen im Volksstaate, wie das zum Beispiel in der Forderung nach Wirtschaftsdemokratie einen Ausdruck gefunden“ habe. Es sei „nur recht und billig, dass im Volksstaat den werktätigen Massen nicht nur der Anteil an allen materiellen Gütern gesichert“ werde, „sondern dass vor allen Dingen auch der Arbeiterschaft wie allen schaffenden Ständen grundsätzlich der Anteil an den kulturellen Gütern zugestanden wird, deren Genuss früher ein Privileg der besitzenden Schichten gewesen ist“.[18] Von seiner dort zum Ausdruck gebrachten Grundüberzeugung sollte Leuschner nie mehr ablassen, auch im Widerstand nicht, wo er genauso wie sein lange Jahre zu Unrecht in Vergessenheit geratener konspirativer Rat- und Ideengeber Ludwig Bergsträsser ganz entschieden für die Rückkehr zu einer von politischen Parteien getragenen parlamentarischen Demokratie eingetreten ist.[19]

Antinazistischer Abwehrkampf in Hessen

Bald schon nach ihrem Dienstantritt in Hessen sahen sich Leuschner und seine Getreuen Problemen ganz anderer Art konfrontiert. Waren die Nazis bei der Reichstagswahl im Frühjahr 1928 auch in den dortigen Wahlkreisen zwar noch auf durchschnittlich gerade einmal drei Prozent der Stimmen gelangt, so gaben doch ihre nun immer aggressiveren Propagandaaktivitäten zu allergrößter Sorge Anlass. Immer bedrohlicher stürmte der NS-Faschismus auch im hessischen Volksstaat auf den Wogen der Weltwirtschaftskrise heran. Bei der Reichstagswahl 1930 erzielte die NSDAP reichsweit bereits über 18 Prozent der Stimmen, in Hessen durchschnittlich 20,4 Prozent, und bei der dortigen Landtagswahl im Herbst des folgenden Jahres waren es schon mehr als 37 Prozent. Damit war sie in Darmstadt stärkste Partei, hatte einen Sitz mehr als die Regierungskoalition und konnte folglich den Landtagspräsidenten stellen. Die Regierung Adelung–Leuschner blieb trotz eines Misstrauensvotums weiterhin im Amt, wenn auch nur geschäftsführend, da die Neuwahl des Staatspräsidenten an den neuen Mehrheitsverhältnissen gescheitert war. Aber Schlag auf Schlag sollte es weitergehen mit dem Niedergang der Demokratie.

Mit Verve engagierten sich Leuschner und seine Leute in den Republikschutzorganisationen Reichsbanner Schwarz-Rot-Gold sowie Eiserne Front. Unentwegt eilten sie als Handlungsreisende in Sachen Demokratieerhalt durchs ganze Land. Selbst vor dem Verbot faschistischer Hetzblätter sowie von SA und SS scheute der hessische Polizeiminister nicht zurück. „Ein Staat, der sich nicht“ verteidige, sei „nicht wert zu existieren“, und das von ihm verhängte „Verbot der SA- und SS-Formationen“ sei „eine Notwehraktion“ des „so hart bedrängten Staates und seiner Einrichtungen“, schleuderte er im hessischen Landtag seinen braunen Kontrahenten entgegen, gut ein Jahr vor seiner Verhaftung.[20] Es half alles nichts: Bei der Hessenwahl im Juni 1932 schnellte die NSDAP sogar auf 44 Prozent empor, und dies obwohl die Sozialdemokraten ihre antinazistische Gegenpropaganda längst ebenfalls massenpsychologisch wirksam optimiert hatten: So symbolisierten die drei nach unten gerichteten Freiheitspfeile die im Herbst 1931 als Reaktion auf die faschistisch-reaktionäre Harzburger Front aus SPD, sozialdemokratischen Richtungsgewerkschaften, Reichsbanner und Arbeitersportkartell gebildete Eiserne Front. Mit jenem Zeichen, das zugleich für „Aktivität, Disziplin, Einigkeit“ stand, ließ sich das damals bereits allerorten zuhauf angebrachte Hakenkreuz jederzeit leicht durchbohren. Auch haben die NS-Gegner Letzteres gerne zu einer „Adolf-Fratze“ umgeformt, um diese sodann mit ihrem Drei-Pfeile-Symbol zu durchkreuzen. Vielfältige wertvolle Agitprop-Hinweise dieser Art sind von Dr. Mierendorff und dem Exilrussen Prof. Dr. Sergej Tschachotin in ihrer Schrift „Grundlagen und Formen politischer Propaganda“ zusammengestellt worden, die im folgenden Jahr im Magdeburger Verlag des Bundesvorstandes des Reichsbanners Schwarz-Rot-Gold erschienen ist. Das reichsweit leichte sukzessive Absinken der Stimmen für die NSDAP in den beiden Reichstagswahlen vom Juli und November 1932 signalisierte zwar, dass diese den Zenit der Wählergunst offenbar überschritten hatte, was aber nicht für den Volksstaat Hessen galt, denn dort hatte sie in beiden Urnengängen beträchtlich bessere Ergebnisse erzielt als im Reichsmaßstab. Das Torkeln Deutschlands in Richtung „Drittes Reich“ war nicht mehr zu stoppen.[21]

Den Kommunisten war die Republik nicht weniger verhasst als den Nazis. Von Anfang an hatten sie nichts unversucht gelassen, die Bevölkerung gegen die jeweilige demokratisch gewählte Regierung aufzustacheln. 1923 hatte die bekennende Klassenkampfpartei sogar eine deutsche Oktoberrevolution anzuzetteln versucht. Auch danach blieb ihr unabänderliches Ziel die Errichtung einer Sowjetrepublik, folglich die Abschaffung der Demokratie in Deutschland. Deren Repräsentanten und Befürworter mussten gewahr sein, ständig Zielscheibe kommunistischer Gehässigkeiten und Attacken zu werden, so natürlich auch Wilhelm Leuschner. Getreu des absurden stalinistischen, seit Jahren gegen die SPD gerichteten „Sozialfaschismus"-Vorwurfs hatte sich dieser z.B. Ende 1931 im Landtag vom KPD-Abgeordneten Wilhelm Hammann[22] vorwerfen lassen müssen, der „ungeheure Aufschwung", den die Nationalsozialisten „auch im Hessenländchen" genommen hätten, sei durch niemand anders als durch „die sozialdemokratischen Führer" und ihn selbst verursacht worden. Wenngleich Hammann, der sich im Laufe der Zeit auf den Innenminister als Paradebeispiel eines „Arbeiterverräters" richtig eingeschossen hatte, in derselben Rede „die Proleten der Stempelstellen, die Proleten der Betriebe" ausdrücklich zum „Kampf auch gegen diesen Herrn Leuschner und die sozialdemokratischen Führer in Hessen" aufgerufen hat[23], diesen geltende Morddrohungen und Mordanschläge sollten die Domäne der Faschisten bleiben.

Zu ihrem bevorzugten Hassobjekt war Leuschner nicht etwa nur wegen seiner rigiden Repressionsmaßnahmen gegen sie geworden. Am meisten verübelt haben ihm die hessischen Nazis seine Mitwirkung an der Bekanntmachung ihrer geheimen Staatsstreichpläne Ende 1931. Nach einem vom damaligen Gerichtsassessor und Leiter der Rechtsabteilung NSDAP-Gauleitung Dr. Werner Best für den „Ernstfall" verfassten Maßnahmenkatalog hätte die „ordnende Macht" in einer durch soziale Unruhen verursachten Umbruchsituation bzw. in der Folge eines daraus resultierenden kommunistischen Aufstandsversuchs ausschließlich der SA und den „Landwehren" zufallen sollen, deren Anordnungen unbedingt Folge zu leisten gewesen wäre. Jedweder Widerstand sollte „grundsätzlich mit dem Tode bestraft" werden. Für Widersetzlichkeiten anderer Art, für Sabotage sowie die Nichtbefolgung der erlassenen Notverordnungen war ebenfalls die Todesstrafe vorgesehen. Auch wer seine Schusswaffe nicht binnen eines Tages abgeliefert hätte, sollte als „Feind der SA, Landwehren o. ä. und des deutschen Volkes ohne Verfahren auf der Stelle erschossen" werden. Einer der Teilnehmer des Treffens auf dem Boxheimer Hof nahe Bürstadt, auf dem die hessischen Nazis diese Pläne im Sommer zuvor beraten hatten, war inzwischen wegen parteischädigenden Verhaltens zum Parteiaustritt gezwungen worden und hatte die Geheimpapiere aus Rache einem Redakteur der „Frankfurter Zeitung" angeboten, der ihn aber an Ludwig Steinberg, den Polizeipräsidenten der Main-Metropole, weiterverwies. Dieser wiederum alarmierte seinen Dienstvorgesetzten, den preußischen SPD-Innenminister Carl Severing, den er zusammen mit dessen Freund und Amtskollegen Leuschner in Berlin aufsuchte. Beide Innenminister hofften, wegen jener „Boxheimer Dokumente" endlich ein Parteiverbot gegen die NSDAP erwirken zu können. Der Oberreichsanwalt nahm auch umgehend, wenngleich nicht sonderlich zielstrebig Ermittlungen auf, die im Jahr darauf dementsprechend ergebnislos eingestellt wurden. Zumindest hatte aber die ganze deutsche Öffentlichkeit durch den „Vorwärts", die „Vossische Zeitung", die „Darmstädter Zeitung", das „Offenbacher Abendblatt", die „Allgemeine Deutsche Beamtenzeitung" und viele andere Presseorgane von den faschistischen Hochverratsplänen aus Hessen erfahren. Die NSDAP auf Reichsebene, die seit dem Vorjahr unentwegt ihren angeblich strikten Legalitätskurs beteuerte, hatte sich allerdings sogleich von den Putschkonzeptionen ihrer hessischen Parteifreunde distanziert und versucht, diese als rein „private Stilübungen“ abzutun. Trotzdem war das heraufziehende „Dritte Reich“ hiermit erstmals in seiner ganzen Brutalität und Abscheulichkeit erkennbar geworden, was sich in der folgenden Zeit Wilhelm Leuschner und sein Pressechef Mierendorff in ihrer antinazistischen Propagandaarbeit entsprechend zunutze machten.[24]

Der hessische Innenminister bei einer antinazistischen Kundgebung in Darmstadt (1930)

Auch im hessischen Landtag gingen der Innenminister und andere SPD-Parlamentarier auf die „Boxheimer Dokumente“ ein, so beispielsweise Jakob Steffan aus Oppenheim gleich in der ersten Sitzung des neu gewählten Parlaments am 8. Dezember 1931: Der Oppenheimer verlas damals eine Erklärung seiner Fraktion zu dem Fall und forderte, immer wieder unterbrochen durch wüste Drohungen der aufgebrachten NSDAP-Abgeordneten, „eine unnachsichtige Verfolgung in der Hochverratsaffäre“, um den „Schutz der Bevölkerung gegen Gewalt- und Morddrohungen“ zu gewährleisten. Drei Tage später meldete sich Leuschner selbst zu Wort: Nachdem er darauf verwiesen hatte, dass ihm „die illegalen Bestrebungen der Nationalsozialisten wie der Kommunisten“ gleichermaßen „bekannt“ seien, erklärte er, diese unterschieden sich lediglich insofern, als „die Kommunisten offen“ zugäben, „den Staat stürzen zu wollen, während die Nationalsozialisten ihre Umsturzpläne in Schubladen oder Schubladen ihrer Gehirne aufheben“ würden. „Die Pläne der Kommunisten“ seien „nicht leicht zu fassen, in der Boxheimer Angelegenheit“ hätte man „aber die der Nationalsozialisten“ sehr wohl „fassen“ können. Es sei seine „Pflicht, den Staat gegen alle Angriffe zu schützen“, und „dieser Pflicht“ hätte er „genügt“. Durch die „Boxheimer Dokumente“ sei „bewiesen“ worden, dass sein „Verhalten richtig war“. Und dann rief er den Nazi-Abgeordneten, die gerade seine sofortige Amtsenthebung beantragt hatten, noch souverän zu: „Wenn Sie mir ihr Vertrauen aussprechen würden, dann wäre es Zeit für mich, zurückzutreten.“ [25]

Die ganze NS-Presse geiferte wutschnaubend gegen Leuschner und seine Mitstreiter, und auch die faschistischen Agitationsredner schossen sich auf sie ein. In einem der anonymen Drohbriefe, die Leuschner seinerzeit erreichten, war ihm für die Landtagssitzung vom 8. Dezember gar die standrechtliche Erschießung angekündigt worden, und zwar durch Nazis und Kommunisten gemeinsam. Auch wenn in diesem speziellen Fall eine tatsächliche Absprache der Republikfeinde von links und rechts kaum wahrscheinlich ist, Kooperationen zwischen ihnen hat es bekanntlich etliche gegeben am Ende der Weimarer Republik, so etwa beim durch den erzreaktionären „Stahlhelm. Bund der Frontsoldaten“ initiierten und von NSDAP, Deutschnationalen, Teilen der Deutschen Volkspartei und einigen kleineren Parteien unterstützten, aber fehlgeschlagenen Volksentscheid zur vorzeitigen Ablösung der Regierung des SPD-Ministerpräsidenten Otto Braun in Preußen im Sommer 1931 oder beim Berliner Verkehrsarbeiterstreik im November des darauffolgenden Jahres. Wechselseitige Überfälle auf Veranstaltungen und Funktionäre jener beiden extremistischen Kontrahenten waren andererseits ebenso an der Tagesordnung wie es zwischen ihnen immer wieder zu Straßenschlachten kam. Wenn es aber gegen die SPD ging, waren sich Kommunisten und Faschisten rasch wieder einig. Dies muss bedacht werden, will man verstehen, warum die Sozialdemokraten in der Regel so zögerlich, wenn nicht von vornherein abweisend auf die an sie verstärkt seit 1932 gerichteten kommunistischen „Einheitsfront“-Appelle reagiert haben. Noch im November des Vorjahres ist z. B. sogar die vom Vorsitzenden der SPD-Reichstagsfraktion Dr. Rudolf Breitscheid während einer Landtagswahlkampfveranstaltung in Darmstadt angedeutete Möglichkeit eines gemeinsamen antinazistischen Vorgehens der Arbeiterparteien von der „Roten Fahne“, dem Zentralorgan der KPD, mit der Ankündigung quittiert worden, man werde nun den „revolutionären Massenkampf gegen den Kapitalismus und seine Stütze, die Sozialdemokratie“, einer „allerstärksten, rücksichtslosesten, unerbittlichsten Verschärfung“ zu unterziehen haben. Dabei berichteten die Zeitungen damals nahezu täglich von den „Kriegsschauplätzen in der eigenen Heimat“, von neuen blutigen Opfern der Auseinandersetzungen mit Angehörigen der paramilitärischen Verbände der Faschisten, die ein böses Präludium waren für den unglaublichen Terror, mit dem diese sich dann 1933 getreu ihrer Boxheimer Vorgaben als neue Herrscher Deutschlands eingeführt haben.[26]

Ende der Republik und früher Widerstand gegen die Diktatur

Die Endphase der ersten deutschen Demokratie mit den Präsidialkabinetten von Dr. Heinrich Brüning, Franz von Papen, beide Zentrum, und General Kurt von Schleicher ist von den Historikern oft und ausgiebig beschrieben worden. Als Gründe des Scheiterns der Republik wurden neben der – auch dank der finanziellen Förderung interessierter wirtschaftlicher Kreise – immer stärker anwachsenden faschistischen Bewegung die horrende Arbeitslosigkeit in der Folge der Weltwirtschaftskrise namhaft gemacht, desgleichen die damals als außerordentlich drückend empfundene Last der Reparationszahlungen an die Siegerstaaten des Ersten Weltkrieges, die Bankenkrise, die unrühmliche Rolle der Kommunisten und auch die noch nicht sonderlich stabile demokratische Tradition des Bürgertums. Der Sozialdemokratie ist zwar zu Recht bescheinigt worden, dass sie wie keine sonstige politische Kraft unerschütterlich an der Demokratie festhielt, aber ihr daraus resultierender Legalitätskurs ist ihr trotzdem ge-

Flugblatt der Eisernen Front (Mitte 1932)

nauso oft mehr oder weniger massiv zum Vorwurf gemacht worden. Dies betrifft nicht zuletzt ihre kampflose Hinnahme des so genannten Preußen-Putsches vom 20. Juli 1932. Dabei ist durch den von ihr selbst und den mit ihr verbundenen Gewerkschaften vier Monate zuvor gegen Hitler und den ebenfalls kandidierenden KPD-Vorsitzenden Ernst Thälmann zum Reichspräsidenten gewählten Paul von Hindenburg per Notverordnung die Absetzung der auf keine parlamentarische Mehrheit mehr gestützten dortigen SPD-geführten Landesregierung unter Ministerpräsident Otto Braun verfügt worden. Dieser wurde ein angeblich zu lasches Vorgehen gegen kommunistische Unruhestifter angelastet. Gegen die Unterstellung Preußens unter den keine zwei Monate erst im Amt befindlichen Reichskanzler von Papen, der Hitlers Forderungen nach Aufhebung von SA- und Uniformverbot sowie Reichstagsauflösung sogleich willfährig erfüllt hatte, und die Einsetzung eines Reichskommissars für jenes mit Abstand größte deutsche Flächenland hatte die Mehrheit der SPD-Parteiführung tatsächlich lediglich durch Anrufung des Staatsgerichtshofs und mit dem Stimmzettel vorgehen mögen. Hierbei vertraute sie auf den Ausgang der unmittelbar bevorstehenden nächsten Reichstagswahlen, was sich indes als abwegig herausstellen sollte. Auch die sozialdemokratischen, christlichen und liberalen Gewerkschaftsverbände haben ihre Anhängerschaft damals nur zur Wahrung von Besonnenheit und Disziplin aufgerufen, nicht jedoch zu einem politischen Generalstreik, der zwölf Jahre zuvor den rechtsgerichteten Kapp-Lüttwitz-Putschversuch im Handumdrehen hatte zusammenbrechen lassen. Hierzu fühlten sie sich freilich auf dem Gipfel der Weltwirtschaftskrise mit mittlerweile mehr als sechs Millionen Arbeitslosen und bloß doppelt so vielen Beschäftigten organisatorisch viel zu schwach. Der mit über acht Millionen Mitgliedern im Jahr 1920 geradezu überwältigend große ADGB wusste inzwischen nämlich nur noch knapp dreieinhalb Millionen Organisierte hinter sich, von denen fast 45 Prozent arbeitslos waren und mehr als ein Fünftel kurzarbeiteten. Bei den viel kleineren christlichen und liberalen Gewerkschaftsverbänden sah die Lage nicht anders aus. Ob unter solchen Prämissen die Streikbereitschaft der Gewerkschaftsmitglieder sonderlich ausgeprägt gewesen wäre, dürfte in der Tat ziemlich fraglich gewesen sein. Der gewiss unorthodoxe Versuch, sodann durch Bildung einer „Querfront“ aus Reichswehr, Gewerkschaften und antikapitalistischem Flügel der NSDAP der am 2. Dezember dem „Kabinett der Barone“ Franz von Papens nachfolgenden Regierung General von Schleichers zu einer besseren politischen Absicherung zu verhelfen, um vielleicht auf diese Weise Hitler zu verhindern, ist schon seinerzeit zu Recht eher auf Unverständnis und Kritik gestoßen. In jener höchst dramatischen Situation wurde der hessische Innenminister, der seit dem Vorjahr dort außerdem noch als Arbeitsminister fungierte, Ende 1932 vom ADGB nach Berlin berufen. Leuschner sollte den sozialdemokratischen Dachverband künftig beim Internationalen Arbeitsamt in Genf vertreten, wo es sich u. a. für die Einführung der 40-Stunden-Woche einzusetzen galt. Überhaupt sollte er peu à peu in die Vorstandsarbeit des ADGB einbezogen werden, dessen Bundesvorstand er ab Anfang 1933 auf Betreiben des Vorsitzenden Theodor Leipart ebenfalls angehörte. Faktisch war Leuschner sogar Leiparts Stellvertreter, wenngleich dies nicht mehr durch ein reguläres Wahlverfahren bestätigt werden konnte.[27]

Eine seiner letzten öffentlichen Reden hielt Leuschner am 19. Februar 1933 in Darmstadt. Den Kameraden der Eisernen Front rief er dabei trotzig zu, es sei „der Stolz der deutschen Arbeiterbewegung, dass sie die Arbeiter, die von den früheren Kräften zu Staatsbürgern zweiter Klasse degradiert und politisch heimatlos gehalten wurden, zum ersten Mal an den Staat herangeführt" habe. Es solle daher nun jeder von ihnen „auf seinem Platz" bleiben und „gegen die Zerstörung des Staates durch die NS-Horden" ankämpfen.[28] Er selbst hatte, gedrängt durch seine Fraktionskollegen, vier Tage zuvor seinen Rücktritt vom Ministeramt zum 1. April bekannt gegeben, was durch die NS-Presse jubelnd aufgenommen wurde. Am 23. sowie 25. Februar traf er sich freilich in Berlin mit General von Schleicher, der einen Putsch gegen Hitler plante und sich dafür die Unterstützung der Gewerkschaften sichern wollte. Den vormaligen preußischen Ministerpräsidenten Otto Braun wusste der frühere Reichswehrminister und kurzzeitige Reichskanzler bereits auf seiner Seite. Leuschner signalisierte von Schleicher zwar vorsichtig die Bereitschaft der Gewerkschaften, bei dem Unternehmen mitzumachen, aber dies erst dann, wenn das Militär erfolgreich gewesen wäre. Außerdem pochte er darauf, dass die Weimarer Reichsverfassung weiterhin in Kraft bliebe. Dies entsprach völlig dem strikten Legalitätskurs, der von den sozialdemokratischen und gewerkschaftlichen Führungen bis zum bitteren Ende gefahren wurde. Auch Karl Grötzner rief am 1. März – kurz zuvor war der Reichstag in Brand gesetzt worden – die Ortsausschüsse des hessischen ADGB sowie dessen Gau- und Bezirksleiter zu „höchster Disziplin und Geschlossenheit" auf, da „bekannt geworden" sei, „dass mit allen Mitteln versucht werden" solle, „die Arbeiterschaft durch Provokationen zur Siedehitze zu treiben und damit zu Gewaltmaßnahmen zu reizen, um dadurch einen billigen Vorwand für polizeiliche Maßnahmen zu haben". Wichtig sei in dieser Situation überdies die Kontaktaufnahme mit den christlichen und liberalen Gewerkschaften. Denn „nach den bisherigen Erfahrungen" sei davon auszugehen, „dass die Terrorfälle in den nächsten Tagen und Wochen sich sehr vermehren" würden und darüber hinaus „am 5. März oder unmittelbar danach ein gewaltsamer Umsturz beabsichtigt" sei. „Jeder Terrorfall" solle „sofort" Reichspräsident Paul von Hindenburg oder dem Reichskommissar für Preußen Franz von Papen gemeldet und zugleich „die Wiederherstellung der Rechtssicherheit" gefordert werden. Nachdem die NSDAP bei der Reichstagswahl vom 5. März 1933 im Volksstaat Hessen noch immer deutlich besser als im Reichsdurchschnitt abgeschnitten hatte, wo sie nur zusammen mit ihrem deutschnationalen Bündnispartner auf eine knappe absolute Mehrheit gelangt war, und als eine Woche darauf auch noch der bisherige hessische NS-Landtagspräsident Ferdinand Werner zum neuen Staatspräsidenten gewählt wurde, ist im Prinzip klar gewesen, dass das letzte Stündlein geschlagen hatte für die SPD, dort wie generell. Ihre Zeit als hessische Regierungspartei, als die sie durchgängig seit 1919 im Volksstaat gewirkt hatte, wenn auch zuletzt nur in einer geschäftsführenden Minderheitsregierung, war damit vorbei für lange Zeit.[29] Vielleicht gäbe es aber eine Möglichkeit, so hofften viele Gewerkschaftsfunktionäre, dass wenigstens ihre Verbände unter bestimmten Bedingungen ihre Aufgaben weiterhin wahrnehmen könnten, sofern sie den neuen Machthabern gegenüber nur genügend Kompromissbereitschaft erkennen ließen.

In jenen Wochen pendelte Leuschner zwischen Darmstadt und der Reichshauptstadt hin und her, wo es seinen Arbeitsantritt beim ADGB vorzubereiten galt. Am 6. März waren in Darmstadt das Innenministerium, das Gewerkschaftshaus und die Wohnungen Leuschners und Adelungs von Nazis besetzt worden. Drei Tage später hatte der

Gewerkschaftsführer sein Abgeordnetenmandat niedergelegt. Die zu jener Zeit durchgeführten Betriebsrätewahlen, deren erste Teilergebnisse den sozialdemokratischen Richtungsgewerkschaften mit fast 75 Prozent und den Christlichen mit über siebeneinhalb Prozent ein hervorragendes Ergebnis signalisierten, wurden abgebrochen, da damit zugleich ersichtlich wurde, dass die Nationalsozialistische Betriebszellenorganisation (NSBO) mit kaum mehr als elfeinhalb Prozent das von ihr erhoffte gute Resultat weit verfehlen würde. Mit deren Vertretern trafen sich dann am 13. April u. a. Leipart und Leuschner vom ADGB-Vorstand, um über den Fortbestand der Gewerkschaften bzw. die Bildung einer Einheitsgewerkschaft zu verhandeln. Aber weder ihre vorherige Empfehlung an die neue Reichsregierung, einen Reichskommissar für die Gewerkschaften einzusetzen, noch die Ende April getroffene Vereinbarung zur Bildung eines „Führerkreises" der vereinigten nichtkommunistischen Gewerkschaften vermochten das Ende des ADGB wie auch der anderen Gewerkschaften abzuwenden. Noch nicht einmal die Bescheinigung jenes mit Spitzenfunktionären der sozialdemokratischen, christlichen und liberalen Verbände absolut hochkarätig besetzten Gremiums für den NS-Staat, dieser kenne „weder klassenmäßige Trennung noch volksabgewandte Internationalität", was im Fall des just zu jener Zeit bereits den antinazistischen Widerstand vorbereitenden Leuschner mit Sicherheit pure Camouflage war, und auch nicht mehrfache Bereitschaftsbekundungen der Gewerkschaften zur Mitarbeit im NS-Staat sowie im Falle des ADGB die Distanzierung von der Sozialdemokratie und seinen Mitgliedern und Funktionären jüdischer Herkunft bescherten ihnen eine wie auch immer geartete legale Weiterexistenz. Sogar zum Bruch mit dem Internationalen Gewerkschaftsbund, der bis dahin seinen Sitz noch in Berlin hatte, haben die ADGB-Führer es kommen lassen, als dieser kurz zuvor seine Resolution „Kampf dem Faschismus" verabschiedet hatte. Siegfried Aufhäuser, Vorsitzender des Allgemeinen freien Angestellten-Bundes und selbst jüdischer Herkunft, war aus Protest gegen den beschämenden Anbiederungskurs des ADGB bereits am 28. März von seinem Posten zurückgetreten, einen Monat vor der Selbstauflösung seiner Organisation.[30] Nachdem die sozialdemokratischen Verbände, aber durchaus nicht nur diese, ihre Anhängerschaft zuvor noch zur Teilnahme am im faschistischen Sinne zum „Feiertag der nationalen Arbeit" pervertierten Ersten Mai aufgerufen hatten, wurden am 2. Mai 1933 Schlag zehn Uhr vormittags im ganzen Deutschen Reich ihre Gewerkschaftshäuser von braunen Horden gestürmt, d. h. von Mitgliedern der SA und SS sowie der Nationalsozialistischen Betriebszellen-Organisation, im Übrigen vielerorts dies keineswegs zum ersten Mal seit Hitlers Machtantritt. Auch die Einrichtungen und Büros der Einzelgewerkschaften, der Bank der Arbeiter, Angestellten und Beamten, der Volksfürsorge sowie der Gewerkschaftspresse wurden überfallen. Akten, Bücher und sonstige Materialien wurden auf die Straße geworfen und dort verbrannt, während die Einrichtungsgegenstände zerschlagen und die Kassen geplündert worden sind. Die Funktionäre sind unter derben Beschimpfungen sowie oft genug unter fürchterlichen Prügeln aus den Gebäuden gejagt worden, wobei vor den Frauen nicht Halt gemacht worden ist. Hunderte Gewerkschafter in ganz Deutschland wurden in Haft genommen. Auch Leuschner erging es nicht anders. Soeben erst von einer Reise in Gewerkschaftsdingen aus Eisenach, Basel und Leipzig zurückgekehrt, wurde er in Berlin zusammen mit dem gesamten ADGB-Bundesvorstand inhaftiert. Nachdem auch er ständig gedemütigt und drangsaliert worden war, wurde ihm mit einem Holzknüppel ein derart derber

Schlag auf die Nase versetzt, dass er sich davon erst nach seiner Entlassung am 5. Mai allmählich wieder erholen konnte. Vom damaligen ADGB-Sozialstatistiker Dr. Bruno Gleitze ist später bezeugt worden, dass die Spitzenfunktionäre, die zuletzt in die Strafanstalt Plötzensee überführt worden waren, dort insgeheim Wilhelm Leuschner zum Nachfolger Leiparts als Vorsitzender des sozialdemokratisch ausgerichteten Gewerkschaftsbundes bestimmt haben. Viele Funktionäre wurden in Konzentrationslager verbracht, in den Selbstmord getrieben oder kamen auf andere Weise ums Leben, wenn sie nicht – wie etwa in Duisburg – bereits im Gewerkschaftshaus ermordet worden sind.[31]

Leuschners überraschende Freilassung erfolgte vor allem aus dem Grund, weil die Nazis ihn als Türöffner und Leumundszeugen für Dr. Robert Ley, den Chef ihrer am 10. Mai ins Leben gerufenen Zwangsorganisation „Deutsche Arbeitsfront", bei der nächsten Konferenz der Internationalen Arbeitsorganisation des Völkerbundes zu instrumentalisieren beabsichtigten. Nachdem er zunächst noch die Haftentlassung etlicher ADGB-Gewerkschafter hatte erwirken können, fuhr Leuschner Anfang Juni mit der deutschen Delegation nach Genf. Er wie auch der christliche Gewerkschaftsführer Bernhard Otte wurden aber der ihnen dabei zugedachten Rolle in keiner Weise gerecht. Vielmehr informierten sie die dort zusammen mit den Regierungs- und Arbeitgebervertretern versammelten Abgesandten der internationalen Gewerkschaftsbewegung in vertraulichen Gesprächen über die wahren Verhältnisse, die in ihrer Heimat eingekehrt waren. Gewiss hat Leuschner auch die Gelegenheit nicht ungenutzt gelassen, hinter den Kulissen bei seinen Kollegen für die Unterstützung der in Deutschland nun zu organisierenden gewerkschaftlichen Widerstandsarbeit zu werben. Die Genf-Visite, die der „Deutschen Arbeitsfront" eigentlich die Anerkennung als legitime Arbeitnehmervertretung hätte bescheren sollen, ist für Ley hingegen nicht zuletzt durch Leuschners und Ottes demonstratives offizielles Schweigen zu einem einzigen Debakel geworden. Auch seine ständige Trunkenheit und sein sonstiges unmögliches Gebaren haben dabei eine Rolle gespielt. Der NS-Staat stieß bei den Arbeitnehmervertretern in der Internationalen Arbeitskonferenz jedenfalls auf schroffe Ablehnung. Daraufhin sah Ley sich zu der Androhung veranlasst, man werde Leuschner in Deutschland sofort verhaften. Und tatsächlich wurde er auf der Rückreise am 23. Juni 1933 in Freiburg festgenommen.[32] Er hätte in der Schweiz bleiben können, war hierzu von seinen Kollegen förmlich bekniet worden. Obendrein ist er dort durch die Frankfurter SPD-Politikerin Johanna Kirchner[33] von der Festnahme seines Freundes Mierendorff am 13. Juni in ihrer Heimatstadt unterrichtet worden. Diese war eigens nach Genf gereist, um aus dem Ausland Hilfe für den Inhaftierten zu organisieren. Und in der Tat ist es Leuschner gelungen, die deutsche Delegation zu einem Telegramm an den neuen Frankfurter Polizeipräsidenten zu veranlassen, in dem „dringend" darum gebeten wurde, sich Mierendorffs „anzunehmen und für seine Sicherheit besorgt zu sein". Die beiden Beschwichtigungstelegramme aus Hessen, eines davon vom Staatskommissar für das dortige Polizeiwesen Dr. Werner Best, trafen tags darauf in der Schweiz ein. An den Mierendorff bereits am 14. Juni bei einem unter SS-Bewachung durch die Straßen Darmstadts durchgeführten Umzug durch den aufgehetzten Mob zugefügten Schlägen und Fußtritten vermochte dies aber ebenso wenig zu ändern wie die Berichte, die daraufhin hierzu in der in- und ausländischen Presse erschienen sind. Und im KZ Osthofen, wo der Kriegsversehrte eine Woche später eingeliefert worden ist, hat man ihn sogar derart verprügeln lassen, dass er das Krankenrevier erst nach einem Monat wieder verlassen konnte. Die Proteste hierauf kamen zwar ebenfalls zu spät, haben aber vermutlich dazu beigetragen, dass Mierendorff während seiner viereinhalbjährigen KZ-Haft nicht noch Schlimmeres widerfahren ist. Kurz vor seiner Inhaftnahme hatte der zu dieser Zeit längst in den Untergrund abgetauchte Leuschner-Vertraute übrigens die Kirchners zu Hause besucht, um mit dem bisherigen SPD-Fraktionsvorsitzenden im Frankfurter Römer Karl Kirchner und seiner geschiedenen Frau Fragen des antinazistischen Widerstandes zu besprechen.[34] Heinrich G. Ritzel[35] hat später von weiteren diesbezüglichen Treffen in Frankfurt berichtet, an denen in einem Fall außer seinen beiden Reichstagskollegen Mierendorff und Dr. Kurt Schumacher auch der sozialistische Studentenführer Siegfried Höxter, er selbst und Leuschner teilgenommen haben. Letzterer hatte sich in jenen turbulenten Tagen in der Reichshauptstadt zeitweilig in einer kleinen Pension am Kurfürstendamm als Dr. Wiese einquartiert, bevor er schließlich sein neues Domizil in der Bismarckstraße 84 bezog. Bis zu seiner Reise nach Genf hatte Leuschner sich natürlich auch in Berlin mit etlichen SPD- und Gewerkschaftsfunktionären wiederholt zu geheimen Beratungen getroffen.[36] Seiner Rolle im antinazistischen Widerstand wird auf alle Fälle nicht gerecht, wer ihn – wie dies noch immer meist geschieht – einzig und allein nur mit dem Umsturzversuch vom 20. Juli 1944 in Verbindung bringt.

Im Frühjahr 1933 sind in Südhessen – wie eigentlich fast überall in Deutschland – etliche sozialdemokratische Geheimtreffen zur Beratung über die aktuelle Lage und die weitere Vorgehensweise durchgeführt worden, die aber meist noch recht unprofessionell getarnt waren als kleinere Caféhaus- oder Kneipenrunden oder sonst wie als geselliges Beisammensein von Freundeskreisen. Mitunter wurden sogar Zusammenkünfte in größerem Stil abgehalten, wie etwa eine „Geburtstagsfeier“ im Frankfurter Haus Vaterland in der Bockenheimer Landstraße, in dessen Nebenraum auf Einladung von Höxter „ungefähr 50 oder 60 hessische Sozialdemokraten“, aber auch andere Demokraten zusammengekommen sind, um über die Weiterarbeit unter illegalen Bedingungen zu beraten. „Wahrscheinlich“ seien „es aber noch mehr“ Personen gewesen, die dort versuchen wollten, „eine bessere politische Organisation zu schaffen“, als die SPD es ihrer Überzeugung nach seinerzeit gewesen ist. „Auch eine Reihe solch prominenter Genossen wie Carlo Mierendorff und Prof. Bergsträsser“ hätten daran teilgenommen haben, hat Emil Schmidt berichtet, der damalige Vorsitzende der Frankfurter Sozialistischen Arbeiterjugend, der in Höxters Auftrag in der ganzen Region zu dieser Zusammenkunft mobilisiert hatte, was allein schon ein recht leichtsinniges Unterfangen gewesen ist. Sollte jener neue Organisationsanlauf unter illegalen Bedingungen misslingen, hätte man „in die KPD übertreten“ wollen, was Schmidt selbst nach seiner ersten Inhaftierung im Herbst 1933 auch in die Tat umsetzte.[37] Höxter, der Darmstädter SPD-Vorsitzende Karl Pringsheim, beide übrigens wegen ihrer jüdischen Herkunft gleich doppelt verfolgt, Johanna Kirchner, Ritzel und etliche andere waren zu jener Zeit schon ins Ausland geflüchtet.

Jene Treffen hätten de facto der Aktivierung des vom SPD-Vorstand schon im Vorjahr für den Fall einer bereits damals befürchteten Verfolgungssituation der Partei verein-

Kampf dem Hakenkreuz

Rededisposition über die faschistische Gefahr

mit einem Anhang:

Referentenmaterial über

Die Rolle der KPD.

Herausgegeben von der
Sozialdemokratischen Partei Deutschlands
Berlin SW 68, Lindenstraße 3

barten konspirativen Pioniersystems dienen sollen, das in Hessen und einigen anderen Bezirken immerhin als Prototyp auch entwickelt worden sein soll. Jene Widerstandsstruktur basierte auf streng voneinander abgeschotteten Fünfergruppen, welche die Vorgaben ihrer Anführer strikt befolgen mussten. Ihre Primäraufgabe war antinazistische „Zersetzungsarbeit", wozu ein Nachrichten- und Kurierdienst organisiert, die NS-Organisationen infiltriert sowie entsprechende Propagandamaterialien in Umlauf gebracht werden sollten. Mit Funktionären von Reichsbanner, Eiserner Front, sozialdemokratischen Gewerkschaften und anderen befreundeten Organisationen sollte bei Wahrung aller Vorsichtsmaßnahmen unverzüglich Verbindung aufgenommen werden, perspektivisch auch mit sympathisierenden Polizei- und anderen Beamten, desgleichen mit bürgerlichen Oppositionellen, christlichen Gewerkschaftern und sogar mit Anhängern der linksfaschistischen „Schwarzen Front". Vieles von dem war bereits angelaufen, als dieser frühe konspirative Organisationsversuch, in den außerdem Trotzkisten, Rechtskommunisten, Mitglieder der Sozialistischen Arbeiterpartei Deutschlands und selbst KPD-Mitglieder hätten einbezogen werden sollen, schon im Mai 1933 durch die Wiesbadener Kommunisten in ihrer Untergrundpresse unter der Überschrift „Achtung SPD-Arbeiter! Der Verrat eurer Führer geht noch weiter!" denunziert worden ist. Zumal in dem Artikel auch noch Mierendorffs und Höxters Klarnamen genannt worden sind, ist dies einer Aufforderung an die politische Polizei gleichgekommen, dem Treiben der verhassten Konkurrenz im antifaschistischen Kampf umgehend ein Ende zu bereiten.[38]

Von Dr. Elfriede Nebgen, der engen Mitstreiterin Jakob Kaisers im Widerstand christlicher Gewerkschafter, seiner späteren Ehefrau sowie Biographin, wurde darüber hinaus überliefert, dass sich dieser und Leuschner, die beide kurz zuvor noch an den Verhandlungen über den „Führerkreis der vereinigten Gewerkschaften" beteiligt gewesen waren, ebenfalls bereits in jenem Mai 1933 bei einem Treffen im Berliner Café Kranzler fest versprochen haben, im von ihnen schon damals beabsichtigten antinazistischen Widerstand eine einheitlich organisierte Arbeiterbewegung zu begründen.[39] Denkverbote durfte es in jener höchst komplizierten historischen Konstellation nicht geben: Man sondierte folglich, entwarf unentwegt verschiedene Handlungsmöglichkeiten, verwarf sie wieder, überlegte neu. Niemand konnte wissen, wohin die Ereignisse letztendlich führen würden. Keiner besaß ein Patentrezept, wie dem Faschismus an der Macht adäquat zu begegnen wäre, der Deutschland seit Hitlers so genannter Machtergreifung mit Wellen unbeschreiblichen Terrors überzog, von denen hauptsächlich die Organisationen der gesamten sozialistischen ebenso wie der kommunistischen Arbeiterbewegung, aber auch die Angehörigen der jüdischen Minderheit betroffen waren. Die bürgerlichen Parteien, die am 23. März im Reichstag allesamt für Hitlers „Ermächtigungsgesetz" und damit im Prinzip für die Errichtung seiner Diktatur votiert hatten, lösten sich Mitte des Jahres von selbst auf. Die christlichen und liberalen Gewerkschaften hatten am 3. Mai vor den Nazis ebenfalls Kotau gemacht und sich dem „Aktionskomitee zum Schutze der deutschen Arbeit" unter Führung Dr. Leys unterstellt. Nur der zwei Monate zuvor für das Zentrum erstmals in den Reichstag gewählte Jakob Kaiser hatte sich dem verweigert, weshalb er sogleich als Landesgeschäftsführer der Christlichen Gewerkschaften für Rheinland und Westfalen abgesetzt worden ist. Am 24. Juni war auch das organisatorische Schicksal der christlichen Gewerkschaftsbewegung generell besiegelt, deren Einrichtungen dann wie bereits die der sozialdemokratisch ausgerichteten Verbände durch die Nationalsozialistische Betriebszellen-Organisation bzw. durch die „Deutsche Arbeitsfront“ übernommen wurden. Zwei Tage zuvor war gegen die noch zu Jahresbeginn fast eine Million Mitglieder zählende SPD und ihre Nebenorganisationen das Betätigungsverbot ergangen, gefolgt wiederum von einer Verhaftungswelle, von der binnen einer Woche reichsweit mehr als 3.000 Sozialdemokratinnen und Sozialdemokraten erfasst wurden, darunter zahlreiche Landtags- und Reichstagsabgeordnete sowie andere Funktionsträger der Partei. Das eigentliche Parteiverbot erfolgte dann am 14. Juli 1933 mit dem „Gesetz gegen die Neubildung von Parteien“, durch das die Einparteiendiktatur zementiert wurde. Überhaupt sind in jener Anfangsphase der Diktatur schon Zehntausende Menschen festgenommen und inhaftiert worden, meist ohne Haftbefehl und ohne jedes Gerichtsurteil. Die wenigsten davon traf es wirklich wegen antinazistischer Aktivitäten. Umgehend wurden sie in die Folterstätten und „wilden Lager“ von SA und SS verschleppt oder in andere Haftstätten des Regimes, darunter auch die seit März in rascher Folge errichteten frühen Konzentrationslager. Dort sind die Häftlinge Entwürdigungen aller Art und oft genug bestialischsten Misshandlungen ausgesetzt gewesen. Die allermeisten von ihnen waren Mitglieder der Arbeiterparteien und der Gewerkschaften. Aber auch Angehörige des Zentrums und anderer katholischer Organisationen waren darunter, desgleichen etliche Menschen jüdischer Herkunft, die damals noch meistenteils primär aus Gründen politischer Verfolgung inhaftiert wurden. Über die Anzahl der damals bereits Ermordeten sind bis heute keine verlässlichen Angaben möglich: Die Schätzungen schwanken zwischen mehreren Hundert und bis zu 2.000 Personen allein in jener Frühphase der politischen Verfolgung. Das „Statistische Jahrbuch des Deutschen Reiches“ nennt zudem die Zahl von 20.565 Menschen, die 1933 insgesamt aus politischen Gründen verurteilt worden sind.[40]

Ein Jahr Nazi-Haft

Zwölf schwere Monate lang waren dem Gewerkschaftsführer die Hände nun gebunden. Zunächst war er inhaftiert im Landesgefängnis Freiburg, dann im hessischen Landeszuchthaus Rockenberg bei Butzbach und anschließend im Emsland-KZ Börgermoor bei Papenburg, wohin auch Mierendorff verschubt worden ist. Ende November wurden beide dann zusammen mit dem Schauspieler und Theaterregisseur Wolfgang Langhoff und einigen anderen Gefangenen in das KZ Lichtenburg bei Prettin im Kreis Torgau überführt, wo sie am 6. Dezember 1933 eintrafen. Zu ihren dortigen Mithäftlingen gehörten Hermann Lüdemann, der spätere Ministerpräsident von Schleswig-Holstein, ebenso Ernst Reuter, nach dem Krieg Oberbürgermeister bzw. Regierender Bürgermeister von Berlin, und etliche andere prominente Sozialdemokraten, während die überwiegende Mehrzahl der Gefangenen so wie Langhoff einen kommunistischen Organisationshintergrund hatten. Schikanen, Prügel, Folter, unzureichende Verpflegung usw. gehörten selbstverständlich auch dort zum üblichen Programm.

In seinen bereits 1935 im Schweizer Exil unter dem Titel „Die Moorsoldaten" publizierten Erinnerungen an seine 13-monatige Haft attestierte Langhoff seinen kommunistischen Mithäftlingen in Börgermoor, sie hätten zu Leuschner und Mierendorff „ein durchaus freundschaftlich-kameradschaftliches Verhältnis" gepflegt. Auch wurde von ihm überliefert, dass Leuschner seinen Kameraden dort Deutschunterricht erteilt, spannende Episoden aus seinem Leben erzählt und sich ansonsten sehr mutig für sie eingesetzt habe. Für die beiden Häftlinge aus Hessen sei die seinerzeit durchaus nicht unübliche „Distanzierung zwischen sozialdemokratischen Führern und kommunistischen Arbeitern nicht in Frage" gekommen. Selbst wenn dies nach ihren reichlichen Negativerfahrungen, nämlich den ständigen kommunistischen Beleidigungen als „Arbeiterverräter", „Sozialfaschisten", „SPD-Bonzen" und dergleichen mehr, ziemlich befremdlich anmuten mag, der damalige Erfurter Kommunist Alfred Marchand, der mit Leuschner und Langhoff im KZ Lichtenburg geraume Zeit in derselben Zelle einsaß, hat sich nach der Rückkehr aus seinem zwei Jahrzehnte währenden Exil in Palästina bzw. Israel nicht anders erinnert. Auch Leuschner sei damals klar gewesen, so hat der dann in Frankfurt der SPD beigetretene und 1997 mit der Wilhelm-Leuschner-Medaille ausgezeichnete Antifaschist in einem Zeitzeugenbericht über die gemeinsame Haftzeit hervorgehoben, „dass eines der größten Hindernisse, die Machtergreifung der Nazis zu verhindern, in der Spaltung der Arbeiterbewegung bestanden" habe. Ihnen sei darüber hinaus sehr wohl bewusst gewesen, „dass der erste Widerstand durch den Terror der Nationalsozialisten zerschlagen worden war". Sie hätten aber trotzdem daran geglaubt, „dass es möglich sein müsse, einen neuen Widerstand zu organisieren. Leuschner" sei „nach wie vor von den Möglichkeiten und der Kraft der Gewerkschaftsbewegung überzeugt" gewesen. „Diese Meinung" habe „er nie aufgegeben". Das bekannte Moorsoldatenlied, dessen Text Langhoff zusammen mit Johann Esser in Börgermoor verfasst hat und dessen einprägsame Melodie von Rudi Goguel, einem weiteren Kommunisten, stammt, hat Leuschner übrigens später extra aufgeschrieben, so wichtig war ihm diese KZler-Hymne, die den in den Lagern der Nazis so unsäglich Drangsalierten immer wieder Trost, Hoffnung und moralische Aufrichtung beschert hat.

Er hatte sogar die Idee, dies alles mit jenem legendären Lied als dramaturgischem Höhepunkt später einmal verfilmen zu lassen, am besten durch Gustav Hartung, der 1933 vor den immer wüsteren antijüdischen Pressionen aus Darmstadt in die Schweiz geflohen war.[41]

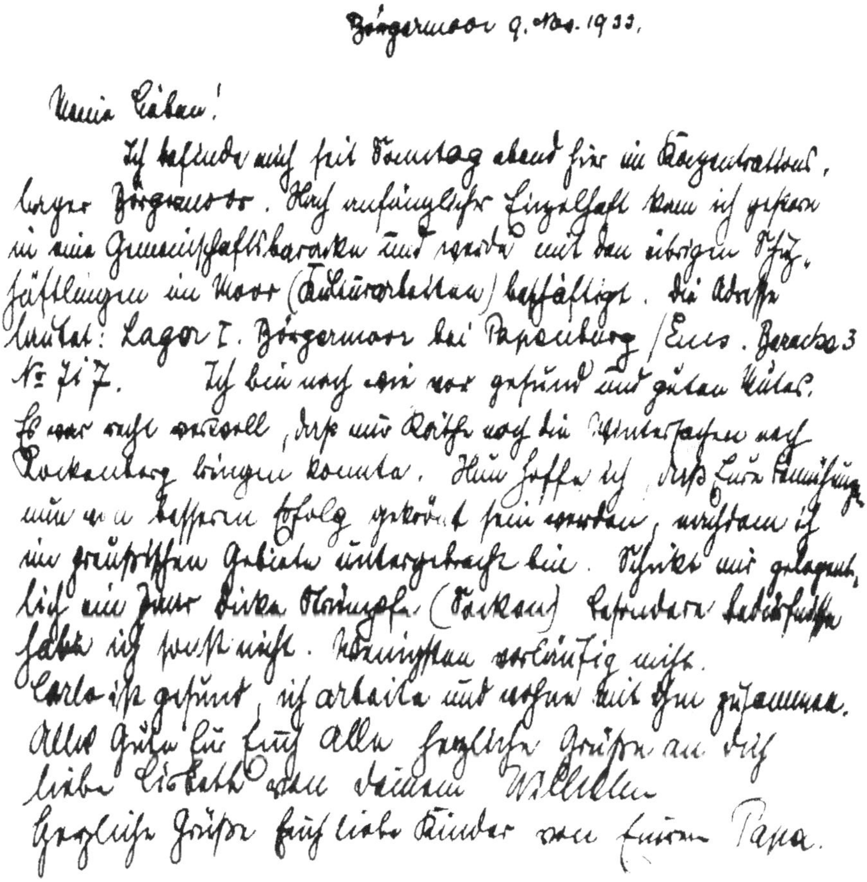

Brief Leuschners aus dem KZ Börgermoor an seine Familie

Am 10. Juni 1934 wurden Leuschner die Entlassungspapiere ausgehändigt. Lapidar hieß es darin, „laut Verfügung der Geheimen Staatspolizei" vom selben Tag sei „die Schutzhaft aufgehoben", wie jenes gezielte Wegsperren politischer Gegner und anderer dem Regime missliebiger Personen im Nazi-Jargon schönfärberisch genannt wurde. Vielleicht hatten die Protestschreiben, die durch Vertreter der internationalen Arbeiterbewegung an die Hitler-Regierung bzw. an die „Deutsche Arbeitsfront" gesandt worden waren, seine Freilassung bewirkt. Das zurückliegende Jahr hatte ihn schon zermürbt, wenn nicht sogar entmutigt. Sein sonst so unerschütterlicher Optimismus war jedenfalls, wie sich Dr. Elfriede Nebgen erinnert hat, einer tiefen depressiven Grundstimmung gewichen. Wenigstens hatte er sich selbst nichts vorzuwerfen, denn in den Verhören, denen er wiederholt unterzogen worden war, hatte er niemanden belastet oder verraten, vielmehr eine geradezu vorbildliche Haltung unter Beweis gestellt. Alle politische Verantwortung hatte er auf sich genommen, zumal für das antinazistische Agieren seiner Mitstreiter vordem, insbesondere für das seiner Untergebenen im hessischen Innenministerium bzw. im dortigen Polizeidienst. Umgehend begab er sich nun nach Berlin, wo seine Frau Lisbeth fast völlig mittellos seiner harrte.[42] Sein Ruhegehalt als Minister war nämlich im September 1933 gestrichen worden, was zu einem jahrelangen Ringen um jene Versorgungsleistung geführt hat. Sohn Wilhelm, der ebenfalls unter Anfeindungen wegen seines den neuen Machthabern durch und durch verhassten Vaters zu leiden hatte, war, weil er deshalb hierzulande keine Arbeit fand, zwischenzeitlich als Monteur nach Luxemburg gegangen, bis er diese Tätigkeit wegen abermaliger politischer Verleumdungen wieder verlor. Auch Tochter Käthe und ihre Mutter hatten sich derweil unentwegt um Leuschners Freilassung bemüht. Der Briefkontakt, den sie mit ihm beständig gehalten hatten, war für ihn – wie für jeden Inhaftierten – ein ganz außerordentlicher seelischer Rückhalt gewesen, was natürlich in noch weitaus stärkerem Maße für die Besuche galt, die sie ihm verschiedentlich hatten abstatten dürfen. Nun aber konnten ihn seine Lieben endlich wieder in ihre Arme schließen. Doch was würde die Zukunft für sie noch alles bereithalten?

Angenehm war die Situation bestimmt nicht, der Leuschner sich nun konfrontiert sah. Täglich musste er zur Polizei, um seiner Meldepflicht nachzukommen. Dies durfte er aber nicht nach eigenem Gutdünken, sondern nur nach jeweils neuer Weisung, d. h. zu ständig wechselnden Uhrzeiten, die ihm immer erst am Vortag mitgeteilt worden sind. Später wurden die Intervalle größer, bis die schikanöse Maßnahme endlich aufgehoben wurde. Mit Sicherheit ist er auch noch observiert worden. Viele seiner Freunde und Bekannten scheuten den Umgang mit ihm, weil sie fürchteten, sie könnten selbst ins Visier der Gestapo geraten. Seine finanzielle Situation war reichlich prekär. An eine Arbeit zu gelangen, war für einen politisch Verfolgten äußerst schwierig. Möglicherweise hat ihm anfänglich seine Partei unter die Arme gegriffen, die zu jener Zeit noch vielerorts im Verborgenen wirkende Unterstützungskassen unterhielt. Wie auch immer, das Wichtigste war, jetzt kühlen Kopf zu bewahren, wieder in Tritt zu kommen.

Währenddessen wurde Deutschland immer weiter in einen Polizeistaat, in ein einziges Zuchthaus verwandelt, in dem jedwede oppositionelle Regung brutal unterdrückt wurde. Selbst vor der Ermordung eigener Parteigenossen und hochgestellter konservativer Persönlichkeiten scheuten die Nazi-Führer nicht mehr zurück, wie sich drei Wochen nach Leuschners Haftentlassung zeigte: Damals wurden im Zuge einer von Hitler befohlenen und zum Teil auch von ihm persönlich angeführten Aktion zur Abwehr eines angeblich bevorstehenden, in Wahrheit aber keineswegs beabsichtigten Putsches der SA deren Oberster Stabschef Ernst Röhm, der frühere Reichsorganisationsleiter der NSDAP Gregor Strasser und andere innerparteiliche Kontrahenten ebenso wie etliche konservative Kritiker des Regimes kurzerhand liquidiert. Unter den Opfern befanden sich auch der frühere Reichskanzler General von Schleicher, dessen einstiger Stellvertreter als Reichswehrminister Generalmajor Ferdinand von Bredow, der Vorsitzende der Katholischen Aktion im Bistum Berlin Ministerialdirektor Dr. Erich Klausener sowie Herbert von Bose und Dr. Edgar Jung, zwei rechtskonservative Vertraute von Franz von Papen. Dieser wurde nur unter Hausarrest gestellt und musste wenig später vom Amt des Vizekanzlers zurücktreten. Der Publizist Jung hatte im Wesentlichen von Papens aufsehenerregende Marburger Rede vom 17. Juni 1934 verfasst, eine vorsichtige, gleichwohl unverkennbare Kritik an den Herrschaftsmethoden der Nazis aus konservativer Sicht, die als ein Bekenntnis u. a. zur christlichen Lehre, zu kritischer Meinungsäußerung und „unbeeinflussbarer Rechtspflege“, zu „eiserner Gerechtigkeit“ und „Volksfreiheit“ formuliert worden war. Womöglich an die 200 Personen sind in jenem Sommer 1934 von SS-Männern und Gestapo-Beamten mit Einverständnis und Unterstützung der Reichswehr ermordet worden, manche davon auch nur aus Gründen persönlicher Rache oder weil sie Verwechselungen zum Opfer fielen. Zumal in bürgerlich-konservativen und katholischen Kreisen waren das Entsetzen und die Empörung über jenes Verbrechen groß. Nicht wenigen, die bis dahin dem Nationalsozialismus vielleicht sogar Sympathien entgegengebracht hatten, sind dadurch letztendlich die Augen geöffnet worden.

Zum Glück gab es noch verlässliche gute Freunde, die Leuschners erste Schritte in sein neues Leben erleichtert haben. Jakob Kaiser[43] und dessen Vertraute Dr. Elfriede Nebgen gehörten dazu. Kaum dass er durch Lisbeth Leuschner von der Rückkehr ihres Mannes in Kenntnis gesetzt worden war, besuchte Kaiser ihn in ihrer Wohnung in der Bismarckstraße. Während der ganzen zurückliegenden Zeit war der Christdemokrat mit Leuschners Familie in Verbindung geblieben. Elfriede Nebgen hat versichert, seit jener ersten Wiederbegegnung der beiden sei „Wilhelm Leuschner bis zum 20. Juli 1944 regelmäßig in jeder Woche wenigstens einmal Gast bei Kaiser in der Wittelsbacher Straße" gewesen. Auch ihre eigene Wohnung hat sie für Treffen der mit den beiden verbundenen Verschwörerkreise zur Verfügung gestellt. Natürlich berichteten die zwei christlichen Gewerkschafter Leuschner alsbald von den Beratungen, die sie in der Zwischenzeit mit einstmals führenden Funktionären ihrer Verbände aus dem ganzen Reich hinsichtlich der anstehenden wie auch künftiger Aufgaben geführt hatten.[44] Vom im Vorjahr vereinbarten Vorhaben der organisatorischen Zusammenführung der verschiedenen nichtkommunistischen Gewerkschaftsverbände ist dabei nicht abgerückt worden. Auch vom für die NSBO abermals enttäuschenden Ausgang der ersten, auf der Grundlage des „Gesetzes zur Ordnung der nationalen Arbeit" vom 20. Januar 1934 im Frühjahr durchgeführten Vertrauensrätewahlen werden sie ihm erzählt haben, an denen sich nur ein Teil der Beschäftigten, wohl nur 40 Prozent, beteiligt hatten, von denen wiederum lediglich ein Bruchteil, oft kaum mehr als jeder Vierte, für einen der Nazi-Kandidaten hatte votieren mögen. Mit Bestimmtheit haben Nachrichten wie diese und der ihm von Kaiser und Nebgen überhaupt bereitete warmherzige Empfang nicht wenig zu Leuschners zügiger mentaler Stabilisierung beigetragen.

Mit Dr. h. c. Theodor Leipart traf er sich bald darauf ebenfalls zu geheimen Beratungen. Auch Kaiser und Nebgen nahmen verschiedentlich an solchen Unterredungen mit dem früheren ADGB-Chef teil. Aber zunächst werden die Freunde den alten Gewerkschaftsführer nur vage in ihre Pläne eingeweiht haben, die von ihnen natürlich ohnehin erst viel später konkretisiert werden konnten. Gerade während der Kriegsjahre hat bei Leipart dann so manche diesbezügliche Diskussion in kleinster Runde stattgefunden. Dabei soll er sich an den konspirativen Erörterungen eifrig beteiligt und die Neuordnungsabsichten seiner Kollegen, insbesondere das Vorhaben einer Einheitsgewerkschaft vollends befürwortet haben. Obgleich er selbst nicht mehr aktiv in das Umsturzunternehmen eingebunden werden wollte, war er immerhin gewillt, die beabsichtigte neue nichtnazistische Einheitsgewerkschaft gemeinsam mit Alwin Brandes als Ehrenvorsitzender zu unterstützen.[45]

Auch mit seinen Kollegen vom ADGB-Bundesvorstand Hermann Schlimme und Walter Maschke hatte Leuschner nach seiner Freilassung sofort wieder Kontakt, die ihn gleichfalls über ihre bis dahin unternommenen konspirativen Aktivitäten ins Bild setzten. Maschke hat in einem im Sommer 1945 in Bayreuth niedergeschriebenen Exposé bezeugt, es sei schon „in den Jahren 1933 und 1934" durch Sozialdemokraten und Gewerkschafter der Aufbau „einer gemeinsamen Geheimorganisation zur Bekämpfung des Nationalsozialismus" versucht worden. Dies ist ein halbes Jahr später durch Fritz Tarnow in einem Erinnerungsbericht bestätigt worden, welcher im „Mitteilungsblatt" der Landesgruppe deutscher Gewerkschafter in Schweden veröffentlicht worden ist.

Der nicht zuletzt mit dessen Hilfe 1933 ins Ausland entkommene enge Vertraute Leuschners im antinazistischen Widerstand hat darin sogar darauf hingewiesen, dass die „erste illegale Zusammenkunft“ von einigen „führenden Funktionären aus verschiedenen Verbänden“ noch „am Nachmittag“ des 2. Mai 1933 „in Berlin“ durchgeführt worden sei, wobei man „diesen Kreis“ während der „folgenden Wochen“ durch Hinzuziehung von „Vertretern der noch fehlenden Verbände zu einem permanenten zentralen Ausschuss ausgebaut“ habe. Dieser sei „aus Sicherheitsgründen“ recht rasch durch „ein fünfköpfiges Aktionskomitee“ als ständiges Leitungsgremium ersetzt worden, in dem Heinrich Schliestedt, vordem Sekretär beim Hauptvorstand des Deutschen Metallarbeiter-Verbandes, „eine führende Stellung“ eingenommen habe. „Der Todestag der freien Gewerkschaften“ sei insofern zugleich „auch der Geburtstag der illegalen Gewerkschaftsbewegung des Dritten Reiches“ gewesen. Diese habe „von Anfang an ihre Organisation weniger auf Gruppen als auf Einzelvertrauensmänner aufgebaut“, weil dies „nach der besonderen Art der illegalen Gewerkschaftsarbeit zweckmäßig erschien“. Auch Maschke hat wenige Wochen nach seiner Befreiung aus dem Zuchthaus in Bayreuth durch die Amerikaner darauf hingewiesen, dass man zunächst „ein System von Vertrauensleuten aufgebaut“ habe, „durch das vom Ausland eingeschmuggelte Drucksachen zur Verteilung gebracht wurden“. 1934 habe er aber den Vertretern des SPD-Exils in der Tschechoslowakei sowie solchen der internationalen Gewerkschaftsbewegung in Großbritannien und den Niederlanden beschieden, „der organisierte Drucksachenvertrieb“ koste „zu viele Opfer“, weil „der Spitzelapparat der Gestapo immer mehr ausgebaut“ würde. Bereits damals seien er und die meisten seiner Kollegen überzeugt gewesen, „dass eine baldige Beseitigung des Hitler-Regimes durch eine aus der Volksmasse kommende revolutionäre Bewegung nicht zu erwarten sei“. Vielmehr hätten sie darauf gehofft, dass in der Folge „wirtschaftlicher und außenpolitischer Schwierigkeiten eine Situation“ einträte, welche „die Wehrmacht“ zu „einem politischen Umsturz zwingen“ werde. Daraus habe sich die Notwendigkeit ergeben, „mit Vertretern der verschiedenen nazifeindlich eingestellten Bevölkerungskreise und auch mit Vertretern der Wehrmacht in Verbindung“ zu gelangen, um einen „Gedankenaustausch über die politische Situation und gewisse Vorbereitungen für den Fall eines Umsturzes herbeizuführen“. Maschke hat ferner bekundet, Leuschner, der „für diese vorbereitende Arbeit von vornherein“ als der „Vertreter der Gewerkschaften galt“, habe seinerzeit ihm „die Aufgabe“ übertragen, hierzu „Verbindungen unter den Gewerkschaftern herzustellen, damit eine gewisse Bereitschaft zum Wiederaufbau der Gewerkschaften vorhanden sei, wenn ein Umsturz“ erfolge. Daraufhin habe er, Maschke, „im Herbst 1934“ die Lage „mit führenden Gewerkschaftern der wichtigsten Berufsgruppen und verschiedener Bezirke“ besprochen, „um sie zu einer entsprechenden Verständigung ihrer wichtigsten Vertrauensleute zu veranlassen“. Neben mehreren Funktionären diverser Gewerkschaftsverbände in Berlin, darunter Schlimme, Schliestedt und Alwin Brandes, der langjährige Vorsitzende des Deutschen Metallarbeiter-Verbandes, auch Nikolaus Bernhard, bis vor kurzem noch Vorsitzender des Deutschen Baugewerksbundes, der frühere Vorstandssekretär der Allgemeinen freien Angestellten-Bundes Bernhard Göring sowie etliche andere, kontaktierte Maschke des Weiteren u. a. Albin Karl aus Hannover, bis 1933 stellvertretender Vorsitzender des Verbandes der Fabrikarbeiter Deutschlands, den einstigen Vorsitzenden des Bergarbeiter-Verbandes Fritz Husemann in Bochum sowie die beiden späteren DGB-Vorsitzenden Hans

Böckler in Köln und Willi Richter aus Hessen. Verbindungen bestanden ebenso zu Vertretern der Buchdrucker, der Bekleidungsarbeiter, der Nahrungsmittelarbeiter, der Eisenbahner usw., während ansonsten die von Berlin aus gespannten Fäden des illegalen Netzwerks bis nach Stuttgart und Nürnberg, nach Hamburg, Stettin und Königsberg, Leipzig, Breslau und Jena reichten.[46]

Natürlich wurden jene Bestrebungen von der Gestapo längst aufmerksam registriert, die bereits über etliche Hinweise auf den sozialdemokratischen wie auf den gewerkschaftlichen Untergrund verfügte. So lagen ihr über den von Anfang an mit Bernhard Göring und einigen anderen führenden Angestelltengewerkschaftern konspirativ kooperierenden Hans Gottfurcht schon seit 1934 Spitzelberichte vor. Es war also kein Wunder, dass in den nächsten Jahren viele der beteiligten Funktionäre, darunter Ende 1934 Maschke und Anfang 1937 auch Schlimme, wegen ihrer Widerstandsaktivitäten festgenommen und meist für längere Zeit inhaftiert wurden. Maschkes Funktion als Kontaktmann zu den diversen in die Konspiration eingebundenen Gewerkschaftern wurde während seiner Inhaftierung entweder von Leuschner selbst oder aber durch den früheren Beschäftigten des ADGB-Bundesvorstandes Richard Engelhardt ausgeübt. Heinrich Schliestedt ist im Herbst 1934 gerade noch rechtzeitig die Flucht gelungen, woraufhin er binnen weniger Monate in Komotau, heute Chomutov, in der Tschechoslowakei mit Unterstützung durch den dortigen Metallarbeiter-Verband eine Auslandsvertretung der deutschen Gewerkschaften schuf. Diese sollte deren Untergrundarbeit im Reich den Rücken stärken, und zwar in Verbindung mit der Exil-SPD sowie mit Unterstützung durch den Internationalen Gewerkschaftsbund und einige Internationale Berufssekretariate. Außerdem galt es, die Weltöffentlichkeit über die fürchterlichen Zustände aufzuklären, die in Deutschland herrschten, und schließlich die künftige Reorganisation der Gewerkschaften mit vorzubereiten. Etliche der in Deutschland illegal operierenden Gewerkschaftsverbände sind freilich durch Schliestedts Exilgründung überhaupt nicht vertreten worden, so etwa die Transportarbeiter- und die Bergarbeiter-Gewerkschaften, während er und die Internationale Transportarbeiter-Föderation sowie die Anführer des von dieser unterstützten Eisenbahner-Widerstandes aus ihrer wechselseitigen Abneigung sowieso nie einen Hehl gemacht haben. Die Textilarbeiterfunktionäre haben übrigens wegen der immensen Risiken der illegalen Arbeit dann sogar den Entschluss gefasst, ihre antinazistischen Aktivitäten in Deutschland zum Jahresende 1935 komplett einzustellen. Ansonsten waren Vertreter christlicher und liberaler Gewerkschaftsverbände ebenso wenig wie solche kommunistischer sowie syndikalistischer Untergrundorganisationen in jenem Gremium präsent, das somit eine rein sozialdemokratisch ausgerichtete Gründung blieb.[47]

Zwei Jahre zuvor war durch eine den Nazis von einem Spitzel zugespielte geheime Organisationsanweisung kundgeworden, dass bereits damals die früheren Mitglieder der sozialdemokratischen Gewerkschaftsverbände „in einer neuen illegalen Organisation zusammengefasst" werden würden, „soweit sie bereit" seien, „aktiv den Kampf gegen den Faschismus zu führen". Hierbei würden „alle Arbeiter und Angestellten in einer einzigen Organisation" vereinigt werden. Wo auch immer „vor der Gleichschaltung" eine gewerkschaftliche Verankerung bestanden habe, würden entsprechende „Ortsgruppen" neu „gegründet" werden, wobei es aber „nicht auf zahlenmäßige Stärke" ankomme, sondern darauf, dass „ein großer Teil" der Mitglieder „sich noch im Betrieb" befinde und der „Deutschen Arbeitsfront" angehöre. Bei allen diesen Aktivitäten sei darauf zu achten, hieß es in dem Papier weiter, dass sie möglichst „unauffällig" seien, denn es müsse „mit Sicherheit" angenommen werden, „dass dieselben auch heute noch stark beobachtet" würden. Im Sommer 1934 ist außerdem von einem Nazi-Informanten gemeldet worden, es würden rege Kontakte bestehen zwischen Sozialdemokraten, Reichsbanner-Leuten und Gewerkschaftern, darunter auch solche aus der christlichen Tradition.[48] Dies sind wichtige Hinweise darauf, dass sich schon zu einem sehr frühen Zeitpunkt im innerdeutschen Widerstand der Willen zur Abkehr von der bisherigen berufsständischen Spaltung der Gewerkschaften und zur Überwindung auch der politisch-ideologischen Barrieren zwischen den verschiedenen Reststrukturen der unterdrückten nichtkommunistischen Arbeiterbewegung abgezeichnet hat.

Seine erneuten Widerstandsaktivitäten versuchte Leuschner natürlich sorgsam zu kaschieren. Als einstigem Polizeiminister war ihm das ganze Repertoire der Tausend Tricks der Tarnung wohlvertraut. Sein Freund Kaiser, der im „Dritten Reich" erst von seinen Ersparnissen, dann von Zuwendungen durch Freunde und Kollegen, auch durch solche aus Österreich, ebenso von Familienangehörigen lebte, wusste seine eigenen konspirativen Anstrengungen geschickt dadurch zu verschleiern, dass er sich ab Ende 1933 ganz offiziell um die Durchsetzung der sozialen Belange der rund 600 von den Nazis entlassenen Beschäftigten der Christlichen Gewerkschaften inklusive ihrer Rentner gegenüber der „Deutschen Arbeitsfront" kümmerte und später gegenüber der dann beim Reichsinnenministerium neu geschaffenen Reichsfeststellungsbehörde. Hierfür haben ihm nach eigenem Bekunden „die Unterlagen des Gesamtverbandes der Christlichen Gewerkschaften und die von 15 angeschlossenen Verbänden sowie die Auskünfte der Hauptkassierer zur Verfügung" gestanden.[49] Dem hieß es nachzueifern, was bedeutete, dass Leuschner nun seinerseits versuchte, sich um die versorgungsrechtliche Betreuung der vormaligen weit über 6.000 Funktionäre und Beschäftigten des ADGB einschließlich der einstigen Redakteure seiner Presseorgane bemühen zu dürfen. Er ließ sogar Klage in dieser Sache erheben, die aber zu keiner Entscheidung führte. Aber auch ihm war es auf diese Weise gelungen, Zugang zu den Adressen der vordem führenden oder sonst wie für sein Vorhaben wichtigen Kollegen zu bekommen, was ihm als Grundlage zur reichsweiten Organisierung des anti-

Wilhelm Leuschner (um 1935)

nazistischen Widerstandes diente und gleichzeitig ein ganz vortreffliches Alibi war. Durch den Erwerb eines kleinen Fabrikationsbetriebes für medizinische Instrumente zusammen mit seinem Schwiegersohn Albert Bachmayer vermochte Leuschner seinen konspirativen Aktionsradius seit 1936 beträchtlich auszudehnen. Bald wurde die Produktion des Betriebes um andere Erzeugnisse erweitert bzw. dann auch umgestellt, wodurch sich seine illegalen Gesprächskontakte im ganzen Land fortan leicht als geschäftliche Akquisitionsbesuche für den „Bierfänger Z 1001", das Sicherheitsventil „Haubil" sowie das Rückschlagventil „Kontra" tarnen ließen, eine „neuartige" und „ausgereifte Konstruktion", welche, wie es ein Werbezettel verhieß, „alle Anforderungen" erfüllte, „die an eine moderne und gepflegte Bierdruckanlage gestellt" würden. Es war naheliegend, als primäre Zielgruppe zum Absatz dieser Produkte die Wirte der allerorten bestehenden Traditionslokale der Arbeiterschaft ins Auge zu fassen. Günstig für die Widerstandarbeit erwies sich zudem, dass in der Firma ausnahmslos alte SPD-Genossen und Gewerkschaftskollegen arbeiteten. Patente zur Aluminiumveredelung waren später sogar von wehrwirtschaftlichem Interesse und ermöglichten Leuschner, sich seitdem ohne Verdacht zu erregen auch mit ranghohen Militärs zu treffen, bei denen der Verweis auf das ihm erst 1935 verliehene, noch vom im Vorjahr verstorbenen Reichspräsidenten Paul von Hindenburg gestiftete Ehrenkreuz für Frontkämpfer gewiss nicht ohne Eindruck geblieben ist. Trotzdem musste bei alledem mit ungeheurer Vorsicht vorgegangen werden, sind doch, wie wir heute wissen, allein 1936 über 11.500 Linke wegen ihres antinazistischen Engagements festgenommen worden.[50] Seit jenem Jahr wurde übrigens auch von der Durchführung von Vertrauensrätewahlen abgesehen, da diese sich in beiden Jahren zuvor schon als deutlicher Beleg für die weiterhin bestehende regimekritische Grundstimmung in den Betriebsbelegschaften erwiesen hatten.

1937 ist es auf Bitten Leuschners, Kaisers und Max Habermanns von der früheren Führungsriege des bis zuletzt antimarxistisch, antiliberal und völkisch-antisemitisch ausgerichteten Deutschnationalen Handlungsgehilfen-Verbandes, welcher 1935 noch zu den beiden Freunden hinzugestoßen war, zu einer Unterredung gekommen zwischen dem Marburger Wirtschaftswissenschaftler sowie späteren Gründer des dortigen Instituts für Genossenschaftswesen Professor Dr. Gerhard Albrecht und Generaloberst Werner Freiherr von Fritsch, dem damaligen Oberbefehlshaber des Heeres. Den Kontakt zu Albrecht hatte der aus der gewerkschaftlichen Bildungsarbeit kommende frühere Ministerialrat im Preußischen Kultusministerium und Honorarprofessor Richard Woldt hergestellt, mit dem Leuschner und Kaiser seit Ende 1934 in geheimer Verbindung standen. Bei jenem Treffen, das in Fritschs Dienstsitz im Berliner Bendlerblock stattfand, hat der aus der Tradition des 1935 verbotenen Frontsoldatenbundes „Stahlhelm" stammende Albrecht dem General eine von den Arbeiterführern verfasste, detaillierte Denkschrift überreicht, an der auch Dr. Nebgen mitgewirkt hat. Insbesondere soll darin die unwürdige und brutale Behandlung der Arbeiterschaft wie auch der jüdischen Bevölkerung angeprangert worden sein. Ebenso sei die Notwendigkeit einer vereinheitlichten Arbeiterbewegung hervorgehoben worden, die sich zweckmäßigerweise von jedweder marxistischen Denkungsart freizuhalten habe. Weitere Ausarbeitungen solcher Art sollten folgen, die später dann auch anderen ranghohen Militärs zugeleitet wurden. In jene Kontakte setzten die oppositionellen Gewerkschafter große

Hoffnungen, weil ihnen völlig klar war, dass eine Beseitigung des Diktators nur durch die bewaffnete Macht erfolgen könnte. Schon vordem war durch Leuschner und seine beiden Vertrauten Kaiser und Habermann mit maßgeblicher Unterstützung Albrechts ein gewerkschaftliches Grundsatzprogramm ausgearbeitet worden, das nach dem Bekunden des Letzteren „natürlich mit Abweichungen, aber doch in den Grundzügen seine Verwirklichung beim Wiederaufbau des deutschen Gewerkschaftswesens nach 1945 gefunden“ habe. Auch der einstmals dem linken Flügel des Zentrums angehörende Rechtsanwalt Josef Wirmer, der sich 1936 den oppositionellen Gewerkschaftern angeschlossen hat, brachte noch eigene Ideen in jenes programmatische Konzept ein. Der frühere Generalsekretär des vergleichsweise kleinen Gewerkschaftsrings deutscher Arbeiter-, Angestellten- und Beamtenverbände der Hirsch-Dunckerschen Gewerkschaftsrichtung sowie einstige liberale Reichstagsabgeordnete und stellvertretende Bundesvorsitzende des Reichsbanners Schwarz-Rot-Gold Ernst Lemmer hat ebenfalls zu dieser Zeit zumindest seine prinzipielle Zustimmung bekundet, desgleichen seine Bereitschaft zur späteren Mitarbeit. Jenes Programm soll, so abermals das Zeugnis Dr. Nebgens, die Kerngedanken der „Führerkreis“-Vereinbarung der sozialdemokratischen, christlichen und liberalen Gewerkschaftsverbände vom Frühjahr 1933 zwecks Schaffung einer „einzigen, umfassenden, nationalen“ Einheitsgewerkschaft „zur Sicherung der sittlichen, kulturellen, staatlichen und wirtschaftlich-sozialen Lebensrechte des deutschen Arbeiterstandes“ auf der Basis völliger parteipolitischer Ungebundenheit und bei Anerkennung der Bedeutung der „religiösen Grundkräfte“ für die Gesellschaft wiederaufgenommen haben. Nach dem Scheitern des Umsturzversuchs ist dieses wichtige Dokument 1944 zusammen mit vielen anderen, die Verschwörer belastenden Materialien auf Veranlassung Kaisers verbrannt worden.[51]

Hilfe von draussen

Die Sozialistische Arbeiter-Internationale, aus der die deutsche Sozialdemokratie im Frühjahr 1933 aus taktischen Gründen vorübergehend ausgeschieden war, und der Internationale Gewerkschaftsbund hatten sofort mit allem Nachdruck gegen den unglaublichen faschistischen Terror protestiert, der sich in Deutschland nun austobte. Auch auf der Konferenz der Internationalen Arbeitsorganisation im Juni 1933 war nicht nur dem Faschistenführer Dr. Ley persönlich und dem gesamten gewerkschafts- und arbeiterfeindlichen Agieren der Hitler-Regierung eine kräftige Abfuhr erteilt worden, sondern in gleicher Weise zudem deren gegen die Juden gerichteten Aktivitäten, von denen sich alle zivilisierten Menschen abgestoßen fühlen mussten. Etliche Organisationen der europäischen und internationalen Arbeiterbewegung haben in der Folgezeit den sich hierzulande entwickelnden antinazistischen Widerstand nach Kräften gefördert, auch finanziell, wenngleich dies durchaus nicht immer regelmäßig sowie im von den Illegalen erhofften Umfang. Zu den Unterstützern des deutschen Widerstandes gehörten der Internationale Metallarbeiter-Bund und die Bergarbeiter-Internationale genauso wie der britische Trades Union Congress und die dortige Labour Party, die Internationale Union der Organisationen der Arbeiter und Arbeiterinnen der Lebens- und Genussmittelindustrie und der Internationale Gewerkschaftsbund ebenso wie der französische Bergarbeiter-Verband und der Internationale Textilarbeiter-Verband, um nur einige zu nennen. Auch aus Frankreich, der Tschechoslowakei, den USA und einigen anderen Ländern kam wiederholt Hilfe. Der frühere Vorsitzende des dänischen Metallarbeiter-Verbandes Johann Kjærbøl etwa fuhr bis zu seiner Ernennung zum Handelsminister seines Landes im November 1935 mehrmals im Jahr zu Alwin Brandes, dem, so Kjærbøl in einem kleinen Rückblick aus dem Jahr 1949, „Mittelpunkt der illegalen Bewegung der Metallarbeiter“, die nebenbei bemerkt eines der größten reichsweiten Widerstandsnetzwerke überhaupt geschaffen haben. Wann immer Kjærbøl in Brandes' Berliner Domizil „Geld von den skandinavischen Bruderorganisationen abzuliefern hatte“, hätten sich auf dessen „Veranlassung und nach telefonischen Mitteilungen in Geheimsprache“ dort „in erstaunlich kurzer Zeit“ einige „leitende Berliner Kollegen“ eingefunden, für die jedoch „das Geld nicht alles“ bedeutet habe. Vielmehr hätten sie dadurch deutlich gespürt, wie sehr sich die skandinavischen Gewerkschafter dem antinazistischen Kampf ihrer deutschen Kollegen verbunden gesehen hätten. Auch Wim Spiekman, der Sekretär des Internationalen Bundes der Privatangestellten, reiste während jener Jahre häufig nach Berlin, wobei er sich in der Regel als Zigarrenhändler tarnte. Umgekehrt ist er von seinem dortigen konspirativen Kontaktmann Hans Gottfurcht seit 1934 und bis zu dessen vorübergehender Verhaftung im Sommer 1937 insgesamt achtmal in Amsterdam aufgesucht worden, um über den jeweils aktuellen Entwicklungsstand der Untergrundarbeit seiner Kollegen im faschistischen Deutschland instruiert zu werden. Der gegen das „Dritte Reich“ geleistete Widerstand war grundsätzlich auch dann politisch ausgerichtet, wenn er von den konspirativen Strukturresten der unterdrückten Gewerkschaftsverbände geleistet wurde. Denn Gewerkschaftsarbeit im eigentlichen Sinne war in Deutschland seit 1933 nicht mehr möglich, lässt man einmal manche Streikaktivitäten zumeist kommunistischen Ursprungs oder die bereits erwähnten Bemühungen einzelner früherer Funktionäre, darunter auch die

DEUTSCHLAND-BERICHTE. SONDERBERICHT.

des INTERNATIONALEN BUNDES DER PRIVATANGESTELLTEN (Amsterdam)

Nr. 6/38. Dezember 1938.

Die Zeitungen haben über die Pogrome berichtet, die die Nazi-Diktatur am 10., 11. und 12. November in ganz Deutschland organisierte. Die folgenden Mitteilungen eines deutschen Kollegen berichten ergänzend über das Schicksal unserer von diesen Ausschreitungen betroffenen Berufskollegen.

ZUR LAGE DER JUDISCHEN ANGESTELLTEN IN DEUTSCHLAND.

(IBP) Eine grosse Zahl jüdischer Angestellter gab es Anfang November 1938 nur noch in wenigen deutschen Berufszweigen. In den deutschen Banken und im Innendienst der deutschen Versicherungsgesellschaften wurde - wie die Deutsche Arbeitsfront triumphierend mitteilte - bereits Anfang Oktober kein einziger jüdischer Angestellter mehr beschäftigt. Seit dem 1. Oktober durfte kein Jude mehr als Handelsvertreter arbeiten. Praktisch gab es fast nur noch im jüdischen Einzelhandel und in den Betrieben jüdischer Unternehmer Arbeitsmöglichkeiten für jüdische Angestellte. Mit der Vernichtung des jüdischen Besitzes sind daher jetzt auch die Arbeitsplätze fast aller noch erwerbstätigen jüdischen Angestellten vermichtet worden.

Die jüdischen Einzelhändlern gehörenden Läden wurden in den Pogromtagen zerstört , sie durften von den Eigentümern nicht wieder eröffnet werden. Die jüdischen Angestellten lagen plötzlich auf der Strasse. Auch wenn ein Laden "arisiert" , d.h. von "arischen" Einzelhändlern übernommen wurde, wurde kein jüdischer Angestellter weiter beschäftigt. Ueber Zweidrittel der zerstörten Läden wurde das Konkursverfahren verhängt, nur ein kleiner Teil der jüdischen Angestellten wird daher die ihm bis zum Ablauf der gesetzlichen Kündigungsfrist zustehende Gehaltssumme erhalten. Sie sind auf öffentliche Unterstützung angewiesen - aber auch die erhalten sie nicht ohne weiteres. Erwerbslosen Juden wird in Deutschland nur noch dann Wohlfahrtsunterstützung aus öffentlichen Kassen gezahlt, wenn die jüdischen Gemeinden keine Unterstützung mehr zahlen können. Und auch dann erhalten sie "nach strenger Prüfung" noch weniger als ihre "arischen" Schicksalsgefährten. Die Wohlfahrtsunterstützungssätze sind in Deutschland so niedrig, das eine Zusatzunterstützung von der "Winterhilfe" gezahlt werden muss, um die Wohlfahrtsempfänger wenigstens vor dem Verhungern zu schützen. Erwerbslosen Juden darf keine Zusatzunterstützung gezahlt werden. Zuwendungen jüdischer Wohlfahrtsorganisationen, Unterstützungen aus dem Auslande, werden voll angerechnet, der Unterstützungsbetrag wird von den Nazi-Behörden entsprechend gekürzt. Die grosse Zahl der bisher noch im Einzelhandel tätigen jüdischen Angestellten wird versuchen, durch Auswanderung dem Dauerelend zu entrinnen. Es handelt sich vornehmlich um Kolleginnen; in den nächsten Jahren wird man daher in den Grosstädten der demokratischen Länder viel kaufmännisch gebildete Hausangestellte finden.

In der Bekleidungsindustrie gab es bis in die jüngste Zeit noch eine grössere Zahl jüdischen Unternehmern gehörende Betriebe. Der fortschreitende Prozess der sogenannten "Arisierung" hatte in allen Fällen auch das Ausscheiden der jüdischen Angestellten aus den "arisierten" Betrieben zur Folge. Da der Arisierungsprozess aber doch allmälich und nicht stossweise ablief, konnten diese jüdischen Angestellten sich irgendwie in den normalen Strom der Auswanderungsbemühungen eingliedern. Es ist nicht bekannt, welcher Prozentsatz des Bekleidungsgewerbes in den ersten Tagen des November noch in jüdischen Händen

Sonderbericht des Internationalen Bundes der Privatangestellten zu den Judenverfolgungen (Ende 1938)

von Alwin Brandes, um die Durchsetzung der Versorgungsansprüche der damals zu Tausenden von den Nazis entlassenen Gewerkschaftsbeschäftigten außer Betracht.

In geradezu vorbildlicher Weise sind die Widerstandsbemühungen der deutschen Eisenbahnergewerkschafter, der Transport- und Hafenarbeiter sowie der Binnen- und Seeschiffer und ebenso des kleinen Internationalen Sozialistischen Kampfbundes durch die Internationale Transportarbeiter-Föderation und deren Generalsekretär Edo Fimmen unterstützt worden. In erheblich geringerem Umfang arbeitete dieser zeitweilig aber auch mit einigen Funktionären der Exilapparate mehrerer weiterer sozialistischen Kleinorganisationen zusammen, vor allem mit solchen von „Neu Beginnen" sowie der Sozialistischen Arbeiterpartei Deutschlands. Der frühere Sekretär der Organisationsabteilung im Vorstand des Einheitsverbandes der Eisenbahner Deutschlands Hans Jahn war schon immer für eine couragierte Bekämpfung des Nationalsozialismus eingetreten. Daher hatte er, der seit Herbst 1933 dem harten Kern der Illegalen Reichsleitung der Gewerkschaften angehörte und für eine Weile deren Kontakt zum Widerstand von SPD und Reichsbanner zu realisieren hatte, darüber hinaus eine außerordentlich weit verzweigte antinazistische Kaderorganisation aufgebaut, in der Mitte der 1930er Jahre mehr als 1.300 Eisenbahnerfunktionäre in fast 140 Stützpunkten über ganz Deutschland hinweg erfasst gewesen sind. Eminent zweckdienlich hierfür ist es gewesen, dass es ihm im Frühjahr 1933 gelungen war, die Verbandskartothek mit den Daten von 17.000 Mitgliedern vor dem Zugriff der Nazis zu bewahren. Stark bzw. recht gut ausgebaut war seine Struktur im Bereich des heutigen Nordrhein-Westfalen, in Norddeutschland, Berlin und Brandenburg, Sachsen, Schlesien sowie Süddeutschland. Auf dem Gebiet der jetzigen Bundesländer Hessen und Rheinland-Pfalz beispielsweise bestanden Verankerungen der Widerstandsorganisation in Kassel, Fulda, Frankfurt, Darmstadt, Wiesbaden und Rüsselsheim, dort mit unmittelbarer Anbindung an die Opel-Werke, in Mainz, Bingen, Koblenz, Trier, Kaiserslautern, Speyer, Worms, Frankenthal, Ludwigshafen und auch anderenorts. Nachdem Jahn im Mai 1935 im Zuge von Ermittlungen gegen sozialdemokratische und gewerkschaftliche Widerstandskreise in Berlin festgenommen, nach einem Monat aber wieder freigelassen worden war, kurz bevor seine führende konspirative Funktion im Eisenbahnerwiderstand aufgedeckt wurde, ist er Hals über Kopf geflüchtet. Eine konspirative Direktverbindung zwischen ihm und Leuschner kann somit allenfalls einige Monate bestanden haben. Fortan instruierte Jahn die Widerstandsarbeit seines trotz etlicher schwerer Verhaftungsschläge weiterhin antinazistisch operierenden Verbandes von den Niederlanden, später von Belgien, dann von Luxemburg aus. Von Herbst 1936 bis 1938 wurde zu dessen Unterstützung das Funktionärsorgan „Fahrt-frei für den Einheitsverband der Eisenbahner Deutschlands, Sektion der ITF" in einer Auflage von monatlich 500 Stück produziert und nach Deutschland eingeschmuggelt. Zu jener Zeit hatte die Kaderorganisation bereits zunehmend die Gewinnung und Weiterleitung von Meldungen über die deutschen Kriegsvorbereitungen ins Zentrum ihrer Aktivitäten gerückt. Nach dem Einmarsch der Wehrmacht in Luxemburg musste Jahn 1940 sein Heil ein weiteres Mal in der Flucht suchen. Mit knapper Not konnte er sich nach Großbritannien durchschlagen, wo er sich noch im selben Jahr am wiederum von der Internationalen Transportarbeiter-Föderation unterstützten Gewerkschaftlichen Freiheitsbund gegen das Hakenkreuz beteiligte. Dieser sollte sämtliche Repräsentanten aller bisher in Deutschland aktiven gewerkschaftlichen Widerstandsgruppen zusammenführen, welche vom Internationalen Gewerkschaftsbund bzw. einem der Internationalen Berufssekretariate anerkannt waren. Ab 1943 engagierte Jahn sich mit Verve für die zwei Jahre zuvor von Hans Gottfurcht mit derselben Zielsetzung gegründete Landesgruppe deutscher Gewerkschafter in Großbritannien, u. a. durch Mitwirkung an der Ausarbeitung programmatischer Neuordnungsvorschläge für die Zeit nach Hitler.

Die Aktivitäten der illegalen gewerkschaftlichen Reichsleitung hat Jahn im Exil sehr distanziert und kritisch geschildert. Diese sei letztlich „fruchtlos" geblieben, so sein hartes, sicherlich überzogenes Urteil. Was sich „im Ausland" als Reichsleitung ausgebe, sei „Personenkult ohne sachlichen Rückhalt im Reich". Von den seit seiner Flucht beharrlich fortgeführten Anstrengungen zur Schaffung eines reichsweiten oppositionellen Vertrauensleutenetzes besaß Jahn zu jenem Zeitpunkt – Mitte 1939 nämlich – ganz offensichtlich keine Kenntnis mehr. Die fürchterlichen Verluste, die im Prinzip allen Widerstandsorganisationen und -gruppen bis dahin durch die Gestapo zugefügt worden sind, gemahnten die Regimegegner permanent zu größter Vorsicht. Ihre eigenen, von vornherein nur informellen, somit ohnehin deutlich weniger störanfälligen Widerstandsstrukturen haben die Anführer der Leuschner-Konspiration folglich noch mehr gegenüber anderen illegal operierenden Organisationen abgeschottet, um die Aufdeckungsgefahr weiter zu verringern. Es genügte ihnen schließlich völlig, dass sie um die Fortexistenz von allen möglichen politischen wie gewerkschaftlichen Widerstandsgruppen allerorten wussten, mit denen sie zu gegebener Zeit schon in Kontakt kommen würden: entweder über ihre Vertrauensleute vor Ort, die von ihnen weiterhin im ganzen Land angeworben worden sind, oder womöglich über das Ausland, mit dem die meisten Widerstandsstrukturen, die des Metallarbeiter-Verbandes, der Angestelltenverbände usw., die der SPD sowie der kleineren sozialistischen Parteien und Gruppierungen und auch die des illegalen Eisenbahner-Einheitsverbandes damals noch mehr oder minder regelmäßig in Verbindung standen. Seit dem Kriegsausbruch 1939 sind jene Auslandskontakte allerdings nach und nach zusammengebrochen. Die nicht zuletzt durch Margarete Traeder, die Lebensgefährtin Schliestedts, fast vier Jahre lang zwischen Berlin und der Auslandsvertretung der deutschen Gewerkschaften in Komotau zur Übermittlung von Informationen sowie Geldern für die Widerstandsarbeit realisierte Kurierverbindung hatte bereits im Vorjahr wegen der deutschen Okkupation des Sudetenlands aufgegeben werden müssen.

Nirgends sonst reichten solche Brückenschläge über die Landesgrenzen hinweg wie bei den Eisenbahnern bis weit in die Kriegsjahre hinein, als diese ihre Aktivitäten sogar zu Formen zum Teil höchst effektiver Sabotage zu steigern vermochten, so etwa in Frankreich, in Polen und sogar im Deutschen Reich. Deren im Laufe der Zeit freilich ebenfalls immer mehr zusammengeschmolzenen innerdeutschen Strukturkernen ist daher auch beim bereits Ende der 1930er Jahre von Leuschner und seinen Mitstreitern erstmals in Erwägung gezogenen, dann jedoch rasch wieder verworfenen Vorhaben, in der Folge eines von den Militärs herbeigeführten Staatsstreichs zu dessen Flankierung den allgemeinen Ausstand zu proklamieren, eine herausragende Rolle zugedacht gewesen. Und selbst noch in den Monaten unmittelbar vor dem Umsturzversuch vom 20. Juli 1944 stand die Leuschner-Konspiration über Emissäre mit dem Ausland in Verbindung, so z. B. mit Vertretern des amerikanischen Geheimdienstes Office of Strategic Services (OSS) in Bern und mit der US-Botschaft in Stockholm. Dorthin lief insgeheim eine Verbindungslinie von Leuschners Tochter Käthe über Reinhold Tarnow zu dessen Vater, den früheren SPD-Reichstagsabgeordneten und Vorsitzenden des Deutschen Holzarbeiter-Verbandes Fritz Tarnow, der 1933 über verschiedene Zwischenstationen nach Kopenhagen und 1940 dann weiter nach Schweden geflüchtet war. Nach Schliestedts tödlichem Flugzeugabsturz im Jahr 1938 stand Fritz Tarnow in Skandinavien an der Spitze der Auslandsvertretung der deutschen Gewerkschaften, wenngleich er längst nicht von allen im Exil wirkenden Verbänden in dieser Funktion anerkannt worden ist. Seit 1942 gehörte er der Landesgruppe deutscher Gewerkschafter in Schweden an und befasste sich intensiv mit gewerkschaftlichen Reorganisationskonzepten für die Zeit nach Hitler, während er schon seit dem Vorjahr den dortigen Arbeitskreis deutscher Sozialdemokraten leitete. Ein weiterer verdeckter Informationskanal lief über Schweden nach London zu Hans Gottfurcht, den vormaligen Gauleiter des Zentralverbandes der Angestellten für Berlin und Nordostdeutschland. Dieser war 1933 sicherlich auch wegen seiner jüdischen Herkunft von seiner Gewerkschaft bereitwillig entlassen worden und hatte dann, getarnt als Versicherungsagent, bis Mitte 1937 gewerkschaftliche Widerstandsstrukturen vor allem in Sachsen, Schlesien sowie Thüringen angeleitet. Hierbei war er ebenfalls bereits für die Realisierung von Auslandskontakten verantwortlich gewesen, so etwa zum SPD-Exilvorstand und zum Internationalen Bund der Privatangestellten. Nachdem er im Jahr darauf über Amsterdam an die Themse entkommen war, wurde Gottfurcht Mitglied u. a. der Labour Party und wirkte seit 1941 als Vorsitzender der Landesgruppe deutscher Gewerkschafter in Großbritannien.[52]

Plan einer antinazistischen Auffangorganisation

Noch nach der Saarabstimmung, bei der Anfang 1935 über 90 Prozent der Saarländer für die Rückgliederung an das Deutsche Reich votiert hatten, sind nicht wenige Widerstandsaktivisten gleichwohl davon überzeugt gewesen, das „Dritte Reich" werde kaum von langer Dauer sein. Deshalb müssten, so sah es auch Hans Jahn seinerzeit, „für den in greifbarer Zeit bevorstehenden Zusammenbruch" entsprechende organisatorische Vorkehrungen getroffen werden.[53] Der Gedanke einer vorab schon unter konspirativen Bedingungen geschaffenen reichsweiten Auffangorganisation als operativer Basis, von der aus die dann erforderliche parteipolitische und gewerkschaftliche Reorganisationsarbeit würde in Angriff genommen werden können, hatte sich geradezu aufgedrängt. Die zu jener Zeit noch bestehenden, sehr unterschiedlich ausgeprägten informellen Kontaktnetze und Vertrauensleutestützpunkte der diversen gewerkschaftlichen Widerstandsstrukturen könnten, so dachte man, in Kombination mit den durch Verhaftungsschläge in Serie zwar inzwischen ebenfalls erheblich ausgedünnten, lokal wie regional trotzdem weiterhin vorhandenen Restgruppen der SPD, des Reichsbanners, der Sozialistischen Arbeiterjugend, der Naturfreunde und so fort vielleicht die Vorform einer solchen umfassenden Aktionsgemeinschaft bilden. Wichtig wäre auf jeden Fall dann auch die behutsame, sukzessive Einbeziehung des eher bürgerlichen Widerstandspotentials, d. h. der Fragmente der früheren Christlichen Gewerkschaften bzw. der Gruppen der inzwischen gleichfalls zunehmend unterdrückten und später genauso wie jene illegalisierten Katholischen Arbeiterbewegung sowie womöglich außerdem der inzwischen durchaus vielerorts entstandenen kleineren liberalen und konservativen Oppositionszirkel. Dabei galt es, den im Grunde genommen nicht nur unnötigen, sondern vielmehr ausgesprochen kontraproduktiven Zwist zwischen den diversen nichtnazistischen und nichtkommunistischen Parteien und Verbänden erst gar nicht wieder aufkommen zu lassen, welcher der Weimarer Republik kaum weniger hart als die radikalen Parteien zugesetzt hatte.

Bei den oppositionellen christlichen Gewerkschaftern musste für solche Überlegungen nicht groß geworben werden. Dies zeigt zumindest die Stellungnahme eines ihrer Funktionäre, die Anfang 1936 in den damals schon seit zwei Jahren vor allem für die antinazistische Auslandsarbeit produzierten „Deutschland-Berichten" des Exilvorstandes der SPD veröffentlicht worden ist: Hinsichtlich der angestrebten Vereinigung der verschiedenen Gewerkschaftsströmungen und perspektivischer Neuordnungsvorstellungen für die Zeit nach der Diktatur hat jener Regimegegner unmissverständlich klargestellt: Es glaube „wohl kein christlicher Gewerkschaftler mehr an das Wiederkommen einer Spaltung zwischen christlichen und freien Gewerkschaften", d. h. den sozialdemokratisch ausgerichteten Verbänden. „Insofern" habe „die Hitler-Diktatur wohl für alle Zeiten Hindernisse niedergerissen. Wer die christliche Arbeiterschaft in eine Oppositionsfront gegen Hitler eingliedern" wolle, brauche „in den sozialistischen Forderungen wahrhaftig nicht ängstlich zu sein", denn „die Enteignung des Großgrundbesitzes zugunsten von Kleinbauern und Landarbeitern, die Sozialisierung des Bergbaues und der Schwerindustrie" seien „Mindestforderungen auch für jeden christlichen Arbeiter". Bemerkenswert war außerdem der Hinweis des in Deutschland lebenden, aus Sicher-

SOZIALISTISCHE AKTION

Mitte Mai 1935

Die Totenglocken läuten

Die bürgerliche Presse vor ihrem Ende

Keine Anordnung des Dritten Reiches in Presse, Rundfunk, Wissenschaft und Kultur wird eine so revolutionierende Wirkung haben wie der Ukas, den Hitlers ehemalige Kompagniefeldwebel Amann, jetzt Präsident der Reichspressekammer und Verlagsdirektor des »Völkischen Beobachter« am 24. April erlassen hat. Herr Amann hat jetzt völlig unbeschränkte Macht durch einen einfachen Spruch, jede Zeitung zu unterdrücken, die nicht ein willfähriges nationalsozialistisches Parteiblatt ist.

Unter der Maske die »Unabhängigkeit« des Zeitungsverlagswesens wahren zu wollen, wird bestimmt, daß Aktiengesellschaften, Gesellschaften mit beschränkter Haftung oder andere anonyme Gesellschaftsformen nicht mehr Zeitungsverleger sein dürfen. Damit wird mit einem Schlag

den meisten großen bürgerlichen Zeitungen ihre bisherige rechtliche und finanzielle Basis entzogen.

Es weist, um nur wenige Beispiele zu nennen, der Scherlverlag die Form einer GMBH auf. Ebenso sind die Besitzverhältnisse der »Frankfurter Zeitung«, des »Berliner Tageblatts« und der »Berliner Börsenzeitung« geregelt. Die »Deutsche Allgemeine Zeitung« und die »Germania« werden von Aktiengesellschaften verlegt. Da die Kapitalgesellschaften ausgeschlossen werden, bleiben als Zeitungsverleger nur noch folgende Kategorien übrig: Privatpersonen, einfache Personalgesellschaften, deren Inhaber persönlich Mitglieder der Reichspressekammer sind, die nationalsozialistische Partei und der Staat selbst. Der Verlagsdirektor des »Völkischen Beobachters« hat ferner bestimmt, daß wenn in einem Ort mehrere Zeitungsverlage vorhanden sind, die sich gegenseitig Konkurrenz machen, einzelne Verlage geschlossen werden können, wenn sie es nicht vorziehen, sich freiwillig zusammenzulegen. Auch darf kein Verlag an mehreren Orten Zeitungen herausgeben.

Mit besonderer Schärfe richtet sich der Ukas gegen die konfessionelle Presse. »Zeitungen dürfen nach ihrer inhaltlichen Gestaltung nicht auf einen konfessionell, beruflich oder interessenmäßig bestimmten oder bestimmbaren Personenkreis abgestellt sein«. Das ist das **Todesurteil für die konfessionelle Presse,** die künftig nur noch erscheinen kann, wenn sie sich völlig in die nationalsozialistische Despotie einordnet und der nationalsozialistischen Presse keinerlei Konkurrenz macht. Eine Neuheit bildet auch der mit **ungewöhnlicher Strenge formulierte Arierparagraph.** Nur solche Personen, die für sich und ihren Ehegatten den Nachweis arischer Abstammung bis zum Jahre 1800 zurück erbringen können, dürfen eine Zeitung verlegen.

Die ganze Anordnung ist einerseits eine Rettungsaktion für die nationalsozialistische Presse, andererseits eine Hilfsaktion für die beiden geldgierigen Besitzer des »Völkischen Beobachters« den Herrn Amann und Adolf Hitler.

Die finanzielle Situation der nationalsozialistischen Presse ist im Laufe der beiden letzten Jahre geradezu trostlos geworden. Der von Amann geleitete parteioffizielle Eher-Verlag mußte enorme Summen aufwenden, um die seit 1933 wie Pilze aufgeschossenen braunen Provinzzeitungen überhaupt halten zu können. Die Auflage der Nazi-Zeitungen geht ständig zurück. Ihre Versuche, Inserate und Zwangsabonnements der Schwerindustrie zu erhalten, scheiterten ebenso wie die Gewinnung der Leser der Generalanzeigerpresse. Auf das letztere hatte man um so stärker gerechnet, weil die Hoffnung, die Millionenleser der sozialdemokratischen Presse zu gewinnen, von Anfang an gescheitert war. Als die bürgerliche Presse sich 1933 wacker gleichschaltete, da war sie lediglich von der Sorge geleitet, am Leben zu bleiben. Es erwies sich aber, daß die bürgerlichen Zeitungen eine ernsthaftere Konkurrenz für die Parteiblätter darstellten als sie selbst angenommen hatten.

Jeder Schlag gegen die Konkurrenz im Zeitungsgewerbe ist aber ein Nutzen für den Verlag Eher in München, dem nicht nur der »Völkische Beobachter«, der »Angriff« der »Illustrierte Beobachter« gehört, in dem Hitlers »Mein Kampf« erschienen ist, sondern der auch das Haus Ullstein & Co. mit seinen Millionenauflagen und Mammut-Anlagen geschluckt hat und zahlreiche Provinzunternehmungen obendrein. Allgemein wird angenommen, daß die Beteiligung Hitlers an diesen Verlag, der heute schon der größte nicht nur Deutschlands, sondern Europas ist, 60 Prozent beträgt, diejenige Amanns nur 40 Prozent.

Hitler und Amann haben finanzielle Vorteile, wenn es ihnen gelingt, große ertragreiche Zeitungsunternehmungen für einen Pappenstiel in ihren Besitz zu bringen.

Ueber die Wirkung dieses vernichtendes Schlages gegen die bürgerliche Presse weiß die »Neue Züricher Zeitung« (Nr. 741 vom 29. April) folgendes zu berichten:

»Die „Anordnungen" Amanns, die einen offenen Staatsstreich auf dem Gebiete des Pressewesens darstellen, haben in der bürgerlichen Zeitungswelt **tiefste Niedergeschlagenheit und Verängstigung** hervorgerufen. Ueber Tausenden von Journalisten, Zehntausenden von Arbeitern und Angestellten des graphischen Gewerbes hängt das **Damoklesschwert. Vermögenswerte,** die in Hunderte von Millionen gehen, stehen auf dem Spiele. . . . .

Was nach diesem großen Aufräumen und Ausrotten dereinst noch übrig bleibt, wird in einer **wirtschaftlichen und politischen Zwangsjacke, die eine ständige Erstickungsgefahr bedeutet,** seine Existenz fristen.«

Im Vergleich zu diesem tödlichen Schlage gegen die bürgerliche Presse in Deutschland mutet die **Pressepolitik des italienischen Faschismus fast wie ein Kinderspiel an.** In Italien hat niemand daran gedacht, die großen bürgerlichen Blätter von der Bildfläche verschwinden zu lassen. Mag Herr Amann auch nicht die Absicht haben, alle Zeitungen auf einen Schlag, sondern eine nach der anderen zum Sterben zu bringen, so wird doch nicht der geringste Zweifel daran bestehen, daß auch der letzte Rest der Unabhängigkeit der Zeitungen getötet ist und alle, die von seiner Gnade leben bleiben, allmählich zu Ablegern des »Völkischen Beobachters« werden.

Diese Veränderung ist eine notwendige Konsequenz des totalen Staates. In dem ersten Jahr der Diktatur hofften die Nationalsozialisten, das ganze Volk in den Bann der nationalsozialistischen Presse zwingen zu können. Seitdem diese Hoffnung gescheitert ist und die bürgerliche Presse sich weit mehr als man vorausgesehen hat als eine geistige und politische Konkurrenz des Nationalsozialismus und seines Totalitätsanspruches erweist, wird ihre Existenz untergraben.

Der jetzige Ukas von Amann ist nur das letzte, wenn auch schärfste Glied einer langen Kette von Verfolgungen der bürgerlichen Presse.

Er ist ein Beweis, wie irrig die Auffassung ist, die eine fortschreitende Aushöhlung des nationalsozialistischen Machtapparats festzustellen glaubt. Wenn irgend etwas geeignet ist, zu zeigen, daß die Hoffnung auf eine Gleichschaltung und innere Umwandlung der NSDAP sowie der allmähliche Uebergang der Macht an die herrschenden Kräfte der Wehrmacht, der Wirtschaft und der Bürokratie irrig ist, so ist es der Vernichtungsschlag gegen die Presse, der dem Nationalsozialismus mit einem Handstreich die gewaltigste Machtposition, die es außerhalb der unmittelbaren Staatsgewalt noch gab, restlos ausliefert.

Trotzdem zweifeln wir nicht daran, daß die Hoffnung des Nationalsozialismus, durch die Zerstörung der bürgerlichen Presse, durch den Zwang zum Bezug der Nazipresse, seine brüchige Herrschaft über das Volk zu stabilisieren Schiffbruch erleiden wird. Schon jetzt ist, wie neulich in dem Organ des Reichsverbandes der Deutschen Presse, die »Deutsche Presse« festgestellt wurde, die Zeitung kein Spiegel der Zeit mehr. Sie ist infolgedessen auch nicht mehr das Machtinstrument, das sie einst war. Die »Geflüsterte Zeitung« gewinnt ungeheuer an Macht und Einfluß. Seitdem die Wahrheit durch das gedruckte Wort nicht mehr verbreitet werden kann, sucht sie sich andere Kanäle.

Auch wir müssen in diesem Kampf gegen die nationalsozialistische Presse, gegen Lüge und Vergiftung unseren Mann stehen. In dem gesprochenen Wort, das von Mund zu Mund eilt, das sich jeder Kontrolle entzieht, aber um so stärkeren Eindruck macht, je stärker es mit der offiziellen Lüge kontrastiert, haben wir eine Waffe, die uns auch die brutalste Diktatur nicht nehmen kann. Diesem Kampf dient auch unsere »Sozialistische Aktion«.

»Hier ist der Rote Mai«

190 illegale Blitzversammlungen

Nicht nur die Feindschaft des Volkes gegen das Hitlersystem, sondern auch die Aktivität der illegalen sozialistischen Kämpfer nimmt zu. Obwohl gerade in den letzten Wochen in allen Gegenden Deutschlands tausende und aber tausende Verhaftungen durch die Gestapo vorgenommen wurden, ist die Ueberzeugungstreue der Gegner Hitlers in der Arbeiterschaft ebenso unerschüttert wie ihr Mut und ihre Begeisterung. Davon zeugt der Verlauf des 1. Mai.

Während auf dem Tempelhofer Feld in Berlin die offizielle Maifeier stattfand, versammelten sich in der Umgebung Berlins in Norden und Osten Gruppen der oppositionell gesinnten Arbeiterschaft. Die Arbeiter, die als harmlose Ausflügler mit der Stadtbahn herausgefahren waren, traten zu 40 bis 50 Mann in angrenzenden Wäldern zusammen. Es fanden etwa hundert solcher Blitzversammlungen statt, in denen politische Ansprachen gegen das Regime gehalten und zur Zellenbildung in den Betrieben aufgefordert wurde. Auf einigen Fabriken in Lichtenberg und Neukölln waren in der Nacht auch rote Fahnen gehißt worden, die am Morgen von der Polizei entfernt wurden. In Charlottenburg rief eine Gruppe junger Leute: „Hier ist der Rote Mai!" In Wedding und Neukölln wurden zwischen 6 und 8 Uhr morgens aus zahlreichen Fenstern rote Federbetten hinausgehängt. Auch das erregte das Mißfallen der Polizei. Sie drang in die Häuser ein und zwang die Wohnungsinhaber, die roten Betten zu entfernen.

Offiziell — Stimmung flau

Ganz anders war die Stimmung bei den Nazi-Feiern. Die früheren Kundgebungen der Nationalsozialisten waren meist vom Enthusiasmus der Massen getragen. Der diesjährige »Tag der nationalen Arbeit« war in jeder Hinsicht eine große Enttäuschung. Er verlief wie alle ausländischen Beobachter übereinstimmend festgestellt haben, »als eine große Zeremonie, bei der die Anwesenden zwar körperlich, aber nicht mit dem Herzen zugegen waren«. Trotz strenger Parole und Kontrolle sind viele ferngeblieben. Die zahlenmäßige Beteiligung war weit geringer als in den Vorjahren, Während damals eine Beteiligung von zwei Millionen Menschen gemeldet wurde, werden als Höchstzahl in diesem Jahre ¾ Millionen angegeben. Das Tempelhofer Feld wies große Lücken auf. Der Abmarsch, der früher zwei Stunden in Anspruch nahm, ist in einer halben Stunde beendet gewesen.

Ebenso einhellig ist das Urteil der ausländischen Presse über die Stimmung der Teilnehmer. »Die großen Massen verharrten in apathischer Passivität«, stellt der sehr gut beobachtende Berichterstatter der »Prager Presse« fest. »Eine innere Anteilnahme der Massen konnte man dagegen auch beim besten Willen nicht bemerken«, so urteilt die objektive »Neue Züricher Zeitung«. »Die SA sorgte für den üblichen stürmischen Beifall, der die Redner mehrfach unterbrach, während die Masse selbst sich ziemlich gleichgültig verhielt.« Das ist das Urteil des »Prager Tagblatts«.

Von der Rede Hitlers nimmt die ausländische Presse kaum Notiz. Ihr Inhalt erscheint allen Blättern als »olle Kamellen«. Die Unsicherheit Hitlers und seine pessimistische Stimmung werden vor allem gefolgert, weil Hitler wohl mehr als ein dutzendmal Gott als Zeugen anrief. Die »Neue Züricher Zeitung« stellt ausdrücklich fest, die Rede »klang matter als die meisten bisherigen Reden«. Vielleicht noch bezeichnender für die trüben Ahnungen, die auf Hitler lasten, ist die Tatsache, daß dieser gewandte Redner nicht einmal mehr Herr seiner Worte ist. Seine Bemerkung, »so wie wir den Frieden im eigenen Volke hergestellt haben, wollen wir auch den Frieden der Welt«, hat seine geheimsten Regungen deutlicher offenbart als es ihm lieb ist. Die Welt sieht darin eine Bestätigung, daß die ganze Brutalität des Hitlersystems auch das Ausland zu spüren bekommen soll. Eine Aussicht, die zivilisierte Völker wenig verführerisch finden

Auch aus anderen Städten Deutschlands liegen Berichte vor, daß die Beteiligung an der Maifeier wesentlich zurückgegangen ist und die Stimmung schlecht war. Von München wird z. B. berichtet, daß trotz schönsten Sonnenscheins die große Mehrheit der Arbeiter sich geweigert habe, an der Kundgebung teilzunehmen.

Das Erwachen beginnt....

Titelseite des illegalen Parteiorgans der Exil-SPD (Mai 1935)

heitsgründen aber namentlich nicht genannten „früheren christlichen Gewerkschaftsführers“, dass es „wahrscheinlich nirgends“ mehr „illegale christliche Gewerkschaften“ gebe, wenngleich „noch ein starker Zusammenhalt zwischen den alten Mitgliedern und auch gewisse Verbindungen zu den sozialistischen Gewerkschaften vorhanden“ seien. Auch der einleitende Kommentar des sozialdemokratischen Pressedienstes hat den Sachverhalt extra hervorgehoben, wonach damals „die verschiedenen Kreise der Opposition miteinander Fühlung“ suchten und „sich die Elemente einer Einigung im Grundsätzlichen herauszubilden“ begännen.[54]

Die Anfänge jener überparteilichen Auffangorganisation, der als ziviler Basis der Umsturzbewegung des „20. Juli“ später eine ganz entscheidende Bedeutung zukommen sollte, sind durch die gemeinsame Untergrundarbeit Leuschners, Kaisers und Habermanns und ihrer Mitstreiter also bereits Mitte der 1930er Jahre begründet worden. Leuschner soll damals einem seiner Mitstreiter gegenüber erklärt haben: „Nur Geduld! Unsere Zeit kommt. Noch jeder Diktator hat Krieg geführt. Der Sturz Hitlers ist nur möglich, wenn er, was seine Rüstungen schon andeuten, sich in Kriegsabenteuer einlässt und hierbei sicherlich große Misserfolge erlebt“.[55] Wie Jahn wusste auch Leuschner natürlich ganz genau, dass man sich für eine solche Situation vorbereiten musste, und zwar gründlich. Nichts durfte überstürzt werden dabei. Geduld, Beharrlichkeit, Sorgfalt und Konsequenz waren angesagt, Kardinaltugenden eines jeden Konspirateurs, an denen es dem Bayreuther Holzbildhauer und seinem Freund, dem Buchbinder Jakob Kaiser gewiss nicht gefehlt haben wird. Zug um Zug mussten weitere Mitstreiter gewonnen werden, die in der Stunde X aktiviert werden könnten. Natürlich dürfte es keine Kaderorganisation im herkömmlichen Sinne sein, vor allem keine starre, straff durchorganisierte Widerstandsstruktur wie die der Kommunisten, deren illegale Verbindungen immer wieder leicht aufgerollt werden konnten, sobald den faschistischen Fahndern ein erster Einbruch in deren auch keineswegs sonderlich professionell getarnten konspirativen Apparat gelungen war. Und selbst die an sich schon sehr locker geknüpften sozialdemokratischen, sozialistischen und gewerkschaftlichen Verteilernetze für antinazistisches Aufklärungsmaterial hatten sich gegen die ständigen Verhaftungsschläge der Gestapo als nicht gefeit erwiesen. Besser geeignet wäre somit unbedingt ein Netz weitestgehend autonomer Vertrauensleutestützpunkte, wie es von sozialdemokratischen Gewerkschaftern tatsächlich bereits 1933/34 ansatzweise realisiert worden ist. Dessen Strukturkerne würden dann erst im entscheidenden Moment zur gemeinsamen Aktion mobilisiert werden. Aber auch ein solches Netzwerk ließe sich nicht über Nacht verwirklichen, zumal nicht bei einer reichsweiten Ausdehnung, wobei Post und Telefon hierfür allenfalls per zuvor verabredetem Geheimcode benutzt werden durften. Die Basis der Verschwörung ließe sich am besten durch Direktkontakte verbreitern, durch eine Vielzahl persönlicher Unterredungen in kleinsten Runden jeweils. Aus Sicherheitsgründen noch mehr geeignet wären freilich Vieraugengespräche. Alles dies würde somit für viele von ihnen Bahnreisen bedeuten ohne Ende, denn über ein Auto, so wie Leuschner, verfügten die wenigsten zu jener Zeit. Für Fahrten in die nähere und fernere Umgebung würden natürlich auch Motorrad oder Fahrrad in Betracht kommen. In jedem Fall würde jahrelange Kärrnerarbeit vor ihnen liegen. Aber die Chance, durch ein Bündnis aus bürgerlicher Opposition und sozialdemokratischer Arbeiterbewegung eine neue, stabilere Demokratie als die von Weimar vorzubereiten, würde es allemal wert sein.

Auch der Widerstand christlicher Gewerkschafter konturiert sich

Allen Widerständlern, nicht nur den christlichen Gewerkschaftern selbst, war bewusst, dass deren Engagement für eine solche „Anti-Hitler-Front" rein numerisch „zunächst nicht viel bedeuten" würde, wie dies auch ihr gerade erwähnter, anonym gebliebener Funktionär in seiner Stellungnahme für die „Deutschland-Berichte" eingeräumt hat. „Aber die geistige Ausstrahlung und Anziehungskraft auf weite Kreise der nichtmarxistischen Arbeiterschaft und auch auf Angestellte und Beamte" würde ganz gewiss „groß" sein, so seine sicherlich zutreffende Einschätzung. Obgleich die christlichen Gewerkschafter hierbei „auch die Bundesgenossenschaft kommunistischer Arbeiter nicht" zurückweisen würden, hatte er des Weiteren kategorisch erklärt, würde eine wie auch immer geartete „Bindung an die Kommunistische Partei" für sie „nicht in Frage" kommen.[56] Ihre sozialdemokratischen Kollegen sahen dies im Prinzip nicht anders, obwohl sich manche von ihnen durchaus zu Fühlungnahmen und sogar Kooperationen mit kommunistischen Untergrundfunktionären bereitgefunden haben, die jedoch fast immer zur raschen Festnahme aller Beteiligten führten. Im Raum Wuppertal beispielsweise war seit dem Januar 1935 in einer Großaktion ein unter KPD-Anleitung binnen nur eines halben Jahres auf etwa 50 Betriebe ausgedehntes Netz gewerkschaftlicher Widerstandsgruppen zerschlagen worden, der Massenprozesse mit mehr als 600 verurteilten Kommunisten, Sozialdemokraten und Parteilosen gefolgt sind. Aber kein den freiheitlichen Prinzipien seiner Partei treu gebliebener Sozialdemokrat hätte sich wirklich als „nützlicher Idiot", als Steigbügelhalter für eine „Diktatur des Proletariats" instrumentalisieren lassen. Von dieser träumte die KPD-Führung freilich nach wie vor, mochte sie im Zuge ihrer „Einheitsfront"-Offensive ab Mitte 1934 und ihrer „Volksfront"-Politik als neuer strategischer Generallinie seit dem Sommer des Folgejahres noch so sehr den „Wiederaufbau der freien Gewerkschaften auf der Grundlage des proletarischen Klassenkampfes" sowie die „Wiederherstellung demokratischer Freiheiten und Rechte" propagiert haben. Insofern sind auch die diversen, von der kommunistischen Untergrund- und Exilpresse stets groß herausgestellten angeblichen „Einheitsfront"-Abkommen mit sozialdemokratischen Parteigliederungen bei genauer Betrachtung letztlich nichts anderes gewesen als mehr oder minder geschickte Propagandainszenierungen. Dabei haben sich in einigen Fällen Sozialdemokraten allerdings tatsächlich, wenn auch nur vorübergehend von den KP-Funktionären täuschen lassen, die aber nach einer Weile wie gewohnt gegen den ihnen so verhassten „Sozialdemokratismus" zu Felde gezogen sind.[57] Für die christlichen Gewerkschafter war der Gedanke eines breiten antinazistischen Bündnisses abgesehen davon ebenso wenig neu wie für die Sozialdemokraten. So waren im 1924 konstituierten Reichsbanner Schwarz-Rot-Gold neben Liberalen, Anhängern des Zentrums und Parteilosen immer auch Mitglieder und Funktionäre aus der christlichen Arbeiterbewegung mit von der Partie gewesen, wenngleich jene Republikschutzorganisation nicht anders als die 1932/33 gleichfalls kläglich gescheiterte Eiserne Front ansonsten sozialdemokratisch dominiert geblieben ist. Ihren eigenen, zusammen mit den katholischen Arbeiter- und Gesellenvereinen im Frühjahr 1932 zur Abwehr des Nationalsozialismus gebildeten Zusammenschluss, der ein organisatorisch signifikant schwächeres Pendant zu den „Hammerschaften" der sozialdemokratischen Gewerkschaftsverbände gewesen ist, hatten die Christlichen Gewerkschaften sogar gleich ganz programmatisch „Volksfront" genannt, wobei dort zwar auch Angehörige des christlich geprägten Bürgertums hatten Mitglied werden können, eine Einbeziehung von Kommunisten aber – beiderseitig wohlgemerkt – gänzlich unvorstellbar gewesen wäre.

Christdemokraten und Sozialdemokraten hatten sich jedenfalls zunächst getrennt voneinander ans Werk gemacht, vorsichtig bestimmte Verbindungen zu reaktivieren, oppositionelle Mitstreiter zu gewinnen, sogar schon Ansätze zu reichsweiten antinazistischen Strukturen zu präformieren, aber gleichermaßen haben sie dabei recht bald schon die spätere Zusammenführung ihrer gerade im Entstehen begriffenen jeweiligen Vertrauensleutenetzwerke im Blick gehabt. Basierend auf dem Adressenmaterial zur Wahrnehmung der sozialen Interessen der 1933 gekündigten christlichen Gewerkschaftsfunktionäre und -beschäftigten war Kaiser bereits seit geraumer Zeit im gesamten Reichsgebiet umhergereist, um Ansprechpartner für das gemeinsame Vorhaben zu gewinnen. Er war sich sicher, dass sich hieraus unschwer eine neue Führungsschicht herauskristallisieren ließe, auf die im entscheidenden Moment gezählt werden könnte. Außer Kollegen aus seinem einstigen gewerkschaftlichen Wirkungsbereich sind vom früheren Reichsvorstandsmitglied des Zentrums zunächst vornehmlich Personen angesprochen worden, die bis dahin dieser Partei angehört hatten. Auch viele Funktionäre der dank des Reichskonkordats vom Sommer 1933 erst 1938/39 vollständig illegalisierten Katholischen Arbeiterbewegung, dazu Mitglieder der Kolping-Vereine sowie der evangelischen Arbeitervereine, selbst Sozialdemokraten waren darunter. Ein bedeutendes oppositionelles Zentrum war das Kettelerhaus in Köln, die Zentrale der Westdeutschen Katholischen Arbeiterbewegung. Dort waren vor allem der Verbandspräses Dr. Otto Müller und seine engsten Vertrauten, der Verbandssekretär Bernhard Letterhaus, der Redakteur der „Westdeutschen Arbeiter-Zeitung" Nikolaus Groß und der Verbandsvorsitzende Joseph Joos eingebunden, Letzterer freilich nur bis zu seiner Inhaftierung im Sommer 1940. Auch zu Widerstandskreisen in Bonn, Duisburg, Düsseldorf, Essen, Bochum, Krefeld und Aachen hatte Kaiser Kontakt. Geheime Verbindungen bestanden zudem nach Stuttgart, Karlsruhe, Rastatt, Baden-Baden, Nürnberg, München, Dresden, Breslau und nach manch anderer deutschen Stadt.[58]

Natürlich wird sich nur ein Bruchteil der 600 einstigen Beschäftigten und Funktionäre der Christlichen Gewerkschaften für die illegale Arbeit haben gewinnen lassen, selbst wenn diese vorerst lediglich darin bestanden haben sollte, untereinander lose in Verbindung zu bleiben und höchstens gelegentlich Informationen über die jeweiligen Verhältnisse vor Ort nach Berlin bzw. Köln zu melden. Trotz der von den braunen Machthabern ausgesprochenen Verbote, sich über ihre schlimmen Erlebnisse in den faschistischen Kerkern und KZs zu äußern, sind diese von den Haftentlassenen natürlich hinter vorgehaltener Hand in ihren diversen Solidargemeinschaften dennoch weitergetragen worden. So kursierte in Leuschners südhessischer Heimat beispielsweise die Redewendung: „Reden ist Osthofen, Schweigen ist Heimat!", womit auf das 1933/34 in der Nähe von Worms unterhaltene Konzentrationslager angespielt wurde, das für das Gebiet des von den Nazis zynischerweise in „Freistaat" umbenannten Volksstaates Hessen zuständig war. Mierendorff ist dort monatelang drangsaliert worden. Anna Seghers' weltberühmter Exilroman „Das siebte Kreuz" erinnert bleibend an jenes frühe Lager. Andererseits war der eine oder andere von Kaiser und seinen Vertrauten Angesprochene schon zum Mittun bereit und wird auch noch manch weiteren mutigen NS-Gegner den gerade entstehenden Untergrundstrukturen zugeführt haben. Wird bedacht, wie weit verzweigt allein schon dieses vergleichsweise kleine, christdemokratisch ausgerichtete Widerstandsnetzwerk war, und berücksichtigt man dazu noch, um wie vieles breiter aufgestellt die von den Sozialdemokraten und den mit ihnen politisch verbundenen Gewerkschaftern geschaffenen konspirativen Strukturen gewesen sind, in die später ja zusätzlich liberale, pazifistische, linkssozialistische, konservative und andere Oppositionskreise sowie einzelne Regimegegner, auch solche aus Kirchen, Verwaltung, Polizeiapparat usw. integriert werden sollten, dann bekommt man eine erste ungefähre Vorstellung davon, durch welch umfassenden zivilen Untergrund der Umsturzversuch des 20. Juli 1944 letztendlich fundamentiert gewesen ist.

Die oftmals recht ausgedehnten Widerstandsnetzwerke der sozialdemokratischen Arbeiterbewegung, die seit 1933 in vielen Regionen des Deutschen Reiches entstanden waren, sind seitdem vom SPD-Exilvorstand in der Tschechoslowakei mit einer Flut von antinazistischem Propagandamaterial versorgt worden. Dabei handelte es sich hauptsächlich um die seit dem Herbst jenes Jahres eigens für die Untergrundarbeit im Kleinformat und auf Dünndruckpapier hergestellte Parteizeitung „Sozialistische Aktion", die erst wöchentlich, dann seit August 1934 dreimal im Monat, ab 1935 schließlich in monatlichem Turnus nach Deutschland geschmuggelt wurde, und dies in Auflagen von jeweils mehreren Tausend Stück. Aber auch Flugblätter, Klebe- und Streuzettel sowie mit unverfänglichen Titeln getarnte Programmschriften und Aufklärungsbroschüren wurden mehr oder minder regelmäßig den illegal arbeitenden Gruppen zugeleitet. Dabei wurden Wanderer, Rad- und Motorradfahrer, ebenso Wassersportler, nicht selten Eisenbahner, Seeleute oder Binnenschiffer, auch Speditionsarbeiter, Tagestouristen und Pendler als Transporteure eingesetzt. Rings um das Reichsgebiet waren von der SPD als Ausgangs- sowie Anlaufstationen ihrer illegalen Kuriere spezielle Grenzsekretariate eingerichtet worden, und zwar außer in der Tschechoslowakei auch in der Schweiz, in Frankreich, Luxemburg, Belgien, den Niederlanden und in Dänemark. Von jenen Auslandsstützpunkten aus wurden die Materialien bestimmten zentralen Verteilerstellen in Deutschland zugeleitet, von denen aus dann die Belieferung der verschiedenen regionalen und lokalen Widerstandsstrukturen erfolgte. Diese wiederum leiteten ihrem Exilvorstand auf umgekehrtem Weg alle möglichen relevanten Informationen zur betrieblichen, sozialen und sonstigen Situation im faschistischen Deutschland zu. Jener wechselseitige Informationsfluss konnte mit immerhin 24 von ursprünglich 33 SPD-Bezirken noch eine ganze Weile aufrechterhalten werden. Aber gerade wegen dieses beständigen konspirativen Material- und Nachrichtentransfers sind auch die lokalen und überregionalen Widerstandsstrukturen der SPD, des Reichsbanners und der sozialdemokratisch ausgerichteten Gewerkschaftsverbände immer wieder durch Verhaftungsschläge zum Teil schwer getroffen worden, wenn sie nicht gar zerstört worden sind. Ab etwa Mitte der 1930er Jahre verweigerten sich daher die bis dahin von der Gestapo nicht aufgespürten Sozialdemokraten und Gewerkschafter zunehmend der Entgegennahme und weiteren Verbreitung solcher Schriften und zogen es vor, sich in ihre örtlichen Solldargemeinschaften zurückzuziehen. Sie trafen sich z. B. nur noch als harmlos wirkende Stammtischrunden in einer ihrer Traditionskneipen oder in einem Café, in Lokalen zumeist, die einem ihrer Genossen gehörten. Im Gesang-, Sport- oder Kleintierzüchterverein konnten sie ebenfalls gut zusammenkommen, ohne gleich Verdacht zu erregen. Als vorzügliche Tarnung für kleinere oppositionelle Gesprächsrunden erwiesen sich zudem Gruppen von Ausflüglern und Spaziergängern, während für größere Zusammenkünfte dieser Art nicht selten Geburtstags-, Hochzeits- oder Trauerfeiern genutzt wurden. Nicht mangelnder Widerstandswillen, pure Vorsicht ließ sie diese lockeren Formen des Zusammenhalts favorisieren. Prof. Dr. Ludwig Bergsträsser hat als intimer Kenner der damaligen Situation hierzu festgestellt, dass es gleichwohl „bald wieder einen in der Form losen, aber doch insofern engen Zusammenhalt" unter den Sozialdemokraten gegeben habe, „als die alten geschulten Mitglieder, besonders auch die, die gewerkschaftlich tätig gewesen waren, wenn sie sich trafen, immer eine weitgehende Übereinstimmung feststellen konnten und infolgedessen überall Gruppen vorhanden waren, auf die bei einer Änderung“ der Verhältnisse, also im Umsturzfall bzw. nach einem kriegs- oder krisenbedingten Machtwechsel, „zurückgegriffen werden konnte“.[59]

Widerstand ist keine statische Kategorie, vielmehr ein dynamischer Prozess. Er kann, kaum dass er aufgekommen ist und sich ein wenig entwickelt hat, auch schon wieder in sich zusammenfallen, um dann entweder gänzlich zu erlöschen oder aber später wieder neuen Schwung zu bekommen. Genauso gilt dies für die Personen, die den Widerstand getragen haben: Manche, die anfänglich höchst aktiv und risikobereit waren, haben sich zurückgezogen, nachdem sie von den fürchterlichen Foltermethoden der faschistischen Verhörspezialisten bzw. der KZ-Schergen gehört oder diese gar am eigenen Leib erlitten hatten. Manch andere sind umgefallen, wurden zu Verrätern an der gemeinsamen Sache, indem sie sich zu Aussagen über ihre Mitstreiter und die Widerstandsarbeit durch pure Drohungen haben erpressen lassen. Etliche, die sich zunächst verweigert hatten, haben sich nach Jahren dann schließlich in die Widerstandsfront eingereiht und sind von diesem Kurs nie mehr abgewichen, bis hin zur letzten Konsequenz. Dies gilt genauso für jene, die sich trotz schlimmer Hafterfahrungen nach ihrer Entlassung unverzüglich wieder in die Widerstandsarbeit eingeklinkt und die ganze weitere Zeit Haltung unter Beweis gestellt haben. Leuschner gehörte hierzu, aber längst nicht nur er. Widerständler müssen beinhart sein in ihren Grundüberzeugungen, aber sie müssen auch zu Zugeständnissen, zum Kompromiss fähig sein. Vor allem müssen sie verschwiegen sein sowie flexibel in ihren Vorgehensweisen. Insbesondere müssen sie dort, wo sich ihnen schier unüberwindbare Hindernisse in den Weg stellen, sogleich umschwenken können auf andere Bahnen, nach Handlungsalternativen suchen, nach weniger risikobehafteten konspirativen Methoden. Wenn die Verbreitung antinazistischen Schriftmaterials und die hierfür im ganzen Land geschaffenen illegalen Verteilerkreise die fortwährenden Einbrüche der Gestapo in die Untergrundstrukturen begünstigt haben, dann musste eben auf solche störanfälligen Widerstandsformen verzichtet werden. Ohnehin war wirklich kein spezieller konspirativer Apparat vonnöten, um die sozialdemokratisch-gewerkschaftliche Solidargemeinschaft in ihrem Kern antinazistisch stabil zu halten. Leuschner und seine Mitstreiter haben jedenfalls bei der Knüpfung ihres reichsweiten konspirativen Kontaktnetzes ihre Gesinnungsfreunde allerorten schon seit 1934 dazu angehalten, die bis dahin durchaus noch vielerorts übliche Herstellung eigener antinazistischer Propagandaschriften doch besser einzustellen und auch auf die Weiterverbreitung aus dem Ausland bezogener Materialien zu verzichten. Aber längst nicht alle der mit ihnen in Verbindung stehenden Widerständler haben sich sodann an diese wohlerwogene Weisung gehalten. Dennoch sollte sich das Prinzip der weitgehenden Entschriftlichung des antinazistischen Widerstandes im Bereich dieser besonderen, außerordentlich dezentralisierten und enthierarchisierten Widerstandsstruktur bald mehr und mehr durchsetzen, von der demzufolge fast keine zeitgenössischen schriftlichen Zeugnisse existieren.

Im KZ Lichtenburg war der Liberale Gustav Richter, vormals Pressesprecher beim Königsberger Oberpräsidenten, von Leuschner und Mierendorff gebeten worden, nach seiner Entlassung doch in Berlin eine möglichst unauffällige Operationsbasis für den von ihnen fest ins Auge gefassten Widerstand zu schaffen. Richter hatte daraufhin 1934 zusammen mit Ernst Zahn, wie er selbst übrigens jüdischer Herkunft, am Kurfürstendamm einen Lesesaal eröffnet, wo eine Vielzahl ausländischer Presseorgane zur Lektüre ausgelegt war. Nahezu naturwüchsig ist hier in der Folge obendrein ein Verband der Berliner Auslandsjournalisten entstanden, welche von den Regimegegnern fortan diskret mit entsprechenden Informationen versorgt wurden. Auch konnte Leuschner dort mit seinen Freunden zum Meinungsaustausch zusammenkommen, ohne sogleich den Argwohn der Gestapo zu erregen. Hermann Lüdemann, der frühere Oberpräsident für Niederschlesien mit Sitz in Breslau, mit dem er auf der Lichtenburg eingesessen hatte, gehörte seit etwa 1936 dazu. Gelegentlich kam der einstige Merseburger SPD-Reichstagsabgeordnete Albert Bergholz aus Leipzig angereist. Auch der vormalige Reichstagsabgeordnete sowie zeitweilige Reichsminister Dr. Wilhelm Külz und etliche andere Liberale gingen in dem Lesesaal ein und aus, nicht zu vergessen einige Zentrums-Leute. Außerdem befand sich dort das Domizil des „Industriedienstes Dr. Reif", eines kleinen Periodikums, das u. a. die Unternehmer Robert Bosch, Ernst Leitz und Philipp Reemtsma zu seinen Abonnenten zählte.[60] Das von Leuschner und seinen Getreuen angestrebte sozialdemokratisch-bürgerliche Widerstandsbündnis wurde auch solcherart vorgeprägt.

Auch sonst konnte sein konspirativer Berliner Kontaktkreis zügig weiter ausgedehnt werden, wobei ihm etliche seiner Vertrauten kräftig zur Hand gegangen sind, nämlich Walter Maschke[61], der im Februar 1936 nach über einjähriger Haft wieder freigekommen war, weil ihm nichts hatte nachgewiesen werden können, Hermann Maaß[62], der frühere Geschäftsführer des Reichsausschusses der Deutschen Jugendverbände, den Leuschner seit 1937 in seiner Firma beschäftigte, und Hermann Schlimme[63], welcher allerdings Anfang desselben Jahres verhaftet wurde und dann wegen einer dreijährigen Zuchthausstrafe vorerst ausfiel. Nach deren Verbüßung hat er jedoch, wie Schlimme nach dem Krieg versicherte, „sofort wieder Fühlung insbesondere mit Leuschner" aufgenommen. Auch etliche weitere, Letzterem verbundene Sozialdemokraten und Gewerkschafter sahen zu, dass fortwährend neue Mitstreiter gewonnen wurden, so etwa die einstigen Reichstagsabgeordneten Friedrich Ebert, Sohn des 1925 verstorbenen Reichspräsidenten, und Ernst Schneppenhorst[64], vormals SPD-Vorsitzender in Nürnberg, die beide ebenfalls in Leuschners Betrieb beschäftigt waren, Ersterer allerdings nur vorübergehend. Schneppenhorst dagegen hatte sich schon vor geraumer Zeit einen Anstichkörper für Bierdruckleitungen patentieren lassen, der dann in die dortige Produktpalette aufgenommen worden war. Die frühere Leiterin des Frauensekretariates des Berliner SPD-Bezirksvorstandes Käthe Kern[65], mit der die Leuschners bereits in Darmstädter Tagen befreundet gewesen sind, desgleichen natürlich auch seine bürgerlichen Freunde Jakob Kaiser, Max Habermann usw. engagierten sich gleichfalls sehr in dieser Hinsicht. Zu seinen wichtigsten Berliner Mitstreitern gehörte von Anfang an sein hessischer Freund und Vertrauter Ludwig

Hermann Maaß

Schwamb[66], der seit dem Sommer 1934 als Syndikus der Schuhfabrik Conrad Tack & Cie. AG tätig war und seine Wohnung seitdem immer wieder für Treffen von Gesinnungsgenossen, zeitweilig auch als Zufluchtsort für von Verhaftung Bedrohte zur Verfügung stellte. Der Hamburger Gustav Dahrendorf[67], der 1933 nach dreimonatiger „Schutzhaft" im KZ Fuhlsbüttel in die Reichshauptstadt umgezogen war und sich dort seit dem Jahr darauf eine Existenz als Geschäftsführer einer Brikett-Handelsgesellschaft aufgebaut hatte, gehörte alsbald genauso zu jenem Freundeskreis. Etwas später stieß noch dessen einstiger Reichstagskollege Dr. Julius Leber[68] hinzu, der nach bald vierjähriger Haft erst im Frühjahr 1937 aus dem KZ entlassen worden war und seit Mitte 1939 sein Auskommen gleichermaßen als Teilhaber eines Kohlenhandels erzielte, wozu ihm im Übrigen Dahrendorf den Weg geebnet hatte. Nach dessen Zeugnis wurde Lebers „winziges Bürohäuschen" in Berlin-Schöneberg „sehr bald zum Treffpunkt politischer Freunde", die dort „manches Gespräch" geführt hätten, „das der Vorbereitung des Aufstandes gegen Hitler, des 20. Juli 1944, galt".[69] Hermann Lüdemann[70] betätigte sich seit 1936 als Mitinhaber und Geschäftsführer eines Kinos in Berlin. Andere zogen als Versicherungsvertreter von Tür zu Tür. Manche haben einen Kiosk aufgemacht oder übernommen, andere wurden Kneipiers. Einige bestritten ihren Lebensunterhalt im Einzelhandel. Schlimme[71] z. B., der bis Leuschner wieder Tritt gefasst hatte als informeller Leiter der Illegalen Reichsleitung der Gewerkschaften mit regelmäßigem Kontakt zur Auslandsvertretung der deutschen Gewerkschaften und damit zum Internationalen Gewerkschaftsbund fungiert hatte, ist eine Zeit lang Lebensmittelhändler und dann praktisch fliegender Buchhändler gewesen. Wiederum andere hatten nun einen Zeitschriftenvertrieb. Walter Maschke verdingte sich übergangsweise als Hilfsarbeiter, anschließend als Handelsvertreter bzw. kaufmännischer Angestellter. Sie alle mussten schon sehr erfindungsreich und flexibel sein, um sich und ihre Angehörigen durchzuschlagen in jener düsteren Zeit.

Auch Willi Richter hat für eine Weile zu Leuschners Berliner Freundeskreis gehört. Nachdem er 1933 erst in Darmstadt erwerbslos gewesen ist und danach in seine Heimatstadt Frankfurt gezogen war, hatte er zunächst in einer Werbekolonne für die „Frankfurter Zeitung" gearbeitet, um, wie er nach dem Krieg berichtete, „hierbei gleichzeitig wieder den Kontakt zu den zuverlässig und aktiv gebliebenen Gewerkschaftern herzustellen zu können". Später ist er dort „vorübergehend als Vertreter für Bohnerwachs" tätig gewesen. In Berlin hatte er sich anschließend mit dem Verkauf künstlicher Blumen durchzuschlagen versucht und gleichzeitig den Kontakt mit Leuschner und Schwamb gepflegt, seinen Freunden aus Darmstädter Tagen. Im Frühjahr 1935 kehrten Richter und seine Frau Else jedoch wieder in die Mainmetropole zurück, weil seine geschäftlichen Aktivitäten in der Reichshauptstadt nicht den erhofften Erfolg gehabt hatten. Im Jahr darauf konnte er dann mit einer Einlage von nur 100 Reichsmark als Teilhaber in den Großhandel für Metzgereibedarf einsteigen, den ein Onkel seiner Frau im Offenbacher Schlachthof betrieb. Schon „seit 1934" hatte Richter unterdessen, wie er 1945 gegenüber der US-Militärregierung erklärt hat, zusammen mit seinen Freunden „Vorbereitungen getroffen und darauf hingewirkt, dass das Nazi-System in Deutschland verschwinden sollte". Seine konspirative Verbindung zu Leuschner in Berlin ist bis 1944 nicht mehr abgerissen.[72]

Zur Berliner Kerngruppe der gewerkschaftlich-sozialdemokratischen Verschwörung um Leuschner gehörten viele weitere aufrechte Gesinnungsfreunde, z. B. Cäsar Thierfelder von der früheren Zentralleitung des Deutschen Bekleidungsarbeiter-Verbandes, Otto Eichler[73], vormals Leiter der Betriebsräteabteilung beim Vorstand des Deutschen Metallarbeiter-Verbandes, Richard Timm[74], bis 1933 Verwaltungsleiter der ADGB-Bundesschule in Bernau, und Erich Bührig[75], der bis zu seiner Entlassung durch die Nazis die Abteilung Arbeitsrecht und Betriebsrätefragen in der Hauptverwaltung des Deutschen Metallarbeiter-Verbandes geleitet hatte.[76] Leuschners Kollegen Carl Hanschen[77] und Hermann Scheffler[78] vom Deutschen Holzarbeiter-Verband sind ebenfalls involviert gewesen. Sie beispielsweise tarnten ihre reichsweite Widerstandsarbeit durch einen Anfang 1934 zusammen mit Gesinnungsfreunden gegründeten Buch- und Zeitschriftenverlag, wofür sie durch ihre bisherigen Tätigkeiten prädestiniert waren: Während Hanschen bis 1933 die Verlagsanstalt ihrer Gewerkschaft geleitet hatte, ist Scheffler Redakteur der „Holzarbeiter-Zeitung" gewesen. In einigen größeren Städten hatten sie für die gerade entstehende sozialdemokratisch-gewerkschaftliche Widerstandsstruktur Vertrauensleute anwerben können, die zugleich für ihren Verlag als Vertreter arbeiteten. Kurz vor seiner Verhaftung ist von ihnen auch Hermann Schlimme als Verlagsvertreter eingestellt worden. Zusammen mit Richard Barth[79], dem früheren 2. Vorsitzenden des Deutschen Buchdrucker-Verbandes, waren Hanschen und Scheffler nicht nur für die Realisierung von konspirativen Inlandsverbindungen zuständig, sondern ebenso für die Kontakte der Berliner Struktur in der Schweiz, in Amsterdam, in Kopenhagen, dort zu Fritz Tarnow, sowie in der Tschechoslowakei. 1939 wurden die zwei Holzarbeitergewerkschafter wie etliche andere auch verhaftet, denen das der Gestapo in Komotau in die Hände gefallene Material der Auslandsvertretung der deutschen Gewerkschaften zum Verhängnis geworden ist. Aber Scheffler und Bührig konnten im gegen sie angestrengten Prozess wegen „Hochverrats" erstaunlicherweise Freispruch wegen Mangels an Beweisen erwirken, und auch das Verfahren gegen Hanschen wurde eingestellt, während Barth z. B. eine Gefängnisstrafe von anderthalb Jahren verbüßen musste. Hanschen, Bührig, Eichler und manch anderer haben sich danach trotzdem wieder mit der Leuschner-Konspiration in Verbindung gebracht. Der Anfang 1937 zusammen mit Hermann Schlimme und Otto Scharfschwerdt, vormals 2. Vorsitzender der Gewerkschaft Deutscher Lokomotivführer, sowie einer Gruppe von fast fünfzig Sozialdemokraten aus Berlin und Brandenburg hochgegangene und wie die beiden Vorgenannten dann zu einer mehrjährigen Zuchthausstrafe verurteilte Thierfelder dagegen kam anschließend ins KZ Buchenwald. Scharfschwerdt ist 1943 unter ungeklärten Umständen im Außenlager Klinkerwerk des KZ Sachsenhausen ums Leben gekommen. Scheffler hat sich von antinazistischen Aktivitäten künftig ferngehalten.[80]

Die Sozialdemokraten und die ihnen verbundenen Gewerkschafter, aber beileibe nicht nur sie, scheuten den Kontakt mit den Kommunisten nicht allein deshalb wie der Teufel das Weihwasser, weil sie sich mit deren Zielen und Methoden nicht einverstanden erklären konnten. Von den Veteraninnen und Veteranen des nichtkommunistischen Widerstandes ist später immer wieder erklärt worden, einer der maßgeblichen Gründe für ihre diesbezügliche Verweigerungshaltung sei die systematische Durchsetzung der kommunistischen Untergrundstrukturen mit Spitzeln gewesen. Gerade Leuschner als früherer hessischer Innenminister wusste sehr genau um diesen Sachverhalt, ebenso sein einstiger Amtskollege auf Reichsebene wie in Preußen Carl Severing, desgleichen jeder andere, der vor dem „Dritten Reich" für die Observation republikfeindlicher Kräfte dienstlich zuständig gewesen ist. Denn sie alle hatten sich bereits auf die Zuträgerdienste einer Vielzahl von Informanten aus den diversen Organisationsgliederungen der KPD stützen können, sind also über deren schon damals vielfach illegales Vorgehen bestens im Bilde gewesen. Dass aber dann auch in ihren eigenen Reihen Verräter agierten und der Gestapo ebenso regelmäßig wie detailliert Bericht erstatteten, mochten viele sozialdemokratisch-gewerkschaftliche Widerständler zunächst nicht glauben, obwohl die Exil-SPD wie oft Warnungen vor Abtrünnigen und sogar entsprechende Namenlisten herausgab, die auf ihrer an die 1.200 Karteikarten umfassenden Spitzelkartei beruhten. Auch die recht befremdliche Offenheit und Redseligkeit, die von etlichen Illegalen mitunter sogar völlig Fremden gegenüber an den Tag gelegt worden ist, mussten Leuschner und seine konspirative Kerngruppe zur weitgehenden Verschwiegenheit selbst gegenüber der eigenen Anhängerschaft gemahnen, folglich zur konsequenten Anwendung eines Systems wechselseitiger Abschottung sämtlicher Struktursegmente. Trotzdem sollte es dem faschistischen Fahndungsapparat immer wieder gelingen, brisante Informationen sogar aus ihrem besonders abgesicherten Führungsbereich abzuschöpfen.

Allein das so genannte Marxismus-Dezernat beim Geheimen Staatspolizeiamt Berlin, das für die Überwachung und Unterdrückung der speziell von Sozialdemokraten und ihrem politisch-gewerkschaftlichen Umfeld ausgehenden Widerstandshandlungen zuständig war, hatte gut zwei Dutzend V-Leute im Einsatz, meistenteils übergelaufene Sozialdemokraten oder Sozialisten. Die Mehrzahl von ihnen agierte hierzulande, manche waren auch im Auslandsapparat der SPD eingesetzt. Nicht zuletzt ihrem Wirken sind die schweren Verluste in Serie geschuldet, die keineswegs nur dem anfänglich wohl noch an die 1.000 aktive Regimegegner zählenden Berliner SPD-Untergrund seit 1933 zugefügt worden sind. Auch Leuschner, Prof. Woldt, Severing, der frühere Reichstagspräsident Paul Löbe und viele andere waren jahrelang im Visier solcher falschen Freunde. Während von den beiden Letztgenannten Widerstand nicht im Mindesten zu erwarten sei, so die zwar nicht ganz zutreffende Einschätzung des V-Manns „S 18", war die Gestapo durch ihn und seinen Kollegen „S 4" Reinhold Schwabe hingegen durchaus korrekt darüber informiert, dass Leuschner illegal arbeitete und hierzu sogar Auslandsverbindungen unterhielt. Dass er aber in den einschlägigen Kreisen unter der Hand bereits damals als möglicher künftiger deutscher Innenminister gehandelt wurde, könnte durchaus eine jener aufgebauschten Meldungen gewesen sein, mit denen sich solche Verräter oftmals wichtig gemacht haben bzw. die einfach nur erfunden worden sind, um den Denunzierten noch mehr zu schaden. Dass der kurz zuvor als Oberbürgermeister von Leipzig zurückgetretene Dr. Carl Goerdeler bereits mit Leuschner bzw. seinen Leuten in Verbindung zu treten versucht habe, was von diesem aber wegen möglicher „Gefährdung der Organisation" zurückgewiesen worden sei, könnte dagegen schon eher den Tatsachen entsprochen haben. Auch dies erfuhren die Gestapo-Beamten erstaunlich früh, nämlich im Frühjahr 1937, und zwar abermals von ihrem als „S 4" geführten V-Mann. Dieser meldete außerdem, die Oppositionellen seien sich bereits damals „darüber einig geworden, dass bei den geringsten Unruhen gleich welcher Art der Belagerungszustand über Deutschland verhängt wird und damit automatisch die Mächteverlagerung zur Reichswehr" erfolge, konkret zum damaligen Oberbefehlshaber des Heeres Generaloberst Werner Freiherr von Fritsch usw., was wiederum die Bildung einer Zivilregierung mit Goerdeler als Wirtschaftsminister zur Folge haben werde, so Schwabe in einem Bericht vom 24. März 1937. Am Tag darauf ließ „S 4" u. a. wissen, dass auch der Generalstabschef des Heeres General Ludwig Beck in jene Pläne einbezogen sei und die Verbindung „zwischen Goerdeler und der Bendlerstraße" durch einen „Professor" realisiert werde, „der engster Mitarbeiter des Generalobersten Fritsch ist". Etwas später vermeldete der Spitzel überdies, Richard Woldt habe ihm mitgeteilt, dass Goerdeler „in der Zwischenzeit ein genaues Verzeichnis der in Aussicht genommenen Belagerungsregierung aufgestellt" habe. Dass sich Wilhelm Leuschner „nach seiner Entlassung" aus dem KZ „sofort" daran gemacht hatte, „eine Gegenbewegung zu gründen", wusste die Gestapo durch Schwabes Bericht vom 13. April 1937. Im Sommer des Folgejahres berichtete er sodann, Woldt habe ihm beschieden, Leuschner und er würden wohl „bereits längere Zeit" observiert, weshalb er „nun alle seine Beziehungen zu seinem Freund Leuschner möglichst einschränken" wolle, um den Fahndern keine Anhaltspunkte zu liefern. Auch wenn ins Kalkül zu ziehen ist, dass Schwabes Berichte mitunter recht fehlerbehaftet waren, so staunt man doch sehr ob seiner vielen sonstigen wenigstens tendenziell, wenn nicht gar substanziell richtigen Hinweise. Leuschner wurde zwar daraufhin festgenommen und eingehend verhört. Weil sich aber angeblich keinerlei Beweise für eine von ihm ausgehende Widerstandstätigkeit hätten beibringen lassen, so der seinerzeitige Leiter des Marxismus-Dezernats Bruno Sattler nach dem Krieg, habe der solchermaßen mehrfach Denunzierte nach drei Tagen wieder gehen dürfen. Es mutet merkwürdig an, aber die klug vorbereitete Tarnung der konspirativen Arbeit durch untereinander abgestimmte Schutzbehauptungen und plausibel wirkende Legenden, Stichwort „Geschäftsreisen", auch glatte Lügen und geschicktes Herunterspielen der Tatvorwürfe schienen offenbar zu funktionieren. Aber erklärt dies wirklich alles? Für gewöhnlich griff die Gestapo doch rasch und unerbittlich zu, wenn sie auch nur den leisesten Verdacht einer Widerstandsaktivität kommunistischen, radikalsozialistischen oder anarchistischen Ursprungs hegte. Und was ist außerdem davon zu halten, dass in einem Bericht der Berliner Gestapo vom 23. Oktober 1937 zur am Vortag erfolgten Übernahme von „S 18" dessen Meldung steht, Leuschner selbst rühme „sich nach wie vor, gute Verbindungen zur Geheimen Staatspolizei zu haben"? Hinter dem Kürzel „S 18" verbarg sich nebenbei bemerkt niemand anderes als der frühere preußische Landtagsabgeordnete und bis 1933 in Frankfurt postierte SPD-Bezirkssekretär für Hessen-Nassau Paul Röhle, der nach dem Krieg erst zum Arbeitsminister, dann zum Vizepräsidenten des Landtages von Rheinland-Pfalz aufsteigen sollte sowie zum Präsidenten des dortigen Landesarbeitsamtes in Koblenz. Die V-Leute Sattlers sind damals auf jeden Fall angewiesen worden, jenen Vorgängen fortan „erhöhte Aufmerksamkeit zu schenken".[81]

Dennoch ist es ziemlich unbegreiflich, dass die Gestapo diesen ihr von unterschiedlichen Informanten gleich mehrfach gemeldeten Aktivitäten nicht auf der Stelle einen Riegel vorgeschoben hat. Da Leuschner sich seine immer ausgedehnteren Geschäftsreisen noch eine ganze Zeit lang genehmigen lassen musste, hätte er bei den für ihn zuständigen Beamten eigentlich auch deshalb schon recht bald in Verdacht geraten müssen. Den NS-Verfolgungsbehörden war nämlich auch jener Sachverhalt damals längst bekannt, dass viele Regimegegner mit den von ihnen nach ihren politisch bedingten Entlassungen neu aufgenommenen Tätigkeiten als Geschäftsleute bzw. als Handlungsreisende ihre gleichzeitigen illegalen Aktivitäten zu tarnen versuchten. Zwar wurden von Leuschner während seiner Rundreisen tatsächlich Kunden und andere Geschäftspartner in meist mehreren, manchmal sogar bis zu vier Städten an einem Tag aufgesucht. Aber daneben trieb er auch die Ausdehnung seines Untergrundnetzwerks kräftig voran. Kassel, Marburg, Darmstadt sowie Frankfurt am Main gehörten zu den Städten, die turnusmäßig auf seinem Programm standen. In der Mainmetropole beriet er sich beispielsweise mit Willi Richter, der ihn umgekehrt auf seinen eigenen Geschäftsreisen wiederholt in Berlin aufsuchte. Richters Verbindungen reichten überdies bis nach Hamburg, während er ansonsten die geheimen Kontakte hauptsächlich im Hessischen weiter ausbaute. „In diesem Rahmen" habe er „mithelfen" können, so hat er sich später einmal für ein Interview mit der BBC notiert, „unsere illegale Organisation in ganz Deutschland aufrechtzuerhalten". In Darmstadt wurden von Leuschner u. a. Prof. Dr. Bergsträsser, der frühere SPD-Fraktionsvorsitzende im Landtag des Volksstaates Heinrich Zinnkann und Rechtsanwalt Ludwig Metzger, vormals Vorsitzender des Bundes der religiösen Sozialisten in Hessen, zwecks politischem Meinungsaustausch besucht, auch dies mehrfach und ohne dass die Betreffenden untereinander davon wussten. Gänzlich unabhängig voneinander haben auch Metzger und Bergsträsser ihren Genossen verschiedentlich in der Reichshauptstadt aufgesucht. Wenngleich eine präzise Datierung jener wechselseitigen Visiten nicht möglich ist, kann im Fall Bergsträssers doch davon ausgegangen werden, dass sein konspirativer Erstkontakt mit Leuschner, wie es der berühmte Parteienforscher selbst bezeugt hat, etwa 1936/37 erfolgt ist. Fest steht zudem, dass Leuschner Ende 1937 in Berlin von dem aus Bielefeld angereisten Carl Severing und dem eigens aus Frankfurt herübergekommenen früheren Reichswehrminister sowie letzten Oberpräsidenten der preußischen Provinz Hannover Gustav Noske besucht worden ist. Zweimalig haben sich die drei Ex-Minister damals zur Erörterung der politischen Lage getroffen, wobei sie alle eine Systemänderung zu jenem Zeitpunkt für illusorisch erachteten. Leuschner soll allerdings hierbei als vielleicht einzige in Frage kommende Möglichkeit erneut auf eine Aktion von Gegenkräften aus dem Militär gegen Hitler hingewiesen haben, wenngleich Optimismus in dieser Hinsicht, so seine nüchterne Einschätzung der Dinge, eigentlich nicht angebracht sei. Im Sommer 1938 traf sich Severing wiederum mit Noske, diesmal in Frankfurt. Letzterer hatte seinerseits bei seinen Berlin-Besuchen Kontakt auch mit Theodor Leipart, Paul Löbe, dem früheren preußischen Finanzminister Dr. Albert Südekum und etlichen anderen einstmals hochrangigen Gewerkschaftern und Politikern. In der Berliner Villa Südekums, der nicht nur Leuschners Berater in Gewerkschaftsfragen, sondern obendrein sein Geschäftspartner war, kamen viele Vertreter bürgerlicher wie sozialdemokratisch-gewerkschaftlicher Oppositionskreise zum vertraulichen Gespräch zusammen. Im Frühherbst 1938 erfolgte, vermittelt durch Freunde aus der Umgebung Bielefelds, erstmals ein Meinungsaustausch zwischen Severing und seinem einstigen Reichstagskollegen Bergsträsser. Auch seine Tante Theresa Dehler in Bayreuth wurde von Leuschner während seiner Akquisitionsreisen immer wieder einmal besucht, wodurch er seine konspirativen Kontakte dort wie überhaupt in Oberfranken recht gut tarnen konnte. Unentwegt wurden von ihm selbst und etlichen seiner Emissäre weitere Verbindungen angeknüpft zu vielen vormaligen Funktionären der sozialdemokratischen Arbeiterbewegung landauf, landab. Schwamb fungierte nach dem Zeugnis des früheren Mainzer SPD-Stadtverordneten und rheinhessischen Parteisekretärs Alfred Freitag in dieser Hinsicht sogar als reichsweit operierender Geheimkurier, der hierzu seine eigenen zahlreichen Geschäftstermine mit denen Leuschners sorgsam abgestimmt hat. Abwechselnd haben beide bei Freitag und anderen Vertrauten in der Gutenberg-Stadt Station gemacht.[82] Manche Verbindungen wurden allerdings auch nur per codierter Korrespondenz aufgenommen bzw. aufrechterhalten, wobei zur weiteren Erhöhung der Sicherheit oft Deckadressen und Tarnnamen verwandt wurden. Binnen weniger Jahre konnte so ein Netzwerk oppositioneller Sozialdemokraten und Gewerkschafter über das gesamte Reichsgebiet hinweg gespannt werden, in das bald mehrere Hundert und später sogar einige Tausend Regimegegner eingebunden gewesen sind, ob nun als in ganz Deutschland und darüber hinaus operierende Spitzenfunktionäre oder als überregionale Kuriere, ob als regionale Koordinatoren oder lokale Aktivisten oder als nur gelegentliche Ratgeber bzw. lediglich als Sympathisanten, welche vom konspirativen Kernbereich konsequent abgeschottet geblieben sind. Um die ganze Dimension dieser außerordentlich verästelten, nur informell zusammengehaltenen Widerstandstruktur wussten freilich nur ganz wenige Beteiligte in Leuschners engstem Verschwörerkreis in Berlin.

Am 10. Februar 1938 war Dr. Carlo Mierendorff [83], nachdem er über viereinhalb qualvolle Jahre lang die berüchtigten Konzentrationslager Osthofen, Börgermoor, Lichtenburg und Buchenwald hatte durchleiden müssen, aus dem Hausgefängnis des Geheimen Staatspolizeiamtes in der Berliner Prinz-Albrecht-Straße entlassen worden. Viele hatten sich um seine Freilassung bemüht, auch seine Geliebte Franziska Kinz, die sich dann aber einem anderen zugewandt hat, wodurch Mierendorff, kaum wieder in Freiheit, in eine schwere seelische Krise gestürzt worden ist. Den letzten Anstoß zu seiner Haftentlassung hatte aber wahrscheinlich die persönliche Fürsprache seiner langjährigen Freundin Hella Jacobowski bei Dr. Werner Best gegeben. Dieser, mittlerweile zum Stellvertreter von Reinhard Heydrich, dem Chef der Sicherheitspolizei und des SD, des Sicherheitsdienstes des Reichsführers-SS, aufgestiegen, hat sich jedenfalls erwärmen lassen, sich seinem alten hessischen Kontrahenten gegenüber gönnerhaft zu zeigen. Auch andere hohe Nazi-Führer sind Mierendorff dann offenbar bei der Begründung einer neuen bürgerlichen Existenz behilflich gewesen. Natürlich hatte er die übliche Verpflichtungserklärung unterschreiben müssen, wonach er über seine KZ-Haft Stillschweigen bewahren und sich künftig nicht mehr politisch betätigen werde. Auch war er Meldeauflagen unterworfen, wurde ständig überwacht, hat einen Decknamen annehmen müssen. In Absprache mit der Gestapo nannte er sich nun Dr. Carl Willmer, was an den Namen der Goethe-Freundin Marianne von Willemer angelehnt war, wie sein alter Freund Emil Henk aus Heidelberg später bezeugt hat. Unter jenem Namen wurde Mierendorff, der bis 1933 vor allem als politischer Publizist hervorgetreten ist, 1938 in die Reichsschrifttumskammer aufgenommen. Und noch 1941

Dr. Carlo Mierendorff

hat er unter diesem Pseudonym im Darmstädter Verlag den schmalen handcolorierten Pressendruck „Bacchanal im Grünen“ mit Versen des schwedischen Barockdichters Carl Michael Bellmann veröffentlicht. Allein ein Auskommen war mit der Schriftstellerei nicht zu erzielen, weshalb er zu jener Zeit von Freunden unterstützt werden musste. Nach einer freilich nur wenige Monate währenden Phase völliger diesbezüglicher Zurückhaltung hat dann der erste politische Gedankenaustausch zwischen ihm und Wilhelm Leuschner sowie Dr. Julius Leber bereits 1938 in Schwambs Domizil in Berlin-Wilmersdorf stattgefunden.[84]

Viele solcher Zusammenkünfte sollten nun folgen, in unterschiedlicher personeller Zusammensetzung, an jeweils wechselndem Ort. Auch die Wohnungen anderer Regimegegner wurden hierfür genutzt, ebenso ihre Büros und immer wieder Leuschners Fabrik für Apparatebau und Patentverwertung in Kreuzberg bzw. seine Wohnung in Charlottenburg. Manchmal dienten Bootsfahrten auf dem Wannsee oder einem anderen Berliner Gewässer, Spaziergänge oder Cafébesuche der Tarnung jener Treffen. Zur Gruppe der wichtigsten Protagonisten des sozialdemokratisch-gewerkschaftlichen Widerstandes stieß später auch noch der gebürtige Frankfurter Dr. Theodor Haubach[85] hinzu, vormals Pressesprecher des Berliner Polizeipräsidenten und stellvertretender Bundesvorsitzender des Reichsbanners Schwarz-Rot-Gold. Dieser hatte 1933/34 bis zu seiner dann fast zwei Jahre währenden Verbringung ins KZ Esterwegen zusammen mit dem aber erst 1935 festgenommenen früheren Polizeimajor Karl Heinrich von der Reichshauptstadt aus intensiv an der konspirativen überregionalen Vernetzung von Reichsbanner-Kadern gearbeitet. Die Kurierverbindung vom Rhein-Main-Gebiet nach Berlin sowie zur sozialistischen Widerstandsgruppe um Emil Henk[86] im Raum Mannheim/Heidelberg war damals durch den späteren Frankfurter Oberbürgermeister Willi Brundert[87] realisiert worden, der dann ab 1939 bis zu seiner Einberufung zur Kriegsmarine im September 1941 in Berlin erneut dem Widerstand angehörte. Der im Zuge des Staatsstreichs von Reichskanzler Franz von Papen in Preußen 1932 als Regierungspräsident von Merseburg in den einstweiligen Ruhestand versetzte gebürtige Marburger Ernst von Harnack[88], der sich bis 1933 gleichfalls für die SPD und das Reichsbanner, aber auch für die Eiserne Front und den Bund der religiösen Sozialisten Deutschlands ins Zeug gelegt hatte, gehörte spätestens seit 1938 genauso zum Kernbereich der Leuschner-Konspiration. Und auch ein weiterer Hesse war bald mit von der Partie, der frühere Professor für Geschichte und Staatsbürgerkunde an der Pädagogischen Akademie in Halle an der Saale Dr. Adolf Reichwein[89] nämlich, welcher seit seiner Entlassung 1933 an einer kleinen Dorfschule im brandenburgischen Tiefensee unterrichtete und 1939 in die Reichshauptstadt überwechseln konnte, um dort künftig als Museumspädagoge am Museum für Deutsche Volkskunde zu arbeiten. Anfang 1940 wurde er durch Dr. Brundert mit Dr. Mierendorff und Dr. Haubach zusammengebracht.

Unter Hinzuziehung etlicher weiterer Sozialdemokraten entstand während jener Jahre das, was Emil Henk später einmal apodiktisch „eine Verschwörung der Personen allein, eine Illegalität der Elite, ohne Massenbasis“, genannt hat. „Seit 1936“ seien alle festen Gruppenstrukturen „als selbstmörderisch aufgegeben“ worden, hat er fast ein Vierteljahrhundert danach in einer Ansprache erklärt. Haubach habe „immer wieder“ hervorgehoben, „der Widerstand“ beginne „im Freundeskreis“, denn nur dort sei er „abzusichern". Man sei sich gewiss gewesen, dass nur über die Wirkkraft der Namen Mierendorffs, Leuschners usw. im entscheidenden Moment der erforderliche Einfluss auf die Massen der Arbeiterschaft würde ausgeübt werden können, ohne den „der Widerstand gegen das ‚Dritte Reich' keinen Sinn gehabt" hätte. Von den Sozialisten seien „die Brücken zur religiösen Opposition, den Protestanten und Katholiken" geschlagen worden „und herüber auch zur bürgerlichen Opposition". Und schließlich, so Henk weiter, hätten „von Leuschner und auch von Goerdeler" die „Wege zur gegnerischen Generalität" geführt. So sei „die Elite aller sozialen Schichten" alsbald „in Verbindung miteinander" getreten, und „in diesem Personenkreis, wo Träger wirklicher Macht", gemeint sind damit die oppositionellen Militärs, „mit Trägern potentieller Macht zusammenkamen", also mit den widerständigen Politikern, Gewerkschaftern, Verwaltungsfachleuten usw., seien dann „die Vorbereitungen zur Beseitigung Adolf Hitlers getroffen" worden.[90]

Die sozialdemokratisch-gewerkschaftlichen Widerstandskräfte hatten sich also mittlerweile strukturell der immer brutaleren Unterdrückungssituation in Hitler-Deutschland angepasst. Die vormaligen doch noch viel zu festen Gruppenstrukturen auf örtlicher, regionaler und reichsweiter Ebene gehörten fortan der Vergangenheit an. Die Wiederaufnahme früherer und die Knüpfung neuer konspirativer Kontakte wurde gleichwohl mit größter Bedachtsamkeit weiterbetrieben. Dies wie auch die anschließende vorsichtige Vernetzung jener Verbindungen erfolgte fast immer auf der Basis von Freundschaften und gleichermaßen verlässlichen politischen wie beruflichen Bekanntschaften. Die Fäden des Widerstandsnetzes durchzogen auf diese Weise nahezu alle Bevölkerungskreise. Sie reichten zu Regimegegnern sämtlicher politischen Couleur aus dem ganzen Deutschen Reich. Auch in Berlin wurde die Widerstandsbewegung ständig weiter verbreitert: Eingebunden wurden jetzt verstärkt zudem solche Sozialdemokraten und Gewerkschafter, die – aus welchen Gründen auch immer – bislang nicht hatten erreicht werden können. Fortwährend mussten aber auch durch die vielen Festnahmen in Mitleidenschaft geratene, wenn nicht gar abgerissene Verbindungen wiederhergestellt werden. Dies betraf etwa die seit langem bestehenden Kontakte zu den Vertrauensleuten des dortigen, bemerkenswert weit verzweigen Netzes freigewerkschaftlicher Widerstandszellen in Betrieben der metallverarbeitenden Branche, die nach der Inhaftierung ihres Hauptorganisators, des einstmals Ersten Bevollmächtigten des Berliner Metallarbeiter-Verbandes Max Urich, seit 1935 u. a. durch Erich Bührig angeleitet worden sind. Gleiches gilt für die Vernetzungen mit den oppositionellen Angestelltengewerkschaftern um Hans Gottfurcht und Bernhard Göring, vormals Vorstandssekretär Siegfried Aufhäusers. Urich und Bührig gehörten genauso wie ihr Metallerkollege Alwin Brandes sowie Hans Gottfurcht und Bernhard Göring der Illegalen Reichsleitung der Gewerkschaften an. Hier und da wurden nun auch einzelne Funktionäre der durch massive Verhaftungsschläge fast vollständig zerriebenen Untergrundstrukturen diverser radikalsozialistischer Organisationen herangezogen. So rückte schließlich zu einem von Leuschners engsten Vertrauten Kurt Megelin von der früheren Führungsriege des linkssozialdemokratischen „Roten Stoßtrupps" auf, welcher bestimmte, bei dessen Zerschlagung Ende 1933 nicht enttarnte Organisationsreste weiterhin konspirativ anleitete und außerdem über vielfältige Kontakte zu allen möglichen sonstigen Regimegegnern verfügte. Megelins Ehefrau Else ist später von

Leuschner als Sekretärin beschäftigt worden. Gewisse Verbindungen bestanden ferner zur zwischen 1936 und 1938 von Berlin aus operierenden Gruppe „Deutsche Volksfront“ um Hermann Brill und Otto Brass. Der einstige Angestelltengewerkschafter Dr. Otto Suhr, nach dem Krieg Regierender Bürgermeister von Berlin, der sich damals als freier Wirtschaftsjournalist für die „Frankfurter Zeitung“ durchschlug, hielt seine freundschaftlichen Beziehungen zu Reichwein, Haubach, Mierendorff und Leuschner auch konspirativ weiter aufrecht. Dieser wiederum und auch Jakob Kaiser hatten Fühlung mit dem Metallgewerkschafter, früheren preußischen Landtagsabgeordneten und letzten Oberpräsidenten von Hessen-Nassau in Kassel August Haas, der nach seiner Versetzung in den einstweiligen Ruhestand im Anschluss an den Papen-Putsch 1932 nach Berlin gezogen war, bis er wohl 1940 in die Rheinlande gezogen ist. Viele weitere solcher Einzelkontakte kamen den Widerstandsaktivitäten in jenen Jahren ebenfalls zugute.[91]

Dr. Theodor Haubach beispielsweise hat 1937/38 offenbar zwei Sondierungsgespräche mit dem Hamburger Textilkaufmann Dr. Hans Robinsohn geführt, der seit 1934 zusammen mit dem Berliner Richter Ernst Strassmann und zeitweilig auch dem dortigen, aus politischen Gründen stellungslosen Journalisten Oskar Stark eine reichsweit vorsichtig vernetzte Widerstandsstruktur liberaldemokratischer Prägung anleitete. Nach Robinsohns Flucht nach Kopenhagen im Anschluss an die Novemberpogrome des Jahres 1938 wurde die etwa 60 Regimegegner umfassende Gruppierung, der sich zunehmend auch Konservative, Deutschnationale und Sozialdemokraten angeschlossen haben und die u. a. auch in Potsdam, Wilhelmshaven, Kiel, Rostock, Breslau, Halle, München, Aschaffenburg, Frankfurt am Main und Speyer verankert gewesen ist, von Strassmann allein angeführt. Im oberfränkischen Bamberg z. B. stand seit 1934/35 der Rechtsanwalt Dr. Thomas Dehler an der Spitze, der vormals dort Vorsitzender der Deutschen Demokratischen Partei, der späteren Deutschen Staatspartei war. Vom Exil aus hat Robinsohn Mitte 1939 seinen Berliner Freund bedrängt, nun auch eine Kontaktaufnahme zwischen Haubach und Goerdeler herbeizuführen, während Strassmann wohl zuvor bereits über eine verdeckte Verbindung zu Leuschner verfügt hatte. Diese lief vermutlich über Dr. Fritz Elsas, den einstigen Zweiten Bürgermeister von Berlin, welcher Anfang 1945 im KZ Sachsenhausen erschossen worden ist. Strassmann, Robinsohn und Haubach kannten sich aus Hamburg, wo sie 1924 zusammen mit Gustav Dahrendorf und einigen anderen den „Club vom 3. Oktober“ mit dem Ziel ins Leben gerufen hatten, die Demokratieentfaltung der Weimarer Republik zu fördern, deren Gegner zu bekämpfen und die Mitglieder ihres Zusammenschlusses nach Kräften zu unterstützen. Der dezidierte Wille der Widerstandsstruktur um Strassmann, Rechts- und Verfassungsstaat wiederherzustellen, sowie die ausgesprochen sozialstaatliche Ausrichtung ihrer Programmatik dürften ihre Fühlungnahmen mit den Anführern des sozialdemokratisch-gewerkschaftlichen Widerstandes sicherlich erheblich erleichtert haben. Aber auch zu oppositionellen Militärs wie etwa General Ludwig Beck, zu etlichen anderen bürgerlichen Oppositionellen sowie ins Ausland bestanden alsbald konspirative Verbindungen der Gruppierung. Auch diese verstand sich als demokratische Auffangorganisation für den Fall des Zusammenbruchs des „Dritten Reiches“. Sie befasste sich mit Zukunftsfragen sowie der Hilfeleistung für vom Regime Verfolgte und strebte seit 1938 sogar ziemlich selbstbewusst ihre Beteiligung an einer postfaschistischen Übergangsregierung an. Mit der Festnahme Strassmanns im Sommer 1942 trat vorübergehend eine vollständige Lähmung ihrer Aktivitäten ein, die danach jedoch auf noch stärker dezentralisierte Weise und in deutlich reduziertem Umfang fortgeführt worden sind, wobei wenigstens einige ihrer führenden Mitglieder auch in die weiteren Umsturzbestrebungen im Zusammenhang mit dem „20. Juli" eingeweiht waren.[92]

Ein engerer konspirativer Kontakt der verschiedenen bürgerlichen Oppositionskreise mit den antinazistischen Reststrukturen von SPD und Gewerkschaften wurde damals, d. h. in der zweiten Hälfte der 1930er Jahre, zunächst weiterhin vermieden, zum Teil aus Sicherheitsgründen, aber auch weil die Konservativen und Liberalen einerseits und andererseits die Sozialdemokraten und Sozialisten ihre alten wechselseitigen Vorbehalte erst allmählich zu überwinden vermochten. In dieser Hinsicht war die intensive und reibungslose Zusammenarbeit zwischen den von Leuschner, Kaiser, Habermann und ihren Freunden in Berlin repräsentierten Gewerkschaftsrichtungen seit 1934/35 für eine ganze Weile im Gesamtspektrum des antinazistischen Widerstandes eine absolute Innovation, die sich dann aber für die gesamte spätere Entwicklung prägend auswirkte. In den anderen Städten und Regionen des Deutschen Reiches stellte sich die Situation nicht anders dar. Die nun in der Regel in kleinsten Freundes- und Gesprächskreisen ohne von außen her erkennbare Aktionsabsichten zusammengeschlossenen nichtkommunistischen Regimegegner standen mit Oppositionellen bzw. Widerstandsstrukturen befreundeter oder auch anderer politischen Ausrichtung allenfalls über bestimmte Einzelpersonen in Verbindung. Dies galt in starkem Maße selbst für die diversen gewerkschaftlichen und sozialdemokratischen Konspirationen untereinander. Exakt auf diesem Prinzip strikter konspirativer Abschottung gründete der gesamte Leuschner-Widerstand, bei dem Widerstandskräfte mit primär sozialdemokratischem sowie zuvörderst gewerkschaftlichem Organisationshintergrund zwar von vornherein Hand in Hand arbeiteten, ansonsten aber Außenkontakten zu oppositionellen Gruppen und Kreisen anderer Ausrichtung noch bewusst aus dem Wege gegangen wurde. Leuschner und seine engeren Vertrauten hatten sich sehr bald darauf verständigt, sorgsam alles zu unterlassen, wodurch die eigenen Kräfte vor der Zeit, also vor Eintritt einer politischen oder sozialen Krise bzw. einer tatsächlichen Umbruchsituation, in Gefahr gebracht werden könnten. Von ihm wie auch den meisten der mit ihm verbundenen Widerständler aus seiner Partei sowie aus den sozialdemokratischen Richtungsgewerkschaften, aber auch von seinen oppositionellen christlichen Kollegen und ebenso von den liberalen Regimegegnern um Strassmann z. B. wurden daher auch künftig keinerlei antinazistische Propagandamaterialien in Umlauf gebracht und zudem keine sonstigen Aktionen durchgeführt, die den Verfolgungsbehörden hätten Zugriffsmöglichkeiten bieten können. Mahnende Beispiele dafür, wie riskant solche Widerstandsformen waren, gab es inzwischen mehr als genug. Die meisten Regimegegner gingen damals sowieso davon aus, dass der Anstoß zum Zusammenbruch der Diktatur einzig und allein noch von außen kommen konnte. Die von ihnen für eine solche Situation vordem erhofften sozialen Unruhen waren allerdings Hirngespinste zu einer Zeit, da Hitler einen spektakulären innen- wie außenpolitischen Erfolg nach dem anderen feierte: von der Wiedereingliederung des Saarlandes, der Wiedereinführung der allgemeinen Wehrpflicht und dem deutsch-britischen Flottenabkommen im Jahr 1935 über den vertragswidrigen Einmarsch in das bis dahin entmilitarisierte Rheinland und die propagandistisch geschickt instrumentalisierten Olympischen Spiele in Berlin im Jahr darauf bis hin zur Aufkündigung des Versailler Vertrages Anfang 1937 und zur Annexion Österreichs sowie der Okkupation des Sudetenlandes 1938. Es waren also nicht etwa nur Lethargie und Resignation oder bestimmte Zerfallserscheinungen selbst innerhalb der eigenen Solidargemeinschaften, die den nichtkommunistischen Widerstand in jenen Jahren im Prinzip zu einem Verharren im Wartestand veranlassten, sondern vielmehr eine durchaus realistische Lagebeurteilung.

Das dank seiner diversen Spitzel und sonstigen Zuträger für gewöhnlich recht gut informierte Marxismus-Dezernat des Geheimen Staatspolizeiamtes in Berlin war aber keineswegs immer hundertprozentig korrekt im Bilde: So hieß es in dem Bericht „Die marxistische Bewegung im Jahre 1938/1939" zwar einerseits völlig richtig, „im großen Ganzen" sei „die Masse der bei der Sozialdemokratischen Partei Verbliebenen abwartend eingestellt". Aber die Feststellungen, „ein organisatorischer Zusammenhalt bzw. eine Verbindung" der Sozialdemokraten „zum Ausland" habe sich „in keinem Fall nachweisen lassen" und es würde sich hierzulande außerdem „immer nur um die örtliche Tätigkeit einzelner Personen" handeln, entsprachen mitnichten der Wirklichkeit. Während die Beobachtung, die Exil-SPD wehre sich „nach wie vor gegen ein Zusammengehen mit den Kommunisten und sogar auch gegen ein Zusammengehen mit den übrigen sozialdemokratischen Splittergruppen", völlig den Tatsachen entsprach, traf die dort gleichzeitig artikulierte Annahme, die Prager Auslandsführung der Partei sei „immer mehr zur Bedeutungslosigkeit herabgesunken", so sicherlich nicht zu. Natürlich war der politische Kontakt der dorthin ausgewichenen Parteivorstandsmitglieder mit ihren illegal im Reich arbeitenden Gesinnungsgenossen inzwischen mehr und mehr im Schwinden begriffen, dennoch bestanden diesbezügliche Verbindungen weiter fort. Während der SPD-Exilvorstand tatsächlich alle möglichen Verhandlungsangebote der seit einiger Zeit auf „Volksfront"-Kurs operierenden KPD-Führung entweder ignorierte oder aber schroff zurückwies, war es im deutschen Untergrund vereinzelt sehr wohl zu Annäherungen sozialdemokratischer Gliederungen an kommunistische Kader gekommen, wenngleich solche Kontakte meist nur vorübergehender Natur waren. Da und dort wurde auf lokaler oder Bezirksebene sogar versucht, wirklich einmal ein „Einheitsfront"-Abkommen zustande zu bringen. Dabei sind freilich, wie wir heute wissen, oft genug unlautere Methoden auf Seiten der Kommunisten im Spiel gewesen, und außerdem führten solche wechselseitigen Annäherungen meist sehr bald zur Festnahme gleich ganzer Konspirationsbereiche beider Parteien. In Berlin beispielsweise hatte es die kommunistische Rote Hilfe Mitte 1935 vermocht, mit der SPD immerhin zu einem Kooperationsabkommen zu gelangen, und zwar zwecks Informationsaustausch sowie zur gemeinsamen Unterstützung NS-Verfolgter und ihrer Familien. Doch auch jenen Sozialdemokraten waren recht bald Bedenken gekommen ob der vorgeblich hehren Absichten ihrer Gesprächspartner. Darum hatten sie sich dann lediglich auf eine vorsichtige Aufrechterhaltung des Kontakts und den Materialaustausch beschränken wollen, wie die Anklageschrift des „Volksgerichtshofs" gegen die Anfang 1936 festgenommenen führenden SPD-Funktionäre ausweist. Diese sind jedoch nicht ihren KP-Verbindungen zum Opfer gefallen, sondern einem im Grenz- und Kurierdienst ihrer eigenen Partei installierten Gestapo-Informanten. Nach dem Auffliegen jener letzten, eigentlich sogar noch recht gut ausgebauten Berliner SPD-Bezirksleitung konnten freilich abermals einige weitere Verhaftungsaktionen gegen in der Reichshauptstadt nach wie vor illegal operierende Sozialdemokraten und Kameraden des Reichsbanners durchgeführt werden. Darunter waren auch solche, die trotz des ganz offensichtlich damit verbundenen immensen Risikos bis März 1939 mit der Exil-SPD, und zwar mit ihrem Stützpunkt in Kopenhagen in Kontakt gestanden haben und von dort zum Teil wie bisher mit Propagandamaterial beliefert worden sind. Aber dies war nur noch ein Nachhall der seit dem Sommer 1933 unternommenen Anstrengungen, die sozialdemokratischen Widerstandsstrukturen im Reichsgebiet bzw. deren mit den Jahren intensiver NS-Verfolgung dann immer mehr zusammengeschrumpfte organisatorische Reste vom Ausland aus politisch-ideologisch zu beeinflussen. Wenn die Gestapo mit dem von ihr angenommenen zunehmenden Bedeutungsverlust der Exil-SPD hingegen den seit Jahren in der Tat feststellbaren eklatanten Rückgang im Bereich des Materialtransfers zwischen dem Parteivorstand in Prag und dem innerdeutschen Widerstand gemeint haben sollte, dann kann dem nicht widersprochen werden. 1939 wurde jedenfalls die Arbeit des für die Observation und Verfolgung der konspirativen SPD-Aktivitäten zuständigen Marxismus-Dezernats insoweit als erledigt angesehen, als dieses nun als selbständige Organisationsgliederung aufgelöst und in das für die Verfolgung kommunistischer Bestrebungen zuständige Dezernat des Geheimen Staatspolizeiamtes in Berlin integriert wurde.[93]

Zusammenrücken der Widerstandskräfte und die Septemberverschwörung 1938

Durch die ständigen, keineswegs nur gegen die sozialdemokratisch-gewerkschaftliche Opposition, sondern gegen sämtliche Gruppierungen des antinazistischen Widerstandes geführten Verhaftungsschläge sahen sich Leuschner und seine Freunde wie gesagt zu immer größerer Vorsicht veranlasst. Zumal sie längst völlig richtig vermuteten, dass sie selbst ebenfalls bereits ins Fadenkreuz der faschistischen Fahnder gerückt waren, ließen es mehrere Vorkommnisse zu jener Zeit dringend ratsam erscheinen, über die behutsame personelle Verbreiterung der diversen Widerstandssegmente hinaus auf keinen Fall Aktivitäten zu entfalten, die das Festnahmerisiko noch mehr steigern könnten. Ihre bis dahin praktizierte konspirative Kärrnerarbeit war zwar eigentlich recht gut zu tarnen, aber an sich schon gefahrvoll genug, wie sich am 12. September 1938 zeigen sollte: Damals wurde Leuschner wieder einmal in die Prinz-Albrecht-Straße zitiert und eingehend nach den Hintergründen seiner so überaus regen Reiseaktivität wie auch nach den von ihm dabei kontaktierten Personen befragt. Unumwunden wurde er mit dem Vorwurf politischer Unterredungen unter Gesinnungsfreunden und darüber hinaus mit dem Verdacht staatsfeindlicher Betätigung konfrontiert. Aber es gelang ihm, kühlen Kopf zu bewahren und stur seine Tarnung als Tatsache auszugeben. So erklärte er, als Geschäftsmann treibe ihn doch nur die Sorge um seinen Betrieb an. Er müsse das Auskommen seiner „Gefolgschaft" sichern, wie die Betriebsbelegschaften im „Dritten Reich" genannt wurden. Fortgesetzt waren daher Gespräche zu führen: mit Zulieferfirmen, mit Geschäftspartnern, mit Kunden. Laufend müssten neue Abnehmer für die Produkte der kleinen Firma akquiriert werden, deren Umsatz ständig gesteigert werden müsse. Was sollte also näher liegen für ihn, als seinen einstigen Bekanntheitsgrad als Politiker und Gewerkschaftsführer auszunutzen, um seine Bierdruckapparate bevorzugt dort an den Mann zu bringen, wo man mit seinem Namen noch etwas anzufangen wusste, nämlich z. B. in den alten Traditionslokalen der Arbeiterschaft. Das klang plausibel. Um aber noch den leisesten Zweifel an seiner Darstellung auszuräumen, reichte Leuschner der Gestapo am Tag darauf seine während der letzten drei Geschäftsreisen angefertigten Notizen ein, die seine Angaben überzeugend zu bestätigen schienen.[94]

Im selben Monat und dann ein weiteres Mal im Oktober wurde er überdies im Zusammenhang mit den damals gegen Jakob Kaiser in Düsseldorf durchgeführten Ermittlungen nach dort zur Vernehmung geladen. Sein Freund war im Frühjahr wegen mutmaßlicher Beteiligung an der Weiterleitung einer von Dr. Walther Hensel, dem vordem dem Zentrum angehörenden, 1935 aber der NSDAP beigetretenen Syndikus der Stadt Düsseldorf, verfassten regimekritischen Denkschrift inhaftiert worden, die offensichtlich auch dem für die antinazistische Auslandsarbeit der SPD bestimmten „Neuen Vorwärts" in der Tschechoslowakei zugegangen war. Aber Kaiser hat sich mit allen möglichen Schutzbehauptungen geschickt herauszureden vermocht, seine diversen Kontakte zu Hensel ebenso wie den Erhalt jener Ausarbeitung frank und frei zugegeben, freilich alles als völlig harmlos hingestellt. Seine Verbindungen zu Regimegegnern wie Rechtsanwalt Wirmer in Berlin und Karl Arnold, vormals Vorsitzender des christlichen Gewerkschaftsbundes in Düsseldorf, sowie mit dem Präsidenten der ständestaatlichen Einheitsgewerkschaft Österreichs Johann Staud hat er gleichfalls unumwunden eingeräumt und als genauso unproblematisch ausgegeben. Von Wirmer ist er dabei außerdem juristisch beraten worden. Seine mit Leuschner und Habermann weiterhin gepflegte Freundschaft konnte Kaiser mit dem Hinweis plausibel machen, er sei ohnehin davon überzeugt, „dass sich die positiven Kräfte aus der früheren Arbeiterbewegung mit den positiven Kräften der heutigen deutschen Arbeiterorganisation doch noch zusammenfinden" würden. Von Dr. Elfriede Nebgen, die sich ebenso wie Dr. Otto Müller[95] vom Kölner Kettelerhaus, Karl Arnold und einige andere für Kaisers Freilassung verwandt haben, sind die gewiss befremdlich anmutenden Begleitumstände der beiden Düsseldorfer Befragungen Leuschners überliefert worden: Diese hatten nämlich durch Einschaltung eines dortigen Kriminalkommissars sogar konspirativ präpariert werden können. Über jenen Polizeibeamten war es Kaiser gelungen, nach Berlin die Nachricht zu übermitteln, Leuschner könne unbesorgt zur Vernehmung an den Rhein reisen. Davon unabhängig habe Leuschner, so Dr. Nebgen unter Berufung auf ihn selbst, obendrein noch Kriminalkommissar Sattler vom Marxismus-Dezernat des Geheimen Staatspolizeiamtes konsultiert, der ihn offenbar sogar entsprechend instruiert hat. Ob Sattler „für Leuschner" aber „eine Beschützerrolle gespielt" hat, wie Nebgen gemutmaßt hat, dürfte mehr als fraglich sein. Es würde allerdings erklären, warum die der Gestapo bereits damals vorliegende Erkenntnis, Leuschner sei in der Reichshauptstadt eines „der geistigen Zentren" der Sozialdemokratie und werde „sogar in diesen Kreisen als Nachfolger des Führers und Reichskanzlers angesprochen", ebenso zu keinem Zugriff geführt hat wie viele sonstige Anhaltspunkte für sein antinazistisches Agieren, welche den NS-Verfolgungsbehörden später noch zugänglich wurden. Was den Gestapo-Beamten letztendlich dazu bewogen haben könnte, Leuschner seinerzeit zu decken, ob womöglich Respekt vor dem einstigen hessischen Polizeiminister eine Rolle gespielt hat wegen seiner bei den Vorladungen unter Beweis gestellten Courage oder ob vielleicht eine Rückversicherungsabsicht Sattlers vorlag für eine Zeit, in der sich die Verhältnisse wieder gewandelt haben würden, darüber kann nur spekuliert werden. Unzweifelhaft ist hingegen, dass der Polizeiapparat auch nach mehr als fünf Jahren NS-Gewaltherrschaft durchaus noch nicht vollständig nazifiziert war und zudem beileibe nicht alle Beamten NS-Folterknechte gewesen sind. Dass etliche von ihnen wegen Gehaltskürzungen und ihrer Arbeitsbedingungen ziemlich unzufrieden waren, dass nicht wenige ihre regelmäßig zu erstattenden Berichte zur Stimmungslage der Bevölkerung lieber möglichst positiv im Sinne des Regimes abfassten, um nicht weiter nachhaken und infolgedessen noch mehr Ermittlungsarbeit leisten zu müssen, dass es dazu noch oft genug Polizisten gab, „die Oppositionellen geradezu dabei behilflich" waren, „sich herauszureden", und sich überdies viele, „namentlich die älteren" Beamten „untereinander sehr mit der Möglichkeit eines Umsturzes" beschäftigten, bei dem sie „nicht schlecht wegkommen möchten", alles dies hatte Anfang 1935 schon ein „Deutschland-Bericht" der Exil-SPD publik gemacht. Wenn-

Jakob Kaiser

gleich dort späterhin kaum mehr solche, für die Sache der Widerständler natürlich ganz und gar nicht zweckdienlichen Hinweise auf das Vorhandensein von nicht linientreuen Potentialen im Polizei- und Strafvollzugsdienst publiziert worden sind, so ist dies dennoch auch für die weitere Zeit durch zahllose Erinnerungsberichte von NS-Verfolgten bestätigt worden. Auch Dr. Nebgen hat noch etliche weitere Fälle dieser Art erwähnt. Kaisers Verfahren wurde jedenfalls „mangels Beweises" eingestellt, er selbst Ende Oktober 1938 aus der Haft entlassen, und auch für Wilhelm Leuschner ist die Sache folgenlos geblieben.[96]

Der hilfsbereite Düsseldorfer Kriminalkommissar hieß übrigens Heinrich Bockelmann und war freundschaftlich verbunden mit dem schon erwähnten früheren dortigen Gewerkschafter und Zentrums-Politiker Karl Arnold[97], der mittlerweile seinen Lebensunterhalt als Teilhaber einer Heizungsbau- und Sanitärtechnikfirma bestritt. Dessen hauptsächlicher Kundenstamm waren Krankenhäuser und das Militär, während er gleichzeitig unauffällig Verbindungen zu vielen früheren Parteifreunden sowie Angehörigen der unterdrückten Arbeiter- und Gewerkschaftsbewegung unterhielt. Auch der von den Nazis 1933 abgesetzte deutschnationale Düsseldorfer Oberbürgermeister Dr. Robert Lehr[98], der vordem dort eine Zeit lang als Polizeidezernent agiert hatte, gehörte zu dem 1934/35 von Dr. Hensel initiierten Oppositionskreis, dem sich Arnold ebenfalls angeschlossen hatte. Ab dem folgenden Jahr war man dort bestrebt, eine Verbindung zwischen den Untergrundstrukturen christlicher Gewerkschafter bzw. der Katholischen Arbeiterbewegung und oppositionellen Kräften in der Wehrmacht herbeizuführen, um durch deren koordiniertes Vorgehen das verhasste Regime zu stürzen. Der wichtige diesbezügliche Erstkontakt Jakob Kaisers mit Generaloberst a. D. Kurt Freiherr von Hammerstein-Equord[99] wurde Ende 1936 von Dr. Lehr vermittelt, der mit dem Hitlerkritischen früheren Chef der Heeresleitung befreundet war. Kurz darauf empfing dieser Kaiser, Leuschner und Max Habermann gemeinsam in seinem Haus, um sich über ihre gesellschafts-, insbesondere gewerkschaftspolitischen Neuordnungsvorstellungen informieren zu lassen, wobei er seinerseits Unterstützung bei der Gewinnung relevanter Generale für das von ihnen beabsichtige Unternehmen zugesichert hat. Entsprechende Unterredungen, die Kaiser und sein christlicher Gewerkschaftskollege, der einstige stellvertretende Vorsitzende der Reichstagsfraktion des Zentrums Joseph Ersing[100], mit dem damaligen Chef des Allgemeinen Heeresamtes Generalmajor Fritz Fromm sowie mit dem Oberbefehlshaber der Kriegsmarine Generaladmiral Erich Raeder Anfang 1937 geführt haben, sind für die Widerständler dagegen recht enttäuschend verlaufen. Auch zur Fühlungnahme mit Dr. Goerdeler wurde Kaiser von Dr. Lehr mehrfach, wenngleich vorerst vergeblich gedrängt, während Arnold seinerseits für zahlreiche weitere konspirative Verbindungen gesorgt hat, vor allem zu den Freundeskreisen widerständiger christlicher Gewerkschafter, etwa in Bonn und in Berlin. An den geraume Zeit nach Kriegsausbruch im Kölner Kettelerhaus sowie in Privatwohnungen durchgeführten geheimen Beratungen der katholischen Arbeiterführer hinsichtlich einer sozialethisch begründeten Neuordnung Deutschlands nach dem Ende des „Dritten Reichs" war Arnold ebenfalls beteiligt. Gleiches gilt u. a. für Nikolaus Groß[101], den vormaligen Polizeipräsidenten von Krefeld Willy Elfes[102] und den einstigen Geschäftsführer des Gesamtverbandes der Christlichen Gewerkschaften in Köln Heinrich Körner[103], der in Bonn einen Kreis zumeist katholisch-konservativer Oppositioneller sowie früherer Angehöriger seiner Gewerkschaftsrichtung um sich geschart und sich dann außerdem der Kölner Widerstandsstruktur angeschlossen hatte. Zu deren wichtigsten Anführern wiederum gehörten außer Dr. Müller und Nikolaus Groß noch der vormalige preußische Landtagsab- geordnete Bernhard Letterhaus[104] sowie der einstige Reichstagsabgeordnete des Zentrums Joseph Joos, der die von der NSDAP ausgehende Gefahr allerdings zeitweilig gründlich verkannt hatte und 1932 sogar vorübergehend für eine Koalition mit dieser prinzipiell antidemokratischen Partei eingetreten war[105]. Der Essener Widerstandskreis um Heinrich Strunk[106] war Jakob Kaiser gleichfalls aufs engste verbunden, der auch von jenem mit ihm ebenso befreundeten früheren christlichen Gewerkschaftsführer und Bankdirektor häufiger in Berlin besucht wurde.[107]

Auf diese Weise wurde ein über viele Jahre hinweg stetig gewachsenes Geflecht an persönlichen, politischen und gewerkschaftlichen Beziehungen zur doch recht soliden Basis für die von einer nur vergleichsweise geringen Zahl christlicher Gewerkschafter landauf, landab geschaffenen Widerstandsstrukturen. Für jene der um so vieles größeren sozialdemokratisch-gewerkschaftlichen Opposition galt dies genauso. Die Verbindungen der verschiedenen Widerstandsstrukturen der nichtkommunistischen Gewerkschafter wurden dabei in ihrem Kern nach wie vor durch die Freundschaft und konspirative Kooperation Leuschners, Kaisers und Habermanns sowie ihrer engsten Mitstreiter begründet und gefestigt, die im Laufe der Jahre immer mehr Regimegegner für ihre Sache gewinnen konnten. Somit stand inzwischen im ganzen Reich ein durchaus erkleckliches Kontingent antinazistischer Kräfte vor allem aus dem sozialdemokratischen wie dem christlichen Gewerkschaftsuntergrund zur Verfügung, das sodann noch durch allen Verfolgungsmaßnahmen zum Trotz allerorten verbliebene Fragmente des SPD-Widerstandes sowie der liberalen Opposition ergänzt wurde. Hierfür selbst in der Fachliteratur meistenteils benutzte Begrifflichkeiten wie „Widerstandszirkel“, „Leuschner-Kreis“, „Kaiser-Gruppe“ oder „Leuschner-Gruppe“ sind freilich völlig unangebracht, weil in der Sache unzutreffend. Adäquat ist vielmehr deren Klassifikation als Widerstandstruktur bzw. -netzwerk, wodurch nämlich erst der gravierende quantitative Unterschied zu den vielen weiteren überall entstandenen, in der Regel aber erheblich kleineren oppositionellen Freundeskreisen und Zirkeln zumeist bürgerlicher Prägung deutlich wird, die außerdem nur recht selten untereinander konspirativ vernetzt gewesen sind. Auch wurde deren punktuelle Anbindung an die reichsweiten Widerstandsnetzwerke der sozialdemokratischen und christlichen Gewerkschafter von diesen erst mit der Zeit stärker in den Blick genommen, wobei es in Einzelfällen jedoch auch vordem schon zu vorsichtigen wechselseitigen Fühlungnahmen auf der Basis von Freundschaften und verlässlichen Bekanntschaften gekommen war. In nicht wenigen Fällen waren in jenen lockeren Freundeskreisen und Diskussionszirkeln bürgerlicher Oppositioneller auch sozialdemokratische, mitunter zudem radikalsozialistische und pazifistisch bzw. auf andere Weise humanitär gesinnte Regimegegner mit von der Partie. Solche Klein- und Kleinstgruppen, manchmal auch nur einzelne ihrer Mitglieder und nicht selten außerdem Regimegegner ohne jeden organisatorischen Hintergrund gewährten NS-Verfolgten dann und wann Hilfen mannigfacher Art, wodurch viele jener Unterstützer bzw. Unterstützerkreise zugleich den entscheidenden Schritt von der nur kritischen Distanz zum „Dritten Reich“ hin zum widerständigen Engagement vollzogen haben. Hierdurch kamen sie verschiedentlich als potentielle neue Mitstreiter auch für die Leuschner-Konspiration in Betracht.[108] Solchermaßen hatten sich die diversen Segmente der antinazistischen Opposition gegen Ende der 1930er Jahre, ganz so wie Emil Henk es rückblickend beschrieben hat, zu einer Widerstandsbewegung der freundschaftlich, wenngleich lediglich lose miteinander verbundenen politischen und gewerkschaftlichen Gegeneliten umgeformt, die im Übrigen den Kontakt mit den Restkadern der durch den unablässigen Verfolgungsdruck immer stärker ausgebluteten kommunistischen Widerstandsstrukturen weiterhin fast ausnahmslos vermieden.

Unterdessen war allerdings eine Situation eingetreten, in der sich die zivilen Widerstandskräfte nicht mehr nur mit der sukzessiven heimlichen Ausweitung ihrer konspirativen Verbindungsnetze begnügen konnten: War der „Anschluss" Österreichs im März von großen Teilen der dortigen Bevölkerung ebenso wie der Einmarsch deutscher Truppen in die Tschechoslowakische Republik, genauer gesagt die Besetzung des Sudetenlandes Anfang Oktober 1938 noch von der Mehrzahl der dort lebenden deutschstämmigen Bevölkerung, aber auch im Deutschen Reich selbst geradezu enthusiastisch bejubelt worden, so griff inzwischen doch bei vielen die Befürchtung um sich, dass am Ende jene Recht behalten könnten, die schon vor Jahren eindringlich vor der immensen von Hitler ausgehenden Kriegsgefahr gewarnt hatten. Dass der propagandistisch zweifellos gekonnt in Szene gesetzte Autobahnbau natürlich gleichzeitig von einiger wehrstrategischen Relevanz war, dass das „Dritte Reich" seine Aufrüstungsaktivitäten seit langem schon immer mehr intensivierte, dass dessen militärische Unterstützung für die Franco-Faschisten im Spanischen Bürgerkrieg bei nüchterner Betrachtung ein auch für Deutschland hochriskantes Unterfangen war und noch manch anderer Sachverhalt haben zunehmend sogar Teile jener unbezweifelbaren deutschen Bevölkerungsmehrheit nachdenklich, wenn nicht besorgt gestimmt, die eigentlich zu den Befürwortern des Regimes gehörten. Könnte sich nicht auch das Ende September 1938 vom bürgerlich-radikalsozialistischen französischen Ministerpräsidenten Édouard Daladier und dem konservativen britischen Premierminister Neville Chamberlain sowie dem italienischen Ministerpräsidenten, dem Faschistenführer Benito Mussolini und dem deutschen Reichskanzler in München ausgehandelte gleichnamige Abkommen, das jene „Abtretung" des Sudetengebietes an Deutschland sanktionierte, schlussendlich als Scheinsieg erweisen? Auch dies haben sich nicht wenige Deutsche gefragt. Und dann folgten nur fünfeinhalb Wochen darauf die fürchterlichen Pogrome gegen die von den braunen Machthabern ohnehin in immer unerträglicherem Maße drangsalierte jüdische Minderheit. In deren Verlauf sind nicht nur die meisten ihrer Synagogen und Betstuben überfallen, geschändet und zerstört worden, sondern auch unzählige jüdische Geschäfte, Arztpraxen, Anwaltskanzleien und Privatwohnungen. Zahllose Menschen wurden in aller Öffentlichkeit brutal misshandelt oder gar ermordet. Obgleich die Aktion, die sich vom 7. bis zum 10. November wie ein Flächenbrand über das ganze Land ausbreitete, von der NS-Propaganda als Ausdruck eines angeblichen „Volkszorns" auf die Juden ausgegeben wurde, war sie in Wahrheit von den obersten Parteiführern befohlen, durch die NS-Kreisleiter und -Ortsgruppenleiter organisiert und dann von zumeist in Zivil gekleideten SA- und SS-Trupps durchgeführt worden, die bei ihrem Zerstörungswerk immer wieder von ebenfalls hierzu abkommandierten Hitler-Jungen unterstützt worden sind. Auch wenn sich oft genug auch viele andere nichtjüdische Mitbürger spontan zum Mittun an diesen Schandtaten haben hinreißen lassen, war dennoch deren Ablehnung durch keineswegs geringe Teile der deutschen Mehrheitsbevölkerung zumal in den größeren Städten derart offensichtlich, dass in der Folge vom Reichspropagandaminister Dr. Joseph Goebbels eine weitere systematische antijüdische Hetzkampagne gestartet wurde, die sich über mehrere Monate hinziehen sollte. Niemand indes konnte seinerzeit ahnen, dass jene als „Reichskristallnacht" schönfärberisch verbrämten Missetaten das Fanal waren für das ungeheuerlichste Menschheitsverbrechen aller Zeiten: den von den Nazis während des Krieges mit unerbittlicher Konsequenz betriebenen Völkermord an den Juden Europas.[109]

Wenn auch nicht davon ausgegangen werden kann, dass die Novemberpogrome der unmittelbare Auslöser dafür gewesen sind, dass die gewerkschaftlich-politischen Widerstandsstrukturen um Leuschner, Kaiser und Habermann sowie Gruppen und Kreise bürgerlicher Anti-Nazi-Kräfte und dann auch solche aus dem Militär nun einen engeren Kontakt untereinander anstrebten, so sind jene beschämenden rassistischen Barbareien bestimmt nicht ohne Einfluss hierauf geblieben. Viele Oppositionelle hatten ja auch Juden in ihrem Freundes- und Bekanntenkreis, waren zum Teil mit jüdischen Partnern verheiratet oder gar selbst jüdischer Herkunft. Dr. Theo Haubach z. B. hatte eine jüdische Mutter, Ernst Strassmann einen jüdischen Vater bzw. Adoptivvater, während Ernst von Harnack schon 1933 geradeheraus bekannt hatte, „die Behandlung der Rassenfrage" durch die neuen Machthaber sei mit seinen „religiösen Überzeugungen unvereinbar". Die hessische SPD-Landtagsabgeordnete Lily Pringsheim, eine der engsten Freundinnen und couragiertesten Mitstreiterinnen Leuschners im Kampf gegen die Nazis am Ende der Weimarer Republik, war mit einem evangelisch getauften Botanikprofessor mit jüdischem Familienhintergrund verheiratet gewesen, und ihr ältester Sohn Karl, der als Sekretär der SPD-Fraktion im Darmstädter Landtag beschäftigt war, hat sich zusammen mit Mierendorff und anderen in der frühen Untergrundarbeit gegen das „Dritte Reich" in Südhessen tapfer engagiert, bis er und seine Mutter schon 1933 auf unterschiedlichen Wegen ins Ausland flüchten mussten. Solches wird geflissentlich von jenen außer Betracht gelassen, die – aus welchem Grund auch immer – den Aktivistinnen und Aktivisten des antinazistischen deutschen Widerstandes unterstellen möchten, diese seien grundsätzlich genauso antijüdisch positioniert gewesen wie die deutsche Mehrheitsbevölkerung insgesamt. Dem ist allein deshalb schon zu widersprechen, weil die Erfordernisse konspirativen Handelns rassistische Ressentiments in den unterschiedlichen Gruppenstrukturen des Widerstandes prinzipiell ausgeschlossen haben, seien es solche der illegalisierten Arbeiterbewegung oder der Opposition liberaldemokratischer bzw. konservativer Prägung. Seltsamerweise wird von jenen Widerstandsdiffamierern meist übersehen, dass gerade in linken und linksbürgerlichen Oppositionskreisen bemerkenswert oft Regimegegner jüdischer Herkunft mitgearbeitet haben. Die Haltung nicht weniger konservativer Frondeure zur „Judenfrage" mag sich hingegen in der Tat als durchaus ambivalent bezeichnen lassen. Es gab sogar einige ausgesprochene Rassisten darunter, die sich später fürchterlicher Gräueltaten an den Juden schuldig gemacht haben. Andererseits wurden auch etliche jener Widerständler, die von antijüdischen Vorurteilen nicht frei gewesen sind, durch die an dieser Minderheit verübten NS-Verbrechen zum Umdenken gebracht. Max Habermann beispielsweise gehörte hierzu. Selbst Dr. Goerdeler hat sich von gewissen diesbezüglichen Animositäten niemals vollständig zu lösen vermocht, obschon er sich schon seit 1933 im Rahmen seiner Möglichkeiten der zunehmenden Entrechtung und Verfolgung der Juden mutig entgegengestellt hat. Dabei hatte er allerdings in der Regel vor allem auf den dadurch womöglich verursachten volkswirtschaftlichen wie außenpolitischen Schaden verwiesen. Die gegen seinen ausdrücklichen Willen während einer Skandinavienreise erfolgte Schleifung des Denkmals des jüdischen Komponisten Felix Mendelssohn-Bartholdy vor dem Leipziger Gewandhaus war dann im Herbst 1936 der Auslöser für seinen Rücktritt vom Amt des Leipziger Oberbürgermeisters zum 1. April des Folgejahres. Die Novemberpogrome 1938 haben ihn erst recht schwer erschüttert, genauso wie Ernst von Harnack und viele andere ebenso. Auch mehrere militärische Befehlshaber haben mit Empörung hierauf reagiert, wenngleich ihnen die Courage zum Protest oder gar zum Aufbegehren dann doch gefehlt hat. Die Oppositionellen, egal welcher Couleur und Herkunft, wurden jedenfalls durch jene Verbrechen der NS-Rassisten einmal mehr in ihrer zudem wegen der forcierten faschistischen Aufrüstung gewonnenen Überzeugung bestärkt, dass aktives antinazistisches Handeln das Gebot der Stunde war.[110]

Allen, die in die damals geführten Sondierungsgespräche zwischen den Anführern des gewerkschaftlichen Widerstandes und der Restkader der Untergrund-SPD sowie den Vertretern der bürgerlichen Opposition einbezogen waren, ist klar gewesen, dass demnächst etwas geschehen würde, dass die Zeichen der Zeit auf Sturm standen. Deshalb erschien es ihnen nun sinnvoll zu sein, die operative Basis der Widerstandsbewegung durch behutsames Zusammenrücken der diversen oppositionellen Potentiale peu à peu noch mehr zu verstärken. Von wem die Initiative hierzu ausgegangen ist, ob von den Sozialisten oder den Bürgerlichen, lässt sich nicht mehr entscheiden, ist im Prinzip auch unerheblich. Gute Ideen haben bekanntlich viele Eltern. Dass man sich nicht mehr als politische Kontrahenten begegnen dürfte, sondern als Bündnispartner, geeint durch die entschiedene Ablehnung der immer brutaleren NS-Gewaltherrschaft, war für sämtliche Beteiligten unstrittig. Elisabeth Schwamb hat indes später darauf bestanden, dass es „die Sozialisten Deutschlands" gewesen seien, „die, als sie mit den Truppen der ‚Rechten' in Verbindung traten," diese „zur Mitarbeit, zum Mitgehen in der gemeinsamen Sache" aufgefordert hätten. Und dies sei „ganz bestimmt im Spätjahr 1938" gewesen, „also nach der ersten gemeinsamen Besprechung", die in der Wohnung der Schwambs in Berlin-Wilmersdorf stattgefunden habe. Im darauffolgenden Winter wurden dann bei Ernst von Harnack etliche weitere solcher politischen Zusammenkünfte durchgeführt, darunter auch jene, an der außer ihm selbst, Dr. Leber, Leuschner und Gustav Noske mit Dr. Otto John[111], Syndikus bei der Deutschen Lufthansa, dessen Dienstvorgesetztem in der dortigen Rechtsabteilung Rechtsanwalt Dr. Klaus Bonhoeffer[112] und dem allerdings längst im Ruhestand befindlichen Diplomaten Dr. Richard Kuenzer[113] auch drei Vertreter der bürgerlichen Opposition teilgenommen haben. Dabei verständigte man sich auf die später im Aufstandsversuch des „20. Juli" kulminierende Strategie, durch den Zusammenschluss aller zivilen und militärischen Widerstandskräfte unabhängig von ihrer parteipolitischen Positionierung die Erfolgschancen eines bereits damals beabsichtigten Umsturzes deutlich zu erhöhen. Nach dem Zeugnis von Annedore Leber ist ihr Mann zudem just in jenem Jahr mit Leuschner „zu den ersten Beratungen über die Frage der Haltung der Sozialdemokratie in einer zukünftigen Reichsordnung" zusammengetreten, wobei Dr. Leber in dem Gewerkschafter „den unumstrittenen Führer" auch „der sozialdemokratischen Partei" gesehen habe. Für andere ist „die stärkste Persönlichkeit unter den Politikern" der Widerstandsbewegung hingegen Leber gewesen, wie beispielsweise Dr. Otto John fünf Jahre später, also 1943, Oberstleutnant Claus Graf Schenk von Stauffenberg auf dessen Nachfrage hin erklärt hat. Die Idee, sich mit den Anführern der unterdrückten nichtkommunistischen Arbeiterorganisationen zusammenzutun, hat wohl Ernst von Harnack in die bürgerlich-militärischen Verschwörerkreise kommuniziert. Durch ihn soll u. a. auch die Verbindung zwischen Leber und Dr. Klaus Bonhoeffer sowie zwischen Letzterem und Dr. Goerdeler zustande gekommen sein, so jedenfalls die Erinnerung von Gustav-Adolf von Harnack. Dieser hat des Weiteren berichtet, dass aus dem Büro der Textilvertretung seines Vaters in einem Berliner Hinterhaus konspirative Kontakte ebenso mit Leuschner, Jakob Kaiser, Max Habermann, Wirmer, Hermann Maaß, Gustav Noske und vielen anderen Regimegegnern unterhalten worden sind. Dr. Goerdeler hatte Ernst von Harnack schon in Merseburg kennengelernt, eine Beziehung, durch die sich nun recht problemlos etliche Verbindungen zwischen sozialdemokratischen und bürgerlichen Regimegegnern realisieren ließen. Auch der von ihm ebenfalls außerordentlich hochgeschätzte Leber wurde durch Ernst von Harnack an diverse hochkarätige Konspirateure unterschiedlicher politischer Couleur herangeführt, während er selbst durch General Ludwig Beck fortlaufend über die militärische Lage instruiert worden ist.[114]

Jakob Kaiser hat nach dem Krieg gleichermaßen unablässig darauf aufmerksam gemacht, dass bei jenen Aktivitäten Parteigrenzen keine Rolle mehr gespielt haben. Nachdem man „zunächst mit Denkschriften und Rücksprachen bei Politikern und verantwortlichen Männern der Wehrmacht" etwas zu bewirken versucht habe, sei man zu der Überzeugung gelangt, dass gegen das einfach „schon zu fest im Sattel" sitzende Regime nur noch „entschlossener und umfassender Widerstand" etwas würde bewirken können. Daraufhin hätten sich, so seine Feststellung in einem acht Jahre nach dem „20. Juli" veröffentlichten Bericht über die Umsturzbewegung, „einzelne oppositionelle Persönlichkeiten und Gruppen" zueinandergetastet. „Zwischen den Jahren 1936 und 1940" seien sodann „kleinere Gruppen zu festeren Kreisen" zusammengewachsen, „die sich in alle Schichten des Volkes und nicht zuletzt in alle Gegenden des Reiches" verzweigt hätten. „In allen diesen Kreisen" hätten „christliche Demokraten in Zusammenarbeit mit Sozialdemokraten" gestanden, wobei beider „Hauptinteresse" der „sozialen Gestaltung der Ordnung nach Hitler" gegolten habe. In Berlin sei überdies „in den Jahren von 1937 bis 1940 zugleich das Zusammenwachsen" jenes antinazistischen Kooperationsverbundes „mit Männern konservativer Richtung" erfolgt, deren Anführer Dr. Carl Goerdeler[115] gewesen ist. An anderer Stelle, nämlich in einem Artikel zum zweiten Jahrestag der Hinrichtung Goerdelers, hat Kaiser betont, durch „die führenden Männer" des von ihm repräsentierten Oppositionsflügels sei „selbstverständlich auch die Verbindung mit den erprobten Vertrauensleuten gegeben" gewesen, „d. h. mit Tausenden von Arbeitern, die aufrecht und echt gegen das System

Ludwig Schwamb

standen". Er meinte damit solche, die der christlichen bzw. katholischen Arbeiterbewegung verbunden geblieben waren. „Außerdem" sei, was zweifellos nicht minder wichtig war, „die Verbindungsmöglichkeit mit zahlreichen politischen Persönlichkeiten gegeben" gewesen, und überdies hätte Wilhelm Leuschner „ebenfalls ausgedehnte Fühlung mit zahlreichen und maßgeblichen Stützpunkten seiner früheren Bewegung" gehabt. „Durch Ernst Lemmers Zusage" sei schließlich auch noch „für die Verbindung mit den Hirsch-Dunckerschen Gewerkschaften" gesorgt gewesen. Durch einen Aufruf „an die Gesamtheit der gewerkschaftlichen Organisationen nach der Beseitigung Hitlers" hätte sich somit, so Kaisers Einschätzung zweieinhalb Jahre nach dem gescheiterten Umsturzversuch vom 20. Juli 1944, „ihre Geschlossenheit" erwiesen, wofür allein schon „die Namen der führenden Männer" gebürgt hätten. Zu dieser Klarstellung hatte sich der Christdemokrat veranlasst gesehen, da schon damals eine fortwährende Minimalisierung, Marginalisierung und Diffamierung des zivilen Arms der Widerstandsbewegung zu beklagen gewesen ist und er zudem dezidiert „der Behauptung entgegenzutreten" gedachte, ihnen habe seinerzeit „die Verbindung zum Volke" gefehlt.[116]

1938/39 ging es also nicht nur um ein Näherrücken der verschiedenen Bereiche der zivilen Opposition sowie um die Anbahnung ihres darauffolgenden festeren Zusammenschlusses, von der nichtkommunistischen Linken bis hin zu den Konservativen, sondern auch um deren Heranführung und perspektivische Anbindung an die regimekritischen Kräfte innerhalb der Wehrmacht. Diese haben sich nämlich – darüber waren Leuschner, Kaiser und ihre Mitstreiter über ihre nach dort längst bestehenden verdeckten Informationskanäle zumindest vage informiert – zu jener Zeit ebenfalls bereits mit Umsturzabsichten beschäftigt. Auslöser war auch hierbei der immer aggressivere außenpolitische Konfrontationskurs Hitlers, der allen seinen Friedensbeteuerungen zum Trotz ganz offensichtlich nur nach einem Anlass für den von ihm schon immer beabsichtigten Waffengang zur Eroberung neuen „Lebensraums im Osten" und zur gleichzeitigen rücksichtslosen Bekämpfung von Bolschewismus und Judentum suchte. Jeder Besitzer seines Bekenntnisbuches „Mein Kampf", damals immerhin schon fünf Millionen, hätte wissen können, dass der Kampf gegen die Juden, die Kommunisten und Sozialdemokraten, gegen den Liberalismus und den Parlamentarismus genauso wie die Schaffung eines „Führerstaates" und der „Anschluss" seines Heimatlandes Österreich an das Deutsche Reich zu seinen wichtigsten Programmpunkten gehörten. Diese arbeitete er ganz offensichtlich der Reihe nach ab, wobei die „Lebensraum"-Frage und somit der Krieg gegen die Sowjetunion noch auf seiner Agenda standen. Nachdem der Reichskriegsminister und Oberbefehlshaber der Wehrmacht Generalfeldmarschall Werner von Blomberg und der Oberbefehlshaber des Heeres Generaloberst Werner von Fritsch Anfang 1938 Intrigen zum Opfer gefallen waren, nur weil sie Einwände gegen das ungeheure Tempo, nicht jedoch gegen die Berechtigung von Hitlers Expansionspolitik vorzubringen gewagt hatten, war der Oberbefehl über die gesamte Wehrmacht vom Diktator höchstpersönlich übernommen worden. Seit dem Frühjahr jenes Jahres hatte daraufhin der Generalstabschef des Heeres Ludwig Beck[117], der bis dahin wie die Vorgenannten Hitlers massiven Aufrüstungskurs nachhaltig unterstützt und sogar noch forciert hatte, vor allem durch eine Serie von Denkschriften für seinen Dienstvorgesetzten, den neuen Oberbefehlshaber des Heeres Generaloberst Walther von Brauchitsch, den vom Diktator längst fest ins Auge gefassten Überfall auf die Tschechoslowakei doch noch abzuwenden versucht, da er hierdurch die Gefahr eines erneuten europaweiten Krieges, wenn nicht sogar eines Weltkrieges heraufziehen sah. Unterstützt wurde Beck hierbei durch den damals zum Vizeadmiral beförderten Chef der Abwehr, des militärischen Nachrichtendienstes also, Wilhelm Canaris[118] sowie von Ernst von Weizsäcker[119], der gerade zum Staatssekretär des Auswärtigen Amtes ernannt und als Oberführer in die SS aufgenommen worden war. Auch diese beiden waren bis dahin unbedingte Anhänger Hitlers und seiner Politik gewesen und sollten wie so manche Widerständler aus dem nationalkonservativ-militärischen Bereich auch weiterhin zwischen Willfährigkeit und Widerspruch gegenüber dem Terrorregime schwanken. Nachdem sämtliche Vorstöße Becks bei von Brauchitsch ins Leere gelaufen waren und auch sein darüber hinaus noch unternommener Versuch, die Kommandierenden Generale zwecks Kriegsverhinderung zur soldatischen Gehorsamsverweigerung und zur kollektiven Amtsaufgabe zu bewegen, ohne Resonanz geblieben war, reichte er seinen Rücktritt als Generalstabschef ein, der ihm auch sofort bewilligt worden ist. Die damit verbundene Beförderung zum Generalobersten erfolgte gegen seinen ausdrücklichen Wunsch. In dieser Zeit setzte jene Entwicklung ein, die den Spross einer Wiesbaden-Biebricher Fabrikantenfamilie zum wichtigsten Protagonisten der bürgerlich-militärischen Widerstandsbestrebungen neben Goerdeler aufsteigen ließ, mit dem er im Übrigen bereits seit Mitte der 1930er Jahre in Verbindung stand.[120] Der für den weiteren Verlauf der Dinge so eminent wichtige konspirative Direktkontakt beider mit dem nach wie vor überaus vorsichtig agierenden Leuschner sollte indes noch eine Weile auf sich warten lassen.

Nachdem kleinere oppositionelle Zirkel in der Wehrmacht bereits um den Jahreswechsel 1937/38 entstanden waren, ist erst im Anschluss an das Scheitern der Bemühungen Becks um einen Streik der Generale dann während der Sudetenkrise im Herbst 1938 ein konkreter Staatsstreichplan entwickelt worden, nämlich für den Fall einer von den Frondeuren zu jener Zeit erhofften Kriegserklärung Großbritanniens und Frankreichs zur Zurückweisung von Hitlers Okkupationsgelüsten gegenüber der Tschechoslowakei. Maßgeblich beteiligt hieran waren Becks Nachfolger als Generalstabschef des Heeres General Franz Halder[121], der damalige Leiter der Zentralabteilung der Abwehr Oberstleutnant Hans Oster[122] und kleine Gruppen ebenfalls Aktionsgewillter in dessen Amt wie auch im Auswärtigen Amt. Mit von der Partie bei jener so genannten Septemberverschwörung waren ferner der damalige Kommandierende General des III. Armeekorps und Befehlshaber von Berlin Erwin von Witzleben[123], dereinst als Generalfeldmarschall der ranghöchste Offizier des Umsturzversuchs vom 20. Juli 1944, der Oberquartiermeister im Generalstab des Heeres Generalleutnant Carl-Heinrich von Stülpnagel[124], der vormalige Gestapo-Beamte Dr. Hans Bernd Gisevius[125], der in Frankfurt am Main geborene frühere „Stahlhelm"-Führer, Nationalrevolutionär und seinerzeitige Abwehr-Mitarbeiter Hauptmann Friedrich Wilhelm Heinz[126] und etliche andere. Oster hatte schon alle möglichen logistischen Fragen geklärt und dazu einen genauen Ablaufplan ausgearbeitet, dem später in manchem die Grundkonzeption des „20. Juli" ähneln sollte. Ein wesentlicher Unterschied bestand jedoch darin, dass Heinz zusammen mit einem Korvettenkapitän einen etwa 30-köpfigen Stoßtrupp hätte anführen sollen, um Hitler zu verhaften. Er selbst soll hingegen sogar damals bereits dessen Liquidierung beabsichtigt haben, was aber von Witzleben und den meisten anderen abgelehnt worden ist. Diese haben sich vielmehr dafür ausgesprochen, den Diktator vor Gericht zu stellen, und zwar wegen der zu jener Zeit schon zahlreichen Verbrechen seines Regimes und außerdem, um ihn vor der deutschen Bevölkerung als Kriegstreiber zu demaskieren. Auf diese Weise wollte man gleichzeitig einer neuerlichen „Dolchstoßlegende" entgegenwirken und die bei Unternehmen solcher Art stets gegebene Gefahr eines Bürgerkrieges verringern. Jedenfalls sollten nicht nur die Reichskanzlei und die wichtigsten Gebäude im Berliner Regierungsviertel von Wehrmachttruppen besetzt werden, sondern ebenso die Kaserne der für die Absicherung der Regierungsmitglieder und der Regierungsgebäude zuständigen „Leibstandarte-SS Adolf Hitler" in Berlin-Lichterfelde, die Gestapo-Zentrale in der Prinz-Albrecht-Straße 8, das KZ Sachsenhausen, die Rundfunksender und viele andere für das Funktionieren des Regimes relevante Einrichtungen bzw. Dienststellen. Informationen über die sonstigen Standorte der SS in Berlin wie im ganzen Reich und dergleichen mehr stellte der Chef des Reichskriminalpolizeiamtes Arthur Nebe[127] zur Verfügung. Der Berliner Polizeipräsident Wolf-Heinrich Graf von Helldorff[128] und dessen Stellvertreter zu jener Zeit Fritz-Dietlof Graf von der Schulenburg[129], beide übrigens – wie Nebe und etliche andere Verschwörer auch – altgediente, mittlerweile aber zumindest partiell desillusionierte NSDAP-Mitglieder, hätten dafür sorgen sollen, dass es in der Reichshauptstadt zu keinen bewaffneten Auseinandersetzungen zwischen ihren Einheiten und denen der Wehrmacht käme.

Die Verschwörer des September 1938 wussten nämlich bereits sehr wohl, dass die Einbindung größerer Polizeikontingente zusätzlich zu den von ihnen befehligten Wehrmachttruppen unabdingbar sein würde für das Gelingen ihres Vorhabens, denn dieses musste schon in seiner ersten, zwangsläufig am meisten störanfälligen Ablaufphase nach allen Seiten hin optimal abgesichert werden. Hierbei kam es darauf an, in kürzester Zeit möglichst viele regimetreue Befehlshaber und Entscheidungsträger zu neutralisieren. Auch die Schlüsselpositionen im Apparat der Geheimen Staatspolizei mussten so rasch wie möglich von eigenen Leuten übernommen werden. Über so viele Mitverschwörer, wie es hierfür bedurft hätte, verfügte man seinerzeit aber nicht. Deshalb wurde ein Grund benötigt, der plausibel genug war, um genügend Offiziere und Soldaten ebenso wie Polizeibeamte, aber auch andere regimekritische Kräfte zum Mittun, zumindest aber zur Tolerierung des Unternehmens zu bewegen, ohne dass diese Skrupel bekämen. Nichts bot sich hierfür besser an, als der Verweis auf die für jedermann ersichtlichen, vom Hitler-Regime tagtäglich verübten Schandtaten und Gewaltdelikte. Rasch rückte deshalb die kriminologische Begründung der beabsichtigten Putschaktion in den Vordergrund. Manche haben damals auch vorgeschlagen, Hitler für geisteskrank erklären und in eine entsprechende Anstalt einweisen zu lassen. Die Beseitigung des Diktators durch Sprengung seines Eisenbahnzuges wurde ebenso erwogen, wobei man vorzugeben gedachte, Hitler sei bei einem Luftangriff ums Leben gekommen, was wiederum den Kriegsausbruch zur Voraussetzung gehabt haben würde. Auf den ersten Blick schien alles schon ziemlich durchdacht und in Anbetracht der Kürze der zur Verfügung stehenden Zeit eigentlich auch organisatorisch ganz gut auf den Weg gebracht worden zu sein. Die Ziele jener klar nationalkonservativ ausgerichteten Konspiration differierten freilich gewaltig: Während für einige nach wie vor strikt die Kriegsverhinderung im Vordergrund stand, strebten andere darüber hinaus den Sturz Hitlers und die vorübergehende Errichtung einer Militärdiktatur an und wiederum andere die Etablierung eines „Volkskönigtums“ mit dem Kaiserenkel Wilhelm Prinz von Preußen an der Spitze. Hierbei wurde an eine konstitutionelle Monarchie ähnlich der in Großbritannien gedacht, denn perspektivisch wollte man sodann eine Zivilregierung einsetzen, der später eine aus allgemeinen Wahlen hervorgehende parlamentarische Regierung hätte folgen sollen. Womöglich wäre hierbei sogar der greise Noske nochmals zum Zuge gekommen, der aber von dem Vertrauen, das nicht zuletzt General Halder in ihn diesbezüglich setzte, offenbar gar nichts wusste. Auch Beck ist in jene frühe Verschwörung nicht als Aktivist involviert gewesen, genauso wenig wie Goerdeler, der zwar schon eingeweiht gewesen sein soll, aber von Anfang August bis zum November im Ausland weilte. Mitte September will Hauptmann Heinz außerdem den Anführer der sozialdemokratisch-gewerkschaftlichen Untergrundbewegung Leuschner und dessen engsten Mitstreiter Hermann Maaß wenigstens andeutungsweise über seine Absichten informiert bzw. sie sogar für die Idee einer demokratisch legitimierten Monarchie gewonnen haben. Auch an anderen Besprechungen mit demselben konspirativen Hintergrund sollen die beiden Sozialdemokraten zuvor schon teilgenommen haben. Der Erstkontakt zwischen Heinz und Maaß war nämlich bereits im Frühjahr 1938 von dem mit beiden befreundeten hessischen Verleger Ulrich Wolf arrangiert worden. Überdies ist noch der vormalige Hamburger Reichsbanner-Führer Gustav Dahrendorf einbezogen gewesen, der sogleich seinen Freund, den früheren wehr- politischen Experten der SPD Dr. Julius Leber informiert haben wird. Dass dabei bereits Fragen einer weitergehenden zivilen Flankierung des von den Militärs in Verbindung mit einigen mobilisierungsfähigen Polizeikräften durchzuführenden Umsturzunternehmens erörtert worden sind, ist zwar naheliegend, wird sich jedoch kaum mehr verifizieren lassen. Ebenso werden die damals schon seit geraumer Zeit von Leuschner und seinem Freund Richard Woldt unterhaltenen Gesprächskontakte mit oppositionellen „Stahlhelm“-Kreisen nicht mehr erhellt werden können, in denen angeblich ein reichsweiter organisatorischer Zusammenschluss jener beiden Widerstandsbereiche auf gewerkschaftlicher Basis angestrebt wurde. Überhaupt lässt sich schwerlich beurteilen, inwieweit es sich bei den hierzu vorliegenden Meldungen nicht wieder nur um Beispiele für jene hinlänglich bekannten Verzerrungen bzw. Übertreibungen durch einen Gestapo-Spitzel, in diesem Fall durch Reinhold Schwabe handelt, der aus den tatsächlichen regimekritischen Beziehungen Leuschners und einiger seiner Freunde mit Prof. Dr. Albrecht, Hauptmann Heinz, Dr. Paul Josef Stürmer und anderen antinazistischen „Stahlhelm“-Aktivisten lediglich Schlussfolgerungen gezogen hat, die ihn für seine Geldgeber als Informant noch interessanter machten. Jenen wie auch immer gearteten konspirativen Rechts-links-Brückenschlägen ist jedenfalls spätestens mit der Festnahme Woldts im Sommer 1938 ein Ende bereitet worden, nachdem Stürmer schon im Vorjahr erstmals in Haft genommen worden war. Bei der anschließenden Septemberverschwörung des Jahres 1938 handelte es sich im Übrigen um das einzige Umsturzvorhaben vor dem „20. Juli“, das unter günstigen Begleitumständen vielleicht eine gewisse Aussicht auf Erfolg hätte haben können. Da aber die Staatschefs Großbritanniens und Frankreichs sich in München mit Hitlers Forderung nach der Abtretung des Sudetengebietes an das Deutsche Reich einverstanden erklärten, was in der deutschen wie der sudetendeutschen Bevölkerung mit großer Begeisterung und auch europaweit mit Erleichterung aufgenommen worden ist, war nach Ansicht der Verschwörer jedem Gedanken an einen Sturz des Diktators im Nu die Grundlage entzogen.[130]

Ausweitung der konspirativen Kontakte am Vorabend des Zweiten Weltkriegs

Kein ganzes Jahr sollte Europa und die Welt vom nächsten Krieg trennen. In jene Zeit fielen nicht nur die immer dramatischere Verschärfung der antijüdischen Maßnahmen des „Dritten Reiches“, der Runderlass des Reichsführers-SS und Chefs der Deutschen Polizei Heinrich Himmler zur systematischen Erfassung und – wie es allen Ernstes hieß – „rassenbiologischen Untersuchung“ sämtlicher in Deutschland lebenden Sinti und Roma vom 8. Dezember 1938 sowie Hitlers am Ende des Folgemonats vor dem Reichstag hinausgebrüllte Prophezeiung, das Ergebnis eines erneuten Weltkrieges werde die Ermordung der Juden in Europa sein. Auch der Einmarsch der Wehrmacht in die von ihr bis dahin noch nicht besetzten Gebiete der Tschechoslowakischen Republik und deren Zerschlagung, die Forderung an Polen nach Rückgabe Danzigs sowie die Rückgliederung des Memellandes in das Deutsche Reich, alles im Monat März, sodann die Aufkündigung des Flottenabkommens mit den Briten sowie des Nichtangriffspaktes mit Polen Ende April, das am 22. Mai mit Italien geschlossene Militärbündnis und schließlich der Hitler-Stalin-Pakt, d. h. der deutsch-sowjetische Nichtangriffspakt vom 23. August 1939 machten die ganze Zielstrebigkeit offensichtlich, mit welcher der Diktator auf den Krieg zusteuerte. Es gehörten keine hellseherischen Fähigkeiten dazu, um die Zeichen der Zeit zu erkennen. So hatte Goerdeler, der sehr bald schon nach seinem Amtsrücktritt im Jahr 1937 eine ausgedehnte, keineswegs nur politisch motivierte Reisetätigkeit aufgenommen hatte, seine meist hochrangigen Gesprächspartner insbesondere in Frankreich und Großbritannien fortgesetzt vor Hitlers Kriegskurs zu warnen und zu einer unnachgiebigen Haltung ihm gegenüber zu bewegen versucht, seit er Anfang 1938 durch die Generale Beck und Fritsch von den Absichten des Diktators in Kenntnis gesetzt worden war.[131] Auch von Oster, der während des Sommers jenes Jahres bei Beck unablässig gegen Hitler agitiert hatte, waren damals zu diesem Zweck nacheinander drei Emissäre nach London entsandt worden.[132]

Aber solcherlei musste finanziert werden. Ohne solide pekuniäre Basis lässt es sich bekanntlich überhaupt schlecht operieren, was für den antinazistischen Widerstand nicht anders galt.[133] Goerdeler beispielsweise ist bei seinen gegen das NS-Regime gerichteten Aktivitäten durch einige Industrielle gefördert worden. Außerordentlich großzügig zeigte sich diesbezüglich der auch sonst auf imponierende Weise sozialpolitisch wie speziell in der Judenhilfe engagierte, liberaldemokratisch gesinnte Stuttgarter Unternehmer Robert Bosch, der ihm mit einem Beratervertrag zugleich noch ein exzellentes Alibi für sein oppositionelles Agieren verschafft hat.[134] Etliche konservative sowie liberale Widerständler waren von Haus aus wohlhabend. Beck beispielsweise verfügte über recht opulente Ruhestandsbezüge. Andere Oppositionelle, auch rassistisch oder religiös Verfolgte des „Dritten Reiches“ wurden ebenfalls durch regimekritische Bürgerliche, durch Unternehmer oder Manager, Kaufleute oder kleine Gewerbetreibende, auch durch einzelne Bankiers, manch einen Landwirt oder einen Gutsbesitzer gedeckt und unterstützt.[135] Wiederum andere Widerständler, darunter viele frühere sozialdemokratische und gewerkschaftliche Funktionsträger, hatten zum Teil sogar recht gut bezahlte neue Posten in der Privatwirtschaft antreten können oder sich selbständig gemacht. Deshalb vermochten sie die für ihre antinazistische Arbeit erforderlichen Aufwendungen aus eigener Tasche zu bestreiten, wofür gerade Leuschner ein vortreffliches Beispiel ist. Aber genügte dies alles wirklich, um einen ganzen Staatsstreich zu finanzieren, einen zumal, der sich gegen eine inzwischen solchermaßen hochgerüstete Militärmacht wie die Nazi-Diktatur richten sollte, die sich ja außerdem noch auf beträchtliche paramilitärische faschistische Verbände stützte? Fragen wie diese beschäftigten die Regimegegner, die in die Septemberverschwörung involviert gewesen sind, aber auch andere Oppositionelle mehr denn je. Auch in welchem Umfang und auf welche Weise ohne Verdacht zu erregen Waffen beschafft werden könnten, zusätzlich zu jenen, auf welche die unmittelbar an dem Vorhaben beteiligten Aktivisten dienstlich Zugriff hatten, wurde nun erst stärker in Betracht gezogen. Überdies mussten Unterstützer und Sympathisanten im zivilen Bereich angeworben und ebenfalls bewaffnet werden. Welche Geldmittel hierfür wirklich erforderlich sein würden, das konnten die aktionsgewillten Anti-Hitler-Kräfte allerdings beileibe noch nicht ermessen. Die sorgfältige Planung und Durchführung von Staatsstreichunternehmen gehörte gewiss nicht zum Ausbildungs- oder Schulungsprogramm deutscher Militärs, Geheimdienstler, Diplomaten, Polizeibeamter, Verwaltungsfachleute und Politiker.

Hatte man bei dem soeben aufgegeben Umsturzversuch die Frage der Einbindung der Arbeiterschaft wirklich genügend bedacht? Was war von der Reserviertheit zu halten, die Leuschner und seine Leute bei den ersten Fühlungnahmen in dieser Hinsicht an den Tag gelegt hatten? Es war evident, dass diese in Anbetracht ihres speziellen Verfolgungshintergrundes besonders vorsichtig sein mussten. Dass sie jedoch schon seit ziemlich genau zwei Jahren durch immer wieder neue Gesprächsvorstöße und Denkschriften ranghohe Militärs ohne Erfolg zum Handeln gegen Hitler zu drängen versucht hatten, dürfte den wenigsten Septemberverschwörern bekannt gewesen sein, erklärt aber voll und ganz Leuschners und seiner Konfidenten zögerliche Reaktionsweise seinerzeit. Außerdem hat sich damals, nach fast sechsjähriger permanenter propagandistischer Indoktrination der Bevölkerung durch die faschistische Diktatur, die Frage nach deren tatsächlichem Rückhalt auch innerhalb der Arbeiterschaft schon mit einiger Berechtigung gestellt. Wie auch immer, in jedem Fall wäre es außerordentlich wichtig, dies begann den bürgerlich-militärischen Widerständlern spätestens ab dem Herbst 1938 immer mehr bewusst zu werden, beim nächsten Anlauf zu einem Staatsstreich das von den Arbeiterführern zu aktivierende antinazistische Kräftepotential ebenfalls mit ins Kalkül zu ziehen. Denn auch die Möglichkeit, dass die nazifizierten Teile der Arbeiterschaft sich gegen die von den Verschwörern zunächst intendierte Militärdiktatur erheben könnten, war nicht ohne Weiteres von der Hand zu weisen. Es handelte sich zwar faktisch um eine gänzlich andere Situation als 1918, als das Kaiserreich nach über vierjährigem Krieg moralisch, politisch, militärisch und auch sonst am Boden lag und die Soldaten gemeinsam mit der arbeitenden Bevölkerung nicht nur das fürchterliche Völkerschlachten im Handumdrehen beendet, sondern gleich die ganze Adelsherrschaft mit hinweggefegt hatten. Die vom NS-Regime unterdrückte Arbeiterbewegung müsste bei einem neuerlichen Umsturzvorhaben allein deshalb schon miteinbezogen werden, um gegebenenfalls die profaschistischen Gegenkräfte mit einem Generalstreik in die Knie zwingen zu können, wie es einst das entschlossene Vorgehen der demokratischen Bevölkerung gegen den antirepublikanischen Putschversuch des deutschnationalen Politikers Dr. Wolfgang Kapp und des Reichswehrgenerals Walther Freiherr von Lüttwitz im Jahr 1920 so eindrucksvoll unter Beweis gestellt hatte.

Natürlich war im Herbst 1938 bei den zum Umsturz bereiten Widerstandskräften erst einmal Niedergeschlagenheit, vielleicht auch Resignation eingekehrt, da der Diktator seine außenpolitischen Forderungen gerade so problemlos hatte durchsetzen können. Er befand sich ganz unverkennbar auf der Gewinnerstraße. Doch die Kriegsgefahr war keineswegs gebannt. Im zurückliegenden Juni waren mit einem riesigen Arbeitskräfteheer die Baumaßnahmen am so genannten Westwall aufgenommen worden. Die Gestapo wusste zu jener Zeit insofern von einer durchaus regimekritischen Grundstimmung sowie von anhaltender Kriegsfurcht innerhalb der Bevölkerung zu berichten, die nur vorübergehend der vom Münchner Abkommen ausgelösten Begeisterung gewichen war. Die höchst riskanten Absichten Hitlers zur „Lebensraum"-Eroberung hatten sich im dienstlichen Umfeld der von ihm hierüber im Vorjahresherbst in Kenntnis gesetzten führenden Militärs zwangsläufig weiterverbreitet. Mit der friedlichen Beilegung der Sudetenkrise war folglich für viele NS-Gegner auch die Umsturzfrage nicht vom Tisch. Nachdem die diversen in die Septemberverschwörung involvierten oppositionellen Kleingruppen zunächst eine aus Sicherheitsgründen auch unbedingt angebrachte Lockerung ihrer wechselseitigen Beziehungen vorgenommen hatten, kam es dann aber wenig später, nämlich bereits im Winter 1938/39 zur erwähnten Zusammenkunft bei Ernst von Harnack. Hierbei haben sowohl die Vertreter der Sozialdemokratie als auch die der bürgerlichen Opposition die künftige Zusammenarbeit nicht nur aller nichtkommunistischen Widerstandskräfte als gemeinsame Richtschnur ihres weiteren Handelns fest verabredet, sondern auch ihre Kooperation mit den Widerständlern im Bereich der Wehrmacht. Dies war der entscheidende Schritt in die richtige Richtung, die Basis des alsbald in Angriff genommenen und sich sodann immer dynamischer konturierenden Zwecksbündnisses jener Regimegegner zur wirklich soliden Vorbereitung eines Umsturzes. Leuschner soll bei jenem Treffen, für das die Begleitumstände des kurz zuvor gerade aufgegebenen Putschvorhabens keine unwichtige Rolle gespielt haben werden, erstmals erklärt haben, er sei „zu jeder gemeinsamen Arbeit bereit, wenn von den Generalen ein konkreter Vorschlag gemacht" werde.[136]

Der einzige höhere deutsche Offizier, zu dem die Regimegegner um Leuschner und Jakob Kaiser bis dahin tatsächlich engeren Kontakt hatten, war Generaloberst Kurt Freiherr von Hammerstein-Equord. Dieser hatte allerdings schon fünf Jahre zuvor decouragiert seinen Abschied als Chef der Heeresleitung genommen. Seit Ende 1936 stand er im Gedankenaustausch mit Kaiser und anderen Gewerkschaftsführern, wodurch diese regelmäßig über die Hintergründe der Haltung der Generalität hinsichtlich des von Hitler gesteuerten außenpolitischen Offensivkurses aufgeklärt worden sind. Auch hat Hammerstein ihnen gegenüber stets die ausgeprägte Unentschlossenheit der Militärs hinsichtlich eventueller diesbezüglicher Gegenmaßnahmen moniert. Außerdem hat er die dem Diktator von vielen jüngeren Offizieren entgegengebrachte ausgesprochen positive Grundeinstellung kritisiert, durch die, so seine Einschätzung nach der Erinnerung Elfriede Nebgens, ohnehin „das Handeln verantwortungsbewusster Generale zum Scheitern" verurteilt bleiben würde. Obwohl von Hammerstein in Wehrmachtkreisen damals eigentlich Persona non grata war, ist er an seinem 60. Geburtstag, also am 26. September 1938, von Generalstabschef Franz Halder besucht worden, der ihm bei dieser Gelegenheit beschieden haben soll, es werde „jetzt gehandelt, wenn Hitler seine Pläne nicht" aufgäbe, so das Zeugnis seines Sohnes Ludwig von Hammerstein-Equord[137]. Dieser hat ebenso wie sein Bruder Kunrat nicht nur enge Beziehungen zu einigen der wichtigsten späteren Protagonisten des „20. Juli" unterhalten, u. a. auch zu Goerdeler, sondern war dann selbst aktiv in jenes Umsturzvorhaben eingebunden; nach dem Krieg wirkte er ein Jahrzehnt lang als Pressereferent im Ministerium für gesamtdeutsche Fragen, das bis 1957 unter Leitung von Bundesminister Jakob Kaiser stand. Vielleicht hat der „Rote General", wie Kurt von Hammerstein-Equord wegen seiner Republiktreue oft genannt wurde, 1938 dem kurz zuvor aus der Haft entlassenen Kaiser dann auch erläutert, dass ein Umsturzvorhaben doch erheblich mehr organisatorische Vorbereitungen und ebenso deutlich größere Aktivistenkontingente erforderlich machen würde, als dies bei den Bestrebungen der Septemberverschwörung der Fall gewesen war, und zwar durchaus nicht nur für die erste Phase des Unternehmens, sondern insbesondere auch für die Tage, Wochen und Monate danach. Und womöglich hat er dem Gewerkschafter darüber hinaus erläutert, warum auch aus militärischer Sicht die Einbeziehung der Untergrundstrukturen der Arbeiterschaft einfach unabdingbar wäre, wenn ein Unternehmen wie dieses eine einigermaßen realistische Erfolgsaussicht erhalten sollte. Dies könnte die Gewerkschaftsführer am Ende darin bestärkt haben, ihre bis dahin fruchtlos gebliebenen Anstrengungen nochmals zu intensivieren, um mit relevanten oppositionellen Militärs nun doch endlich näher in Kontakt zu gelangen. Währenddessen bedrängte Dr. Robert Lehr aus Düsseldorf Jakob Kaiser ein weiteres Mal, den längst überfälligen Brückenschlag zu Dr. Goerdeler herzustellen, zumal er jenem vom oppositionellen Engagement seines Freundes in Berlin ebenso bereits berichtet hatte wie dieser von ihm über die entsprechenden Aktivitäten des früheren Leipziger Oberbürgermeisters ins Bild gesetzt worden ist. Aber für Kaiser blieb der Direktkontakt zu Hammerstein vorerst vorrangig, und auch Leuschner, der Goerdeler im Übrigen bereits im Frühjahr 1933 auf Vermittlung des früheren, im Jahr darauf in die USA ausgewichenen Zentrums-Reichskanzlers Dr. Heinrich Brüning kennengelernt hatte, blieb weiterhin auf Distanz. Nicht ahnen konnten die beiden Gewerkschafter, dass Dr. Goerdeler über seine seit dem Sommer 1936 bestehende Verbindung zum Stuttgarter Oppositionskreis um Robert Bosch[138] bereits über indirekte Beziehungen zumindest zu einigen württembergischen Wehrmachtführern verfügte, die man sich gut nutzbar machen könnte. Auch mit den Generalen von Fritsch, Beck, Halder und Georg Thomas[139] war Goerdeler seit 1937 im Gespräch und ließ ihnen wie vielen anderen ebenso regelmäßig seine Berichte über seine Auslandsreisen zukommen. Ansonsten konnten Kaiser und seine Freunde auch in jenen Monaten ihre konspirativen Verbindungen zu oppositionellen Zivilisten Schritt für Schritt weiter ausdehnen. So wurde durch Max Habermann etwa der frühere Funktionär des Deutschnationalen Handlungsgehilfen-Verbandes in Berlin Karl Hahn als neuer Mitstreiter gewonnen, den rasch ein freundschaftliches Verhältnis zudem mit Kaiser wie mit Wilhelm Leuschner verband. Desgleichen waren Generaldirektor Arnold Knoblauch und seine engeren Mitarbeiter in der Unternehmensleitung der Gagfah, der Gemeinnützigen Aktiengesellschaft für Angestelltenheimstätten, einer großen, dem Deutschnationalen Handlungsgehilfen-Verband bis zu dessen freiwilliger „Gleichschaltung" im Jahr 1933 eng verbundenen Wohnungsbaugesellschaft, 1938/39 gleichfalls durch Habermann über die

Absicht informiert worden, die im Untergrund im Prinzip bereits miteinander verbundenen nichtkommunistischen Gewerkschaftsrichtungen mit oppositionellen Wehrmachtkreisen in Fühlung zu bringen. Dr. Elfriede Nebgen hat berichtet, Knoblauch habe nicht nur seine Privatwohnung für „größere Beratungen" der Widerständler zur Verfügung gestellt, sondern im Einvernehmen mit seinen Führungskräften obendrein die Büroräume der Gagfah in Berlin.[140]

Zu jener Zeit war an den geheimen Besprechungen von Leuschner, Kaiser und Habermann in Berlin auch Josef Wirmer[141], nach dem Urteil Dr. Elfriede Nebgens ebenfalls „ein entschiedener sozialer Demokrat", bereits mehr oder minder regelmäßig beteiligt. Der Rechtsanwalt, zu dessen Klienten seit langem schon verfolgte Juden und NS-Gegner gehörten und der seit geraumer Zeit mit den Gewerkschaftern in lockerer Verbindung stand, verstärkte nun sein konspiratives Engagement. So baute er im Frühherbst 1939 eine dauerhafte Beziehung der nichtkommunistischen Gewerkschaftsführer zum Widerstandskreis im Amt Ausland/Abwehr des Oberkommandos der Wehrmacht um

Generaloberst Ludwig Beck

den damaligen Vizeadmiral Wilhelm Canaris und seinen Vertrauten Oberst Hans Oster auf. Letzterer hatte für den Geheimdienst kurz zuvor den zwischenzeitlich wegen seiner Kritik an der NS-„Rassenpolitik" aus dem Reichsjustizministerium an das Reichsgericht nach Leipzig versetzten Dr. Hans von Dohnanyi[142] angefordert, der schon seit Anfang 1938 mit den oppositionellen Militärs, dann auch mit Leuschner und Leber in Kontakt stand, überdies in den Staatsstreichversuch vom Herbst jenes Jahres einbezogen gewesen ist und seine Verbindungen zu den militärischen wie zivilen NS-Gegnern in Berlin seitdem nicht mehr hatte abreißen lassen. Die nunmehr von seinem Schwager Dr. Klaus

Bonhoeffer, dem Chefsyndikus der Deutschen Lufthansa, dessen Mitarbeiter Dr. Otto John, Ernst von Harnack und ihm selbst forcierten Bemühungen um Herbeiführung der konspirativen Fühlungnahme von Generaloberst a. D. Ludwig Beck mit Leuschner waren im Herbst 1939 endlich von Erfolg gekrönt. Den Kontakt zwischen Leuschner und seinem Mitarbeiter Maaß mit Oster hatte zuvor bereits Hauptmann Heinz hergestellt.[143] In seinem neuen Tätigkeitsfeld war von Dohnanyi in der Folgezeit intensiv an weiteren Putschplanungen beteiligt und außerdem damit beschäftigt, zusammen mit Oster und einigen anderen Abwehr-Mitarbeitern unablässig Beweismaterial zu den vom NS-Regime verübten Verbrechen zwecks Legitimierung eines Militärputsches zusammenzustellen, eine Aufgabe, der er sich insgeheim vordem schon als persönlicher Referent, dann Leiter des Ministerbüros von Reichsjustizminister Franz Gürtner mit Akribie gewidmet hatte. Im Herbst 1941 sorgte er dann dafür, dass die von seinem zweiten, inzwischen ebenfalls zum Amt Ausland/Abwehr eingezogenen Schwager Dr. Dietrich Bonhoeffer, einem der führenden Theologen der Bekennenden Kirche, verfassten Berichte über die soeben in Berlin und anderenorts angelaufenen Judendeportationen durch Beck den oppositionellen Kräften innerhalb der Generalität zugeleitet wurden, damit diese zum Einschreiten bewegt würden. Aber dies blieb dort ebenso ohne Resonanz wie mancher Protest anderer Art auch. Dafür konnte Dohnanyi wenigstens in zahlreichen Einzelfällen NS-Verfolgten behilflich sein, wobei die ein Jahr später durch ihn, Oster sowie einige wenige weitere Eingeweihte organisierte Fluchthilfe für 14 aus rassistischen Gründen verfolgte Berliner in die neutrale Schweiz sicherlich ein besonderes Glanzstück war. Auch am berühmten Attentatsversuch auf Hitler in Smolensk am 13. März 1943 war von Dohnanyi aktiv beteiligt. Mit seiner und Dietrich Bonhoeffers Verhaftung und der damit im Zusammenhang stehenden Beurlaubung ihres im Vorjahr zum Generalmajor beförderten Vorgesetzten Oster kurze Zeit darauf wurde nicht nur jenen vom Amt Ausland/Abwehr ausgehenden Widerstandsaktivitäten ein Riegel vorgeschoben, sondern eines der wichtigsten operativen Zentren der Anti-Hitler-Verschwörung überhaupt ausgeschaltet.

1939 sind den Widerstandskräften dazu noch eine ganze Reihe weiterer neuer Kontakte zugewachsen, während bereits bestehende lockere Verbindungen zu etlichen sonstigen couragierten Regimegegnern gefestigt und ausgebaut werden konnten. So fungierte beispielsweise von Dohnanyi seit dem Herbst jenes Jahres als unmittelbarer Ansprechpartner im Amt Ausland/Abwehr für Ernst Strassmann mit seinem weit verzweigten primär liberaldemokratisch geprägten Widerstandsnetzwerk, der mit Oster indes spätestens seit 1937 in Verbindung stand. Strassmann wiederum, der zugleich u. a. mit seinem alten sozialdemokratischen Freund Haubach und dem einstigen Zentrums-Mitglied Wirmer Kontakt hatte, ist zu jener Zeit auch mit Dr. Friedrich Kruspi, vormals Vorsitzender des Reichsausschusses der Hochschulgruppen der rechtsliberalen Deutschen Volkspartei, in Berührung gekommen. Dieser stand seinerseits mit Leuschner geschäftlich in Verbindung und arrangierte damals in seinem Berliner Büro die ersten Unterredungen zwischen Strassmann und dem Gewerkschaftsführer. Wenig später kam es zudem zu einer intensiveren Zusammenarbeit Strassmanns mit Dr. Leber, während sich Leuschner nun häufiger mit Dr. Fritz Elsas zu treffen begann, der wiederum mit Strassmann, Kruspi und Goerdeler und ebenso mit dem einstigen linksliberalen Reichstagsabgeordneten Dr. Theodor Heuss[144] sowie dessen früher der Sozialistischen Studentengruppe angehörenden Sohn Dr. Ernst Ludwig Heuss befreundet gewesen ist. Letzterer verfügte nebenbei bemerkt seit dem Sommer 1940 über eine Verbindung zu einer in der Reichshauptstadt noch vorhandenen konspirativen Reststruktur der ansonsten weitestgehend zerriebenen Sozialistischen Arbeiterpartei, welche noch Mitte der 1930er Jahre mit immerhin einigen Tausend Aktivisten reichsweit antinazistisch gearbeitet hatte. Zusammen mit seinem Vater, dem späteren ersten deutschen Bundespräsidenten, war er außerdem seit Weimarer Zeiten mit dem Industriellen Dr. Walter Bauer freundschaftlich verbunden, der sich nicht zuletzt als Finanzier diverser Widerstandaktivitäten hervortat. Nach seinem Umzug nach Heidelberg im Jahr 1943 sollte Theodor Heuss sich dann mit der Erstellung einer, freilich erst nach dem Krieg erschienenen Biographie über Robert Bosch befassen, um die der Unternehmer den 1933 als Dozent der Deutschen Hochschule für Politik in Berlin entlassenen, seitdem als Publizist tätigen Politikwissenschaftler kurz vor seinem Tod im Jahr 1942 gebeten hatte. Bis zu Strassmanns Festnahme am 19. August jenes Jahres nahm Leuschner bei ihm des Öfteren an konspirativen Unterredungen teil.[145]

An solchen natürlich auch für viele andere Städte und Gemeinden nachweisbaren personellen wie politischen Querverbindungen, für die hier nur einige wenige Beispiele genannt werden können, lässt sich recht gut ersehen, wie weit die parteiübergreifende Spannbreite der sich unablässig weiterentwickelnden Netzwerkstruktur jener von bürgerlichen und sozialen Demokraten dominierten zivilen Widerstandsbewegung alsbald reichte. Dabei mussten die Widerständler stets sehr vorsichtig vorgehen, denn die Überwachungsmaßnahmen des Regimes wurden in einem fort weiter verschärft. Dazu gehörten die Post- und Telefonkontrollen genauso wie die laufenden Blockwartsbesuche, die Hausdurchsuchungen, die ebenfalls ständig drohenden Vorladungen zum Verhör, überhaupt die ganze permanente Observation aller auch nur irgendwie verdächtigen Personen durch die Polizei sowie ihre überall lauernden Spitzel und sonstigen Zuträger. Eine ungefähre Vorstellung von dem ungeheuren Verfolgungsdruck, dem die NS-Gegner ganz gleich welcher politischen Couleur damals ausgesetzt waren, vermittelt die Tatsache, dass nach einer Gestapo-Statistik vom 10. April 1939 in Hitler-Deutschland seinerzeit über 300.000 Menschen als politische Gefangene registriert gewesen sind.[146]

Derweil reisten Leuschner und seine Vertrauten, etliche davon zugleich als Akquisiteure für seine Gastronomiebedarfsartikel und sonstigen Produkte und manche auch für die Erzeugnisse bzw. Leistungen anderer Firmen, weiterhin durch die deutschen Lande, um unbeirrt die personelle Basis ihrer sozialdemokratisch-gewerkschaftlichen Widerstandsstruktur zu verbreitern bzw. zu festigen. Regelmäßig suchte der einstige hessische Innenminister seine Kontaktpersonen in den diversen Stützpunkten auf, wobei die in seinem früheren Wirkungsbereich gelegenen Widerstandsbasen in nahezu vierteljährlichem Turnus angelaufen wurden. Dies betraf vor allem Frankfurt am Main, Mainz und Darmstadt natürlich, von wo aus die konspirativen Verbindungswege seiner Vertrauten bald das ganze Rhein-Main-Gebiet durchzogen, aber auch Kassel, Marburg und Mannheim. Eine Ironie der Geschichte war es, dass die immer stärker vorangetriebenen Rüstungsanstrengungen des Deutschen Reiches sich seit jener Zeit als äußerst vorteilhaft auch für Leuschners Widerstandsarbeit erwiesen: Ein von ihm zwischenzeitlich erworbenes und dann weiterentwickeltes Patent zur Legierung von Aluminium bzw. zu dessen korrosionsbeständiger Veredelung war nämlich dazu geeignet, zu Einsparungen in der Schwermetallverwertung beizutragen, wodurch seine Fabrik wehrwirtschaftliche Relevanz erlangte. So war er u. a. mit Beschaffungsstellen der Marine in Kontakt gekommen, die ihm sogar größere Aufträge in Aussicht gestellt haben. Dies machte die Vergrößerung seiner Produktionskapazitäten unabdingbar, wozu alle möglichen technischen, organisatorischen und sonstigen Vorkehrungen getroffen, auch zusätzliche Arbeitskräfte eingestellt und Kredite beschafft werden mussten, was wiederum eine vermehrte Reisetätigkeit erforderlich machte. Bald waren in seinem Betrieb an die dreißig Mitarbeiter beschäftigt. Trotzdem hatte Leuschner nach wie vor jede seiner Reisen bei der Gestapo anzumelden. Erst Anfang März 1939 war ihm dies für ein ganzes weiteres Jahr zur Auflage gemacht worden. Sein Freund Kaiser hatte nach seiner Haftentlassung im Herbst 1938 umgehend seine Bemühungen um die Versorgungsansprüche seiner fünfeinhalb Jahre zuvor aus ihren Beschäftigungsverhältnissen entlassenen christlichen Gewerkschaftskollegen und bald dann auch die Pflege und Ausweitung seiner konspirativen Kontakte erneut aufgenommen. Gleichzeitig musste er sich dringend um seine eigene materielle Absicherung kümmern, um die es gerade zu jener Zeit außerordentlich schlecht bestellt war. Seinen österreichischen Gewerkschaftskollegen, die ihm vordem wiederholt unter die Arme gegriffen hatten, waren seit der Annexion ihres Landes durch das „Dritte Reich" auch in dieser Hinsicht die Hände gebunden. Von deren inzwischen ebenfalls vollständiger Unterdrückungslage konnte Kaiser sich im Mai 1939 während einer Reise nach Wien einen unmittelbaren Eindruck verschaffen. 60.000, womöglich sogar 70.000 Gegner des „Anschlusses", zumeist Aktivisten der Arbeiterbewegung, aber auch zahlreiche Konservative und andere Bürgerliche waren gleich nach dem deutschen Einmarsch im Vorjahr kurzfristig festgenommen und in Haftstätten verschleppt worden, viele davon ins KZ Dachau. Kaisers Wien-Visite galt gleichwohl auch der Festigung seiner nach dort bestehenden Verbindungen, außerdem aber dem Schicksal seines seit über einem Jahr in KZ-Haft befindlichen christlichsozialen Freundes Johann Staud, der lange Zeit zu den Finanziers seiner Widerstandsarbeit gehört hatte. Kurz darauf ist Dr. Elfriede Nebgen nach Belgien gereist, um Vertreter der dortigen und ebenso der niederländischen Christlichen Gewerkschaften um finanzielle Hilfen für Kaiser wie für ihre Widerstandsarbeit überhaupt zu bitten. Doch beides wurde ihr in Brüssel verwehrt, wobei ihre Gesprächspartner durchaus nicht den antinazistischen Widerstand ihrer deutschen Kollegen als solchen abgelehnt haben, wohl aber deren Leitidee einer geeinten Gewerkschaftsbewegung, die frei sein sollte von parteipolitischen und konfessionellen Bindungen. So blieb Jakob Kaiser auf die Zuwendungen von Dr. Otto Müller aus Köln, Josef Ersing aus Stuttgart und einigen anderen verlässlichen Freunden hierzulande angewiesen. Auch Dr. Nebgen war übrigens zuvor bereits mehrmals nach Wien gefahren, um für die dort inhaftierten Gewerkschaftskollegen Hilfe zu organisieren, was sich allerdings als genauso vergebliches Unterfangen erwiesen hatte.[147]

In der Vorkriegszeit liefen konspirative Auslandsverbindungen der Widerständler um Wilhelm Leuschner auch nach Kopenhagen, so etwa über Richard Woldt. Dort hatte nach Heinrich Schliestedts Tod 1938 Fritz Tarnow[148] die Leitung der Auslandsvertretung der deutschen Gewerkschaften übernommen. In seinem 1945 in Schweden veröffentlichten „Rückblick" auf die Widerstandarbeit der deutschen Gewerkschafter gegen das NS-Regime hat der frühere Holzabeiter-Verbandsvorsitzende berichtet, „noch kurz vor Kriegsausbruch, als die Zentralleitung im Reich die Katastrophe schon herannahen sah", sei von dort ein Abgesandter zu ihm nach Dänemark geschickt worden, um alles im Kriegsfall Erforderliche bereits vorab zu vereinbaren. Denn man habe „damit rechnen" müssen, dass es dann nicht nur zu massenhaften Verhaftungen und einer weiteren Verschärfung der Überwachungsmaßnahmen kommen würde, sondern auch damit, „dass der Kontakt" der Illegalen im Reich „mit dem Ausland nicht mehr aufrechterhalten werden könne". Daraufhin wurden tatsächlich die Voraussetzungen dafür geschaffen, dass die Verbindung zwischen Leuschner und Tarnow, die bis 1939 noch in direktem Briefkontakt gestanden haben sollen, seit dessen wegen der deutschen Okkupation Dänemarks im folgenden Jahr erforderlich gewordenen Weiterflucht nach Schweden durch Verbindungsleute fortgeführt werden konnte. Zu diesen zählte z. B. der frühere Reichsfinanzstaatssekretär und zeitweilige Chef des Ullstein Verlages Dr. Hans Schäffer, der wegen seiner jüdischen Herkunft ebenfalls nach Schweden geflüchtet war. Ferner hat Tarnow in jenem Artikel darauf hingewiesen, dass das NS-Regime beim Kriegsausbruch eine „Erhebung der Arbeiter" befürchtet habe, für die aber, so seine zutreffende und seinerzeit auch von Leuschner geteilte Einschätzung, die „Widerstandskräfte unter dem eisernen Druck des Terrors und der höllischen Spionage denn doch zu schwach" gewesen seien.[149] Einer seiner Konfidenten, der Deutschland am 20. August 1939 den Rücken kehrte, ist von Leuschner darum gebeten worden, er möge den Freunden in Frankreich und Großbritannien, vor allem dem Generalsekretär des Trades Union Congress sowie Präsidenten des Internationalen Gewerkschaftsbundes Walter Citrine die Botschaft überbringen, seine Kollegen in Deutschland seien geblieben, was sie immer waren. „Aber" sie seien „gänzlich unfähig, die Katastrophe zu verhindern". Er rechnete völlig realistisch mit dem Beginn des nächsten Krieges von mehrjähriger Dauer für den bevorstehenden Herbst. Sie seien „Gefangene in einem großen Zuchthaus. Zu rebellieren wäre genauso Selbstmord, als wenn Gefangene sich gegen ihre schwer bewaffneten Aufseher erheben würden." Doch „diesmal" würden sie „nicht die bankrotte Firma liquidieren", womit Leuschner das Vorgehen der SPD und der Gewerkschaften beim Zusammenbruch des Kaiserreichs im Jahr 1918 gemeint hat. „Die Nazis und ihre Generale“ würden vielmehr nun „um Waffenstillstand zu bitten und den Friedensvertrag zu unterzeichnen haben“, und danach erst würden sie, also die Arbeiterführer, „wieder beginnen aufzubauen, ohne durch den Vorwurf von dem Dolchstoß im Rücken gehindert zu sein“.[150]

Aber auch andere Prognosen machten damals die Runde: Max Habermann beispielsweise hat im selben Monat, unmittelbar vor dem deutschen Überfall auf Polen, Karl Hahn, einem seiner früheren Mitarbeiter im Deutschnationalen Handlungsgehilfen-Verband, dargelegt, „zu dem allgemein befürchteten Krieg“ werde es schon „nicht kommen“, denn man könne davon ausgehen, „dass die einsichtigen Generale in der entscheidenden Stunde handeln“ würden.[151] Diese Hoffnung hegte nicht nur er. Auch Ernst Strassmann hat just zu jener Zeit einigen Anführern seiner Widerstandsstruktur erklärt, ein vom Militär herbeigeführter Umsturz stehe unmittelbar bevor. Wenige Wochen zuvor war er noch zusammen mit dem 1933 entlassenen Greifswalder Arbeitsamtdirektor Dr. Dr. Paul Pagel und dem damals schon nach Dänemark geflüchteten Dr. Robinsohn nach London gereist, um zu versuchen, politische wie finanzielle Unterstützung für ihre Widerstandsstruktur einzuwerben. Wenn auch ihre Bemühungen diesbezüglich keinen Erfolg gezeitigt haben, so wissen wir doch immerhin aus einem in diesem Zusammenhang von Hans Robinsohn angefertigten vierseitigen Exposé, dass sie ihren Gesprächspartnern dort offenbart haben, sie seien Abgesandte einer „oppositionellen Bewegung“ jüngerer deutscher Politiker, die „im Wesentlichen aus demokratischen, sozialdemokratischen und Zentrums-Kreisen kommen“ und denen sich „in den letzten Jahren“ überdies „eine Mitarbeiterschaft angeschlossen“ habe, „die dem Lager der ehemaligen ‚Rechten‘ in Deutschland“ entstamme. Ihre Ziele seien die schnellstmögliche Einbindung ihres Heimatlandes „in ein internationales System der Zusammenarbeit friedlicher und die Rechte aller Nationen wahrender Art“, außerdem „die Aufrichtung eines Rechtsstaats, die Wiederherstellung der bürgerlichen Freiheiten und die Schaffung eines Repräsentativsystems“. Die in Berlin befindliche „politische Leitung der Bewegung“ stehe „dauernd in enger Verbindung mit maßgebenden Kreisen der deutschen Wirtschaft“ und „dauernd“ auch „mit aktiven und inaktiven höchsten Offizieren der deutschen Wehrmacht“, welche eine anschließend „möglichst rasche, reibungslose und gleichmäßige Überleitung in ein neues politisches System mit Recht zur Bedingung jeder Aktion“ ihrerseits machten. Deshalb sei die weitere Ausdehnung ihres bereits bestehenden „Netzes von Vertrauensleuten“ auf das gesamte Reichsgebiet die derzeit „vordringlichste Aufgabe“. Hiermit kann Robinsohn aber nur die von ihm selbst und Strassmann geschaffenen Strukturen gemeint haben, nicht jedoch die Leuschners sowie Jakob Kaisers, die damals schon in nahezu allen Regionen Deutschlands mehr oder minder gut verankert gewesen sind. Für den genannten Zweck würden „umfangreiche Geldmittel benötigt“, hieß es in dem Papier unter Punkt 5 „Nächste Arbeitsziele“ sodann, denn alle hierzu erforderlichen Kontakte könnten „lediglich durch persönliche Reisen aufgenommen und aufrechterhalten werden“. Noch wenige Tage vor Kriegsbeginn berichtete Hans Robinsohn seinem schon vor Jahren in die USA emigrierten sozialdemokratischen Freund, dem Historiker und politischen Publizisten Dr. Alfred Vagts[152], auch dieser einst Gründungsmitglied des Hamburger „Clubs vom 3. Oktober“, seine Oppositionsgruppe verfüge über eine „nahe Fühlung mit Kreisen des Militärs (bis zu höchsten Rangstufen)“, womit er wohl eine realistische Chance zum rechtzeitigen Handeln gegen Hitler andeuten wollte. Die Hoffnung auf ein Einschreiten oppositioneller Offiziere gegen den kriegslüsternen Diktator wurde zu jener Zeit jedenfalls von nicht wenigen zivilen Regimegegnern geteilt und entbehrte auch nicht jedweder Grundlage.[153]

Mit den gewerkschaftlichen Exilzentren in Frankreich und den Benelux-Staaten, wo im Laufe der Zeit u. a. mehrere Tausend deutsche, österreichische und inzwischen auch sudetendeutsche Sozialdemokraten und sozialdemokratische Gewerkschafter Zuflucht gefunden hatten[154], wird die Leuschner-Konspiration kurz vor Kriegsausbruch kaum mehr Direktkontakt gehabt haben. Denn selbst durch Reisen dorthin mit legalem Anstrich wäre leicht die Aufmerksamkeit der Überwachungsbehörden auf die Emissäre gelenkt worden, deren auswärtige wie inländische Verbindungsleute dann nur noch weiter observiert werden mussten, um entsprechende Rückschlüsse auf die Existenz bzw. Verankerung der Widerstandsstruktur ziehen zu können. Auch Elfriede Nebgens zu jener Zeit unternommene Belgienreise war also in konspirativer Hinsicht in höchstem Maße leichtsinnig, zeigt aber umso deutlicher die besondere Dringlichkeit der von ihr damit angestrebten Geldbeschaffung. Allenfalls indirekt haben natürlich gewisse Verbindungen in die genannten Länder weiterhin bestanden. Mit Sicherheit gilt dies für Schweden sowie die ebenfalls neutrale Schweiz, womöglich überdies für einige andere europäische Länder. Aber auch illegale Grenzübertritte nach Frankreich, Belgien, Luxemburg oder in die Niederlande werden infolge der ständig verschärften Überwachungsmaßnahmen und Grenzkontrollen, wegen des „Westwalls“ und der sonstigen Kriegsvorbereitungen schon seit dem Sommer 1939 nur noch sehr schwer möglich gewesen sein. Dennoch wurde sogar noch im August 1939 ein „Aufruf der englischen Arbeiterorganisationen“ in vergleichsweise hoher Stückzahl nach Deutschland eingeschmuggelt. Den größeren Teil davon, über 12.500 Stück, beförderten Hans Jahn und seine wie er damals in Luxemburg postierten Mitstreiter allerdings – solche einfallsreichen Transportweisen waren längst üblich seinerzeit – mit Luftballons bzw. per in die Mosel geworfener Flaschenpost hinüber ins Reich, während von der Exil-SPD nochmals 800 Exemplare des Flugblatts nach dort weitergeleitet worden sind. Der noch nach Kriegsausbruch weiterhin intakte Verbindungsweg der Widerständler in die Schweiz wurde beispielsweise später von einem von Leuschners alten Mitstreitern aus dem antinazistischen Abwehrkampf im Volksstaat Hessen bezeugt, nämlich vom einstigen sozialdemokratischen Landtags- und dann Reichstagsabgeordneten Heinrich G. Ritzel, der sich vor den Nachstellungen der Nazis über Saarbrücken nach Basel hatte in Sicherheit bringen können: In einem von dort im Sommer 1945 an Parteifreunde in Gießen und Umgebung gerichteten Schreiben hat er explizit bekundet, „mit dem Genossen Wilhelm Leuschner“ habe er „noch lange Zeit Verbindung“ gehabt, desgleichen mit dessen engem Vertrauten Mierendorff, was sich nur auf die Periode nach der Haftentlassung des Letzteren im Jahr 1938 beziehen kann.[155] Nach Großbritannien führte bereits seit jenem Jahr und selbst während des Krieges ein Brückenschlag von Fritz Tarnow in Schweden zu Hans Gottfurcht, mit dem auch Walter Schevenels, der Generalsekretär des Internationalen Gewerkschaftsbundes, bis kurz vor Beginn der deutschen Westoffensive im Frühjahr 1940 von Frankreich aus korrespondiert hat. Ab Anfang der 1940er Jahre lief via Tarnow außerdem eine Verbindung zu Hans Vogel in London. Durch seine „Verbindungen über Schweden“ ist Gottfurcht dort nach eigenem

Bekunden darüber informiert gewesen, dass die antinazistische Arbeit seiner Kollegen im Reich „bis zum Eintritt der USA in den Krieg", d. h. bis etwa zu Hitlers und Mussolinis Kriegserklärung an die Vereinigten Staaten vom 11. Dezember 1941, weitergegangen ist, wenn auch in reduziertem Umfang. „Nach 1945" habe er dann erfahren, so Gottfurchts 1981 erstmals veröffentlichtes Statement zum Widerstand, „dass auch in den Kriegsjahren der Zusammenhalt der Gewerkschafter" in Deutschland „gewahrt werden konnte". Schevenels war übrigens schon im Sommer 1933 von Paris, wohin der Internationale Gewerkschaftsbund kurz vorher erst seinen Sitz verlegt hatte, nach Berlin gereist, um mit Walter Maschke und Hermann Schlimme vom einstigen ADGB-Bundesvorstand „die künftige illegale Arbeit" zu besprechen, wie Schlimme 1945 berichtet hat. In Paris hat zudem bis 1940 der ebenfalls über Saarbrücken dorthin geflüchtete frühere Gauleiter des Zentralverbandes der Angestellten für das Rheinisch-Westfälische Industriegebiet Bruno Süß gewirkt, und zwar als Sekretär des Länderkomitees der Auslandsvertretung der deutschen Gewerkschaften beim Internationalen Gewerkschaftsbund sowie gleichzeitiger Leiter ihrer Landesgruppe Frankreich und obendrein noch als Redakteur ihrer Pressekorrespondenz. Und der einstige Mitvorsitzende des Gesamtverbandes der Arbeitnehmer der öffentlichen Betriebe und des Personen- und Warenverkehrs sowie SPD-Reichstagsabgeordnete Anton Reißner, um ein weiteres Beispiel für die Querverbindungen zwischen dem Exil und dem innerdeutschen Widerstand anzuführen, hat ebenfalls bis 1940 in Amsterdam den dortigen Landesverband der Auslandsvertretung geleitet. Darüber hinaus war er u. a. mit der Redaktion der primär für die politische Auslandsarbeit bestimmten „Neuen Gewerkschafts-Zeitung" betraut gewesen, die ab 1938 aber auch in geringer Stückzahl einigen vordem führenden Gewerkschaftsfunktionären in Berlin und anderenorts zugeleitet worden ist. Das seit 1937 in Komotau produzierte Vorgängerorgan, die „Gewerkschafts-Zeitung", für die er gleichfalls als Redakteur tätig gewesen war, hatte bereits im Sommer darauf das Erscheinen einstellen müssen. Nach dem deutschen Einmarsch in die Niederlande hat Reißner zusammen mit seiner Ehefrau und ihrem Sohn Selbstmord begangen, um der Verhaftung durch die Gestapo zu entgehen, während Bruno Süß, der dann in Südfrankreich bis zu seiner eigenen Internierung den Kontakt mit rund 200 immer mehr Not leidenden und verzweifelten Gewerkschaftsemigranten aufrechterhalten hat, 1943 in der französischen Stadt Montauban unter bis heute ungeklärten Umständen gestorben ist.[156]

Die Abgesandten Leuschners haben sich aber nicht nur bis fast in die unmittelbare Vorkriegsphase hinein in mehr oder minder regelmäßigen Abständen mit ihren ins Ausland geflüchteten Kollegen bzw. mit Vertretern der jeweiligen dortigen Gewerkschaftsverbände sowie mit solchen der internationalen nichtkommunistischen Arbeiterbewegung zum politischen Informationsaustausch und zu Strategieberatungen getroffen, sondern auch zur Materialübernahme, wenngleich dies längst in immer geringer werdendem Umfang erfolgte. Genauso sind sie bis dahin mit den Mitgliedern des SPD-Exilvorstandes zusammengekommen, insbesondere mit den beiden Parteivorsitzenden Otto Wels und Hans Vogel, mit deren einstigem Reichstagskollegen, dem vormaligen Chefredakteur des „Vorwärts" bzw. dann auch des 1933 ins Leben gerufenen Exilorgans „Neuer Vorwärts" Friedrich Stampfer, der neben vielen weiteren Menschen jüdischer Herkunft seit dem November 1937 in der widerwärtigen NS-Wanderausstellung

„Der ewige Jude" verspottet worden ist, und mit etlichen anderen ihrer Parteigenossen außerdem.[157] Vogel hatte oft, unterstützt stets von jeweils ein bis zwei Vertretern der Presseabteilung seiner Partei, an den Unterredungen teilgenommen, die der aus Berlin angereiste Emissär der Illegalen Reichsleitung der Gewerkschaften Richard Barth mit Heinrich Schliestedt von der Auslandsvertretung der deutschen Gewerkschaften in Komotau oder in Graßlitz geführt hatte. Barth ist überdies für die Realisation vorsichtiger Verbindungen auch zu anderen oppositionellen Gruppierungen und Organisationen zuständig gewesen und ebenso für den illegalen Transfer von Geldmitteln zur Unterstützung der Familien inhaftierter Gesinnungsfreunde nach Deutschland. Einige Monate vor dem Einmarsch der Wehrmacht ins Sudetengebiet hat er sich noch ein letztes Mal mit Vogel und Wels getroffen, vermutlich in Karlsbad, bevor die Mitglieder des SPD-Exilvorstandes seit dem Frühjahr 1938 der Reihe nach vor den Nazis nach Frankreich ausgewichen sind.[158] Hier wurden sie aber nicht etwa mit offenen Armen empfangen, sondern wie die vielen anderen vor dem Faschismus dorthin Geflohenen auch behandelt, nämlich als „lästige Ausländer, derer man sich", so der frühere Vorsitzende der SPD-Reichstagsfraktion Dr. Rudolf Breitscheid, der die Situation in Paris seit seiner eigenen Flucht dorthin im Sommer 1933 zur Genüge kennengelernt hatte, „so schnell als möglich entledigen möchte".[159]

Schon seit 1933 hatte die Exil-SPD mit ihrem ganzen antinazistischen Propagandamaterial der deutschen Bevölkerung, aber auch dem Ausland bewusst zu machen versucht, dass Hitler nicht nur eine „Diktatur gegen das Volk" errichtet habe, so z. B. die Schlagzeile der „Sozialistischen Aktion" vom 13. Mai 1934, die es zu stürzen gelte, sondern dass der Despot vielmehr zielstrebig auf einen neuen europaweiten, wenn nicht weltweiten Krieg zusteuere, sofern ihm nicht rechtzeitig und konsequent Einhalt geboten würde. Auch zum faschistischen Vierjahresplan von Ende Oktober 1936 hatte die „Sozialistische Aktion" in ihrer November-Ausgabe getitelt, dieser sei „ein Kriegsplan, kein Wirtschaftsplan". Doch mit dem März 1938, also zur Zeit der Annexion Österreichs, hatte das bis dahin in Karlsbad speziell für die antinazistische Arbeit in Deutschland produzierte Parteiorgan sein Erscheinen einstellen müssen. Die primär der Aufklärung des Auslandes bzw. der politischen Beeinflussung des sozialdemokratischen Exils dienenden „Deutschland-Berichte" und der „Neue Vorwärts" wurden dagegen noch eine Zeit lang, nämlich bis zum Frühjahr 1940 in Paris weiter hergestellt und von dort aus verbreitet. Die ohnehin recht geringfügigen Gelder zur Unterstützung der Widerstandsarbeit in Deutschland wiederum sind der Auslandsvertretung der deutschen Gewerkschaften durch den Internationalen Gewerkschaftsbund ebenfalls bereits im Frühjahr 1938 gestrichen worden. Ihr bei diesem angesiedeltes Büro durfte die Auslandsvertretung allerdings weiterhin unterhalten. Mit der dann unabdingbar gewordenen Verlegung ihrer bisherigen Agitationsposten von der Tschechoslowakei nach Paris bzw. nach Kopenhagen sind zudem viele der jahrelang bewährten illegalen Verbindungswege zwischen den emigrierten SPD-Vorstandsmitgliedern sowie der Auslandsvertretung und dem innerdeutschen Widerstand zusammengebrochen. Erst allmählich konnten sie zum Teil durch neue konspirative Brückenschläge ersetzt werden, dies aber jeweils nur so lange, als das betreffende Land noch nicht ebenfalls vom Krieg bzw. von den Kampfhandlungen erfasst worden ist. Ein Transfer antinazistischen Informationsmaterials der Auslandsvertretung ins Reichsgebiet wird freilich immer sel-

JOURNAL ANTIHITLERIEN

Journal social-démocrate destiné aux réfugiés de langue allemande

Neuer Vorwärts

Sozialdemokratisches Wochenblatt

EN AVANT! Hebdomadaire en langue allemande

Redaktion und Verlag: 30, Rue des Ecoles, Paris-5. Téléphone: Odéon 42-58

Nr. 325 SONNTAG, 10. September 1939

Aus dem Inhalt:

Stürzt Hitler!

Deutsches Volk hungert

Chronik der Woche

Prix: frs. 1,50

An das deutsche Volk!

Mit einem verbrecherischen Angriff Hitlers hat der Krieg begonnen.

In diesem geschichtlichen Augenblick wendet sich der Vorstand der Sozialdemokratischen Partei Deutschlands an das deutsche Volk und die ganze Welt. Er ist die letzte Kœrperschaft, die noch von der sozialdemokratischen Massenorganisation in Deutschland selbst gewæhlt worden ist. Er spricht fuer die Partei und darueber hinaus fuer jene Teile des deutschen Volkes, die den Krieg und die Diktatur verabscheuen und deren Ziel es ist, in Frieden und Freiheit zu leben.

Die ganze Wucht der Schuld fuer das ungeheure Verbrechen an dem Frieden und an der Menschheit ruht auf Hitler und seinem System. Die Vernichtung der Freiheit und die Zerstœrung des Weltfriedens waren von Anfang an der Inhalt der nationalsozialistischen Politik. Der Sturz Hitlers ist deshalb das Ziel, fuer das wir kæmpfen werden gemeinsam mit allen demokratischen Kræften in Europa.

Hitler und der neue deutsche Militarismus sind eins. Die Niederlage und die endgueltige Ueberwindung dieses Militarismus sind die Voraussetzungen fuer den Frieden und die Neuorganisation Europas.

Als verbuendete Kraft an der Seite aller Gegner Hitlers, die fuer die Freiheit und die Kultur Europas kæmpfen, werden wir im Kriege in diesem Sinne wirken.

Wir fuehren diesen Kampf fuer das deutsche Volk und fuer das grosse Ziel der Sicherung der Freiheit, des Friedens und der Demokratie in Europa.

Wir rufen dem deutschen Volke zu:

Erkæmpft Eure Freiheit! Stuerzt Hitler!

Der Sturz des Systems verkuerzt den Krieg, bewahrt Millionen vor dem Tode, rettet das Volk!

Die Politik Hitlers ist nicht die Vollstreckerin nationaler Notwendigkeiten. Sie ist ein Rückfall in den Aberglauben, dass Zukunft und Wohlfahrt eines Volkes von der Eroberung von Territorien abhængen.

Ein Frieden, der die Gewaltakte Hitlers wieder gutmacht, dem totalitæren System ein Ende setzt und dem deutschen Volke wie allen vergewaltigten Vœlkern Recht und Freiheit wiedergibt, ist das Ziel unserer Politik.

Die Schuldigen schlagen, um dann den friedlichen Wiederaufbau Europas zu beginnen, ist geschichtliches Gebot: in diesem Sinne kæmpfen wir:

Für Frieden, Freiheit und Brot!

Paris, 1. September 1939.

DER VORSTAND DER SOZIALDEMOKRATISCHEN PARTEI DEUTSCHLANDS

Die Vorsitzenden:

OTTO WELS HANS VOGEL

Aufruf der Exil-SPD zum Kampf für den Frieden in Europa (1. September 1939)

tener erfolgt sein, bis dann auch deren lediglich hektographierte Organe „Informationsblatt“ sowie „Nachrichten“ 1939 eingestellt wurden. Es ist deshalb durchaus vorstellbar, dass Leuschner und seinen Mitstreitern von der Illegalen Reichsleitung der Gewerkschaften in Berlin niemals ein gedrucktes Exemplar des von Otto Wels und Hans Vogel unterzeichneten Aufrufs „An das Deutsche Volk!“ vom 1. September 1939 zugegangen ist. Womöglich werden sie hiervon aber trotzdem durch einen ihrer vielleicht doch noch im konspirativen Auslandseinsatz befindlichen Kuriere oder durch das Abhören eines der deutschen und österreichischen Freiheitssender Kenntnis erhalten haben, die zu jener Zeit von Frankreich aus ihre Programme für einige Monate in Richtung Deutschland ausgestrahlt haben. Auch ein französischer Sender könnte diese Proklamation gebracht haben, konnte sich doch Carl Severing daran erinnern, am 22. Februar 1940 von einem solchen einen Beitrag zum 100. Geburtstag August Bebels, jenes „tapferen Apostels für den Weltfrieden", in deutscher Sprache empfangen zu haben. Die in der Sowjetunion postierten Sendestationen dürften für dergleichen sicherlich nicht in Frage gekommen sein, enthielt sich dieser Staat doch seit dem Hitler-Stalin-Pakt bis zum Beginn des deutschen Ostfeldzuges am 22. Juni 1941 willfährig jedweder gegen das „Dritte Reich" gerichteten Propaganda. In jener, keine zwei Wochen nach dem deutschen Überfall auf Polen, nämlich am 10. September 1939, vom „Journal Antihitlerien. Neuer Vorwärts. Sozialdemokratisches Wochenblatt" in Paris veröffentlichten Proklamation hat der SPD-Vorstand ein weiteres Mal kategorisch bekannt, „der Sturz Hitlers" sei das „Ziel, für das" man „gemeinsam mit allen demokratischen Kräften in Europa" kämpfen werde. Und speziell an die deutsche Bevölkerung wurde eindringlich, wenn auch von dieser schwerlich vernehmbar appelliert: „Erkämpft Eure Freiheit! Stürzt Hitler!".[160]

Gescheiterte Staatsstreichvorhaben 1939/40

Bei Kriegsbeginn befand sich der Gewerkschaftsführer erneut in Gestapo-Haft. Wie so viele andere auch, um deren Oppositionshaltung ihre faschistischen Aufpasser wussten, war Wilhelm Leuschner in einer der seit Mitte der 1930er Jahre angelegten umfangreichen Listen so genannter Staatsfeinde erfasst, die im Mobilisierungsfall prophylaktisch zu verhaften waren. Tausende einstige sozialdemokratische, sozialistische und kommunistische Funktionsträger und Aktivisten wurden um den 1. September 1939 inhaftiert, um einen öffentlich erkennbaren Protest gegen Hitlers Kriegskurs erst gar nicht aufkommen zu lassen. Manche hatten freilich Glück und entgingen jener „Inschutzhaftnahme", obwohl sie als ausgewiesene NS-Gegner registriert waren. Andere wurden bereits nach ein paar Tagen wieder entlassen, Gustav Noske etwa, desgleichen Dr. Haubach, der aber während seiner gut einwöchigen Inhaftierung wie so viele andere auch gefoltert worden ist. Ernst Schneppenhorst kam nach vier Wochen wieder frei, Nikolaus Bernhard am 6. Dezember 1939, Walter Maschke erst an Heiligabend des darauffolgenden Jahres. Der ebenfalls aus der Gewerkschaftsbewegung stammende Sozialdemokrat Ludwig Steinberg dagegen, der als Frankfurter Polizeipräsident in Sachen Republikschutz einst eng mit Eiserner Front und Reichsbanner kooperiert hatte und deswegen schon bald nach der Machtübertragung an Hitler ohne Bezüge von Gehalt oder Pension entlassen worden war, sollte seine nach 1933 zweite Gefangennahme Ende August 1939 nur um wenige Wochen überleben.[161] Der wie so viele andere am 1. September festgenommene Leuschner hatte hingegen während der Haft sogar mit seinen Mitarbeitern geschäftlichen Kontakt halten dürfen, vor allem um die Weiterentwicklung seines Aluminiumhärtungsverfahrens nicht zu verzögern, bis er nach einem eingehenden Verhör durch Dr. Werner Best, seinen alten Widersacher aus Darmstädter Tagen, am 15. September 1939 wieder auf freien Fuß gesetzt wurde. Am Tag darauf ist Otto Wels in Paris gestorben. Leuschners vergleichsweise rasche Freilassung war wohl der Intervention des Oberkommandos der Kriegsmarine zu verdanken, die ihn just zu jener Zeit zu einer bestimmten technischen Verfeinerung seines gerade erwähnten Produktionsverfahrens drängte. Seine Firma muss folglich damals schon als kriegswichtig gegolten haben. Er hatte auch bemerkenswerterweise mehrmals stundenweise in seinen Betrieb bzw. in das in seiner Wohnung befindliche Büro zurückkehren dürfen, natürlich stets unter Polizeibewachung. Dazu noch hatte sich auch Karl Wolff, der ebenfalls aus Darmstadt nach Berlin gewechselte damalige SS-Gruppenführer und Chef des Persönlichen Stabes Heinrich Himmlers, für ihn verwandt. Zuvor bereits hatte Wolff sich für die beiden lebenslangen Freunde Carlo Mierendorff und Theo Haubach als Fürsprecher betätigt, die drei Jahre vor ihm am Ludwig-Georgs-Gymnasium die Reifeprüfung bestanden hatten. Auch die am 4. Juni 1940 überraschend erfolgte Aufhebung der Gestapo-Auflage, nach der Leuschner die Reichshauptstadt lediglich mit ausdrücklicher Genehmigung verlassen durfte, kann nur einen Protektionshintergrund gehabt haben.[162]

Durch den deutschen Überfall auf Polen änderten sich die Grundvoraussetzungen für den antinazistischen Widerstand ein weiteres Mal schlagartig. Nicht nur durch die ohnehin seit 1933 üblichen Festnahmen politischer Gegner in Serie und die dann bei

Kriegsbeginn ohne jeden Tatverdacht, also rein präventiv durchgeführten Gefangennahmen Tausender potentiell oder tatsächlich Verdächtiger sowie durch die weitere Verschärfung sämtlicher Überwachungsmaßnahmen wurde die Widerstandsarbeit nun noch mehr erschwert. Genauso folgenreich waren die ständigen Einberufungen zur Wehrmacht, durch die viele konspirative Inlands- wie auch Auslandsverbindungen im Nu zerstört wurden. Eine neue wichtige Aufgabe, der sich die Widerständler seitdem zu widmen hatten, bestand infolgedessen darin, die eigenen Leute nach Möglichkeit vor einer Rekrutierung zu bewahren, damit sie weiterhin für die Untergrundarbeit und in der Perspektive auch für die organisatorische Rekonstruktionsarbeit nach einem erfolgreichen Umsturz zur Verfügung stünden. Bei der Beantragung solcher Unabkömmlichstellungen vom Wehrdienst aus vorgeblich betrieblichen Gründen haben sich etliche der Sozialdemokratie weiterhin verpflichtete Werkmeister wie auch manche ebenfalls demokratisch-humanitär stabil gebliebene Personalchefs und Firmeninhaber Meriten sondergleichen erworben. Ansonsten mussten die Verbindungen des Widerstandsnetzwerks möglichst umgehend wiederhergestellt werden. Dabei konnte mit den Jahren in zunehmendem Maße nur noch auf vorwiegend ältere NS-Gegner zurückgegriffen werden, was unter dem genannten Aspekt für den Erhalt der Strukturen auf längere Sicht gesehen erhebliche Vorteile bot. Nicht wenige Mitverschwörer Leuschners waren ohnehin wegen ihres vorgerückten Alters weitgehend geschützt, Hermann Lüdemann etwa, ebenso Gustav Noske, Carl Severing und Prof. Dr. Bergsträsser, um nur einige zu nennen. Ernst Schneppenhorst, Hermann Maaß und seine anderen Firmenmitarbeiter waren wie Leuschner selbst wegen der wehrwirtschaftlichen Wichtigkeit seines Betriebes recht gut abgesichert. Dadurch war im Prinzip gewährleistet, dass die sogar für eine solchermaßen dezentralisierte und enthierarchisierte Widerstandsstruktur unentbehrliche konspirative Leitungsebene auch während des Krieges zumindest insofern einigermaßen störungsfrei weiterarbeiten konnte. Auch Mierendorff war seit dem Herbst 1939 durch seine auf Vermittlung Dr. Bests erfolgte Anstellung in der sozialpolitischen Abteilung der Braunkohle-Benzin-AG (BRABAG) in Berlin gegen eine Einberufung relativ gefeit, da es sich bei dieser IG-Farben-Tochter erst recht um einen kriegswichtigen Betrieb gehandelt hat.[163]

1939 haben also Kontakte der Berliner Leitungsstruktur um Wilhelm Leuschner zu Vertrauensleuten und über diese zu Stützpunkten in erstaunlich vielen Städten und Gemeinden Deutschlands bestanden. Diese seien durch einen „vorzüglichen Kurierdienst“ mit „der Berliner Zentrale“ verbunden gewesen, so Emil Henk in seinem wichtigen, wenngleich nicht ganz widerspruchslosen und auch nicht immer fehlerfreien Zeitzeugenbericht zur Vorgeschichte des „20. Juli“ aus dem Jahr 1946. Allerorten hätten „kleinere Geheimgruppen“ existiert, die „verschieden groß“ gewesen seien, so wie „das Netz der Organisation verschieden dicht“ war. „Stark ausgebaute Stützpunkte“ hätten „in Württemberg, im Ruhrgebiet und in Hamburg“ bestanden. „Stark“ sei auch „das Gebiet um Frankfurt“ am Main gewesen, „schwach dagegen Mittel- und Südbaden“. Es habe sich um eine „Gewerkschaftsorganisation“ gehandelt, „die sich natürlich überall auch auf die früheren sozialistischen Parteigruppen stützte“. Insgesamt sei „dieser illegale Apparat“, der „bei Kriegsbeginn bereits fertig“ ausgeprägt war, aber „klein“ gewesen. Es habe sich zwangsläufig um „eine Organisation der politischen Eliten“ gehandelt, der „begreiflicherweise die Macht“ ebenso fehlte wie „ihr die Massen“ fehlten, ohne die es aber „keinen Umsturz" geben würde. Alles in allem sei diese Organisation zu jenem Zeitpunkt jedoch „nichts weiter" gewesen „als eine Gesinnungsgemeinschaft und eine politische Gruppe", welche „auf den historischen Augenblick zum Handeln wartete". Daneben habe es aber noch „eine kleinere Widerstandsgruppe um den früheren sozialistischen Abgeordneten Dr. Mierendorff" gegeben, die „sich ausschließlich auf zuverlässige Gesinnungsgenossen" stützte und „zunächst nicht systematisch organisiert" war, dies „im Gegensatz zu der Gewerkschaftsopposition". „Die eine Gruppe", die von Leuschner angeführte nämlich, sei „stark in ihrer Organisation" gewesen, „die andere in ihrer politisch-geistigen Willensbildung", wobei sich beide „vorzüglich ergänzt" hätten. Es sei auch „kein Zufall", so Henk diesen Sachverhalt näher erläuternd, „dass enge persönliche Bindungen und Freundschaften zwischen beiden Gruppen bestanden" haben.[164] Zu beachten hierbei ist, dass es natürlich nicht nur fortwährend Querverbindungen zwischen jenen beiden Widerstandssegmenten gegeben hat, sondern dass nicht wenige gewerkschaftliche wie sozialdemokratische Regimegegner früher oder später auch in beiden Strukturen zugleich aktiv wurden bzw. verschiedentlich ihren jeweiligen Aktionsschwerpunkt von dem einen in den anderen Bereich verlagert haben. Letzteres trifft beispielsweise für Dr. Julius Leber zu, der spätestens nach dem Tod des mit Henk eng befreundeten Mierendorff bei einem alliierten Luftangriff auf Leipzig Ende 1943 die unangefochtene Führungsrolle des politischen Flügels der sozialdemokratisch-gewerkschaftlichen Opposition eingenommen hat. Deren Doppelstruktur wird genauso wie die jeweilige konspirative Leitungsfunktion von Leber und von Leuschner überdies durch einen Tagebucheintrag bestätigt, den Hauptmann Hermann Kaiser[165] aus dem Stab von Generaloberst Fritz Fromm, dem Chef der Heeresrüstung und Befehlshaber des Ersatzheeres im Oberkommando des Heeres, über seine Besprechung mit Dr. Goerdeler vom 26. Mai 1944 angefertigt hat und der in Kaisers Todesurteil vom 17. Januar 1945 zitiert worden ist: Danach hat dieser wichtige Mittler zwischen den militärischen und den zivilen Widerstandskreisen in Berlin, im Zivilberuf Studienrat an der Wiesbadener Oranienschule, in seinem Diarium festgehalten, dass Goerdeler damals „eine Koalition" zur politischen Unterstützung des Umsturzvorhabens Oberstleutnant Graf Schenk von Stauffenbergs sammelte. Außerdem hat Kaiser dort konspirativ getarnt von den „weiteren Verhandlungen" mit den „Milz-Leuten" und den „L- Leuten" berichtet, die „er" nun „zu führen habe". Mit Ersteren waren die vordem von Mierendorff, seinerzeit aber schon von Leber angeführten Widerständler gemeint, mit den „L-Leuten" die gewerkschaftlichen Vertrauten Leuschners. Und in der Tat hatte Kaiser just wenige Tage vor jenem Vermerk in der Reichshauptstadt die Gelegenheit gehabt, mit Vertretern des Arbeiterwiderstandes zu sprechen, wie sich aus einer ganz unverkennbar gleichfalls camouflierten Passage eines Schreibens entnehmen lässt, das er Mitte Mai an einen mit ihm befreundeten Kaufmann in seiner Heimatstadt im Rheingau gerichtet hat, welcher einem über 30 Personen zählenden, deutlich bürgerlich-liberal geprägten lokalen Oppositionskreis angehörte, in dem aber auch einige Sozialdemokraten mitgewirkt haben.[166]

Nach der im Vorjahr so kläglich in sich zusammengesackten Septemberverschwörung konnten die bürgerlich-militärischen Regimegegner erst nach Monaten ihre Resignation und Lethargie überwinden, woraufhin sie dann im Sommer 1939 damit begonnen haben, zu einem erneuten Umsturzversuch anzusetzen. An General Franz Halder, den

Generalstabschef des Heeres, und dessen Oberbefehlshaber Generaloberst Walther von Brauchitsch richteten sie jetzt mehrfach die Bitte, nun doch endlich gegen den Diktator vorzugehen. Aber allenfalls für die Zeit gleich nach dem Kriegsbeginn sahen die beiden Militärs noch Chancen für einen Staatsstreich, da sie hofften, dass hierdurch das außerordentlich hohe Ansehen, das Hitler mittlerweile innerhalb der deutschen Bevölkerung genoss, möglicherweise in Mitleidenschaft geraten wäre. Und in der Tat rief es einigen Unmut hervor, dass anfänglich vorwiegend vergleichsweise ältere Jahrgänge und Teilnehmer des Ersten Weltkriegs eingezogen wurden, während jüngere Wehrpflichtige und vor allem NS-Funktionsträger vorerst vielfach unbehelligt blieben. Sicherlich mit angetrieben durch die alsbald kursierenden Berichte und Meldungen über die Schreckensherrschaft, welche SS und deutsche Polizei gemäß dem Willen Hitlers in dem nach nur kurzem Feldzug niedergeworfenen Polen errichtet hatten, ließ Halder trotz seiner diesbezüglichen Vorbehalte Oberstleutnant Helmuth Groscurth[167] mit einer neuerlichen Staatsstreichplanung beauftragen. Gleichzeitig bat er Oster darum, seine alten Umsturzvorbereitungen zu aktualisieren, wozu die Wiederaufnahme der Kontakte zu den Vertretern der zivilen Opposition gleichermaßen gehörte. Dabei war der Polenkrieg selbst in den Kreisen der in der Regel dezidiert nationalistisch geprägten militärischen Opposition durchaus auf Akzeptanz gestoßen. Zu den Kommandeuren der im Westen eingesetzten Wehrmachtgliederungen wurden sodann Carl-Heinrich von Stülpnagel und Groscurth entsandt, um diese von den fürchterlichen Gräueltaten an der polnischen Zivilbevölkerung, insbesondere an den dortigen Juden, in Kenntnis zu setzen. Aber nur wenige Befehlshaber und Führungsoffiziere ließen sich dadurch für einen Putsch erwärmen, während Halder bald wieder die Courage verließ. Damals wie vordem schon und auch späterhin fehlte den Militärverschwörern in erster Linie die Unterstützung einer genügend großen Zahl von Kommandeuren schlagkräftiger Truppenkontingente zum Kampf zumal um die Reichshauptstadt. Der bis zur Mobilmachung als Oberbefehlshaber des Heeresgruppenkommandos 2 von Frankfurt am Main aus agierende General Erwin von Witzleben hatte diesem Dilemma dadurch zu begegnen beabsichtigt, dass er zusammen mit seinem Generalstabschef Generalmajor Georg von Sodenstern zunächst einmal eine Reihe gleichgesinnter Offiziere hatte gewinnen wollen. Im nächsten Schritt gedachte er systematisch ein Netzwerk in die Verschwörung ebenfalls einbezogener Truppenbefehlshaber und weiterer Widerstandszellen zu schaffen. Denn es mussten ja auch möglichst zügig die NS-Gauleiter und die anderen entscheidungsrelevanten Führungskräfte des Regimes festgenommen, desgleichen die Rundfunksender, die Pressehäuser und sonstigen wichtigen Einrichtungen und Behörden besetzt werden. Mit einem Abschluss der hierzu erforderlichen konspirativen Vorbereitungsarbeiten wurde erst für das darauffolgende Frühjahr gerechnet. Dagegen soll der mit diesen beiden Generalen seit geraumer Zeit kooperierende, vorübergehend als Oberbefehlshaber der Armee-Abteilung A wie sie an der Westfront eingesetzte Generaloberst Kurt von Hammerstein-Equord geplant haben, Hitler wenige Tage nach Beginn der Kampfhandlungen bei einem Truppenbesuch kurzerhand festzunehmen und ihn, wie er selbst später einmal bekannt hat, „ein für allemal unschädlich" zu machen, „auch ohne Prozess". Etwa zur selben Zeit ist Dr. Julius Leber, vielleicht angespornt durch Ernst von Harnack, aber bestimmt nicht ohne Wissen Leuschners, initiativ geworden und hat – freilich genauso erfolglos wie andere vor ihm auch schon – versucht, den damaligen Befehlshaber des Stellvertretenden Generalkommandos im

Wehrkreis IV Dresden, den zwar deutschnational gesinnten General Alexander Freiherr von Falkenhausen, der aber die Machtübertragung an Hitler im Gegensatz zu seiner Partei 1933 klar abgelehnt hatte, für eine Aktion gegen den Tyrannen zu gewinnen. Dabei ist Falkenhausen von dem SPD-Politiker, wie sich Lebers Frau Annedore kurz nach dem Krieg erinnert hat, „über die Einstellung der alten sozialdemokratischen Arbeiter zu der Diktatur Hitlers und dem Kriegsgeschehen" aufgeklärt worden. Nachdem Hitler seinen Oberbefehlshabern sowie Generalstabschef Halder seine Absicht kundgetan hatte, schon im November 1939 auch im Westen offensiv zu werden, kam für eine Weile wieder Bewegung in die Widerstandsfront. Wiederum waren Offiziere um den weiterhin von Canaris unterstützten Oster vom Amt Ausland/Abwehr die treibenden Kräfte, die den wie gewohnt schwankenden Halder zum Handeln drängten. Beck und Goerdeler agierten dabei im Hintergrund. Und auch der vormalige deutsche Botschafter in Rom Ulrich von Hassell[168], einer der schärfsten konservativen Kritiker der Judenverfolgungen wie von Hitlers Kriegskurs überhaupt, der preußische Finanzminister und vormalige Honorarprofessor Dr. Johannes Popitz, der auf die Novemberpogrome mit einem – freilich nicht akzeptierten – Rücktrittsgesuch reagiert hatte[169], sowie etliche andere oppositionelle Zivilisten waren ebenfalls mit von der Partie. Halder fand sich zwar im Anschluss an eine Unterredung mit Groscurth dazu bereit, die Vorbereitungen für einen Staatsstreich nunmehr in Gang setzen zu lassen, vermochte es am Ende aber auch diesmal nicht, sich zur letzten Konsequenz durchzuringen. Hemmnisse für ihn und viele andere Angehörige der Militäropposition waren ihre Verblendung ob Hitlers anfänglichen Feldherrenglücks sowie ihre Befürchtung, ein Umsturz und die womöglich in dessen Folge ausbrechenden inneren Unruhen könnten von den Feindstaaten ausgenutzt werden. Die Problematik ihrer Bindung an den Diktator durch den auf ihn geleisteten Eid und damit die Loyalitätsfrage wirkten sich nicht minder lähmend aus, nicht nur auf Halder.[170]

Als Musterbeispiel für Entschlossenheit, Zielstrebigkeit und Zivilcourage ist hingegen ein Schreinergeselle und früheres Mitglied des Deutschen Holzarbeiter-Verbandes sowie des kommunistischen Roten Frontkämpfer-Bundes aus Königsbronn in die Annalen des antinazistischen deutschen Widerstandes eingegangen: Nach monatelanger systematischer Präparation ist es Georg Elser, der wohl als Einzeltäter ohne jedweden organisatorischen Hintergrund gehandelt hat, am 8. November 1939 gelungen, im Münchner Bürgerbräukeller eine selbstgebaute Bombe zur Explosion zu bringen, die acht Todesopfer und über 60 Verletzte forderte. Wie stets seit seiner Machtübernahme hatte Hitler dort am Jahrestag seines gescheiterten Putschversuchs von 1923 vor seinen „Alten Kämpfern" zu Ehren der „Gefallenen der Bewegung" eine seiner üblichen Brandreden gehalten. Diesmal hetzte der „Führer" hauptsächlich gegen die Engländer, die dem Deutschen Reich wegen des Überfalls auf Polen zusammen mit den Franzosen am 3. September den Krieg erklärt hatten. Doch an jenem Abend hatte er eine halbe Stunde früher als sonst begonnen und den Saal dann auch überraschend kurzfristig, nur wenige Minuten vor der Detonation des Sprengsatzes verlassen, um mit einigen anderen hohen NS-Funktionären unverzüglich zurück nach Berlin zu eilen. Elser wurde noch während Hitlers Ansprache in Konstanz beim Versuch des illegalen Grenzübertritts in die Schweiz festgenommen. Nach eingehenden Verhören durch die von SS-Oberführer Arthur Nebe geleitete Sonderkommission, bei denen er auch gefoltert worden ist, kam der schwäbische Widerstandskämpfer als „Sonderhäftling“ erst ins KZ Sachsenhausen, später ins KZ Dachau, wo er einen Monat vor Kriegsende ermordet wurde. Als Motiv für sein Handeln hatte Elser bei den Vernehmungen angeführt, er habe sich schon seit geraumer Zeit Gedanken darüber gemacht, „wie man die Verhältnisse der Arbeiterschaft bessern und einen Krieg vermeiden könnte“. Ein weiterer Attentatsversuch auf Hitler wenige Tage nach Elsers Anschlag sollte an den infolgedessen sofort verschärften Sicherheitsmaßnahmen scheitern, der von Legationsrat Dr. Erich Kordt nämlich, dem Chef des Ministerbüros von Reichsaußenminister Joachim von Ribbentrop. Kordt wollte sich eigentlich mit dem Tyrannen in der Reichskanzlei in Luft sprengen, wodurch der immer noch beabsichtigte Putsch hätte eingeleitet werden sollen. Jedoch war es Oster nicht möglich, den hierfür benötigten Sprengstoff zu organisieren. Während der gesamten NS-Zeit hat es immerhin über 40 solcher Attentatsversuche auf den Reichskanzler gegeben, sodass es schon sonderbar ist, wenn meist von „dem Anschlag“ auf den Diktator gesprochen wird, sobald Oberst Claus Graf Schenk von Stauffenbergs zweifellos imponierende Aktion vom 20. Juli 1944 in Erinnerung gerufen wird.[171]

Wenn auch die Umsturzbemühungen kurz vor und unmittelbar nach Ausbruch des Zweiten Weltkriegs ebenso wie die seinerzeitigen Attentatsversuche zu keinem greifbaren Ergebnis geführt haben, so sind doch die Ausgangsbedingungen für das weitere Vorgehen gegen Hitler gerade in jenen Monaten von Grund auf einem Wandlungsprozess unterworfen gewesen. Bis zur Blomberg-Fritsch-Krise hatten nämlich die damals schon regimekritischen, wenn auch noch nicht prinzipiell oppositionell eingestellten Militärs im Prinzip nur mit konservativen NS-Gegnern enger in Verbindung gestanden, lässt man die gelegentlichen indirekten Fühlungnahmen der nichtkommunistischen Gewerkschaftsführer mit Generaloberst von Fritsch etwa und ihren unmittelbaren Kontakt mit dem freilich bis zum Spätsommer 1939 deaktivierten Generalobersten von Hammerstein-Equord beiseite. Seit dem Frühsommer 1938 sind die Verschwörer in Uniform dann auch mit dem linksliberalen Widerstand um Hans Robinsohn, Ernst Strassmann und deren Freunde in Berührung gekommen. Schon damals sei ein zweigleisiges Prozedere vereinbart worden, hat Dr. Robinsohn 1944/45 in einer für die sozialdemokratische Zeitung von Malmö ge-

Dr. Hans Robinsohn

schriebenen Artikelserie über die deutsche Widerstandsbewegung berichtet, wobei er Positionen rekapitulierte, die er bereits in der schon erwähnten, für seine seinerzeitigen britischen Gesprächspartner gedachten diesbezüglichen Ausarbeitung im Jahr 1939 artikulierte hatte: „Die Offiziere“ hätten danach eine „militärische Erhebung vorbereiten“ und „die Politiker“ dazu „ein politisches Programm für die Nachfolgeregierung schaffen“ sollen. Hierbei sei es darum gegangen, „Deutschland wieder zu einem Rechtsstaat zu machen, der in Frieden innerhalb der europäischen Gemeinschaft leben könne und solle“. Dies habe bedeutet: „Weg mit der Partei, der Gestapo, dem Terror und der Bonzenwirtschaft. Eine Regierung der ‚anständigen Leute' aus allen möglichen Lagern sollte an die Stelle des korrupten Hitler-Systems gesetzt werden“ . In dieselbe Richtung zielten auch die grundsätzlichen Umsturzüberlegungen, die im Juni oder Juli 1939 während eines Besuchs Goerdelers bei von Witzleben in Frankfurt am Main entwickelt worden sind: Letzterer hat hierbei seinen Plan erläutert, überhaupt keinen Generalsputsch durchzuführen, sondern die Aktion von vornherein breiter anzulegen, indem zusätzlich zu den noch zu gewinnenden weiteren militärischen Befehlshabern auch die Vertreter der zivilen Opposition einbezogen werden sollten. Dr. Goerdeler, der bei seinen Auslandsaufenthalten – wie übrigens auch etliche weitere NS-Gegner – unentwegt für eine feste Haltung der dortigen Regierungen gegenüber Hitler geworben hatte, versprach dem General daraufhin, sich um die Gewinnung der Gewerkschaftsführer zu bemühen, denn beide sorgten sich sehr, in welchem Maße die Arbeiterschaft hinter dem Diktator stünde und inwieweit eine Umsturzaktion womöglich durch einen profaschistischen Generalstreik zum Scheitern gebracht werden könnte.[173]

Hieran zeigt sich dreierlei: Erstens war – wenigstens für Goerdeler, von Witzleben und für etliche der mit ihnen kooperierenden Regimegegner ebenso – die Vorstellung einer puren Generalsrevolte ohne Einbezug der politischen Widerstandskräfte damals schon vom Tisch. Des Weiteren war das Wissen um die Spezifika des sozialdemokratischen und gewerkschaftlichen Widerstandes nicht sonderlich ausgeprägt bei den Protagonisten der bürgerlich-militärischen Opposition. Und genauso wie den zu einem Umsturz bereiten Militärs zu jenem Zeitpunkt noch der Zugriff auf die hierfür unabdingbaren Truppenverbände fehlte, ermangelte es – drittens – den konservativen und liberalen NS-Gegnern an einer breiteren politischen Basis, d. h. an genügend zum Mittun gewillten zivilen Widerstandskräften, und zwar für die Zeit gleich nach dem militärisch herbeigeführten Umbruch, in der es entscheidend darauf ankommen würde, diesen auf Dauer abzusichern. Diese Erkenntnis begann sich jetzt aber bei den konservativen und liberalen sowie den militärischen Oppositionellen durchzusetzen, weshalb sie sich nun endlich allesamt auch mit den Anführern des nichtkommunistischen Arbeiterwiderstandes ins Benehmen bringen wollten. Es traf sich gut, dass die Sozialdemokraten dabei auf ihre Koalitionserfahrungen mit bürgerlichen Parteimitgliedern, also mit solchen von Zentrum, Deutscher Volkspartei und Deutscher Demokratischer Partei, der nachmaligen Deutschen Staatspartei, zurückblicken konnten. Leuschner war zudem durch seine Firma mit Wehrmachtkreisen und anderen bürgerlichen Geschäftspartnern auf vielerlei Weise verbunden, wusste also um deren Gefühlslage und ihr Denken recht gut Bescheid. Und der Umstand, dass mit Leber, Haubach und Mierendorff einige seiner engsten Vertrauten und Freunde ehedem der Wehrkommission ihrer Partei angehört hatten und sie dazu noch mit dem einstigen Reichswehrminister Noske in

Verbindung standen, der in bürgerlich-militärischen Kreisen als Sozialdemokrat der für sie schon eher akzeptablen Richtung galt, war für die nun folgenden Unterredungen gewiss kein Fehler. Auch ein weiterer Faktor wird die Gespräche begünstigt haben: die ihnen allen gemeinsame grundsätzliche Ablehnung einer Zusammenarbeit mit den Stalinisten, die – davon war mit Bestimmtheit auszugehen – eine Umbruchsituation und die in deren Folge unweigerlich ausbrechenden politischen Unruhen dazu nutzen würden, einen Bürgerkrieg zu entfachen, um so zur Errichtung der von ihnen nach wie vor inbrünstig herbeigesehnten „Diktatur des Proletariats" durchzustarten. Insofern begannen sich das breite politische Bündnis nichtkommunistischer Regimegegner sowie die Ziele, die Strategie und Taktik ihres Umsturzversuchs vom Sommer 1944 im Grunde bereits mit jenen dramatischen Herbst- und Wintermonaten von 1939 auf 1940 in ersten Konturen herauszubilden.

Im Oktober 1939 kam es zu einem ersten Treffen Ludwig Becks mit Wilhelm Leuschner. Nach dem Zeugnis Christine von Dohnanyis ist es durch ihren Mann, Ernst von Harnack und Dr. Klaus Bonhoeffer, die beide mit ihnen verwandt waren, sowie Dr. Otto John arrangiert worden. Bei jenem konspirativen Spitzengespräch wurde sogleich die Generalstreiksfrage erörtert, die für die hinter Beck genauso wie für die hinter Leuschner stehenden Widerständler gleichermaßen brisant war. Der Generaloberst a. D. wollte vom Gewerkschafter dabei die definitive Zusage, dass ein vom Militär herbeigeführter Umsturz von einem flächendeckenden politischen Ausstand der arbeitenden Bevölkerung flankiert werden würde. Obwohl Streiks im „Dritten Reich" schon seit 1933 strikt verboten waren, ist es immer wieder zu kleineren, manchmal auch größeren Arbeitsniederlegungen und zu anderen Protestbekundungen gekommen, untrügliches Indiz dafür, dass sich allen Unterdrückungsmaßnahmen zum Trotz ein Restpotential gewerkschaftlichen Bewusstseins innerhalb der Arbeiterschaft durchaus erhalten hatte, das es sich nutzbar zu machen galt. Es war aber ins Kalkül zu ziehen, dass ebenfalls seit 1933 gegen Flugblattverteiler und andere „Staatsfeinde" jederzeit mit der Schusswaffe vorgegangen werden konnte. Und außerdem wurde in jenem Herbst 1939 seit Wochen bereits von den „Grundsätzen der inneren Staatssicherheit während des Krieges" gemunkelt, einem Geheimerlass des Chefs der Sicherheitspolizei und des SD Reinhard Heydrich, demzufolge alle politischen Gegner, Saboteure, Aufwiegler und dergleichen prinzipiell ohne jedes Gerichtsverfahren, also auf der Stelle exekutiert werden durften. Das persönliche Risiko war also für alle Beteiligten an den geplanten Aktivitäten, folglich auch für diejenigen, die einen Generalstreik organisieren und durchführen sollten, unkalkulierbar hoch. Dürfte man zudem die in einem Umsturzfall zu mobilisierenden Arbeiteraktivisten gänzlich unbewaffnet in die mit Sicherheit zwischen den regimetreuen Kräften und den aufständischen Militärs ausbrechenden Kämpfe hineingeraten lassen, was für Erstere somit einem Himmelfahrtskommando gleichkommen würde? Könnten ihnen nicht vielleicht doch besser durch die mit ihnen verbündeten Militärs vorab schon Waffen ausgehändigt werden? Müssten die zivilen Widerstandskräfte ferner nicht möglichst bald bereits zu paramilitärischen Kampfformationen zusammengeschlossen und an strategisch relevanten Punkten zusammengezogen werden? Wie könnte dies am besten vonstatten gehen, vor allem ohne vorzeitig bemerkt zu werden? Alles dies waren Fragen, die nicht leicht zu beantworten waren. Allein deshalb schon war also Skepsis angebracht hinsichtlich der von Beck gewünschten Beteiligung der

Untergrundkader des sozialdemokratisch-gewerkschaftlichen Widerstandes an dem von ihm und seinen Mitverschwörern ins Auge gefassten Unternehmen. Trotzdem kam Leuschner dem General ohne langes Zögern entgegen und sicherte ihm erforderlichenfalls die gewünschte Unterstützung zu. Zur Sicherheit entsandte er sogar schon Boten in alle Zentren der sozialdemokratischen und gewerkschaftlichen Untergrundbewegung, um diese auf einen möglicherweise in Kürze erfolgenden Streikaufruf vorzubereiten. Die hierbei anfallenden Reisekosten wurden bemerkenswerterweise durch einen früheren Liberalen finanziert, nämlich den aus einem christlichen Impetus handelnden damaligen Berliner Unternehmer und nachmaligen Präsidenten der Fuldaer Industrie- und Handelskammer Dr. Walter Bauer, der hierfür immerhin 10.000 Reichsmark zur Verfügung gestellt hat. Wird bedacht, dass der durchschnittliche Monatsverdienst eines Metallfacharbeiters damals nur etwas mehr als 200 Reichsmark betrug und außer den Reichsbahnfahrkarten hierbei lediglich geringfügige weitere Kosten für Unterkunft und Verpflegung jener Emissäre angefallen sein werden, erhält man eine Ahnung davon, wie weit verzweigt Leuschners sozialdemokratisch-gewerkschaftliches Vertrauensleutenetz schon zum damaligen Zeitpunkt gewesen sein muss.[174]

Noch im selben Monat ist von Dr. Otto John und Ernst von Harnack eine Denkschrift zur in der Bevölkerung damals vorherrschenden Grundstimmung verfasst worden, um Generaloberst von Brauchitsch vielleicht doch noch zum Handeln zu bewegen. Das kaum vier Seiten umfassende Memorandum, das dezidiert auch den kriminellen Charakter des Hitler-Staates hervorgehoben hat, bekundete erstmals die Existenz eines breiten antinazistischen Oppositionsbündnisses ohne die Kommunisten, indem es klarstellte, dass sich Goerdeler und Popitz für die konservativen Regimegegner, Wirmer, Jakob Kaiser und Letterhaus für die katholischen bürgerlichen Oppositionellen bzw. die mit diesen politisch verbundenen Arbeiterfunktionäre sowie Leber, Leuschner und Harnack für die sozialdemokratisch-gewerkschaftlichen Widerstandsstrukturen gleichermaßen als Gefolgsleute Becks bekennen würden. In dem Papier kam ihr Einvernehmen zum Ausdruck, das sie hinsichtlich eines Sturzes des Regimes erzielt hatten, der das deutsche Volk und vor allem die arbeitende Bevölkerung vor einer neuerlichen Katastrophe bewahren sollte. Dabei war ihnen allen völlig klar, dass nach dem Staatsstreich wohl oder übel erst einmal der militärische Ausnahmezustand verhängt werden müsse, und zwar unter Becks Oberbefehl, bis dieser nach der alsbald herbeizuführenden Beendigung der Kampfhandlungen eine vorläufige Zivilregierung einsetzen könne. Diese wiederum sollte möglichst rasch Neuwahlen durchführen lassen. Listen der zu entfernenden NS-Funktionsträger waren ebenso bereits ausgearbeitet wie solche von Persönlichkeiten, die für die Bildung einer neuen Reichsregierung in Frage kämen. Durch von Dohnanyi wurden überdies schon entsprechende Aufrufe an die Bevölkerung vorbereitet, die von Beck und Oster noch überarbeitet wurden. Auch Prinz Louis Ferdinand von Preußen hat seinerzeit seine Bereitschaft zum Mittun bekundet, sofern man ihn riefe. Brauchitsch aber hat all dies barsch mit der Empfehlung kommentiert, wenn der Arbeiterschaft so sehr an einem Sturz Hitlers gelegen sei, dann solle sie doch von sich aus versuchen, ihn mit einem Generalstreik zu entmachten, wonach ihr das Militär schon zur Seite stehen werde. Als Leuschner hiervon durch Dohnanyi erfuhr, soll er darüber recht aufgebracht gewesen sein. Denn er befürchtete für einen solchen Fall einen sofortigen Frontenwechsel der Militärs, die noch immer, wie er wiederholt betont hat, gegen die Linken und niemals gegen die Rechten vorgegangen seien. Halder hat nicht anders als Brauchitsch argumentiert, als Beck ihm von der in der Bevölkerung weit verbreiteten, für einen Umsturz sicherlich nicht ungünstigen Antikriegsstimmung berichtete, von der ihm Leuschner und Jakob Kaiser erzählt hatten. Dem stand allerdings die nicht unberechtigte Besorgnis entgegen, die Deutschen könnten in ihrer Mehrheit trotz des Krieges weiterhin hinter Hitler stehen, wenn auch die Begeisterungsstürme während der propagandistisch geschickt inszenierten Festivitäten anlässlich des zum gesetzlichen Feiertag erhobenen 50. Geburtstages des „Führers" im zurückliegenden Frühjahr nicht unbedingt der beste Indikator für ihre tatsächliche politische Gestimmtheit gewesen sein dürften. Wie auch immer: Die erwähnte Einstellung der beiden Generale wurde von Leuschner und seinen Freunden als Zumutung empfunden, ebenso wie auch der Umstand, dass ihnen eine Einblicknahme in die Ministerlisten und anderen Ausarbeitungen der in die Verschwörung eingebundenen konservativen Zivilisten zunächst verwehrt blieb. Hierdurch wurde die sich soeben anbahnende Kooperation der oppositionellen Militärs und der bürgerlichen Widerständler mit dem zweifellos gewichtigsten Faktor der zivilen Opposition überhaupt sogleich einer ernsten Zerreißprobe ausgesetzt. Ernst von Harnack wurde daraufhin von Beck gebeten, er möge Leuschner und seine Vertrauten doch möglichst umgehend beruhigen und – sofern nötig – wieder auf Kurs bringen. Harnacks Hinweis, dies werde noch am besten gelingen, wenn man in der Gewerkschaftsfrage mit einer handfesten Offerte aufwarten würde, leuchtete dem General auf Anhieb ein. Aufgrund seiner bisherigen Erfahrungen wusste er genau, dass mit den immer noch viel zu wenigen zur Aktion bereiten Militärs allein ein Vorankommen in der Umsturzfrage nicht zu erzielen war. Deshalb sollte Harnack seinem Parteigenossen in Aussicht stellen, so hat es immerhin ein Zeitzeuge von Belang, Dr. Otto John nämlich, überliefert, er werde „mit Errichtung des Ausnahmezustandes als Reichskommissar die ‚Deutsche Arbeitsfront' mit sämtlichen Unterorganisationen und ihrem sehr beträchtlichem Vermögen unterstellt" bekommen, „bis durch Wiederherstellung der Koalitionsfreiheit und freie Wahlen wieder freie Gewerkschaften gebildet werden konnten". Damit sei Leuschner „von Beck eine politische Vollmacht zugesichert" worden, „mit der er das verwirklichen hätte können, was er selbst so leidenschaftlich erstrebte: die Wiedererrichtung eines ‚Allgemeinen Deutschen Gewerkschaftsbundes' als eigenständige politische Organisation im Staat, um die wirtschaftlichen und kulturellen Interessen der Arbeiterschaft durchzusetzen". Im Gegenzug soll Leuschner sich mit der Errichtung der von Beck favorisierten konstitutionellen Monarchie nach dem Sturz Hitlers einverstanden erklärt haben, nachdem der General „sich mit seinem Wort dafür verbürgt" habe, „dass eine endgültige Entscheidung über die zukünftige Staatsform einer Volksabstimmung vorbehalten bleibe".[175]

Es zeugt von der außerordentlichen Besonnenheit Leuschners, gleichzeitig von seinem unbedingten Umsturzwillen, insbesondere aber auch von seiner diesbezüglichen Beharrlichkeit und Zielstrebigkeit, dass er allen genannten Unerträglichkeiten zum Trotz den gerade erst gewonnenen Kontakt zu Beck nicht sofort wieder abgebrochen hat. Dies muss bei dem General einen nachhaltigen Eindruck hinterlassen haben. Außerdem wird er gewiss erfreut zur Kenntnis genommen haben, dass der Gewerkschaftsführer offensichtlich auch über etliche, von ihm als Offizier besonders geschätzte

Eigenschaften verfügte, wie Organisationsgeschick, strategische Weitsicht, taktisches Kalkül, Kenntnisse in Menschenführung und dergleichen mehr und dass er obendrein noch eine nicht minder begrüßenswerte pragmatische Herangehensweise an den Tag legte. So konnte bei den ersten konspirativen Unterredungen der beiden auf jeden Fall die Grundlage entstehen für ihre künftige, von wechselseitigem Respekt und Vertrauen getragene Kooperation, die trotz manch weiterer Bewährungsprobe bis zum Umsturzversuch im Sommer 1944 Bestand haben sollte.

Mit nur einem einzigen Gespräch oder der Kommunikation über Dritte lassen sich Fragen wie die nach der Organisierung eines Generalstreiks oder gar eines Umsturzes ganz gewiss nicht klären. Deshalb muss es damals bereits zu weiteren Beratungen zwischen Beck und Leuschner gekommen sein. Mit Oster und Dr. Hans von Dohnanyi führte der Generaloberst im verschwörerischen Unruhestand zu jener Zeit nahezu täglich entsprechende, manchmal sogar stundenlange Unterredungen. Nicht anders galt dies für viele weitere Verschwörer, die Beck mehr oder minder regelmäßig aufgesucht haben. Bei solchen hochkarätigen konspirativen Treffen handelte es sich fast durchweg um Vieraugengespräche, allenfalls um Sechsaugengespräche. Höchst selten nahmen auch einmal einige wenige Personen mehr an solchen Zusammenkünften teil, bei denen natürlich kein Protokollant zugegen war und über die auch sonst keine Gesprächsvermerke angefertigt worden sind. Da die meisten der daran Beteiligten ihr antinazistisches Engagement mit ihrem Leben gebüßt haben, existieren fast nur bruchstückhafte Hinweise hierzu, die in der Regel vom Hörensagen, also durch Dritte oder gar Vierte überliefert worden sind. So ist von Christine von Dohnanyi wenige Jahre nach dem Krieg berichtet worden, eines Tages habe ihr Mann erklärt: „Jetzt haben wir's geschafft, heute geht Leuschner zu Beck." Auch wurde von ihr bezeugt, dass Beck im Winter 1939/40 durch ihren Mann via Harnack an Leuschner herangetreten sei. Wiederum anderen Hinweisen zufolge sollen Dr. Julius Leber, Jakob Kaiser und Josef Wirmer ebenfalls in das Zustandekommen jenes konspirativen Spitzenkontaktes involviert gewesen sein. Aber auch Dr. Otto John hat für sich reklamiert, „eine Aussprache zwischen Beck und Leuschner" vermittelt zu haben, in der „das Bündnis" der diversen nichtkommunistischen Widerstandskräfte „besiegelt" worden sei. Allein schon an diesen wenigen, hinsichtlich ihrer ungefähren Datierung, der Art und Weise der beschriebenen Kontaktaufnahme wie auch der an ihrer Anbahnung beteiligten Personen voneinander abweichenden Aussagen lässt sich ersehen, dass diese keinesfalls ein und derselben Aussprache Becks und Leuschners gegolten haben können, sondern dass die beiden Regimegegner in jenem Herbst und Winter zweifelsfrei zu mehreren Beratungen zusammengekommen sind. Die normalerweise sonst so wohl informierte Dr. Elfriede Nebgen hat die erste, nach ihrem Bekunden kurzfristig von Hammerstein herbeigeführte Begegnung Leuschners mit Beck, an der aber auch Kaiser und Habermann teilgenommen haben, sogar erst auf die zweite Jahreshälfte 1941 datiert, was offenbart, dass sie von den Treffen kurz nach Kriegsausbruch keinerlei Kenntnis erhalten hatte.[176]

Nachdem der Diktator die von ihm noch für den Herbst 1939 angekündigte Westoffensive immer wieder verschoben hatte, waren die Umsturzabsichten erneut unter einen ungünstigen Stern geraten. Als Beck am 16. Januar des Folgejahres eine nochmalige diesbezügliche Unterredung mit Halder führte und dabei seinen Nachfolger der Zustimmung der Arbeiterführer zu einem Militärschlag gegen das Hitler-Regime versicherte, wurde dies vom nunmehrigen Generalstabschef als Ansinnen empfunden, das Militär zum Büttel der zivilen Widerständler zu machen, und daher schroff zurückgewiesen. Dem militärischen Erstschlag müsse vielmehr, so Halder durchaus weitsichtig, eine zivile Widerstandsfront auf dem Fuß folgen, wozu freilich ein breites politisches Bündnis sämtlicher Regimegegner erforderlich sei, das aber seinerzeit über erste zaghafte Anfänge noch nicht hinausgelangt war. Ferner hat er Beck beschieden, er sei zwar jederzeit gewillt, gegebenenfalls ein Stoßtruppunternehmen gegen den Despoten durchführen zu lassen, aber auch dies müsse wohlüberlegt sein, denn die ganze Verantwortung dabei laste auf ihm selbst und die Stimmung innerhalb der Bevölkerung sei seines Erachtens nicht sonderlich ermutigend hierfür. Dann kam ein weiteres Mal die Überlegung ins Spiel, vielleicht doch noch von Brauchitsch für das Unternehmen zu gewinnen. Auch ein Losschlagen ohne Zuspruch der Bevölkerung wurde durch einige oppositionelle Militärs abermals erwogen, aber sogleich wieder verworfen, weil man davon überzeugt war, dass ein solches Vorhaben erst bei militärischen Rückschlägen Aussicht auf Erfolg haben könnte. Und schließlich kamen einige der frondierenden Generalstäbler, denen nach wie vor die erforderlichen Truppen fehlten, wiederum mit der wenig gloriosen Idee, dass zuerst die Arbeiterschaft in den Ausstand treten solle, wodurch die Armee einen plausiblen und auch akzeptablen Anlass zum innenpolitischen Einschreiten erhalten würde. Sodann sollte diese sich jedoch an die Seite der Streikenden stellen und gegen die NS-Machthaber vorgehen. Leuschner kommentierte jenes Ansinnen voller Empörung mit den Worten: „Wir haben Hitler nicht in den Sattel gehoben und auch diesen Krieg, der über kurz oder lang zu einer Katastrophe führen muss, nicht angefangen. Wir werden uns auch nicht, um Hitler zu beseitigen und den Krieg zu beenden, in irgendwelche Abenteuer stürzen, bei denen wir obendrein noch damit rechnen müssen, dass die Generale auf die Arbeiter schießen lassen, wenn wir sie zum Generalstreik aufrufen." Auch Harnack soll für diesen unausgereiften und für die Arbeiterführer unannehmbaren Plan nur Spott und Hohn übrig gehabt haben. Dennoch ließ Leuschner sich auch dieses Mal nicht beirren und setzte seine Gesprächskontakte mit den widerständigen Militärs allen Irritationen zum Trotz weiter fort, so mit Beck, Hammerstein, Canaris und etlichen anderen, denen allein er noch immer einen Regierungswechsel herbeizuführen zutraute und die bei ihm seitdem ein und aus gingen. Von seiner Grundhaltung, dass die Arbeiterschaft erst nach einer erfolgreichen Militäraktion gegen den Despoten und sein Terrorregime unterstützend auf den Plan gerufen werden dürfe, rückte er bis zum „20. Juli 1944" nicht mehr ab.[177]

Dennoch weiter auf dem Weg zum Umsturz

Die grundsätzliche Erkenntnis, dass ein Machtwechsel, der sich zwar einzig und allein durch das Militär herbeiführen ließe, dann zumindest mittel- bis langfristig durch ein möglichst umfassendes Zweckbündnis der diversen politischen Gruppierungen der nichtkommunistischen Opposition unterstützt, abgesichert und stabilisiert werden müsse, wäre schwerlich binnen weniger Monate in die Tat umzusetzen gewesen. Denn hierzu musste die gerade erst angebahnte Überwindung der bisherigen Differenzen der neuen Bündnispartner verstetigt und gefestigt werden. Hierzu gehörte die Erarbeitung einer für alle Beteiligten akzeptablen politischen Plattform genauso wie die Entwicklung weiterer vertrauensbildender Maßnahmen mit Strahlkraft in die bislang noch nicht erreichten Bereiche der antinazistischen Opposition. Die während des Krieges noch viel komplizierter gewordenen Bedingungen der Illegalität haben jenes Unterfangen nicht gerade erleichtert. Langer Atem war also angesagt, denn an klärungsbedürftigen Dingen herrschte wahrlich kein Mangel: angefangen bei der weiterhin strittigen Art und Weise der Herbeiführung des Umsturzes, der nicht minder vordringlichen Frage der Verringerung der Bürgerkriegsgefahr sowie der anzustrebenden Herrschaftsform, über welche die Meinungen ebenfalls nach wie vor weit auseinander gingen. Dringlicher Abstimmungsbedarf bestand außerdem hinsichtlich der politischen Zusammensetzung der ersten provisorischen Nach-Hitler-Regierung, auch bezüglich der Bedeutung, die dem Militär, den Kirchen, der Wirtschaft und den Gewerkschaften im neuen Staat einzuräumen wäre, sowie zu dessen künftiger Positionierung im europäischen Staatengefüge, um nur einige weitere brisante Probleme zu benennen. Unter diesem Gesichtspunkt dürfte es nicht nur von Nachteil gewesen sein, dass sich damals trotz mancherlei weiterer diesbezüglicher Vorstöße ziviler Regimegegner in der nächsten Zeit, so nicht zuletzt durch den Halder regelrecht bedrängenden Dr. Goerdeler, weder der Generalstabschef noch ein anderer ranghoher oppositioneller Offizier zur entschlossenen antinazistischen Aktion hat bewegen lassen.[178]

Paradoxerweise glaubten die beteiligten Militärs, gerade wegen der kurz bevorstehenden deutschen Überfälle auf Dänemark, Norwegen, die Niederlande, Belgien und Luxemburg sowie Frankreich seien ihnen wiederum praktisch die Hände gebunden. Zwar hatte Oberst Hans Oster vom Amt Ausland/Abwehr bereits in der zweiten Oktoberwoche 1939 den mit ihm befreundeten niederländischen Militärattaché in Berlin Oberst Bert Sas erstmals über den geplanten Angriff auf Belgien informiert, später ebenso über den auf dessen eigenes Land und schließlich auch über die bevorstehenden Überfälle auf Dänemark und Norwegen. Auch Ulrich von Hassell hat noch im Februar und März 1940 verschiedene Versuche unternommen, durch Kontaktaufnahmen mit amerikanischen sowie britischen Staatsbürgern die weitere Eskalation des Krieges zu verhindern bzw. frühzeitig die Chance zu einer möglichst raschen Friedensregelung nach einem noch immer erhofften Regimewechsel in Deutschland zu eröffnen. Aber dies alles vermochte den Gang der Dinge genauso wenig aufzuhalten wie alle anderen Warnungen, welche deutsche Widerständler zu jener Zeit über unterschiedliche Kanäle an das Ausland gesandt haben, um Hitlers Absichten eventuell doch noch zu durchkreuzen.[179]

Erstaunlicherweise konnten dagegen die nichtmilitärischen Widerstandskräfte in jener bereits aufwühlenden Anfangsphase des Zweiten Weltkrieges trotz der vielen Einberufungen zur Wehrmacht wenigstens ihre Verbindungsnetze weiter ausdehnen. Auch ihre Neuordnungsvorstellungen für ein nichtnazistisches Deutschland vermochten sie sukzessive zu konkretisieren. Nachdem erste verfassungspolitische Überlegungen und Entwürfe von bürgerlichen Regimegegnern bereits ab 1937 entwickelt worden waren, hat z. B. der monarchistisch-nationalkonservativ eingestellte preußische Finanzminister Dr. Johannes Popitz, der mit Leuschner zum ersten Mal nach dem „Anschluss" Österreichs zusammengetroffen war, vermutlich schon Anfang 1940 ein Zehn-Punkte-Programm zur Errichtung eines strikt autoritär-obrigkeitsstaatlich, aber dezidiert nichtnazistisch sowie rechtsstaatlich ausgerichteten Herrschaftssystems vorgelegt. Dem folgte alsbald sein mehrfach überarbeiteter Entwurf für ein „Gesetz über die Wiederherstellung geordneter Verhältnisse im Staats- und Rechtsleben", nach dem „die Regeln des Anstandes und der guten Sitten" endlich wieder „oberstes Gesetz des Handelns" für sämtliche Lebensbereiche sein sollten. Die Rückkehr zur Rechtsstaatlichkeit, zur „Unabhängigkeit der Rechtsprechung, Sicherung der persönlichen Freiheit, der Familie und des Eigentums" sollte danach ebenso garantiert werden wie eine „ungestörte Religionsausübung" auf christlicher Grundlage, „ein menschenwürdiger Lebensstand" für alle, „die ihre Pflichten gegen Volk und Staat" erfüllten, überhaupt die Gewährung eines „Anteils an den materiellen und geistigen Gütern des Lebens" für „alle Schichten des Volkes", und zwar „nach Maßgabe der Leistung", dazu auch die „Versorgung im Alter, Hilfe bei Krankheit und Arbeitslosigkeit sowie die Bereitstellung von Wohnungen, die ein gesundes Familienleben ermöglichen". Dem von wem auch immer als Staatsoberhaupt einzusetzenden „Reichsverweser" sowie dem von diesem zu ernennenden Reichskanzler und dessen Kabinett hätte nach Popitz ein „Staatsrat" zur Seite gestellt werden sollen, welcher „aus Männern" zu bilden gewesen wäre, „die nach ihrer Leistung, ihrem Können und ihrer Persönlichkeit des Vertrauens des Volkes würdig sind". Dieses hätte „in seiner Gesamtheit" durch eben jenen „Staatsrat" vertreten werden sollen, „bis die Festigung der allgemeinen Lebensverhältnisse des deutschen Volkes die Bildung einer Volksvertretung auf breiter Grundlage" gestatten würde, womit eine aus demokratischen Wahlen hervorgegangene Regierung nicht unbedingt gemeint war. Trotzdem hat Popitz' wohlgemerkt nur für eine Übergangsphase gedachter Verfassungsentwurf unverkennbar einiges von dem vorweggenommen, was in späteren Ausarbeitungen bürgerlicher Widerständler zur Neuordnungsfrage, dann aber auch in der Phase der demokratischen Rekonstruktion nach dem Krieg in praxi zum Tragen gekommen ist, so nicht zuletzt die dort bereits vorgesehenen umfassenden Maßnahmen zur Entnazifizierung. Andererseits ist „die Bildung neuer politischer Vereinigungen", womit zugleich auch die Gewerkschaften gemeint gewesen sein dürften, in dem Papier überhaupt für „unzulässig" erklärt worden. Und die KZ-Insassen sollten auch nicht sofort, sondern zu einem noch zu bestimmenden Zeitpunkt freigelassen werden, während Popitz die Sondergesetze gegen die Juden „bis zur endgültigen Regelung ausgesetzt" wissen wollte. Außerdem hätte „die Staatsgewalt" nach seinen Vorstellungen nicht, wie vordem in Artikel 1 der Weimarer Reichsverfassung und später dann in unserem Grundgesetz in Artikel 20, Absatz 2 festgelegt, „vom Volke" ausgehen, sondern „im Namen des Reiches vom Staatsoberhaupt und der Reichsregierung ausgeübt" werden sollen. Deshalb, aber auch wegen seiner als schulmeisterlich empfundenen Art sowie seiner unverkennbar antigewerkschaftlichen Grundhaltung ist der amtierende preußische Finanzminister bei den Repräsentanten der unterdrückten nichtkommunistischen Arbeiterbewegung begreiflicherweise ziemlich bald auf eisige Ablehnung gestoßen.[180]

Aber auch andere Neuordnungsüberlegungen wurden seinerzeit angestrengt und zu Papier gebracht, so etwa das friedenspolitische Statement Ulrich von Hassells, das dieser im Februar 1940 in der Schweiz dem Amateurdiplomaten Lonsdale Bryans überreichte, der sich als Kontaktmann zum britischen Außenminister Lord Halifax angeboten hatte: Darin wurde die schnellstmögliche Beendigung „dieses unsinnigen Krieges" zur obersten Priorität erklärt, da „die Gefahr immer größer" werde, „dass Europa vollkommen zerstört und vor allem bolschewisiert wird". Es müsse „das Ziel des Friedensschlusses" sein, Europa „auf fester Grundlage" dauerhaft zu befrieden und zu gesunden. Ebenso müsse „eine Sicherheit gegen baldiges Wiederaufflammen kriegerischer Auseinandersetzungen" geschaffen werden. Hierzu gehöre der Erhalt Großdeutschlands, die Wahrung seiner Westgrenze gemäß Versailler Vertrag sowie die Rückführung seiner Grenze mit Polen auf die des Jahres 1914. „Der Friedensschluss und der Wiederaufbau Europas" habe „auf bestimmten, von allen anerkannten Grundsätzen aufgebaut" zu werden. Hierzu sollten die Wahrung des Nationalstaatsprinzips sowie die „Wiederherstellung eines unabhängigen Polens und einer tschechischen Republik" ebenso gehören wie eine „allgemeine Rüstungsverminderung", desgleichen der „Wiederaufbau der internationalen Zusammenarbeit in wirtschaftlicher Hinsicht". Ansonsten sollten „gewisse Leitgedanken durch alle europäischen Staaten" anerkannt werden, nämlich die „Grundsätze der christlichen Sittlichkeit", sodann „Gerechtigkeit und Gesetz als Grundsatz des öffentlichen Lebens", fernerhin die „soziale Wohlfahrt als Leitmotiv", auch eine „effektive Kontrolle der Staatsgewalt durch das Volk in einer der betreffenden Nation angemessenen Weise" und schließlich die „Freiheit der Gedanken, des Gewissens und der Geistesarbeit". Überdies hat von Hassell seinem britischen Gesprächspartner dezidiert zu verstehen gegeben, so hat er es in seinem Tagebuch vermerkt, es komme bei alledem maßgeblich darauf an, dass „von nichtdeutscher Seite" unter keinen Umständen „die Notwendigkeit einer Regimeänderung in Deutschland aufgestellt, der Rücktritt bestimmter Personen verlangt werden" dürfe usw., was alles „vielmehr ganz ausschließlich eine deutsche Angelegenheit" sei. „Eine Monarchie" werde zwar von den deutschen NS-Gegnern „sehr erwünscht", sei „aber erst ein Problem des zweiten Aktes".[181] Dies waren Positionen, die mit Bestimmtheit auch von Beck, Goerdeler und anderen Regimegegnern konservativer Prägung geteilt wurden, wenn sie nicht mit ihnen sogar abgestimmt gewesen sind. Sicherlich werden von Hassells Vorstellungen u. a. auch Popitz' „Vorläufiges Staatsgrundgesetz" beeinflusst haben. Selbst bei den in die Verschwörung einbezogenen Sozialdemokraten und Gewerkschaftern wird einiges von dem auf Zustimmung gestoßen sein, so natürlich der angestrebte rasche Friedensschluss, die Maßnahmen zur Pazifizierung Europas auf Dauer, auch die zur internationalen wirtschaftlichen Kooperation und dergleichen mehr. Den von Popitz und von Hassell nur vage angedeuteten bzw. mit gravierenden Einschränkungen versehenen Sozialstaatsgedanken werden sie sich dagegen doch sehr viel präziser gefasst gewünscht haben, während die nicht eindeutig demokratisch-parlamentarische Ausrichtung der Entwürfe, insbesondere das von Popitz artikulierte politische Reorganisationsverbot und seine reichlich fragwürdige Haltung zur Befreiung der KZ-Häftlinge sowie zu den beschämenden antijüdischen Maßnahmen ihren scharfen Widerspruch hervorgerufen haben müssen. Solche Positionen waren Welten entfernt von den klaren und erheblich weiter reichenden Zusagen, die Wilhelm Leuschner kurz zuvor von Beck erhalten hatte.

Auch Leuschner und seine Freunde beschäftigten sich zu jener Zeit mit Neuordnungsideen, aber mit solchen, die ihren eigenen langjährigen Erfahrungen geschuldet waren und allein deshalb schon auch nur von ihnen selbst angestrengt werden konnten. Denn sie hatten ziemlich bald erkennen müssen, dass viele der für sie unverzichtbaren Forderungen nach grundlegenden gesellschaftspolitischen Änderungen ohne ihr Zutun schwerlich in den Ausarbeitungen der fast ausnahmslos bürgerlich sozialisierten Juristen und Verwaltungsfachleute innerhalb der Widerstandsbewegung Niederschlag finden würden. Dies betraf vor allem ihre auf mehr demokratische Teilhabe und größere Chancengerechtigkeit, auf stärkere soziale Absicherung sowie Befriedigung der bildungsmäßigen und kulturellen Bedürfnisse der arbeitenden Bevölkerung abzielenden programmatischen Überlegungen. Kaum dass Hermann Schlimme, der frühere persönliche Sekretär Theodor Leiparts, dann ADGB-Vorstandssekretär, anschließend zeitweiliger Leiter der Illegalen Reichsleitung der Gewerkschaften und zugleich deren unmittelbarer Verbindungsmann zum Internationalen Gewerkschaftsbund, Ende 1939 seine dreijährige Zuchthausstrafe abgebüßt hatte, war er in der Reichshauptstadt trotz Polizeiaufsicht sogleich wieder mit Wilhelm Leuschner in Kontakt getreten. Sieben Jahre nach dem Krieg hat er dem für ein Buch über den gemeinsamen Freund recherchierenden Prof. Dr. Ludwig Bergsträsser berichtet, sie beide seien sich damals „einig“ gewesen, „dass nur eine einheitliche Gewerkschaftsbewegung und eine einheitliche Arbeiterpartei geschaffen werden“ dürfe. Wenngleich Schlimme 1952 als damaliges Mitglied der Volkskammer der DDR dabei gewiss die Konstruktion einer frühen Vorwegnahme des SED-Parteimodells im Sinn gehabt hat, realiter ist Letzteres genau nicht der Fall gewesen. Zwar haben Leuschner, Jakob Kaiser, Max Habermann und ihre Vertrauten seit jener Zeit tatsächlich keineswegs nur die Schaffung einer demokratischen Einheitsgewerkschaft intendiert, sondern vielmehr sogar eine einzige freiheitliche Partei der Arbeit in Erwägung gezogen. Diese hätte sich aber etwa am Vorbild der britischen Labour Party orientieren, also auch die Gewerkschaften als Kollektivmitglieder miteinbeziehen sollen und außerdem auf jedwede marxistische Fundamentierung verzichten müssen. Ferner hat Schlimme Bergsträsser im selben Schreiben mitgeteilt, es habe zwischen Leuschner und ihm Einvernehmen darüber bestanden, „dass die Neugründung der deutschen Gewerkschaften“ nach dem Ende des Faschismus „in der Hauptsache durch“ ihn „entwickelt werden sollte, während Leuschner sich mehr der Politik widmen würde“. Daraufhin habe er, Schlimme, „einen Plan über die Bildung neuer Gewerkschaften in Deutschland ausgearbeitet“, nach dem die „früheren etwa 220 verschiedenen Organisationen und Verbändchen“ zu nur noch „18 Industriegewerkschaften“ zusammengefasst werden sollten. Diesen Plan habe man sodann „in der DDR sowie für Westdeutschland“ verwirklichen können. Aber auch dies entsprach so nicht den Tatsachen, und zwar vor allem deshalb nicht, weil der kurz nach dem Krieg in der sowjetischen Besatzungszone gegründete Freie Deutsche Gewerkschaftsbund (FDGB), der zugegebenermaßen eine zentralistische Einheitsgewerkschaft gewesen ist, recht bald vollständig unter Kuratel der Kommunisten stand und folglich mit der von Leuschner und seinen Vertrauten vordem angestrebten parteipolitisch unabhängigen Gesamtorganisation der arbeitenden Bevölkerung nichts gemein hatte. Allerdings konnten auch durch den 1949 in der Bundesrepublik als Dachorganisation von 16 ansonsten selbständigen Industriegewerkschaften ins Leben gerufenen DGB die erheblich dezidierter formulierten Zielvorstellungen aus der Zeit des antinazistischen Widerstandes ebenfalls nur zum Teil verwirklicht werden.[182]

Exkurs: Antinazistischer Kampf vom Exil aus

Durch die rasche Niederwerfung Dänemarks und Norwegens sowie den genauso rasant zu Ende gebrachten Westfeldzug mussten seit dem Frühjahr 1940 Hals über Kopf sämtliche dortigen Exilposten der SPD, der Gewerkschaften und der anderen antinazistischen Parteien und Organisationen geräumt werden, die in jenen Ländern Zuflucht gesucht hatten. Die Auslandsvertretung der deutschen Gewerkschaften, die damit ihre bis dahin mehr oder minder gut aufgestellten Operationsbasen in Dänemark, Luxemburg, Belgien und den Niederlanden sowie in Paris verloren hatte, verfügte fortan nur noch über Landesverbände in Schweden und Großbritannien, ein von Buenos Aires aus koordiniertes Kontaktnetz in Südamerika, für eine Weile auch noch über den von Bruno Süß betreuten Ausweichposten im vorerst unbesetzten Teil Frankreichs und einen weiteren Stützpunkt in der Schweiz. Allenfalls von dort und von Stockholm aus, darüber hinaus noch indirekt, z. B. von London nach Schweden und von dort über einen der Häfen an der Nordsee- bzw. Ostseeküste oder auf der Schiene Großbritannien–Portugal–Spanien–Südfrankreich–Schweiz könnten von ihr seitdem überhaupt noch konspirative Kurierverbindungen zu den Untergrundstrukturen in Deutschland realisiert worden sein, und wenn, dann nur höchst sporadisch. Möglichkeiten zum ständigen Nachrichtenaustausch zwischen den Exilstützpunkten in London und Stockholm bestanden dagegen trotz des Krieges auf dem regulären Postweg, d. h. per Schiff bzw. Flugzeug, aber auch dank eines illegalen Radiosenders, der bis 1942 in Schweden betrieben werden konnte. In der Wehrmacht antinazistisch operierende sudetendeutsche Sozialdemokraten übermittelten relevante Informationen gar per verschlüsselter Feldpost nach Norwegen, von wo sie durch Partisanen in die schwedische Hauptstadt zum dorthin ausgewichenen Zentralsekretär der tschechoslowakischen Sozialdemokratie Ernst Paul gebracht wurden, um sodann per Luftpost nach Großbritannien weitergeleitet zu werden. Auch von Dänemark nach Stockholm bestand ein solcher geheimer Informationskanal. Jene Kommunikationsschienen funktionierten selbstverständlich auch in umgekehrter Richtung, wodurch der 1939 über Polen nach Großbritannien geflüchtete Vorsitzende der Deutschen Sozialdemokratischen Arbeiterpartei in der Tschechoslowakei Wenzel Jaksch seit 1941 erstaunlich regelmäßig mit brisanten Lageberichten aus fast dem gesamten von der Wehrmacht eroberten Europa versorgt werden konnte, und zwar bis in die Endphase des Krieges hinein. Konspirative Verbindungswege führten zudem von Vichy-Frankreich bzw. der Schweiz ins okkupierte Nordfrankreich, nach Belgien und Luxemburg, ebenso nach Österreich, Italien und Deutschland. Etliche speziell ausgebildete NS-Gegner unterschiedlicher Nationalität, darunter auch einige tapfere Untergrundkader des Internationalen Sozialistischen Kampfbundes (ISK), die vielfach mit der Internationalen Transportarbeiter-Föderation bzw. dem Internationalen Gewerkschaftsbund, durchweg jedoch mit britischen und amerikanischen Geheimdienststellen in Verbindung standen, haben sich dabei besondere Meriten erworben. Die Briten verfügten für solche gefahrvollen Einsätze hinter den feindlichen Linien über mehrere geheime Start- und Landeplätze auf dem europäischen Festland, etwa nahe dem Genfer See, wo in Großbritannien eigens für die Widerstandsarbeit geschulte Antifaschisten, hauptsächlich Franzosen, wieder abgesetzt werden konnten. Waffen, Lebensmittel und Propagandamaterialien wurden ebenfalls auf diese Weise, aber auch mit Booten nach Frankreich transportiert. Die Lageberichte des dortigen deutschen Militärbefehlshabers sowie die Berichte der französischen Präfekten während der Jahre 1940 bis 1944 waren voll von Meldungen über antideutsche Propaganda- und Streikaktivitäten sowie Sabotageakte, so auf Rüstungs- und andere Betriebe, auf Eisenbahnanlagen und -züge, auch auf Militäreinrichtungen und dergleichen mehr, worauf die Besatzungsmacht in aller Regel mit drakonischen Vergeltungsmaßnahmen gegen die Zivilbevölkerung reagiert hat. Wiederholt sind auch illegale Funktionäre vornehmlich aus Frankreich, Belgien und den Niederlanden zu gewerkschaftliche Treffen über den Kanal nach Großbritannien geholt und dann wieder zurückgebracht worden. Noch in den letzten Kriegsmonaten sind einzelne ISK-Kader über Frankreich und sogar über Deutschland abgesprungen bzw. über die Schweiz illegal nach dort eingereist, um mit mancherorts noch immer fortbestehenden winzigen Organisationsresten ihrer vormaligen reichsweiten Untergrundstrukturen Kontakt aufzunehmen. Diese wurden von ihnen hierbei mit den aktuellen programmatischen Neuordnungsvorschlägen der Union deutscher sozialistischer Organisationen in Großbritannien vertraut gemacht und darüber hinaus zu einer erneuten überregionalen Vernetzung veranlasst, in die verschiedentlich auch Fragmente der gleichfalls illegalisierten Deutschen Friedensgesellschaft einbezogen werden konnten. Manche jener Kleinstgruppen sind allerdings vordem bereits an das reichsweite Vertrauensleutenetzwerk Wilhelm Leuschners und seiner Freunde angekoppelt gewesen, und zwar nachweislich solche im Rhein-Main-Gebiet sowie im Ruhrgebiet. Von dort aus führten geheime Verbindungswege zu Widerstandskreisen in die Niederlande, welche wiederum per Funk mit Großbritannien Fühlung hielten. Auch die Kommunisten haben während des Krieges wiederholt versucht, ihre innerdeutschen Widerstandsstrukturen durch Instrukteure zu reorganisieren. Diese schleusten sich beispielsweise aus den Niederlanden, aus Dänemark, Schweden oder der Schweiz kommend ins Reichsgebiet ein, gelegentlich sind sie aber auch von sowjetischen Flugzeugen über deutschem Herrschaftsgebiet abgesetzt worden, so etwa über Polen oder Jugoslawien. Solche Spezialeinsätze führten freilich meist sehr bald zur Festnahme nicht nur jener Instrukteure bzw. Agenten, sondern auch der meisten der von ihren kontaktierten Personen. Mehrfach wurden außerdem ausländische Zwangsarbeitskräfte bzw. als solche getarnte deutsche Kommunisten zur Herstellung von allerdings in der Regel nur sehr kurzzeitigen Verbindungen zwischen dem kommunistischen Exil und dem innerdeutschen KPD-Untergrund eingesetzt. Trotz ihrer gerade auch im Sommer 1944 erlittenen verheerenden Verluste scheuten manche Kommunisten noch bis zum folgenden Frühjahr nicht das Risiko, mit ihrer während des Krieges in Stockholm postierten Auslandsleitung konspirativ in Konnex zu bleiben. Den bereits 1940 irreversibel eingetretenen gravierenden Bedeutungsverlust der gewerkschaftlichen Auslandsvertretung hat Fritz Tarnow Ende 1945 noch in Schweden in seinem bereits erwähnten „Rückblick“ mit dem Hinweis verdeutlicht, sie habe seinerzeit nicht nur „wesentliche

Fritz Tarnow

Teile ihrer Aufgabengebiete" eingebüßt, sondern gleichzeitig sei auch „der Kontakt mit der Heimat und die Zusammenarbeit mit der illegalen Kampfbewegung" gestört worden. Und „mit dem Eingehen" der genannten Landesgruppen, so Tarnow weiter, sei zudem „die organisatorische Außenarbeit" insgesamt zusammengeschrumpft, eine Feststellung, die für alle anderen Bereiche des politischen Exils genauso zutraf. Aber Tarnow hat wohlgemerkt nicht konstatiert, die Verbindungen mit dem innerdeutschen Widerstand seien seinerzeit vollständig zusammengebrochen. Im Vorjahr hatte er vielmehr, zwei Wochen nachdem Leuschner durch den „Volksgerichtshof" zum Tode verurteilt worden war, dem Vorsitzenden des SPD-Exilvorstandes sowie der Union deutscher sozialistischer Organisationen in Großbritannien Hans Vogel geschrieben, ihr Gewerkschaftskollege sei ihm „ein lieber Freund" gewesen, mit dem er „die ganze Zeit über Kontakt" gehabt habe.[183]

Die im Herbst 1939 als Landesgruppe der Auslandsvertretung der deutschen Gewerkschaften begründete Londoner Vertretung der freien Arbeiter-, Angestellten- und Beamtengewerkschaften, der unter Leitung von Hans Gottfurcht bald auch christliche und liberale Gewerkschafter beitreten durften, hatte Anfang 1940 recht forsch erklärt, die „Aufgaben der gewerkschaftlichen Emigration" bestünden nach wie vor darin, in Kooperation mit den Regimegegnern im Reich den Sturz der Hitler-Herrschaft zu befördern. Auch wenn eigentlich unklar war, auf welche Weise denn eine solche Zusammenarbeit – und zumal eine mit dieser Zielsetzung – angesichts des Krieges in Europa hätte zustande gebracht werden können, so vertraute man im britischen Exil doch darauf, dass die deutsche Arbeiterschaft schon den veränderten Bedingungen angepasste neue Organisationsformen des antinazistischen Widerstandes zu entfalten verstehen werde. Die außerdem angekündigte weitere propagandistische Bearbeitung der politischen Parteien und der sonstigen Öffentlichkeit in den verbliebenen Zufluchtsländern war in der Tat dazu angetan, die seinerzeit gerade auch in Großbritannien bald gar nicht mehr so häufig vernehmbare Position wieder zu bestärken, nach der sich der Krieg nicht etwa gegen das deutsche Volk richte, sondern ausnahmslos gegen die Hitler-Regierung. Auch die Erklärung des damals noch von Paris aus agierenden SPD-Exilvorstandes von Ende Januar 1940, mit der „das deutsche Volk" über die himmelschreienden, am „polnischen und tschechoslowakischen Volk" begangenen „Gewalttaten des Hitler-Systems", folglich über den fürchterlichen dort geführten „Ausrottungsfeldzug" in Kenntnis gesetzt und dazu aufgefordert wurde, sich „an dem ungeheuren Verbrechen nicht mitschuldig" zu machen „durch Schweigen oder Duldung oder gar Billigung", wird seinen Adressaten eher durch Geheimkuriere bzw. die Berichterstattung eines ausländischen Rundfunksenders erreicht haben, vielleicht sogar durch eine der damals ausgestrahlten Propagandasendungen des Internationalen Gewerkschaftsbundes für Anti-Nazi-Kräfte in Deutschland und Österreich. Gleiches gilt für den Aufruf des SPD-Vorstandes vom 20. April 1940, mit dem das „deutsche Volk" mit Blick auf den keine zwei Wochen zuvor erfolgten „verbrecherischen Überfall" auf Dänemark und Norwegen dazu ermahnt wurde, sich im Interesse Deutschlands zu „Ungehorsam, Widerstand und Empörung gegen die regierende Verbrecherbande" emporzuschwingen und sich demzufolge „zum Kampfe für die Freiheit" zu erheben. Das „absichtliche Abhören ausländischer Sender" war in Deutschland aber seit dem 1. September 1939 strengstens verboten, was freilich erstaunlich viele nicht davon abgehalten hat, sich trotzdem auf diese Weise mit Nachrichten zu versorgen, die den NS-Propagandasendungen nicht zu entnehmen waren. Wer hierbei allerdings ertappt wurde, konnte von Glück sagen, wenn er mit einer Freiheitsstrafe davonkam, denn „besonders schwere Fälle“ waren im „Dritten Reich“ sogar „mit dem Tode“ zu bestrafen.[184] Unmittelbare Auswirkung auf die dort auch weiterhin, aber spätestens ab jetzt fast völlig autonom, d. h. insbesondere ohne jede finanzielle und sonst wie nachhaltig spürbare Unterstützung von außen geleistete gewerkschaftlich-sozialdemokratische Untergrundarbeit haben jene Proklamationen freilich nicht gehabt. Die Internationale Transportarbeiter-Föderation konnte jedoch, wie der damalige Organisator des Widerstandes des Gesamtverbandes der Arbeitnehmer der öffentlichen Betriebe und des Personen- und Waren- verkehrs im Bereich von Hamburg und Schleswig-Holstein Adolph Kummernuss später zu Protokoll gegeben hat, „auch nach Kriegsausbruch“ einen zwar „lockerer“ als vordem gewordenen Kontakt mit seiner zwangsläufig immer mehr zusammengeschmolzenen Widerstandsstruktur aufrechterhalten, die, „wenn auch spärlich und mit großen Abständen, sogar noch Material“ aus London bezogen habe. Zumal auf längere Frist gesehen waren jedenfalls durchaus positive Auswirkungen der erwähnten SPD-Verlautbarungen auf die Meinungsbildung in den angelsächsischen Ländern bezüglich „der Deutschen“ unverkennbar. Solche Fingerzeige auf das Vorhandensein deutscher Anti-Nazi-Kräfte nicht nur im Exil, sondern vor allem im NS-Staat selbst wurden nämlich sehr bald schon wichtig zur Zurückweisung der zunehmend auch innerhalb der Labour Party und selbst von manchen linksorientierten Emigranten gegen „das deutsche Volk“ generell erhobenen Kollektivschuldvorwürfe, so etwa durch die seit den frühen 1940er Jahren in Großbritannien agierende „Fight-for-Freedom“-Gruppe. Von dieser wurde speziell die Sozialdemokratie bezichtigt, in ganz erheblichem Maße für das Fortbestehen des aggressiven deutschen Nationalismus und Militarismus nach 1918 sowie die Etablierung der NS-Diktatur mitverantwortlich zu sein, während die dortige Existenz „wirksamer illegaler Organisationen“ von jener Splittergruppe glattweg in Abrede gestellt wurde.[185]

Zahllose Exilanten sind in den Monaten kurz vor und nach Ausbruch des Zweiten Weltkrieges von ihren Gastländern als „feindliche Ausländer“ eingestuft und sodann in speziellen Internierungslagern in Gewahrsam genommen worden, wobei es keine Rolle gespielt hat, ob sie wirklich ein „Sicherheitsrisiko“ darstellten oder nicht. Von jener Maßnahme ereilt wurden politische und andere Flüchtlinge in Frankreich genauso wie in Belgien und in der Schweiz, und auch in Großbritannien war dies nicht anders. Dort ist anfänglich fast jeder Dritte der 78.000 NS-Flüchtlinge aus Deutschland, Österreich und der Tschechoslowakei, die sich bei Kriegsbeginn in dem Land aufgehalten haben, in einem Lager zwangsweise festgesetzt worden. Dazu gehörten sogar der vormalige kurzzeitige deutschlandpolitische Berater der Briten Hans Gottfurcht sowie der gerade noch rechtzeitig aus Belgien über den Ärmelkanal entkommene frühere Offenbacher Reichsbanner-Aktivist und Leuschner-Mitstreiter Artur E. Bratu[186], die beide auf der Isle of Man interniert worden sind. Viele wurden aber auch in andere Mitgliedsstaaten des damaligen British Commonwealth of Nations überführt, so nach Kanada oder nach Australien. Auf öffentlichen Druck hin sind von den Briten allerdings nach geraumer Zeit schon zahlreiche Internierte wieder entlassen worden. Bis Anfang 1941 waren dies immerhin rund 9.000 Personen, darunter zwei Drittel der bis dahin festgesetzten Sozialdemokraten. Außer Gottfurcht und Bratu waren noch etliche weitere Mitglieder der dann im Februar jenes Jahres neu gegründeten Landesgruppe deutscher Gewerkschafter in Großbritannien darunter, die bald mehr als 650 NS-Gegner aus dem gesamten politischen Spektrum vereinigte.[187] Bratu, der 1933 vor den Nazis übrigens auch wegen rassistischer Verfolgung hatte flüchten müssen und in Brüssel für den Internationalen Gewerkschaftsbund sowie das Internationale Berufssekretariat der Lehrer gearbeitet hatte, wurde während seiner Internierung von der britischen Armee angeworben. 1943 kam er zum Intelligence Corps, wo er u. a. an einem „Handbook of Occupation" mitarbeitete, das sich alsbald als große Hilfe für die Besatzungsoffiziere und als Segen letztlich auch für die Bevölkerung im besiegten Deutschland erwiesen hat. Nach der Rückkehr in seine hessische Heimat wirkte Dr. Bratu mit an der Demokratisierung unseres Schulwesens und der Gründung der Gewerkschaft Erziehung und Wissenschaft. Und schließlich fungierte er in den 1970er Jahren noch für eine Weile als Direktor der Hessischen Landeszentrale für politische Bildung sowie als Präsident der Internationalen Union sozialdemokratischer Lehrer.

Auch die Anfang 1937 wegen ihres Engagements für den Frankfurter Stützpunkt des ISK erst nach Paris, dann in die Schweiz ausgewichene Anna Beyer[188], die noch zwei Tage vor Kriegsausbruch eine Gruppe von Emigrantenkindern von Frankreich nach Großbritannien in Sicherheit bringen konnte, ist, nachdem sie sich gleichfalls für die dortige Landesgruppe deutscher Gewerkschafter engagiert hatte, vom US-Geheimdienst zum Einsatz in Kontinentaleuropa ausgebildet worden. Zusammen mit Hilde Meisel[189], die als Sozialistin jüdischer Herkunft seit vielen Jahren von Großbritannien aus vor allem publizistisch gegen die Nazis gearbeitet hatte, u. a. auch für deutschsprachige Sendungen der BBC, wurde Beyer im Spätsommer 1944 über Frankreich abgesetzt. Dort kamen beide mit Aktivisten der Résistance in Berührung, bald darauf in der Schweiz auch mit anderen europäischen Widerstandskreisen. Während ihre Genossin noch kurz vor Kriegsende nach dem gescheiterten Versuch einer illegalen Rückkehr von Österreich in die Schweiz von einer deutschen Grenzpatrouille auf der Flucht erschossen worden ist, betätigte Anna Beyer sich alsbald für die SPD beim demokratischen Wiederaufbau in ihrer Heimatstadt Frankfurt sowie überhaupt in Hessen frauen-, jugend- und sozialpolitisch und wirkte zuletzt im Wiesbadener Sozialministerium als Regierungsdirektorin. Ihr Genosse Ludwig Gehm, bis zu seiner Festnahme Ende 1936 nicht nur Leiter der Frankfurter Widerstandsstruktur des ISK, sondern dessen konspirativen Verbindungsnetzes im gesamten Rhein-Main-

Anna Beyer in einer vegetarischen Gaststätte in London (1943)

Gebiet, war nach Verbüßung seiner zweijährigen Zuchthausstrafe sowie anschließender Inhaftierung im KZ Buchenwald bis zum Juni 1943 mit einem Strafbataillon 999 zunächst in der Ukraine und im Jahr darauf in Griechenland eingesetzt worden, wo er im September 1944 zu den Partisanen übergelaufen ist. Dort hat er sich erst dem Antifaschistischen Ausschuss für Volos und Umgebung angeschlossen, dann zudem dem Antifaschistischen Komitee deutscher Soldaten – Freies Deutschland – in Griechenland. Nebenbei bemerkt haben damals auch in den meisten sonstigen nationalen Befreiungs- bzw. Partisanenbewegungen Europas viele deutsche Hitler-Gegner mitgewirkt. Durch das Kriegsgericht in Abwesenheit mehrfach zum Tode verurteilt, kehrte Gehm im Anschluss an die britische Kriegsgefangenschaft Anfang 1947 in die Mainmetropole zurück, wo er lange Jahre als Organisationssekretär der dortigen SPD sowie als Stadtverordneter wirkte. 1970 wurde ihm für seine Verdienste um unsere Demokratie die Wilhelm-Leuschner Medaille des Landes Hessen verliehen.[190]

Der spätere hessische SPD-Landtagsabgeordnete und Direktor des Deutschen Instituts für Filmkunde Max Lippmann[191], der sich seit 1933 auf verschiedenerlei Weise für den SPD-Exilvorstand ins Zeug gelegt hatte, war 1940 von der mit dem „Dritten Reich" kollaborierenden Vichy-Regierung im damals noch unbesetzten Teil Frankreichs zunächst in einem Sammellager interniert und dann wegen seiner Aktivitäten für die Résistance nach Algier in ein Arbeitslager verbracht worden. Nach seiner Befreiung gelangte er 1943 mit Hilfe der Amerikaner nach London und von dort im Jahr darauf als Mitarbeiter ihres Geheimdienstes wieder nach Paris, wo er sich seitdem für die Vorbereitung der Wiedergründung seiner Partei einsetzen konnte. 1946 noch in US-Uniform in Wiesbaden eingetroffen, arbeitete er zunächst im Büro des parteilosen ersten hessischen Ministerpräsidenten Karl Geiler. Wenig später begann er sich für die Freiwillige Selbstkontrolle der Filmwirtschaft, außerdem kommunalpolitisch sowie für die Wiesbadener Volkshochschule zu betätigen und wirkte zeitweilig als jüdischer Vorsitzender der dortigen Gesellschaft für Christlich-Jüdische Zusammenarbeit. Obendrein sorgte er bereits recht früh für die kritische Auseinandersetzung mit der NS-Zeit durch das Medium Film.

Nicht unerwähnt bleiben darf an dieser Stelle Siegfried Höxter[192], wie Bratu einst einer der treuesten und mutigsten Mitstreiter Leuschners im antinazistischen Abwehrkampf in Hessen, der seit 1933 wie so viele andere NS-Flüchtlinge eine Odyssee durch alle möglichen Länder absolvieren musste, bis er 1942 in die US-Armee eingetreten ist. Seit dem Jahr darauf war er als Geheimdienstoffizier an der Vorbereitung des D-Day beteiligt, der Landung der Alliierten in der Normandie am 6. Juni 1944. Die ganze parteipolitische Wiederaufbauarbeit nicht nur in Hessen, sondern in allen drei westlichen Besatzungszonen hat Höxter von seinem Hochheimer Domizil aus maßgeblich befördert. Viele sozialdemokratische Spitzenpolitiker der Nachkriegszeit haben sich bei ihm die Klinke in die Hand gegeben, so etwa Prof. Dr. Carlo Schmid, Erich Ollenhauer, Prof. Dr. Hermann Brill, Dr. Kurt Schumacher und etliche andere, und selbst der Christdemokrat Dr. h. c. Konrad Adenauer, der 1949 zum ersten deutschen Bundeskanzler gewählt werden sollte, hat ihn im von der amerikanischen Militärregierung beschlagnahmten „Schloss" der Sektkellerei Graeger aufgesucht. Sogar an wichtigen Vorstandssitzungen und anderen Beratungen der hessischen bzw. südhessischen SPD nahm der US-Geheimdienstler mitunter teil, bei denen er dann als „Genosse Lieutenant Höxter“ ganz familiär begrüßt worden ist.

Artur E. Bratu (links), Siegfried Höxter (sitzend) und Chauffeur Jean in Hochheim (Sommer 1946)

Tausende deutsche, sudetendeutsche und österreichische Nazi-Gegner, zahlreiche darunter – wie Bratu, Höxter, Meisel und Lippmann – jüdischer Herkunft, haben sich während des Krieges den regulären Armeen bzw. den Geheimdiensten der Alliierten oder den jeweiligen Widerstandsbewegungen ihrer Exilländer angeschlossen, um aktiv an der Befreiung Europas vom Faschismus mitzuwirken. Auch viele Frauen und Mädchen waren darunter, die z. B. die höchst gefährliche Aufgabe übernommen haben, mit Wehrmachtsoldaten anzubändeln, um sie sodann antinazistisch zu beeinflussen, d. h. sie zum Verrat militärischer Geheimnisse oder zu anderen Formen der Kooperation zu bewegen oder gar zum Überlaufen. Bei der Rettung nicht weniger der Zehntausenden Hitler-Flüchtlinge, die nach dem exorbitant zügigen Vormarsch der Wehrmacht in Frankreich bald wie in einer Falle festsaßen, haben jüdische Hilfskomitees, die Quäker, die von emigrierten Sozialdemokraten 1939 in den USA ins Leben gerufene German Labor Delegation, Dr. Varian Fry und sein Mitarbeiterteam vom Emergency Rescue Committee und manche andere Organisationen allen Widrigkeiten zum Trotz eine segensreiche Rolle gespielt. Fritz Heine vom SPD-Exilvorstand beispielsweise konnte zum Teil in Verbindung mit dem US-Journalisten Dr. Frank Bohn, zum Teil mit Dr. Fry dazu beitragen, dass immerhin mehrere Hundert Sozialdemokraten und Gewerkschafter, zumeist Deutsche jüdischer Herkunft sowie ihre Familienangehörigen mit knapper Not aus der Todeszone zu entkommen vermochten. Nachdem er sich 1941 aus Vichy-Frankreich nach Großbritannien hatte zurückziehen müssen, hat Heine sich seit dem Jahr darauf als Mitarbeiter des Political Intelligence Department des britischen Geheimdienstes weiterhin antinazistisch engagiert, und zwar im Bereich der psychologischen Kriegsführung, d. h. erst beim Tarnsender Gustav Siegfried I, dann beim Soldatensender Calais, der im Herbst 1943 seine deutschsprachige Propagandatätigkeit aufgenommen hat.[193]

Diese wenigen Beispiele müssen zur Verdeutlichung des noch immer oft übersehenen Sachverhalts genügen, dass antinazistischer Widerstand auf bemerkenswert vielfältige Weise auch vom Exil aus und dabei von außerordentlich vielen Hitler-Gegnern jüdischer Herkunft geleistet worden ist.[194] Die in diesem Zusammenhang entfalteten Aktivitäten haben sich auf alle Fälle mitnichten erschöpft in den zweifellos gleichermaßen nicht unwichtigen Grundsatzdiskussionen zur theoretischen Präformierung eines postfaschistischen demokratischen Deutschlands, auf die sich aber viele Widerstandsdarstellungen in diesem Zusammenhang beschränken.

„Eine neue und unaufdeckbare Geheimorganisation“

Nach der selbst von militärischen Fachleuten in dieser Form nicht für möglich gehaltenen „Blitzsieg“-Serie der Jahre 1939 und 1940 hatte das Ansehen des Diktators innerhalb der deutschen Bevölkerung, speziell aber in der Wehrmacht seinen Gipfelpunkt erreicht. Die überwiegende Mehrheit ließ sich von jenen triumphalen militärischen Erfolgen, von Hitlers vermeintlichem „Feldherrengenie“ blenden. An umstürzlerische Aktivitäten mochten in der nächsten Zeit nur noch wenige bürgerliche Regimegegner und noch weniger oppositionelle Militärs denken. Nachdem die illegalen Apparate bzw. Verteilernetze der diversen Parteien und Gruppierungen der deutschen Arbeiterbewegung durch die unablässigen Verhaftungsschläge der Gestapo bis 1937/38 fast vollständig zerrieben worden waren, konnte sämtlichen Verfolgungsmaßnahmen zum Trotz eine gruppenspezifische oppositionelle Grundhaltung aber in deren Gesinnungs- und Solidargemeinschaften gleichwohl bewahrt werden. Auch die ohnehin immer lockerer miteinander verflochtenen konspirativen Kommunikationsnetze der Funktionäre der verschiedenen vormaligen nichtkommunistischen Gewerkschaftsrichtungen um Wilhelm Leuschner, Jakob Kaiser usw. haben, wenngleich sie wegen mancherlei Festnahmen sowie durch die ständigen Einberufungen zur Wehrmacht gleichfalls schwer in Mitleidenschaft gezogen waren, in ihrem Kern weiter fortbestanden. Damit wurden sie zum Ausgangspunkt für die von Leuschner und seinen Getreuen nun unternommenen Anstrengungen, „eine neue und unaufdeckbare Geheimorganisation“ zu schaffen, mit der sie sich an der „aktiven Beseitigung Hitlers“ zu beteiligen gedachten, so Emil Henk in seinem bedeutsamen Zeitzeugenbericht aus dem Jahr 1946. „Diese Organisation der Gewerkschaften“, die „aus ihren besten und aktivsten Köpfen“ zusammengesetzt gewesen und „im Frieden vorbereitet“ worden sei, habe „bei Kriegsbeginn bereits fertig“ dagestanden, und zwar „überall in Deutschland und für die Gestapo unauffindbar“. Sie sei „klein“ gewesen, „gleichsam eine Insel, eine Gegenwelt innerhalb des Dritten Reichs“. Damals bereits, also gleich nach den ergebnislos verlaufenen ersten Umsturzbemühungen primär militärisch-bürgerlicher Widerstandskreise im Vorfeld bzw. zu Beginn des Zweiten Weltkrieges, bei denen die potentiellen Anführer der für ein solches Unternehmen unabdingbaren „Massen als politischer Gegenfaktor“ jedoch „noch zu sehr an der Peripherie der Ereignisse“ gestanden hätten, habe Leuschner erkannt, dass „die Arbeiterschaft in vollem Umfang in die Aktion der Generäle“ eingeschaltet werden müsse. Dies wiederum habe zur Konsequenz gehabt, so Henk des Weiteren, dass „die politische Widerstandsbewegung“ noch „stärker ausgebaut und auch programmatisch klarer formiert werden“ musste.[195]

Die widerständigen sozialdemokratischen Gewerkschafter, auch ihre mit ihnen verbündeten christlichen und liberalen Kollegen sind demzufolge seinerzeit durchaus nicht in Untätigkeit versunken, sondern haben alle Anstrengungen unternommen, die gerade erst entstandenen Lücken in ihren reichsweiten konspirativen Kontaktnetzen peu à peu mit meist völlig neu herangezogenen Anti-Nazi-Kräften wieder zu stopfen, damit in der Stunde X alles parat wäre. Bevorzugt angeworben wurden hierbei solche Gesinnungsfreunde, die entweder wegen ihrer für die Aufrechterhaltung des Wirtschaftslebens unter Kriegsbedingungen relevanten zivilen Tätigkeiten unabkömmlich gestellt waren, ebenso Dienstverpflichtete bzw. solche, die wegen ihrer gesundheitlichen Situation nur im Bereich des Heimatheeres eingesetzt werden konnten. Auch Ältere, Kriegsversehrte und aus anderen Gründen Körperbehinderte wurden aktiviert, bei denen gleichfalls keine Gefahr mehr bestand, dass sie wegen einer Abkommandierung an die Front sogleich wieder für die illegale Arbeit ausfallen würden. Vor allem bei der Besetzung führender Funktionen wurde wenn möglich so verfahren.

Eines der besten Beispiele für diese Vorgehensweise war der langjährige Oppenheimer SPD-Kommunalpolitiker und hessische Landtags- sowie Reichstagsabgeordnete Jakob Steffan, der im Übrigen durch seine Frau mit Ludwig Schwamb verwandtschaftlich verbunden gewesen ist. Im Frühjahr 1933 aus politischen Gründen verhaftet und Ende jenes Jahres zu einer zweieinhalbjährigen Gefängnisstrafe wegen angeblicher Untreue und Schädigung der Allgemeinen Ortskrankenkasse Oppenheim, deren Vorsitzender er vordem war, zu Unrecht verurteilt, ist Steffan nach deren Verbüßung noch bis zum 20. April 1940 im KZ Dachau inhaftiert gewesen. Dort war er als „SPD-Bonze" unsäglichen Schikanen und Torturen ausgesetzt, in deren Folge seine Sehkraft bis zur Erwerbsunfähigkeit herabgemindert worden ist. Nach seiner Entlassung, die zunächst nur „auf Probe" erfolgte, ist er nach Oppenheim zurückgekehrt, musste aber als „Staatsfeind" seine Heimatgemeinde sofort wieder verlassen. Daraufhin hat er sich in Mainz ein möbliertes Zimmer gemietet. Nahezu mittellos und verlassen von seiner Frau, die sich von ihm während seiner KZ-Haft 1938 hatte scheiden lassen, blickte er in eine ungewisse Zukunft. Obwohl er unter Polizeiaufsicht gestellt war und sich regelmäßig bei der Mainzer Gestapo melden musste, hat er sich jedoch nur wenige Wochen nach seiner Rückkehr aus Dachau bei einem Treffen mit seinen Freunden Schwamb, Leuschner und Mierendorff ohne jedes Zögern in deren Widerstandsfront eingereiht. Aus Anlass der einjährigen Wiederkehr der Hinrichtung Ludwig Schwambs am 23. Januar 1945 hat Steffan einen Artikel veröffentlicht, in dem er diesen couragierten rheinhessischen Sozialdemokraten nicht nur als „Kämpfer für Freiheit und Recht" würdigte, sondern gleichzeitig erläuterte, dass seinerzeit „aus kleinen Anfängen" nach und nach „eine große, über ganz Deutschland sich erstreckende Organisation" entstanden sei, an der sich „Männer und Frauen aus allen Schichten und Kreisen" der Bevölkerung beteiligt hätten. Schwamb habe als „Verbindungsmann" zwischen Leuschner und ihm, Steffan, fungiert, wobei er selbst „während dieser Zeit hundertfach Gelegenheit" gehabt habe, den „heißen Freiheitsdrang" des langjährigen Mitstreiters und engen Vertrauten des früheren hessischen Innenministers „zu bewundern".[196]

Ebenfalls 1940 ist nach dessen eigenem Bekunden der Ober-Ingelheimer Gastwirt sowie vormalige örtliche SPD-Vorsitzende, Kreisvorsitzende des Reichsbanners Schwarz-Rot-Gold und Gemeinderat Otto Wedekind[197] für die Vertrauensleutestruktur gewonnen worden. Sein Anwerber ist höchstwahrscheinlich schon Jakob Steffan gewesen, dem Schwamb nämlich alsbald die Organisierung des geheimen informellen Verbindungsnetzes nicht nur in Rheinhessen, sondern überhaupt im Wehrkreis XII südlich der Rhein-Main-Linie, d. h. bis nach Heidelberg und Mannheim anvertraut hat. Möglicherweise um bei den NSDAP-Funktionären seiner Gemeinde keinen Argwohn mehr zu erregen, ist Wedekind, der seit 1933 Hausdurchsuchungen, Misshandlungen,

Inhaftierungen und Schikanen aller Art über sich hatte ergehen lassen müssen, damals noch der „Nationalsozialistischen Volkswohlfahrt" beigetreten, nachdem er schon zuvor Mitglied der „Deutschen Arbeitsfront" geworden war. Auch auf solcherlei Weise versuchten NS-Gegner oft genug, ihre wahre Gesinnung zu verbergen und ihre klandestinen Kontakte zu schützen. Wedekind, der vom August 1939 für ein Jahr lang als Reservist eingezogen gewesen ist und dann auch später wieder als Gefreiter bei einem Ausbildungsbataillon in Mainz-Gonsenheim ein weiteres Jahr Wehrdienst abzuleisten hatte, sollte schließlich, wie abermals durch Emil Henk bezeugt worden ist, als Ingelheimer Stützpunktleiter in Rahmen von Leuschners reichsweitem sozialdemokratisch-gewerkschaftlichen Widerstandsnetzwerk fungieren.

Der frühere SPD-Kreisvorsitzende, Lokalredakteur des „Potsdamer Volksblatts" und dortige Stadtverordnete Georg Spiegel[198], der 1933 für einige Wochen u. a. im KZ Oranienburg drangsaliert worden war und anschließend jahrelang unter Polizeiaufsicht gestanden hatte, war kurz vor Kriegsausbruch von der Wehrersatzinspektion Potsdam als Zivilangestellter herangezogen worden. Seit dem Vorjahr schon hatte er mit Leuschner und Hermann Maaß in Berlin in enger Fühlungnahme gestanden. Verbindungen mit Gesinnungsfreunden in seiner süddeutschen Heimat, so in Stuttgart und Tuttlingen, hat er in diesem Kontext ebenso realisiert wie er für Leuschner offenbar auch Kurierdienste nach Schweden übernommen hat. Seit 1937 stand er in Kontakt mit der damals noch von Dr. Hans Robinsohn und Ernst Strassmann gemeinsam angeführten Widerstandsstruktur primär liberaldemokratischer Prägung. Außerdem fungierte Spiegel als Verbindungsmann seiner eigenen fünfköpfigen Widerstandsgruppe zu weiteren SPD-Kleingruppen in Potsdam und anderenorts im Bereich Brandenburgs, was später durch den ehemaligen dortigen Gewerkschaftsbeschäftigten und SPD-Ortsvereinsvorsitzenden Fritz Krüger bestätigt worden ist. Diesem hatte er kurze Zeit vor dem 20. Juli 1944 erklärt, er, Krüger, solle sich „dafür bereithalten", nach dem Umsturz entweder den Posten des Potsdamer Oberbürgermeisters „oder eine zentrale Funktion in Berlin zu übernehmen". 1943 war Spiegel wohl wegen der ständigen Luftangriffe vorübergehend nach Tuttlingen verzogen, ist dann aber wieder nach Potsdam zurückgekehrt und dort von den Sowjets Mitte 1945 selbst zum Ersten Bürgermeister bestimmt worden.

Walter Rossdorf[199], der im Herbst 1934 zusammen mit Dr. Theo Haubach und zwei weiteren Funktionären des Berliner Reichsbanners bzw. der dortigen SPD wegen ihrer antinazistischen Aktivitäten verhaftet und ohne Prozess für fast zwei Jahre u. a. ins KZ Esterwegen gesperrt worden war, ist 1940 dienstverpflichtet und dann in Leuschners Betrieb zunächst als Schlosser beschäftigt worden. 1945 hat er berichtet, dass er, nachdem er dort „Vertrauen und gehobene Stellung erworben hatte", als „Mitwisser und Mitarbeiter", und zwar ebenfalls als „Kurier" in die „Aufstandsbewegung" eingegliedert worden ist, was – wie Steffans, Wedekinds und Spiegels widerständiges Engagement sowie das zahlloser anderer in diese Konspiration involvierten Sozialdemokraten und Gewerkschafter – zum Glück bis zuletzt unentdeckt geblieben ist.

Auch viele andere Regimegegner wurden nun allerorten neu angesprochen bzw. für die Widerstandsbewegung reaktiviert. Wie Steffan musste Max Urich nicht erst groß gebeten werden, nachdem er im Zuge der Amnestie anlässlich Hitlers 50. Geburtstages

Ende April 1939 aus dem KZ Buchenwald entlassen worden war. Vier Jahre lang ist er damals inhaftiert gewesen, obwohl er im gegen ihn und 14 weitere Sozialdemokraten wegen „Hochverrats“ angestrengten Strafverfahren 1936 sogar Freispruch erwirkt hatte. Kaum nach Berlin zurückgekehrt, nahm er, der nach Heinrich Schliestedts Flucht in die Tschechoslowakei im Herbst 1934 für kurze Zeit in dessen Aufgabenbereich im Rahmen der Illegalen Reichsleitung der Gewerkschaften nachgerückt war und ohnehin in führender Position in das reichsweite Verbindungsnetz konspirativ operierender Funktionäre des Deutschen Metallarbeiter-Verbandes involviert gewesen ist, seine antinazistischen Aktivitäten unbeirrt wieder auf. Hierzu gehörten vor allem die Organisierung der dort nach wie vor durchgeführten Geldsammlungen hauptsächlich zur Unterstützung politisch Verfolgter bzw. ihrer Familienangehörigen sowie der nun allerdings nur noch mündliche Austausch regimekritischer Informationen, so auch gezielte, äußerst vorsichtig betriebene Antikriegspropaganda innerhalb der Belegschaften, in denen jene Widerstandsstruktur weiterhin verankert war. Trotz ständiger polizeilicher Überwachung kooperierte Urich hierbei wie zuvor bereits besonders eng mit seinem Metallerkollegen Alwin Brandes, der im Herbst 1937 nach einundzwanzigmonatiger Inhaftierung anders als einige mitangeklagte Kollegen vom „Volksgerichtshof“ freigesprochen worden war, ebenso mit Regimegegnern aus diversen anderen Gewerkschaftsverbänden sowie mit mehreren lokalen SPD-Widerstandsgruppen und insbesondere mit Wilhelm Leuschner und seinem Vertrauensleutenetzwerk. Urichs couragiertes antinazistisches Engagement endete erst mit der Niederschlagung des Umsturzversuchs vom 20. Juli 1944, in dessen Folge er erneut inhaftiert wurde, und zwar bis zum Frühjahr des Folgejahres. Später ist auch bei ihm eine durch die Misshandlungen und ohnedies schon fürchterlichen Haftbedingungen verursachte Erwerbsminderung von 70 Prozent festgestellt worden.[200]

Ebenso hat der frühere Zweite Sekretär des sächsischen ADGB mit Sitz in Dresden Johannes Weiss, Sohn eines Funktionärs des Deutschen Holzarbeiter-Verbandes aus Mainz, der am 20. April 1940 aus dem KZ Sachsenhausen entlassen worden war und sich sodann in Berlin eine neue Existenz als Buchhändler aufzubauen suchte, seitdem mit Leuschner konspirativ kooperiert. Mit ihm war Weiss, wie er kurz nach dem Krieg dem Berliner Hauptausschuss Opfer des Faschismus berichtet hat, „von Darmstadt her eng befreundet“ gewesen. Auch mit dem einstigen SPD-Landtagsabgeordneten sowie Vorsitzenden und Sekretär des mitgliederstarken ADGB-Bezirks Sachsen Karl Arndt, der schon 1935 von Dresden in die Reichshauptstadt übergesiedelt war und dessen dortiger Betrieb enge Geschäftsbeziehungen mit Leuschners Firma pflegte, stand Weiss dann in geheimem Kontakt. Wegen „politischer Unzuverlässigkeit“ wurde er nicht zur Wehrmacht einberufen, sondern 1942 von der Berliner Feuerwehr dienstverpflichtet, was wiederum Weiss’ weiterem antinazistischen Engagement zugute kam. Jedenfalls lief ab jenem Jahr über seinen Konfidenten Arndt und zeitweilig auch über Arno Haufe, vor 1933 u. a. Mitglied des Landesausschusses der sächsischen SPD sowie der Gauleitung Ostsachsen des Reichsbanners Schwarz-Rot-Gold, die Verbindung von dort zu Leuschner und Goerdeler in Berlin. Vor seiner KZ-Haft hatte Weiss von Cottbus aus einen Zeitschriftenvertrieb aufgebaut, mit dem er die antinazistischen Kräfte in der Niederlausitz zusammenfassen wollte. Nach der teilweisen Zerschlagung jener Widerstandstruktur hatte er übrigens mit dort ebenfalls illegal arbeitenden Kommunisten Fühlung bekommen, deren Schulungsarbeit er sodann mit marxistischer Literatur unterstützt hatte. Wie sooft in solchen Fällen war Weiss sowie sechs weiteren Widerständlern 1937 Verrat zum Verhängnis geworden.[201]

Dass auch Dienstverpflichtungen belastend waren, gefahrvoll sein konnten und verschiedentlich ausgesprochen tragisch endeten, mag das Schicksal des Reichstagsabgeordneten und letzten Vorsitzenden der Berliner SPD Franz Künstler verdeutlichen. Dieser ist, obwohl nach zwei mehrmonatigen „Inschutzhaftnahmen" bereits schwer herzkrank, im September 1939 für das Versorgungsdepot der Wehrmacht im Tempelhofer Hafen als Lastenträger dienstverpflichtet worden. Schon nach wenigen Monaten musste er jedoch wegen Invalidität wieder entlassen werden. Anderthalb Jahre später ist der vordem gesundheitlich nicht sonderlich anfällige Antifaschist auf der Straße zusammengebrochen und noch während des Transports in die Klinik verstorben. Die Bestattungsfeier für den ungemein beliebten Berliner Arbeiterführer im dortigen Krematorium Baumschulenweg, zu der sich im Herbst 1942 mindestens Tausend Trauernde eingefunden haben, geriet zu einem deutlichen, wenn auch stummen antinazistischen Protest der sozialdemokratischen Gesinnungsgemeinschaft. Künstler hatte es in den Jahren davor verstanden, diese z. B. durch Organisierung durchweg gut besuchter Dampferfahrten, hauptsächlich aber von Konzert- und anderen Musikveranstaltungen mit anschließendem geselligen Beisammensein in ihrem Kern zusammenzuhalten. Meist haben etliche Hundert, mitunter sogar mehrere Tausend Musikbegeisterte hieran teilgenommen, darunter viele Prominente aus dem ganzen Organisationsspektrum der unterdrückten sozialdemokratischen Arbeiterbewegung. Künstlers eigenen Gesangverein, die Berliner Liederfreunde 1879, hat die Gestapo infolgedessen im Frühjahr 1938 verboten. Drei Jahre zuvor war er während einer Trauerfeier für einen Genossen mit jüdischem Familienhintergrund, nämlich den früheren Kreuzberger Stadtverordneten und Kommunalpolitischen Sekretär des SPD-Bezirksverbandes Berlin Paul Robinson, festgenommen worden, nachdem er an 200 bis 300 Parteifreunde Worte des Trostes gerichtet hatte. Einen dort platzierten großen Kranz hatte eine Schleife mit dem Abschiedsgruß geziert: „Dem Freunde – die Freunde". Verdeckte Protestmanifestationen solcher Art gab es zuhauf in jener Zeit. Mehrere Widerstandsveteranen haben nach dem Krieg berichtet, Künstler sei außerdem zusammen mit Alwin Brandes, Max Urich und Wilhelm Leuschner in einer antinazistischen Oppositionsgruppe zusammengeschlossen gewesen, die konspirative Treffen, Beitragskassierungen und andere Geldsammlungen durchgeführt habe. Da hierbei ausnahmslos Anführer des Berliner SPD- und Gewerkschaftswiderstandes genannt wurden, könnte dies darauf hindeuten, dass jene Zeitzeugen in die darüber hinausgehenden, im ganzen Reichsgebiet längst außerordentlich weit verzweigten Verbindungen Leuschners und seiner Mitstreiter nicht eingeweiht gewesen sind. Inwieweit Franz Künstler freilich in seinen letzten Lebensmonaten überhaupt noch mit Leuschner und anderen Genossen konspirativ in Verbindung gestanden hat, wird sich kaum mehr klären lassen.[202]

Genauso gilt dies für die zwar durchaus wahrscheinlichen, allerdings ebenfalls nicht mehr hieb- und stichfest nachweisbaren direkten Leuschner-Verbindungen des nach Ausweisung aus seinem Exilland Ungarn im Herbst 1938 wieder nach Berlin zurückgekehrten früheren ADGB-Sekretärs und Gewerkschaftspublizisten Franz Josef Furtwängler. Einen sehr ausgeprägten Kontakt mit ihm dürfte dieser aber kaum gehabt haben, zumal Leuschner sowieso einen Großteil seiner konspirativen Beziehungen – und dies nicht etwa nur aus Sicherheitsgründen – über Mittelsmänner bzw. Boten realisieren ließ. Dagegen traf Furtwängler sich schon bald häufiger mit Dr. Julius Leber, mit dem er sich über alle möglichen Fragen im Zusammenhang mit der sich mehr und mehr fernab der früheren Parteigrenzen und zudem jenseits aller sozialen Barrieren formierenden Widerstandsfront austauschte. Auch mit dem Rechtsanwalt und damaligen Kriegsverwaltungsrat im Amt Ausland/Abwehr des Oberkommandos der Wehrmacht Helmuth James Graf von Moltke, den er wie Leber noch aus Weimarer Zeiten kannte und mit dem er selbst während seiner vierjährigen Abwesenheit in Verbindung geblieben war, kam er fortan regelmäßig zusammen. Im Frühjahr 1940 machte Moltke seinen Freund mit dem Juristen Dr. Adam von Trott zu Solz, Spross eines alten nordhessischen Adelsgeschlechts, bekannt, den Furtwängler wiederum wenig später Leber vorstellte, woraus sich ebenfalls eine enge freundschaftliche Beziehung entwickeln sollte. Im Winter zuvor hatte Furtwängler erstmals an einer der geheimen Aussprachen von militärischen und zivilen Oppositionellen teilgenommen, bei denen über die Möglichkeit eines Vorgehens gegen Hitler zur Verhinderung des Frankreichfeldzuges beraten worden ist. Dabei sollen „die Vorstellungen über die Aktion und den einzubeziehenden Personenkreis", wie Furtwängler später bekundet hat, „noch sehr unklar" gewesen sein. Bei jener Zusammenkunft ist er jedenfalls gebeten worden, Persönlichkeiten aus dem SPD- und Gewerkschaftsuntergrund zu benennen, die sich vielleicht an jenem Unternehmen beteiligen würden, nicht zuletzt um die NS-Parteigliederung „Deutsche Arbeitsfront" im Sinne der Verschwörer umzugestalten. Gleichzeitig ist ihm beschieden worden, dass zu Mierendorff, Haubach und Reichwein ein Kontakt schon hergestellt sei. Erst nach einiger Zeit und nicht ohne Rücksprache mit seinen Genossen genommen zu haben, brachte Furtwängler in jenem Kreis sodann insbesondere Leber und Leuschner ins Gespräch. Seit dem Sommer 1940 wirkte der einstige Auslandsexperte des ADGB schließlich als dienstverpflichteter Mitarbeiter des seinerzeit schon durch Dr. von Trott zu Solz geleiteten Sonderreferats Indien im Auswärtigen Amt, was der Beginn einer menschlich wie arbeitsmäßig und auch gerade hinsichtlich der gemeinsamen Widerstandsaktivitäten höchst ersprießlichen Kooperation wurde. Als befürchtet werden musste, dass die Gestapo auf Furtwänglers Fersen war, hat ihn von Trott zu Solz, der innerhalb der Verschwörerkreise trotz seiner jungen Jahre als unbedingt kompetenter Fachmann für außenpolitische Fragen galt und 1940 nur zur Tarnung seiner antinazistischen Aktivitäten der NSDAP beigetreten war, auf eine längere Dienstreise nach Ostasien entsandt, auf der er für die Widerständler u. a. neue Kontakte realisieren sollte. Und auch seine spätere Unabkömmlichstellung verdankte der Gewerkschafter seinem adeligen Freund, für den er nicht zuletzt durch die Erarbeitung mehrerer Denkschriften zur zukünftigen Entwicklung Deutschlands sowie durch die Vorbereitung antinazistischer Aufrufe zu einem wichtigen Mitverschwörer und Ideengeber geworden ist. Wann genau Adam von Trott zu Solz, der im Übrigen nach Furtwänglers Zeugnis „ein gläubiger Christ" war, der „sich zugleich zu einem humanitären Sozialismus" bekannte, dann über Letzteren sowie Leber mit Leuschner bekannt gemacht wurde, ist wiederum nicht überliefert.[203]

In jenem Frühjahr 1940 konnte Dr. Theo Haubach, der seit 1938 in der Berliner Geschäftszentrale der Papierfabrik von Viktor Bausch, einem – nach dessen Selbstzeugnis – „alten Freund und politischen Gesinnungsgenossen" aus Darmstädter Tagen, beschäftigt war, dank der unentwegten Bemühungen Henks und Mierendorffs sowie durch tägliche kontemplative Lektüre antiker Philosophen und auch der Bibel endlich seine tiefe lebensgeschichtliche Krise überwinden, in die er nach seiner abermaligen Inhaftierung im Jahr zuvor, vor allem jedoch durch den Tod seiner über alles geliebten Mutter gestürzt war. Mierendorff war gerade einmal zwei Jahre aus dem KZ entlassen, und auch Emil Henk blickte auf eine zwanzigmonatige Hafterfahrung zurück, sodass die drei Freunde sich gewiss nicht kopflos in neue, zumal für Ex-Häftlinge besonders riskante antinazistische Aktivitäten zu stürzen gewillt gewesen sein werden. Vielmehr werden sie ihr weiteres Vorgehen nur mit größter Bedachtsamkeit in Angriff genommen haben. Wie vorsichtig sie gerade wegen ihrer eigenen früheren, verhaftungsrelevanten Versäumnisse geworden waren, zeigt z. B. Haubachs Reaktion auf die Bitte seines einstigen Philosophie-Professors Dr. Karl Jaspers, er möge ihm doch einmal von seiner KZ-Haft berichten. Er verweigerte sich diesem Ansinnen nämlich kategorisch, indem er den mit einer Jüdin verheirateten und deshalb 1937/38 von den braunen Machthabern in den Ruhestand versetzten und mit Publikationsverbot belegten, unbedingt antinationalsozialistisch eingestellten Denker darauf hinwies, dies sei, als wenn er „hier eine Bombe auf den Fußboden legen würde." Doch seitdem hat Haubach seinen alten Heidelberger Lehrer immer wieder einmal besucht, wobei er sich regelmäßig „mit Wärme und spontaner Hilfsbereitschaft" nach dem Befinden von Gertrud Jaspers erkundigte, wodurch sich ihr Vertrauensverhältnis jedes Mal mehr festigte. Und als es 1940 zur durch von Moltke arrangierten ersten Begegnung Mierendorffs mit Dr. von Trott zu Solz kam, wurde sogar sorgsam darauf geachtet, dass dessen Gattin Clarita den Sozialdemokraten erst gar nicht zu Gesicht bekam, was genauso nur zu beiderseitigem Schutz erfolgte. Alle, die bereits einmal den fürchterlichen Verhör- und Folterpraktiken der Schergen des NS-Regimes ausgesetzt gewesen waren, werden wie Leuschner und sein engster konspirativer Mitarbeiterstab die in deren umstürzlerische Anstrengungen bereits einbezogenen Regimegegner, besonders dann aber auch die von ihnen neu kontaktierten Oppositionellen zur unbedingten Beachtung aller nur erdenklichen Vorsichtsmaßregeln angehalten haben, ein Unterfangen allerdings, bei dem sie trotzdem nicht immer im eigentlich erforderlichen Umfang erfolgreich gewesen sind. Denn überlebende Aktivisten jener Konspiration haben berichtet, wie entsetzt sie mit-

Emil Henk (links) und Dr. Carlo Mierendorff

unter waren, wenn die Namen führender Protagonisten der Verschwörung in den verschiedenen Widerstandskreisen und demokratisch stabil gebliebenen Gesinnungsgemeinschaften fast schon wie offene Geheimnisse weitergegeben worden sind. An jenem Sachverhalt ist aber auch ersichtlich, dass eine hundertprozentig nach außen abgeschottete Konspiration, d. h. eine, die gänzlich ohne Nennung von Namen und dergleichen auskommt, wohl oder übel illusionär ist. Andererseits wurde im Bereich jener neuen, ausnahmslos auf die pure Vernetzung antinazistischer Vertrauensleute setzenden Geheimorganisation Leuschners und seiner Freunde schon sehr sorgsam darauf geachtet, möglichst keine schriftlichen Aufzeichnungen anzufertigen, die womöglich einmal als Belastungsmaterial dienen könnten. Für die hie und da dennoch erforderlichen Diskussionspapiere galt die Direktive, sie stets an sicherem Ort, am besten außerhalb der Wohnungen und der Arbeits- bzw. Dienststellen aufzubewahren, d. h. sie möglichst irgendwo zu vergraben. Vieles mündlich Besprochene ist allenfalls vage angedeutet worden, und schon gar nicht wurde „von einer Aktion, geschweige denn von einem Attentat gesprochen", wie Fritz Sänger sich noch viele Jahre später genau erinnern konnte. Sei „das Gespräch" erst einmal „bis zu diesem Punkt gediehen", so habe gegolten, „dass ‚für alle Fälle' – so Lebers in solchem Augenblick wiederholte Äußerung – alles bereit sein müsse, dass sorgfältig und gründlich jeder seine Sachkenntnis und Personenkenntnis vorzubereiten, einzusetzen und jederzeit sich bereitzuhalten habe". Der frühere Verbandssekretär des Preußischen Lehrervereins sowie seinerzeitige Mitarbeiter der Berliner Redaktion der schließlich im Sommer 1943 verbotenen „Frankfurter Zeitung" ist u. a. mit Haubach und Mierendorff, mit Adolf Reichwein, Hermann Maaß und Ludwig Schwamb, zudem mit dem 1933 wegen seiner liberaldemokratischen Überzeugung als Berliner Oberschulrat entlassenen einstigen preußischen Landtagsabgeordneten Dr. Theodor Bohner, der sich während der NS-Zeit als freier Schriftsteller durchschlug, und gelegentlich auch mit Wilhelm Leuschner persönlich in widerständigem Meinungs- und Informationsaustausch gewesen, wobei er Letzterem übrigens niemals, wie Sänger extra hervorgehoben hat, gleichzeitig mit Dr. Leber begegnet ist.[204]

Entgegen allen Widrigkeiten konnte das konspirative Netzwerk der Widerständler um Leuschner selbst während des Krieges kontinuierlich weiter ausgedehnt werden, nicht nur in der Reichshauptstadt, sondern in nahezu allen Regionen Deutschlands. Dabei kam es in immer stärkeren Maße auch zur Einbindung weiterer wichtiger Regimegegner aus dem Bürgertum, wobei die vormaligen wechselseitigen politischen Vorbehalte zunehmend zurückgedrängt werden konnten. Durch Josef Wirmer blieben die Gewerkschaftsführer über den Oppositionskreis bei der Abwehr und die dort weiterhin angestrengten Umsturzüberlegungen informiert, wenngleich aus Vorsichtsgründen ein engerer Kontakt oder gar Beratungen in größerer Runde vorerst noch vermieden wurden.[205] Auch Dr. Andreas Hermes reihte sich um den Jahreswechsel 1941/42 in die Widerstandsfront ein, und zwar zunächst durch Kontaktaufnahme mit Willy Elfes, dann u. a. auch mit dem oppositionellen Kreis im Kölner Kettelerhaus. Der frühere Reichsernährungs- und -landwirtschaftsminister sowie zeitweilig gleichzeitige Reichsfinanzminister, Präsident der Vereinigung der deutschen christlichen Bauernvereine und des Reichsverbandes der deutschen landwirtschaftlichen Genossenschaften – Raiffeisen hatte 1933 aus Protest gegen die beginnende NS-„Gleichschaltungs"-Praxis sein

Reichstagsmandat als Abgeordneter des Zentrums niedergelegt und war dann nach einer mehrmonatigen Untersuchungshaft wegen angeblicher Veruntreuung von Genossenschaftsvermögen in beträchtlichem Umfang zu einer kurzzeitigen Gefängnisstrafe verurteilt worden. 1939 ist er aus Kolumbien zurückgekehrt, wo er seit 1936 für die dortige Regierung als landwirtschaftlicher Berater arbeitete. Sein Versuch, nunmehr seine Familie nachzuholen, wurde durch den Kriegsausbruch vereitelt. In seinem neuen Domizil in Bad Godesberg ist Hermes später verschiedentlich von Carl Goerdeler aufgesucht worden, mit dem ihn Jakob Kaiser bekannt gemacht hat. Und auch mit Wilhelm Leuschner, Josef Wirmer, Heinrich Körner und vielen anderen Regimegegnern stand er fortan in konspirativer Verbindung.[206]

Im Herbst 1940 hat überdies der für die weitere Entwicklung der Umsturzbewegung so wichtige erstmalige konspirative Gedankenaustausch von Leuschner und Dr. Goerdeler stattgefunden, während ihr hauptsächlicher Arrangeur, Jakob Kaiser nämlich, mit dem Leipziger Oberbürgermeister a. D. wohl schon eine ganze Weile, nach eigenem Bekunden bereits seit dem Vorjahresherbst in Verbindung gestanden hat. Goerdeler sei damals, so Kaisers Erinnerung, gerade „von seiner Weltreise zurück“ gekommen. Auch diesbezüglich war Fritz Tarnow in seinem schwedischen Exil erstaunlich gut informiert, wie aus seinem Ende 1945 noch dort publizierten „Rückblick“ deutlich hervorgeht. Darin hat er zunächst darauf verwiesen, dass es zwar „seit 1934“ erste „Anfänge“ eines von Wilhelm Leuschner, dem „politischen Führer der illegalen Gewerkschaftsbewegung“, angestrebten Zusammenschlusses der „verschiedenen gewerkschaftlichen, politischen, kirchlichen und militärischen Oppositionskreise zu einer gemeinsamen Aktionsfront“ gegeben habe, die aber „nicht von Bestand“ gewesen seien. „Sehr frühzeitig“ habe Leuschner erkannt, „dass es der oppositionellen Arbeiterschaft allein“ kaum „gelingen könne, das Hitler-Regime zu stürzen“, sondern dass für „eine revolutionäre Aktion überhaupt“ nur dann Chancen bestehen würden, wenn diese „mit von bewaffneten Kräften getragen“ werden würde, welche nur vom Militär „gestellt werden konnten“. Ferner berichtete Tarnow, es sei „erst im Herbst 1940“ gelungen, „die Grundlage für eine koalierte Widerstandsfront zu legen, die, im steten Ausbau, bis zur Aufstandsaktion am 20. Juli 1944“ zusammengehalten habe. Dieses Bündnis habe „sehr umfassende Vorbereitungen nicht nur für den Sturz des Naziregimes, sondern auch für den Aufbau eines neuen Staates“ getroffen. „Im zentralen Führungskreis“ habe „Wilhelm Leuschner als einer der wichtigsten Männer“ gegolten, „denn die Verschworenen, so verschiedene Interessen sie auch sonst vertreten“ hätten, seien „sich darin einig“ gewesen, „dass die Arbeiterschaft als wichtigste Stütze für den neuen Staat unentbehrlich sei und dass den Gewerkschaften dabei sehr wichtige Aufgaben zufallen“ sollten. Natürlich sind von Leuschner und Goerdeler anfänglich nicht die ganz brisanten Umsturzfragen, sondern mehr Themen eher unverfänglicher Art erörtert worden. Und so soll Leuschner auf die Frage seines nationalkonservativen Gesprächspartners nach der damaligen politischen Positionierung der deutschen Arbeiterschaft in der ihm eigenen zurückhaltenden Art erklärt haben, diese sei durchaus zufrieden mit ihrer aktuellen sozialen Situation. Überhaupt wäre die Anhängerschaft einer freiheitlichen Gewerkschaftsbewegung nunmehr doch deutlich im Schwinden begriffen, was Goerdeler einigermaßen erstaunt haben soll. Aus jener ersten Begegnung der beiden Konspirateure entstand dann eine ständige „Arbeitsgemeinschaft“, wie Dr. Nebgen es genannt hat, an der zunächst nur die drei

„verantwortlichen Gewerkschaftsführer des Widerstandes", also Leuschner, Kaiser und Habermann, und deren „engster Verbündeter Josef Wirmer" sowie Dr. Goerdeler beteiligt waren. 1942 erhielten diese dann noch Verstärkung durch Bernhard Letterhaus, Nikolaus Groß und Josef Ersing, „während andere Freunde von Jakob Kaiser – wie Heinrich Körner, Bonn, Heinrich Strunk, Essen, und eine ganze Anzahl weiterer Freunde im Lande – stets unterrichtet" worden seien. Selbstverständlich hat auch Wilhelm Leuschner seinen Getreuen Hermann Maaß und etliche andere seiner engsten Vertrauten regelmäßig über die Resultate der fortan in meist zweiwöchigem, wenn nicht wöchentlichem Turnus durchgeführten Treffen jener Spitzengruppe der Zivilverschwörung auf dem Laufenden gehalten. Dass das hinter ihnen stehende oppositionelle Potential, anders als er Goerdeler gegenüber zugegeben hatte, mittlerweile reichsweit ganz beträchtlich angewachsen war, hat Leuschner aber 1941 Willi Richter offenbart, dem er die Zahl der damals schon in ihre Aktivitäten Eingeweihten mit „über 800 Personen" angab. Obendrein hat er seinem Frankfurter Freund bei einem ihrer Treffen erklärt, wie dieser sich erinnert hat, dass „die Aktion gegen Hitler", durch die „das Massenmorden" beendet werden sollte, „verschoben werden musste, weil die" am 22. Juni jenes Jahres gestartete „Offensive gegen Russland umfangreiche Truppenverschiebungen im Gefolge hatte" und dadurch „viele Widerstandsgruppen" auseinander gerissen worden seien. Bald darauf ist Richter von Ludwig Schwamb im Auftrag Leuschners die Aufgabe übertragen worden, künftig die gewerkschaftliche Konspiration im gesamten Bezirk zwischen Kassel und dem Raum Mannheim/Heidelberg anzuleiten. Außerdem ist ihm noch die Zuständigkeit für die Aufrechterhaltung und Ausweitung der politischen Verbindungen der Verschwörung nördlich der Mainlinie anvertraut worden. Für den südlichen Bereich des Wehrkreises XII von Frankfurt bis hin zum Neckar ist in politischer Hinsicht Jakob Steffan verpflichtet worden, während die Stützpunkte im angrenzenden Baden dann von Emil Henk instruiert werden sollten. Alsbald wurde dieser, der zu jener Zeit Teilhaber, wenig später Inhaber einer Firma für chemische und pharmazeutische Erzeugnisse in Heidelberg war, als für ganz Süddeutschland zuständig erklärt, bis ihm in jener Funktion als politischer Landesverwalter bzw., so Henks eigene Formulierung, als dortiger „Statthalter" schließlich der Jesuitenpater Prof. Dr. Lothar König[207] nachgefolgt sein soll, einer der couragiertesten NS-Gegner aus dem katholischen Bereich überhaupt. Wie Henk engagierte sich dieser außerdem im Kreisauer Kreis, und zwar seit 1942. Jakob Steffan wiederum ist nachweislich seit etwa Ende 1941 ständig von Mainz nach Frankfurt gefahren, wo sich die regionale „Zentrale" jenes wegen der zahlreichen dortigen sozialdemokratisch-gewerkschaftlichen Gesinnungsgemeinschaften deutschlandweit rasch „mit am besten organisierten Gebietes" der Zivilverschwörung befunden hat, das in etwa dem Areal der heutigen Bundesländer Hessen, Rheinland-Pfalz und Saarland entsprochen haben dürfte. In der Mainmetropole hat sich Steffan seitdem regelmäßig mit allen möglichen Regimegegnern getroffen, u. a. hat er fortgesetzt Zusammenkünften im Hotel-Restaurant Zimmermann beigewohnt, deren Teilnehmer hauptsächlich in Frankfurt beheimatet gewesen sind. Und auch in vielen anderen Städten und Gemeinden dieser Region, insbesondere in Rheinhessen entfaltete er in der nächsten Zeit eine rastlose Anwerbe- und Organisationsaktivität.[208]

Gleiches gilt für Willi Richter, der über die großräumige Bearbeitung des eigenen politisch-gewerkschaftlichen Widerstandsspektrums hinaus seine Fühler von Frankfurt aus dazu noch in Richtung einer seit einigen Jahren in jener Region bestehenden kleinen oppositionellen Solidargemeinschaft von Mitgliedern der Christlichen Gewerkschaften und der längst ebenfalls vollständig illegalisierten Katholischen Arbeiterbewegung ausstreckte. Die meisten von ihnen stammten aus Frankfurt, einige kamen aus Offenbach, Oberursel, Mainz und Mainz-Kastel. Richters direkter Ansprechpartner hierbei war der mit ihm befreundete einstige Leiter des christlichen Deutschen Gewerkschaftsbundes in Hessen und Hessen-Nassau sowie Vorsitzende des Zentralverbandes Christlicher Lederarbeiter Josef Arndgen[209], der seit seiner politisch bedingten Entlassung im Jahr 1933 in Frankfurt-Bornheim einen Lebensmittelhandel betrieb. Oft genug wurde durch ihn, genauso durch einen befreundeten Kollegen politisch oder aus anderen Gründen Verfolgten und ihren Familien diskret Unterstützung in Naturalform überbracht, und zwar gratis. Arndgen und Richter wohnten in unmittelbarer Nachbarschaft und haben in jenen bitteren Jahren manch vertrauliches Gespräch geführt. Ersterer, der 1945 sofort bei der gewerkschaftlichen Reorganisation sowie der CDU-Gründung in Hessen mitgewirkt hat, von 1947 bis 1949 dort als Minister für Arbeit und Wohlfahrt fungierte und von 1949 bis 1965 seinem Land als Bundestagsabgeordneter gedient hat, ist damals von Richter, dem späteren DGB-Bundesvorsitzenden, in Grundzügen von den widerständigen Leitgedanken und Zukunftsvorstellungen der sozialdemokratischen Gewerkschafter um Leuschner ins Bild gesetzt worden. In welch starkem Maße diese und die der christlichen Regimegegner im Laufe der Zeit kompatibel geworden waren, wenn sie nicht inzwischen in vielerlei Hinsicht sogar gänzlich übereinstimmten, wird sehr eindrucksvoll durch die Politischen Leitsätze der Frankfurter CDU vom September 1945 belegt, in denen sich – wie im Übrigen dies auch in den meisten sonstigen gewerkschaftlichen und politischen Proklamationen gleich nach dem Krieg – die erst kurz zuvor im antinazistischen Widerstand entwickelten Sichtweisen noch weitgehend authentisch manifestiert haben. Mit jenen so genannten Frankfurter Leitsätzen bekannte sich die dort soeben von etlichen früheren Mitgliedern des linkskatholischen Zentrums-Flügels zusammen mit einigen ehemaligen Liberalen, Deutschnationalen und Parteilosen wegen des von den Amerikanern gestatteten sukzessiven Zulassungsverfahrens vorerst nur auf kommunaler Ebene gegründete neue Partei zur Errichtung eines demokratischen Rechts- und Verfassungsstaates, „zur Ächtung des Krieges“ und zur klaren Absage an Militarismus, Nationalismus und Rassismus. Ebenso erklärte sie ihre Bereitschaft zur jederzeitigen „politischen Zusammenarbeit mit Gruppen und Parteien anderer Richtungen“ unter der Voraussetzung, dass diese „sich eindeutig ohne Vorbehalt und für dauernd auf die gemeinsame Plattform der Demokratie stellen, jede Diktatur ablehnen“ und „keine dem Christentum feindlichen Ziele erstreben“. Auf die Mitwirkung christlicher Gewerkschafter an dieser frühen Unions-Programmatik – auch Josef Arndgen gehörte dazu – verweisen ganz unzweifelhaft insbesondere Forderungen wie die nach „Überführung gewisser großer Urproduktionen, Großindustrien und Großbanken in Gemeineigentum“ sowie nach „öffentlicher Kontrolle und Lenkung der Kapitalanlage, soweit ein Interesse der Allgemeinheit daran vorliegt“, desgleichen das Bekenntnis zum „Recht der Arbeitnehmer zum gewerkschaftlichen Zusammenschluss, zum kollektiven Abschluss von Tarifverträgen und zur Mitbestimmung in den Betrieben“ als ganz „selbstverständliche Bestandteile einer modernen Wirtschaftsdemokratie“, wobei jene „sozialen Grundrechte“ ausdrücklich „in Richtung auf eine gleichberechtigte Teilnahme der Arbeitnehmerschaft an der Führung der Wirtschaft“ weiterzuentwickeln gewesen wären. Alles in allem wurde in jenen Leitsätzen „ein wirtschaftlicher Sozialismus auf demokratischer Grundlage“ propagiert, der durch eine „einheitliche und planvolle“ Wirtschaftslenkung die „Verschwendung volkswirtschaftlichen Gutes“ verhindern und einen „Wiederaufbau“ des zerstörten Landes „nach sozialen und gesamtwirtschaftlichen Produktivitätsgesichtspunkten und nicht nur nach privatwirtschaftlichen Rentabilitätsgrundsätzen“ gewährleisten sollte. Jener „Sozialismus aus christlicher Verantwortung“ wurde natürlich auch von anderen propagiert, von Jakob Kaiser etwa, damals Mitbegründer und wenig später zusammen mit Ernst Lemmer eine Zeit lang Vorsitzender der CDU in Berlin und der sowjetischen Besatzungszone, desgleichen vom ersten Mönchengladbacher Nachkriegs-Oberbürgermeister Willy Elfes oder von Karl Arnold, der im Rheinland zusammen mit dem vormaligen ADGB-Bezirkssekretär für Rheinland und Westfalen sowie SPD-Reichstagsabgeordneten Hans Böckler bereits früh die Gründung der Einheitsgewerkschaft in Angriff genommen hatte, Anfang 1946 Oberbürgermeister von Düsseldorf geworden ist und im Jahr darauf zum ersten Ministerpräsidenten des neu gegründeten Landes Nordrhein-Westfalen gewählt wurde. Aber deren christdemokratisch-sozialistische Zukunftsvision stieß in der neuen Partei bei weitem nicht bei allen Mitgliedern auf Verständnis und Zustimmung. Zumal in dieser Dezidiertheit war sie schon das Spezifikum einiger anfänglich hie und da lokal bzw. regional oder auf der Ebene einer Besatzungszone dominierender, besonders weit links positionierter Persönlichkeiten der Gründergeneration, die manchmal auch – wie Elfes beispielsweise – mit längst im Untergrund ausgearbeiteten demokratischen Neuordnungsplänen aufwarten konnten. Aus der Gewissheit des zurückliegenden vollständigen Versagens des „kapitalistischen Wirtschaftssystems“ abgeleitete Forderungen nach Sozialisierung von Schlüsselindustrien sowie anderen einschneidenden Maßnahmen zu einer grundlegenden „sozialen und wirtschaftlichen Neuordnung“, die nicht mehr dem „kapitalistischen Gewinn- und Machtstreben“, wohl aber „dem Recht und der Würde des Menschen“ und dem „Wohlergehen“ der ganzen Bevölkerung entsprächen, finden sich sogar noch im Ahlener Programm des Zonenausschusses der CDU für die britische Zone vom Februar 1947. Freilich sind die darin fixierten wirtschafts- und sozialpolitischen Kerngedanken genauso wie die der Frankfurter Leitsätze und auch die manch anderer zu jener Zeit vorgelegten Proklamation aus diesem politischem Umfeld recht bald Episode gewesen, wenn sie nicht von der Ende 1945, Anfang 1946 hauptsächlich durch einstige christliche Gewerkschafter als CDU-Untergliederung ins Leben gerufenen Christlich-Demokratischen Arbeitnehmerschaft bzw. von deren Sozialausschüssen dennoch, dann aber in immer mehr abgeschwächter Form noch eine Weile weiter vertreten worden sind. Als ganz und gar nicht durchsetzbar erwiesen sich zudem die in manchen einstigen Zentrums-Kreisen anfänglich noch vereinzelt angestrengten Überlegungen, über die eigentlich schon seit dem Kaiserreich hin und wieder herbeigesehnte Zusammenführung von Katholiken und Protestanten in einer gemeinsamen Partei hinaus vielleicht eine „Sozialistische Einheitspartei“ aus Linkschristen und Sozialdemokraten unter Einbezug sogar der Kommunisten zu schaffen, so etwa die Idee von Walter Dirks von der früheren strikt prorepublikanischen und nicht minder konsequent antinazistischen „Rhein-Mainischen Volkszeitung“. Oder wenigstens sollte eine nichtmarxistische Arbeiterpartei konstituiert werden, wie andere hofften, welche die entsprechende Anhängerschaft von Zentrum, Sozialdemokratie und des Liberalismus zusammenführte. Gleichwohl macht alles dies sehr plausibel, warum Sozialdemokraten und linke Christdemokraten, aber keineswegs nur diese, in der unmittelbaren Nachkriegszeit auf kommunaler und Länderebene so hervorragend miteinander kooperierten, weshalb zumindest in den Westzonen – dies natürlich vor allem auch dank der nachhaltigen Unterstützung der dortigen Besatzungsmächte – die Weichen sehr bald zur Errichtung einer neuerlichen deutschen Demokratie auch länderübergreifend gestellt werden konnten, die diesen Namen wirklich verdiente und die sich überdies als stabil erweisen sollte. Der antifaschistisch-demokratische Grundkonsens jener frühen Nachkriegsjahre, in den nicht selten zunächst selbst die Kommunisten mit einbezogen waren, ist folglich mitnichten eine Fiktion unverbesserlicher „Volksfront"-Illusionisten gewesen, sondern wurzelte wie überhaupt das Vorgenannte ganz real in den gemeinsamen Diskussionsrunden der Regimegegner aller Couleur, ob sie nun im Untergrund, in den Haftanstalten des „Dritten Reichs" oder im Exil zusammengekommen waren. Dass die Anhänger Josef Stalins dann ziemlich rasch aus diesem lockeren demokratischen Kooperationsverbund ausscherten bzw. herausgedrängt wurden, hat etwas mit dem beginnenden Ost-West-Konflikt zu tun wie auch mit ihrer unstillbaren Sehnsucht nach einer kommunistischen Parteidiktatur.[210]

Wilhelm Leuschner mit Enkelin Hannelore bei Theodor Leipart (etwa 1941/42)

Einbeziehung immer mehr bürgerlicher Regimegegner

Der gewiss nicht ganz so weit verzweigte Oppositionsverbund, der sich über die sich zügig weiter entwickelnde Konspiration um Leuschner, Maaß, Kaiser, Habermann, Wirmer usw. hinaus seit Kriegsbeginn um Dr. Goerdeler gebildet hat, bestand nach der Erinnerung Jakob Kaisers aus Männern, „die alle mehr oder weniger von ‚rechts' kamen", darunter „vor allem" solche aus „Wirtschaftskreisen".[211] Es gehörten Dr. Klaus Bonhoeffer und Dr. Otto John von der Deutschen Lufthansa ebenso dazu wie der demissionierte Generaloberst Beck und dessen Vertrauter General Friedrich Olbricht[212], seit 1940 Chef des Allgemeinen Heeresamtes im Oberkommando des Heeres, der amtierende preußische Finanzminister Dr. Popitz zeitweise genauso wie der 1938 in den Wartestand versetzte Diplomat Ulrich von Hassell. Auch mit Abwehrleuten wie Graf von Moltke und Hans Oster pflegte Dr. Goerdeler recht engen Kontakt, desgleichen seit 1941 mit Hermann Kaiser vom Oberkommando des Heeres, wofür sich in dessen privaten Tagebüchern zahlreiche Belege finden lassen[213], außerdem mit dem Berliner Wirtschaftswissenschaftler Prof. Dr. Jens Peter Jessen[214], der sich lange Zeit für die NSDAP begeistert hatte, genauso wie sein Freund Popitz die Einheitsgewerkschaft vehement ablehnte und nun wie Hermann Kaiser als Hauptmann der Reserve eingerückt war. Zu den teilweise schon seit Ende 1938 bestehenden regimekritischen Professoren- und Theologenkreisen in Freiburg, ab 1942 verstärkt auch nach Stuttgart, dort u. a. zu den Oppositionellen um den vormaligen württembergischen Staatspräsidenten Dr. h. c. Eugen Bolz[215] sowie den früheren stellvertretenden Vorsitzenden der Reichstagsfraktion des Zentrums und christlichen Gewerkschaftssekretär Joseph Ersing[216], vordem Karlsruhe, und seit Anfang 1943 auch zur kleinen Karlsruher Widerstandsgruppe um den wie diese unbedingt konservativ eingestellten Rechtsanwalt Reinhold Frank[217] liefen gleichermaßen Verbindungswege.[218] Aber hier wie dort und im Prinzip fast überall in Deutschland bestanden bereits zu jener Zeit jeweils weitere lockere konspirative Verknüpfungen mit allen möglichen lokalen, teils christlich, teils sozialdemokratisch geprägten gewerkschaftlichen und auch anderen bürgerlich, aber keineswegs reaktionär ausgerichteten Oppositionszirkeln oder solche sollten alsbald herbeigeführt werden. So realisierte Ersing als überzeugter Anhänger einer geeinten Gewerkschaftsbewegung, der Jakob Kaiser auch finanziell unterstützt hat, für diesen wie dann auch für Goerdeler die Verbindung zum früheren württembergischen SPD-Landtags- und Reichstagsabgeordneten sowie ADGB-Bezirksleiter Jakob Weimer[219]. Dieser war zudem der Stuttgarter Vertrauensmann Leuschners, während er außerdem noch für den konspirativen Anschluss der dortigen kleinen sozialdemokratisch-gewerkschaftlichen Widerstandsgruppe um David Stetter[220] und Christian Härle[221] an den Bosch-Kreis[222] zuständig war. Dieser wiederum wurde über den Liberaldemokraten Albrecht Fischer[223] realisiert, einen engen Mitarbeiter des berühmten Gründers und Namengebers des 1937 in eine GmbH umgewandelten Konzerns. Ab 1941/42 kam Franz Leuninger[224], der frühere Bezirksleiter des christlichen Bauarbeiter-Verbandes für ganz Schlesien, Breslauer Zentrums-Stadtverordnete sowie seinerzeitige Geschäftsführer der Gemeinnützigen Siedlungsgesellschaft „Deutsches Heim", in engere Fühlung mit der sich mehr und mehr als breites überparteiliches Bündnis konturierenden Umsturzbewegung. Obwohl er bis 1933 nicht etwa nur mit Kommunisten und Faschisten, sondern auch mit seiner starken sozialdemokratischen Gewerkschaftskonkurrenz vor Ort manchen Strauß hatte ausfechten müssen, pflegte er schon seit geraumer Zeit konspirativen Kontakt mit den beiden Leuschner-Vertrauten Fritz Voigt[225], dem nun als Grundstücksmakler tätigen früheren Polizeipräsidenten von Breslau und Ex-Geschäftsführer des Verbandes sozialer Baubetriebe, und dem einstigen dortigen ADGB-Bezirkssekretär Oswald Wiersich[226]. Letzterer stand bereits seit 1935 in regelmäßigem Meinungsaustausch mit Leuschner, auf dessen Wunsch er dann auch 1939/40 den Konnex mit dem damaligen Stellvertretenden Oberpräsidenten im Rang eines Regierungspräsidenten für die preußischen Provinzen Ober- und Niederschlesien Fritz-Dietlof Graf von der Schulenburg[227] hergestellt hat. Dieser wiederum, genannt Fritz von der Schulenburg, hatte seit 1938 mit Aktivisten der Militär- wie der Zivilopposition Berührung, war im Jahr darauf allerdings an der Organisierung von Zwangsumsiedlungen und sogar an KZ-Einweisungen von Juden und antideutsch gesinnten Personen im Zuge der so genannten Germanisierungspolitik des „Dritten Reiches" im eroberten Polen beteiligt, begann sich aber bald darauf allmählich zum überzeugten NS-Gegner zu entwickeln, als der er fortan an etlichen Treffen des Kreisauer Kreises teilgenommen hat. Leuninger ist mit Jakob Kaiser „nach 1933", so das spätere Zeugnis des Berliner Leuschner-Freundes, sogar „in steter Verbindung geblieben", wozu der Breslauer verschiedentlich in die Reichshauptstadt gefahren ist, einmal in Begleitung Voigts, der seinerseits mit Leuschner seit 1940 in Kontakt stand. Ebenso ist es dann zu einer von Leuschner vermittelten konspirativen Unterredung zwischen Generaloberst Beck und Wiersich gekommen, ein anderes Mal, wohl im Herbst 1943, zu einer ebensolchen zwischen Jakob Kaiser, Leuninger, Voigt und einigen anderen, bei der es um die Erörterung sozialpolitischer Fragen sowie um die Vermeidung von Versorgungs- und Ernährungsproblemen nach einem Regimewechsel gegangen ist.

Die herausragende Rolle Dr. Carl Goerdelers[228] bei der Ausweitung der Widerstandsfront im bürgerlichen Bereich bereits während der ersten Kriegsjahre ist von keinem Geringeren als Emil Henk geradezu überschwänglich gerühmt worden. Er hat sich sogar zur Behauptung emporgeschwungen, außer den Sozialisten und den Gewerkschaftern sei mit Goerdeler damals „nur ein einziger Mann aus der bürgerlichen Welt" wirklich „aktiv" gewesen. Aber in dieser Ausschließlichkeit war dies natürlich nicht zutreffend, werden nur die wenigen, hier beispielhaft angeführten antinazistischen Aktivitäten vieler anderer bürgerlicher Regimegegner bedacht. Trotzdem hatte Henk schon Recht, wenn er hervorhob, dass Goerdeler fortwährend „Besprechungen" durchgeführt und „bisweilen sehr phantasievolle Pläne" entworfen habe, „mit fingierten Aufträgen zur Front" gefahren sei und „schwankende Generäle bei der Stange" gehalten habe. Und genauso stimmte es, dass er bereits bis 1941 „mehr und mehr die wichtigsten Männer um sich gesammelt" hat, und auch, dass er es gewesen ist, „der die Opposition bis ins Regierungslager" hinzutreiben verstanden hat, nämlich durch seine Kontaktaufnahme mit von Popitz im Herbst 1939. Goerdeler ist in der Tat „rührig und unablässig tätig" gewesen, hat dabei „bedeutende Männer" zusammengebracht „und gegen Hitler" orientiert. Immerzu wurden durch ihn alle möglichen Verbindungen geschaffen, die schließlich „sehr verzweigt" waren, wobei es sich freilich um „keinen eigentlichen illegalen Apparat" gehandelt habe. Unbestreitbar hat er die Vertreter der antinazistischen Eliten hinter sich versammelt, welche, wie Henk ausdrücklich betont hat, perspektivisch „die Vortruppen von politischen Parteien" seien, deren „Macht" jedoch „nicht in ihrer Zahl" ruhe, „sondern in ihrer massenlenkenden Bedeutung", genauer gesagt, „wer die Eliten" habe, der habe „im gegebenen Augenblick die Massen". Goerdeler sei seinerzeit „die aktivste Figur" gewesen, indes „kein politisches Genie", und er habe auch „keine Partei" vertreten. „Aber er" sei „unentbehrlich" gewesen, eben „weil er der Sammelpunkt der vielen politischen Gegner aus dem bürgerlichen Lager war". Außerdem habe er „katholische Politiker in den Kreis der Opposition" gebracht, von denen es „zur Kirche" bekanntlich „nicht weit" sei. „Und ohne kirchliche Politiker" wäre es nie und nimmer gegangen, „weil eine Tyrannis nur durch Majoritäten und nie durch Minoritäten zu stürzen ist. Die Majoritäten aber" besitze „man durch ihre Eliten", während „die Massen selbst" angeblich „in allen Despotien passiv" blieben. Letzteres hat sich indes spätestens durch die flächendeckende Erhebung der Hunderttausenden gegen die SED-Herrschaft am 17. Juni 1953 in der damaligen DDR als Fehleinschätzung erwiesen und ist einmal mehr durch die dortige friedliche Revolution im Jahr 1989 widerlegt worden. „Der große Unterschied" zur „Lage von 1939", so jetzt wieder Henk mit Blick auf die Situation anno 1941, habe darin bestanden, dass die militärische Opposition fortan „nicht mehr allein" handeln würde, „wenn" sie „zum Stoß gegen Hitler ausholte". Nun hätten nicht nur „die Führer der Gewerkschaften und Sozialisten" hinter ihr gestanden, sondern auch „bereits die ersten Vertreter des Bürgertums, der Industrie und beider Kirchen", wobei freilich „niemand" gewusst habe, „ob in der entscheidenden Stunde die Massen dem Ruf ihrer Führer folgen werden", bei denen es sich schon um „maßgebende Politiker aus allen Lagern" gehandelt habe. Und insofern habe es sogar „nunmehr vielleicht ein Fundament für einen Staat" gegeben, „der nach dem Sturz des Faschismus kommen sollte. Allerdings: Wie dieser Staat aussehen sollte, das" sei „völlig ungewiss" gewesen. Es habe in dieser Hinsicht „zwischen den Arbeitern und dem Bürgertum Abgründe" gegeben.[229]

Die Verstärkung, die dem lockeren Widerstandsverbund um Dr. Goerdeler auch aus dem kirchlichen Bereich zuwuchs, ist allerdings nicht immer konfliktfrei bzw. ohne ethisch-politische Widersprüchlichkeiten gewesen. So war beispielsweise der württembergische Landesbischof Dr. Theophil Wurm[230], der sich anfänglich durchaus nicht sonderlich NS-kritisch gezeigt hatte und selbst von einer ausgeprägten antijüdischen Grundhaltung nicht frei gewesen ist, wie so viele seinerzeit der Ansicht, politischen Widerstand gegen das „Dritte Reich" zu leisten, gehöre einfach nicht zu den Obliegenheiten der Kirche. Trotzdem stand er dann mit den Freiburger Oppositionellen, dem Kreisauer Kreis und auch mit Carl Goerdeler in Verbindung, und er hat, nachdem er 1941 mutig gegen die „Euthanasie"-Morde protestiert hatte, zwei Jahre später zudem den Völkermord an den Juden öffentlich angeprangert. Schließlich gehörte er zu den Unterzeichnern des Schuldbekenntnisses des am 19. Oktober 1945 in Stuttgart versam-

Dr. Carl Goerdeler

melten Rates der Evangelischen Kirche in Deutschland, in dem sich dessen Vertreter selbst angeklagt haben, zuvor „nicht mutiger bekannt, nicht treuer gebetet, nicht fröhlicher geglaubt und nicht brennender geliebt“ zu haben. Der Münchner Jesuitenpater Dr. Alfred Delp[231], der seit kurzem erst mit den Kreisauern in Verbindung stand, hat dagegen Nikolaus Groß vom so genannten Kölner Kreis im Spätsommer 1942 ausdrücklich vor Dr. Goerdeler und den, wie er sagte, „wirtschaftsreaktionären Kräften“ in dessen Umfeld gewarnt. Hingegen hat er ihn auf den Kreisauer Kreis hingewiesen, bei dem die katholische Geisteshaltung seines Erachtens doch erheblich bessere Anknüpfungsmöglichkeiten fände. Gegenüber Dr. Otto Müller, ebenfalls vom Kölner Kettelerhaus, äußerte Delp sich entsprechend. Da Groß daraufhin seinen Freund Bernhard Letterhaus informierte, der gerade als Oberleutnant zum Amt Ausland/Abwehr im Oberkommando der Wehrmacht nach Berlin versetzt worden war, tauschte dieser sich dort alsbald mit Jakob Kaiser aus, welcher Goerdeler gegen die Anwürfe Delps in Schutz nahm. Geraume Zeit danach konnten in einer Aussprache zwischen Delp sowie Letterhaus, Kaiser und Groß die Goerdeler betreffenden Differenzen beigelegt werden, mit dem die katholischen Arbeiterführer zum Teil schon seit Jahren bekannt waren und fortan auch einen immer intensiveren konspirativen Kontakt pflegten. Und genauso hatte Goerdeler spätestens seit einem im November 1942 durchgeführten dreitägigen Geheimtreffen von Freiburger Oppositionellen, zu dem u. a. auch der Berliner Unternehmer Dr. Walter Bauer angereist war, mit Dr. Otto Dibelius[232] von der Bekennenden Kirche Preußens Berührung. Es ist dabei um die Beratung einer von Dr. Dietrich Bonhoeffer[233] für die Vorläufige Leitung jener innerkirchlichen Oppositionsbewegung angeforderten Denkschrift gegangen, welche deren Präparation auf die ökumenische Konferenz zur Sicherung des Weltfriedens und der christlich abgesicherten Neuordnung Deutschlands dienen sollte, von der man wusste, dass britische Kirchenführer sie nach dem Krieg unter Beteiligung von Vertretern der Bekenntniskirche durchzuführen wünschten.

Kein halbes Jahr zuvor, also Ende Mai, war Bonhoeffer in geheimer Mission in Schweden gewesen, wo gerade der mit ihm seit Jahren befreundete Bischof von Chichester George Bell weilte. Dieser, der auf Aufforderung des britischen Informationsministeriums die Kontakte zu den dortigen Geistlichen aufzufrischen beabsichtigte, war damals von Dr. Bonhoeffer gebeten worden, er möge doch die britische Regierung davon in Kenntnis setzen, dass in seiner Heimat eine Umsturzaktion unter maßgeblicher Beteiligung der Generale Beck und von Hammerstein sowie der Zivilisten Dr. Goerdeler, Leuschner, Jakob Kaiser und zahlreicher weiterer NS-Gegner geplant sei, um Deutschland wieder in einen Rechtsstaat umzuwandeln und den Frieden herbeizuführen. Hierfür sei es zweckdienlich zu wissen, ob von den Regierungen der Alliierten dann diesbezüglich Verhandlungsbereitschaft erwartet werden könne. Unabhängig davon war bereits wenige Tage zuvor Pfarrer Dr. Hans Schönfeld, seinerzeit Direktor des Sozialwissenschaftlichen Instituts des Ökumenischen Rates für Praktisches Christentum in Genf, ebenfalls an Bell herangetreten, um ihn gleichermaßen über die Existenz „einer starken Oppositionsbewegung“ in Deutschland ins Bild zu setzen. Diese bestehe hauptsächlich aus führenden Verwaltungsleuten, diese zum Teil mit Verbindungen „zu den staatlichen Polizeitruppen, die sich weitestgehend in Opposition zur Gestapo“ befänden, des Weiteren aus hohen Militärs aus allen Wehrmachtteilen sowie aus den

„Führern der einstigen Gewerkschaften und anderen aktiven Verbindungsleuten zu großen Teilen der Arbeiterschaft". Letztere kontrollierten „durch ein Netz von führenden Leuten, das während der letzten sechs Monate systematisch entwickelt" worden sei, „jetzt Schlüsselpositionen in den wichtigen Industriezentren sowie in den großen Städten wie Berlin, Hamburg, Köln und innerhalb des ganzen Landes". Auch „die Führer der evangelischen Kirchen" sowie „der römisch-katholischen Kirche", die „als Zentren des Widerstandes und des Wiederaufbaus" zusammenwirkten, seien involviert, so das Bell von Schönfeld übergebene Memorandum der Widerständler. Darin bekannten diese sich u. a. dazu, den von ihnen angestrebten, auf den Prinzipien „sozialer Gerechtigkeit" beruhenden deutschen Rechtsstaat in wirtschaftlicher Hinsicht „nach echt sozialistischen Grundsätzen" zu errichten. Außerdem traten sie ein für „eine europäische Föderation freier Staaten und Nationen" mit „einer gemeinsamen Exekutive" und „einer europäischen Armee" zur dauerhaften Gewährleistung der „europäischen Sicherheit". Ferner würde die neue Regierung „dem jüdischen Teil der Bevölkerung sofort einen anständigen Status geben" und Wiedergutmachung leisten, desgleichen Wiederaufbauhilfe in den „durch den Krieg zerstörten oder beschädigten Gebieten". Nachdem Bell am Pfingstsonntag 1942 zunächst mit Dr. Bonhoeffer unter vier Augen gesprochen hatte, war am Nachmittag noch Dr. Schönfeld hinzugekommen, um einige Details zu ergänzen. Bei jener Gelegenheit erklärte dieser, die Umsturzaktion solle zügig, d. h. „innerhalb von zwei bis drei Tagen durchgeführt werden" und es stünden für die Übernahme nicht nur der Ministerien, sondern auch der sonstigen „öffentlichen Dienststellen", der Versorgungseinrichtungen sowie des Rundfunks „Männer in Schlüsselstellungen" zur Verfügung, die allesamt mit den Widerständlern verbunden wären. Aber selbstredend mochte Bell den beiden Deutschen keine Hoffnungen machen, zumal das Memorandum auch noch die Drohung enthielt, „wenn die Alliierten andererseits auf einem Kampf bis zum Ende" bestünden, sei „die deutsche Opposition mit dem deutschen Heer bereit, den Krieg bis zum bitteren Ende mitzumachen – trotz ihres Wunsches, das Nazi-Regime zu beenden". In London setzte Bell zwar den britischen Außenminister Anthony Eden umgehend und umfassend über seine mit Bonhoeffer und Schönfeld in Schweden geführten Gespräche in Kenntnis und übergab ihm auch das Memorandum, das aber – wie bei nüchterner Betrachtung der Dinge nicht anders zu erwarten gewesen war – die von diesen gleichwohl erhoffte positive Reaktion der Briten nicht bewirkt hat.[234]

An der eben erwähnten Freiburger Denkschrift haben neben den Professoren Dr. Constantin von Dietze[235], Dr. Walter Eucken[236], Dr. Adolf Lampe[237] und Dr. Gerhard Ritter[238], dem späteren Goerdeler-Biographen, der den Text in der Hauptsache entworfen hatte, auch einige weitere Regimegegner mitgewirkt, darunter Dr. Dibelius, der noch einen Anhangtext zur Kirchenpolitik verfasst hat. Letzterer hatte 1933 die ersten Verfolgungsmaßnahmen der braunen Machthaber gegen politisch Missliebige wie gegen die jüdische Bevölkerungsminderheit noch gerechtfertigt, während er zum Völkermord an den Juden später geschwiegen hat. Die im Januar 1943 fertiggestellte, über 100 Seiten umfassende Ausarbeitung zu allen möglichen Zukunftsfragen trug den etwas kryptischen Titel „Politische Gemeinschaftsordnung. Ein Versuch zur Selbstbestimmung des christlichen Gewissens in den politischen Nöten unserer Zeit". In den von Dr. von Dietze hierfür ebenfalls ergänzend erarbeiteten „Vorschlägen für eine Lösung der Judenfrage in Deutschland" wurde zwar u. a. für eine internationale Regelung zur künftigen Behandlung dieser Minderheit als „Ausländer" plädiert, wobei eine Einbürgerung jeweils „von Fall zu Fall" und nur bei Vorliegen „triftiger Gründe" ermöglicht werden sollte. Aber ansonsten hätte „alles geschehene Unrecht" schon „gesühnt und wieder gutgemacht werden" sollen. Vor allem jedoch hieß es dort kategorisch: „Die an Juden begangenen Verbrechen streng zu ahnen ist Pflicht des deutschen Volkes." Es ist nicht überliefert, ob in der Freiburger Arbeitsgemeinschaft hierüber weiter diskutiert worden ist bzw. inwieweit die Kerngedanken dieser Schrift, von der man seinerzeit aus Sicherheitsgründen lediglich zwei weitere Exemplare angefertigt hat, über jenen kleinen akademischen Zirkel und den Leitungsbereich der Bekennenden Kirche hinaus auch in andere Widerstandskreise kommuniziert wurden. Dessen ungeachtet steht außer Frage, dass Leuschner, Mierendorff, Haubach usw. mit ihren vielfältigen teils familiären, teils freundschaftlichen und obendrein oft engen politischen Bindungen an das Judentum bzw. an Menschen jüdischer Herkunft hinsichtlich der Pflicht zur Strafverfolgung der Verbrechen an der jüdischen Bevölkerung und der Erfordernis zur Wiedergutmachung – sofern diese überhaupt möglich wäre – keine gegenteilige Haltung eingenommen haben. Etliche der für heutige Leser meist reichlich nebulösen, dennoch unschwer als antigewerkschaftlich erkennbaren Ausführungen der Freiburger Akademiker zu vielerlei sozial- und wirtschaftpolitischen Problemen wären jedoch mit Bestimmtheit auf den Widerspruch von Leuschner und Maaß, auch von Kaiser und Habermann gestoßen. Vor allem die Weigerung der Freiburger, sich auf eine „bestimmte Staatsform" festzulegen, ihre Absage an ein „Recht auf Arbeit" ebenso wie an jedweden Versuch auch von „Arbeiterverbänden" zur Erringung einer wie auch immer gearteten „Monopolmacht" sind den dezidiert freiheitlichen Neuordnungsplänen der Gewerkschaftsführer und ihrer Freunde zur Schaffung gerade einer allumfassenden, einheitlichen und weitestgehend autonomen Arbeitnehmerorganisation auf demokratischer Grundlage diametral zuwidergelaufen. Mit der Durchsetzung einer „gerechten Lohnpolitik" dagegen wären bei den Gewerkschaftern offene Türen eingerannt worden, während „eine gesunde, auf Grundsätzen christlicher Ethik ruhende Wirtschaftsordnung", welche „die Versuchung zum Missbrauch wirtschaftlicher Macht" lediglich herabminderte und „vor unverschuldeter Arbeitslosigkeit wenigstens einigermaßen" Sicherheit böte, für sie ganz gewiss nicht ausreichend gewesen wäre, wenn sie denn von alledem – vielleicht durch Dr. Goerdeler – Kenntnis erhalten hätten.[239]

Die Vereinigungsfrage stand damals aber nicht nur bei den im Untergrund operierenden Gewerkschaftern auf der Tagesordnung. Auch die Protestanten waren in eine Vielzahl von Landeskirchen und außerdem noch allerlei Freikirchen aufgesplittert, ergo in alle nur erdenklichen Glaubensrichtungen. Der Versuch zur Bildung einer gemeinsamen Deutschen Evangelischen Kirche aus den bis dahin selbständigen, nur lose im Deutschen Evangelischen Kirchenbund von 1922 zusammengeschlossenen Landeskirchen durch den NS-Staat elf Jahre später war insofern von vielen Gläubigen bejubelt worden, wenngleich dem schon bald Ernüchterung gefolgt war. Die natürlich prinzipiell schändliche NS-Kirchenpolitik, vor allem das Betreiben, den „Arierparagraphen" selbst in jenem Bereich durchzusetzen, das ganze Agieren der stramm nationalsozialistisch ausgerichteten „Deutschen Christen" hatten 1933/34 nahezu zwangsläufig zur Herausbildung der hiergegen nachdrücklich opponierenden Bekennenden Kirche geführt. Der

„Kirchenkampf" zwischen diesen beiden Hauptströmungen im deutschen Protestantismus jener Jahre, die obendrein noch in stärker oder schwächer ausgeprägte, gleichzeitig mehr oder minder radikale Fraktionen zerfielen, ließ an Heftigkeit nichts zu wünschen übrig. Darüber hinaus klaffte ohnedies wie eh und je der tiefe Riss zwischen jenem Teil der Bevölkerung, welcher sich – in welcher Form auch immer – der auf Martin Luther zurückgehenden Glaubenstradition verpflichtet sah, und jenen, die dem Katholizismus angehörten. Während lange vordem schon mehrere katholische Bischöfe mutig und unmissverständlich gegen den NS-Ungeist Stellung bezogen hatten und noch 1932 von der Fuldaer Bischofskonferenz ein grundsätzliches NSDAP-Beitrittsverbot für Katholiken verhängt worden war, ist dieser deutliche Antikurs im folgenden Frühjahr allerdings wieder aufgegeben worden, nachdem kurz zuvor die beiden katholisch ausgerichteten Parteien Zentrum und Bayerische Volkspartei genauso wie die sonstigen bürgerlichen Parteien geschlossen für Hitlers „Ermächtigungsgesetz" votiert hatten. Sodann hatte sich der Heilige Stuhl durch Abschluss des Reichskonkordats vom 20. Juli 1933 zur strikten politischen Abstinenz seiner Geistlichen und Ordensleute sowie der religiösen, sozialen, karitativen, kulturellen und berufsständischen Zwecken dienenden katholischen Organisationen verpflichtet, um dadurch deren sonstige Handlungsoptionen zu bewahren. Dies vermochte nicht zu verhindern, dass zunehmend auch Katholiken – Priester wie Laien – mit allen möglichen Repressalien bis hin zu KZ-Einweisungen belangt wurden, was im Übrigen genauso zahlreiche bekennende Protestanten, Zeugen Jehovas, Quäker usw. traf. Die Zahl der wegen politisch oder religiös motiviertem Widerstand bis 1945 zu beklagenden Todesopfer aus allen Großkirchen, Freikirchen und Glaubensgemeinschaften bzw. aus dem freireligiösen Bereich sowie von sonst wie Konfessionslosen betrug zusammengenommen etwa 130.000 Personen deutscher Staatsangehörigkeit. Politischer Widerstand gegen das „Dritte Reich" in toto wurde dabei aber trotz einiger – viel zu seltener – öffentlicher wie nichtöffentlicher Proteste mancher Kirchenführer gegen verbrecherische Maßnahmen des Regimes weder von der Bekennenden noch von der katholischen Kirche als Institutionen geleistet. Dies kann für sich lediglich die um 1933 in Deutschland nur knapp 230 Anhänger zählende Religiöse Gesellschaft der Freunde in Anspruch nehmen, die gemeinhin als Quäker bekannt sind. Wohl mehr als 1.000 Menschen zumeist jüdischer Herkunft haben ihr Überleben jener kleinen Glaubensgemeinschaft verdankt, für die Religion und politisches Handeln ausnahmslos als Einheit zu begreifen ist. Dr. Carlo Mierendorff z. B. hat zu den Hunderten anderen, aus rein politischen Gründen verfolgten Personen gehört, für die sich die Quäker auf die eine oder andere Weise verwendet haben, ganz gleich welcher Partei und welcher Konfession die Betroffenen angehört haben. Nicht zu vergessen sind schließlich die vielen Mitglieder und Sympathisanten des zeitweilig weit über hundertmal größeren, im Sommer 1933 verbotenen Bundes der religiösen Sozialisten Deutschlands, die gleichfalls couragiert Widerstand geleistet haben, wie etwa ihr damaliger Leiter auf Reichsebene, der Berliner Gewerkschaftsfunktionär Bernhard Göring oder Ernst von Harnack, ein weiterer ihrer wichtigsten Protagonisten. Wie diese

Dr. Theodor Haubach

beiden stand auch der letzte hessische Vorsitzende jenes mehrheitlich einem demokratischen Sozialismusverständnis auf christlicher Grundlage verpflichteten Zusammenschlusses, dem sich neben zahlreichen Protestanten schon bald u. a. auch Quäker, katholische Sozialisten und solche jüdischer Herkunft angeschlossen hatten, der Darmstädter Sozialdemokrat, Jurist und bekenntnistreue Christ Ludwig Metzger[240] nämlich mit Leuschner, ebenso mit Mierendorff, Haubach und Schwamb in konspirativer Verbindung. Aber auch für die allermeisten anderen Christen, die sich in den politisch unterschiedlich ausgerichteten Gruppen, Kreisen oder größeren Strukturen des Widerstandes betätigt haben, spielte es letztendlich dann keine besondere Rolle mehr, welchen Konfessionen ihre jeweiligen Mitstreiterinnen und Mitstreiter angehörten, wobei die Überwachungsberichte von Gestapo und NSDAP bereits seit Mitte der 1930er Jahre darüber hinausgehend eine deutliche Zunahme der Kirchenbesuche durch einstige Sozialdemokraten und sogar von Kommunisten verzeichnet haben.[241]

Dies alles muss mit reflektiert werden, will man die wohl im Kriegswinter 1942/43 dem bezüglich des NS-Staates durchaus ambivalent eingestellten Erzbischof von München und Freising Dr. Michael Kardinal von Faulhaber[242] unterbreitete Anfrage Dr. Goerdelers verstehen, ob es denn nicht möglich sei, „die beiden Hauptkonfessionen" irgendwie zusammenzubringen. Auch in anderen Gesprächen hat Goerdeler seinerzeit sein Interesse an der erst einige Jahre zuvor ins Leben gerufenen Una-Sancta-Bewegung erkennen lassen. Faulhaber soll daraufhin, so ist Goerdelers Todesurteil zu entnehmen, geantwortet haben, „die Zeit" sei „mehr als jede andere angetan, das Gemeinsame zu betonen".[243] Die tiefe Sehnsucht vieler damals aus christlichen Beweggründen handelnden Widerständler, die bisherigen glaubensbedingten Barrieren endlich zu überwinden und zur Begründung einer gänzlich neuen Form der Gemeinsamkeit zusammenzufinden, hat nach dem Krieg nicht zuletzt der langjährige Freund Goerdelers Dr. Cuno Raabe[244] eindrucksvoll in Erinnerung gebracht. Beide hatten schon seit Anfang 1934 in konspirativem Informations- und Meinungsaustausch gestanden und diesen dann ab 1938 intensiviert, nachdem der wegen seiner Anti-Nazi-Haltung 1933 in Hagen aus seinem Amt als Oberbürgermeister entfernte Zentrums-Politiker nach einigen Jahren in Bonn endlich in Königsberg eine Tätigkeit in der Privatwirtschaft hatte aufnehmen können. Dort war er in den 1920er Jahren als hauptamtlicher Stadtrat just zur selben Zeit politisch aktiv gewesen, während der Goerdeler damals der ostpreußischen Stadt als Zweiter Bürgermeister gedient hatte. Auch mit anderen Oppositionellen hatte Raabe in seiner zweiten Königsberger Zeit wie zuvor schon in Bonn Kontakt, während er den früheren deutschnationalen Wirtschaftsliberalen fortan als „Treiber der Widerstandsbewegung" erlebt hat, der „geradezu besessen" davon gewesen sei, so sein Diktum, „das deutsche Volk von der Schmach und Schande der Hitlerschen Regierung" zu befreien. Auch bei der Erstellung etlicher seiner Denkschriften hat Raabe seinem einstigen Amtskollegen mit Rat und Tat zur Seite gestanden. Wegen seiner Goerdeler gegenüber Anfang 1943 bekundeten Bereitschaft, im Zusammenhang mit dem damals ein weiteres Mal beabsichtigten, dann aber wiederum verschobenen Umsturzversuch für die Übernahme des Verkehrsministeriums zur Verfügung zu stehen, ist Raabe im Herbst 1944 verhaftet, verhört und gefoltert sowie unter Anklage gestellt worden und bis zum Einmarsch der Roten Armee im folgenden Frühjahr inhaftiert gewesen, mehrere Monate davon gefesselt und in Einzelhaft. Später hat er berichtet, die katholischen und die evangelischen Häftlinge, mit denen er zuletzt in einer Gemeinschaftszelle des Gefängnisses in der Lehrter Straße in Berlin zusammen war, darunter Dr. Andreas Hermes sowie die beiden Kreisauer Theodor Steltzer[245] und Pater Augustin Rösch SJ[246], seien sämtlich in der „Erkenntnis“ verbunden gewesen, „niemals mehr im politischen Leben aus konfessionellen Gründen gegeneinander zu sein, sondern politischen Zusammenschluss in einer Gemeinschaft der Konfessionen zu finden“. Dr. Adolf Reichwein und der Berliner Gefängnispfarrer Dr. Harald Poelchau[247] hatten drei Jahre zuvor sogar die Bildung einer alle Konfessionen umfassenden „Deutschen Christenheit“ vorgeschlagen, dafür im Kreisauer Kreis allerdings keine Mehrheit gefunden.[248] Was im kirchlichen Bereich nur ein frommer Wunsch geblieben ist, konnte bald nach dem Ende der NS-Terrorherrschaft in politischer Hinsicht immerhin verwirklicht werden, indem nämlich die Christlich-Demokratische Union (CDU) bzw. die Christlich-Soziale Union (CSU) in Bayern als überkonfessionelle Sammlungsparteien für die ganze christlich-konservative Bevölkerung und anfänglich auch noch für die einem christlichen Sozialismuskonzept verpflichtete Bürgerschaft konstituiert wurden. Dr. Raabe gehörte zu den Mitbegründern der CDU in Berlin und anschließend in Hessen, wo er seine Partei in der Verfassungberatenden Landesversammlung sowie im Landtag vertreten hat, während er zugleich ebenfalls seit 1946 für ein Jahrzehnt als Oberbürgermeister seiner Geburtsstadt Fulda wirkte.

Derweil viele widerständige Sozialdemokraten und Sozialisten sowie mit ihnen politisch verbundene Gewerkschafter im Verlauf der als schier unerträglich empfundenen Fortdauer von NS-Unterdrückungsregime und Krieg eine immer tiefere Religiosität entwickelten, wofür hier beispielhaft nur auf Dr. Theodor Haubach, Ernst von Harnack, Dr. Adolf Reichwein, Dr. Carlo Mierendorff und Hermann Maaß hingewiesen werden soll, begannen andererseits auch etliche Konservative zunehmend Verständnis aufzubringen für die gesellschaftspolitischen Zielvorstellungen der Anführer des nichtkommunistischen Arbeiterwiderstandes. Die damaligen Linksliberalen haben ohnehin oft ausgesprochen gewerkschaftsfreundliche Positionen vertreten. Jener wechselseitige Annäherungsprozess zwischen bürgerlicher und Arbeiteropposition setzte sich bis zum „20. Juli“ beständig fort und wurde ganz entscheidend dadurch befördert, dass die Maximalforderungen der Sozialdemokraten – Enteignung der Großgrundbesitzer, Sozialisierung der Schlüsselindustrien, der Banken sowie des Versicherungswesens und dergleichen mehr – von christlichen Gewerkschaftern bzw. von Vertretern der katholischen Arbeiterbewegung seit langem schon genauso erhoben worden sind. Dazu hatten die sozialdemokratischen Arbeiterführer und die hinter ihnen stehenden Kreise den „dogmatischen Marxismus und seine Terminologie“ längst „überwunden“, worauf Jakob Kaiser in einem Gedenkartikel aus Anlass des 57. Geburtstages Leuschners explizit hingewiesen hat. „Entscheidend“ bei alledem sei gewesen, dass sie damals „auf der Basis der Toleranz, der positiven Wertung aller religiösen Kräfte und der parteipolitischen Abstinenz der Gewerkschaften zu einer Organisation entschlossen“ gewesen seien, „die der wirtschaftlichen und sozialen Bedeutung der Arbeiterschaft, ihrer freien und menschenwürdigen Entfaltungsmöglichkeit angemessen war“. In politischer Hinsicht habe dies „eine Verständigungsbereitschaft“ vorausgesetzt, „die jede geistige und weltanschauliche Unduldsamkeit ausschloss“, wobei „Männer wie Wilhelm

Dr. Julius Leber vor dem „Volksgerichtshof"

Leuschner und Julius Leber" während ihrer Untergrundarbeit „eine Hinwendung zur Realpolitik aus toleranter Haltung" vollzogen hätten, „die für die künftige Gestaltung der deutschen Politik von entscheidender Bedeutung gewesen wäre".[249] So konnte sich Zug um Zug ein gemeinsames Verständnis dafür herausbilden, dass eine grundlegende Neuordnung nach Beseitigung bzw. militärischer Niederringung der Hitler-Diktatur nicht ohne tief greifende ökonomische Veränderungen würde auskommen können, desgleichen nicht ohne solide ethische Verankerung des neuen Staatswesens im Christentum, dementsprechend nicht ohne völlige Neuausrichtung des Erziehungs- und Bildungswesen, nicht ohne Rechtsstaatlichkeit sowie eine allgemeine Demokratisierung sämtlicher Lebensbereiche. Dass hierzu auch eine gediegene sozialstaatliche Fundamentierung, umfassende völkerverbindende Maßnahmen und dergleichen mehr würden gehören müssen, verstand sich für viele nach den hinter ihnen liegenden Erfahrungen einfach von selbst.

Durch jene während der frühen 1940er Jahre bereits deutlich erkennbar konvergierenden politisch-mentalen Entwicklungsprozesse sind die nun immer öfter erfolgten Kontaktaufnahmen bis dahin weitgehend isoliert gebliebener, bürgerlich-christlich geprägter Oppositionsgruppen aus dem nichtgewerkschaftlichen Bereich mit den jeweiligen vor Ort bestehenden sozialdemokratisch-gewerkschaftlichen Widerstandsgruppierungen ungemein begünstigt worden. Obendrein noch haben sich in vielen Städten und Gemeinden fortan immer mehr Widerstandsgruppen gebildet, in denen bürgerliche Regimegegner mit solchen aus der nichtkommunistischen Arbeiterbewegung wie ganz selbstverständlich zusammenwirkten, wobei es solche überparteilichen Zusammenschlüsse natürlich hie und da auch vordem schon gegeben hat. Und die sich dann fortgesetzt mehrende Einbindung auch solcher Gruppierungen in überregionale Widerstandsvernetzungen lässt sich ebenfalls bereits seit Anfang der 1940er Jahre ausmachen, was für die diversen Lokalgruppen der primär liberaldemokratisch ausgerichteten Strassmann-Struktur freilich bereits in der Vorkriegszeit zu konstatieren war. Deren reichsweites Widerstandsnetzwerk war zwar durch die Verhaftung Strassmanns im Sommer 1942 erst einmal auseinander gerissen worden, da dieser die überregionalen konspirativen Verbindungen allesamt persönlich realisiert hatte, konnte jedoch schon bald teilweise wieder rekonstruiert werden, besonders im Bereich Berlins, Bambergs und Norddeutschlands, wobei es abermals verschiedentlich gelungen ist, sogar verfolgte Juden dem Zugriff der Polizei zu entziehen. Andere lokale Reste jener Widerstandsstruktur sollten dagegen bis zum Ende der Diktatur in völliger Isolation verharren.[250] Erleichtert wurde jenes allmähliche Sich-näher-Kommen bürgerlicher Widerständler und solcher aus der Arbeiterbewegung durch die Freundschaften ihrer Protagonisten auf örtlicher bzw. regionaler Ebene, wobei allerdings dann verstärkt auch entsprechende Einflussnahmen von außen erfolgten, also entweder durch die diesbezüglich landauf, landab im Einsatz befindlichen Spitzenfunktionäre Leuschner, Kaiser und Habermann oder durch deren Emissäre. Wenn Henk später behauptet hat, erst „in den Wochen vor dem Attentat“ vom 20. Juli 1944 sei „eine weitere Veränderung in der Geheimorganisation“ vorgenommen worden, indem „in letzter Stunde einzelne andere politische Gruppen an diesen Apparat angeschlossen“ worden seien, und zwar „Katholiken, Protestanten, Demokraten und da und dort auch Liberale“, dann hat dies womöglich so allein für den von ihn selbst überblickten regionalen Strukturbereich gegolten. Er könnte aber damit auch einfach nur einige jener Gruppen und Kleingruppen gemeint haben, die eben nicht vorher schon auf die eine oder andere Weise mit dem reichsweit immer stärker verzweigten zivilen Widerstandsnetzwerk Leuschners und seiner Freunde in Fühlung gekommen waren. Doch gerade dies hat es nach den ersten entsprechenden Unterredungen der wichtigsten Anführer der nun kombinierten Zivil- und Militärverschwörung im ganzen Land in einer derartigen Vielzahl gegeben, dass eigentlich schon seit Anfang der 1940er Jahre korrekterweise von einer Leuschner-Kaiser-Goerdeler-Beck-Konspiration gesprochen werden müsste. Auf jeden Fall hätte sich ein derart kräftebindender Vernetzungsprozess ganz so rasch, wie Henks diesbezüglich doch recht unglücklich gewählte Formulierung den Anschein erwecken mag, nämlich binnen nur weniger Wochen, ganz bestimmt nicht bewerkstelligen lassen – was bei realistischer Betrachtung noch nicht einmal unter legalen Bedingungen so möglich wäre.[251]

Auch in Wiesbaden hatte sich bereits in den 1930er Jahren ein lockerer, eindeutig bürgerlich ausgerichteter Widerstandskreis zusammengefunden, dessen über 30 Mitglieder zumeist liberal, ansonsten aber konservativ oder sozialdemokratisch positioniert gewesen sind. Es waren Fabrikdirektoren und Ärzte, Lehrer, Landwirte und Kaufleute, Handwerker und Verwaltungsbedienstete, ein argentinischer Konsul, ein von den Nazis aus dem Amt entfernter Stadtschulrat, ein Buchhändler sowie einige christliche, liberale und sozialdemokratische Gewerkschafter, die sich dort um den 1933 für anderthalb Jahre aus politischen Gründen aus dem Dienst gedrängten Kommunalbeamten Heinrich Roos geschart hatten. Dieser hatte wie etliche andere jener Regimegegner vordem der linksliberalen Deutschen Demokratischen Partei, dann Deutsche Staatspartei, angehört. Seine Freunde und er trafen sich auch während des Krieges zum regelmäßigen politischen Meinungsaustausch, was dadurch ermöglicht wurde, dass er selbst nicht kriegsverwendungsfähig gewesen ist und andere als unabkömmlich eingestuft worden waren. Außerdem organisierten sie Hilfeleistungen für aus welchen Gründen auch immer in Not Geratene und konnten zudem dank entsprechender Hinweise durch einen Kriminalkommissar sowie einen ebenfalls involvierten Telegrafeninspektor von der Gestapo bedrohten Personen Warnungen zukommen lassen. Auf verschiedenerlei Weise wurden jüdische Bürgerinnen und Bürger unterstützt, so z. B. durch Abgabe von Lebensmittelkarten und ebenso durch Naturalien, welche von befreundeten Landwirten aus der unmittelbar angrenzenden Region zwischen dem Taunus, dem Rhein und dem Main zur Verfügung gestellt worden sind. Einer ihrer Freunde war selbst rassistisch verfolgt und vermochte noch kurz vor Kriegsende seiner Deportation nach Theresienstadt zu entgehen, indem er untertauchte. Sogar mit einigen stadtbekannten Kommunisten war Roos befreundet, wobei der spätere CDU-Stadtkämmerer diese jedoch von seinen sonstigen politischen Kontakten wohlweislich ferngehalten hat. Obgleich sein Freundeskreis offenbar keine Berührung hatte mit der Widerstandsstruktur Ernst Strassmanns und auch in die Vorbereitungen des „20. Juli" sicherlich nicht unmittelbar einbezogen war, sind doch einige seiner Mitglieder mit führenden Protagonisten jener Verschwörung konspirativ verbunden gewesen: So stand der Kaufmann Ludwig Schwenck bis kurz vor dem Umsturzversuch im Sommer 1944 in ständigem Austausch mit dem Wiesbadener Gymnasiallehrer Hermann Kaiser, der als Hauptmann der Reserve im Oberkommando des Heeres in Berlin eine immer wichtigere Scharnierfunktion zwischen militärischem und zivilem Flügel der Verschwörung ausübte, dort seit 1941 mit Generaloberst a. D. Ludwig Beck, Dr. Goerdeler und vielen anderen hochkarätigen Regimegegnern aufs engste kooperierte und außerdem noch Verbindungen mit Oppositionellen in Göttingen sowie im Stellvertretenden Generalkommando des XII. Armeekorps in Wiesbaden unterhielt. Zur bereits erwähnten kleinen Oppositionsgruppe vormaliger Funktionäre und Mitglieder der Christlichen Gewerkschaften und der Katholischen Arbeiterbewegung im Rhein-Main-Gebiet hielt der Freundeskreis um Roos durch Ferdinand Grün Verbindung, einst Gründungs- und dann Vorstandsmitglied des örtlichen Reichsbanners Schwarz-Rot-Gold und viele Jahre lang für das Zentrum im Stadtparlament wie im Magistrat engagiert. Hauptberuflich hatte er zuletzt als Arbeitersekretär des Bezirksverbandes Wiesbaden der katholischen Arbeiter- und Männervereine gewirkt. Erich Zimmermann, einstmals Sekretär bzw. Bezirksgeschäftsführer des liberalen Gewerkschaftsbundes der Angestellten, der sich während der NS-Zeit dann als Hausverwalter und Immobilienmakler betätigte, hatte zugleich Fühlung mit dem Widerstand um seinen Gewerkschaftskollegen Ernst Lemmer, den christlichen Gewerkschaftsführer Jakob Kaiser sowie den Sozialdemokraten Dr. Julius Leber. Und überdies bestand durch zwei in die Gruppe um Roos eingeklinkte SPD-Mitglieder eine verdeckte Verbindung mit dem vom früheren Wormser Polizeidirektor Heinrich Maschmeyer angeleiteten Wiesbadener Stützpunkt im Rahmen des reichsweiten Vertrauensleutenetzwerks Leuschners, seines vormaligen obersten hessischen Dienstvorgesetzten. Auch dort konnte somit spätestens um 1942/43 das trotz unnachgiebiger NS-Verfolgung keineswegs vollends zerriebene sozialdemokratisch-gewerkschaftliche Widerstandspotential erneut politisch formiert werden. Nachdem jene beiden lockeren lokalen Widerstandsstrukturen, also die Maschmeyers wie die von Roos, nach dem gescheiterten Umsturzversuch einer Enttarnung durch die NS-Fahnder hatten entgehen können, sind sie zur Keimzelle des Aufbau-Ausschusses Wiesbaden geworden, der als gemeinsame Vertretung aller dortigen antinationalsozialistischen Kräfte bereits am Tag nach dem Einmarsch der US-Kampftruppen Ende März 1945 vereinbart worden ist. Gewissermaßen war dieser unmittelbar im antinazistischen Widerstand wurzelnde Aktivistenkreis ein basisdemokratischer Vorläufer des im Herbst desselben Jahres gebildeten, paritätisch besetzten Bürgerrates bzw. der dann am 26. Mai 1946 endlich wieder frei gewählten Stadtverordnetenversammlung. Wie Roos haben sich auch die meisten anderen Mitglieder seiner Widerstandsgruppe sogleich für die demokratische Reorganisationsarbeit und den Wiederaufbau ihrer Stadt ins Zeug gelegt, so beispielsweise Ferdinand Grün als Direktor des Arbeitsamtes sowie für die CDU als Stadtverordneter, Mitglied der Verfassungberatenden Landesversammlung Groß-Hessen und hessischer Landtagsabgeordneter und Erich Zimmermann ab 1946 als Vorsitzender der Wiesbadener CDU-Stadtverordnetenfraktion. Heinrich Maschmeyer jedoch ist, nachdem er noch kurze Zeit im Aufbau-Ausschuss hatte mitwirken können, schon im Juni 1945 gestorben, was wohl eine Spätfolge des dem Sozialdemokraten 1933 im KZ Osthofen zugefügten Gesundheitsschadens gewesen ist.[252]

Ein weiteres Beispiel für die überaus behutsam fortschreitende Einbeziehung weiterer Oppositioneller in das dadurch dennoch zunehmend engmaschig werdende zivile Widerstandsnetzwerk im Zusammenhang mit der Vorbereitung des Umsturzversuchs vom 20. Juli 1944 ist eine ebenfalls mittelständisch geprägte Widerstandsgruppe in Bentheim im nordwestdeutsch-niederländischen Grenzgebiet. Diese bestand schon seit 1933, ist aber erst Ende 1941 durch Oberst Wilhelm Staehle, einen früheren Abwehroffizier, der inzwischen als Kommandant der Invalidensiedlung in Berlin-Frohnau wirkte, in vorerst nur sehr vagen Andeutungen über seine konspirativen Unterredungen mit Dr. Goerdeler informiert worden. Mit diesem wie auch mit der Bentheimer Gruppe hatte Staehle jedoch bereits seit 1937 in widerständigem Kontakt gestanden, allerdings ohne jene beiden Konspirationsbereiche derweil voneinander in Kenntnis gesetzt zu haben. Als völlig verlässlicher Verbindungsmann zwischen Dr. Goerdeler und Staehle hatte seitdem Hauptmann Ludwig Gehre fungiert, der dann im Amt Ausland/Abwehr zum engeren Verschwörerkreis um Hans Oster und Dr. Hans von Dohnanyi gehörte. Genauso vorsichtig verhielt sich Staehle bei seinen vielfältigen sonstigen oppositionellen Kontakten, so z. B. zum Berliner Kreis um Johanna Solf und Elisabeth von Thadden, durch den etlichen politisch und rassistisch Verfolgten Unterstützung bis hin zur Fluchthilfe zuteil wurde. Außerdem hatte der konservative NS-Gegner sich zusammen mit seiner Ehefrau Hildegard Staehle im Rahmen der Kirchlichen Hilfsstelle für evangelische Nichtarier des Ende 1940 verhafteten Pfarrers Heinrich Grüber engagiert. Wohl schon seit den Novemberpogromen 1938 haben die beiden etlichen Juden und anderen Bedrängten, vor allem Niederländern vorübergehend Unterschlupf geboten oder gar zum Entkommen verholfen. Dabei hatten sie keinerlei Scheu, nicht nur mit Bürgerlichen, sondern auch mit Sozialisten und Kommunisten zusammenzuarbeiten. Mit Generaloberst a. D. Ludwig Beck und Admiral Wilhelm Canaris, mit Oberst, später Generalmajor Hans Oster und dem vormaligen Richter am Reichskriegsgericht Dr. Karl Sack, seit Herbst 1942 Chef des gesamten Justizwesens des Heeres und den Militärverschwörern schon seit geraumer Zeit eng verbunden, standen die Staehles ebenso in zum Teil freundschaftlicher Verbindung wie mit Hauptmann Hermann Kaiser und seinem Bruder Ludwig, damals Oberkriegsgerichtsrat in der Heeresrechtsabteilung des Oberkommandos des Heeres. Für Dr. Goerdeler, dem sie in Frohnau gelegentlich Quartier gaben, erledigte Hildegard Staehle wiederholt Kurierdienste, während ihr Mann für ihn, auch für Dr. Adam von Trott zu Solz unter Ausnutzung verschiedener, zum Teil familiärer Beziehungen konspirative Kontakte zu Vertretern des niederländischen Widerstandes realisierte, u. a. zu Adrianus Cornelis de Bruijn, den Vorsitzenden des Rooms-

Katholiek Werkliedenverbond bis zu dessen Selbstauflösung im Jahr 1941. So wurde die dortige Untergrundbewegung auch etwa Ende 1943 über die in deutschen Widerstandskreisen erneut gehegten Umsturzabsichten instruiert und um Unterstützung des nunmehr für Anfang 1944 vorgesehenen Unternehmens im Falle seines Gelingens gebeten. Über Oberst Staehles Jugendfreund, den Neuenhäuser Fabrikanten Johann Brill, der von Anfang an Spiritus Rector der Bentheimer Oppositionsgruppe war, konnte Staehle sogar eine über die Schweiz laufende Verbindung mit der niederländischen Exilregierung in Großbritannien knüpfen, die sich dem Ansinnen der deutschen Widerständler aber verweigerte. Staehles konspirative Kontakte mit niederländischen Anti-Nazi-Kreisen sind zweifellos dadurch begünstigt worden, dass er selbst aus Neuenhaus im Landkreis Grafschaft Bentheim stammte, durch seine Mutter Holländisch sprach und eben über jene exzellenten Beziehungen zur dortigen bürgerlichen Widerstandsgruppe um Brill verfügte, der für ihn auch selbst wiederholt geheime Botschaften ins seit 1940 okkupierte Nachbarland überbracht hat. Bis zum Verbot jenes reaktionär-deutschnationalen paramilitärischen Wehrverbandes im Jahr 1935 hatten sich die Bentheimer Regimegegner übrigens, die anfänglich noch Schriftmaterial zur Verteilung gebracht hatten, als „Stahlhelm“-Gruppe getarnt. Verbindungen mit Gleichgesinnten haben sie sogar in Osnabrück und Bremen unterhalten. In ihrer Nachbarstadt Nordhorn, seinerzeit ein bedeutender Standort der Textilindustrie, haben sie sich darüber hinaus gezielt um die Gewinnung von NS-Gegnern aus der Arbeiterschaft bemüht, denn sie waren recht bald zu der Überzeugung gelangt, dass einzig und allein durch das Zusammengehen bürgerlicher und proletarischer Oppositioneller eine Chance auf Änderung der politischen Verhältnisse bestehen könnte. Ihren guten Zugang zu niederländischen Widerstandskreisen hatte die Gruppe um Brill nicht zuletzt der Tatsache zu verdanken, dass es ihr im Laufe der Zeit gelungen war, sogar mehrere Niederländer aus der KZ-Haft in Deutschland freizubekommen. Fünfeinhalb Wochen vor dem „20. Juli“ erfolgte die Verhaftung Staehles, dem vor allem seine Beziehungen zum Solf-Kreis zum Verhängnis geworden sind, zwei Monate später auch die seiner Frau. Wäre die Umsturzaktion erfolgreich verlaufen, hätte Oberst Staehle für eine Übergangszeit, d. h. bis zum Friedensschluss als Militärbefehlshaber von Belgien und den Niederlanden fungieren und für den reibungslosen Rückzug der deutschen Truppen aus diesen beiden Ländern sorgen sollen.[253]

Auch für zahlreiche andere Städte lässt sich während der Kriegsjahre jener Prozess des weiteren vorsichtigen Zusammenrückens bürgerlicher und nichtbürgerlicher Oppositionskreise belegen, wofür hier nur noch einige wenige Beispiele präsentiert werden sollen: So führten die Stuttgarter NS-Gegner um Joseph Ersing und Dr. h. c. Eugen Bolz, die bereits 1940 durch Max Habermann in die in Berlin entwickelten Umsturzpläne eingeweiht worden waren, seit 1942 fortgesetzt konspirative Zusammenkünfte mit Dr. Goerdeler und häufig auch mit Jakob Kaiser durch, an denen zudem noch etliche andere süddeutsche Gewerkschaftsführer und Politiker teilgenommen haben. Geheime Verbindungen führten von Stuttgart u. a. nach Baden-Baden bzw. Rastatt, dort zum früheren Mannheimer Zentrums-Vorsitzenden, Stadtrat und badischen Landtagsabgeordneten August Kuhn[254], der 1933 von seinem Posten als Arbeitsamtsdirektor entfernt und anschließend mehrmals versetzt worden war. Trotz des gegen ihn und seine Familie 1936 verhängten Aufenthaltsverbotes für den Stadtkreis Mannheim hat

Kuhn die Verbindung dorthin aufrechterhalten, und zwar zu seinem christlichen Gewerkschaftskollegen Heinrich Wittkamp. Dieser wiederum hatte seit 1933 die Verbindung mit dem früheren Bezirksleiter des Zentralverbandes der christlichen Holzarbeiter Anton Sabel[255] in Frankfurt aufrechterhalten, der sich dann im Rahmen der im Rhein-Main-Gebiet bestehenden kleinen Widerstandsgruppe christlicher Gewerkschafter betätigt hatte, bis er Anfang der 1940er Jahre zur Wehrmacht eingezogen worden war. Über August Kuhn und seinen früheren badischen Landtagskollegen Valentin Eichenlaub[256] konnte ebenfalls 1942 ein mit Dr. Goerdeler abgestimmter Brückenschlag Jakob Kaisers zum Straßburger Juristen und Generalssekretär der Elsässischen Volkspartei Jean Keppi[257] realisiert werden, der freilich bereits vordem mit Widerstandskreisen christlicher Gewerkschafter sowie mit solchen an der Universität Freiburg in konspirativem Kontakt gestanden hatte. Während einiger nachfolgender Unterredungen in Stuttgart wie in Straßburg, an denen sich bei jeweils wechselnder personeller Besetzung Bolz, Ersing, Reinhold Frank, Goerdeler und Keppi beteiligt haben, wurde Letzterer als Vertreter der elsässischen Résistance von den Absichten der Verschwörer in Kenntnis gesetzt. Überdies soll Oberstleutnant Claus Graf Schenk von Stauffenberg im Frühjahr 1944 Keppi die von diesem schon länger herbeigesehnte Autonomie seiner Heimat von Frankreich für den Fall zugesichert haben, dass die geplante Umsturzaktion gelänge. Kuhn, der auch den elsässischen Widerstandsgruppen wiederholt finanzielle Unterstützung hatte zukommen lassen, wäre nach dem Machtwechsel, wie Jakob Kaiser nach dem Krieg bezeugt hat, „im Einvernehmen mit Dr. Goerdeler und Wilhelm Leuschner für die Übernahme einer wichtigen Funktion in der Neuordnung des öffentlichen Lebens vorgesehen" gewesen, wobei ihm womöglich im Bereich Badens zunächst die Leitung der nach den Plänen Leuschners, Jakob Kaisers sowie ihrer Gesinnungsfreunde strukturierten neuen demokratischen Einheitsgewerkschaft anvertraut worden wäre. Nach dem Krieg zählte Kuhn zu den Mitbegründern der CDU in Baden, wurde abermals an die Spitze des Mannheimer Arbeitsamtes berufen und zog für seine Partei in den dortigen Stadtrat sowie in den Landtag seines Heimatlandes ein, während Anton Sabel ab 1947 als Direktor des Arbeitsamtes in Fulda wirkte, sich dann ebenfalls für die CDU im Deutschen Bundestag engagierte und schließlich 1957 zum Präsidenten der Bundesanstalt für Arbeitsvermittlung und Arbeitslosenversicherung in Nürnberg aufgestiegen ist.[258]

In Aschaffenburg existierte ein weiterer oppositioneller Freundeskreis, von dem aus verdeckte Verbindungen zum aus dem unterfränkischen Hammelburg stammenden Jakob Kaiser bzw. zu Leuschner geführt haben könnten, der während seiner Reisen nach Süd- und Südwestdeutschland hin und wieder seiner Heimatstadt Bayreuth Besuche mit privatem wie mit konspirativem Hintergrund abstattete. Zu dieser nur sehr kleinen und ansonsten in jener Region offenbar völlig isolierten Widerstandsgruppe, die sich schon in der Vorkriegszeit gebildet hatte und verschiedentlich auch anderen vom NS-Regime Verfolgten Unterstützung angedeihen ließ, gehörten der einstige Sekretär des Verbandes christlicher Arbeitnehmer des Bekleidungsgewerbes und Reichstagsabgeordnete der Bayerischen Volkspartei Hugo Karpf, der sein Dasein dann jahrelang als Hilfsarbeiter fristen musste, bis er seit 1939 zum Aschaffenburger Wehrbezirkskommando eingezogen war, ferner der vormalige Stadtrat sowie Geschäftsführer des Verlags der dortigen, schon im März 1933 verbotenen SPD-Zeitung Jean Stock, der Buchdruckergewerkschafter Kurt Frenzel, der Zigarrenhändler Karl Weber und einige andere. Mit Sicherheit haben sie ebenfalls zu jenem Personenkreis gehört, den die Verschwörer zur zivilen Flankierung ihres Umsturzversuchs herangezogen hätten, wenn die Militäraktion am 20. Juli 1944 erfolgreich verlaufen wäre. Während Stock, der sich und seine Familie während der NS-Zeit mehr schlecht als recht als Besitzer einer kleinen Druckerei durchzuschlagen vermochte, nach dem Fehlschlag des Umsturzunternehmens zusammen mit mehreren weiteren ehemaligen SPD-Funktionären für eine Weile im KZ Dachau inhaftiert wurde, konnte Karpf dem entgehen, weil er von dem ihm persönlich nicht bekannten Aschaffenburger Wehrbezirkskommandanten, der anscheinend jedoch um die Hintergründe des Ganzen wusste, kurzfristig zum Offenbacher Wehrbezirkskommando nach Dieburg abkommandiert worden ist. Da ihre vorherigen lockeren oppositionellen Verbindungen bis zum Schluss unentdeckt geblieben sind, war es möglich, dass sich beide seit dem folgenden Frühjahr an der politischen und gewerkschaftlichen Wiederaufbauarbeit beteiligten: Stock als von der US-Besatzungsmacht eingesetzter vorläufiger Oberbürgermeister Aschaffenburgs, dann 1946 als Gründer des „Main-Echos", als Regierungspräsident von Unterfranken mit Sitz in Würzburg, als Mitglied der bayerischen Verfassunggebenden Landesversammlung sowie als dortiger Landtagsabgeordneter und 1948/49 als Mitschöpfer unseres Grundgesetzes und Karpf u. a. als Gewerkschaftssekretär, Mitglied ebenfalls der Verfassunggebenden Landesversammlung Bayerns, als Bundesarbeitsrichter und Bundestagsabgeordneter der CSU. Der Rechtsanwalt Dr. Peter Blasy, der nach dem Krieg viele Jahre lang die SPD im Aschaffenburger Stadtrat wie auch im bayerischen Landtag vertreten hat, war als Student zwar der NSDAP und sogar der SS beigetreten, ist dann aber in den Kreis jener einbezogen worden, die vor Ort von dem geplanten Coup d'État wussten. Bewirkt worden war sein gründlicher politischer Einstellungswandel wohl durch den liberal gesinnten Rechtsanwalt Dr. Fritz Koch, der in der zweiten Hälfte der 1930er Jahre als Aschaffenburger Verbindungsmann der Robinsohn-Strassmann-Widerstandsstruktur eingesetzt war und bei dem Blasy sein Referendariat absolviert hatte. Kochs ebenfalls Fritz genannter Sohn Friedrich Karl, der erst in Frankfurt am Main, anschließend in Berlin studiert hatte, war – vermittelt durch seinen Vater, damals Kommandeur der Heeresbetreuungsabteilung 7 in Berlin, sowie dessen Bamberger Freund und Kollegen Dr. Thomas Dehler – im Sommer 1942 mit deren Konfidenten Dr. Ernst Strassmann in Kontakt gekommen und hätte eigentlich fortan als Kurier zwischen Widerstandskräften an der Ostfront und in der Reichshauptstadt eingesetzt werden sollen. Aber schon wenig später ist Fritz Koch jr. nach dem Versuch, einen Aschaffenburger Jugendfreund für konspirative Kurierdienste zwischen Frankfurt und Würzburg anzuwerben, verhaftet worden. Strassmanns Festnahme folgte auf dem Fuße, auch u. a. die seines Verbindungsmannes zur Berliner Sozialdemokratie Erwin Bennewitz. Während Dr. Strassmann bis 1945 inhaftiert bleiben sollte, wurde Friedrich Karl Koch bereits nach sechs Wochen aus der Haft entlassen, was reichlich Anlass für Spekulationen geboten haben wird. Danach wurde er als Dolmetscher in die Ukraine eingezogen, war somit vor weiteren Nachstellungen durch die Gestapo sicher, was die Einflussnahme seines Vaters, vor allem aber ein daraufhin von Karl Weber, dem Zahlmeister des Aschaffenburger Wehrmachtstandortes, gefälschter Marschbefehl bewirkt haben. Aber auch Blasy muss über überregionale Kontakte verfügt haben, soll er doch nach eigenem Bekunden von den Verschwörern dann als örtlicher Verbindungsmann eingesetzt worden sein, was nur nach Dr. Kochs Einziehung zum Militär im Jahr 1939 erfolgt sein kann. Nach dem „20. Juli"-Unternehmen hätte Blasy, wie er ebenfalls erst wenige Jahre vor seinem Tod offenbart hat, eine Führungsaufgabe im Bereich von Justiz oder Polizei übernehmen sollen. Während sein ältester Sohn Fritz noch kurz vor Kriegsende bei einem Tieffliegerangriff am Gardasee gefallen ist, wurde Dr. Fritz Koch, der mittlerweile der SPD beigetreten war, 1946 Landgerichtspräsident in Aschaffenburg, 1947 zudem Richter am Bayerischen Verfassungsgerichtshof und rückte 1950 als Staatssekretär ins Justizministerium jenes Bundeslandes ein, dem er schließlich von 1954 bis 1957 auch als Justizminister diente.[259]

Angeblich erst im Februar 1943 ist der juristische Direktor der Sparkasse der Kapitalversicherungsanstalt Hannover Dr. Arthur Menge während eines Berlin-Besuchs von dem ihm seit langem gut bekannten Dr. Goerdeler zum Mitwisser der Zivilverschwörer gemacht worden, wie beide im Jahr darauf gegenüber den Vernehmungsbeamten der „Sonderkommission 20. Juli" behauptet haben. Der vormalige Fraktionsführer der konservativ-föderalistischen Deutsch-Hannoverschen Partei im Stadtparlament und dortige Oberbürgermeister von 1925 bis 1937 war nach 1933 zwar Untergliederungen der NSDAP sowie als förderndes Mitglied der SS beigetreten, hat aber den Parteibeitritt weiterhin vermieden. Bei jener Berliner Unterredung ist Menge von Goerdeler gefragt worden, ob er vielleicht daran interessiert sei, in Hannover abermals den Posten des Oberbürgermeisters, eventuell auch den des Oberpräsidenten zu übernehmen, was er jedoch zurückgewiesen haben will. Stattdessen soll er hierfür andere, seines Erachtens besser geeignete Personen vorgeschlagen haben, so den einstigen Reichswehrminister und letzten Oberpräsidenten der Provinz Hannover bis zum März 1933 Gustav Noske[260]. Aber jene Aussagen, die ihren Niederschlag in Menges „Volksgerichtshofs"-Urteil gefunden haben, waren natürlich großenteils Schutzbehauptungen, die vor allem dem Zweck dienten, die eigene Tatbeteiligung wie auch die Dauer der persönlichen Verstrickung in illegale Aktivitäten als möglichst gering erscheinen zu lassen, wenn sich die gegen ihn und Goerdeler erhobenen Vorwürfe schon nicht zur Gänze abstreiten ließen. Tatsächlich aber war Dr. Menge, wie sein vormaliger Bürochef Dr. August Löhdefink zwei Jahre nach dem Krieg bezeugt hat, bereits kurz nach dessen Beginn in die damaligen Umsturzabsichten eingeweiht und hat ihn auch künftig stets über den Stand der Dinge ins Bild gesetzt. Einige Monate vor dem „20. Juli" soll sich Menge bei einem dritten Treffen mit Dr. Goerdeler während eines Kuraufenthalts in Baden-Baden – ein weiteres hatte im Herbst 1943 in Hannover stattgefunden – „erneut" als „einen guten Innenminister" in Spiel gebracht haben. Auch hat Dr. Menge noch 1958 darauf hingewiesen, dass ihm seinerzeit von Goerdeler die Übernahme des „Justiz-, Verkehrs- oder Innenministeriums" angeboten worden sei, angeblich auf „Ersuchen des Generalobersten Beck", was er aber „nach längeren Verhandlungen" abgelehnt haben will. Dagegen will er Goerdeler seine Bereitschaft bekundet haben, als „politischer Kommissar für Niedersachsen" zu fungieren und darüber hinaus sogar „die Führung der Reichsregierung zu übernehmen", falls dies seinem früheren Leipziger Amtskollegen womöglich durch vorzeitige Verhaftung verwehrt werde. Was davon der Wahrheit entsprach, wird sich nicht mehr verifizieren lassen. Anderen Hinweisen zufolge hätte das Innenressort der Umsturzregierung seit Anfang 1943 nämlich entweder mit dem deutschnationalen Juristen Wilhelm Freiherr von Gayl besetzt werden sollen, der während der Weimarer

Zeit über ein Jahrzehnt lang dem preußischen Staatsrat angehört hatte, zugleich Bevollmächtigter der Provinz Ostpreußen im Reichsrat gewesen war und im Kabinett Reichskanzler von Papens schon einmal als Reichsinnenminister fungiert hatte. Auch Dr. Julius Leber bzw. etwas später dann entweder Fritz Graf von der Schulenburg oder wiederum Dr. Leber waren für diesen Posten in der Diskussion, wobei Letzteres noch am wahrscheinlichsten gewesen wäre, werden die realpolitischen Kräfteverhältnisse jenes breiten Widerstandsbündnisses bedacht. Unzweifelhaft hingegen ist, dass Dr. Menge tatsächlich als Politischer Beauftragter der Verschwörer für den Wehrkreis XI Hannover vorgesehen war, während der frühere preußische Finanzminister und enge Leuschner-Vertraute Hermann Lüdemann[261] als sein Unterbeauftragter hätte fungieren sollen. Nach einem erfolgreichen Militärschlag wären der Konservative und der Sozialdemokrat somit sofort in die beiden wichtigsten zivilen Funktionen in jener Region gerückt, in denen sie u. a. zuständig gewesen wären für die unmittelbare Vorbereitung eines möglichst zügigen Wechsels von der Diktatur hin zu einer neuerlichen Demokratie. „An sich" soll mit Menge obendrein „abgesprochen" gewesen sein, „dass er" sodann „Oberpräsident bzw. Reichsstatthalter" hätte werden sollen, so hatten jedenfalls die Vernehmungen 1944 erbracht. Ohne jede Frage wäre von den Verschwörern auch auf Dr. Löhdefink zurückgegriffen worden, der nicht nur seine liberale Gesinnung bewahrt, sondern sich auf vielfältige Weise als überzeugter NS-Gegner ausgewiesen hatte, nicht zuletzt durch sein Engagement für die dortige Bekenntnisgemeinschaft. Ebenso gehörte der besoldete Stadtrat Hermann Müller zum Kreis von Dr. Menges Vertrauten, mit dem dieser sogar unmittelbar vor dem „20. Juli" eine Liste derjenigen regimetreuen Personen zusammengestellt hat, die nach dem Umsturz unverzüglich hätten verhaftet werden sollen, um diesen abzusichern. Auch der frühere hannoversche Polizeipräsident Erwin Barth war involviert. Dessen 1934 nach Frankfurt am Main umgezogener Parteifreund Noske hatte Dr. Menge im Sommer 1943 bei einer ihrer diesbezüglichen Unterredungen in Hannover den Rat gegeben, vorab schon etwa 15 bis 20 antinazistisch gesinnte Persönlichkeiten aus diversen Wirtschaftsbereichen zu gewinnen, durch die es dann möglich wäre, über die zur Unterstützung des Unternehmens bereiten Kreise der Arbeiterschaft hinaus auch „möglichst große Teile des Bürgertums in die antifaschistische Front zu führen". Dieser wichtigen Empfehlung des Leuschner-Intimus ist Dr. Menge sogleich nachgekommen und hat „20 handfeste, zuverlässige Männer" mit zumeist stark rechtskonservativer Gesinnung der lokalen Untergrundbewegung zugeführt. Dominiert wurde diese allerdings – wie auch in den allermeisten anderen Städten und Gemeinden, in denen das geheime Widerstandsnetzwerk Leuschners und seiner Freunde verankert war – durch die lokale sozialdemokratisch-gewerkschaftliche Opposition. Diese wurde in Hannover seit 1933 – allerdings mit mehreren verhaftungsbedingten Unterbrechungen – von Albin Karl[262] angeführt,

Gustav Noske

dem einstigen stellvertretenden Vorsitzenden des Verbandes der Fabrikarbeiter Deutschlands, dessen Hauptvorstand bis zur Zerschlagung jener Gewerkschaft von dort aus agiert hatte. Seitdem hatte Karl seine anfänglich auch noch überregional ausgeübte Untergrundarbeit durch die von ihm übernommene Generalvertretung der Schlüchterner Seifenfabrik finanziert. Mit der Gruppe um Dr. Menge, aber auch mit weiteren zu jener Zeit in der Stadt bestehenden Oppositionsgruppen war seine Widerstandsstruktur über mehrere Vertrauensleute verbunden, so höchstwahrscheinlich durch den mit Karl eng befreundeten Gewerkschafter und vormaligen SPD-Bürgervorsteher Heinrich Bock und späterhin auch durch Dr. Löhdefink. Informelle Kontakte haben ferner zu einem kleinen oppositionellen Freundeskreis um den letzten Landesvorsitzenden des christlichen Deutschen Gewerkschaftsbundes in der Provinz Hannover und vormaligen Ortskartellsvorsitzenden der christlichen Gewerkschaften Anton Storch[263] sowie deren einstigen lokalen Geschäftsführer Hans Wellmann, beide Zentrum, bestanden. Von dort aus liefen obendrein geheime Verbindungen zu einem Zirkel von Regimegegnern um den früheren Vorsitzenden ihrer Partei in Hannover und Abgeordneten des Provinziallandtages Bernhard Pfad. Für Kommunisten wäre in jenem faszinierenden Rechts-links-Netzwerk ganz gewiss kein Platz gewesen, das nur wenige Jahre zuvor noch völlig unvorstellbar gewesen wäre, hatte doch Dr. Menge gegen Noske und dessen Partei einst keine Konfrontation gescheut. Es ist erstaunlich, wie wenige Regimegegner aus Hannover im unmittelbaren Zusammenhang mit ihrer Beteiligung an den zivilen Vorbereitungen des „20. Juli“ festgenommen und polizeilich oder juristisch belangt worden sind: Dr. Menge wurde lediglich zu einer dreijährigen Zuchthausstrafe verurteilt, und Dr. Löhdefink kam gar mit einer staatspolizeilichen Verwarnung und einer Geldbuße in Höhe von 6.000 Reichsmark noch viel glimpflicher davon, derweil ihre Verbindungen zu dem weit verzweigten lokalen Untergrundnetzwerk unentdeckt geblieben sind. Gustav Noske wurde ebenfalls festgenommen, nachdem seine führende konspirative Rolle durch das Fernschreiben der Verschwörerzentrale in Berlin zu seiner Heranziehung als Politischer Beauftragter für den Wehrkreis IX Kassel in den Abendstunden des 20. Juli 1944 offenbar geworden war. Er überlebte das „Dritte Reich“ genauso wie Albin Karl und weitere mehr als 100 in den Regierungsbezirken Hannover und Hildesheim im Zuge der nachfolgenden eher prophylaktischen Verhaftungsaktion „Gitter“ bzw. „Gewitter“, d. h. ohne jeden konkreten Tatverdacht Festgenommene, darunter Bernhard Pfad und Dr. Kurt Schumacher. Dieser war erst im Vorjahr nach zehnjähriger „Schutzhaft“ in mehreren Gefängnissen und Konzentrationslagern gesundheitlich schwer angeschlagen zum Zwangsaufenthalt nach Hannover entlassen worden. Während die meisten von ihnen schon nach wenigen Wochen wieder freigekommen sind, haben mindestens fünf im Zuge jener reichsweiten Aktion Inhaftierte nicht überlebt, darunter Heinrich Bock, der nach der Auflösung des KZ Neuengamme zu jenen etwa 6.400 Gefangenen unterschiedlichster Nationalität gehört hat, die am 3. Mai 1945 infolge der Angriffe britischer Jagdbomber auf die Häftlingsschiffe „Cap Arcona“ und „Thielbek“ bzw. durch deren Versenkung in der Lübecker Bucht ums Leben gekommen sind.[264] Nach der Befreiung vom NS-Unrechtsregime hat Albin Karl z. B. zunächst den im antinazistischen Widerstand angebahnten hannoverschen Ausschuss für Wiederaufbau geleitet, auch als Vorsitzender der dort alsbald gegründeten Allgemeinen Gewerkschaft fungiert und sich dann überhaupt um die Reorganisation der Gewerkschaften in der britischen Besatzungszone sowie um den DGB schließlich auch auf Bundesebene verdient gemacht. Der trotz seines vor dem „Volksgerichtshof" erwirkten Freispruchs aus Mangel an Beweisen bis zum Kriegsende weiterhin inhaftiert gebliebene Hermann Lüdemann ist nach seinem politisch bedingten Weggang aus der sowjetischen Besatzungszone 1946 erst zum Innenminister im Koalitionskabinett des schleswig-holsteinischen CDU-Ministerpräsidenten Theodor Steltzer und im Jahr darauf sogar selbst zum dortigen Ministerpräsidenten aufgestiegen. Dr. Arthur Menge spielte nur noch kurze Zeit eine Rolle als Vorsitzender seiner 1945 als Niedersächsische Landespartei neu gegründeten Partei, musste sich dann jedoch aus gesundheitlichen Gründen aus der Politik zurückziehen, und auch Erwin Barth konnte damals lediglich vorübergehend das Amt des Polizeipräsidenten erneut ausüben. Nachdem Anton Storch, der sich zunächst für die gewerkschaftliche Reorganisation auf städtischer Ebene wie dann in der ganzen britischen Besatzungszone engagiert hatte, vom bis dahin auch in Hannover favorisierten christlichen Sozialismuskonzept abgerückt war und sich der erst viel später von der Sozialdemokratie und schließlich selbst von den Gewerkschaften anerkannten Leitidee der Sozialen Marktwirtschaft zugewandt hatte, ist der aus Fulda stammende CDU-Mitbegründer 1949 zum ersten Bundesminister für Arbeit aufgestiegen, dessen zunehmend unternehmerfreundliches Agieren ihm alsbald jedoch das Zerwürfnis mit dem DGB bescheren sollte.

Oftmals haben sich nur rudimentäre Spuren erhalten, die auf die gute Kooperation zwischen bürgerlichen und sozialdemokratischen Oppositionellen im Vorfeld des Umsturzversuchs vom „20. Juli" hindeuten: So existiert beispielsweise ein Schreiben des Bielefelder Oberbürgermeisters Artur Ladebeck an den dortigen DGB vom Herbst 1950, in dem er bekennt, er „habe in der Nazizeit sehr eng illegal" mit dem Kommunalpolitiker Ernst Kettembeil „zusammengearbeitet". Diesen kenne er schon aus der Zeit vor 1933, und zwar z. B. aus dem Handelsschul-Ausschuss, wo Kettembeil „den Herren von der Industrie- und Handelskammer in einer Form über ihre Lehrlingszüchterei die Meinung" gesagt habe, wie er es „leider vom Vertreter des Z(entralverbandes) d(er) A(ngestellten) nie gehört habe". Es handele sich bei ihm um einen „absolut einwandfreien und zuverlässigen Menschen", der „in seinen politischen Ansichten" den Sozialdemokraten inzwischen „sehr nahe" stehe und auch nur diese wähle, ein Urteil, zu dem sich der Oberbürgermeister wohl wegen der früheren NSDAP-Mitgliedschaft des seinerzeitigen Kaufmanns bzw. Handelsvertreters veranlasst gesehen hat, der während des „Dritten Reiches" gleichwohl für kurze Zeit politisch verfolgt worden ist. Der vormalige Reichsbanner-Aktivist, SPD-Vorsitzende und -Stadtverordnete Ladebeck, der 1933 aus politischen Gründen als Schulleiter entlassen worden war, sich seitdem als Arbeiter und kaufmännischer Angestellter über Wasser gehalten hatte und auch mehrfach inhaftiert gewesen ist, berichtete in jenem Schreiben sodann davon, dass „die Berliner Nachrichtenübermittlung bei den Vorbereitungen zum 20. Juli" immer „nur persönlich" nach Bielefeld erfolgt sei, und zwar „meistens durch den Genossen Leuschner" oder durch Max Habermann vom früheren Deutschnationalen Handlungsgehilfen-Verband. Beide hätten „bei diesen Gelegenheiten immer abwechselnd bei Herrn Kettembeil" und bei ihm gewohnt. „Nach dem 20. Juli" sei Habermann „noch monatelang" von ihnen „in Bielefeld beherbergt" worden, wobei die Hauptlast von Kettembeil getragen worden sei, da er selbst einen Monat lang inhaftiert gewesen ist. Auch der Hinweis darauf, dass Habermann dann dennoch „festgenommen wurde und sich in der ersten Nacht selbst das Leben nahm, um den Folterungen zu entgehen", ist dem Brief Artur Ladebecks zu entnehmen. Tatsächlich war Habermann einige Tage nach dem fehlgeschlagenen Umsturzversuch vom 20. Juli 1944 nach Westdeutschland entkommen, wo er zunächst von seinen Bielefelder Freunden versteckt worden ist. Nachdem seine dortigen Unterkunftsmöglichkeiten aber sämtlich den ständigen Luftangriffen auf die Stadt zum Opfer gefallen waren, hatte er sich „in den letzten Oktobertagen" des Jahres 1944 mit einem Brief an „gemeinsame Freunde" von ihm und Jakob Kaiser gewandt, ihm doch, wie jener ein Jahr später bezeugt hat, „zu einer neuen Zufluchtsstätte zu verhelfen, die ihn vor den Fängen der Gestapo weiter verborgen halten sollte". Diese „gemeinsamen Freunde" haben den Hilferuf Habermanns schnellstens dem in Berlin gleichfalls untergetauchten Kaiser übermittelt, der sich umgehend mit weiteren „unerschrockenen Freunden" hierüber beraten hat. „Aber ehe" noch deren „Nachricht" den Bedrängten „auf den gebotenen Umwegen erreichen konnte", sei, so Kaiser in seinem Gedenkartikel zu Habermanns erstem Todestag, „die Botschaft seines Todes" gekommen. In welch höchster Not sich Habermann damals befunden hat, belegt der Sachverhalt, dass er inzwischen sogar das Risiko eingegangen war, seine Frau aufzusuchen, die von der Reichshauptstadt nach Müden an der Aller evakuiert worden war, wo freilich, kaum dass er deren Domizil betreten hatte, sogleich der Gestapo-Zugriff erfolgte. Noch in derselben Nacht hat Max Habermann im Gerichtsgefängnis des nahen Gifhorn Suizid begangen, um nicht Namen noch nicht gefasster Mitverschwörer bzw. die seiner Unterstützer preiszugeben. Ladebecks Rolle als einer der Anführer des sozialistischen Zweiges der Leuschner-Kaiser-Habermann-Konspiration in Westdeutschland, für den der Essener Geschäftsmann Gustav Kettel, vormals Leiter der Ortsgruppen der Sozialistischen Arbeiterpartei und der Deutschen Friedensgesellschaft in Bad Ems, genauso wie für Leuschner etwa seit 1942 die Verbindung zu den diversen lokalen linkssozialistisch-pazifistischen Stützpunkten insbesondere ins Ruhrgebiet sowie ins Rhein-Main-Gebiet realisierte, blieb daher unentdeckt. Deshalb konnte Ladebeck vom Frühsommer bis Ende 1945 zunächst als von der britischen Militärregierung eingesetzter Landrat des Landkreises Bielefeld wirken sowie vom Jahr darauf – ebenfalls erst noch auf Veranlassung der Briten – als Oberbürgermeister der Stadt, und zwar bis 1952 und abermals von 1954 bis 1961. Von 1953 bis 1957 war er zugleich Abgeordneter des Deutschen Bundestages.[265]

Max Habermann

Auch Ernst-Jakob Wetzel aus Alsheim ist zunächst von der Militärregierung zum Bürgermeister seiner damals noch von den Amerikanern besetzten rheinhessischen Geburtsgemeinde bestimmt worden, und zwar schon im April 1945. Hierfür haben ihn sein vorheriges antinazistisches Agieren sowie der Umstand prädestiniert, dass er in jener Funktion dort bereits von 1920 bis zu seiner politisch bedingten Absetzung durch die NS-Machthaber gewirkt hatte. Zudem hatte der Weingutsbesitzer die Deutsche

Volkspartei, deren Landesvorstand er überdies angehört hatte, seit 1924 im Kreistag und im Kreisausschuss des Kreises Worms sowie im Provinziallandtag der Provinz Rheinhessen des Volksstaates Hessen vertreten. 1933 ist der Liberale acht Monate lang im KZ Osthofen drangsaliert worden. Im Archiv des rheinland-pfälzischen Landtages, in dem Wetzel dann ab 1947 für fünf Wahlperioden als CDU-Abgeordneter gewirkt hat, befindet sich in seiner Personalakte eine tabellarische Selbstauskunft aus dem Jahr 1951, in der er lapidar vermerkt hat, „ab 1942 Mitglied der antifaschistischen Bewegung“ gewesen zu sein, womit – wie Bernhard Simon später eruierte, damals Archivar am Landeshauptarchiv Koblenz – „die Widerstandsgruppe um Goerdeler, Leuschner und Witzleben“ gemeint war. Ob ihn Jakob Steffan hierfür angeworben hat oder aber dessen Freund und Verwandter Ludwig Schwamb, der im Auftrag Leuschners regelmäßig auch ihre Vertrauensleute im südlichen Bereich Hessens aufgesucht hat, um sie mit Nachrichten und Instruktionen zu versorgen, wird sich nicht mehr klären lassen. Steffan hatte jedenfalls mit Wetzel zuvor im Kreistag und im Provinziallandtag zu tun gehabt, und auch sonst könnten diese drei Rheinhessen sich schon länger persönlich gekannt haben, liegen doch die Herkunftsgemeinden der beiden Sozialdemokraten – Oppenheim als die Geburtsstadt von Steffan und Undenheim als Geburtsort Schwambs – nur wenige Kilometer von Wetzels Heimatdorf Alsheim entfernt. Wie auch immer: Bestätigt wird jener wichtige, wenn auch nur minimale Hinweis durch den Zeitzeugenbericht Emil Henks aus dem Jahr 1946, in dem „der liberale Bürgermeister Wetzel“ als Anführer der Alsheimer Oppositionskräfte bezeichnet wird. Auch in allen möglichen anderen Städten und Gemeinden jener Region bestanden nach Henk „kurz vor dem 20. Juli“ Vertrauensleutestützpunkte, die entweder nur von Sozialdemokraten – Henk sprach dabei stets von Sozialisten –, oder aber von solchen im Bündnis mit konservativen bzw. liberalen Demokraten oder allein von bürgerlichen Oppositionellen geleitet wurden. Bei dem „Apparat selbst“ habe es sich freilich um „die Geheimorganisation der Sozialisten und der Gewerkschaften“ gehandelt. Dies war in Worms, Oppenheim und Nierstein nicht anders als in Dolgesheim, Nieder-Olm, Ingelheim, Bingen oder Mainz. „In Guntersblum etwa“ sei „für die Liberalen“ Emil Schmitt mit von der Partie gewesen und „für die Katholiken“, womit Henk die Konservativen gemeint haben wird, der Oberpostinspektor Johann Schmitt. Ersterer war Weingutsbesitzer wie Wetzel, welcher übrigens nach dem „20. Juli“ im Odenwald Zuflucht fand und 1946 dann der CDU beitrat, als deren Kreisvorsitzender er in Worms fungierte. 1947 wurde er Präsident der Landwirtschaftskammer Rheinhessen.[266] Es ist davon auszugehen, dass in diesem bis in die kleinsten Dörfer der Region reichenden Netzwerk etliche jener bürgerlichen Oppositionellen erneut eingebunden werden konnten, die Jahre zuvor, nämlich seit dem Herbst 1933 durch den Juristen Dr. Fabian von Schlabrendorff in – so die unumwundene Formulierung in seinem 1946 erstmals in Zürich erschienenen Bericht „Offiziere gegen Hitler“ – „mühevoller, langwieriger Einzelarbeit gewonnen und der Oppositionsbewegung eingegliedert“ worden waren. Dort wie auch in Pommern sei es auf diese Weise gelungen, „eine verlässliche antinationalsozialistische Zellenbildung ins Leben zu rufen“, die jedoch wegen der zu jener Zeit noch „fehlenden Verbindung nach Berlin“ zunehmend wieder „an Bedeutung“ verloren habe und in der Folge „zur Kleinarbeit im Stillen“ geworden sei. Dr. von Schlabrendorff hatte schon in der Endphase der Weimarer Republik als Diskussionsredner den Nazis in deren Propagandaveranstaltungen mutig Paroli geboten, früh dann Verbindung aufgenommen mit weiteren NS-Gegnern vorwiegend nationalkonservativer Gesinnung und sich 1938 in der Reichshauptstadt dem Widerstandskreis um den späteren Generalmajor Hans Oster angeschlossen. Kurz vor Kriegsausbruch ist er sogar nach Großbritannien gereist, um u. a. Winston Churchill von der Existenz deutscher Widerstandskräfte, dem bevorstehenden Hitler-Stalin-Pakt sowie dem drohenden Überfall auf Polen in Kenntnis zu setzen. Als Ordonnanzoffizier beim Ersten Generalstabsoffizier der Heeresgruppe Mitte Oberst Henning von Tresckow war er mehr noch am legendären Attentatsversuch auf Hitler vom 13. März 1943 in Smolensk beteiligt, der nur deshalb fehlschlug, weil der Zünder die in Hitlers Flugzeug geschmuggelte Sprengladung nicht detonieren ließ, wahrscheinlich wegen der zu hohen Minustemperaturen an Bord. Ferner fungierte Dr. von Schlabrendorff als Kurier zwischen den Widerstandskreisen an der Front und solchen im Heimatheer. Mit Generaloberst a. D. Ludwig Beck und Dr. Goerdeler hielt er ebenso Fühlung wie mit Hauptmann Hermann Kaiser, den Brüdern John und zahlreichen anderen Regimegegnern. Der am 17. August 1944 festgenommene Oberleutnant der Reserve hat trotz mehrfacher schwerer Folterungen keinen seiner noch am Leben befindlichen Gesinnungsfreunde verraten und vor dem „Volksgerichtshof" sogar Freispruch zu erwirken vermocht. Trotzdem ist er bis zum Einmarsch der Alliierten weiterhin inhaftiert geblieben und sollte eigentlich noch erschossen werden, da gegen ihn ein Fehlurteil ergangen sei. Nach der Befreiung wirkte er als Rechtsanwalt und Notar in Frankfurt am Main, dann in Wiesbaden und fungierte zugleich als Justiziar des von ihm 1947 zusammen mit Annedore Leber, Emil Henk, Dr. Walter Bauer, dem einst eifrigen Kreisauer Mitdiskutanten und späteren Bundestagspräsidenten Dr. Eugen Gerstenmaier, auch mit Prof. Dr. Gerhard Ritter und einigen anderen ins Leben gerufenen und 1949 in eine Stiftung umgewandelten „Hilfswerks 20. Juli 1944". Diese heißt seit 1994 „Stiftung 20. Juli 1944". Von 1967 bis 1975 hat der parteilose Konservative schließlich dem 2. Senat des Bundesverfassungsgerichts in Karlsruhe angehört.[267]

Politische Neuordnungsdiskussionen landauf, landab

In seinem fesselnden, zeitnah erstellten Erlebnisbericht, der zu den frühesten Darstellungen des antinazistischen deutschen Widerstandes überhaupt gehört, hat Dr. Fabian von Schlabrendorff darauf hingewiesen, dass Henning von Tresckow[268] sich während seiner zeitweiligen Versetzung zur Führerreserve nach Potsdam im Sommer drei Jahre zuvor keineswegs nur mit der „Ausarbeitung der Generalstabspläne für den beabsichtigten Staatsstreich“ beschäftigt habe[269], dies übrigens in enger Abstimmung mit General Friedrich Olbricht und seit September 1943 zudem in Kooperation mit Oberstleutnant Claus Graf Schenk von Stauffenberg[270]. Hierbei sind sie nebenbei bemerkt durch Erika von Tresckow, seine Ehefrau, ebenso durch Margarete von Oven und Ehrengard Gräfin von der Schulenburg als absolut vertrauenswürdigen Schreibkräften unterstützt worden. Sein Freund und Vorgesetzter Tresckow habe sich vielmehr „in dauernder Fühlungnahme mit Beck und Goerdeler mit der drängenden Frage der politischen Zielsetzung“ des Unternehmens befasst, also damit, was nach dessen Gelingen weiter zu geschehen habe. Den Primat der zivilen Widerstandskräfte hätten die Oppositionellen aus dem Militär hierbei nicht anfechten wollen, sondern „Männer wie Beck, Witzleben, Tresckow und Stauffenberg“ seien allesamt „zutiefst davon überzeugt“ gewesen, „dass das Militär nichts anderes als das Instrument sein dürfe, um den Staatsstreich durchzuführen“. Dabei sei ihnen „allen klar“ gewesen, „dass eine bewaffnete Auseinandersetzung mit der SS nicht“ würde zu umgehen sein, deren „Durchführung“ zwangsläufig „ausschließlich in der Hand des Militärs liegen“ musste. Nur um die anschließend mit Sicherheit folgende Phase erheblicher „Unruhe“ im „Innern Deutschlands“ in den Griff zu bekommen, hätten sie die vorübergehende Errichtung einer „Militärdiktatur“ geplant. Dabei wären sich „alle leitenden Personen der deutschen Widerstandsbewegung“ jedoch „ebenso einig“ gewesen, „dass es darauf“ ankäme, jene Periode „soweit als möglich zu beschränken“. Auf keinen Fall hätte diese „länger als ein Vierteljahr andauern“ sollen, woraufhin „das Militär gänzlich in den Hintergrund treten und die Zivilgewalt die Macht im Staate in vollem Umfange übernehmen“ sollte. „Alle gegen den Nationalsozialismus gerichteten politischen Kräfte“ hätten „an der Machtausübung beteiligt werden“ sollen, so von Schlabrendorff weiter, wozu Goerdeler „seit Jahren mit Vertretern der in Frage kommenden politischen Gruppen von der Rechten bis zur Linken Verhandlungen“ geführt habe. Es sei ihm gelungen, „die vormals im Zentrum vereinigten katholischen Kräfte zur Mitarbeit zu verpflichten“, außerdem „den früheren Führer der christlichen Gewerkschaften Jakob Kaiser“, desgleichen „Männer der Arbeiterschaft“. Vor allem „mit Julius Leber und Wilhelm Leuschner“ habe Goerdeler „in dauernder Fühlung“ gestanden. Beiden Sozialdemokraten bescheinigte von Schlabrendorff, „Männer von außerordentlicher Begabung“ gewesen zu sein, die „zweifellos zu den hervorragendsten Vertretern der deutschen Arbeiterschaft“ gehört hätten. Sie seien damals „entschlossen“ gewesen, „ihre ganze Kampfkraft und die hinter ihnen stehenden Arbeitermassen zusammen mit den übrigen militärischen und zivilen Widerstandsgruppen Deutschlands zum Schlag gegen Hitler einzusetzen“. Leuschner, Leber und „ihren politischen Freunden“ sei klar gewesen, dass „einzig in einem engen Zusammenwirken zwischen Arbeiterschaft und Wehrmacht“ eine „Möglichkeit zum politischen Umsturz“ bestanden haben würde.[271]

Doch trotz der sich ständig verstärkenden politisch-ideologischen Annäherung von immer mehr bürgerlichen NS-Gegnern an die Zielvorstellungen des nichtkommunistischen Arbeiterwiderstandes, wobei für Erstere hie und da sogar die Vergesellschaftung bestimmter Wirtschaftsbereiche konsensfähig geworden war, ist über die politische Ausgestaltung des mit fortschreitendem Kriegsverlauf zunehmend absehbaren Nach-Hitler-Deutschlands weiterhin heftig gerungen worden. Insbesondere nach dem deutschen Überfall auf die Sowjetunion sind von den Theoretikern eigentlich sämtlicher Oppositionsbereiche alle möglichen Denkschriften und Programmatiken erarbeitet worden, in denen die unterschiedlichsten Gesellschafts- bzw. Herrschaftsmodelle in Vorschlag gebracht worden sind. Die einen wollten möglichst einen autoritären Obrigkeitsstaat errichtet sehen oder am besten die Hohenzollern-Herrschaft wiedereinführen, was vor 1933 schon zu den Programmpunkten der Deutschnationalen Volkspartei gehört hatte und nun nicht etwa nur von den in die Verschwörung einbezogenen Monarchisten favorisiert wurde, sondern ebenso z. B. von Anti-Nazi-Kräften wie Dr. Otto John. Der zumal in konspirativer Hinsicht höchst agile Lufthansa- und Abwehrmitarbeiter, der mit Dr. Louis Ferdinand Prinz von Preußen befreundet war, hatte denselben bereits 1938 eingeweiht und seine grundsätzliche Bereitschaftserklärung eingeholt, sich für die Verschwörung zur Verfügung zu stellen.[272] Andere haben eine stark wirtschaftsliberal geprägte Gesellschaft angestrebt, ohne sich auf eine bestimmte Staatsform festzulegen zu wollen. Wieder andere erhofften sich einen Ständestaat mit einigen wenigen nur tendenziell demokratischen Komponenten, während für die Regimegegner aus der Arbeiterbewegung eine sozialistische Gesellschaftsordnung, mindestens aber eine Republik mit wirklich sozialstaatlicher Ausrichtung das Ziel war. Dass man klug beraten wäre, sich auch programmatisch auf den Neubeginn nach dem immer näher rückenden Ende der Diktatur zu präparieren, war ihnen schon länger klar geworden, und zwar nicht erst seit der fürchterlichen Schlacht von Stalingrad, die 1942/43 allen Nichtverblendeten die Kriegswende signalisiert hat.

Gerade Wilhelm Leuschner hatte, wie von Emil Henk berichtet worden ist, seit seinen Unterredungen mit mehreren Protagonisten des bürgerlichen Widerstandes bereits 1939/40 erkannt, dass neben dem weiteren Ausbau der politischen Widerstandsstrukturen vorab schon eine stärkere programmatische Formierung des Arbeiterwiderstandes unabdingbar wäre.[273] Nach allem, was bekannt ist, haben sich der Gewerkschaftsführer und seine engsten Mitstreiter bzw. die von ihnen hierfür zu Rate gezogenen Fachleute dabei schwerpunktmäßig auf wirtschafts- und sozialpolitische, auch bildungspolitische, vor allem aber auf gewerkschaftspolitische Fragen konzentriert. Warum sollten sie auch völlig neue verfassungspolitische Entwürfe ausarbeiten, war doch die 1933 durch die Nazis zertrümmerte Republik von Weimar der Staat gewesen, mit dem die Sozialdemokraten und die sozialdemokratisch ausgerichteten Gewerkschafter sich wie niemand sonst identifiziert hatten. Dieser Staat war 1918/19 hauptsächlich dank ihres tatkräftigen Engagements aus der Taufe gehoben und dann mit einer demokratischen Verfassung versehen worden, wobei sie natürlich manchen Kompromiss mit den Bürgerlichen hatten eingehen müssen. Jene erste Republik auf deutschem Boden war für sie insofern zwar in vielerlei Hinsicht optimierungsbedürftig gewesen, was sich dementsprechend an solchen durch die sozialdemokratische Solidargemeinschaft seinerzeit kämpferisch-selbstbewusst skandierten Parolen gezeigt hatte wie: „Demokratie, das heißt nicht viel – Sozialismus ist das Ziel“. Das Sozialismusmodell, das den Sozialdemokraten und den mit ihnen verbundenen Gewerkschaftern vorschwebte, hatte natürlich nichts gemein mit jener Grauen erregenden Despotie, die seit der Oktoberrevolution des Jahres 1917 in Sowjetrussland errichtet worden ist. Für die SPD und das ihr verpflichtete Organisationsspektrum hingegen war vielmehr die Demokratie schon damals die unabdingbare Grundvoraussetzung zur Verwirklichung eines freiheitlichen Sozialismus. Genau deshalb hatte auch der ADGB 1927 Fritz Naphtali[274] von der neu geschaffenen Forschungsstelle für Wirtschaftspolitik, dem wirtschaftswissenschaftlichen Institut der sozialdemokratischen Arbeiterbewegung, beauftragt, ein praxisorientiertes theoretisches Konzept zur Realisierung der damaligen wirtschafts- und gesellschaftspolitischen Vorstellungen der Gewerkschaften zu entwerfen, auf dessen Grundlage die von ihnen bis dahin bereits erkämpften demokratischen Positionen gefestigt und schrittweise mit sozialistischer Perspektive fortentwickelt werden könnten. Die gewünschte Leitlinie zur auf solche Weise erhofften Vollendung der Demokratie wurde alsbald mit dem von ihm und einigen anderen Autoren erstellten Sammelband „Wirtschaftsdemokratie. Ihr Wesen, Weg und Ziel“ vorgelegt. Diese Konzeption ist vom Hamburger ADGB-Kongress 1928 zwar angenommen worden, ließ sich dann aber wegen der ein Jahr später einsetzenden Weltwirtschaftskrise und dem nachfolgenden dramatischen Aufstieg der NSDAP nicht mehr praktisch erproben. Gleichwohl gilt die „Wirtschaftsdemokratie“ Naphtalis, der 1933 als Sozialdemokrat und Zionist vor den braunen Barbaren nach Palästina flüchten musste, bis heute als Meilenstein auf dem Weg zur Entwicklung der Vision eines demokratischen Sozialismus. Nach der Gründung des Staates Israel rückte er für die von Premierminister David Ben Gurion geführte sozialistisch-zionistische Mapai-Partei sogar in mehrere Ministerämter ein. Auch Wilhelm Leuschner und Fritz Tarnow waren Verfechter jener tiefgreifenden gesellschaftspolitischen Transformationsstrategie, welche von Letzterem, Wladimir Woytinski und Fritz Baade 1931/32 noch durch ein Programm aktiver Konjunkturpolitik zur Krisenbekämpfung durch staatliche Kreditaufnahmen und Investitionen sowie den Vorschlag eines umfassenden Arbeitsbeschaffungsprogramms zwecks rascher Zurückdrängung der horrenden Arbeitslosigkeit ergänzt worden ist. Jene ADGB-Vorschläge stießen jedoch innerhalb der SPD-Führung eher auf Skepsis – auch bei Fritz Naphtali übrigens –, wodurch diese in den letzten Wahlkämpfen der Republik den Nazis und deren diesbezüglichem „Sofortprogramm“ vom Frühjahr 1932 auf jenem wichtigen Politikfeld unverständlicherweise nichts Adäquates entgegenzusetzen wusste.[275]

Tarnows Freund Leuschner hatte sich jedenfalls – wie schon erwähnt – in seiner Abhandlung „Vom deutschen Volksstaat“ aus Anlass des zehnten Jahrestages der Verabschiedung der Weimarer Reichsverfassung ganz klar zur beständigen Fortentwicklung der parlamentarischen hin zu einer sozialen Demokratie bekannt. Dabei hatte er „zum Beispiel der Forderung nach Wirtschaftsdemokratie“ zur „Sicherung der wirtschaftlichen Gerechtigkeit für alle Volksgenossen“ elementare Bedeutung beigemessen. Der „Volksstaat“ als „soziale Republik“, die zugleich der gesamten arbeitenden Bevölkerung die Partizipation „an den kulturellen Gütern“ der Gesellschaft ermöglicht, das war Leuschners Staatsvision nach wie vor. Im Wesentlichen würde es seiner Überzeugung nach also darum gehen, nach Hitler zu einer parlamentarischen Republik zurückzukehren, welche die Errungenschaften der Weimarer Demokratie aufgriffe und in wirtschaftlicher, sozialer sowie kultureller Hinsicht für wirkliche Gerechtigkeit sorgen würde, wobei dieser Staat allerdings auf ein erheblich stabileres Fundament gestellt werden müsste, als es vordem der Fall gewesen war.[276] Dass die ehedem vorhandenen Instrumentarien zur Sicherung der Republik einfach nicht genügt haben, ist Leuschner schon als Innenminister des Volksstaates Hessen im Zuge der ständigen Auseinandersetzungen mit der gleichermaßen antidemokratischen Anhängerschaft Hitlers wie des KPD-Führers Ernst Thälmann bewusst gewesen. Vor allem der skandalös lasche und schließlich ergebnislose Umgang der Oberreichsanwaltschaft mit den Ende 1931 nicht zuletzt durch ihn selbst, seinen preußischen Amtskollegen Carl Severing und seinen Pressechef Dr. Carlo Mierendorff publik gemachten „Boxheimer Dokumenten", den Staatsstreichplänen der hessischen NSDAP, war eine bittere Erfahrung, die sich nicht vergessen ließ.

In den Kreisen der bürgerlich-oppositionellen Intelligenz entstand während des Krieges eine bemerkenswerte Vielzahl von Diskussionspapieren, Denkschriften und Aufrufen, von programmatischen Ausarbeitungen, Verfassungsplänen, Entwürfen für Rundfunkansprachen und dergleichen mehr. Soweit jene Papiere erhalten geblieben sind, wurden sie in den Darstellungen zum bürgerlichen antinazistischen Widerstand fast immer recht eingehend behandelt, genauso wie die Verbindungen ihrer Verfasser zu NS-Gegnern im Militär, deren diverse Attentatsversuche auf Hitler und die Anstrengungen einzelner Oppositioneller, über Kontaktleute im neutralen Ausland z. B. mit der britischen Regierung bzw. mit dem US-Geheimdienst in der Schweiz Verbindung aufzunehmen, um womöglich günstigere Bedingungen für einen Friedensschluss nach einem erfolgreichen Staatsstreich zu erwirken. Auch manchen inzwischen sorgfältig edierten Korrespondenzen und Tagebüchern einiger bürgerlicher Widerständler widerfuhr völlig zu Recht jene Aufmerksamkeit. Dagegen ist die in bürgerlichen Oppositionskreisen damals ebenfalls weiter anwachsende Bildung oppositioneller Zellen und deren Vernetzung untereinander wie auch mit den Strukturen des sozialdemokratisch-gewerkschaftlichen Widerstandes noch immer nicht im erforderlichen Umfang erforscht und dargestellt worden. Fast zur Gänze aus dem Blick geraten ist das Faktum, dass sich auch die Anführer des nichtkommunistischen Arbeiterwiderstandes seit Anfang der 1940er Jahre vermehrt mit Fragen der demokratischen Neuordnung nach dem Ende der Diktatur befasst haben, wenngleich längst nicht so ausgiebig wie die Diskutanten des Kreisauer Kreises, jene in Freiburg und vor allem Dr. Carl Goerdeler. Kein anderer hat derart eifrig und unentwegt seine Kritik am NS-Regime wie auch seine Neuordnungsideen schriftlich fixiert und zur Diskussion gestellt, wofür im „Dritten Reich" allein schon eine Zuchthaus- oder gar die Todesstrafe gedroht haben. Außer seinen oftmals sehr umfangreichen Ausarbeitungen, die fraglos zu den wichtigsten Quellentexten des deutschen Widerstandes überhaupt gehören, sind nicht minder relevante Nachkriegskonzeptionen in den Kreisauer und Freiburger Arbeitskreisen entstanden, ebenso aber auch im Bereich der Leuschner-Kaiser-Habermann-Konspiration.

Goerdelers Verfassungsentwurf „Das Ziel" ist in der Hauptsache während der zweiten Jahreshälfte 1941 entstanden und dürfte wohl Anfang 1942 abgeschlossen gewesen sein. Es handelt sich dabei im Prinzip um eine Synthese aus seinen seit 1938 in diversen Ausarbeitungen zu innen- wie außenpolitischen Fragen entwickelten Überlegungen, etwa zur wirtschaftlichen Lage, zur Situation der Finanzen, der Verwaltung und des Bildungswesens sowie zu den diesbezüglichen Reorganisationserfordernissen. Etliche der in dieser Denkschrift artikulierten Positionen muten ausgesprochen antiquiert, für heutige Leser zum Teil sogar absurd an oder waren doch zumindest in Anbetracht der tatsächlichen politischen und militärischen Gegebenheiten ziemlich unrealistisch, so z. B. der auf „ein geschlossenes Kolonialgebiet in Afrika" erhobene Anspruch oder die Spekulation auf Errichtung eines „europäischen Staatenbundes unter deutscher Führung", wenn auch erst in zehn bis 20 Jahren, was freilich den rechtzeitigen „Abbruch des Krieges zugunsten eines sinnvollen politischen Systems" hätte zur Voraussetzung haben müssen. Den Juden sollte nach Goerdelers Vorstellung zwar „eine wirklich ausnützbare Möglichkeit" geboten werden, „einen eigenen Staat zu gründen und zu erhalten", wobei sich „ein solches Gebiet" unschwer „unter durchaus lebenswerten Umständen entweder in Teilen Kanadas oder Südamerikas finden" ließe. Hieraus würde sich aber „für die deutschen Verhältnisse" ergeben, dass „der Jude" eben „Staatsbürger seines jüdischen Staates" sei und in Deutschland konsequenterweise „Fremdbürger", der hierzulande zwar leben und arbeiten, nicht aber verbeamtet werden und auch nicht aktiv oder passiv an Wahlen teilnehmen dürfe. Bei jüdischen Kriegsteilnehmern und ihren Nachkommen, ebenso bei Jüdinnen und Juden, die entweder selbst oder deren Vorfahren 1871 bereits die deutsche Staatsangehörigkeit besessen haben, und noch in einigen anderen Fällen sollte diese exkludierende und zugleich diskriminierende Regelung jedoch keine Anwendung finden. Selbstredend wurde eingeräumt, dass in den zurückliegenden Jahren „zweifellos ein Unrecht" an der jüdischen Bevölkerung begangen worden sei, welches man, wie es wörtlich hieß, vor seinem „Gewissen und der Geschichte nicht verantworten" könne. Zumal „im Hinblick auf unsere Stellung in der Welt" müsse hierbei der „Weg zur Heilung", d. h. zur Wiedergutmachung beschritten werden. Außerdem müssten gerechterweise alle den Juden auferlegten „Beschränkungen" aufgehoben werden, während „die Gettos in den besetzten Gebieten" alsbald „menschenwürdig zu gestalten" seien. „Über ihr weiteres Schicksal" hätten dann „die zuständigen einheimischen Behörden mit Genehmigung der Militärgouverneure" zu bestimmen, woran darüber hinausgehend ersichtlich ist, dass Dr. Goerdeler einen umgehenden Abzug der deutschen Truppen aus den okkupierten Ländern damals gar nicht in Erwägung gezogen hat. Die KZs sollten „sofort der Wehrmacht überantwortet", deren „Insassen" umgehend „dem Richter" zugeführt werden. „Soweit" dies „während des Krieges zur Sicherheit des Reiches unerlässlich" sei – einem Regimewechsel hätte also nicht unbedingt zeitnah ein Friedensschluss folgen müssen –, hätte aber auch „weitere Verwahrung" oder „Polizeiaufsicht" angeordnet werden können, selbst wenn die KZler „nicht straffällig" geworden waren. Zuallererst seien jedoch „Recht und Anstand wiederherzustellen" und die unbeschränkte „Freiheit des Geistes, des Gewissens und der Forschung" wiedereinzuführen, nicht zu vergessen die von Kunst und Publizistik usw. Viele von Goerdelers sonstigen seinerzeitigen Ideen wurzelten unverkennbar im preußischen Reformdenken des 19. Jahrhunderts und waren ganz sicherlich nicht dazu angetan, eine neue und bessere Demokratie als die von Weimar zu begründen. Die vorgesehene dominante Stellung des Reichskanzlers bei gleichzeitiger Schaffung einer „Volksvertretung" aus einem nicht gewählten Reichsständehaus und dem nur mit geringem Einfluss versehenen Reichstag war freilich von Leuschner, dem Goerdeler seine Schrift Anfang 1942 zumindest in Auszügen zur Kenntnis gegeben hat, genauso wenig zu akzeptieren wie der Verzicht auf ein eigenständiges Arbeitsministerium. Während manches an diesem Verfassungsentwurf durchaus seine Zustimmung wie die seiner Freunde gefunden haben wird, so vor allem die entschiedene Zurückweisung des „diktatorischen oder tyrannischen Führerstaates", die beabsichtigte Beschneidung der Handlungsspielräume für Konzerne, Syndikate und Kartelle sowie deren Entflechtung, womöglich auch die Absage an einen „entfesselten überdemokratischen Parlamentarismus", dürften zugleich nicht wenige weitere der dort proklamierten politischen Ziele nur auf ihr Unverständnis und ihre schroffe Ablehnung gestoßen sein, insbesondere die von Goerdeler intendierte Zurückdrängung der Einflussmöglichkeiten von Parteien und das Streikverbot, dem indessen andererseits das Verbot von Aussperrungen zur Seite gestellt war. Zwar wäre für die sozialdemokratischen, christlichen und liberalen Gewerkschaftsführer ganz sicherlich jede Monarchie allemal besser gewesen als die nazifaschistische Diktatur, unter deren Knute sie seit fast zehn Jahren zu darben hatten. Aber dass der in der Ausarbeitung vorgesehene „Erbmonarch", so hieß es dort explizit, „immer das Heft in der Hand" behalten sollte, während „das deutsche Volk" erst „einmal zur Ruhe" kommen müsse nach all den Turbulenzen des vergangenen Vierteljahrhunderts, wozu „insbesondere auch eine ruhige, von Tageseinfluss und Tagesstreit unabhängige Staatsführung" erforderlich wäre, war für jeden, der sich die Verbesserung der gesellschaftlichen Gesamtsituation im Interesse der arbeitenden Bevölkerungsmehrheit zum Ziel gesetzt hatte, schlichtweg indiskutabel, jedenfalls bei mittel- oder längerfristiger Perspektive. Aber die Frage nach Etablierung einer wirklich entscheidungsbefugten parlamentarischen Interessenvertretung würde sich nach einer aller Voraussicht nach militärisch herbeigeführten Änderung der machtpolitischen Verhältnisse, dessen waren die Arbeitervertreter gewiss, ohnehin schon in ihrem Sinne entscheiden lassen. Doch selbst Dr. Goerdeler wollte bereits nur wenige Monate nach einem Umsturz bzw. einem Regimewechsel nacheinander Kommunalwahlen, Kreistagswahlen und Wahlen auf Gau- bzw. Landesebene durchführen lassen, was wiederum von seinen konservativen Mitverschwörern Johannes Popitz und Ulrich von Hassell als denkbar ungeeignete, weil zu liberale Verfahrensweise angesehen worden ist. Hingegen hielt Goerdeler das „direkte Wahlrecht" in vollem Umfang „in einem derart durch Unfreiheit und Propaganda kritiklos gewordenen Volke" lediglich auf der kommunalen Ebene und bei einem von der Regierung zu erwirkenden „unmittelbaren Volksentscheid" über „einen bestimmten Gegenstand" für vertretbar. Daran, dass die von Goerdeler in seinem Verfassungsentwurf von 1941/42 vorgesehenen „Gruppenorganisationen der Angestellten und Arbeiter" einhergehend mit der unverzüglichen Liquidierung der nazistischen „Deutschen Arbeitsfront" sukzessive neu geschaffen werden, wie jene jedoch wiederum auf „Zwangsmitgliedschaft" beruhen sollten, lässt sich unschwer den Einfluss seiner seit gut einem Jahr mit Wilhelm Leuschner, Jakob Kaiser usw. gelegentlich geführten Unterredungen erkennen, die seit Anfang 1942 dann zunehmend regelmäßiger stattfanden.[277]

Während in „Das Ziel" sicherlich genauso bestimmte Positionen Ludwig Becks und manch anderer konservativer und liberaler Regimegegner Eingang gefunden haben, ist das trotz zeitweilig unausweichlicher Meinungsverschiedenheiten auf Dauer doch außerordentlich gute und vertrauensvolle Kooperationsverhältnis, das gerade jene beiden nationalkonservativen Oppositionellen, also Beck und Goerdeler, jahrelang und bis zuletzt mit den wichtigsten Anführern des nichtkommunistischen Arbeiterwiderstandes verbunden hat, selbstverständlich auch in programmatischer Hinsicht später noch weitaus deutlicher zum Ausdruck gelangt. Der beste Beleg hierfür ist ein Entwurf Dr. Goerdelers für eine Rundfunkansprache nach der erhofften Regierungsübernahme vom Frühsommer 1944. Darin sind auch etliche Kernforderungen der Gewerkschaftsführer für die Zeit nach dem Ende des „Dritten Reiches" eingeflossen, wie z. B. die nach betrieblicher Mitbestimmung, nach Gründung von Genossenschaften sowie nach Vergesellschaftung von Bodenschätzen und Grundstoffindustrien, vor allem aber die nach „Bildung einer alle deutschen Schaffenden in sich vereinigenden deutschen Gewerkschaft". Dieser sollte u. a. die betriebliche Interessenvertretung der Beschäftigten „in geordnetem Zusammenwirken mit der Belegschaft, der Kampf gegen Arbeitslosigkeit in Zusammenarbeit mit dem Reich und dem Kapital" obliegen und dazu noch „die Selbstverwaltung aller Einrichtungen der Sozialpolitik", ein Goerdeler-Vorschlag übrigens bereits aus dem Jahr 1938, wobei die erforderliche „Oberaufsicht" durch die „Reichsregierung" hätte ausgeübt werden sollen. Keine Frage war nunmehr auch, dass zunächst die „gegen die Zivilbevölkerung" gerichteten Kampfhandlungen „sofort einzustellen", eine „sofortige Waffenruhe" anzustreben, die „besetzten Gebiet" schnellstmöglich zu räumen sowie „die Souveränität und die Selbständigkeit der Nationen, deren Bestand Hitler angegriffen und vernichtet hat", auf der Stelle wiederherzustellen waren. Perspektivisch wurde außerdem „für nötig" erachtet, „dass die europäischen Völker sich zu einer wirtschaftlichen Gemeinschaft und zu einem politischen Bund des ewigen Friedens zusammenschließen". Ferner sei es wichtig, „dass die Völker untereinander christlich handeln und in Achtung aller religiösen Bekenntnisse und aller Rassen friedlich miteinander leben", weshalb „alle diesem Grundsatz entgegenstehenden Ausnahmegesetze" abgeschafft und „eine gerechte Neuordnung" diesbezüglich „in die Wege geleitet werden" solle. Zum Schluss jener Rede hätten „alle Deutschen" zur Mitarbeit aufgefordert werden sollen, und zwar ungeachtet ihrer „früheren politischen

Josef Wirmer

Bekenntnisse“, da es „nicht Zeit“ sei „zu parteipolitischem Kampf“. Vielmehr sei es „höchste Zeit, zusammenzustehen, um durch Anstand und Wahrhaftigkeit Bestand und Zukunft zu retten, Frieden und Glück zu erarbeiten, Recht und Freiheit zu gewinnen“.[278]

Seit Ende 1941 und dann bis Anfang 1943 ist es zudem zu verschiedenen Aussprachen über Neuordnungsfragen zwischen Leuschner und Helmuth James Graf von Moltke[279] gekommen, an denen zum Teil Dr. Peter Graf Yorck von Wartenburg[280], zum Teil die beiden engen Vertrauten des Onkels, so Leuschners Deckname damals, Dr. Mierendorff und Hermann Maaß, aber auch einige andere Oppositionelle teilgenommen haben. Über die von den bald intensiv miteinander befreundeten Grafen ab 1940 ausgehende, ursprünglich namenlose Widerstandsgruppe, die später erst durch die NS-Verfolgungsbehörden nach dem niederschlesischen Familiengut der Moltkes, dem Ort einiger ihrer Zusammenkünfte, Kreisauer Kreis[281] genannt wurde, sind ebenso wie über deren Protagonisten im Laufe der Jahrzehnte derart viele Darstellungen, Biographien und auch etliche Erinnerungsberichte vorgelegt worden, dass es vertretbar ist, hier lediglich auf einige wenige Sachverhalte hinzuweisen, die für die Beurteilung des Verhältnisses jener überwiegend bürgerlichen Oppositionellen zur Leuschner-Kaiser-Habermann-Konspiration von Belang sind. Im Wesentlichen handelte es sich um einen eher lockeren Diskussionszirkel von Regimegegnern unterschiedlichster Herkunft und Positionierung, die in kleinsten, manchmal etwas größeren Gesprächsrunden mit gleichwohl meist kaum einem Dutzend Teilnehmern vorwiegend in Berlin, gelegentlich auf Schloss Kreisau nahe Schweidnitz, mehrmals auch anderenorts Vorschläge für eine geistig-moralische, politische und wirtschaftlich-soziale Neuordnung Deutschlands auf rechtsstaatlicher Basis nach dem Ende der Hitler-Diktatur beraten haben. Während ihrer themenspezifisch strukturierten Diskussionen waren sie bestrebt, möglichst Konsens herbeizuführen. Verfassungs-, bildungs- und außenpolitische Fragen standen ebenso auf ihrer Agenda wie solche zur Sozial- und Wirtschaftspolitik, zur Agrarpolitik, zur Stellung der Kirchen, zur Kultur- und Bildungspolitik, zum Rechtswesen wie auch zu den Möglichkeiten eines künftigen Zusammenschlusses der europäischen Staaten, wobei ein Einbezug Russlands jedoch nur insofern in Frage kommen sollte, als sich dort eine Regierung konstituieren würde, die sich wieder zum Christentum bekennen würde. Überhaupt sollten Christentum und Menschenrechte die Grundlagen des angestrebten „Europäischen Bundes“ als Verfassungsstaat bilden. Es waren Geistliche und Theologen beider Konfessionen, Militärs und Abwehrleute, Diplomaten und Professoren, Juristen, konservativ-liberal oder sozialistisch eingestellte Politiker, christliche und sozialdemokratische Gewerkschaftsführer usw., die solche visionären Ideen mitten im fürchterlichsten Kriegsgeschehen der Menschheitsgeschichte zu kreieren den Mut hatten. Der Kernbereich der sich allmählich nach allen Seiten hin ausweitenden Gruppe, die direkte oder indirekte konspirative Verbindungen sogar zu Vertretern bzw. Kontaktleuten des Widerstandes in mehreren von der Wehrmacht okkupierten Ländern unterhielt, umfasste am Ende etwa 25 Personen, ca. 90 weitere Regimegegner bewegten sich an ihrer Peripherie.[282] Zu den Brüdern Dr. Klaus und Dr. Dietrich Bonhoeffer, zu Hauptmann Hermann Kaiser, Admiral Canaris und Oberleutnant Dr. Fabian von Schlabrendorff, auch zu den regimekritischen Freiburger Professorenkreisen und zu vielen anderen zivilen und militärischen Oppositionellen liefen entweder zeitweilig oder dauerhaft geheime Verbindungswege. Ein von Generaloberst a. D. Ludwig Beck moderiertes Spitzengespräch zwischen Moltke, Yorck, Trott sowie dem von der kulturpolitischen Abteilung des Auswärtigen Amtes dienstverpflichteten Kirchenbeamten Dr. Eugen Gerstenmaier[283] auf der einen, Dr. Goerdeler, Ulrich von Hassell, Dr. Johannes Popitz und Prof. Dr. Jens Peter Jessen auf der anderen Seite, das Anfang 1943 unter Beteiligung von Fritz Graf von der Schulenburg als Vermittler durchgeführt wurde, vermochte die vor allem in sozialer Hinsicht zwischen den Kreisauern und dem Widerstandskreis um Goerdeler bestehenden Gegensätze nicht zu nivellieren. Doch sollte dies nicht etwa zum Abbruch der klandestinen Beziehungen dieser Gruppierungen führen, die in der Staatsstreichfrage und hinsichtlich der Erfordernis einer antinazistischen Zivilregierung unter einem Reichskanzler Dr. Goerdeler weiterhin übereinstimmten, obgleich die Kreisauer hierbei doch mehr eine Übergangslösung im Sinn hatten.

Als außenpolitischer Experte der Gruppe galt Dr. Adam von Trott zu Solz vom Auswärtigen Amt, ein ausgesprochener Antimonarchist und Antimilitarist sowie Anhänger eines christlich begründeten Sozialismus, der bis 1944 genauso wie von Moltke zahlreiche Auslandsreisen für die Widerstandsarbeit zu nutzen versuchte.[284] Nachdem die Oppositionsgruppe noch bis Ende 1941, also bis zur Kriegserklärung Hitlers an die USA, zahlreiche brisante Informationen der amerikanischen Botschaft in Berlin hatte übermitteln können, waren es nicht zuletzt diese beiden Adeligen, die trotz des dann immer mehr eskalierenden Krieges den Alliierten auch weiterhin Informationen über ihre Aktivitäten und Absichten sowie manch anderen brisanten Hinweis zuspielten, wenn auch die erhofften Zusagen zur Unterstützung der deutschen Untergrundbewegung von den Briten ebenso wie von den Amerikanern rigoros verweigert wurden. Diesbezügliche Fühlungnahmen sind meist über die neutralen Staaten Schweden und Schweiz gelaufen, und zwar dort zur seit November 1942 von Allen Welsh Dulles[285] geleiteten Dependance des US-Geheimdienstes Office of Strategic Services (OSS) in Bern. Mit dieser wiederum hatte auch eine Gruppe in die Schweiz emigrierter deutscher Politiker um den ehemaligen preußischen Ministerpräsidenten Otto Braun[286], den früheren Münchner Staatsanwalt sowie Reichstagsabgeordneten und späteren bayerischen Ministerpräsidenten Dr. Wilhelm Hoegner[287], beide SPD, den Zentrums-Reichskanzler a. D. Dr. Josef Wirth[288] und einige andere Kontakt, die ihrerseits über ihren Mitstreiter, den vormaligen hessischen SPD-Landtags- und Reichstagsabgeordneten und damaligen Generalsekretär der schweizerischen Europa-Union Heinrich G. Ritzel[289] insgeheim mit

Dr. Adam von Trott zu Solz mit seiner Ehefrau Clarita

Leuschner und mit Mierendorff in Verbindung standen. Sporadisch kam es zudem zum Meinungsaustausch mit dem SPD-Exil in Großbritannien, so z. B. über Otto Braun, der sich im Übrigen Anfang 1943 dezidiert für die Rekonstruktion der Weimarer Republik ausgesprochen hat. Jene Gruppierung, die sich „Das Demokratische Deutschland" nannte, hatte mit den Kreisauern vielleicht durch den in Zürich als Vizekonsul getarnt operierenden Abwehragenten Dr. Hans Bernd Gisevius[290] Fühlung, während sich von Trott zu Solz aus Sicherheitsgründen sowieso nur indirekt mit Dulles austauschte. Da sich jenem zunächst nur rein informellen Zusammenschluss fortwährend weitere sozialdemokratische, konservative, auch liberale und linkssozialistische Hitler-Flüchtlinge hinzugesellten, zählte dieser bald etwa 1.000 Anhänger. Wegen des in der Schweiz für Exilanten geltenden strikten politischen Betätigungsverbots konnte „Das Demokratische Deutschland" erst 1945 auch offiziell mit einem detaillierten Neuordnungsprogramm hervortreten. Darin wurde vor allem für die Schaffung einer „deutschen Bundesrepublik" ebenfalls innerhalb eines „Bundes europäischer Staaten" eingetreten, für Sozialisierungen bzw. staatliche Kontrolle wichtiger Wirtschaftbereiche, für die „Wiederherstellung freier Gewerkschaften und ihre organische Zusammenfassung", die Einführung des „Rechts auf Arbeit", für „stabile Löhne und Preise", dazu „gesetzliche Mindestlöhne", eine Arbeitszeitbegrenzung am besten auf 40 Stunden in der Woche sowie eine „wirksame Staatsschutzgesetzgebung" und außerdem für eine konsequente Entnazifierung. Den seinerzeit gegen „die Deutschen" erhobenen Kollektivschuldvorwürfen wurde dabei – ganz im Gegensatz zu den Kommunisten – entschieden entgegengetreten. Allesamt waren dies Forderungen, die mit Leuschners Positionen eigentlich eins zu eins übereinstimmten, wenngleich dieser an deren Formulierung mit Sicherheit nicht beteiligt gewesen ist.[291]

Aber auch über die seinerzeit noch neutrale Türkei haben die Kreisauer mit den Alliierten in Kontakt zu gelangen versucht, und in den Jahren vor dem Umsturzversuch vom Sommer 1944 verfügten sie sogar noch über Geheimverbindungen zu Widerstandskreisen in den besetzten Ländern Norwegen und Niederlande, welche wiederum auf konspirative Weise mit Großbritannien in Verbindung standen. Goerdeler hatte nebenbei bemerkt zu jener Zeit vergebliche Anstrengungen unternommen, sich über die schwedischen Bankiers Jacob und Marcus Wallenberg mit den Briten ins Benehmen zu setzen.[292] Demgegenüber sind die Repräsentanten der sozialdemokratisch-gewerkschaftlichen Untergrundbewegung im Kreisauer Kreis solchen Auslandskontakten noch vor einem Umsturz mit gebotener Skepsis begegnet, wobei Leuschner sogar „größte Zurückhaltung" angemahnt haben soll, obgleich er selbst zu jener Zeit durchaus noch verdeckte Beziehungen in die Schweiz und nach Schweden unterhalten hatte.[293] Während sich viele Mitglieder des Kreisauer Kreises auf verschiedenerlei Weise für NS-Verfolgte eingesetzt haben, stellte die Warnung Moltkes an die in Dänemark lebenden Juden vor ihrer unmittelbar bevorstehenden Deportation unbestreitbar eine Besonderheit dar, gerade auch im Spektrum des so genannten Rettungswiderstandes. Gedeckt durch seinen Dienstvorgesetzten Admiral Canaris, hat Moltke nämlich im Herbst 1943 der mit ihm befreundeten Journalistin Merete Bonnesen jenes Menetekel persönlich nach Kopenhagen überbracht. Hierdurch bestätigte sich die kurz zuvor durch den mit Dr. Adam von Trott zu Solz und auch anderen Verschwörern in Verbindung stehenden deutschen Diplomaten Georg Ferdinand Duckwitz über den Vorsitzenden der dänischen Sozialdemokratie, den späteren Ministerpräsidenten Hans Hedtoft erfolgte Alarmierung der Kopenhagener jüdischen Gemeinde. Dadurch konnte die überwiegende Mehrzahl der akut Bedrohten, etwa 7.000 Menschen, dank der Hilfe der dänischen Bevölkerung erst in den Untergrund abtauchen und dann meistenteils mit Fischerbooten nach Schweden entkommen.[294]

Einer ersten größeren Denkschrift von Moltkes „Über die Grundlagen der Staatslehre" vom Herbst 1940 sind weitere Ausarbeitungen, auch solche anderer Autoren zu allen möglichen Problembereichen aus Politik und Verwaltung gefolgt, desgleichen zur Frage der Ahndung und Wiedergutmachung begangenen Unrechts. Im Sommer 1943 sind dann in Erwartung einer unmittelbar bevorstehenden Umsturzaktion der oppositionellen Militärs von ihm und Dr. Yorck von Wartenburg die „Grundsätze für die Neuordnung" vorgelegt worden. Diese waren quasi die Zusammenfassung der Resultate der seit dem Vorjahr in Kreisau durchgeführten drei großen Beratungen der Gruppierung und gelten insofern als deren wichtigstes Dokument überhaupt. Darüber hinaus sind dieser Programmschrift zwei detaillierte Handlungsanweisungen beigefügt worden für die nach einem Staatsstreich „in den einzelnen Ländern und Landesteilen" als „Landesverweser" einzusetzenden „verantwortlich führenden Persönlichkeiten". Jene politischen Zivilbeauftragten, deren „Weisungen" auch die jeweiligen Wehrkreisbefehlshaber zu befolgen gehabt hätten, sollten im Umsturzfall „unverzüglich Verbindung mit Vertretern der Kirchen" wie „mit den Beauftragten der deutschen Gewerkschaft" aufnehmen, welche „als allein berechtigte Vertreterin der Werktätigen anzuerkennen" sei. Ihre Aufgaben hätten die „Landesverweser" im Übrigen auch dann wahrnehmen sollen, wenn sich die Errichtung einer fremden Besatzungsherrschaft nicht würde verhindern lassen.[295] Nur wenige Tage vor der Beschlussfassung jenes Positionspapiers haben sich Leuschner und Maaß, der diesen schon seit über einem Jahr bei den Kreisauer Beratungen vertreten hatte, dafür entschieden, fortan doch besser vorrangig mit Beck und Goerdeler zusammenzuarbeiten, deren gewerkschaftspolitische Neuordnungsvorstellungen sich ihren eigenen immer mehr angenähert hatten. Ein gewisser wechselseitiger Informationsfluss zwischen den Kreisauern und den Gewerkschaftern blieb freilich durch den seinem alten Chef Leuschner trotz mancher Differenzen in durchaus relevanten Detailfragen eng verbundenen Dr. Mierendorff sowie durch Prof. Dr. Reichwein gewahrt, die dem Kreis seit 1940 bzw. 1941 angehört haben. Auch Dr. Haubach, Ernst von Harnack, Ludwig Schwamb und einige andere Sozialdemokraten sind mit den Kreisauern auf die eine oder andere Weise in Fühlung geblieben. Dr. Julius Leber stieß dagegen erst in der zweiten Jahreshälfte 1943 zu ihnen hinzu und intensivierte dann sein Engagement dort nach Mierendorffs Tod, obwohl ihm viele Kreisauer Positionen ebenso missfallen haben werden wie die meisten derer, die von Dr. Goerdeler und in dessen Umfeld entwickelt worden sind. Aber der erprobte Berufspolitiker, der nun verstärkt als Verbindungsmann der Regimegegner um von Moltke und York von Wartenburg zur Gewerkschaftskonspiration fungierte, war hauptsächlich an der Herbeiführung eines Umsturzes interessiert, nach dem sich alles Weitere, so seine feste Überzeugung, schon werde regeln lassen. Dies war eine durch und durch pragmatische Einstellung, die einmal mehr plausibel macht, warum der damalige Oberstleutnant Claus Graf Schenk von Stauffenberg, der seit dem Herbst 1943 mit den Kreisauern Fühlung hatte und kurz darauf durch Oberleutnant Fritz von der Schulenburg mit dem früheren SPD-Militärexperten bekannt gemacht worden ist, von diesem sofort angetan war und mit ihm alsbald gleichfalls auf freundschaftliche Weise verbunden gewesen ist.[296]

Helmuth James Graf von Moltke mit Sohn Caspar

Die Abneigung von Leuschner und Maaß zur Fortführung des für sie doch recht unbefriedigenden, möglicherweise auch enervierenden Meinungsaustauschs mit jenen zweifellos rundum idealistischen, dazu noch wagemutigen, aber ganz offensichtlich vielfach eher praxisfernen Visionären erklärt sich vollends aus den von diesen angestrengten Überlegungen zur Gewerkschaftsfrage. Der Gegensatz zu den diesbezüglichen Plänen Leuschners und seiner Freunde hätte größer nicht sein können, wenngleich Letztere immerhin werden anerkannt haben müssen, dass die Kreisauer Diskutanten in der partnerschaftlichen Kooperation von freiheitlich gesinnter Arbeiterschaft und Kirchen das Fundament des von ihnen angestrebten neuen Staatswesens erblickten. Und auch dass sie genauso wie sie selbst nicht zuletzt das Recht auf Arbeit, die Sozialpflichtigkeit des Eigentums, paritätische Mitbestimmungsmöglichkeiten sowie die „Existenzsicherung der Werktätigen" für unabdingbar hielten, und zwar „um ihrer Menschenwürde willen", ist von den damit konfrontierten Sozialdemokraten und Gewerkschaftern selbstverständlich erfreut aufgenommen worden. Mit Befremden ist von ihnen dagegen die noch nicht einmal während der Kreisauer Beratungen konsensfähige Absicht einiger jener Theoretiker zur Kenntnis genommen worden, aus Firmeneignern und deren Beschäftigten so genannte Betriebsgewerkschaften als „Wirtschaftsgemeinschaften", nicht jedoch als Arbeitnehmervertretungen zu bilden, obzwar dies zum Teil sogar auf genossenschaftlicher Grundlage hätte erfolgen sollen. Demgegenüber ist die weitgehende Zurückweisung, welche die Kreisauer, darunter erstaunlicherweise auch Mierendorff, der „Deutschen Gewerkschaft" Leuschners als Einheitsorganisation für alle lohn- und gehaltsabhängig Beschäftigten zuteil werden ließen mit ihrer dann ungleich stärkerer Wirkkraft als alle vormaligen Gewerkschaftsverbände zusammengenommen, begreiflicherweise auf seinen und Maaß' entschiedenen Widerspruch gestoßen. Denn gerade in der vordem so heillosen Aufsplitterung der deutschen Arbeiterbewegung nicht nur in alle möglichen Parteien und zum Teil sogar nur winzige Zusammenschlüsse, sondern zudem in eine schier unübersehbare Vielzahl konfessionell wie politisch unterschiedlich ausgerichteter, berufs- und berufsgruppenbezogener, verschiedentlich auch nach Industriezweigen gegliederter Einzel- und Kleinstgewerkschaften hatten sie und ihre Freunde einen der maßgeblichen Faktoren erkannt, durch den die relativ problemlose Machtübertragung an Hitler vor einem Jahrzehnt erheblich begünstigt worden war. Dass ihr noch kurz vor der Zerschlagung der deutschen Gewerkschaftsbewegung präformiertes neues Organisationsmodell während der Kreisauer Herbsttagung 1942 und auch noch im folgenden Sommer nicht zur Gänze verworfen worden ist, sondern ihre „Deutsche Gewerkschaft" wenigstens nominell und übergangsweise, dann allerdings in ihren Aufgabenstellungen schon sehr bald modifiziert hätte fortbestehen sollen, ist nur ein halbherziger, von den Gewerkschaftsführern natürlich sofort durchschauter und missbilligter Kompromissvorschlag gewesen. Auch das auf dem Prinzip weitestgehender Dezentralisierung beruhende Demokratiekonzept der Kreisauer, die sicherlich für manche noch heute faszinierende basisdemokratische Segmentierung der Gesellschaft in selbstverwaltete „kleine und überschaubare Gemeinschaften" bei gleichwohl weiterhin aufrechterhaltener Gliederung des Reichs als „oberster Führungsmacht des deutschen Volkes" in Gemeinden, Kreise und Länder[297], war selbst in dieser zweifellos nicht ungeschickten Kombination nur ein utopisches Konstrukt, das den Anforderungen an einen Staats- und Gesellschaftsaufbau in Zeiten sich dramatisch potenzierender Zentralisierung wie Internationalisierung wirtschaftlicher Macht niemals hätte gerecht werden können.

Die Kreisauer haben auch nach der Verhaftung von Moltkes Anfang 1944 ihre antinazistischen Aktivitäten fortgesetzt, wenngleich dies teils in reduzierter, teils aber auch in zunehmend handlungsorientierter Form, wobei durch Yorck von Wartenburg und Leber die Zusammenarbeit mit dem im Vorjahresherbst zum Stabschef im Allgemeinen Heeresamt in Berlin ernannten und entschlossen zur Aktion drängenden Oberstleutnant Stauffenberg nun immer mehr forciert worden ist. Einige Kreisauer haben sich dann auch unmittelbar der Vorbereitung und Durchführung des Umsturzversuchs vom 20. Juli 1944 zur Verfügung gestellt, so Dr. Yorck von Wartenburg, Dr. von Trott zu Solz und Dr. Gerstenmaier, während Dr. Leber und Prof. Dr. Reichwein nach ihrer von Leuschner, Dr. Haubach und vielen anderen ausdrücklich nicht für gutgeheißenen Kontaktaufnahme mit Anführern des kommunistischen Untergrundes wenige Wochen vor der Aktion den NS-Fahndern wie jene ebenfalls ins Netz gegangen sind. Noch fünf Tage vor dem 20. Juli hatte im Übrigen der seit 1940 in Oslo als Oberstleutnant im Generalstab des dortigen Wehrmachtbefehlshabers stationierte Theodor Steltzer, der seit demselben Jahr im Kreisauer Kreis wie auch etwas später dann u. a. an Fluchthilfeaktionen für Juden von Norwegen nach Schweden mitgewirkt hatte, eine von ihm verfasste Denkschrift über Motive, Zielsetzungen, Vorgehensweisen und Zukunftsvorstellungen der in jenem losen Diskussionsverbund vertretenen Gruppierungen der deutschen Opposition über Verbindungsleute des norwegischen Widerstandes in Richtung Großbritannien auf den Weg gebracht. Dies war primär in der Absicht geschehen, der von ihm befürchteten verfehlten alliierten Nachkriegspolitik in Deutschland beizeiten entgegenzuwirken. In jener somit in mehrfacher Hinsicht wichtigen Ausarbeitung findet sich u. a. der bemerkenswerte, in den Darstellungen zum antinazistischen Widerstand aber in der Regel übersehene Fingerzeig, dass von „der alten sozialistischen Gewerkschaftsorganisation", der die dort eingebundenen „Arbeitervertreter" entstammten, „ein Gerippe" – es geht wohlgemerkt um die Situation im Sommer 1944 – „noch in schwarzer Form" existieren würde. Steltzer, der nach dem Umsturz als politischer Zivilbeauftragter in Schleswig-Holstein hätte eingesetzt werden sollen, wurde zwar Anfang 1945 vom „Volksgerichtshof" zum Tode verurteilt, überlebte aber das „Dritte Reich", weil seine Hinrichtung von Reichsinnenminister Himmler nach der Intervention norwegischer und schwedischer Freunde aufgeschoben worden war.[298]

Außer ihm sind lediglich Dr. Eugen Gerstenmeier, Dr. Harald Poelchau und einige wenige weitere aus dem Kernbereich des Kreisauer Kreises mit dem Leben davongekommen und außerdem gut ein Drittel der Regimegegner aus dessen Peripherie, darunter der christliche Gewerkschafter Jakob Kaiser, sein sozialdemokratischer Kollege Franz Joseph Furtwängler sowie die beiden Sozialdemokraten Gustav Dahrendorf und Emil Henk. Gleiches gilt für Dr. Carlo Schmid, der nach eigenem Bekunden als Militärverwaltungsrat bei der Oberfeldkommandantur im nordfranzösischen Lille zwischen 1941 und 1943 mit Graf von Moltke entweder direkt oder aber über dessen Emissär Oberleutnant Werner von Haeften in Verbindung gestanden hatte, den alsbaldigen Ordonnanzoffizier und Helfer Stauffenbergs bei seinem Sprengstoffanschlag auf Hitler am 20. Juli 1944. Schon kurz nach dem Krieg rückte der seit 1946 zunächst Öffentliches Recht und Völkerrecht in Tübingen, später in Frankfurt am Main Politische Wissenschaften lehrende Prof. Dr. Schmid für die SPD in verschiedene führende Positionen ein. Überdies gehörte er zu den Schöpfern unseres Grundgesetzes sowie des Godesberger Programms seiner Partei, die er über zwei Jahrzehnte lang im Deutschen Bundestag vertreten hat, die meiste Zeit davon auch als dessen Vizepräsident, während er der Großen Koalition von CDU und SPD zwischen 1966 und 1969 als Bundesminister für Angelegenheiten des Bundesrates und der Länder gedient hat.[299]

Entwurf einer einheitlichen Volksgewerkschaft sowie Grundzüge einer sozialen Demokratie

Keineswegs wenige weitere, allerdings in der Regel recht verstreute Hinweise in zeitgenössischen Dokumenten, desgleichen zahlreiche Zeitzeugenberichte einstiger Widerständler vor allem aus der unmittelbaren Nachkriegszeit deuten hin auf das Fortbestehen fragmentärer politischer ebenso wie gewerkschaftlicher Organisationsstrukturen über die Schar der jeweiligen konspirativen Führungskader hinaus. So finden sich beispielsweise in einem hauptsächlich auf Befragungen deutscher Kriegsgefangener beruhenden US-Geheimdienstbericht über „Die Untergrundbewegung in Deutschland“ vom Herbst 1943 recht verblüffende Angaben zu jenem Sachverhalt, etwa über in der Vorjahresmitte gewonnene „Belege für eine vorzüglich strukturierte subversive Gewerkschaftsbewegung in den großen Betrieben, insbesondere unter den Metallarbeitern“, sowie zum Weiterbestehen einer deutschlandweiten, durch die Internationale Transportarbeiter-Föderation unterstützten Widerstandsstruktur der Eisenbahner mit immerhin noch 170 „in Untergrundtechnik geschulten“ Mitgliedern, und zwar „mit Schwerpunkten im Ruhrgebiet, in Frankfurt, Leipzig, München, Dresden und Berlin“. Auch von einem „Geheimtreffen deutscher Gewerkschaftsführer am 13. April 1942“ wird dort Mitteilung gemacht, bei dem, dies sogar „mehreren Berichten zufolge, ein Appell an die deutschen Arbeiter verabschiedet worden sein“ sollte. „Schwedische Gewerkschafter“ hätten zudem „von einer geheimen Zusammenkunft deutscher Gewerkschaftsvertreter am 30. April 1943 in Berlin“ berichtet, angeblich das „erste derartige Treffen seit Kriegsausbruch“. Allerdings sind solche Meldungen wegen ihres Entstehungshintergrundes und ihrer speziellen Zweckgebundenheit stets mit Skepsis zu betrachten, zumal auch „Massenproteste in Form von Aufmärschen und Demonstrationen“, von denen im selben Dokument, wenngleich nur in der Möglichkeitsform, ebenfalls die Rede ist, eine wie auch immer geartete revolutionäre Situation vorausgesetzt haben würden, welche während des „Dritten Reiches“ jedoch zu keinem Zeitpunkt gegeben war.[300] Der Realität entsprachen dagegen die Meldungen, die Allen Welsh Dulles etwas später seiner Zentrale nach Washington telegraphiert hat: Darin ist von den gravierenden organisatorischen und sonstigen Problemen der deutschen Opposition die Rede, ebenso davon, das es im Prinzip „nur zwei Gruppen“ geben würde, „die möglicherweise praktische Aktionen“ gegen die Nazis „in die Wege leiten können“, nämlich „die Gewerkschaften und die Militärs“. Und Anfang Februar 1944 meldete Dulles in die USA wohl sogar erstmals die Namen einiger der wichtigsten Anführer der von ihm „Breakers“ genannten, zum Umsturz bereiten Regimegegner, und zwar Generalmajor Hans Oster, der schon an der Septemberverschwörung des Jahres 1938 beteiligt gewesen war, 1943 aber wegen eines angeblichen Devisenvergehens eines seiner Mitarbeiter erst vom Dienst suspendiert und später aus der Wehrmacht entlassen worden ist, sodann Goerdeler, dem bescheinigt wurde, „ein fähiger Organisator“ zu sein, sowie an erster Stelle „der Sozialistenführer Leuschner, früher Innenminister in Hessen“.[301] Auch in einem zwei Monate vor dem „20. Juli“ dem US State Department zugeleiteten OSS-Memorandum wird u. a. davon berichtet, dass die mit den Geheimdienstlern durch zwei Abgesandte in Verbindung stehende, von Dr. Goerdeler und General Ludwig Beck angeführte deutsche Oppositionsgruppe noch im Februar jenes Jahres „Leuschner als akzeptable Führungspersönlichkeit einer Übergangsregierung“ bezeichnet habe, „vorausgesetzt, dass weder die Militärs noch die Kommunisten während der Übergangsperiode“ vorherrschten. Außerdem wurde kundgetan, dass jene Gruppierung dazu bereit sei, „den alliierten Verbänden zu helfen, nach Deutschland einzudringen, wenn die Alliierten zustimmten, dass die Wehrmacht weiterhin die Ostfront“ hielte. Der Krieg sei ihres Erachtens für die Nazis verloren und „die einzige Chance, ein kommunistisches Deutschland zu verhindern“, würde darin bestehen, „die Besetzung eines möglichst großen Teiles Europas durch die anglo-amerikanischen Streitkräfte zu erleichtern, bevor die Ostfront“ zusammenbreche. Der Inhalt dieser gleichfalls den Fakten entsprechenden Lageanalyse und Zukunftsprognose wurde von den Amerikanern bereits eine Woche darauf der sowjetischen Botschaft übermittelt, dies verbunden mit der Information, man habe jenen Oppositionellen beschieden, dass die US-Regierung nicht auf Vorschläge eingehen werde, bei denen die Sowjets außen vor blieben. Ansonsten werde man an der Forderung einer bedingungslosen Kapitulation Deutschlands festhalten.[302]

Wie weit die organisatorischen und programmatischen Vorbereitungen eines Regimewechsels durch die Zivilopposition und gerade auch durch die Konspirateure um Leuschner damals wirklich gediehen waren, dazu findet sich in den Berichten und Meldungen des US-Geheimdienstes begreiflicherweise kein Anhaltspunkt. Und doch waren die diesbezüglichen Bemühungen der sozialdemokratisch-gewerkschaftlichen Anti-Nazi-Aktivisten wie der mit ihnen verbundenen Regimegegner anderer politischen Couleur in der Zwischenzeit ebenso kräftig weiter vorangetrieben worden wie die konkreten militärischen Umsturzplanungen durch die bis zuletzt eigentlich viel zu wenigen aktionsgewillten Offiziere. Seit Smolensk harrten diese nur auf eine erneute Gelegenheit zum Anschlag auf Hitler, durch den sie ihre nach der Ausschaltung der bisherigen operativen Leitung der Militärverschwörung im Amt Ausland/Abwehr im Frühjahr 1943 zwar wieder zunehmend besser, aber noch immer nicht zufriedenstellend präparierte Aktion auszulösen gedachten. So mussten nach wie vor gravierende Koordinationsschwierigkeiten zwischen Front- und Heimatheer beseitigt und auch manch andere logistische Probleme gelöst werden. Außerdem sind damals nicht nur gleich mehrere weitere Attentatsvorhaben an Unwägbarkeiten gescheitert, was für die Umstürzler nicht sonderlich motivationsförderlich gewesen ist. Unterdessen hat Dr. Goerdeler alle von ihm nur erreichbaren Generale und andere ranghohe Militärs in einem fort bestürmt, nun doch endlich tätig zu werden, da „die Fortsetzung des Krieges“, so sein immer wieder vorgebrachtes Argument dabei, „ein glattes Verbrechen“ sei. Ludwig Beck, der unter jenen Widerständlern als Zentralfigur längst allseits anerkannt war und seit der Kapitulation der 6. Armee in Stalingrad genauso wie Goerdeler und andere Verschwörer unentwegt auf Aktion drängte, ist im Frühjahr 1943 wegen einer Krebsoperation für etliche Wochen ausgefallen.[303]

Etwa zur selben Zeit wurde von Hermann Maaß eine Denkschrift zur Gewerkschaftsfrage erstellt, die zu langwierigen Diskussionen und dann wohl zum erwähnten Zerwürfnis mit den Kreisauern geführt hat. Maaß war nicht nur Prokurist und wehrwirtschaftlicher Abwehrbeauftragter in Leuschners Firma, sondern wie dieser während seiner Geschäftsreisen landauf, landab damit befasst, fortwährend neue gewerkschaftliche Widerstandszellen zu initiieren und diese in ihr reichsweites antinazistisches Vertrauensleutenetzwerk zu integrieren. Dessen Aktivisten, alte gestandene Gewerkschafter allesamt, würde er die Kreisauer Phantasievorstellung von aus Firmeneignern und Belegschaften gebildeten betrieblichen „Wirtschaftsgemeinschaften“ als Alternative zu einer allumfassenden Einheitsgewerkschaft freilich nur um den Preis eigener Lächerlichkeit vorgestellt haben können, während die Plausibilität des von Leuschner, Kaiser und Habermann sowie ihren Mitstreitern repräsentierten Gewerkschaftsmodells für alle auf der Hand lag. Darüber hinaus hatte Maaß aber noch eine eminent wichtige Koordinatorenfunktion in Richtung militärischer und bürgerlicher Widerstandskreise inne. So ist über ihn z. B. eine ständige Verbindung zum Kasseler Großindustriellen Oscar R. Henschel gelaufen, der ihn alle paar Wochen in Berlin aufgesucht hat, um ihn mit Informationen darüber zu versorgen, mit welchen deutschen Unternehmern in der Stunde X womöglich gerechnet werden könnte bzw. wer von diesen nach einem Umsturz für eine entscheidungsrelevante Funktion herangezogen werden sollte. Der Henschel-Generaldirektor hat die Umsturzvorbereitungen im Laufe der Zeit mit immerhin rund 50.000 Reichsmark unterstützt, sogar die Mitwirkung seines Unternehmens, einer der bedeutendsten Rüstungskonzerne Deutschlands damals, mit all dessen Möglichkeiten für den Ernstfall zugesichert und war zudem als Vertrauensmann der Verschwörer für Kurhessen vorgesehen. Auch sein Bruder Reinhard Henschel war involviert und hatte diesen bereits im Herbst 1942 einen Blankoscheck zur Verfügung gestellt, in den bei Bedarf ein Nennwert von 50.000 bis 60.000 Reichsmark hätte eingetragen werden sollen. Man war sich nämlich längst darüber im Klaren, dass bei einem Staatsstreich zur Gewährleistung der weiteren Handlungsfähigkeit sofort größere Bargeldbeiträge und dergleichen würden zur Verfügung stehen müssen. Da die Verschwörer aber unter Umständen nicht unmittelbar auf die Reichsbank mit ihren Geld-, Gold- und Devisenvorräten oder auch auf andere Kassen würden zugreifen können, musste eben auf andere Weise die erforderliche Geldversorgung sichergestellt werden. Deshalb wurde ein besonderer „Putsch-Fonds“ in beträchtlicher Millionenhöhe angelegt, der aus Gründen der Risikodiversifikation auf mehrere Depots in- und ausländischer Banken verteilt worden ist.[304] Allein hieran zeigt sich schon sehr eindrucksvoll, wie gut vorbereitet das zwar immer wieder verschobene Umsturzunternehmen trotz seiner weiterhin nicht vollends ausgeräumten organisatorischen Schwächen doch inzwischen war, zumal wenn im Vergleich dazu an den ersten diesbezüglichen Versuch der oppositionellen Militärs vom September 1938 gedacht wird.

Wenngleich Maaß’ Gewerkschaftsdenkschrift nicht erhalten geblieben ist und auch keine spezielle Ausarbeitung Leuschners zur „Deutschen Gewerkschaft“ existiert, so sind deren Grundzüge doch auf mehrfache andere Weise überliefert: Beispielsweise haben seine Mitstreiter Hermann Schlimme und Walter Maschke ab 1945 verschiedene Erinnerungsberichte zur Untergrundarbeit der Gewerkschafter um Wilhelm Leuschner verfasst, die aber in die einschlägigen historiographischen Darstellungen bislang nur selten Eingang gefunden haben.[305] Maschke war zu Weihnachten 1940 aus dem KZ Sachsenhausen entlassen worden und umgehend wieder mit Leuschner in Verbindung getreten. Weil aber davon auszugehen war, dass er fortan von der Gestapo überwacht werden würde, die ihm ohnedies schon eine Weiterarbeit als Handelsvertreter untersagt und eine Angestelltentätigkeit in einem Rüstungsbetrieb zugewiesen hatte, war von Leuschner entschieden worden, ihn vorerst besser nicht mehr im engeren Konspirationsbereich mitwirken zu lassen. Trotzdem wurde Maschke auch in den nächsten Jahren wenigstens andeutungsweise von den Überlegungen seiner Kollegen zu den Aufgaben der von ihnen angestrebten künftigen Gewerkschaftsbewegung in Kenntnis gesetzt. Im Frühjahr 1941 hatte er nebenbei bemerkt aus einer ganz anderen Informationsquelle erfahren, dass kurz vor dem Westfeldzug im Jahr zuvor ein Putsch gegen Hitler beabsichtigt gewesen war, wobei Leuschner, dem Maschke dies natürlich sofort berichtet hatte, sich dann gewundert haben soll, wie dieser überhaupt Kenntnis davon habe erlangen können. Bis 1944 hat Maschke nach eigener späterer Aussage ansonsten „nur in gelegentlichen Unterhaltungen mit Leuschner, Maaß und Kaiser deren Ansichten über die politische und militärische Lage" sowie von den „von ihnen in Verbindung mit anderen Gruppen getroffenen vorbereitenden Maßnahmen zum Sturz von Hitler erfahren". Während seiner „Volksgerichtshof"-Verhandlung Anfang 1945 war zwar darüber hinausgehend herausgekommen, dass er im November 1943 mehrere voneinander unabhängige Gespräche mit Leuschner und mit Maaß „über Gewerkschaftsfragen" geführt hatte, wobei ihm von beiden beschieden worden war, „dass für den Fall eines militärischen Zusammenbruchs Deutschlands eine Einheitsgewerkschaft mit sozialer Selbstverwaltung geschaffen werden" müsse. Weil er aber dem Gericht die Ablehnung jedweder Mitarbeit an jenem Vorhaben und auch sonst seine völlige Ahnungslosigkeit hinsichtlich eines Zusammenhangs seiner Unterredungen mit etwaigen Umsturzvorbereitungen hatte glaubhaft machen können, war er mit einer Gefängnisstrafe von nur zwei Jahren wegen „reaktionärer Gruppenbildung" ziemlich glimpflich davongekommen. In einem 1945 noch in Bayreuth kurze Zeit nach seiner Befreiung aus dem dortigen Gefängnis verfassten Bericht hat Maschke hingegen offenbart, dass er sehr wohl auch an der Auswahl der für Führungsaufgaben in der Gewerkschaft wie in der öffentlichen Verwaltung nach einem Umsturz in Frage kommenden Personen mitgewirkt habe. Zudem hätte er sich „der Angelegenheiten der in Deutschland befindlichen ausländischen Arbeiter annehmen", kurz vor dem „20. Juli" einen „Aufruf" an diese vorbereiten und im Übrigen zu Leuschners „besonderer Verfügung stehen" sollen. Maaß hingegen sei nicht nur für „die Vorbereitung eines Programms der Gewerkschaften", sondern auch für die „der Verfassung des zukünftigen Deutschland" zuständig gewesen. Während seiner Aussprachen mit ihm habe er, Maschke, den Eindruck gewonnen, dass dieser wie auch Leuschner, Kaiser und deren Freunde gegenüber den Militärs schon einen gewissen „Zweckoptimismus" an den Tag gelegt hätten bezüglich des Entwicklungsstandes der „organisatorischen Vorbereitungen für die Übernahme des Staatsapparates". Auch durch ihn selbst sei dieser die Sachlage letztendlich beschönigende Eindruck wo immer es ging bekräftigt worden, damit es nur endlich zur für das Unternehmen erforderlichen „Initialzündung" käme. Erstmals habe Leuschner dann im Januar 1944 mit ihm und zwei weiteren Gewerkschaftern auch „über grundsätzliche Fragen der künftigen Gewerkschaften" gesprochen, worüber er „allerdings durch Unterhaltungen mit Maaß schon unterrichtet" gewesen sei. Leuschner sei zu jener Zeit „von einer gewissen inneren Ungeduld" erfasst gewesen ob des Eintritts des so lange schon herbeigesehnten Ereignisses. Damals habe Maaß ihm, Maschke, gegenüber erwähnt, dass zur Wiedererrichtung der Gewerkschaften „an einen gewissen Generalstabsplan gedacht" werde, „nach dem die zu treffenden Maßnahmen nach erfolgtem Militärputsch abzulaufen hätten". Leuschner selbst habe „von einem sofort nach dem gelungenen Putsch an die deutschen Arbeiter zu richtenden Rundfunkaufruf" gesprochen, mit dem diese „zur Beseitigung der Nazi-Betriebsobleute und zum Eintritt in den Generalstreik aufgefordert werden sollten". Seine letzte Unterredung mit Leuschner habe er schließlich am 14. Juli 1944 gehabt, während der dieser erklärt habe, „die lange erwartete militärische Aktion" werde „erfolgen, wenn die Amerikaner in Paris und die Russen in Ostpreußen sind."[306] Fünfeinhalb Wochen zuvor, am 6. Juni 1944, hatte die Invasion der Westalliierten in der Normandie begonnen, und seit dem 22. Juni, dem dritten Jahrestag des deutschen Überfalls auf die UdSSR, führten die Sowjets mit großer Wucht Großoffensiven gegen das abgekämpfte deutsche Ostheer, wodurch binnen kurzer Zeit allein der Heeresgruppe Mitte mit rund 350.000 Gefallenen, Verwundeten und Gefangenen über zwei Drittel ihrer Truppenstärke verloren gegangen sind. Das Einrücken der Roten Armee in Ostpreußen war lediglich eine Frage der Zeit.

Auch Willi Richter hat in seinem Grundsatzreferat vor dem Gründungskongress des Freien Deutschen Gewerkschaftsbundes Hessen im Sommer 1946 extra hervorgehoben, dass es sich vordem um eine „Widerstandsbewegung der Gewerkschaftsfunktionäre" gehandelt habe, wohlgemerkt nicht um eine illegale Massenorganisation. Jene Kaderorganisation hätten Leuschner, Jakob Kaiser und andere geschaffen, um die „Verbindung untereinander" aufrechtzuerhalten, um sich gegenseitig unterrichten und gegebenenfalls Parolen weiterverbreiten zu können sowie um „jederzeit ein Funktionärsgerippe für den Neuaufbau von Gewerkschaften" zur Verfügung zu haben. Hierzu seien „für die einzelnen Bezirke Deutschlands frühere Gewerkschaftssekretäre als Verbindungsmänner zu den Gewerkschaftsfunktionären der größeren Orte bestimmt" worden, welche „wiederum die Verbindung mit den Betrieben usw. aufrechtzuerhalten" hatten. Um zu verhindern, dass bei Entdeckung durch die Gestapo ein „allzu großer Kreis von Personen auf einmal" festgenommen werden könne, habe jene Widerstandsstruktur nur einen „sehr losen" Aufbau gehabt. Die Schaffung „von illegalen Gewerkschaften", so Richter weiter, sei „praktisch nicht möglich" gewesen „und hätte auch keinen Zweck noch Erfolg gehabt". Dagegen wäre „der Sturz des Nazisystems" allein „unter Einsatz aller Kräftegruppen möglich" gewesen, weshalb Leuschner „mit anderen Persönlichkeiten aus den früheren Parteien, der Wirtschaft und dem Staate und nach Ausbruch des Krieges auch mit Offizieren der Wehrmacht die Verbindung" aufgenommen habe. „Dies" habe „zu dem bekannten 20. Juli 1944" geführt.[307] Ob die von Leuschner und seinen Freunden im ganzen Deutschen Reich geschaffene antinazistische Vertrauensleutestruktur nun als „Gerippe" der „alten sozialistischen Gewerkschaftsorga-

Willi Richter (1932)

nisation“ in „schwarzer Form“ bezeichnet wird, wie Theodor Steltzer es in seiner Denkschrift fünf Tage vor der Umsturzaktion für geboten gehalten hat, oder als gewerkschaftliche Geheimorganisation „der politischen Eliten“, so Henk in seinem ebenso oft zitierten wie geschmähten Zeitzeugenbericht von 1946, oder aber als „Funktionärsgerippe“, wie der Sachverhalt von Willi Richter auf den Punkt gebracht worden ist,[308] Tatsache ist, dass in dieses geheime Verbindungsnetz kurz vor dem „20. Juli“ – vorsichtig geschätzt – mehrere Tausend Regimegegner aus dem gesamten gewerkschaftlichen und linksorientierten parteipolitischen Spektrum mit Ausnahme der Kommunisten eingebunden gewesen sind. Durch ihre enge Anbindung an jenen somit politisch außerordentlich breit aufgestellten Widerstandsverbund, für den es noch dazu von seiner erstaunlichen überregionalen Ausdehnung her während der Kriegsjahre kein weiteres Beispiel gab, erhielten die hochkonservativen Konspirateure im näheren Umfeld von Dr. Goerdeler und Generaloberst a. D. Ludwig Beck überhaupt erst ihre Legitimation gegenüber den militärischen Widerstandskräften, nach einem von diesen herbeigeführten Umsturz eine, wenn man so will, parteiübergreifende deutsche Revolutionsregierung zu bilden, deren Strahlkraft alle Volksschichten zu erreichen imstande gewesen wäre.

In seinem Bayreuther Bericht hat Walter Maschke hierzu festgestellt, er sei voll und ganz davon überzeugt, „dass der Putschversuch am 20. Juli“ nur deswegen „unternommen wurde“, weil die Militärs „in der von Leuschner vorbereiteten Gewerkschaftsorganisation“ – und diese war ohne jeden Zweifel der Hauptfaktor jenes Widerstandsverbundes – „die unbedingt notwendige Voraussetzung für die von ihnen durchzuführenden militärischen Maßnahmen“ gesehen hätten. „In erster Linie“ sei dies alles „dem Wirken Leuschners und Maaß’ sowie der mit ihnen zusammenarbeitenden Gewerkschafter und Sozialdemokraten zu verdanken“ gewesen. Sie beide hätten „seit 1933 bzw. 1934“ und dann „zusammen mit dem Katholiken Jakob Kaiser (Christliche Gewerkschaften) planmäßig das Zustandekommen der Kombination Beck–Dr. Goerdeler–Leuschner vorbereitet“.[309] In einem am 18. März 1946 in Berlin gehaltenen Vortrag hat Maschke dies noch dahingehend präzisiert, dass Leuschner durch Maaß und Kaiser „zunächst indirekt“ mit führenden oppositionellen Militärs in Berührung gebracht worden war, wobei sein Verhältnis zu ihrem christlichen Gewerkschaftskollegen „sehr bald dazu“ geführt habe, „dass eine örtliche und bezirkliche Zusammenarbeit zwischen Vertretern der Freien und der Christlichen Gewerkschaften in ganz Deutschland“ angebahnt worden sei.[310] Und auch Jakob Kaiser hat in einem Gedenkartikel zum dritten Jahrestag des „20. Juli“ eindringlich darauf hingewiesen, dass es sich bei der von ihnen aufgezogenen Widerstandsbewegung um „eine überparteiliche Gemeinschaft“ gehandelt habe. „In regelmäßiger Aussprache über die Neuformung des politischen Lebens nach Hitler“ seien sie „weitestgehend über alle Parteiprogramme hinausgewachsen“. Deswegen müsse einer „Legendenbildung“ entgegengewirkt werden, die „vielleicht sogar aus propagandistischen Gründen“ versuche, „die Widerstandsbewegung zur Angelegenheit einer Partei“ zu machen. Kaiser wollte damit einem Pressebericht entgegentreten, in dem – auch nach heutigem Wissensstand – völlig zutreffend konstatiert worden war, dass „die illegale Sozialdemokratie“ wegen ihres „Netzes von sozialistischen und gewerkschaftlichen Zellen“ sehr bald das „zahlenmäßig stärkste Element der Widerstandsbewegung“ gewesen sei und obendrein „einen Apparat zur

Übernahme der Verwaltung nach dem Gelingen des Aufstandes" vorbereitet habe. Auch dafür, dass „stellenweise" gewisse „Vorbereitungen für Streiks und bewaffneten Kampf" getroffen worden seien, „falls das Regime dem Staatsstreich nicht weichen würde", gibt es tatsächlich Indizien. Außerdem, so der von Kaiser kritisierte Autor jenes Artikels im erst im Vorjahr von den Briten initiierten und dann noch lange Zeit kontrollierten, durch seinen ersten Chefredakteur, den Sozialdemokraten und vormaligen KZ-Häftling Rudolf Küstermeier strikt überparteilich ausgerichteten Presseorgan „Die Welt" weiter, habe die Sozialdemokratie „in der Leitung der Bewegung" von Anfang an verhindert, dass sich ein „einseitig reaktionärer Kurs" habe durchsetzen können. Vielmehr habe sie die Bildung einer „Koalitionsregierung mit stark sozialem Einschlag für den Fall des Gelingens des Aufstandes" gewährleistet. So aber sei es, wie Kaiser 1947 widersprechen zu müssen meinte, „nun gerade nicht" gewesen. Im Gegenteil seien an dem „Abbiegen des so genannten ‚reaktionären' Kurses des Goerdeler-Kreises in eine fortschrittliche Richtung" mindestens so viele, „wenn nicht sogar noch mehr" progressive „christliche Demokraten beteiligt" gewesen. Während Letzterem womöglich sogar beizupflichten wäre, wenn man dabei Kaisers subjektive Sichtweise in Betracht zieht, so gilt dies nach allem bisher Dargelegten keineswegs für dessen Behauptung, die erwähnten Umsturzvorbereitungen seien eben „nicht von der Sozialdemokratie, sondern vor allem seit 1940 von einem engeren Kreis" getroffen worden, dem neben Goerdeler, Leuschner und Leber „vier christliche Demokraten, nämlich Habermann, Wirmer, Letterhaus" und er selbst angehört haben und des Weiteren zwei Adelige, die „in den zwei letzten Jahren die laufende Verbindung dieses Kreises zu den Soldaten" aufrechterhalten haben. Wenn es sich für Jakob Kaiser vielleicht auch aus seinem eigenen Erleben heraus wirklich so dargestellt haben mag, so zeigte sich hieran recht flagrant, dass er von seinem Freund und Mitstreiter Wilhelm Leuschner über das wahre Ausmaß von dessen jahrelang und unablässig betriebener konspirativer Organisations- und Vernetzungsarbeit doch in sehr starkem Maße im Unklaren gelassen worden sein muss. Und hierfür kann nur die Sicherheitsmaßnahme größtmöglicher Abschottung der verschiedenen Konspirationssegmente verantwortlich gewesen sein, die erst im Zusammenhang mit dem Staatsstreich hätte aufgehoben werden sollen. Gleichzeitig beweist Kaisers Behauptung, gerade einmal neun Personen hätten die komplette, seit etlichen Jahren in ganz Deutschland weit verzweigte zivile Widerstandsbewegung zur Flankierung des Umsturzversuchs vom 20. Juli 1944 gesteuert, dass er selbst in jene ungeheuer personal- und zeitaufwändigen Vernetzungsanstrengungen gerade im Bereich der sozialdemokratisch-gewerkschaftlichen und zuletzt auch der linkssozialistisch bzw. pazifistisch ausgerichteten organisatorischen Reststrukturen und Solidargemeinschaften mit Bestimmtheit nicht eingebunden gewesen ist. Eine Erklärung für die in seiner Stellungnahme zum dritten Jahrestag des Umsturzversuchs partiell sichtbar werdenden Abweichungen zwischen der historischen Faktenlage und deren rückblickender Deutung ist im heftigen Ringen um das Geschichtsbild zu vermuten, in das in der Folge der sich nun signifikant verstärkenden Konkurrenz der großen Parteien SPD und CDU bzw. CSU, aber auch wegen des beginnenden Kalten Krieges in den drei westlichen wie in der östlichen Besatzungszone Deutschland nahezu zwangsläufig auch die Widerstandsbewegung des „20. Juli" hineingeraten ist. So wird zudem erklärlich, warum Walter Maschke in seinem Berliner Vortrag vom Frühjahr 1946 mit einem Mal sogar „kommunistischen Gewerkschaftern" bescheinigt hat, gemeinsam mit ihren christlichen und sozialdemokratischen Kollegen zur Vorbereitung jener, von ihm bezeichnenderweise auch gleich noch „Freier Deutscher Gewerkschaftsbund“ genannten „Einheitsorganisation aller Werktätigen“ bereit gewesen zu sein, welche als vorerst „alleinige politische Organisation“ der „neuen Staatsführung“ nach einem Putsch gegen Hitler zur Bewältigung der „dringenden Forderungen des Tages“ und damit zugleich „als politisches Instrument“ hätte „zur Verfügung gestellt werden“ sollen. Maschke wusste aber ganz genau, dass Leuschner – und dies im Gegensatz zu manchen seiner Mitstreiter – gerade den Kontakt mit kommunistischen Untergrundstrukturen im Vorfeld des „20. Juli“ konsequent abgelehnt hatte und eine anschließende Einbindung von Kommunisten in die wohlweislich strikt überparteilich ausgerichtete „Deutsche Gewerkschaft“ nur dann akzeptiert hätte, wenn diese sich jedweder innergewerkschaftlichen Fraktionsarbeit im Sinne ihrer Partei enthielten. Während Maschke seine einstigen politischen wie gewerkschaftlichen Kontrahenten in seinem ersten Bericht, dem von Bayreuth nämlich, korrekterweise in jenem Kontext auch gänzlich unerwähnt gelassen hatte, wollte er ein Dreivierteljahr später offenbar seinen neuen Genossen in spe – die unter massivem Druck der ostzonalen Machthaber herbeigeführte Fusion von SPD und KPD zur SED erfolgte fünf Wochen nach Maschkes Berliner Vortrag – seine Reverenz erweisen. Völlig tatsachengemäß wiederum war dafür der Hinweis Kaisers in seinem Statement von 1947, dass die von den Verschwörern „in Aussicht genommenen politischen Berater der Wehrkreiskommandeure“ sich „aus allen Schichten der Bevölkerung und mehr oder weniger auch aus allen politischen Parteien“ rekrutiert hätten, „wobei die Parteizugehörigkeit“ indes „nicht immer ängstlich untersucht“ worden sei. Und spätestens seit der Deutschen Einheit wird wohl auch seine damalige kategorische Erklärung auf keinen Widerspruch mehr stoßen, nach der jene breite Widerstandsbewegung „nicht das Gut einer Partei“, sondern vielmehr das „Gut des deutschen Volkes“ sei.[311]

Wenngleich bei den führenden Funktionären der vormals sozialdemokratisch, christlich und liberal ausgerichteten Gewerkschaftsverbände bereits seit gut einem Jahrzehnt Einvernehmen darüber bestand, dass die Schaffung einer „parteipolitisch völlig ungebundenen“ Gewerkschaftsbewegung auf einheitlicher Grundlage „zur Sicherung der sittlichen, kulturellen, staatlichen und wirtschaftlich-sozialen Lebensrechte des deutschen Arbeiterstandes“ das Gebot der Stunde wäre, wie es in ihrer nicht zuletzt von Leuschner und Jakob Kaiser mit erarbeiteten Vereinbarung eines „Führerkreises der vereinigten Gewerkschaften“ im Frühjahr 1933 noch kurz vor Zerschlagung ihrer Verbände postuliert worden war[312], so sind seither in vielen Geheimberatungen in kleiner und kleinster Runde, meist auch in sorgsam abgeschirmten Vieraugengesprächen die Grundstrukturen jener neuen Massenorganisation der gesamten lohn- und gehaltsabhängig arbeitenden Bevölkerung und die dieser zugedachten Aufgabenbereiche weiter beraten und präformiert worden. Dass hierzu verschiedentlich auch Denkschriften und Expertisen erarbeitet bzw. in Auftrag gegeben worden sind, müsste sich zwar eigentlich von selbst verstehen, doch ist das Wissen um jenen Aspekt des widerständigen Wirkens der nichtkommunistischen Arbeiterführer selbst in Fachkreisen nicht sonderlich ausgeprägt. So wird sogar in vielen Widerstandsmonographien die Vorstellung perpetuiert, weil im engeren Umfeld Leuschners schon bald nach 1933 aus Sicherheitsgründen auf die Herstellung und Verbreitung antinazistischen Propagandamaterials vollständig verzichtet worden war und er, Carl Severing, Walter Maschke und andere ihren Mitstreitern auch darüber hinaus dringend die weitgehende Entschriftlichung ihres Widerstandshandelns zur Auflage gemacht hatten, seien von ihnen konsequenterweise auch keine Ausarbeitungen zu Zukunftsfragen in geschriebener Form erstellt worden. Dass dies aber keineswegs zutraf, ist durch Dr. Elfriede Nebgen, Prof. Dr. Ludwig Bergsträsser, Walter Maschke und einige andere ehedem Beteiligte hinreichend bezeugt worden. Allerdings haben die meisten jener bis zum „20. Juli" wohlverwahrten Texte, so auch das frühe gewerkschaftliche Grundsatzprogramm, das von Leuschner, Kaiser und Habermann mit Unterstützung von Prof. Dr. Gerhard Albrecht und Josef Wirmer erarbeitet worden ist, die nach dem Scheitern der Aktion umgehend durchgeführten Beweismittelvernichtungsaktionen genauso wenig überstanden wie etwa die entsprechenden Denkschriften des Letzteren bzw. dessen Notizen hierzu.[313] Die missliche Blickwinkelverzerrung, die daher diesbezüglich in der politik-, rechts- und geschichtswissenschaftlichen Rezeption der programmatischen Überlieferungen aus den diversen Widerstandssegmenten der zivilen Basis des Umsturzversuchs eingetreten ist, findet in jenem beklagenswerten Sachverhalt eine gewisse Erklärung.

In diesem Zusammenhang ist auf eine aus mehreren Gründen überaus bemerkenswerte Schrift aufmerksam zu machen, die von Ludwig Reichhold erarbeitet worden ist. Dieser ist bis 1938 Chefredakteur der christlichsozialen „Österreichischen Arbeiter-Zeitung" gewesen und war danach durch seine Kontakte zu Jakob Kaiser und Dr. Nebgen für eine Weile in die im deutschen Untergrund geführten gewerkschaftlichen Programmdiskussionen unmittelbar eingebunden. Sodann wurde die Verbindung zu ihm nach Wien von Elfriede Nebgen brieflich aufrechterhalten. Während eines Wehrmachturlaubes, den Reichhold als Obergefreiter Anfang 1943 in Berlin verbrachte, war er schließlich abermals zu einer konspirativen Besprechung in ihrer Wohnung eingeladen worden, an der neben der Gastgeberin und Jakob Kaiser auch der inzwischen zum Hauptmann beförderte Bernhard Letterhaus, der schließlich zu den Leuna-Werken kriegsverpflichtete Josef Wirmer und Wilhelm Leuschner teilgenommen haben[314], dessen Geschäfte im Übrigen weiterhin zu keiner Klage Anlass gaben. Von diesem sei damals angeregt worden, so hat Reichhold einige Jahre nach dem Krieg berichtet, er möge doch „einen programmatischen Leitfaden" für „eine künftige deutsche Gewerkschaftsbewegung" ausarbeiten. Zu jener Zeit habe ein „antinationalsozialistischer Putsch" unmittelbar bevorgestanden, womit das seit Monaten durch Oberst Henning von Tresckow und andere Offiziere der Heeresgruppe Mitte in Verbindung mit den Militärverschwörern in der Reichshauptstadt und anderenorts vorbereitete Staatsstreichunternehmen gemeint war, das dann allerdings im März jenes Jahres mit den vergeblichen Attentatsversuchen auf Hitler in Smolensk sowie wenig später bei einer Ausstellung erbeuteten sowjetischen Kriegsguts im Berliner Zeughaus durch Oberst Rudolf-Christoph Freiherr von Gersdorff gescheitert war.[315] Noch während Reichholds Rückfahrt zu seinem Militärstandort auf Kreta wurden von ihm die ersten Kapitel jener Schrift verfasst, denen er dann dort – ohne jede Zugriffsmöglichkeit auf Fachliteratur – weitere umfangreiche Ausführungen folgen ließ. Der ihm erteilte Auftrag war nur so zu verstehen gewesen, dass er „jene gemeinsame geistige Basis zu umreißen" versuchen sollte, „auf der eine einheitliche Gewerkschaftsbewegung errichtet werden konnte, die mehr sein musste als eine bloße Summierung der früheren Richtungsge-

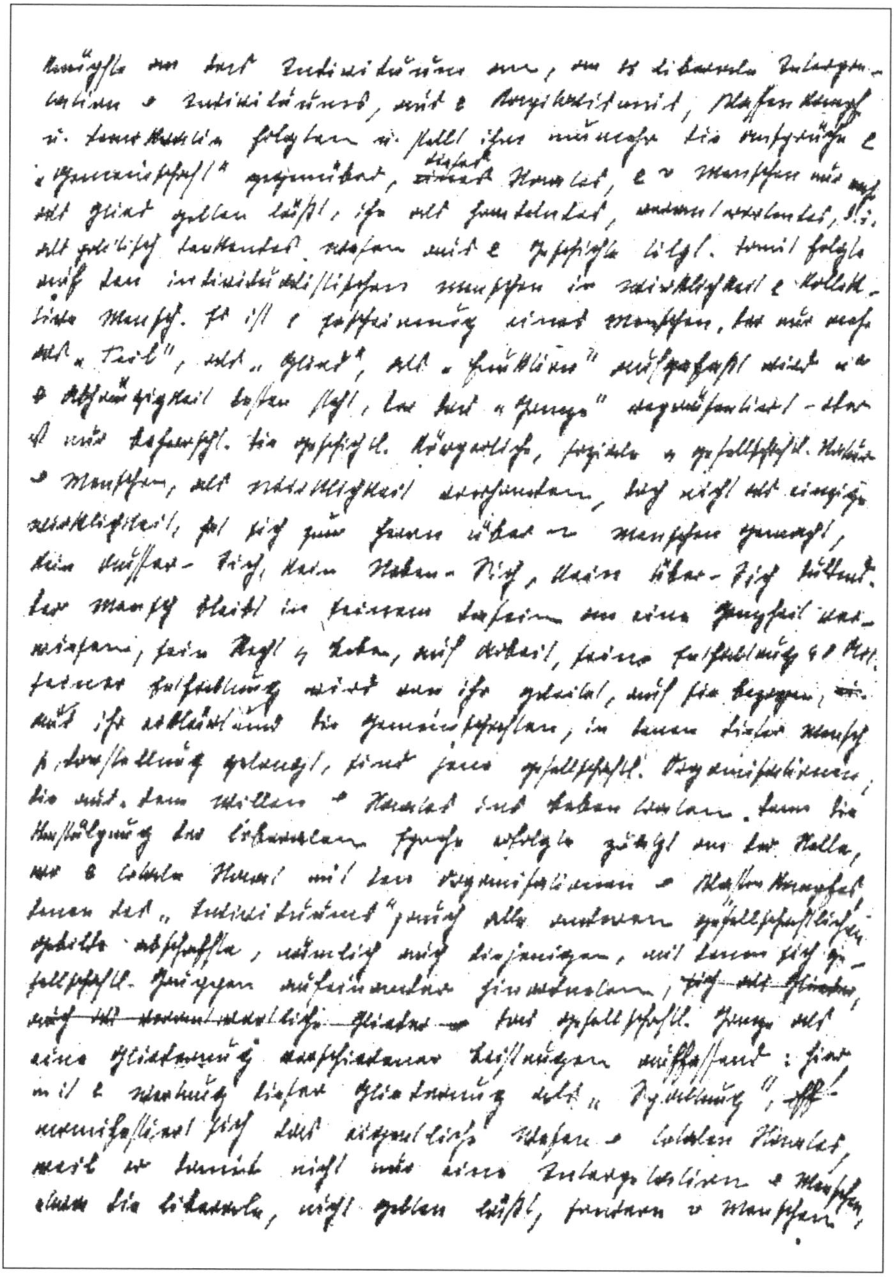

Seite des Originalmanuskripts von Ludwig Reichhold (1943/44)

werkschaften". Während eines neuerlichen Urlaubs konnte er die bis dahin fertiggestellten Manuskriptteile an einen sicheren Ort schaffen, während er eine Auswahl davon nach Berlin verbrachte. Dort konnte er dann im Mai 1944 ein, wie er berichtet hat, „wesentliches Kapitel aus dieser Arbeit" Kaiser, Dr. Nebgen und Wirmer vortragen. Anschließend wurde der Text bei Dr. Nebgen hinterlegt, damit diese ihn vervielfältigen und verteilen könnte. Einen „programmatischen Leitfaden“ für die künftige Gewerkschaftsbewegung hat Reichhold freilich nicht geschrieben, dafür fehlte ihm auf Kreta ganz einfach der Gedankenaustausch mit den Widerstandskräften in Deutschland, die natürlich schon eine Vielzahl handfester Probleme organisatorischer und ähnlicher Art am Horizont heraufziehen sahen, mit deren Lösung sie sich jedoch erst nach dem Zusammenbruch des „Dritten Reiches“ würden befassen können. Insofern hat die Ausarbeitung Reichholds nahezu zwangsläufig den Charakter einer ethischen Begründung der intendierten neuen, einheitlichen Arbeiterbewegung erhalten, welche in naher Zukunft dann in enger Abstimmung mit den übrigen sozialen Schichten als gleichberechtigten Kooperationspartnern eine in dieser Form noch nicht da gewesene freiheitlich-demokratische Gesellschaftsordnung in Europa errichten sollte, und zwar jenseits von Liberalismus, Faschismus und Bolschewismus. Die Weiterarbeit an dem Text auf Kreta wurde von Reichhold mit dem „20. Juli“ vorsichtshalber unterbrochen. Einige Manuskriptteile führte er Monate später bei sich, als er in Kriegsgefangenschaft geriet, wo diese ihm aber abgenommen wurden. Nach dem Krieg hat er die Arbeit an der Schrift wieder aufgenommen, von der er zunächst Auszüge in seinem 1953 erschienenen zweibändigen Werk „Europäische Arbeiterbewegung“ veröffentlicht hat. Kerngedanken aus den zuvor schon formulierten, aber verloren gegangenen Textteilen konnten von Reichhold hierfür rekonstruiert und weiterentwickelt werden. Die vollständige Fassung jener somit erst nach 1945 zur Gänze zu Papier gebrachten Abhandlung wurde dann 1965 publiziert und „dem Andenken Jakob Kaisers und Wilhelm Leuschners“ gewidmet. Nachdem immerhin bereits 20 Jahre ins Land gezogen waren, hatten ihn zu ihrer Veröffentlichung „zwei Erwägungen“ veranlasst: Einerseits handelte es sich dabei zweifelsohne „um ein historisches Dokument zum 20. Juli 1944“, dem, „weil ihm ein Auftrag maßgebender Widerstandskreise zugrunde“ lag, allein deshalb schon ein „gewisser Aussagewert“ inhärent war, „und zweitens“, weil „sich an Hand dieser Arbeit nachweisen“ lasse, so die feste Überzeugung des ungemein emsigen, 1963 zum Professor ernannten Publizisten zur österreichischen Widerstands-, Parteien- und Gewerkschaftsgeschichte, „dass die Entwicklung der Arbeiterbewegung in Mitteleuropa nach 1945 im Wesentlichen die Richtung eingehalten“ habe, die darin „aufgezeigt wurde“.[316]

Maschke, Schlimme, Jakob Kaiser und manch andere haben nach dem Ende des „Dritten Reiches“ zwar mehr oder minder ausführliche, allerdings sich mitunter auch widersprechende Angaben zu Aufbau und Aufgaben der „Deutschen Gewerkschaft“ gemacht. Desgleichen hat Dr. Elfriede Nebgen sich hierzu geäußert, wobei sie in ihrer Kaiser-Biographie dazu geraten hat, diesbezüglich getrost den Aussagen zu vertrauen, die Leuschner gegenüber den Beamten der „Sonderkommission 20. Juli“ gemacht hat. Dass diese „der Wahrheit entsprachen“, könne von ihr, die den vorherigen konspirativen „Besprechungen“ hierzu „stets beigewohnt“ habe, nur bestätigt werden.[317] Aber auch die entsprechenden Verhöraussagen von Hermann Maaß, Dr. Theo Haubach und anderen können zur Verifizierung bzw. Ergänzung der Angaben Leuschners in diesem Kontext von Nutzen sein.[318] Wenngleich die während der Vernehmungen oft genug massiv Gefolterten mit allen nur erdenklichen Schutzbehauptungen, bedarfsorientierten Tatsachenpräsentationen, auch glatten Lügen den Umfang ihrer eigenen Aktivitäten als so gering wie möglich oder diese überhaupt als völlig harmlos darzustellen bestrebt gewesen sind, so glaubten Leuschner und seine Mitstreiter hinsichtlich der seit dem Winter 1942/43 im Prinzip feststehenden Organisationsstruktur und Aufgabenverteilung der von ihnen geplanten „Deutschen Gewerkschaft“ doch recht bereitwillig Auskunft geben zu können. Hierbei werden sie unter Umständen auch ganz unschuldsvoll vorgebracht haben, die diesbezüglich angestrengten Überlegungen hätten lediglich der Optimierung der „Deutschen Arbeitsfront“ nach Ende des Krieges dienen sollen. Über deren Organisationsstruktur, Zielsetzungen und Vorgehensweisen hatte sich Leuschner seit je bestens informiert, und er hatte zu jener faschistischen Zwangsorganisation, wie Hermann Schlimme später bekundet hat, mehr noch eine „sehr gute Verbindung“ unterhalten, weshalb man ihm von dort „sogar vertrauliche Schriftstücke“ habe zukommen lassen.[319] Natürlich wurde während der Verhöre wo es nur ging versucht, involvierte Kollegen zu schützen, indem an Stelle von deren Namen z. B. die längst Verstorbener bzw. von solchen genannt wurden, welche aufgrund ihres vorgerückten Alters bzw. wegen ihrer körperlichen oder geistigen Gebrechlichkeit ganz offensichtlich zur Übernahme relevanter Aufgaben nicht mehr imstande gewesen wären. Gelegentlich ist den Ermittlern erklärt worden, man sei von der Mitarbeit eines bestimmten Kollegen einfach ausgegangen, ohne diesen überhaupt gefragt zu haben. Manchmal konnte sogar glaubhaft gemacht werden, die von Leuschner oder einem anderen Konspirateur im Hinblick auf eine mögliche Mitarbeit Angesprochenen hätten sich jenem Ansinnen verweigert, weshalb diese mitunter Freispruch oder doch eine vergleichsweise milde Bestrafung haben erwirken können. Insofern wurde für die NS-Ermittler bei alledem lediglich eine gewisse, nur aus wenigen Dutzend Gewerkschaftern bestehende Führungsstruktur erkennbar, deren tatsächliche personelle Basis sich allenfalls erahnen ließ. Dass hierzu im ganzen Land etliche Tausend oft schon vor Jahren angeworbene sozialdemokratisch, sozialistisch, christlich sowie liberal ausgerichtete Gewerkschafter und Politiker gehörten, konnte vor den Verfolgern konsequent verborgen gehalten werden. Dies beweist die Perfektion, mit der diese reichsweite Widerstandsstruktur getarnt worden war, die Henk somit völlig zu Recht eine „unaufdeckbare Geheimorganisation“ genannt hat. Willi Richter etwa, der in diesem Zusammenhang seit längerem bereits im Bereich Hessens eine hochkarätige konspirative Funktion ausgeübt hatte und dem auch späterhin eine wichtige Führungsrolle bei der gewerkschaftlichen Reorganisation zufallen sollte, wurde von keinem seiner fürchterlich drangsalierten Kollegen und Genossen und schon gar nicht von seinem Freund Leuschner verraten. So wie er blieben viele jener unerkannt, die auf der Ebene der Bezirke, und fast alle, die auf kommunaler Ebene bzw. im betrieblichen Bereich ihre Bereitschaft zur Mitwirkung nach einem Umsturz bekundet hatten. Folglich haben die faschistischen Ermittlungsbeamten nur eine schemenhafte Vorstellung von jenem gewerkschaftlichen „Funktionärsgerippe“ erlangt, dessen Untergrundexistenz Richter zwei Jahre nach dem „20. Juli“ vor seinen in Frankfurt am Main-Enkheim zur Gründung des Freien Gewerkschaftsbundes Hessen versammelten Kollegen bezeugt hat.

Am 13. September 1944 sandte der Chef der Sicherheitspolizei und des Sicherheitsdienstes des Reichsführers-SS, SS-Obergruppenführer und General der Polizei Dr. Ernst Kaltenbrunner an Reichsleiter Martin Bormann, den Leiter der Parteikanzlei in München und faktischen Stellvertreter Hitlers, einen umfassenden Bericht über den geplanten „Aufbau der deutschen Gewerkschaft“, der „nach den Aussagen von

Leuschner" erstellt worden war. Dieser war wenige Tage zuvor, am 8. September, vom „Volksgerichtshof" zum Tode verurteilt worden, ist dann aber trotzdem weiterhin ständig verhört und gefoltert worden, ohne dabei allerdings mehr preiszugeben, als die NS-Ermittler ohnehin schon wussten, bis er dann am 29. September hingerichtet worden ist. Danach sollte die „Deutsche Gewerkschaft" von ihm selbst geleitet werden, und zwar zusammen mit Jakob Kaiser und Max Habermann als seinen beiden Stellvertretern. Die „Reichsleitung" der Organisation „sollte in etwa acht bis zehn Abteilungen gegliedert werden", nämlich in die Ressorts Presse, Wirtschaftspolitik, Sozialpolitik, Jugend, Rechtsberatung, Finanzverwaltung, Personalverwaltung, Angestellte sowie Schulung und Bildung. Um Letzteres, aber auch um die Angestelltenfragen wie auch um die Finanzverwaltung wollte sich angeblich Habermann „persönlich" kümmern, woran bei realistischer Betrachtung erkennbar wird, dass durch jene Behauptung einer ziemlich überzogenen Aufgabenhäufung andere Beteiligte, die womöglich tatsächlich für eine dieser Abteilungen in Aussicht genommen waren, geschützt werden sollten. Denn Habermann war nach dem „20. Juli" abgetaucht, konnte somit Gegenteiliges nicht aussagen, was Leuschner zu jenem Zeitpunkt gewusst haben muss. Die Nachricht von dessen Selbstmord am 30. Oktober ist ihm erspart geblieben. Auch Kaiser, der das Sozialressort übernehmen wollte, war gleich nach Bekanntwerden des Scheiterns des Umsturzversuchs auf Tauchstation gegangen. Tarnow, als Fachmann für die Wirtschaftspolitik vorgesehen, befand sich in Schweden, somit in Sicherheit. Von ihm habe Leuschner, der mit ihm „eng befreundet und auch familiär verbunden war", angenommen, dass er „sofort zurückgekommen wäre, um die Gewerkschaftsarbeit wiederaufzunehmen". Maschke hat Leuschner zufolge die Leitung des Jugendressorts abgelehnt, weil er sich wegen seines Alters – er war damals 52 Jahre alt – „nur noch bedingt für Jugendfragen interessiere". Deshalb habe man sich darauf geeinigt, „einen Vertreter der jungen Generation" zu finden, „der möglichst Kriegsteilnehmer gewesen sein sollte". Für „die Personalfragen und die Organisation" sei von Jakob Kaiser beabsichtigt gewesen, Maschke oder aber Schlimme heranzuziehen, welcher „sich allerdings nach Verbüßung seiner Strafe nach 1939 nirgends mehr blicken" gelassen habe, was mit Sicherheit nicht der Wahrheit entsprochen hat. Scheinbar präzise Angaben haben sich so ins Nebulöse verflüchtigt, Ausdruck versierter Camouflage, die auch sonst in jenen Vernehmungsberichten immer wieder spürbar wird. Des Weiteren sollte die Organisation von zwölf Bezirkssekretariaten getragen werden, d. h. von jeweils einem für Berlin, für Ost- und Westpreußen, für die Region Stettin, Pommern und Mecklenburg, für den Bereich von Hamburg zusammen mit Holstein und Oldenburg, für Hannover, Schlesien, Sachsen, Thüringen, Bayern, Württemberg, Südwestdeutschland und außerdem für Rheinland-Westfalen. Für jenen katholisch geprägten Bezirk habe Kaiser „anfänglich" den am 25. Juli und damit gut drei Wochen vor Leuschner verhafteten Hauptmann Bernhard Letterhaus vom Kölner Kreis „benannt", wozu der sozialdemokratische Gewerkschaftsführer freilich bemerkt hat, er wisse nicht, ob dieser, „nachdem er" schon „als Politischer Beauftragter", nämlich für den Wehrkreis VI Münster, „und später als Wiederaufbauminister vorgesehen war", auch noch in eine gewerkschaftliche Funktion hätte rücken sollen. Manche vorgeblich als Bezirkssekretäre vorgesehene Gewerkschafter standen aber überhaupt nicht zur Verfügung: die einen nicht, weil sie sich zu jener Zeit noch in Haft befanden, andere waren verstorben, wiederum andere waren nicht ohne Weiteres erreichbar, weil sie sich in abgelegene

Ortschaften zurückgezogen hatten. Einige hätten auch eine Mitarbeit abgelehnt, manche sich nur vage oder ausweichend zu den an sie gerichteten Ansinnen geäußert, andere seien lediglich „unterrichtet" gewesen oder „in Aussicht genommen" worden. Dass der für Schlesien eingeplante Oswald Wiersich sein „Einverständnis" zur Mitarbeit gegeben und sich, so der „Eindruck" Leuschners, „auch bereits um Verbindung in seinem Bezirk gekümmert" habe, konnte offenbar wegen anderer diesen belastender Hinweise nicht mehr verheimlicht werden. Womöglich hätten darüber hinaus noch zwei weitere Bezirkssekretariate gebildet werden sollen, so für Anhalt und für Wien. Ansonsten sah der Organisationsplan der „Deutschen Gewerkschaft" die Schaffung von 14 der „Reichsleitung" unterstellten „Industriegruppen" vor, nämlich: Holz, Bau, Steine und Erde, Eisenbahn, Metall, Leder und Bekleidung, Textil, Buchdrucker, Transport, Bergarbeiter, Angestellte, Landwirtschaft, Fremdenverkehr und zudem ein Ressort, das für die Betreuung der Gauleitungen und Ortsgruppen zuständig sein sollte. Auch was das hierfür ins Auge gefasste Leitungspersonal anbelangt, zeigte sich Leuschners Erinnerungsvermögen nur schwach entwickelt: An manche Namen konnte er sich gar nicht mehr entsinnen, für die Unterbreitung einiger Besetzungsvorschläge, nämlich für den Angestelltenbereich, wäre wieder Habermann zuständig gewesen, für bestimmte Posten, so für den Fremdenverkehr, habe man über einen „festen Vorschlag" nicht verfügt. Mit einigen Gewerkschaftern wollte Leuschner bereits „gesprochen" haben, mit anderen wiederum nicht. Manche, deren Namen zwar genannt worden sind, wären gleichfalls wegen zu „hohen Alters" ausgeschieden. Mit einer künftigen Mitarbeit als Industriegruppenleiter ist in einigen Fällen auch nur „gerechnet" worden. Überhaupt habe man „angenommen, dass die früheren örtlichen Gewerkschaftsfunktionäre zum großen Teil wieder an ihre Arbeitsplätze zurückkehren würden, an denen sie 1933 abgelöst worden" seien. „Um die Ausfüllung der Lücken inzwischen verstorbener Funktionäre" habe man sich, so Leuschner weiter, „keine Sorge gemacht, da für die Übergangszeit die Tätigkeit jedes Einzelnen zunächst nicht groß gewesen wäre und ein Funktionär mehrere Arbeitsgebiete zusammen" habe übernehmen können, was einmal mehr eine pure Schutzbehauptung gewesen sein wird. Gleiches gilt für seine Aussage, man habe sich auch „zunächst nicht darum gekümmert, die Besetzung im Einzelnen festzulegen", denn „wenn erst einmal der Umsturz erfolgt und die ‚Deutsche Gewerkschaft' verkündet worden wäre, hätten", seiner Meinung nach, schon „genügend alte Bekannte zur Verfügung gestanden".[320] Was Wilhelm Leuschner in den Verhören natürlich außerdem eisern verschwiegen hat, war der von ihm und seinen Mitstreitern gehegte Plan, die neue einheitliche Volksgewerkschaft zwar strikt parteipolitisch neutral zu halten, ihr aber eine dezidiert antinazistisch-demokratische Ausrichtung zu geben.

Bei der „Deutschen Gewerkschaft" sollte es sich somit selbstverständlich nicht um einen in Staats- bzw. Parteiregie betriebenen Zwangszusammenschluss handeln wie bei der „Deutschen Arbeitsfront", sondern um eine freiheitliche, selbstverwaltete Organisation, wenngleich auch sie auf Pflichtmitgliedschaft hätte beruhen sollen, nämlich der von allen lohn- und gehaltsabhängig Beschäftigten ab 18 Jahren. Gleich nach dem Umsturz hätte jedoch die „Deutsche Arbeitsfront" schon fürs Erste weitergeführt werden sollen, freilich unter „einer neu zu bestellenden kommissarischen Leitung". Dies lässt sofort an die Wilhelm Leuschner fast fünf Jahre zuvor durch Generaloberst a. D.

Ludwig Beck gegebene Zusage denken, ihn „mit Errichtung des Ausnahmezustandes“ als deren „Reichskommissar“ einzusetzen, aber auch an Fritz Tarnows bald darauf im schwedischen Exil entwickelten Plan zur Rückverwandlung der faschistischen Organisation in einen „einheitlichen Gewerkschaftsbund“ von „vereinigten Gewerkschaften“, welcher „vorläufig auf die Dauer eines Jahres“ von einem durch einen solchen „Reichskommissar“ zu berufenden „Direktorium von zuverlässigen Gewerkschaftern“ geleitet werden sollte.[321] Abweichend von den erwähnten Hinweisen seines Chefs zum Aufbau der „Deutschen Gewerkschaft“ bzw. diese partiell näher ausführend hatte Leuschners Prokurist Hermann Maaß übrigens bereits einen Monat vor ihm ausgesagt, dass „unter der Reichsleitung“ rund 25 „nach Berufsgruppen gegliederte Reichsverbände“ wirken sollten, unter diesen dann „Bezirksverbände der einzelnen Reichsverbände“ und „darunter“ schließlich „Ortsgruppen“. Seine Vernehmung hatte außerdem erbracht, dass „der vertikale Aufbau“ durch „einen horizontalen Aufbau durch die Bildung von Gauleitungen als Zusammenfassung der Leitungen der Bezirksverbände ergänzt werden“ sollte und dass „die Organisation“ sogar schon „praktisch bis zu den Gauen gestanden“ habe. Allerdings hätten Leuschner hierbei „bereits Personalschwierigkeiten“ zu schaffen gemacht, „insbesondere in Süddeutschland“[322]. Letzteres wird wahrscheinlich wieder eine Behauptung zur Verschleierung des wahren Sachverhalts gewesen sein, gerade wenn diesbezüglich ganz anders lautende spätere Zeitzeugenberichte zur damaligen Situation im süddeutschen und südwestdeutschen Raum herangezogen werden. In den Kaltenbrunner-Berichten stößt man wiederholt auf voneinander abweichende, sich teils sogar widersprechende und auch auf gänzlich unglaubhafte Angaben der Verhörten, was natürlich in gewissem Umfang Resultat des unterschiedlichen Kenntnisstandes der Verhörten infolge der wechselseitigen Abschottung der diversen Konspirationsbereiche gewesen sein mag, manchmal aber auch gezielte Desinformationen dargestellt haben könnten, egal ob diese nun vorher abgesprochen waren oder aus der akuten Notlage der von den Ermittlungsbeamten fürchterlich Misshandelten entsprungen sind. Fakt ist: Solche Widersprüchlichkeiten vermögen nichts daran zu ändern, dass von allen nichtkommunistischen Gewerkschaftern und auch von Dr. Goerdeler die Grundauffassung geteilt wurde, im „Fall eines Zusammenbruchs“ und in der Nachfolge der „Deutschen Arbeitsfront“ endlich „eine einheitliche Gewerkschaftsbewegung zu bilden“, und zwar, wie Leuschner in seiner Vernehmung vom 18. August 1944 in zweifellos exkulpierender Absicht angeführt hat, auf der Basis der von ihm im Frühjahr 1933 „mit den Vertretern der NSDAP“ geführten Verhandlungen, deren „Grundsätze“ ihm nämlich „auch für die spätere Zeit“ als „Leitmotiv“ gedient hätten. Kurz zuvor hatte Dr. Goerdeler klargestellt, die Pflichtmitgliedschaft aller Beschäftigten sei von ihnen allen deshalb „bejaht“ worden, „weil die Pflichtform der ‚Deutschen Arbeitsfront‘ allein die Möglichkeit“ böte, „verschiedene Formen von sich bekämpfenden Gewerkschaften zu verhindern“. Nur Dr. Johannes Popitz habe dies anders gesehen, der gemeint habe, man dürfe „der Arbeiterschaft nicht einen großen Zusammenschluss gestatten“, der sie „zur Macht im Staate“ machte. Aber genau dies ist Leuschners Absicht schon seit langem gewesen, weshalb für ihn die Kreisauer Beratungen um die Frage so genannter Betriebsgewerkschaften, für die der von den Arbeitervertretern auch aus anderen Gründen abgelehnte preußische Finanzminister ebenso eintrat, letztendlich vertane Zeit gewesen sind. Dies könnte außerdem erklären, warum Maaß noch im Frühjahr 1943 eine weitere gewerkschaftspolitische Denkschrift hatte erstellen müssen, ganz offenbar nämlich deshalb, um die eigenen Auffassungen diesbezüglich noch weiter zu konkretisieren, nachdem die Grundzüge der von Leuschner und seinen Freunden geplanten „Deutschen Gewerkschaft" schon im Winter zuvor festgestanden hatten. Die Popitzsche Position und damit auch die der meisten Kreisauer wurde selbst von Goerdeler zurückgewiesen, und zwar nicht zuletzt mit dem völlig zutreffenden Hinweis, „viele Fragen der Sozialpolitik" ließen sich gar „nicht vom Standpunkt des einzelnen Betriebes in Angriff" nehmen, sondern nur „vom Standpunkt großer, das ganze Reich überziehender Fach- und Berufsorganisationen". Auch den Hauptunterschied der neuen Gewerkschaftsorganisation zur „Deutschen Arbeitsfront", die „sich in der Zusammenfassung aller Schaffenden durchaus bewährt" habe, brachte Dr. Goerdeler auf den Punkt, indem er hervorhob, künftig sollten „die Arbeiter und Angestellten zur Mitarbeit und zum Tragen der Mitverantwortung nach den Grundsätzen gesunder Selbstverantwortung herangezogen werden".[323]

Resultierend aus der damit unweigerlich dominierenden gesellschaftlichen Stellung der künftigen „Deutschen Einheitsgewerkschaft", wie sie damals verschiedentlich auch genannt wurde, sollten „Sozialversicherung und Sozialverwaltung in die Selbstverantwortung der Arbeiterschaft" überführt werden, ebenso die „Arbeitsvermittlung". Dagegen sollten „die Arbeitgeber" bei alledem „gänzlich ausscheiden". Nicht vollends geklärt war die Frage der „Arbeitslosenversicherung", wobei allerdings schon festgestanden zu haben scheint, dass auch hierbei „die Arbeiterschaft bei der Aufbringung der Mittel und bei der Verwaltung verantwortlich" einzubauen sei, „schon um", so abermals Dr. Goerdeler, „eine organische Lohnpolitik sicherzustellen". Prinzipielle Einigkeit war wiederum „bei den Arbeiterbildungsfragen" erzielt worden, d. h. insofern „die wirtschaftlichen Kenntnisse der Arbeiter wesentlich gehoben werden" sollten, wodurch man überhaupt erst „die Möglichkeit" gewönne, „die Arbeiter auch zu verantwortlicher Mitarbeit und Kontrolle der Betriebsleitung heranzuziehen". Überdies sollten der Arbeiterschaft Selbstverwaltungsmöglichkeiten „durch die Sozialisierung bestimmter Grund- und Schlüsselindustrien" geboten werden, gleichermaßen durch „Einrichtung von Produktivgenossenschaften". Hierbei wäre der Gewerkschaft die Aufgabe zugefallen, so Leuschner, „als Produzent wesentlichen Einfluss auf die Gestaltung der Wirtschaft zu nehmen, da die Sozialisierung nicht nur eine Angelegenheit der Besitzveränderung sein" dürfe, was für ihn mit einer klaren Absage an einen Systemwandel in staatssozialistische Richtung verbunden war. Die Gewerkschaft hätte hierbei „zugleich auch die Verbraucherinteressen vertreten und so die Konkurrenz der einzelnen Betriebe untereinander, auch der sozialisierten Betriebe sicherstellen" müssen. Dies entsprach völlig den entschieden leistungs- und wettbewerbsorientierten Vorstellungen Goerdelers, der in den Verhören dazu ausgesagt hat, man sei sich „schließlich darüber einig" geworden, dass „für eine Sozialisierung nur die Bodenschätze, die Elektrizitätserzeugung und vielleicht noch gewisse Schlüsselindustrien in Betracht" kommen würden. Noch erheblich genauer gefasst findet sich die Vergesellschaftung wichtiger Wirtschaftsbereiche bzw. deren Überführung in staatliche Aufsicht oder Verwaltung bemerkenswerterweise in den Artikeln 41 und 42 der am 1. Dezember 1946 durch Volksentscheid angenommenen Verfassung des Landes Hessen wieder, und das sogar als Pflichtgebot, während das Grundgesetz vom 23. Mai 1949 mit Artikel 15 die Sozialisierung von „Grund und Boden, Naturschätzen und Produktionsmitteln" immerhin noch als Handlungsoption einräumt, wobei freilich Artikel 14 kategorisch die Gemeinwohlbindung des ansonsten garantierten Eigentums feststellt, außerdem aber die Möglichkeit von Enteignungen „zum Wohle der Allgemeinheit" konzediert. Auch bei der Sozialisierung sollte übrigens laut Dr. Goerdeler „sichergestellt werden, dass nicht große staatliche Wirtschaftsgebilde" entstehen würden, „sondern lokal begrenzte Unternehmungen, die sich untereinander Wettbewerb machen müssten".[324]

Eine dezidiert antinazistisch-demokratische Ausrichtung der neuen Gewerkschaftsorganisation und konsequenterweise zugleich eine entsprechende Umerziehung der gesamten deutschen Gesellschaft, die ja nunmehr seit über einem Jahrzehnt in sämtlichen Lebensbereichen unablässig mit dem faschistischen Ungeist indoktriniert worden war, könnte nur – auch darüber bestand zwischen den Verschwörern Einvernehmen, ganz gleich ob diese nun christlich-konservativ, liberal, sozialdemokratisch oder sozialistisch positioniert gewesen sind – durch umfassende schulische wie außerschulische Bildungsanstrengungen erreicht werden. Hierzu wollte Leuschner z. B. eine grundlegende Veränderung im Schul- und Bildungsbereich dahingehend durchgesetzt sehen, dass eine auf neun Jahre verlängerte „Pflichtschule für jeden" eingeführt werden sollte. Seine Devise dabei lautete: „Mit 14 Jahren schickt man ein Kind nicht ins Leben, man bildet es aus." Jene neunjährige allgemeine Schule hätte zum Hauptschulabschluss oder der Mittleren Reife führen können mit jeweils daran anschließender, jedoch umgekehrt proportional verkürzter Lehrzeit. Anderenfalls sollte der Besuch einer Höheren Schule folgen, an den sich wiederum entweder eine Lehre anschließen sollte oder aber ein Universitätsstudium. Auch das Berufschulsystem ist Leuschner erheblich verbesserungsbedürftig erschienen. Dr. Otto John hat sich erinnert, dass er „der werktätigen Jugend" alles in allem „einen Bildungsstand" ermöglichen wollte, „der sie davor bewahren sollte, sich je wieder durch agitatorische Versprechungen betören zu lassen". In die gleiche Richtung hätte zweifelsohne die neue freiheitliche Arbeiterjugendorganisation zu wirken gehabt, die er nach dem Krieg ins Leben zu rufen gedachte. „Wesentlicher Wert" sollte bei alledem „auf eine gute Ausbildung im Deutschunterricht" gelegt werden, „damit jeder Deutsche gewandt im mündlichen und schriftlichen Ausdruck" werde „und so Minderwertigkeitskomplexe verschwinden, die im Wesentlichen", so seine Überzeugung, „ihre Ursache in der sichtbaren Überlegenheit bestimmter besser geschulter Kreise" hätten. Insgesamt sollten so die seinerzeit „weit auseinanderklaffenden Bildungsunterschiede" beseitigt werden, was gleichzeitig zum „Abbau der Klassengegensätze" beitragen sollte, die Leuschner, so jedenfalls seine Verhöraussage hierzu, „nicht so sehr von der Besitz- und Kapitalseite her gegeben" gesehen hat.[325] Die grundlegende Reform des deutschen Bildungssystems ist für ihn derart vordringlich gewesen, dass er vermutlich im Jahr 1943 seinen Darmstädter Parteigenossen Prof. Dr. Ludwig Bergsträsser bei einem ihrer wechselseitigen Besuche darum gebeten hatte, eigens eine Denkschrift hierzu auszuarbeiten. Dieser wichtige Beleg für die gerade auch zu solchen Fragen im engeren Umfeld Leuschners entwickelten Neuordnungspläne hat die Zeitläufte überdauert und wird ebenso wie ein weiteres, mit größter Wahrscheinlichkeit bereits im Vorjahr erstelltes Memorandum Bergsträssers zu Verfassungsfragen im Leuschner-Nachlass im Hessischen Staatsarchiv Darmstadt aufbewahrt.[326] Weder während der Vernehmungen zur Vorbereitung seines Strafprozesses noch vor dem „Volksgerichtshof" und auch nicht unter der nachfolgenden abermaligen Folter hat Leuschner jenen Sachverhalt preisgegeben. Deshalb blieb Bergsträsser – genauso wie Willi Richter und Jakob Steffan etwa und so viele andere seiner Mitstreiter – geschützt und konnte sich wie diese nach der Zertrümmerung des „Dritten Reiches“ durch die Armeen der Anti-Hitler-Koalition sogleich an führender Stelle der Wiederherstellung demokratischer Verhältnisse in unserem Lande widmen.

Die bildungspolitische Denkschrift Prof. Dr. Bergsträssers umfasst fast zehn eng beschriebene Schreibmaschinenseiten.[327] Von der Widerstandsforschung ist sie bislang nur höchst selten einmal herangezogen worden[328], obgleich darin solch dezidiert demokratiepräformierende Forderungen formuliert worden sind, wie etwa die nach gründlicher und nachhaltiger Entnazifizierung des gesamten Wissenschaftsbetriebes, nach sofortiger Sicherung und wissenschaftlicher Aufarbeitung aller NS-Akten durch „politisch durchgebildete Beamte“, auch nach unverzüglicher Abschaffung der „von den Nazis geschaffenen Lehrbücher“ sowie nach grundlegender Neuausrichtung des Geschichtsunterrichts. Dieser dürfe „nicht den Zweck“ haben, „Unteroffiziere und Offiziere vorzubilden, sondern Staatsbürger“, hieß es dort. Die keinen Deut weniger richtige Ansicht, „Kriege“ seien „nur eine Seite der Geschichte und nicht eine sehr lehrreiche“, desgleichen die entschiedene Absage an „Rassenhass, Glaubenshass, Hass gegenüber anderen Völkern“ sowie das Plädoyer für den „Geist der Humanität, des Zusammenlebens aller Menschen, der Toleranz, des Idealismus“ besitzen Gültigkeit für alle Zeit. Nur wenig später haben jene Positionen Eingang gefunden in die von Bergsträsser als Vorsitzendem des Verfassungsausschusses der Verfassungberatenden Landesversammlung Groß-Hessen entscheidend mit geprägte Konstitution jenes Landes, und zwar etwa in deren Artikel 1 mit seiner Gleichheitsgarantie „vor dem Gesetze“ für alle Menschen, unabhängig von ihrer Geschlechtszugehörigkeit, ihrer Herkunft, Religion und politischen Überzeugung. Und ihr Artikel 56, Absatz 5 proklamiert gleichfalls ganz unmissverständlich: „Der Geschichtsunterricht muss auf getreue, unverfälschte Darstellung der Vergangenheit gerichtet sein. Dabei sind in den Vordergrund zu stellen die großen Wohltäter der Menschheit, die Entwicklung von Staat, Wirtschaft, Zivilisation und Kultur, nicht aber Feldherren, Kriege und Schlachten. Nicht zu dulden sind Auffassungen, welche die Grundlagen des demokratischen Staates gefährden.“ Für die Philologenausbildung hat Bergsträsser in seiner Ausarbeitung für Leuschner die Einführung einer „Prüfung in Staatsbürgerkunde“ gefordert, wie er ohnehin „für eine Übergangszeit mindestens, vielleicht überhaupt“ sogar, und zwar zusätzlich zum Geschichtsunterricht Staatsbürgerkunde „als eigenes Fach“ eingeführt wissen wollte. Eigentlich wären „Staatsbürgerkunde und Arbeitsunterricht“ schon seit 1919, nämlich gemäß Artikel 148 der Weimarer Reichsverfassung, als „Lehrfächer der Schulen“ einzuführen gewesen, was aber längst nicht überall realisiert worden war. „Selbstverständlich“ sollte „staatsbürgerlicher Unterricht“, so Bergsträsser weiter, auch „in den Fortbildungsschulen“ erteilt werden, mit dem man seines Erachtens aber ebenso „schon in den oberen Klassen der Volksschulen beginnen“ sollte.

Dies alles entsprach durchaus der Sichtweise nicht weniger aus der christlichen Gewerkschaftstradition bzw. der Katholischen Arbeiterbewegung stammenden Regimegegner, so etwa der von Willy Elfes, einst Reichsparteivorstandsmitglied des Zentrums.

Dieser hatte in einem seiner zahlreichen Geheimvorträge während der Nazi-Zeit erklärt, es komme künftig darauf an, nicht nur „gleiche Bildungsmöglichkeiten für alle" durchzusetzen, sondern durch alle Schulformen „neben der geistigen, beruflichen und wirtschaftlichen auch die soziale und staatsbürgerliche Erziehung der jungen Deutschen" pflegen zu lassen, „auf dass unser Volk befähigt werde", nun „endlich auch sein Gesellschafts- und Gemeinschaftswesen in Freiheit und Würde selbst zu ordnen und zu leiten und einen geachteten Platz einzunehmen im Kreise der Völker". Aus diesem Grunde sei „dem Schul- und Bildungswesen wieder ein starker ethischer Impuls zu verleihen, der natürlich in erster Linie die Lehrer und Erzieher selbst beseelen" müsse.

Prof. Dr. Ludwig Bergsträsser (rechts) und der Direktor der US-Militärregierung in Hessen Oberst James R. Newman

„Toleranz und gegenseitige Achtung" gehörten einfach „zu den Grunderfordernissen jeder ernsthaften Volkskulturarbeit".[329] Die „Charaktererziehung" zur Herausbildung eines „anständigen Menschen" von „religiöser Grundhaltung", welcher „gute Sitte und Rechtlichkeit, Wahrheit und Aufrichtigkeit, Nächstenliebe und Treue vor seinem Gewissen zur Richtschnur seines Daseins zu machen imstande ist", das war das Bildungsziel der Kreisauer. Deren „Grundsätze für die Neuordnung" vom Sommer 1943 maßen der „staatlichen Schule" als „christlicher Schule mit Religionsunterricht als Pflichtfach für die Angehörigen der beiden Konfessionen" entscheidende Bedeutung bei. Neben der „sittlichen Bildung der Persönlichkeit und der Vorbereitung auf das praktische Leben" wurden dort die Befähigung zu „selbstverantwortlichen Entscheidungen" sowie die „wachsende Mitverantwortung des Schülers" zu pädagogischen Leitideen erklärt, was sicherlich auch von Leuschner, Jakob Kaiser und ihren überwiegend im Christentum verwurzelten oder diesem doch wieder stärker zugewandten Genossen und Kollegen positiv aufgenommen worden sein wird. Eine wirkliche Alternative zur von Bergsträsser, Elfes und anderen propagierten staatsbürgerlichen Erziehung war ein solcher „im Auftrage der Kirchen nach Möglichkeit durch Geistliche" erteilter Unterricht auf der Grundlage der Bibel hingegen nicht.[330] Gleichwohl hat Kaiser nach dem Krieg wiederholt hervorgehoben, dass nicht nur die Überwindung des „dogmatischen Marxismus und seiner Terminologie" und die gemeinsame „Basis der Toleranz", sondern nicht minder die „positive Wertung aller religiösen Kräfte" sowie die „parteipolitische Abstinenz der Gewerkschaften" entscheidend für ihr Vorhaben einer neuen Arbeitnehmerorganisation gewesen seien, „die der wirtschaftlichen und sozialen Bedeutung der Arbeiterschaft, ihrer freien und menschenwürdigen Entfaltungsmöglichkeit angemessen" wäre.[331]

Auch die Ausführungen seiner ersten, wohl bereits 1942 für Wilhelm Leuschner verfassten und gewiss auf vorherigen diesbezüglichen Erörterungen mit Carl Severing in Bielefeld beruhenden Denkschrift[332] mit dem programmatischen Titel „Wiederherstellung"[333] hat Bergsträsser umrahmt mit Reflexionen zur Unabdingbarkeit der „politischen Erziehung des Volkes". Dieser Text umfasst etwa achteinhalb eng beschriebene Schreibmaschinenseiten[334] und liest sich wie ein Masterplan zur Restauration der Demokratie in Deutschland, allerdings im Vergleich zur Weimarer Republik nun auf deutlich besserer Basis. Bergsträsser ging bei seinen Überlegungen davon aus, dass man sich „theoretisch" im Prinzip „zwei Formen des Umbruchs vorstellen" könne, nämlich entweder in Gestalt eines von „Heer und Polizei in Erkenntnis der tatsächlichen Lage" herbeigeführten Staatsstreichs oder aber als „Revolte oder Revolution", welche dann „aller Wahrscheinlichkeit nach" von „in der Heimat kontingentierten Truppen" ausgehen werde. „Für diesen Fall" gebe es nichts Wichtigeres als die Schaffung einer „Auffangorganisation", um „in den ersten Tagen und Wochen" die „Unregelmäßigkeiten, die mit einer solchen Umänderung verbunden sind, einzuschränken, wenn nicht zu vermeiden". Hierfür stünden allerdings nur „zwei Organismen" zur Verfügung, „die in der zu allgemeinem Brei durch das bisherige System zermürbten Masse noch vorhanden bzw. erweckbar" seien: „die katholische Kirche" – die Vertreter der evangelischen Amtskirche waren für ihn wegen ihres mehrheitlichen Eintretens für den NS-Staat diskreditiert – „und die Gewerkschaften". Deren Repräsentanten seien gleichermaßen „Gegner der Willkür und der Regellosigkeit", und „in den meisten Orten" würden sich auch „Personen aus diesem Kreise finden, die bereit" seien, „einzuspringen". In manchen Orten, besonders in solchen mit protestantischer Bevölkerungsmehrheit, müsse allerdings die personelle Basis des Unterfangens verbreitert werden, indem auch andere vertrauensvolle Personen, „möglichst aus verschiedenen Berufskreisen und verschiedenen früheren politischen Richtungen", zur Mitwirkung motiviert würden. „Ein kleiner Kreis solcher Personen", im Normalfall „höchstens sechs etwa", müsse sich sodann „zu einem Komitee zusammentun" und „einen Aufruf" zur Bewahrung von „Ruhe und Ordnung" veröffentlichen. Sodann gelte es, „die wichtigsten Ämter" der „Stadt mit ihren Werken", auch die „Eisenbahn", die „Justiz", überhaupt die ganze „Verwaltung" mit „geeigneten, einwandfreien Fachleuten" zu besetzen. „Am wichtigsten" sei es „natürlich, eine zuverlässige Straßen- und Kriminalpolizei möglichst schnell auf die Beine zu bringen". Bestimmte „Elemente" hierzu seien „wohl vorhanden", bedürften allerdings noch der „Ergänzung", was indes, davon war Bergsträsser überzeugt, „nicht zu schwer fallen dürfte". Hierbei „an eine Auswahl geeigneter leitender Personen möglichst früh denken", bedeutete, „den Erfolg" zu „sichern". Dies musste weder Leuschner noch seinem früheren Innenministerkollegen Severing, dem Bergsträsser seinen ausgeklügelten Ablaufplan zur Re-Demokratisierung Deutschlands zwecks Weiterleitung an ihren gemeinsamen Freund zunächst hatte zukommen lassen, näher erläutert werden und auch nicht anderen in die Verschwörung eingebundenen Regimegegnern, die vordem bereits einschlägige Erfahrungen im Bereich der Aufrechterhaltung der inneren Sicherheit gesammelt hatten. „Aus einer personellen Ordnungszelle" könnte, so Leuschners Neuordnungsstratege weiter, alsdann „eine räumliche entstehen". Sobald auf örtlicher bzw. städtischer Ebene „ein geregeltes, von Zwischenfällen der Gewaltanwendung freies Leben wieder" laufe, solle „die Bevölkerung" zur „Verwaltung" ihrer Kommune herangezogen werden. Dies bedeute zunächst, „dass neben den Bürgermeister" auch „ein Stadtrat gestellt" werden müsse, „der im Zusammenwirken von Bürgermeister und Komitee bestellt wird". Der sodann folgende „erste Schritt zur Wiederherstellung parlamentarischer Verhältnisse" sollte „darin bestehen, dass diese Körperschaft öffentlich tagt und über ihre Sitzungen öffentlich berichtet wird". Bei alledem sei ferner darauf zu achten, dass „nur eine beträchtliche Selbstverwaltung und Selbstverantwortung" der neuen kommunalen Körperschaften „es selbständigen Persönlichkeiten" werde „reizvoll erscheinen lassen, sich in der Selbstverwaltung zu betätigen und diese zu einem Erziehungsmittel, zu einer Bildungsstätte der Mitarbeit am Staate und zu einem Sprungbrett der Politik machen." Wenn man bedenkt, dass Leuschner im Jahr zuvor noch Willi Richter gegenüber die Zahl der seinerzeit in ihre regimefeindlichen Aktivitäten Eingeweihten mit „über 800 Personen" reichsweit angegeben hatte, und wenn man zudem berücksichtigt, dass es vor dem „Anschluss" Österreichs in Deutschland keine 600 Städte und Gemeinden gegeben hat, dann wird verständlich, warum die Ausweitung des konspirativen Vertrauensleutenetzes primär sozialdemokratisch-gewerkschaftlicher Prägung etwa seit 1942 nochmals beträchtlich intensiviert werden musste. Denn auch wenn davon auszugehen ist, dass jenes weit verzweigte Widerstandsnetzwerk, das längst nicht mehr gleichbedeutend war mit dem früheren, von der Illegalen Reichsleitung der Gewerkschaften in Verbindung mit deren damaliger Auslandsvertretung beeinflussten antinazistischen Stützpunktesystem, bei weitem noch nicht in sämtlichen Kommunen und schon gar nicht in allen kleineren Städten und Gemeinden verankert gewesen ist, so würde die zu jener Zeit vorhandene Personaldecke für das von Bergsträsser zur Initiierung eines längerfristig angelegten demokratischen Wiederherstellungsprozesses vorgesehene Vorhaben der Bildung höchstens sechsköpfiger kommunaler Bürgerkomitees landauf, landab nie und nimmer ausgereicht haben. Außerdem waren die Bedingungen für einen Umsturz von unten damals genauso wenig gegeben wie die für einen Staatsstreich von oben, worauf Emil Henk nachdrücklich hingewiesen hat. Auch deshalb wurden nun abermals die Anstrengungen verstärkt, die eigene Operationsbasis noch weiter auszudehnen, indem neben immer mehr sozialdemokratischen und sozialistischen Oppositionellen vermehrt weitere bürgerliche, also nicht nur katholische, sondern ebenso protestantische Regimegegner unterschiedlichster politischer Herkunft in die Widerstandsfront eingegliedert wurden. Gustav Dahrendorf hat bald nach dem Krieg hierzu lakonisch festgestellt, „1941, vor allem aber 1942 und 1943" seien „die Jahre" gewesen, „in denen sich jene oppositionellen Regungen mehr und mehr vereinigten, die schließlich in den ‚20. Juli 1944' mündeten".[335]

Der Wiederaufbau demokratischer Strukturen nach einer Umwälzung der politischen Verhältnisse sollte nach Bergsträssers Vorstellung in dem Maße wie „größere Gebiete zu ruhiger Ordnung zurückgekehrt sind" allmählich weiter vorangetrieben werden, also sinnvollerweise Schritt für Schritt, ergo von der Ebene der Städte und Gemeinden über die der Landkreise zu den Regierungsbezirken, sodann zu den Provinzen und schließlich zu den Ländern. So sollte auch beispielsweise bei den Landkreisvertretungen vorerst „nur eine Hälfte der Mitglieder" aus den Reihen der „Vertretungen der Landgemeinden", die andere aber „aus anderen im Gebiet ansässigen Personen" gewählt werden, „dies um Inzucht und Klüngelwirtschaft zu vermeiden". Auf den sonstigen Strukturebenen wäre „entsprechend" zu verfahren gewesen. NSDAP-Mitglieder seien dabei „für längere Zeit von dem aktiven wie passiven Wahlrecht auszuschließen". Auf diese Weise würden sozusagen urwüchsig die „Grundlagen für eine Gesamtvertretung des Staatsvolkes gelegt" werden, die aber erst zu einem späteren Zeitpunkt aus allgemeinen Wahlen hervorgehen und somit die bis dahin agierende, von den Umstürzlern eingesetzte „Reichsleitung" ablösen sollte. Vor einer zu raschen Anberaumung von Wahlen selbst auf der Ebene der Gemeinden wurde von Bergsträsser eindringlich gewarnt, der sehr deutlich „die Gefahr" sah, dass die Bevölkerung dabei – „mitten in einer Umwälzung" und „ehe die Grundzüge der Neuordnung klar sind" – einfach „nur Hassgefühle" abreagieren könnte. Deshalb käme es überhaupt darauf an, so seine Überzeugung, „erst einmal" eine gewisse Übergangszeit zu überbrücken, „ehe allgemeine politische Wahlen stattfinden" dürften, „von denen man ein einigermaßen sachliches, nicht emotionales Ergebnis erwarten" könnte. Empfehlenswert sei aus diesem Grund außerdem, dass durch die „Reichsleitung" genannte Übergangsregierung zunächst kein ausgearbeiteter Verfassungsentwurf vorlegt, sondern nur bekannt gegeben würde, „dass eine parlamentarische Verfassung ihr eigentliches Ziel ist". Diese solle allenfalls allgemein umrissen werden, wobei daneben auch „einige Gründzüge" hierzu artikulierbar seien, allerdings „möglichst solche, die allgemeinen Beifall finden und darum nicht diskutiert" würden. Hierzu gehörten z. B. die Wiederherstellung der „persönlichen Freiheit", der „Gerechtigkeit" und dergleichen mehr. Als flankierende Maßnahme solle sich die „Reichsleitung" dann „einen ganz freien Kreis" von gegebenenfalls 100 „freien und freiwilligen publizistischen Mitarbeitern" schaffen. Deren Aufgabe sollte es sein, in den jeweiligen Presseorganen „die Ziele der Reichsleitung" zu „erortern, ohne anzugeben", dass dies „deren Ziele" seien, und diese „vielmehr" als „ihre eigenen Ideen" auszugeben. Zur besseren Kommunikation mit ihren klugerweise auch untereinander verdeckt operierenden Propagandisten riet Bergsträsser jener Übergangsregierung dazu, den Journalisten und anderen Autoren „eine besondere, nicht für die Öffentlichkeit bestimmte Korrespondenz zugehen zu lassen". Auf diese Weise „könnte unauffällig ein aufnahmefähiger Boden geschaffen werden" für die Rückkehr zur Demokratie. Wenngleich Bergsträsser in seiner Denkschrift auch alle erdenklichen Fragen anderer Art, solche der künftigen Staatsform, des Wahlsystems usw. erörtert hat, so stand für ihn am Ende doch unumstößlich fest, dass „der Reichstag" im Prinzip „in der alten Form zu erneuern sein" würde, dass somit „das parlamentarische System im eigentlichen Sinne wieder eingeführt wird, also mit einer Regierung, die vom Parlament abhängig ist", dass an der Spitze jener auf einem Zweikammernsystem beruhenden Republik ein Präsident stehen werde und dass „an dem allgemeinen, gleichen, direkten und geheimen Wahlrecht für den Reichstag nicht zu rütteln" sei. „Das Wesentlichste" wurde von Bergsträsser noch einmal im Schlussabsatz seines Memorandums angesprochen. „Genau wie zu jeder anderen verantwortlichen Arbeit", heißt es dort, müsse „der Staatsbürger", wenn er „bestimmenden Anteil an der Regierung des Staates" habe, „hierzu erzogen werden". Oder anders ausgedrückt: „Nur ein ausgedehntes staatsbürgerliches Bildungswesen wird dem deutschen Volke die Grundlage schaffen, auf der ein parlamentarisches System auf lange Zeit bestehen und fruchtbar arbeiten kann."

Manches von dem, was in dieser Denkschrift vorgeschlagen worden ist, mutet fast an wie ein Ablaufplan zur Schaffung von Antifaschistischen Ausschüssen, Anti-Nazi-Bünden und antinationalsozialistischen Bürgerkomitees während der ersten Wochen und Monate gleich nach der Befreiung von der Diktatur. Diese sind damals mit frappierend gleicher Zielsetzung und Vorgehensweise im ganzen Land wie Pilze aus dem Boden geschossen, ohne dass deren Aktivisten sich hierüber hätten überörtlich, regional oder überregional verständigen können.[336] Ebenso lassen sich unschwer gewisse Ähnlichkeiten entdecken zu den durch die Alliierten befohlenen Entnazifizierungs- und Umerziehungsmaßnahmen, zur von ihnen sorgsam überwachten Wiedereinübung demokratischen Handelns in Kombination mit der alsbaldigen schrittweisen, für Bergsträsser sicher viel zu zügig erfolgten Wiederzulassung von Parteien, Gewerkschaften und anderen Zusammenschlüssen erst auf lokaler und Kreisebene, sodann auf Landes- und zuletzt auf Zonenebene, desgleichen zur genauso sukzessiven Durchführung erster Wahlen, wobei ein ursächlicher Zusammenhang mit seinen Vorschlägen aus dem Widerstand bei alledem gewiss nicht nachzuweisen sein wird. Im Frühjahr 1945 gehörte er allerdings schon zu den ersten hiesigen Beratern der soeben in das Gebiet des früheren Volksstaates Hessen eingerückten US-Army und wurde auch umgehend mit der Bildung der „Deutschen Regierung des Landes Hessen" beauftragt, welche, wie er später nicht ohne Stolz vermerkt hat, die „erste Regierung im gesamten besetzten Gebiet" gewesen ist. Die Einführung des staatsbürgerlichen Unterrichts als Pflicht- und Prüfungsfach mit wöchentlich zwei Stunden ab dem 7. Schuljahr, dafür hat er sich als Regierungspräsident der Provinzen Starkenburg und Oberhessen im Herbst 1945 persönlich verwandt, nachdem im einstigen Volksstaat ein solches Unterrichtsfach zwar ein Vierteljahrhundert zuvor bereits eingeführt war, dann aber, so sein Verdikt, „nicht immer in den geeigneten Händen gewesen" ist. Ab Januar 1946 wurde die politische Bildung für alle allgemeinbildenden Schulen in ganz Hessen verbindlich gemacht. Geradezu revolutionär – und dies noch für recht lange Zeit – war seine Forderung, im Geschichtsunterricht durchaus zeithistorische Themen und insbesondere die NS-Zeit zu behandeln. Auch die Etablierung des Studienfachs Politikwissenschaft an hessischen Hochschulen Anfang der 1950er Jahre ist von Bergsträsser maßgeblich vorbereitet worden. Wenn er auch dabei selbst nicht zum Zuge gekommen ist, so lehrte er doch schon seit 1946 wenigstens als Honorarprofessor bzw. Lehrbeauftragter Politik respektive Staatsbürgerkunde an den Universitäten Frankfurt und Bonn sowie an der Technischen Universität Darmstadt. Dass er außerdem noch als Landtagsabgeordneter, dann als Bundestagsabgeordneter gewirkt hat und überdies zu den Mitschöpfern unseres Grundgesetzes, zu den Initiatoren der Bonner Kommission für Geschichte des Parlamentarismus und der politischen Parteien sowie zum Gründungsbeirat des Münchner Instituts für Zeitgeschichte gehörte, nimmt bei diesem faszinierenden Homo politicus aus Hessen nicht wunder.[337]

In der 1952 erschienenen aktualisierten Ausgabe seiner renommierten „Geschichte der politischen Parteien in Deutschland" hat Bergsträsser eine prägnante Zusammenfassung der Kernpunkte der „20. Juli"-Verschwörung präsentiert. Demzufolge hätte „nach der Beseitigung Hitlers durch ein Attentat" vorerst „das Militär die Staatsgewalt übernehmen und durch einen Belagerungszustand sichern" sollen. Anschließend wäre „eine vorläufige Regierung eingesetzt" worden mit General Beck als Präsident, Dr. Goerdeler als Reichskanzler und Wilhelm Leuschner als Vizekanzler. „Die Verwaltung" hätten „militärische Stellen der Wehrkreiskommandos zusammen mit neuen Reichsstatthaltern" übernommen, wobei deren Aufbau „von unten" her hätte erfolgen sollen, und zwar gemäß der preußischen Selbstverwaltungsreformvorgaben des Reichsfreiherrn vom und zum Stein vom Beginn des 19. Jahrhunderts. Die „Volksvertretung" wäre „zunächst mit indirekter Wahl aus den Körperschaften der Selbstverwaltung" gebildet worden, der „ein Oberhaus ständischen Charakters" zur Seite gestellt werden sollte. Selbstverständlich wäre, so Prof. Dr. Bergsträsser explizit, die „starke und völlig gleichberechtigte Mitarbeit der Arbeiterschaft" ebenso gewährleistet gewesen wie die „Sozialisierung bestimmter monopolistischer Industrien". Besonders hervorgehoben wurde von ihm ferner, dass es sich dabei gewiss nicht um ein „reaktionäres Programm in dem Sinne" gehandelt habe, „dass es privilegierten Schichten ihre besondere Stellung hätte erhalten wollen". Es sei allerdings „hervorgegangen aus der auf Erfahrung der Weimarer Republik beruhenden Kritik an der Demokratie überhaupt". Bestimmte „typisch deutsche Fehler, wie das Proportionalwahlrecht", seien erkannt worden und sollten beseitigt werden, während „die in der Selbstverwaltung oft wiederkehrenden ständischen Vorstellungen" weiterhin dominiert hätten. Es sei aber „sicher" gewesen, „dass dieser Teil des Programms von dem linken Flügel nicht geteilt wurde". Entscheidend hierbei war, so Bergsträssers präzisierend, dass Leuschner „Einzelheiten" dieser Art „als spätere Sorgen" behandelt habe und sich gewiss gewesen sei, „über solche Tendenzen durch die Kraft der hinter ihm stehenden Gewerkschaften hinwegkommen zu können".[338] Was nicht wenige jener zumeist an der einstigen DDR-Historiographie orientierten Widerstandsforscher geflissentlich übersehen haben, die Leuschner wie oft als „Reaktionär" oder als „rechten Sozialdemokraten" – als sei Letzteres ein Schimpfwort – verunglimpft haben, ist dies: In politischen wie in gewerkschaftlichen Dingen war er schlichtweg ein Pragmatiker, der ganz genau wusste, dass die jeweiligen Zukunftsvorstellungen der diversen Kooperationspartner des Widerstandes erst nach einem Umsturz in mühseligen Verhandlungen würden aufeinander abgestimmt werden können. Vorher galt es, tunlichst allen Streitereien aus dem Weg zu gehen. Und abgesehen davon: Erfahrungsgemäß würde es bei solchen Verhandlungen nur von Vorteil sein, wenn man diese nicht durch allzu präzise Vorgaben erschwerte, sondern die eigenen Ziele besser etwas flexibel hielte, zumal letztendlich doch alles auf einen Kompromiss würde hinauslaufen müssen. So gesehen waren Bergsträssers Ausarbeitungen für Leuschner aus den Jahren 1942 und 1943 genau richtig gewesen für einen Zweck solcher Art. Das letzte Wort aber, das war allen politisch Klarblickenden vollends bewusst, würden die Kriegsgegner Hitlers für sich in Anspruch nehmen, deren Armeen unaufhaltsam dem deutschen Reichsgebiet näher rückten.

Nach welchen politischen Leitideen die von Leuschner und seinen Mitstreitern neuerlich angestrebte Demokratie ansonsten ausgestaltet werden sollte, darüber muss nicht spekuliert werden. Es ist eigentlich genauso müßig, der Frage nachzugehen, ob bzw. inwieweit es sich bei den Überlegungen, die von Leuschner während des Krieges auf kleinen Notizzetteln festgehalten worden sind, um seine eigenen Ideen hierzu handelt oder um die eines anderen Autors. Dr. Elfriede Nebgen hat allerdings die dort festgehaltenen Gedanken als „zum Teil wörtliche Ausführungen" ihres österreichischen Kollegen Ludwig Reichhold identifiziert, die dieser bereits im Sommer 1938 in einer Artikelserie zum „Neubau der Arbeiterbewegung" in der „Sudetendeutschen Arbeit" publik gemacht hatte, der Zeitschrift der christlich ausgerichteten deutschen Gewerkschaften in der Tschechoslowakei. So hatte Leuschner sich beispielsweise notiert, dass von der Arbeiterbewegung nicht nur eine Funktion für sich selbst übernommen werde, „sondern" darüber hinaus „eine nationale" und „eine europäische Funktion". Zur „Sozialpolitik" hatte er vermerkt, sie sei „dabei wichtiges, aber nicht das ausschließliche Gebiet der Gewerkschaften". Diese seien „ein gesellschaftsbildendes Element geworden" und verkörperten inzwischen „einen wesentlichen Teil der europäischen Entwicklung". Deshalb könne es für sie „nur ein politisches Ziel geben": die Erringung der „Gleichberechtigung innerhalb der europäischen Gesellschaft". Es komme bei alledem darauf an, dass „die Arbeiterschaft" unbedingt „wirtschaftspolitisch denken" müsse, denn „die Frage des Volkswohlstandes, die Frage nach den wirtschaftlichen Grundlagen unseres Staates" gehe „die Arbeiterschaft" grundsätzlich an. Folglich habe diese „Wirtschaftspolitik zu treiben". Und folgender Gedanke, ob er nun wortgetreu von Reichhold übernommen war oder nicht, gehörte ohnehin prinzipiell ins Stammbuch eines jeden Gewerkschafters und jedweder Gewerkschafterin – damals wie heute: „Wir haben Geschichte, Tradition, Erfahrung. Wir haben unsere Märtyrer, wir haben unsere Kultur." Und da „die politische Verfassung" immer „von der gesellschaftlichen Verfassung abhängig" sei, so ergibt sich daraus logischerweise die von Leuschner dort auch gar nicht eigens artikulierte Schlussfolgerung, wer der dominierende Faktor im neuen Staatswesen zu sein habe. Diese Stellung würde in der Tat einer Organisation zukommen müssen, durch welche die weitaus überwiegende Mehrheit der Bevölkerung vertreten würde. Die meisten gesellschaftspolitischen Forderungen Leuschners waren indes sowieso identisch mit denen der deutschen Gewerkschaftsbewegung aus der Zeit vor ihrer Zerschlagung durch die Nazis: das Recht auf Arbeit, das Streikrecht, die 40-Stunden-Woche, die betriebliche Mitbestimmung und dergleichen mehr, alles Dinge, für die er, Willi Richter, Hermann Schlimme, Theodor Leipart, Alwin Brandes und all die anderen sich schon zu Weimarer Zeiten ins Zeug gelegt hatten. Geradezu genial war sein Gedanke, das Arbeitsrecht den Vorgaben des Beamtenrechts anzupassen. Eine Selbstverständlichkeit war für ihn, dass das an den Juden begangene Unrecht im Rahmen des Möglichen wiedergutgemacht und ihre Rechte wiederhergestellt werden mussten. Und was sollte sich über das alles hinaus an seiner 1929 zum zehnjährigen Bestehen der Weimarer Reichsverfassung formulierten Zielvorgabe geändert haben, die „parlamentarische Demokratie" sei weiterzuentwickeln „zur sozialen Demokratie", indem „wirtschaftliche Gerechtigkeit für alle Volksgenossen im Volksstaate" durch Einführung der „Wirtschaftsdemokratie" herbeigeführt und der gesamten arbeitenden Bevölkerung „grundsätzlich" auch die gerechte Teilhabe „an den kulturellen Gütern zugestanden" würde, „deren Genuss früher ein Privileg der besitzenden Schichten gewesen ist". Die Forderung, die Grundrechts- und Sozialstaatsartikel des Zweiten Hauptteils der Reichsverfassung von 1919 wiederherzustellen bzw.

endlich zum Leben zu erwecken, war durch die widrigen Zeitläufte doch nicht hinfällig geworden. Es ging Leuschner also nicht nur um das Recht auf soziale Sicherheit sowie auf Arbeit und Wohnung, sondern auch um das Recht auf Bildung und Kultur. Kategorisch bekannte er sich zu „Freiheit und Gerechtigkeit", zur Verpflichtung des neuen „Staates auf den Grundsatz des Rechts", und zwar „nicht nur auf das geschriebene, sondern auch auf das moralische Recht", zur völligen Gleichberechtigung aller Bürgerinnen und Bürger „gleichgültig welcher Abstammung und sozialen Herkunft" sie auch sein mögen, zur Bewahrung des „inneren und äußeren Friedens", zur Förderung des „gesellschaftlichen Fortschritts" überhaupt. Genauso entschieden wurde selbstverständlich jedwede Form einer Diktatur sowie der „Vergewaltigung der persönlichen Rechte und Meinung des einzelnen Volksgenossen zugunsten irgendeiner bevorzugten Schicht" zurückgewiesen. Damit wäre auch die von manchen bürgerlichen Widerständlern gewünschte Wiedereinführung des Kaisertums mit ihm auf Dauer nicht zu machen gewesen, obgleich er sich vor wenigen Jahren noch mit dieser bis zur Durchführung der ihm von Generaloberst a. D. Beck avisierten Volksabstimmung über die endgültige Staatsform sogar selbst einverstanden erklärt haben soll. Den grundlegenden Unterschied des von Leuschner projektierten Staatswesens gegenüber der NS-Diktatur sah er genauso wie seine konservativen und liberalen Kooperationspartner moralisch begründet, indem er hierzu festhielt: „Unser Widerspruch gegen diesen Staat ist kein ideologischer, sondern ein sittlicher". Die soziale Demokratie als auf den Prinzipien von Freiheit und Recht, von gesellschaftlicher Gerechtigkeit und Moral beruhender Kulturstaat für alle, das war Leuschners Gegenentwurf zum „Dritten Reich", zu dessen Verwirklichung mit der Verabschiedung des Grundgesetzes für die Bundesrepublik Deutschland im Frühjahr 1949 ganz unzweifelhaft die entscheidenden Weichen gestellt worden sind. Die durch kein Grundrechtsänderungsverfahren antastbare Festlegung unseres Staates als „demokratischer und sozialer Bundesstaat", der ebenso unumstößliche Schutz der „Würde des Menschen" als „Verpflichtung aller staatlichen Gewalt" genauso wie das nicht minder unabänderliche Bekenntnis „zu unverletzlichen und unveräußerlichen Menschenrechten als Grundlage jeder menschlichen Gemeinschaft, des Friedens und der Gerechtigkeit in der Welt", die in den Artikeln 1 und 20 unserer Verfassung niedergelegt sind, desgleichen viele weitere Bestimmungen des Grundgesetzes, nicht zu vergessen der in dessen Präambel bekundete Willen, „als gleichberechtigtes Glied in einem vereinten Europa dem Frieden der Welt zu dienen", gehören jedenfalls allesamt zu einer geistesgeschichtlichen Traditionslinie, die nicht zuletzt auch im von Wilhelm Leuschner repräsentierten antinazistischen Widerstand verwurzelt ist.[339]

Dynamisierung der Organisations-anstrengungen reichsweit

„Die einzige Spaltung, die es in Deutschland geben darf, ist die zwischen anständig und unanständig", hatte Dr. Carl Goerdeler am 26. März 1943, zwei Wochen nach dem gescheiterten Hitler-Attentat von Smolensk, in einer für die Generalität bestimmten geheimen Denkschrift erklärt, mit der er diese erneut mit Nachdruck von der Erfordernis eines Umsturzes überzeugen wollte. Für die Begründung eines nichtnazistischen Deutschlands mit einer „verantwortlichen", freilich „durch eine Vertretung des Volkes" kontrollierten „Reichsregierung" bedürfe es nämlich der „Mitarbeit aller anständigen Deutschen aller Schichten". Jedoch seien „einstweilen nur Beratungsorgane in Reich, Kreisen, Ländern und Gemeinden" zu schaffen, während über eine „neue deutsche Verfassung" in „endgültiger" Form sowieso „erst nach Rückkehr der Frontsoldaten" würde entschieden werden können. Man dürfe hierbei, so Goerdeler noch prononcierter, „ebenso wenig die reaktionäre Wiederherstellung vergangener Zustände im Auge haben wie das Schicksal der Nation radikalen und illusionistischen Elementen" anvertraut werden dürfe. Die „wichtigste" Schlussfolgerung, die aus der Tatsache zu ziehen sei, „dass ein großer Teil der Intelligenz Deutschlands" zurückliegend „politisch und moralisch versagt" habe, bestehe in der „nun wirklich vollen und auf Vertrauen gegründeten Eingliederung der verständigen Arbeiter in Staat und Wirtschaft auf der Grundlage voller Mitverantwortung". Für das Vorhaben stünden auch schon „genügend Männer bereit", die über die erforderlichen „Erfahrungen" verfügten, „die bereits bewiesen" hätten, „was sie leisten können, und die bereit" seien, „auch in schwerster Zeit und auf jede Gefahr hin sich zur Rettung des Vaterlandes einzusetzen". Diese Personen gehörten „allen Schichten der Bevölkerung, allen deutschen Landesteilen an". Ihre Namen dürften „aus naheliegenden Gründen" nicht verschriftlicht werden, stünden aber „auf Wunsch in persönlicher Besprechung zur Verfügung". Es komme außerdem „wesentlich" darauf an, „zivile und militärische Kräfte in einer Regierung zu vereinen", wobei Deutschland „einer monarchischen Spitze" bedürfe. In diesem Kontext wies Dr. Goerdeler ausdrücklich darauf hin, dass insbesondere „die Arbeiter" mittlerweile „eine monarchische Spitze mittragen würden, die ihnen als Verkörperung des Befreiungswerkes" erschiene. Zu einem späteren Zeitpunkt, so musste er allerdings gleich wieder relativieren, werde „diese Lösung schwieriger sein". Es sei „aber möglich", vorerst „diese Frage offen zu lassen und an die Spitze des Staates einen Regenten zu stellen", in dessen „Person" sich „der Ausgleich aller politischen und militärischen Interessen vollziehen" müsse. Unter jenem „Regenten" – Goerdeler kann nur Generaloberst a. D. Ludwig Beck dabei im Sinn gehabt haben – hätten „ein Oberbefehlshaber der gesamten Wehrmacht mit Befehlshabern der Wehrmachtteile" zu wirken „und ein Kanzler mit verantwortlichen Ministern". Die Umrisse einer künftigen Umsturzregierung begannen sich zu jenem Zeitpunkt ganz offensichtlich schon etwas deutlicher abzuzeichnen, wenn auch manche Punkte, so speziell die Frage eines Monarchen an der Regierungsspitze, noch nicht eindeutig zu klären gewesen sind. Aber warum hätte Leuschner auch vor der Zeit eine diesbezügliche Gegenposition zum Ausdruck bringen sollen, zumal ihm ja auch der Blick nach Großbritannien und Schweden zeigte, dass stabile, handlungsfähige Demokratien mit Monarchen als

Staatsoberhäuptern sehr wohl kombinierbar sind. An diesem Punkt, der nicht nur für Goerdeler, sondern für viele konservative Regimegegner so außerordentlich wichtig war, würde das gemeinsame Umsturzprojekt, das hatte Leuschner sich als Repräsentant der „verständigen Arbeiterschaft“ fest vorgenommen, jedenfalls nicht scheitern. Eine andere Frage beschäftigte ihn, auch Goerdeler und alle anderen, die mit ihnen zielstrebig auf den Umsturz hinarbeiteten, weitaus mehr: Welche Auswirkungen würden der „seit einigen Wochen“ innerhalb der Bevölkerung und „insbesondere in der Arbeiterschaft“ feststellbare Vertrauensverlust der Deutschen gegenüber der Hitler-Herrschaft und ihr gleichermaßen merklich anwachsender „Radikalismus“ wohl zeitigen, die in der Folge der verheerenden Niederlage von Stalingrad und aufgrund der ungebremst zunehmenden alliierten Luftangriffe auf das Reichsgebiet eingetreten waren? Überdies beginne inzwischen, so Goerdeler in seiner damals in mehreren Durchschlägen kursierenden Denkschrift weiter, das bisher den Generalen und der Wehrmacht – und dies „selbst“ von „Kommunisten“ – geschenkte „Vertrauen“ zusehends „zu wanken“, da „das Volk“ glaube, „dass sie sich, ihren Soldaten und dem Volk alles bieten“ ließen, „was ihnen von einer unfähigen und zum Teil verbrecherischen Führung zugemutet“ werde. Das früher „den Offizieren, besonders den höheren“ von ihnen, entgegengebrachte „Vertrauen“, das von der Annahme ausgegangen sei, diese seien „die selbstverständlichen Hüter von Ehre und Anstand“, sei immer schneller im Schwinden begriffen. „Damit“ werde „allmählich den verständigen und verantwortungsbewussten Männern der Arbeiterschaft die Möglichkeit aus der Hand geschlagen, noch auf die große Masse ordnend einzuwirken.“ Anders als vor einem halben Jahr seien nunmehr „vier Strömungen in der Arbeiterschaft“ zu konstatieren: „eine bolschewistische, Russland zustrebende, eine kommunistische, eine radikalsozialistische und eine zur Zusammenarbeit mit der Intelligenz und der Wehrmacht bereite. Diese Letztere“ habe „auch heute noch die gewaltige Mehrzahl hinter sich. Aber von Woche zu Woche“ verliere sie „Kräfte an die radikalen Gruppen“. Während derzeit „noch verbürgt werden“ könne, „dass die große Mehrzahl der Arbeiter, die Beamten und eine erhebliche Mehrheit der Wirtschaft sofort bereit“ seien, „sich hinter eine sachkundige, sittliche Staatsführung zu stellen“, würde „durch Untätigkeit“ der „Radikalismus weiter fortschreiten“, was dazu führen werde, dass dieser „sehr viel schlimmere Formen annehmen“ werde „als 1918“. Manches an dieser Situationsanalyse eines der wichtigsten Anführer der bürgerlichen Widerstandskräfte, die außerdem ein kurzgefasstes, sehr allgemein gehaltenes Aktionsprogramm beinhaltete, ist natürlich verbrämt gewesen. Vor allem muss die angebliche Bereitschaft des Beamtenapparates sowie der meisten Wirtschaftsvertreter zur Unterstützung eines Umsturzes in Zweifel gezogen werden. Aber auch die Untergrundaktivitäten der überwiegend stalinistischen KPD wie die anderer kommunistischer und radikalsozialistischer Splittergruppen waren zu jener Zeit in Wahrheit signifikant abgeflaut, um erst im Laufe der nächsten Monate abermals eine indes nur zeitweilige Dynamisierung zu erfahren. Der von Goerdeler vermittelte, von der Realität somit partiell erheblich abweichende Lageeindruck sollte von den militärischen wie den bürgerlichen Regimegegnern und ebenso von den mit diesen in Verbindung stehenden „verständigen und verantwortungsbewussten Männern der Arbeiterschaft“ offenbar nur als deutliches Signal verstanden werden, dass Handeln das Gebot der Stunde wäre.[340]

Wie aber der Umsturz dann ganz praktisch initiiert und durchgeführt werden müsste bzw. welche Sofortmaßnahmen über die rein militärischen Aktivitäten hinaus zu ergreifen wären und dergleichen mehr, darüber war man sich noch immer nicht ganz im Klaren. Genauso stand die Besetzung der entscheidungsrelevanten zivilen Funktionen nach einem vom Militär herbeigeführten Systemwechsel längst nicht definitiv fest. Und dennoch konnte das Unternehmen von den beteiligten Militärs wie von den Anführern der Zivilopposition nun doch ein wenig in Schwung gebracht werden. Etwa zur selben Zeit, also im März 1943, legte Leuschner, der gerade auf einer „Geschäftsreise" nach Dortmund war, wieder einmal einen Zwischenstopp bei seinem Freund Carl Severing in Bielefeld ein, um diesen von seinen Unterredungen mit oppositionellen Militärs in Kenntnis zu setzen. Letzterer hatte, wie er in seinen Erinnerungen berichtet hat, nach Stalingrad ebenfalls einen deutlichen „Stimmungsumschwung" in der Bevölkerung, d. h. eine drastische Zunahme ihrer Kritik an der faschistischen Kriegsführung konstatieren können, obgleich diese unter keinen Umständen offen artikuliert werden durfte. Auch hierüber sowie über ihre zahllosen Besuche bei sozialdemokratischen und anderen Freunden im ganzen Land werden sich die beiden einstigen Ressortkollegen bei diesem zweitägigen Treffen ausgetauscht haben. Darüber hinaus hätten sie sich mit „Fragen der Reichsreform" befasst, so Severing weiter, auch mit seinen Leuschner auf dessen Wunsch hin unterbreiteten „Vorschlägen über eine zweckmäßige Abgrenzung großer Reichsverwaltungen, wie Eisenbahn, Post, Finanzen und Arbeit". Im Vordergrund hätte „jedoch die Besprechung von Personalfragen" gestanden. In diesem Kontext wurde von Severing scharf kritisiert, dass diesbezüglich bereits alle möglichen „Indiskretionen" begangen, „auch schon die Namen" von „Ministerkandidaten getuschelt" sowie obendrein noch derjenige Goerdelers als kommender „Reichskanzler" und der Leuschners als „Vizekanzler" die Runde machen würden, alles „natürlich immer unter dem Siegel der strengsten Verschwiegenheit". Er, Severing, habe oft genug jenem leichtfertigen „Unfug" entgegenzuwirken versucht, indem er dann immer erklärt habe, „dass von den unverantwortlichen Kombinationen die genannten Personen selbst nicht einmal etwas wüssten". Er zumindest würde, so habe er in solchen Fällen seine unbesonnenen Gesprächspartner zurechtgewiesen, „Namen nicht zur Kenntnis" nehmen, weil er „nicht dazu beitragen" wolle, „der Gestapo" ihr Geschäft „zu erleichtern". Das alte Problem aller Konspirateure, da war es wieder: Mit jeder Ausweitung ihrer personellen Basis wächst geradezu dramatisch die Gefahr einer vorzeitigen Entdeckung, da gegen Dummheit und „verhängnisvolle Schwätzereien" nun einmal kein Kraut gewachsen ist. Auch hierdurch, nicht nur durch die Kriegslage, hat sich jedenfalls der Handlungsdruck auf die zum Umsturz Entschlossenen in der nächsten Zeit ungeheuerlich erhöht. Es würde – das stand völlig außer Frage – ein Wettlauf mit der Zeit werden. Auch dies

Carl Severing

alles wird bei jener Begegnung zur Sprache gekommen sein. Wie auch immer: Mit Leuschner, „dem alten erprobten und tapferen Freunde“, habe er allemal „offen sprechen“ dürfen. Dieser habe ihn damals gefragt, ob er dazu „bereit sei, in eine nach dem Sturz Hitlers zu bildende Regierung einzutreten“. Da es „für den Posten des Innenministers“ einfach „zu viele Kandidaten“ gebe und in dieser Hinsicht auch „schon Meinungsverschiedenheiten zwischen Goerdeler und Popitz entstanden“ seien, würde dies alles, so Leuschners Kalkül, „gegenstandslos“, wenn Severing sich „bereit erklären könnte, das umstrittene Amt zu übernehmen“. Doch sein Genosse war, wie er betont hat, „keineswegs gewillt, in Gemeinschaft“ mit dem früheren Steigbügelhalter Hitlers, dem einstigen Reichsbankpräsidenten, Reichswirtschaftsminister und Generalbevollmächtigten für die Kriegswirtschaft Hjalmar Schacht, „der in den Kombinationen schon als Wirtschaftsminister genannt war, und den von Leuschner genannten Generalen mitzutun“. Obgleich für Severing „zwar kein Grund vorhanden“ gewesen ist, „an der ehrlichen Bereitschaft einiger der Männer wie Beck und Witzleben zu zweifeln“, war aus seiner Sicht schon Skepsis angebracht hinsichtlich der politischen und verwaltungstechnischen „Kenntnisse und Fähigkeiten“ jener, „die als Regierungskandidaten aus den Kreisen der Generalität vorgesehen waren“. Severings Ablehnung seiner Offerte soll Leuschner, bei dem die Generale dagegen „in höherem politischen Kredit“ gestanden hätten, mit dem „halb in leiser Ironie“ vorgebrachten Hinweis kommentiert haben: „Na, wir haben ja so viele Anwärter, dass wir vielleicht sogar einen passenden Ersatz für dich finden!“ Aber Severing erklärte sich „selbstverständlich gern bereit“, sich „in allen preußischen Provinzen“ nach „geeigneten frischen und tatkräftigen Männern“ zu erkundigen, die „für höhere Verwaltungsposten“ in Frage kommen könnten. Als er ihren Genossen Hans Böckler[341] als „Oberpräsident der Rheinprovinz“ vorschlug, habe sein Freund dessen „sofortige Heranziehung“ für gut befunden, „aber für die Leitung der Gewerkschaften“. 1942/43 ist Böckler nämlich verschiedentlich von Leuschner und Jakob Kaiser in Köln aufgesucht worden, um in deren politische wie gewerkschaftliche Pläne eingeweiht zu werden, wie wiederum Dr. Elfriede Nebgen bezeugt hat. Entschieden verwahrt haben will sich Severing Leuschner gegenüber, die möglicherweise in Frage kommenden Männer, bevor mit ihnen überhaupt gesprochen worden sei, „listenmäßig einzutragen oder ihre Namen an andere Stellen weiterzuleiten“. Am Ende ihres Meinungsaustauschs sei, so Severings Einschätzung, „auch Leuschner von der Zweckmäßigkeit dieser Zurückhaltung überzeugt“ gewesen. In seiner 1950 erschienenen Autobiographie hat der frühere preußische Innenminister sodann erklärt, dass er in der nächstfolgenden Zeit in Preußen wie in Süddeutschland gerade unter den alten, noch sozialdemokratisch eingestellten Beamten eine ganze „Reihe zuverlässiger Männer namhaft machen“ konnte, von denen mehrere „die Zusage“ gegeben hätten, dass sie sich erforderlichenfalls den „wichtigen Dingen“, die „sich in Berlin vorbereiteten“, nicht versagen würden. Aber sie hätten dann „Wochen, Monate, ein volles Jahr“ gewartet, „doch der nach Wilhelm Leuschner schon im März 1943 nahe bevorstehende Umschwung kam nicht. Nur das Geraune“ darum sei „vielstimmiger und stärker“ geworden.[342]

Auch Paul Löbe, der frühere Reichstagspräsident, wie Severing übrigens Jahrgang 1875, dem seine Rente sowie Einkünfte aus einer freiberuflichen Korrektorentätigkeit die Unterstützung etlicher notleidender Gesinnungsfreunde, vor allem auch solcher jüdischer Herkunft ermöglichten, hat sich später daran erinnert, dass seine Freunde und er sich „zwei- oder dreimal" der Hoffnung „auf das Gelingen eines Hitler-Attentates an einem bestimmten Termin" hingegeben hätten, „der aber wegen widriger äußerer Verhältnisse immer wieder aufgeschoben werden musste". Ab 1942 habe er ein „ziemlich regelmäßiges Beisammensein mit Wilhelm Leuschner, Julius Leber und später mit Goerdeler" gepflegt, deren „tapfere Verschwiegenheit" ihn dann „vor dem gleichen Schicksal" bewahrt habe, das den „meisten der Beteiligten" am „Versuch der Befreiung Deutschlands von Hitler" beschieden war. Es sei „falsch", wenn „vielfach" behauptet werde, „der Anschlag vom 20. Juli 1944 ginge nur auf militärische Kreise zurück und hätte reaktionäre Ziele gehabt". In seinen 1949 erstmals erschienenen Lebenserinnerungen hat Löbe ebenso wie etliche andere, die sich zu jenen Vorgängen damals als Zeitzeugen zu Wort gemeldet haben, auf die zwischen den militärischen und zivilen Widerstandskräften verabredete kombinierte operative Vorgehensweise bei dem Umsturzvorhaben hingewiesen: zunächst Attentat bzw. Staatsstreich durch das Militär, dann Hervortreten der Zivilisten, wobei „sofort eine Regierung eingesetzt werden" sollte mit „Generaloberst Beck als Reichspräsident, Gördeler als Reichskanzler, Wilhelm Leuschner als Vizekanzler und Innenminister" und „in den übrigen verantwortlichen Ämtern Julius Leber, Mierendorff, Haubach und andere". Es hätten „Hunderte von Gewerkschaftsführern im gesamten Reichsgebiet" bereitgestanden „zur Übernahme der Verwaltungsbehörden". Sechzig davon „sollten bis zur Wahl einer Nationalversammlung eine Art Senat bilden, dessen Vorsitz nach Goerdelers und Leuschners Wunsch" ihm, Löbe, „zugedacht" gewesen sei. Jene „vorläufige Regierung" hätte sofort, d. h. „am ersten Tage ihrer Existenz den vier Großmächten die Kapitulation anbieten und eine demokratische vorläufige Verfassung verkünden" sollen. In diesem Zusammenhang räumte Löbe ein, es sei durchaus „möglich", dass „in einzelnen Widerstandsgruppen andere Vorstellungen und andere Pläne vorhanden" gewesen wären, aber „im ernsthaften Zentrum des Komplotts" sei alles, so wie von ihm dargelegt, „klar vereinbart" gewesen. Die Löbe bei diesem Prozedere zugedachte Aufgabe ist erstaunlicherweise bis zuletzt genauso wenig aufgedeckt worden wie die von Jakob Kaiser dann überlieferte Absicht der Verschwörer, ihn im „ersten Reichstag" nach Hitler „als Reichstagspräsident" zu verwenden. Der einstmalig weithin bekannte SPD-Redakteur, der sich am 20. Juli 1944 „vorübergehend in Berlin" aufgehalten hatte, wurde am 23. August 1944 im Zuge der reichsweiten Aktion „Gewitter" bzw. „Gitter" in seinem neuen Domizil in Schieferstein bei Breslau verhaftet, wo er lebte, seit seine Wohnung in der Reichshauptstadt Anfang des Jahres ausgebombt worden war. Er blieb dann bis zum Dezember im KZ Groß-Rosen inhaftiert. Nach dem Krieg konnte Paul Löbe noch in vielen wichtigen Funktio-

Paul Löbe

nen am demokratischen Wiederaufbau mitwirken, so u. a. 1948/49 als Mitglied des Parlamentarischen Rates sowie als Alterspräsident des Ersten Deutschen Bundestages von 1949 bis 1953.[343]

Ein halbes Jahr nach Kriegsende wurde vom damals noch in London auf seine Rückkehr nach Deutschland wartenden Exilvorstand der SPD in einem seiner Rundschreiben ein kurzer Auszug aus einem inzwischen wohl verschollenen Bericht zur zivilen Basis des „20. Juli“ in Franken veröffentlicht. Darin ist skizziert worden, dass man dort „in engster Verbindung mit Leuschner“ einen „bis ins Kleinste durchgearbeiteten Plan aufgestellt, Waffen verborgen und eine absolut ausreichende Organisation geschaffen“ habe. Ende 1943 und Anfang 1944 sei der frühere SPD-Reichstagsabgeordnete, Vorsitzende des Zentralverbandes der Schuhmacher Deutschlands und Sekretär der Internationalen Schuhmacherunion Josef Simon von Wilhelm Leuschner persönlich „in Nürnberg aufgesucht“ worden, um „im Rahmen von eingehenden vertraulichen Besprechungen die Revolte“ vorzubereiten. An dieser seien aber auch noch „andere bewährte Mitglieder der SPD und der Gewerkschaften beteiligt“ gewesen. Es lägen „absolut zuverlässige Unterlagen dafür“ vor, „dass der Staatsstreich durchorganisiert war, unter hervorragender Beteiligung der Arbeiterschaft“. In seinen 1948 abgeschlossenen Erinnerungen hat sich der hochbetagte Nürnberger Arbeiterveteran hierzu wie folgt geäußert: Nachdem er darauf hingewiesen hatte, dass eigentlich geplant gewesen sei, „nach Gelingen des Attentates ausgewählte Persönlichkeiten in allen Städten in Verbindung mit eingeweihten Garnisonskommandeuren die Macht übernehmen“ zu lassen, hat Simon – ebenfalls in Übereinstimmung mit etlichen anderen damaligen Berichterstattern – hervorgehoben, sodann hätte „eine Regierung auf demokratischer Grundlage mit einem sozialen Programm und unter Beteiligung der Gewerkschaften sowie der sozialdemokratischen Partei gebildet werden“ sollen. Leuschner sei damit beauftragt worden, „in allen größeren Städten geeignete Personen in diesen Plan einzuweihen“, weshalb er eben auch zu ihm nach Nürnberg gekommen sei. Es spricht für Leuschners Umsicht, hierbei natürlich nicht an die große Glocke gehängt zu haben, dass solche antinazistischen Vertrauensleute längst genauso in allen möglichen Mittelstädten, Kleinstädten und selbst kleineren Ortschaften für den genannten Zweck angeworben wurden. Und auch seine Bitte, Simon möge doch „noch zwei bis drei Genossen“ in das Vorhaben einweihen, beweist nur ein weiteres Mal seine große konspirative Vorsicht. Denn ein solche geringe Zahl an Zivilisten würde niemals ausgereicht haben, in einer Stadt von der Größe Nürnbergs den nach einem Umsturz sogleich erforderlichen personellen Führungswechsel im nichtmilitärischen Bereich vorzunehmen. Deshalb ist mit größter Wahrscheinlichkeit davon auszugehen, dass Leuschner oder einer bzw. gar mehrere seiner Emissäre auch dort noch weitere Mitstreiter angeworben haben, die aber vorerst selbstverständlich nicht anders als Simon in Unkenntnis darüber gelassen wurden, dass sie keineswegs die Einzigen in jener Stadt waren, an die man sich gewandt hat. Auch bei Nichtvorliegen handfester diesbezüglicher „Beweise“ wird in vielen Fällen, also nicht nur in Nürnberg, davon auszugehen sein, dass solche Mitstreiter am ehesten in jenem Personenkreis zu suchen wären, der nach dem Einmarsch der alliierten Kampfverbände landauf, landab unverzüglich mit den Reorganisationsvorbereitungen für Partei und Gewerkschaft begonnen hat. Josef Simon führte in dieser Sache jedenfalls sodann Besprechungen mit zwei dortigen Regimegegnern, nämlich mit dem langjährigen SPD-Stadtrat sowie späteren Vorsitzenden seiner Partei auf Kreisebene und zeitweilig obendrein im Bezirk Franken, dem damaligen Tabakwarenhändler August Meier sowie mit einem Radiohändler namens Siebenkäs. Außerdem hat Simon die „ganze Kriegszeit" über mit „auch noch anderen vertrauten Genossen" verbotenerweise „Auslandssender gehört", deren Meldungen sie sodann wiederum „anderen vertrauten Personen mitteilen" konnten. Zu jenem Nürnberger Oppositionskreis um Meier und Simon gehörten außerdem der frühere ADGB-Vorsitzende Lorenz Hagen und einige weitere Sozialdemokraten und Gewerkschafter. All dies ist der Gestapo bzw. den Sonderermittlern nach dem „20. Juli" verborgen geblieben, denn, so das von großer Dankbarkeit hierfür erfüllte Zeugnis Josef Simons, „trotz grauenhafter Folterung" habe Leuschner „seine Mitwisser nicht verraten". Deren Namen finden sich somit unter dem Aufruf zur Gründung des Allgemeinen Deutschen Gewerkschaftsbundes im Stadt- und Landkreis Nürnberg ebenso wie auf der Liste jener 25 Bürgen, durch die im Herbst 1945 bei der US-Militärregierung die Zulassung der SPD beantragt worden ist. Lorenz Hagen beispielsweise fungierte nach 1945 als Vorsitzender des Bayerischen Gewerkschaftsbundes und dann des DGB-Landesbezirks Bayern sowie als Landtagsabgeordneter, während Josef Simon zum Ehrenvorsitzenden der Nürnberger SPD ernannt wurde und noch an der Gründungsversammlung der Gewerkschaft Leder in Kornwestheim bei Stuttgart teilnehmen konnte, während der er am 1. April 1949 im Alter von fast 84 Jahren verstarb.[344]

Ein ganz anderes Schicksal war mehreren weiteren Nürnbergern beschieden, die mit Leuschner auf unterschiedliche Weise in Verbindung gestanden haben: „Im Herbst 1943", so hatten die faschistischen Verhör- und Folterspezialisten keine zwei Monate nach dem gescheiterten „20. Juli"-Aufstand ermitteln können, ist Ernst Schneppenhorst von seinem guten Freund und Chef in Berlin gebeten worden, er möge sich doch in der Stadt der Reichsparteitage einmal nach dem Befinden bzw. nach der derzeitigen politischen Einstellung des einstigen stellvertretenden bayerischen Landesschlichters Theodor Böhm erkundigen, der wie sie ein alter Holzarbeitergewerkschafter war. Man müsse nämlich, so Leuschner seinen Wunsch erläuternd, „mit den früher führenden Leuten" nunmehr „die Tuchfühlung wiederherstellen und sie zur Mitarbeit gewinnen". Der einstige Vorsitzende der Eisernen Front in Bayern sowie Nürnberger SPD-Vorsitzende und Reichstagsabgeordnete Schneppenhorst, der bis 1933 Inhaber der dortigen Optischen Werkstätten gewesen war, hatte sich daraufhin an den einstmals in seiner Firma beschäftigten Franz Göhr[345] gewandt, der von den Nazis schon bald nach ihrem Machtantritt aus politischen Gründen – auch er war Sozialdemokrat, Reichsbanner-Aktivist und Mitglied des Deutschen Holzarbeiter-Verbandes – als Berufsschullehrer entlassen worden war. Der Beginn der Freundschaft von Göhr und Schneppenhorst reichte zurück bis an den Anfang des Jahrhunderts, als sie gemeinsam auf die Walz gegangen waren. Auch nach dem Wechsel des Letzteren nach Berlin ist ihr Kontakt nicht abgerissen. Dabei konnten die beiden allerdings jahrelang nur mit Tarnnamen und über Deckadressen miteinander korrespondieren, weil Schneppenhorst nach einer vorherigen Inhaftierung zur Auflage gemacht worden war, keinesfalls mit seinen politischen Freunden in Bayern in Verbindung zu treten. Trotzdem stand er auch danach noch zudem mit anderen früheren Gewerkschaftskollegen in mehr oder minder regelmäßigem Briefwechsel, wobei er sich mitunter sogar Leuschners Namen bedient haben soll. Der Besuch von Göhr bei Böhm kam dann entweder Ende 1943 oder Anfang 1944 zustande, wobei der Tarifexperte, dessen Know-how für Leuschners Gewerkschaftsvorhaben wichtig gewesen wäre, sich erst bei dieser Gelegenheit nach der Anschrift Schneppenhorsts erkundigt haben wollte, wie er immerhin die faschistischen Ermittlungsbeamten glauben machen konnte. Göhr soll ihm daraufhin dann die Adresse Leuschners gegeben haben, über die Schneppenhorst erreicht werden könne. Da den Ermittlungsberichten nichts Gegenteiliges zu entnehmen ist, kann davon ausgegangen werden, dass sich auch Göhr an die offenbar mit Böhm zuvor getroffene diesbezügliche Sprachregelung eines erst sehr spät erfolgten Erstkontaktes zwischen ihnen gehalten hat. Theodor Böhm ist während der folgenden Verhöre weiterhin standhaft geblieben und hat, wie von den Beamten betont wurde, „hartnäckig geleugnet, auch bei dem zweiten Besuch von Göhr vier Wochen später irgendetwas über die Pläne der Einheitsgewerkschaft erfahren zu haben". Wie brutal die Vernehmungsbeamten hierbei vorgegangen sein müssen, wird daran ersichtlich, dass Böhm sich unterdessen, um nicht am Ende doch sein Wissen um das Umsturzvorhaben und die daran beteiligten Gesinnungsfreunde preiszugeben, in seiner Zelle erhängt hatte.[346]

Franz Göhr soll von Schneppenhorst im Auftrag Leuschners überdies gebeten worden sein, einen Kontakt zum letzten Vorsitzenden des Einheitsverbandes der Eisenbahner Deutschlands Matthäus Herrmann[347] herzustellen. Nachdem dies angeblich erst „im März 1944" geschehen war, wie den Ermittlungsbeamten weisgemacht werden konnte, hat Leuschner sich mit seinem in dessen oberfränkischen Geburtsort Warmensteinach bei Bayreuth zurückgezogen als Rentner lebenden früheren ADGB-Kollegen noch Ende desselben Monats in der Wagner-Stadt getroffen. Während ihrer Unterredung soll sich Leuschner „auf Mitteilungen aus der Wehrmacht" berufen haben, wonach „der Ansturm des Bolschewismus nicht mehr aufzuhalten" sei. „Dem militärischen Zusammenbruch" würde „der politische" folgen. Hieraus „ergebe sich" alsdann, so seine Schlussfolgerung, „der Wechsel des Regimes und eine neue Regierung". In diesem Kontext hat Herrmann den Vernehmungsbeamten erklärt, er wisse „nicht genau, ob" ihm „Leuschner bei dieser Gelegenheit den Posten eines Verkehrsministers angeboten" habe. Wenn dieser dies jedoch so angebe, werde es schon so gewesen sein. Aber nach einem „halben Jahr im Lager Dachau" und nachdem er anschließend „aufs Dorf gezogen" sei, „um von allen politischen Dingen möglichst loszukommen", habe er „jedoch die Übernahme jeglicher politischen Posten grundsätzlich" abgelehnt und darum gebeten, man möge „ihn weiter in Ruhe lassen". Aus alter Kollegialität heraus habe er sich indes nicht durchzuringen vermocht, Leuschners Absichten zur Anzeige zu bringen. Aber dass „bei akuter bolschewistischer Gefahr etwas im Einverständnis mit der Wehrmacht unternommen" werden müsse, dem könne er „innerlich nur zustimmen". Während der Verhandlung vor dem „Volksgerichtshof" am 13. Januar 1945 hat Herrmann seine Erinnerung noch dahingehend präzisiert, dass Leuschner ihm seinerzeit erläutert habe, man müsse bei dem vorhersehbaren „Zusammenbruch" vor allem „auch verhindern, dass die Kommunisten sich der ‚Deutschen Arbeitsfront' bemächtigen". Weil sein Gewerkschaftskollege außerdem erklärt habe, „alles" werde „im Einvernehmen mit der Wehrmacht geschehen", sei ihm, Herrmann, überhaupt „nicht der Gedanke an Putsch gekommen". Wenige Wochen vor jener Unterredung der beiden in Leuschners Geburtsstadt hatten die Verschwörer zeitweilig noch an den früheren

Vorsitzenden des Gesamtverbandes der Christlichen Gewerkschaften Deutschlands, Reichstagsabgeordneten des Zentrums sowie Reichsverkehrs-, dann Reichsarbeitsminister Dr. h. c. Adam Stegerwald[348] als künftigen Verkehrsminister gedacht, der aber einigen offenbar als zu alt und auch politisch nicht unproblematisch erschienen war, oder als Alternative zu ihm an einen Sozialdemokraten, während nach Herrmanns Absage zuletzt wohl Dr. Cuno Raabe für diesen Posten vorgesehen worden ist. Auch Ernst Schneppenhorst hat sich anfänglich recht geschickt verteidigt, indem er nämlich ausgesagt hat, er habe „an die Pläne Leuschners nicht recht herangewollt". Er behauptete sogar, „Leuschner mehrfach gewarnt" zu haben, er solle doch besser „die Finger von den alten politischen Plänen" lassen. Dann aber hat er – vermutlich unter der Folter – doch zugegeben, dass ihm „durch zahlreiche Beobachtungen" schon klar gewesen sei, „dass Leuschner und Maaß ihre Absichten weiter verfolgten". Dann sei Leuschner „Anfang Juni" 1944 entgegen seiner sonstigen Gewohnheit „sehr nervös gewesen" und habe „geheimnisvoll" angedeutet, „über Nacht" könne „der Krieg alle sein". Fünf Tage nach dem „20. Juli" habe er ihm noch erklärt, er, Leuschner, müsse „damit rechnen", dass er „geholt werde und längere Zeit eingesperrt bleibe". Für diesen Fall sei „eine Aussprache" erforderlich, zu der es aber nicht mehr gekommen sei. Die Einschätzung, zu welcher der Kaltenbrunner-Bericht hinsichtlich Schneppenhorsts „Schuld" gelangte, lautete lapidar, er habe, „obwohl er die Gefährlichkeit der Pläne Leuschners voll erkannte, keine Anzeige erstattet.[349] Während Herrmann den Präsidenten des „Volksgerichtshofes" Dr. Roland Freisler dank seiner geschickten Einlassungen überzeugen und Freispruch erwirken konnte, wurde gegen Schneppenhorst gar nicht mehr verhandelt. Das Ende des „Dritten Reiches" sollte er, anders als Herrmann, dennoch nicht erleben: In der Nacht zum 24. April 1945 wurde der einstige bayerische Minister für militärische Angelegenheiten unter Vorspiegelung seiner Freilassung aus der Zelle im Berliner Gefängnis Lehrter Straße geholt und von der SS kaltblütig ermordet. Franz Göhr, bei dessen Wohnungsdurchsuchung zwar zwei Schriftstücke entdeckt worden waren, die in ursächlichem Zusammenhang mit seinen Kontakten zu Schneppenhorst bzw. Wilhelm Leuschner standen, aber nichts erkennbar Belastendes enthielten, ist am 20. Februar 1945 im Zuge eines Sammeltransports von „20. Juli"-Häftlingen in das KZ Sachsenhausen verbracht worden, wo er wenige Wochen später schwer erkrankt in das Krankenrevier eingewiesen wurde, das er nicht mehr lebend verlassen konnte. Matthäus Herrmann dagegen, der trotz seines Freispruchs weiterhin inhaftiert geblieben war, kurz vor der Eroberung Berlins durch die Rote Armee jedoch aus der Haft hatte flüchten können, sollte bald darauf von der US-Militärregierung eigentlich die Leitung der Eisenbahn in deren Besatzungszone übertragen werden, was von ihm aber – wohl aus gesundheitlichen Gründen – auch in diesem Fall abgelehnt wurde. Dafür wurde er 1946 in den bayerischen Landtag und 1948 in den Kreistag Bayreuth sowie in den Hauptvorstand der Gewerkschaft der Eisenbahner Deutschlands gewählt, und im Jahr darauf zog er sogar noch als Siebzigjähriger in den Ersten Deutschen Bundestag ein.[350]

So oder so ähnlich wie in jener mittelfränkischen Großstadt werden sich die Dinge auch in sämtlichen deutschen Städten und selbst in vielen kleineren Gemeinden abgespielt haben, in denen die Verschwörer um Wilhelm Leuschner und Hermann Maaß, um Jakob Kaiser, Max Habermann sowie Josef Wirmer, auch um Dr. Carl Goerdeler und all die anderen in der Zwischenzeit zivile Widerstandsstützpunkte oder auch nur Widerstandszellen gebildet hatten bzw. wo sie bereits bestehende lokale Oppositionskreise in ihr Netzwerk hatten einklinken können. Dabei ist davon auszugehen, dass der zur politischen bzw. verwaltungsmäßigen Flankierung des Umsturzvorhabens angeworbene Personenkreis hier wie dort zwangsläufig noch weitaus größer gewesen sein muss, als sich heute noch zumeist feststellen lässt. Außer Zweifel steht dabei, dass die Anführer der Zivilverschwörung oder deren Kuriere und Vertreter allerorten beileibe nicht nur Sozialdemokraten bzw. sozialdemokratische Gewerkschafter für die mit den oppositionellen Militärs vereinbarte gemeinsame Aktion gewonnen haben, was in Nürnberg nicht anders gewesen sein wird. Nur ließen sich dort eben bislang keine bürgerlichen bzw. kirchlichen oder auch radikalsozialistischen Regimegegner ermitteln, die seinerzeit zum Mittun bereit gewesen wären, sofern sich so viele Jahre nach jenen Ereignissen neue Hinweise auf solche Personen überhaupt noch aufspüren lassen. Nachdem das Scheitern der Erhebung vom „20. Juli" erkennbar geworden war, ist überall unverzüglich mit der Beseitigung jedweden Belastungsmaterials begonnen worden, das natürlich trotz der gegenteiligen Direktive in Form von Briefen, Denkschriften und ähnlichen Schriftstücken schon entstanden war. Etliches davon ist den NS-Fahndern dennoch in die Hände gefallen. Im ganzen Land kam es zu zahllosen Festnahmen, wobei die später erstellten Listen der Opfer des „20. Juli" gewiss nicht vollständig sind.[351] So ist beispielsweise unbekannt und wird sich letztlich auch nicht mehr klären lassen, wie viele der in die Verschwörung Involvierten sich damals aus Angst vor Festnahme und Folter bzw. um Angehörige und Freunde zu schützen das Leben genommen haben bzw. während der Verhöre ermordet wurden oder ohne Gerichtsverfahren von Erschießungskommandos der Wehrmacht oder der SS liquidiert worden sind. Die zuvor aktionsgewillten Anti-Nazi-Kräfte, die von der „Sonderkommission 20. Juli" in ihrer überwiegenden Mehrzahl tatsächlich nicht aufgespürt werden konnten, tauchten jedenfalls dann bis zum Ende der Diktatur in den zerbombten Städten unter, sind oft nach anderenorts ausgewichen, etwa zu Freunden oder Verwandten aufs Land gezogen, wo sie sich gleichfalls so unauffällig wie möglich verhalten haben. Einige von ihnen sind gleichwohl im August 1944 in die Festnahmeaktion „Gewitter" bzw. „Gitter" geraten. Bei der Durchführung dieser reichsweiten, zentral gesteuerten Maßnahme, die sich hauptsächlich gegen frühere Funktionsträger von KPD, SPD, Zentrum und Bayerischer Volkspartei richtete, und zwar unabhängig davon, ob diesen konkret etwas nachzuweisen war oder nicht, wurde auf bereits 1936 bzw. 1939 angelegte Gegnerlisten der Gestapo zurückgegriffen. Dennoch ist der ursächliche Zusammenhang jener Aktion mit dem vier Wochen zuvor erfolgten Umsturzversuch unverkennbar, dessen ziviler Basis die „Sonderkommission 20. Juli", die um deren Existenz wusste, nämlich allen Ermittlungsanstrengungen zum Trotz nicht näher zu rücken vermochte. Es wird geschätzt, dass 5.000 bis 7.000 zumeist ältere Menschen, darunter auch etliche Kranke, von jener Verhaftungswelle erfasst worden sind. Die überwiegende Mehrzahl von ihnen wurde zwar nach kurzer Zeit wieder auf freien Fuß gesetzt, eine trotzdem nicht geringe Anzahl kam jedoch anschließend in ein KZ, wo etliche von ihnen ihr Leben ließen.[352] Nicht wenige unerkannt gebliebene zivile Widerständler des „20. Juli" wurden auch Opfer des Bombenkrieges, wiederum andere gehörten zu jenen, die noch in den letzten Wochen und Tagen der Terrorherrschaft aufgrund geheimer Mordbefehle der NS-Gauleitungen „rücksichtslos mit der Waffe" niedergeschossen oder „zur Abschreckung der Bevölkerung mit dem Strang“ hingerichtet worden sind.[353] Wer dennoch überlebt hatte und sich dann abermals politisch betätigen mochte – und dies werden gewiss die meisten aus jenem Personenkreis gewesen sein –, hatte freilich anderes zu tun, als sich in Sachen des zuvor geleisteten antinazistischen Widerstandes als Zeitzeuge zu betätigen. Die des ungeachtet seit 1945 in Zeitungen, Broschüren und einigen Büchern veröffentlichten Berichte hierzu dienten vor allem dem Zweck, das Schicksal der vom NS-Regime hingerichteten oder anderswie ermordeten Freunde vor dem Vergessen zu bewahren. Andere, meist sehr kurze Darstellungen ihres vorherigen regimefeindlichen Agierens wurden von den Widerständlern für die Entschädigungsbehörden verfasst oder sind von den Verfolgtenverbänden bzw. den kommunalen Betreuungsstellen für NS-Verfolgte zum Teil sogar per Fragebogen abgerufen worden. Alle diese Materialien wurden bislang nur höchst selten einmal wirklich systematisch für die Forschung herangezogen, wobei das ein Vierteljahrhundert lang von Dr. Hans-Rainer Sandvoß durchgeführte Großprojekt der Gedenkstätte Deutscher Widerstand zu den antinazistischen Aktivitäten in Berlin, das in dessen 2007 veröffentlichter brillanter Gesamtdarstellung „Die ‚andere' Reichshauptstadt. Widerstand aus der Arbeiterbewegung in Berlin von 1933 bis 1945“ gipfelte, auch in dieser Hinsicht noch immer eine große Besonderheit darstellt.[354] Viele einstige Widerstandsaktivisten haben sich 1945 schon in einem vorgerückten Alter befunden, wenn sie nicht bereits Rentner oder Pensionäre waren, und sind dann, oftmals noch schwer gezeichnet von der hinter ihnen liegenden Haft, recht bald verstorben, ohne solche schriftlichen Zeugnisse hinterlassen zu haben. Abgesehen davon war die Mehrheitsbevölkerung im postfaschistischen Deutschland auch nicht sonderlich daran interessiert, mit den damals trotzdem noch zehntausendfach vorhandenen Gegenbeispielen zu ihrem eigenen politischen und moralischen Versagen während des „Dritten Reiches“ konfrontiert zu werden. Als sich ab Ende der 1960er, verstärkt seit Mitte der 1970er Jahre in der Bundesrepublik ein zunehmendes Interesse für das antinazistische Handeln auch aus der breiten Bevölkerungsmehrheit, also nicht mehr wie bis dahin nur für das aus akademischen, kirchlichen und militärischen Kreisen, einzustellen begann, waren die meisten jener schon lange tot, welche in die zivilen Widerstandsstrukturen Wilhelm Leuschners und seiner Freunde eingebunden gewesen waren. In der DDR wurden zwar von Anbeginn an alle möglichen Zeugnisse gesammelt und auch diesbezügliche Lebensberichte angefertigt, die den Widerstand der KPD belegt haben, kaum aber solche über die Aktivitäten nichtkommunistischer Regimegegner, außer diese hatten sich seinerzeit zur Zusammenarbeit mit den Untergrundkadern der Stalinisten bereit gezeigt. Dort sollte die utilitäre Verfälschung des realhistorischen Geschehens schließlich so weit gehen, dass Leuschners einstiger Mitstreiter Hermann Schlimme in einem Gedenkartikel zu dessen zehntem Hinrichtungstag im SED-Parteiorgan „Neues Deutschland“ behauptete, dieser sei „durch Diskussionen“, die er im KZ Lichtenburg „mit kommunistischen Genossen“ geführt habe, zur „Erkenntnis“ gelangt, „dass die Spaltung der Arbeiterklasse an dem Sieg des Hitler-Faschismus schuld war“. Daraufhin sei „nunmehr sein ganzes Streben darauf gerichtet“ gewesen, „eine einheitliche Gewerkschaftsbewegung zu schaffen“. Dass Schlimme dann Leuschner sogar noch ein falsches Leumundszeugnis ausstellte und behauptete, „in der Freundschaft mit der Sowjetunion“ habe dieser „die Garantie einer besseren Zukunft für das deutsche Volk“ erblickt, nimmt dabei nicht mehr wunder.[355] Es haben sich trotzdem derart zahlreiche Hinweise auf das Vorhandensein ziviler

Widerstandsstützpunkte im Zusammenhang mit Leuschners reichsweitem Vertrauensleutenetzwerk in allen möglichen Kommunen unseres Landes erhalten, dass die Initiierung eines gemeinsamen, länderübergreifenden universitären Forschungsprojektes zur gründlichen historiographischen Rekonstruktion dieses eminent wichtigen Widerstandsbereichs eigentlich längst überfällig ist.[356]

Die Strukturausdehnung am Beispiel Frankfurts und Umgebung sowie Mecklenburgs

Für die der puren Militäraktion unmittelbar nachfolgende Umsturzphase hätte es einer ganzen Vielzahl weiterer zuverlässiger und fachlich entsprechend qualifizierter Leute zur Übernahme aller möglichen zivilen Funktionen bedurft, also nicht etwa nur für die der Regierungsposten und höheren Verwaltungspositionen in den Ländern und Provinzen. Man benötigte sofort heranziehbares antinazistisches Führungspersonal auch für die Regierungsbezirke, die Kreise sowie für die Städte und Gemeinden. Was dies z. B. im kommunalen Bereich konkret bedeutete, verdeutlicht ein Blick nach Frankfurt am Main: Dort hat der frühere Parteisekretär für den SPD-Unterbezirk zwischen Wetzlar, Marburg und Frankenberg sowie Bezirksvorsitzende der Sozialistischen Arbeiterjugend für Hessen-Nassau Willy Knothe[357], der bis zu seiner Verhaftung im Sommer 1934 als Vertreter des illegalen Parteivorstandes der SPD für Südwestdeutschland fungiert hatte, sieben Jahre nach dem gescheiterten Umsturzversuch einen in dieser Hinsicht äußerst aufschlussreichen Presseartikel verfasst. Aus seinem Bericht „Menschen und Aktionen um den 20. Juli! Zum Gedenken Wilhelm Leuschners!“, aber auch aus einigen weiteren autobiographischen Dokumenten geht hervor, dass Knothe sich wohl seit Anfang der 1940er Jahre, also geraume Zeit nach Verbüßung seiner Haftstrafe von zwei Jahren Zuchthaus und zehn Monaten Gefängnis, erneut konspirativ betätigt hat, und zwar im Rahmen eines zunächst noch kleineren Widerstandskreises, der sich um ihn und seinen damaligen Juniorchef und alsbaldigen Inhaber eines Frankfurter Fette-Im- und Exportgeschäfts Mario Arbini gebildet hatte. In dessen Firma war Knothe seit 1938 als kaufmännischer Angestellter beschäftigt und schließlich zum Personalchef mit einem Monatsgehalt von 800 Reichsmark aufgestiegen. Arbini, er war Schweizer Bürger, sei, so Knothe, „ein absoluter Verfechter der freiheitlichen Idee“ gewesen. Durch dessen geschäftliche Kontakte in der Reichshauptstadt seien sie später „laufend informiert“ gewesen „über den Stand der Vorbereitungen einer Direktaktion gegen Hitler und seine engsten Kreise“. Nachdem Arbini und Knothe im Laufe des Jahres 1943 von den Anführern der Zivilverschwörung in Berlin den „Auftrag“ erhalten hatten, „entsprechende Vorbereitungen in Frankfurt für Hessen-Darmstadt und Hessen-Nassau zu treffen“, musste Knothe im September jenes Jahres an Stelle seines verhinderten Chefs nach Berlin reisen, wo ihm sein „Parteifreund Dr. Leber“ dann neue „Anweisungen für Frankfurt“ erteilt habe. Ihm sei mitgeteilt worden, „dass die Aktionen gegen Hitler unterbrochen werden mussten und neue Berichte abgewartet werden müssten“. Gleichzeitig sei er jedoch dazu „aufgefordert“ worden, „eine Liste einzureichen über die Besetzung der wichtigsten kommunalpolitischen Ämter in Frankfurt, Wiesbaden und Darmstadt sowie eine Liste wegen der Besetzung der damaligen ‚Deutschen Arbeitsfront' durch frühere Gewerkschaftler“. Kurze Zeit darauf habe er in Arbinis Haus General Georg Thomas[358] und zwei katholische Geistliche getroffen, die durchblicken ließen, „dass eine Besserung der Situation für die Widerstandskämpfer und ihre vorgesehenen Aktionen noch nicht eingetreten sei“. General Thomas hatte sich zwar früh dem Widerstand um seinen früheren Vorgesetzten Ludwig Beck sowie Dr. Goerdeler angeschlossen und war zudem bereits in die Staatsstreichplanungen der Jahre

1938/39 einbezogen gewesen, war aber andererseits auch erheblich in die Entwicklung der verbrecherischen deutschen Kriegsführungsstrategie gegen die UdSSR verstrickt. Zwei Wochen nach jenem Treffen in Arbinis Domizil sei, so Knothe weiter, die Lage wieder ganz anders gewesen, weshalb er nun, „um keine Verzögerung eintreten zu lassen, an den verschiedensten Plätzen und in den verschiedensten Wohnungen" konspirative Einzelgespräche mit diversen NS-Gegnern geführt habe. An die Spitze der Frankfurter Kommunalverwaltung hätten nach dem Umsturz zwei Verwaltungsfachleute, nämlich der Jurist Dr. Karl Altheim[359] und der frühere Vorsitzende der dortigen SPD-Stadtverordnetenfraktion sowie Sprecher des gewerkschaftlich orientierten Parteiflügels Stadtdirektor a. D. Karl Kirchner[360] rücken sollen. Mit Letzterem und dessen geschiedener Frau Johanna hatte Carlo Mierendorff Mitte 1933 noch Fragen des antinazistischen Widerstandes besprochen, bevor er kurz darauf festgenommen und zu einer über viereinhalbjährigen Odyssee durch das KZ-System des „Dritten Reiches" gezwungen worden war. Diejenigen, die in der Mainmetropole mit der „Leitung des Verkehrswesens", des „städtischen Wohlfahrtswesens" und des „Wohnungswesens" betraut werden sollten, hätten sich – sicherlich genauso wie Altheim und Kirchner – ihrerseits um die Benennung „weiterer Personen" zu kümmern gehabt, wie dem Artikel weiterhin zu entnehmen ist. Ausdrücklich hat Knothe in jenem Rückblick darauf hingewiesen, „dass alle diese Besprechungen" selbstverständlich „den Stempel der Improvisation tragen mussten". Schließlich sei aber „eine Liste, bestehend aus 48 Namen, für die spätere Stadtverwaltung" erstellt worden. Außerdem habe man „ca. 100 Vorschläge" geeigneter Personen „zusammengestellt", denen „die Aufgabe übertragen werden" sollte, „alle Schlüsselpositionen in der ‚Deutschen Arbeitsfront' zu besetzen". Bei alledem habe „keiner etwas von dem anderen wissen" dürfen, d. h. es sei „immer nur über die den Einzelnen betreffende Position und Aufgabe gesprochen" worden. Hierzu hat Knothe 1951 konstatiert, dass „nur wenige Menschen" imstande wären, sich überhaupt „vorzustellen, welche seelische Not, welche Sorge um die Familie und welche Angst, wieder eingekerkert zu werden oder ganz und gar das Leben einzubüßen, diejenigen auszustehen hatten", die „in solche Aktionen" involviert gewesen seien. Ob bzw. in welchem Umfang solche Personallisten dann auch für Darmstadt und Wiesbaden erarbeitet werden konnten, ist dem Bericht nicht zu entnehmen. Da durch Emil Henk aber überliefert wurde, dass in Darmstadt der einstige Vorsitzende der hessischen SPD-Landtagsfraktion und spätere hessische SPD-Innenminister, stellvertretende Ministerpräsident sowie Landtagspräsident Heinrich Zinnkann[361] die Konspiration angeleitet hat und in Wiesbaden der frühere Wormser Polizeidirektor Heinrich Maschmeyer[362] zuständig gewesen ist, dürfte es ziemlich wahrscheinlich sein, dass Knothe den ihm in Berlin von Dr. Leber auch für diese beiden Städte erteilten Auftrag aus Zweckmäßigkeitsgründen nach dort weitergegeben hat. Genauso wird im Fall der in seinem Bericht zwar nicht erwähnten

Jakob Steffan

Nachbarstadt Offenbach verfahren worden sein, wo nach Henk zwei einstige Metallarbeiterfunktionäre, der ehemalige Landtagsabgeordnete des Volksstaates Hessen sowie SPD-Landesparteisekretär Wilhelm Widmann[363] und der vormalige ADGB-Gewerkschaftssekretär, Landesvorsitzende der hessischen SPD, Stadtverordnete sowie Landtags- und Reichtagsabgeordnete Wilhelm Weber[364] verpflichtet worden sind. Deren Instruierung könnte allerdings auch durch den von Mainz aus operierenden süd- sowie rheinhessischen Strukturbereichsleiter der Konspiration Jakob Steffan oder aber durch Ludwig Schwamb persönlich erfolgt sein. Letzterer war im Februar 1943 in Berlin ausgebombt worden und hatte, zumal auch die Schuhfabrik Tack ihre Geschäftszentrale nach Aschaffenburg verlegt hatte, in Frankfurt eine neue Heimstatt gefunden. Von dort aus konnte er fortan die Vertrauensleutestützpunkte im Bereich des Wehrkreises XII Wiesbaden, zum Teil auch im Wehrkreis IX Kassel in Leuschners Auftrag unmittelbar anleiten. In Mainz, wo der frühere dortige Vorsitzende des Deutschen Holzarbeiter-Verbandes, SPD-Landesparteisekretär für Rheinhessen sowie Stadtverordnete und Landtagsabgeordnete Alfred Freitag[365] als lokaler Leiter fungierte und dabei mit einer Gruppe oppositioneller Gewerkschafter um den vormaligen Bezirksleiter des Einheitsverbandes der Eisenbahner Deutschlands Anton Calujek[366] sowie mit einer katholischen Widerstandsgruppe kooperiert hat, wird es sich nicht anders verhalten haben. Der Anführer jener christlichen Oppositionellen, der spätere Generalstaatsanwalt Dr. Ernst Doller[367], der seit 1941 der Widerstandsbewegung angehörte, hätte bei Gelingen des Umsturzes an die Spitze der rheinhessischen Justizverwaltung rücken sollen. Die erwähnten Personalzusammenstellungen müssen im Übrigen nicht unbedingt en détail niedergeschrieben und gar der nächsthöheren konspirativen Strukturebene durchgegeben worden sein. Viel wahrscheinlicher ist es, dass aus Sicherheitsgründen dorthin lediglich Vollzug gemeldet worden ist, während die Namen ansonsten nur im Kopf der jeweiligen lokalen Entscheidungsträger für die Stunde X abrufbar geblieben sind. Eine größere Anzahl Personennamen, auch von deren Adressen, nur im Gedächtnis parat zu halten, bereitet Menschen, zu deren Alltagsgeschäft das Denken und Operieren in Strukturzusammenhängen gehört, in der Regel keine besondere Mühe.[368]

In entsprechenden, in Knothes Spruchkammerakte befindlichen Schriftstücken, darunter das umfangreichere autobiographische Typoskript „Im Dschungel der Illegalität“, wird auf einige weitere Sachverhalte näher eingegangen, die er in dem nur vierseitigen „20. Juli“-Text lediglich angedeutet hat: So hatte Mario Arbini, jener später bei einem Luftangriff auf Berlin ums Leben gekommene „mutige Mann aus dem Bürgertum“, so Knothes bündiges Urteil, aus taktischem Kalkül und zunächst ohne Wissen seines Mitarbeiters Verbindungen unterhalten zu einigen Frankfurter Gestapo-Beamten, die er sich durch fortwährende Lebensmittellieferungen genehm gemacht hat. Auch Knothe hatte laufend Kontakte zur Gestapo, unterstand er doch nach seiner Haftentlassung noch lange Zeit deren Überwachung und musste zudem ihr gegenüber wiederholt Denunziationen entgegentreten, so z. B. während des Jahres 1943 allein fünfmal in nur kurzer Zeit. Jene Anschwärzungen waren zum Teil verursacht durch fünf, von Knothe zwischen Sommer 1942 und März 1944 hergestellte und verbreitete antinazistische Flugschriften. Eine davon, von der im August 1943 durch ihn selbst 3.000 Stück hektographiert worden waren, hatte sogar sechs Seiten Umfang und trug den Titel „Volk erwache“, wie sich auch einer Stellungnahme der südhessischen Gemeinschaft verfolgter Sozialdemokraten vom Spätsommer 1949 entnehmen lässt. In zwei weiteren Fällen konnten nur Teilauflagen zur Verteilung gebracht werden, während der Rest sicherheitshalber verbrannt worden ist. Von diesen höchst riskanten antinazistischen Propagandaaktivitäten wird Knothe seinem Parteifreund Leber in Berlin natürlich nichts berichtet haben, sonst würde dieser ihm bestimmt nicht den für das Gelingen des Umsturzes im Rhein-Main-Gebiet eminent wichtigen Reorganisationsauftrag erteilt haben, bei dem schon bald sogar der vorläufige Oberbürgermeister von Frankfurt festgelegt worden ist. In diesem Zusammenhang hätte, wie aus dem Schreiben der SPD-Verfolgtenorganisation ebenfalls hervorgeht, Knothe an die Spitze der „Deutschen Arbeitsfront" rücken sollen, und zwar „für das gesamte Gebiet Hessens". Bei den gegen ihn alsdann in Gang gesetzten Ermittlungen ist er mit einem Oberinspektor der Gestapo in Kontakt gekommen, der ihn, sicherlich um für sich selbst eine Art Rückversicherung für die sich ankündigende Nach-Hitler-Ära zu schaffen, als V-Mann tarnte. Aber dieser Beamte hat ihn keine Verpflichtungserklärung unterschreiben lassen, wie es eigentlich üblich war, und er hat ihm auch nicht den Verrat von Regimegegnern abverlangt. Selbstverständlich wurden seitdem auch an dessen Adresse regelmäßig Lebensmittel geliefert, was angesichts der immer angespannteren Versorgungslage schon eine ganz besondere Vergünstigung war. Das freundschaftliche Verhältnis der beiden wurde im Laufe der Zeit derart eng, dass der Kriminalbeamte Knothe schließlich in seinem Dienstzimmer sogar Einblick in die Ermittlungsakten gewährte, woraus der Sozialdemokrat genau ersehen konnte, wer ihn alles denunziert hatte. In seiner Darmstädter Spruchkammerverhandlung hat dieser Gestapo-Mann übrigens darauf hingewiesen, dass die angesammelten Hinweise gegen Knothe allemal genügt haben würden, ihn für immer ins KZ zu bringen. Von seinen „Verbindungen mit höchsten Offizieren, auch mit dem Frankfurter Stadtkommandanten", von denen Knothe nach dem Krieg an anderer Stelle berichtet hat, wird in jenen Akten freilich nichts gestanden haben.[369]

Trotz dieser ungewöhnlichen Protektion wurde Willy Knothe im Zuge der Aktion „Gewitter" bzw. „Gitter" in der vorletzten Augustwoche 1944 festgenommen. Aber schon am 2. September konnte er aus dem Frankfurter Polizeigefängnis fliehen, was ohne Helfer schlecht möglich gewesen wäre. In den nächsten sieben Monaten verbarg er sich vor den Nazi-Häschern in einer Holzhütte am Offenbacher Güterbahnhof bzw. „bei sehr guten Freunden" und wurde von diesen wie von seinem Schwiegersohn mit Lebensmitteln versorgt. Auch anderenorts haben gelegentlich solche Kontakte zwischen Gestapo-Beamten und Widerständlern mit gleichem oder ähnlichem Hintergrund bestanden. Es ist aber nicht bekannt, dass hierdurch die Konspiration in Gefahr geraten wäre, was selbstverständlich nicht für die bereits erwähnten empörenden Denunziationen durch einige SPD-„Genossen" schon in den 1930er Jahren gilt, wobei etwa an den Berliner Gestapo-Spitzel „S 18", den früheren Bezirksparteisekretär für Hessen-Nassau mit Sitz in Frankfurt am Main Paul Röhle zu denken wäre. Manchmal konnten sich solche freilich prinzipiell immer höchst riskanten Beziehungen zwischen Widerständlern und Mitarbeitern der Gestapo auch ganz im Gegenteil sogar ausgesprochen segensreich auswirken: Beispielhaft sei auf Jakob Steffan hingewiesen, der dank solcher Verbindungen immerhin etliche aus rassistischen, politischen oder religiösen Gründen verfolgte Personen gerade noch rechtzeitig vor dem unmittelbar bevorstehenden Zugriff der Polizei warnen konnte, so z. B. den Mainzer Bischof sowie

Willy Knothe

früheren Zentrums-Politiker Prof. Dr. Albert Stohr, den er aus der gemeinsamen Zeit im Landtag des Volksstaates Hessen kannte.[370] Gleich nach dem Krieg hat Willy Knothe die US-Militärregierung bei der Neubesetzung der relevanten Positionen in der Frankfurter Stadtverwaltung beraten, er hat damit exakt jene Aufgabe wahrgenommen, für die er schon bei den Vorbereitungen zum „20. Juli" eingesetzt gewesen ist. Außerdem rief er zusammen mit anderen SPD-Genossen sowie einigen Mitgliedern des Internationalen Sozialistischen Kampfbundes und der Sozialistischen Arbeiterpartei Ende Mai 1945 zunächst eine Sozialistische Union ins Leben, dies nach dem Vorbild des vier Jahre zuvor im britischen Exil von jenen drei Organisationen zusammen mit dem Auslandsbüro von „Neu Beginnen" und in Kooperation mit der dortigen Landesgruppe deutscher Gewerkschafter vollzogenen Zusammenschlusses, zu dessen Programmatik sich der Frankfurter Aktionsausschuss demgemäß bekannte. Sodann gehörte Knothe dem dortigen Stadt- und Bürgerrat an, war für kurze Zeit einer der Lizenzträger der neu gegründeten „Frankfurter Rundschau", wirkte zudem als Vorsitzender der Frankfurter, dann auch der hessischen SPD, fungierte 1946/47 zusammen mit Erich Ollenhauer als Stellvertretender Vorsitzender seiner Partei unter Dr. Kurt Schumacher, desgleichen bis 1951 als Vorsitzender des SPD-Bezirks Hessen-Süd und auch als Mitglied der Verfassungberatenden Landesversammlung Groß-Hessen, als Landtags- sowie bis zu seinem Tod als Bundestagsabgeordneter. Gleichwohl sah sich der während der ganzen NS-Zeit standhaft gebliebene, verdiente Demokrat in seinen letzten Lebensjahren – er starb bereits 1952 – genauso wie Steffan und manch anderer Regimegegner ungerechtfertigten Angriffen ausgesetzt, in diesem Fall speziell wegen seines Direktkontaktes mit einem Gestapo-Beamten, den er hingegen nur für Zwecke des antinazistischen Widerstandes auszunutzen verstanden hatte. Diejenigen, die um den wahren Sachverhalt noch am besten Bescheid gewusst haben werden, die Funktionäre der Gemeinschaft verfolgter Sozialdemokraten im Bezirk Hessen-Süd nämlich, haben Knothe mit deutlichen Worten gegen eine diesbezügliche Polemik in Schutz genommen, die am Vortag der ersten Bundestagswahl gegen ihn in der „Deutschen Woche" veröffentlicht worden war. In ihrer Stellungnahme hieß es unmissverständlich, man sei „stolz", einen wie ihn als Mitglied zu haben, wie auch die SPD „sich beglückwünschen" könne, „einen solchen Kämpfer gegen den Nazismus, dessen Lauterkeit menschlich und politisch unantastbar" sei, „an führendster Stelle zu wissen".[371]

Ein weiterer Frankfurter Polizist, der Kriminalbeamte Christian Fries, hatte nicht nur am Rande Fühlung mit einem der lokalen Widerstandsaktivisten, sondern war vielmehr, wie wiederum Emil Henk 1946 kundgetan hat, Leuschners lokaler Stützpunktleiter dort. Fries habe sich seinerzeit „seinen Stab von Mitarbeitern" geschaffen, zu dem auch „der greise Noske" gehört habe, hat der enge Freund Dr. Mierendorffs und Dr. Haubachs zudem noch mitgeteilt, jedoch nichts darüber hinaus.[372] Weder die Frankfurter Widerstandsforschung noch die dortige Lokalgeschichtsforschung mochten bislang diesem zwar lapidaren, gleichwohl außerordentlich belangvollen Hinweis nachgehen, was vielleicht längst eine völlig neue Sichtweise auf die auch in dieser Stadt vielfach noch immer als angeblich so reaktionär geschmähten politischen Absichten der Verschwörer des „20. Juli" hätte eröffnen können. Allerdings gilt dieses Monitum nicht minder für die meisten anderen deutschen Kommunen, in denen solche frühen Fingerzeige auf das Vorhandensein ziviler Widerstandskräfte im Vorfeld des Umsturzversuchs in der Regel genauso mit Nichtbeachtung gestraft worden sind. Neben Fries' Spruchkammerakte, die im Hessischen Hauptstaatsarchiv Wiesbaden aufbewahrt wird, ist für die Klärung seiner wichtigen Rolle im antinazistischen Widerstand seine erst vor einigen Jahren wiederaufgefundene Rechtfertigungsschrift vom 12. Januar 1947 von besonderer Relevanz, die in jener Akte jedoch nicht enthalten ist, obwohl sie damals für eben jene Frankfurter Behörde verfasst wurde.[373] Fries trat damit den gegen ihn vor allem von einem zu den Kommunisten übergelaufenen Ex-Nazi sowie von der KPD-Landesleitung Groß-Hessen völlig zu Unrecht erhobenen Vorwürfen – wie er einwandfrei nachgewiesen hat – entgegen, wonach er früher ein Nazi-Aktivist bzw. ein „SS-Führer und SD-Führer" gewesen sei. Fries war zwar bereits kurz nach dem Einmarsch der Amerikaner von der US-Militärregierung mit seinem vormaligen Dienstgrad bei der kommunalen Polizei wieder eingesetzt, dann im Juli zum Kriminalrat befördert und gleichzeitig sogar mit der Leitung der Frankfurter Kriminalpolizei betraut worden. Aber schon Ende August 1945 ist er festgenommen und nach fünfwöchiger Gefängnishaft in Frankfurt-Höchst nach Württemberg ins Internierungslager Ludwigsburg verbracht worden. Dort ist er fast 15 Monate lang inhaftiert geblieben, ohne je vernommen worden zu sein. Nach seiner Freilassung setzten seitens der Frankfurter Spruchkammer sofort Ermittlungen gegen ihn ein, was ihn alsbald zur Niederschrift jener sechzehnseitigen Rehabilitierungsschrift veranlasst hat. Darin hat er nicht nur jeden einzelnen gegen ihn erhobenen Vorwurf nicht zuletzt durch Benennung von Zeugen und einige andere Beweismittel hieb- und stichfest widerlegt, sondern im Prinzip lückenlos Auskunft erteilt über sein ganzes antinazistisches Handeln während der Diktatur. Darüber hinaus hat er dort etliche sonst nirgendwo überlieferte Informationen zur Struktur des Frankfurter Leuschner-Stützpunktes mitgeteilt. Einer seiner wichtigsten Fürsprecher – neben seinen Kollegen aus dem Polizeidienst sowie einigen vordem rassistisch Verfolgten bzw. deren Unterstützer – war der damalige rheinland-pfälzische Innenminister Jakob Steffan. Dieser hatte Fries im Jahr 1943 damit beauftragt, in der Stadt „eine antifaschistische Organisation zu schaffen", die, so Fries in seinem Schriftsatz von Anfang 1947, „bei einem bestimmten Ereignis in Aktion treten sollte". Exakt dies, wenn auch mit anderen Worten hatte Steffan, damals noch Regierungspräsident für Rheinhessen, bereits am 27. Mai des Vorjahres Fries' Tochter geschrieben, indem er ihr mitteilte, er habe ihren Vater vordem in sein „Vertrauen restlos einbezogen und mit ihm alle Pläne, die zum gewaltsamen Sturz des Hitler-Systems führen sollten, besprochen". Die „Funktionen", die Christian Fries „im Fall des Gelingens" ihrer „Pläne in Frankfurt/Main bekleiden sollte," seien „mit Minister Leuschner besprochen und festgelegt" gewesen. Er sei völlig „damit einverstanden", wenn sie, Fries' Tochter, jenes „Schreiben dem Herrn Lagerkommandanten" in Ludwigsburg vorlegen würde, damit dieser sähe, wie Steffan ihren Vater beurteile, wobei er davon ausging, dass dies schon

„dazu beitragen“ werde, Fries’ „alsbaldige Entlassung herbeizuführen“. Diese ließ freilich noch ein halbes Jahr auf sich warten. Nachdem Fries Ende April 1947 von der Frankfurter Spruchkammer – sicherlich aufgrund seiner umfassenden und stichhaltigen Beweisführung und wegen seiner vielen untadeligen Leumundszeugen – zunächst den Bescheid erhalten hatte, er sei vom „Gesetz zur Befreiung von Nationalsozialismus und Militarismus“ vom 5. März 1946 nicht betroffen und das Verfahren gegen ihn werde eingestellt, wähnte er jene „Tragödie“ bereits überstanden, wie er seine bitteren Nachkriegserfahrungen nicht nur einmal genannt hat. Doch sein Ringen um Wiederherstellung seiner persönlichen Ehre war längst noch nicht zu Ende. Anfang Februar 1948 richtete er unter dem Eindruck der Anberaumung einer dritten Spruchkammerverhandlung sogar ein vierseitiges Hilfeersuchen an den hessischen Minister für politische Befreiung Gottlob Binder, in dem er zugleich um seine Wiederindienstsetzung in Frankfurt am Main bat. Außerdem beklagte Fries darin, dass, während er „seit nunmehr zweieinhalb Jahren“ sich „als alter Demokrat und aktiver Antifaschist“ in seinen Anstrengungen um „Rehabilitierung langsam zu Tode“ kämpfe, sein hauptsächlicher Widersacher, den er seinerseits vor einem Jahr bei der Frankfurter Spruchkammer angezeigt hatte, dagegen unbehelligt in der Stadt umherlaufe. Am 23. Februar jenes Jahres wurde das Verfahren gegen Fries wegen erwiesener Unschuld endlich abermals eingestellt. Dabei wurde festgestellt, dass seine Verhaftung 1945 und die anschließende Internierung auf einen „bedauerlichen Irrtum“ zurückzuführen waren und er ohne jeden Zweifel „als tatsächlicher Antifaschist anzusehen“ sei. Fries’ Schicksal wurde im Übrigen – wenn auch mit jeweils unterschiedlichen Begleitumständen – von vielen couragierten vormaligen Nazi-Gegnern im postfaschistischen Deutschland geteilt, ob in den westlichen Besatzungszonen oder im Herrschaftsgebiet der Sowjets, wo deren neuerliche politische Verfolgung allerdings ein oftmals noch verhängnisvolleres Ende genommen hat.[374]

Welche „antifaschistische Organisation“ hätte Fries also schaffen sollen und welche Funktionen hätte er hierbei zu übernehmen gehabt nach den Plänen Leuschners und Steffans und somit Ludwig Schwambs? Der Kriminalbeamte, der am Ende der Weimarer Republik der Eisernen Front beigetreten war, ist zu jener Zeit „auf Vorschlag der politischen Freunde von Herrn Polizeipräsidenten Steinberg“, so hat Fries selbst angegeben, „der politischen Polizei (Abteilung IA) zugeteilt“ worden. Damit ist er natürlich ebenfalls für die Observation und Verfolgung politischer Delikte aus dem KPD-Bereich zuständig gewesen, was das Vorgehen jener Partei gegen ihn nach dem Krieg erklärlich werden lässt. Seine Entfernung aus dieser Abteilung durch die braunen Machthaber war insofern folgerichtig, da er auch gegen die NS-Bewegung und den genauso rückwärts gewandten Frontsoldatenbund „Stahlhelm“ tätig geworden war. Trotzdem wurde er damals nicht aus dem Dienst entfernt wie so viele seiner Kollegen, mit denen er aber weiterhin engen Kontakt pflegte. Während seine Abkommandierung zur Gestapo Ende 1937 vereitelt werden konnte, hatte er sich kurz zuvor einer Gruppe von damals schon zum Umsturz entschlossenen Polizeibeamten angeschlossen, was von der Betriebsvertretung der Frankfurter Polizeiverwaltung Anfang 1947 ausdrücklich bestätigt worden ist. Auch an einer im Frühjahr 1942 „in letzter Minute“ gescheiterten Rettungsaktion für den jüdischen Geheimrat Prof. Dr. Karl Herxheimer und dessen Hausdame Frau Rosenthal ist Fries neben einigen anderen Polizeibeamten beteiligt gewesen. Der-

weil hatte er – mit Ausnahme einer 1940/41 erfolgten über einjährigen dienstlichen Abordnung nach Lothringen – „regelmäßig im Hotel-Restaurant Zimmermann“ an „politischen Besprechungen“ teilgenommen, zu denen Antifaschisten aus Frankfurt, aus Neu-Isenburg und Steinbach zusammengekommen sind. Ständiger Teilnehmer jener Treffen war schließlich Jakob Steffan, der immer mit dem Zug von Mainz angereist kam. Nachdem Steffan den besagten Auftrag Fries erteilt hatte, war es diesem ziemlich rasch gelungen, „ungefähr 40 Personen“ zu erfassen, vielfach Polizeibeamte im aktiven Dienst, von denen aber nur ein kleiner ausgesuchter Kreis wirklich eingeweiht worden ist. Alle anderen hätten, so der damalige Stützpunktleiter, erst im entscheidenden Augenblick in die Organisation eingebaut werden sollen. Deren Hauptaufgaben hat er nach dem Krieg wie folgt zusammengefasst: „a) sofortige Fühlungnahme und Zusammengehen mit anderen antifaschistischen Gruppen, b) Besetzung des Rundfunks, c) Ausschaltung der Gestapo und des SD, d) Festnahme des Gauleiters, des Kreisleiters und der Ortsgruppenleiter mit ihren Stäben“. Sodann wären „weitere Anweisungen“ von „der Zentrale aus zu erwarten“ gewesen. „Für die Ausschaltung der Gestapo“ habe sich, so Fries präzisierend, der Frankfurter Polizei-Oberleutnant Adam Arnold „bereit erklärt“, der ihm versichert habe, „dass die von ihm geführte MG-Kompanie restlos hinter ihm stehe“. Von Zeit zu Zeit sei Steffan von ihm „über den Stand der Vorbereitungen unterrichtet“ worden. Eine vorübergehende Unterbrechung hätte „der in vollem Gang befindliche Aufbau der Organisation“ dadurch erhalten, dass Fries Ende Januar 1944 „bei einem Fliegerangriff im Hotel Zimmermann verschüttet und verletzt“ worden war. Erst „im Mai 1944“ habe er „die Arbeit wieder aufnehmen“ können. Dies habe dazu geführt, dass „am 20. Juli 1944 die Organisation aktionsbereit“ gewesen sei, was diese auch „unter Beweis gestellt“ haben würde, „wenn das Attentat auf Hitler geglückt wäre“.[375]

Dies erklärt also, warum der einstige, nicht zuletzt für den Polizeiapparat zuständig gewesene hessische Innenminister Leuschner die ganzen Jahre über stets um Einbindung entsprechender demokratisch stabil gebliebener Kräfte gerade aus diesem Bereich in seine konspirativen Strukturen bemüht gewesen ist: Er wusste ganz genau, dass ohne jene Fachleute die nach einem erfolgreichen Militärschlag sofort erforderliche Ausschaltung der faschistischen Funktionseliten schwerlich würde bewerkstelligt werden können. Und genauso ist den Verschwörern mittlerweile vollkommen klar gewesen, dass sie die in der Stunde X allerorten zu mobilisierenden Polizeikontingente umgehend und adäquat zu bewaffnen hatten, was bedeutete, dass an sie unverzüglich und vor allem auch in ausreichender Stückzahl Gewehre und Schnellfeuergewehre ausgeteilt werden müssten, denn mit den ihnen zur Verfügung stehenden Dienstpistolen wären sie in einer bewaffneten Auseinandersetzung mit regimetreuen Einheiten der Wehrmacht und der SS hoffnungslos unterlegen gewesen. Im nahen Mainz hätte nach Henk „die polizeiliche Aktion durch den Polizei-Oberst Kumper durchgeführt werden“ sollen, „der den Auftrag hatte, den gefährlichen Nazi-Oberst Runge sofort umzulegen“. Und in Wiesbaden, Standort des Stellvertretenden Generalkommandos XII, wäre mit Heinrich Maschmeyer, ebenfalls laut Henks Bericht, eine weitere, vordem langjährig bewährte und absolut zuverlässige polizeiliche Führungskraft hervorgetreten, um den Ablauf des Geschehens zu steuern. Obendrein seien seinerzeit – sozusagen als flankierende Maßnahme – „Vorbereitungen zum Eisenbahnerstreik getroffen“ worden, wobei vom Mainzer Stützpunkt aus durch Anton Calujek „der Generalstreik“ hätte „ausgerufen werden“ sollen. Die Frage nach der damaligen Streikbereitschaft der Arbeiterschaft ist dabei durchaus angebracht, auch die nach dem Vorhandensein eines genügend großen Kontingents jüngerer, für solche Zwecke geschulter Kräfte, die als Streikposten, womöglich gar als Barrikadenkämpfer unabdingbar gewesen wären. Aber die meisten jungen Leute waren zu jener Zeit beim Militär. Es wären jedoch überhaupt erst einmal genügend Aktivisten an einigen strategisch relevanten Punkten unbemerkt zusammenzuziehen gewesen, um das Umsturzunternehmen an diesen Stellen effektiv unterstützen zu können, was unter den gegebenen Bedingungen eigentlich schon ein Ding der Unmöglichkeit war. Andererseits war Mainz einer der strategisch wichtigsten Verkehrsknotenpunkte Deutschlands, weshalb der Generalstreik durchaus von dort aus seinen Anfang hätte nehmen können. Nur musste der Aufruf zur Arbeitsniederlegung dann auf der Stelle ins ganze Reich hinausgetragen werden, wozu man sich unverzüglich aller Sendeanlagen würde bemächtigen müssen, dies aber natürlich auch deshalb, um den regimetreuen Militär-, Polizei- und SS-Verbänden die mit Sicherheit zu erwartenden Gegenmaßnahmen zur Niederschlagung der Erhebung zu erschweren. Jedenfalls wird so verständlich, warum am 20. Juli 1944 im Reichsbahnausbesserungswerk Mainz offenbar ein punktueller Streik ausgebrochen ist, während im nahen Frankfurt nicht nur der Hauptbahnhof, sondern auch die Post- und Fernmeldeämter und ebenso der Rundfunk besetzt worden sind. Dem ist jedoch durch stante pede herangeführte SS-Einheiten ein rasches Ende bereitet worden, wie der von seinem Onkel Karl Kirchner zu jener Zeit entsprechend informierte spätere Frankfurter Oberbürgermeister Rudi Arndt noch wenige Jahre vor seinem Tod mitgeteilt hat: Aufgrund Kirchners Hinweis habe er sich zusammen „mit einigen anderen Luftwaffenhelfern" in der Absicht auf den Weg gemacht, „den Rundfunksender zwischen Frankfurt und Bad Vilbel" zu besetzen, der sich aber bereits in der Gewalt der SS befunden habe. Das ihm daraufhin avisierte Kriegsgerichtsverfahren habe sich zum Glück durch das „Zusammenwirken" zweier Bekannter seines 1940 wohl im Zusammenhang mit seiner konspirativen Tätigkeit für eine Frankfurter Widerstandsgruppe um Alex Möller ums Leben gekommenen Vaters, des früheren Wiesbadener ADGB-Sekretärs, SPD-Stadtverordneten und Vorsitzenden von Reichsbanner sowie Eiserner Front Konrad Arndt verhindern lassen. Der eine der beiden Protektoren Rudi Arndts war ein Sozialdemokrat, der andere ein überzeugter Nazi, und zwar Leiter des HJ-Streifendienstes in Frankfurt. Dieser hat sich wegen seiner ungebrochenen Wertschätzung für seinen Ex-Kontrahenten Konrad Arndt als Fürsprecher für dessen nach dem „20. Juli" in Bedrängnis geratenen Sohn verwandt, dessen Fähnleinführer er vordem obendrein noch gewesen ist.[376]

In der Reichshauptstadt waren in den Vormonaten die Präparationen zur geplanten propagandistischen Unterstützung des Umsturzvorhabens durch Rundfunkansprachen und Presseberichte zu den Zielvorstellungen der Verschwörer sowie über die Verbrechen und die Korruption des NS-Regimes, desgleichen durch neu zu schaffende PR-Möglichkeiten ebenso wie durch eine Neuausrichtung des Rundfunks und des Pressewesens in personeller wie inhaltlicher Hinsicht usw. immer mehr intensiviert worden. Diesbezügliche Sondierungsgespräche waren indes bereits seit dem Herbst 1937 von Hermann Maaß geführt worden, so auf jeden Fall mit seinem Parteigenossen Fritz Sänger, der seit zwei Jahren Mitarbeiter der Berliner Redaktion der „Frankfurter Zeitung" war und späterhin auch von Leuschner selbst konsultiert worden ist. Im März 1942 hatte Maaß von Sänger dann, wie dieser in seinen Lebenserinnerungen „Verborgene Fäden" berichtet hat, „eine eingehende Erörterung" erbeten „über eine wirkungsvolle Organisation der Öffentlichkeitsarbeit ‚im demokratischen Stil', die von den Gewerkschaften geleistet werden könnte, sobald sie wieder frei tätig sein würden". Bei seinen sodann mit Dr. Julius Leber geführten Unterredungen, mit dem sein „Kontakt am engsten" von allen geworden sei, hätten ebenfalls zunehmend „Aufbau und Aufgabe einer Nachrichtenzentrale die entscheidende Rolle" gespielt. Hierbei habe

Leber „deutlich zwischen einem Presseamt der Regierung und einer unabhängigen Agentur“ unterschieden, „die Nachrichten zu sammeln und zu verbreiten und so schnell und gründlich wie möglich internationale Verbindungen herzustellen und auszubauen haben würde“. Im Juni 1944 habe Leber ihm gegenüber „beiläufig“ erwähnt, dies sei „nun auch mit Goerdeler besprochen, und Leuschner sei ebenfalls unterrichtet“. Als Chef des dann antinazistisch ausgerichteten „Deutschen Nachrichtenbüros“ war Sänger ausersehen worden, dessen wichtige publizistische Nachkriegsfunktionen insofern – noch wesentlich stärker als dies etwa bei Willy Knothe der Fall gewesen ist – ebenfalls schon damals vorgeprägt worden sind: Erst wirkte er nämlich ab 1946 als Leiter des „Sozialdemokratischen Pressedienstes“, dann seit dem Jahr darauf als der des „Deutschen Pressedienstes“ in der britischen Besatzungszone, von 1949 bis 1959 als Chefredakteur der „Deutschen Presseagentur“ für die Bundesrepublik und nach seinem Ausscheiden aus der aktiven Politik im Jahr 1969, in der Sänger sich u. a. als Mitschöpfer des Godesberger Programms seiner Partei sowie als Bundestagsabgeordneter Meriten erworben hatte, bis 1972 als Herausgeber des „Funkreport“, eines von SPD und DGB gemeinsam getragenen Informationsdienstes. Aber auch andere Regimegegner, etwa Beck und Goerdeler, hatten mit verschiedenen Journalisten der „Frankfurter Zeitung“ Fühlung gehabt, freilich in der Regel ohne konspirativen Hintergrund. Prof. Dr. Adolf Reichwein, dem nach einem erfolgreichen Staatsstreich womöglich das Kulturministerium übertragen worden wäre, soll allerdings einige Monate vor dem „20. Juli“ von Benno Reifenberg vorab schon eine Liste aller für die Zeit nach Hitler in Frage kommenden Redakteure jenes Blattes angefordert haben, dessen Zentralredaktion sich im Übrigen in der Messestadt am Main befand. Sein Ansinnen wurde aber vom langjährigen Leiter des Politikressorts des bis zu seinem Verbot 1943 in weiten Kreisen der Opposition ob seiner tendenziell subtil-kritischen Berichterstattung wie wegen seiner thematischen Ausrichtung hoch angesehenen Informationsorgans des deutschen Bildungsbürgertums unter Verweis auf das damit verbundene Verhaftungsrisiko abgelehnt.[377] An jener Begebenheit lässt sich einmal mehr ersehen, dass die Gewinnung weiterer Mitstreiter für die Zivilverschwörung nicht anders als die im Bereich des Militärs keineswegs ein leichtes Unterfangen war, sondern ein komplizierter, exorbitant riskanter und dazu noch überaus langwieriger Prozess, weshalb sich die immer wieder neu gegen die Widerständler des „20. Juli“ erhobenen Vorwürfe, sie hätten sich bei der Organisierung des Umsturzversuchs viel zu viel Zeit gelassen, faktisch von selbst ad absurdum führen.

In Frankfurt am Main – und auch in allen anderen in die Konspiration eingebundenen Stützpunkten im ganzen Land, sofern dort Ordnungskräfte in ausreichendem Umfang hierfür zur Verfügung gestanden hätten – wären somit in zeitlich enger Abstimmung mit den vom Militär allerorten vor allem in seinem Bereich durchzuführenden Verhaftungen und auch koordiniert mit dessen anderen zielorientierten Maßnahmen umgehend entsprechend armierte Polizeikräfte mobilisiert worden. Diese sollten die Militäraktion flankieren und durch Ausschaltung der wichtigsten NS-Funktionsträger in Partei, Politik und Verwaltung den Weg frei machen für die im nächsten Schritt nachrückenden zivilen antinazistischen Führungspersonen. Für die Frankfurter Stadtverwaltung waren diese zuvor durch Willy Knothe, sicherlich hie und da auch durch Schwamb, Steffan und Richter, jeweils im Vieraugengespräch auf die ihnen dabei zugedachten Aufgaben eingestimmt worden. Der Leiter der dortigen Polizeiaktion war also Christian Fries, der zugleich Leuschners konspirativer Stützpunktleiter gewesen ist. Für die Heranziehung der zivilen Widerstandskräfte zwecks sofortiger Neubesetzung der wichtigsten Verwaltungspositionen sowie für die Übernahme der „Deutschen Arbeitsfront" wäre Knothe zuständig gewesen, der anschließend an die Spitze von Leuschners „Deutscher Gewerkschaft" in ganz Hessen hätte rücken sollen. Damit wäre Willi Richter, der bis dahin die Gewerkschaftskonspiration in jenem Bereich angeleitet hatte, frei geworden für die Übernahme einer anderen gewerkschaftlichen Führungsaufgabe, höchstwahrscheinlich in Berlin. Jakob Steffan wäre womöglich als Regierungspräsident in Wiesbaden oder auch für Rheinhessen bzw. für Starkenburg oder aber im Rahmen der neu zu bildenden Zivilregierung für den früheren Volksstaat Hessen zum Einsatz gekommen, während der einstige hessische Staatsrat Ludwig Schwamb, neben Hermann Maaß und dem Ende 1943 bei einem Luftangriff auf Leipzig ums Leben gekommenen Carlo Mierendorff Leuschners treuester Kampfgefährte seit vielen Jahren, erst als Zivilbevollmächtigter, d. h. als Politischer Beauftragter der Verschwörer für den Wehrkreis XII Wiesbaden hätte fungieren sollen, um anschließend konsequenterweise an die Spitze der neuen Regierung für Hessen-Nassau zu rücken. Den als vorläufigen Verwaltungschefs bzw. Oberpräsidenten der einzelnen Wehrkreise vorgesehenen Politischen Beauftragten, die seit Anfang 1943, auf Drängen von Generaloberst a. D. Ludwig Beck, auch von Oberleutnant Fritz-Dietlof Graf von der Schulenburg sowie von Oberstleutnant Claus Graf Schenk von Stauffenberg verstärkt dann seit dem Herbst jenes Jahres angeworben bzw. festgelegt worden sind, wurden meist noch jeweils Unterbeauftragte zur Seite gestellt, die als deren Stellvertreter fungieren bzw. verschiedentlich auch nur für eine Teilregion des jeweiligen militärischen Strukturbereichs zuständig sein sollten. Die Militärs hatten den Zivilisten, die sich zunächst aus hinlänglich bekannten Gründen vehement gegen die Anfertigung und Weitergabe solcher Personallisten gesträubt hatten, unmissverständlich zu verstehen gegeben, sie würden erst dann handeln, wenn diese ihnen vorlägen, während sie umgekehrt den Politikern, Gewerkschaftern usw. keinen Einblick in ihre generalstabsmäßigen Vorbereitungen zu gewähren gewillt gewesen sind. Die Findung von geeigneten Persönlichkeiten für jene wichtigen Zivilfunktionen erfolgte nach dem Zeugnis von Dr. Elfriede Nebgen größtenteils durch Dr. Goerdeler, Jakob Kaiser und Wilhelm Leuschner, aber auch durch Josef Wirmer, Bernhard Letterhaus und Max Habermann. Ende des Jahres, so hat die Vertraute Jakob Kaisers versichert, sei die fertige Zusammenstellung von Kaiser im Beisein Wirmers dem Beauftragten Becks, dem Stauffenberg-Freund und designierten Staatssekretär der geplanten Umsturzregierung Hauptmann Ulrich-Wilhelm Graf von Schwerin von Schwanenfeld[378] übergeben worden, der zu jener Zeit bereits aufs engste mit Leber und Leuschner zusammenarbeitete. Eine Ausfertigung ist nach Rücksprache mit Beck aber auch zu Stauffenberg gebracht worden, und zwar von Dr. Goerdeler persönlich. Für den Wehrkreis VIII hatte Leuschner den früheren Breslauer Polizeipräsidenten Fritz Voigt vorgeschlagen, der dann als Unterbeauftragter für Niederschlesien eingeplant wurde, während der Ex-Bürgermeister von Ratibor Rechtsanwalt Adolf Kaschny diese Funktion für Oberschlesien übernehmen sollte und der frühere dortige Oberpräsident Dr. Hans Lukaschek[379] vom Kreisauer Kreis als Politischer Beauftragter des gesamten Wehrkreises Breslau vorgesehen war. Für den Wehrkreis XIII Nürnberg wurde von Leuschner der frühere Gewerkschaftsfunktionär

Dr. Peter Graf Yorck von Wartenburg auf dem Weg zur Verhandlung

Georg Böhme aus Fürth benannt, für den Wehrkreis IX Kassel Gustav Noske als Politischer Beauftragter und als Unterbeauftragter der frühere SPD-Reichstagsabgeordnete und thüringische Ministerpräsident August Frölich.[380] Auch der Vorschlag Hermann Lüdemanns als Unterbeauftragter im Wehrkreis XI Hannover sowie der Ludwig Schwambs als Politischer Beauftragter im Wehrkreis XII Wiesbaden wurde von Leuschner durchgesetzt, während Gustav Dahrendorf von Dr. Leber als Politischer Beauftragter im Wehrkreis X Hamburg empfohlen worden war. Hauptmann Bernhard Letterhaus, der für die neue Zivilregierung entweder als Wiederaufbauminister oder als Minister ohne Geschäftsbereich eingeplant war und zuvor noch die Aufgaben des politischen Militärberaters im Wehrkreis VI Münster hätte ausüben sollen, ist dagegen von Kaiser in Verbindung mit Wirmer und Habermann ins Spiel gebracht worden. Gleiches gilt für den früheren Zentrums-Reichstagsabgeordneten, alleinigen deutschen Staatsminister in der international besetzten Regierungskommission für das Saargebiet bis zu dessen Rückgliederung an das Deutsche Reich im Jahr 1935 sowie Vorsitzenden der katholischen Bergarbeitergewerkschafter in Neunkirchen an der Saar Bartholomäus Koßmann[381] aus Saarbrücken, der damals durch Nikolaus Groß im Auftrag Jakob Kaisers und Dr. Goerdelers als Unterbeauftragter Schwambs für das Saargebiet angeworben worden ist. Generell dominierten in jener Zusammenstellung, übrigens die laut Dr. Nebgen einzige mit Zustimmung des obersten gewerkschaftlichen Führungsgremiums schriftlich fixierte Liste in diesem Zusammenhang überhaupt, doch deutlich Vertreter des konservativen und liberalen Bürgertums. Einige Persönlichkeiten sind dabei sicherlich auch durch Fritz Graf von der Schulenburg, Ulrich-Wilhelm Graf von Schwerin von Schwanenfeld sowie Dr. Peter Graf Yorck von Wartenburg empfohlen worden. Jedenfalls war am Ende ein solch breites Bündnis quer durch alle relevanten politischen Richtungen zustande gekommen, unter Ausschluss wohlgemerkt von Vertretern rechts- wie linksextremistischer Positionen, wie es dies bis dahin in Deutschland nicht gegeben hatte. Hieran zeigt sich erstens, dass Leuschner und seine wie er strikt realpolitisch ausgerichteten sozialdemokratisch-gewerkschaftlichen Mitstreiter auch diesbezüglich allen unnötigen Streitereien im Vorfeld des Unternehmens tunlichst aus dem Weg gegangen sind und dass sie es daher zweitens selbstverständlich akzeptiert haben, wenn ihre bürgerlichen Kooperationspartner auch in die höchst brisante Anlaufphase der Aktion von Anfang an gemäß deren Vorstellungen von ihrer eigenen politischen Bedeutung angemessen eingebunden werden wollten. Andererseits soll Beck bei seinen konservativen Mitverschwörern zuvor mehrfach auf einer deutlichen Verbreiterung der Umsturzbasis durch Vertreter der Arbeiterschaft bestanden haben. Das von den Kreisauern damals entwickelte Konzept antinazistischer „Landesverweser“ mag zwar auf den ersten Blick dem der Politischen Beauftragten ähneln, unterschied sich von diesem aber vor allem dadurch, dass nach den von den Grafen von Moltke sowie Yorck von Wartenburg und ihrem Kreis entwickelten Vorstellungen die Wehrkreisbefehlshaber von Anfang an den politischen Weisungen der Zivilbeauftragten hätten Folge leisten sollen. Etwa zur selben Zeit ist zudem noch eine Liste der Verbindungsoffiziere des Oberkommandos des Heeres zu den Wehrkreisen erarbeitet worden, die dort sofort für die zügige, korrekte Durchführung der Befehle der Umsturzzentrale in der Reichshauptstadt und für den reibungslosen wechselseitigen Informationsfluss zwischen militärischen und zivilen Widerstandskräften vor Ort zu sorgen gehabt hätten. Hauptmann Hermann Kaiser z. B. sollte diese Funktion in seinem heimatlichen Wehrkreis XII Wiesbaden übernehmen, der u. a. das westliche Rhein-Main-Gebiet umfasste, den Westerwald, die Regierungsbezirke Koblenz und Trier, Rheinhessen, die Pfalz und das Saarland. Außerdem sollten die Verbindungsoffiziere den Wehrkreiskommandanten und den Politischen Beauftragten und Unterbeauftragten als Berater dienen. Dies zeigt stringent, dass die Verschwörung nunmehr nicht allein auf einem weitgehend koordinierten Vorgehen militärischer und ziviler Widerstandskräfte basierte, sondern dass die Errichtung einer Militärdiktatur auf Dauer selbst von den beteiligten Offizieren mit Sicherheit nicht beabsichtigt gewesen ist. Vielmehr sollte durch die alsbald zu ernennende vorläufige Zivilregierung auf Reichsebene sogar recht rasch die Rückkehr zu demokratischen Verhältnissen angebahnt werden. Die Namen der Politischen Beauftragten und der Unterbeauftragten wurden den faschistischen Verfolgungsorganen übrigens genauso wie die der Verbindungsoffiziere und die diesen zugewiesenen Aufgaben- bzw. Einsatzbereiche nicht erst im Zuge langwieriger kriminalistischer Ermittlungsanstrengungen offenbar, wie im Fall der vorgesehenen Mitglieder der Umsturzregierung, sondern schon am Abend des 20. Juli 1944 durch die aus der Berliner Umsturzzentrale ausgesandten Befehle an die Wehrkreise zu deren sofortiger Heranziehung.[382]

Während der Verhöre und in den anschließenden Schauprozessen vor dem „Volksgerichtshof“ haben die Angeklagten natürlich nur Sachverhalte zugegeben, die sich schlecht abstreiten ließen. Manch anderes versuchten sie in einem für sie günstigen Licht erscheinen zu lassen. Vielfach sind von ihnen auch in bewunderungswürdiger Entschiedenheit die Verbrechen des Regimes angeprangert worden, d. h. sie haben also selbst die Rolle von Anklägern eingenommen. Ansonsten wurde nach Kräften gelogen, gerade auch wenn es dem Vorwurf zu begegnen galt, man hätte sich zur Übernahme einer Funktion in der geplanten nichtnazistischen Zivilregierung bzw. als Politischer Beauftragter oder als Unterbeauftragter bereit erklärt. Bartholomäus Koßmann beispielsweise hat behauptet, er habe das an ihn gerichtete Ansinnen selbstverständlich abgelehnt: Er habe geglaubt, bei Groß müsse es sich um einen „Polizeispitzel" handeln, der ihm da so gänzlich „undiplomatisch" und „plump" einen solch „merkwürdigen" Vorschlag unterbreitet habe, weshalb er auch keine Anzeige habe erstatten wollen. An die Möglichkeit, es könne sich dabei „um einen Putsch" bzw. um „dessen Vorbereitung" gehandelt haben, habe er „überhaupt nicht gedacht". Wenn er auch nur geahnt hätte, es könne Hochverrat vorliegen, hätte er sich selbstredend sofort an die Polizei gewandt. Da ihn zuvor der am 23. Januar 1945, also nur vier Tage nach Koßmanns Prozess, zusammen mit Ludwig Schwamb, Hermann Kaiser, Dr. h. c. Eugen Bolz, Helmuth James Graf von Moltke und fünf weiteren Regimegegnern hingerichtete Nikolaus Groß nicht be-, sondern vielmehr entlastet hatte, endete das Verfahren für den Saarländer mit Freispruch. Auch Gustav Noske hat in den Vernehmungen alles abgestritten, soweit dies möglich war: Er habe mit Leuschner lediglich über den „Aufbau einer ‚Deutschen Gewerkschaft' und die Bildung einer neuen Regierung für den Fall einer Niederlage" Deutschlands im Krieg gesprochen, wobei „ein bestimmter Posten" ihm freilich „nicht angeboten worden" sei. Abgesehen davon sei „die soziale und rechtliche Stellung des deutschen Arbeiters" im NS-Staat „in weitgehendem Maße so gestaltet worden", wie er es sich „als junger Gewerkschaftler ersehnt" habe. Die Absicht der Verschwörer, ihn politisch noch einmal zu reaktivieren, ist von dem Sechsundsiebzigjährigen den Beamten gegenüber zunächst kritisiert worden, bis er bei einer Gegenüberstellung mit Leuschner doch einräumen musste, er hätte sich für „eine Rettungsaktion" durchaus „zur Verfügung gestellt, falls noch einmal ein ‚Notstand' eintrete", womit er die Revolutionszeit nach dem Ersten Weltkrieg gemeint hat. Noske sollte, wie schon bald nach dem „20. Juli" ermittelt worden war, als Politischer Beauftragter für Frankfurt am Main Verwendung finden, obwohl doch am Umsturzabend der Befehl zu seiner Heranziehung als solcher für den Wehrkreis IX Kassel herausgegangen war. Frankfurt gehörte – genauso wie Offenbach, Aschaffenburg, Gießen, Marburg, Erfurt und in etwa das Gebiet des heutigen Bundeslandes Thüringen – organisatorisch zu jenem Wehrkreis IX, weshalb ganz offenkundig beabsichtigt war, den einstigen Reichswehrminister und Holzarbeitergewerkschafter wie Leuschner, die ihm zugewiesene Aufgabe von jener südhessischen Stadt aus wahrnehmen zu lassen, in der er seit 1934 wohnte. Leuschner, aus dem sonst kaum etwas herauszuprügeln gewesen war, muss sich bewusst gewesen sein, dass allein schon der Heranziehungsbefehl vom Abend des 20. Juli als Beweis für Noskes Beteiligung an dem Staatsstreichversuch völlig genügte, weshalb er dann auch ausgesagt hat, man sei sich über ihn als Politischen Beauftragten für den Wehrkreis IX „allgemein einig" gewesen, und Noske habe „sich ihm gegenüber auch einverstanden erklärt". Von Menschen, die jene brutalen Verhöre am eigenen Leib erlitten hatten, ist oftmals berichtet worden, dass sie dabei unweigerlich in die Zwangslage geraten wären, bestimmte Sachverhalte, die sich nicht bzw. nicht mehr abstreiten ließen, zuzugeben, um sich ihre Glaubwürdigkeit für Aussagen zu bewahren, durch die andere unter Umständen entlastet werden könnten. Noskes Prozess wurde dann jedenfalls wegen dessen krankheitsbedingter Verhandlungsunfähigkeit vom „Volksgerichtshofs"-Präsidenten Dr. Freisler vertagt, was dazu führte, dass auch dieser alte Sozialdemokrat das „Dritte Reich" überlebte. Ludwig Schwamb hat sich zwar ebenfalls herauszureden versucht, aber ohne Erfolg: Auch er hat zunächst bestritten, nur die leiseste Ahnung gehabt zu haben, es würden da „Attentatspläne" geschmiedet werden und er selbst sei gar als Politischer Beauftragter benannt worden. Zu Noske habe er „viele Jahre lang keinerlei Verbindung“ mehr gehabt. Den NS-Ermittlungsbeamten ist aber nicht verborgen geblieben, dass er diesen seit dem September 1943 mehrfach besucht und überdies eine nicht minder auffällige „Verbindung mit Dahrendorf“ unterhalten hatte. Obendrein ist auch sofort ein Zusammenhang zwischen Schwambs Beteiligung am Umsturzunternehmen und dem Suizidversuch angenommen worden, den dessen Ehefrau Elisabeth unmittelbar nach seiner Festnahme unternommen hatte. Der einstige hessische Aktivist von Reichsbanner und Eiserner Front hatte dann eingeräumt, wie seinem „Volksgerichtshofs“-Urteil vom 13. Januar 1945 zu entnehmen ist, er habe erst „um Neujahr 1944“ anlässlich eines Besuchs bei Leuschner von diesem erfahren, der militärische „Zusammenbruch“ und die Auflösung „zugleich der staatlichen Ordnung“ stehe bevor, weshalb hierfür „eine Auffangorganisation da sein“ müsse. „Zu verschiedenen Seiten“ würden schon entsprechende „Verbindungen“ bestehen, „sodass man annehmen könne, dass man dann größte Teile des Volkes werde ansprechen können“. Näheres würde er von Leber in Erfahrung bringen. Als ihm Leuschner bei dieser Gelegenheit eröffnet habe, es sei beabsichtigt, mit der Zuständigkeit für Hessen-Nassau Gustav Noske zu betrauen, soll Schwamb „spontan“ entgegnet haben, dieser sei „doch körperlich und geistig viel zu alt“. Auf die weitere Frage seines langjährigen Freundes, „ob er“, Schwamb, „dann“ vielleicht „ein Amt im Staate übernehmen werde“, wollte Leuschners konspirativer Vertrauter nur ausweichend geantwortet haben. Der von Schwamb anschließend aufgesuchte Dr. Julius Leber soll ihm dagegen erklärt haben, „er solle Leuschners Mitteilungen nicht zu ernst nehmen“. Außerdem „sei es zu spät“, wenn erst die angesprochene „Auflösung“ eingetreten sei. „Wenn man etwas tun wolle, müsse man es vor der Auflösung tun“. Er werde ihn benachrichtigen, „wenn etwas Wichtiges eintrete“. Bei einem weiteren Besuch Schwambs in Berlin im April 1944 hat ihm Leuschner dann angeblich erstmals beschieden, „die Dinge seien inzwischen konkreter geworden“, die Invasion der Alliierten rücke näher „und damit der Zusammenbruch“. Man habe sich bereits „Gedanken“ über die dann zu bildende Zivilregierung gemacht, in der Goerdeler Kanzler, er selbst, Leuschner, Vizekanzler „mit der Spezialaufgabe ‚Gewerkschaft'“ und Leber höchstwahrscheinlich Innenminister werden solle. Schwamb solle dabei „Verbindungsmann zwischen der Regierung und dem Wiesbadener Wehrkreiskommando“ werden. Dieses Ansinnen wollte Schwamb aber – „anders als“ er „früher vor der Polizei“ ausgesagt hatte, wie die Urteilsschrift betont – „strikt abgelehnt“ haben. Nachdem ihm bereits nach seinem Gespräch mit Leber Bedenken gekommen wären, habe er nun den Hochverratscharakter des „Ganzen“ erkannt und klar „zu verstehen gegeben“, dass er damit „nichts zu tun haben“ wolle. Weil er gleichwohl keine Anzeige erstattet hatte, ist sein Schicksal trotzdem besiegelt gewesen. Dass vieles von dem, was Schwamb während der Verhöre und im Prozess vorgebracht hatte, pure Schutzbehauptungen waren, haben die Ermittlungsbeamten wie der verhandlungsführende Präsident des „Volksgerichtshofs“ selbstverständlich sofort gemerkt. Keinerlei Kenntnis bekommen haben diese jedenfalls von jener kleinen konspirativen Zusammenkunft in der Wohnung der Lebers in Berlin Anfang 1943, während der es zu einem heftigen Meinungsstreit zwischen Prof. Dr. Adolf Reichwein und Dr. Georg Schreiber[383], emeritierter Kirchenhistoriker sowie früher Reichstagsabgeordneter des Zentrums, ob politischer Fehler in der Weimarer Zeit gekommen war. Auch Carlo Mierendorff und Annedore Leber sowie Elisabeth Schwamb sind damals zugegen gewesen. Dort hatte Ludwig

Schwamb an die beiden Streithähne appelliert, den Disput doch zu beenden, und dann den von ihnen allen besser einzuschlagenden Kurs vorgegeben, indem er ausrief: „Entweder alles oder nichts."[384]

Der „Sonderkommission 20. Juli" hätte ebenso wie bald darauf den „Volksgerichtshof"-Juristen völlig klar gewesen sein müssen, dass von den zum Umsturz entschlossenen Militärs niemals Befehle zur Heranziehung ziviler und militärischer Funktionsträger erteilt und hinaus in die Wehrkreise telegraphiert worden wären, wenn sie sich der Bereitschaft jener Personen zum Mittun nicht sicher gewesen wären. Deshalb ist es einigermaßen erstaunlich, dass nicht alle, die durch die Befehle zu ihrer Heranziehung als Politische Beauftragte oder Unterbeauftragte am Abend des 20. Juli 1944 als Mitverschwörer erkennbar geworden waren, genauso wie Ludwig Schwamb zum Tode verurteilt worden sind. Gründe dafür, dass etliche von ihnen mit einer Freiheitsstrafe davongekommen oder gar freigesprochen worden sind, könnten in ihrer geschickteren Verteidigungsstrategie, in der größeren Plausibilität der von ihnen präsentierten Legenden, überdies in vielerlei anderem zu suchen sein, sicherlich noch dazu in rein subjektiven Bewertungsfaktoren, die auch in anderen strafprozessualen Zusammenhängen eh und je eine Rolle spielen. Die diversen konspirativen Aufgabenzuweisungen und recht komplizierten Widerstandsstrukturen sowie die ganze Breite der „20. Juli"-Erhebung vermochten die Fahnder und Ermittler des NS-Staates genauso wenig zur Gänze aufzudecken wie dies dessen Staatsanwälten und Richtern gelungen ist. So ist z. B. noch im Todesurteil gegen Schwamb davon ausgegangen worden, dass nicht er, sondern Noske mit dem Umsturz in die entscheidende politische Funktion im Wehrkreis XII Wiesbaden hätte rücken sollen. Aber warum sollte dann Schwamb am Abend des 20. Juli 1944 genau hierfür mit Fernschreiben des Chefs des Heimatführungsstabes herangezogen werden, während die Berliner Umsturzzentrale zeitgleich, nämlich ebenfalls exakt um 19.49 Uhr, Gustav Noske befehlsgemäß als Politischen Beauftragten im Wehrkreis IX einberufen lassen wollte? In den Monaten vor dem „20. Juli" war jedenfalls allerhand in Bewegung geraten, sind viele Handlungsstrategien entwickelt und wieder verworfen worden, wurde um Personalfragen gerungen und um alles Mögliche andere mehr. So hatte sich noch im Herbst 1943 Hermann Lüdemann nach entsprechender vorheriger Orientierung durch seinen alten Freund und KZ-Kameraden Leuschner diesem gegenüber „zu seiner Verwendung in Wiesbaden bereit" erklärt, bis er dann im Zuge des anlaufenden Umsturzversuchs tatsächlich als Unterbeauftragter im Wehrkreis XI Hannover herbeizitiert werden sollte. Auch gänzlich andere Funktionszuweisungen und personelle Alternativen sind seinerzeit zuvor in Erwägung gezogen worden: Dr. Cuno Raabe ist beispielsweise bereits Anfang 1943 von seinem einstigen Oberbürgermeisterkollegen Dr. Goerdeler bei einer konspirativen Unterredung in Berlin dargelegt worden, dass dieser ihn ursprünglich zwar gerne als Gauleiter eines aus dem früheren Volksstaat und damaligen Freistaat Hessen sowie der preußischen Provinz Hessen-Nassau zu bildenden neuen Reichsgaus Hessen hätte einsetzen

Dr. Cuno Raabe

mögen, ihn in Anbetracht einer unmittelbar bevorstehenden Militäraktion gegen das NS-Regime nun aber doch besser als neuen Reichsverkehrsminister verwenden wollte. Goerdelers Vorschlag eines verwaltungsmäßig neu strukturierten Hessenlandes ging ganz unverkennbar auf die von Leuschner 1929 in der „Frankfurter Zeitung" neu angefachte Diskussion zu einer Reichsreform zurück, mit der er die Schaffung eines größeren Hessen mit dem Rhein-Main-Gebiet als Zentrum als sinnvolle, zukunftsträchtige Lösung für die preußischen wie die hessischen Landesteile empfohlen hatte. Dieses Groß-Hessen, im Übrigen eine recht alte, bis in die Revolution von 1848/49 zurückreichende staatspolitische Vision, ist dann durch die von Prof. Dr. Ludwig Bergsträsser, Willi Richter und anderen bekanntlich auch in dieser Hinsicht nicht unbeeinflusste US-Militärregierung mit ihrer Proklamation Nr. 2 vom 19. September 1945 verwirklicht worden, wenn auch nicht mit dem von Leuschner vordem favorisierten Frankfurt am Main als neuer Landeshauptstadt.[385]

Und was war mit Noske? Welche Funktion hätte er nun wirklich ausüben sollen bei alledem? Aus der Anfang 1947 verfassten Rechtfertigungsschrift von Leuschners Frankfurter Stützpunktleiter Christian Fries geht lediglich hervor, dass dieser, nachdem ihm 1943 von Jakob Steffan der Auftrag zur Bildung einer „antifaschistischen Organisation" in der Stadt erteilt worden war, schon bald „eine Aussprache mit dem" dort wohnhaften „früheren Wehrminister Gustav Noske" gehabt hatte. Noske hatte hierzu aus anderem Anlass Anfang 1946 noch selbst Stellung genommen, und zwar in einer Leserzuschrift an die „Neue Zeitung", ein Dreivierteljahr vor seinem Tod: Danach war er, der damals fortwährend mit seinen Freunden in Berlin in Verbindung gestanden habe, über das von den Verschwörern verabredete „engste Zusammenwirken zwischen Soldaten und Politikern" genauso im Bilde gewesen wie über das Faktum, „dass zu jedem Generalkommando sofort nach erfolgtem Gelingen des Anschlags" auf Hitler „bekannte Männer zu stoßen" gehabt hätten, um „die Leitung der politischen Geschäfte zu übernehmen". Er selbst habe sich in diesem Zusammenhang zur Übernahme der politischen Führungsfunktion im Bereich des Stellvertretenden Generalkommandos seines Bezirks bereit erklärt, womit der damalige Frankfurter nur den Wehrkreis IX Kassel gemeint haben kann. Damit steht zugleich fest, dass Ludwig Schwamb derjenige war, der – mit welcher Amtsbezeichnung auch immer – an die Spitze der ersten Landesregierung der Nach-Hitler-Ära in Hessen-Nassau und mit größter Wahrscheinlichkeit dann auch in einem nach den Vorstellungen Leuschners neu geschaffenen größeren Land Hessen gerückt wäre. Schwamb, der drei Tage nach dem „20. Juli" gemeinsam mit seiner Frau in Frankfurt verhaftet und dann zusammen mit Noske nach Berlin verbracht worden war, hatte lange geschwiegen bzw. geleugnet, trotz Folter. Erst nach Leuschners Hinrichtung, von der er folglich erfahren haben muss, hatte er – wenn auch zögerlich – damit begonnen, Aussagen zu machen. Seine Frau Elisabeth war nach zehn Tagen wieder auf freien Fuß gesetzt worden, weil nicht herausgekommen war, dass sie noch am 16. Juli Noske einen konspirativen Kurierbrief Leuschners aus Berlin überbracht hatte. Ihr, deren völlige Ahnungslosigkeit Schwamb ebenso wie anfänglich auch noch seine eigene den Ermittlungsbeamten geschickt vortäuschte, hat er dann Anfang Oktober 1944 aus der Haft mitgeteilt, dass er diesen gegenüber seine Haltung angeblich geändert habe. Er erklärte dies mit dem fingierten Argument, er habe sich „zu der Überzeugung durchgerungen, dass es das Sauberste" sei, seine „Beziehungen, die zu den Freunden bestanden haben, offen zuzugeben“. Tatsächlich offenbarte er in den Vernehmungen aber nur seine Kontakte nach Berlin und auch die zu Gustav Noske, von dem er annehmen musste, dass dessen Kopf gleichfalls nicht mehr zu retten war. Auf diese Weise ist es Schwamb gelungen, nicht nur seine sonstigen Frankfurter Verbindungen zu schützen, sondern die gesamte Zivilkonspiration im von ihm im Auftrag Leuschners angeleiteten Bereich mit der Mainmetropole als Zentrum. Emil Henk hat 1946 in seiner „Tragödie des 20. Juli 1944“ darauf hingewiesen, dass „die illegale Organisation in der Provinz“ bis auf „wenige Ausnahmen“ von der reichsweiten Verhaftungswelle nach dem Scheitern des Umsturzversuchs „kaum getroffen“ worden sei. So sei außer dem „Leiter der Illegalität für den Bereich Kassel–Heidelberg, Staatsrat Schwamb“, und Noske dort „niemand sonst“ der Gestapo „in die Hände“ gefallen. Da aber die Anführer geschwiegen hätten, sei es den Fahndern „eigentlich nirgends“ gelungen, „in den Kreis weiterer näher Beteiligter einzudringen“. Es sei somit „die sozialistische Geheimorganisation“ allenfalls „in ihren Spitzenstellungen aufgedeckt und vernichtet“ worden, während „der große, in weite Teile des Volkes hinabreichende Apparat dagegen“ völlig „unaufgedeckt und unberührt“ geblieben sei.[386] Diese Feststellung des einstmals selbst, wenn auch nicht in Frankfurt in jene Strukturen und Vorgänge Involvierten ist durch die Widerstandsforschung in Hessen und Rheinland-Pfalz während der vergangenen drei Jahrzehnte prinzipiell bestätigt worden. Auch Henks Urteil, nur „die bürgerliche Organisation, soweit sie als lose Verbindung von Verschwörer zu Verschwörer“ bestanden habe, sei „weitgehend erfasst und vernichtet“ worden, wurde durch das zwischenzeitliche Aufspüren mancher kleinerer, damals ebenfalls unentdeckt gebliebener konservativ-liberal oder überparteilich ausgerichteter Oppositionszirkel an der Peripherie des zivilen „20. Juli“-Untergrundes keineswegs widerlegt. Vielmehr verweist jene Zeitzeugenbekundung in Verbindung mit der vergleichsweise geringen Zahl bürgerlicher Regimegegner, welche im unmittelbaren Zusammenhang mit dem „20. Juli“ verhaftet worden sind, wiederum auf den schon mehrfach angesprochenen Sachverhalt, dass die an der Zivilverschwörung beteiligten Konservativen und Liberalen gegenüber den doch beträchtlich ausgeprägteren sozialdemokratisch-gewerkschaftlichen Widerstandsstrukturen deutlich in der Minderzahl gewesen sind.[387]

Wie umfangreich das mit den Jahren von Leuschner und seinen Mitstreitern immer weiter ausgedehnte konspirative Kontaktnetz ziviler Regimegegner kurz vor dem „20. Juli“ tatsächlich gewesen ist, auch dazu hat sich Henk in seiner „den toten Freunden Theo Haubach, Carlo Mierendorff, Wilhelm Leuschner, Adolf Reichwein, Ludwig Schwamb“ gewidmeten Erinnerungsschrift geäußert: „Ganze Tausend zuverlässige Männer“ seien beispielsweise im „Main-Neckar-Gebiet zur Aktion bereitgestellt“ gewesen. „Hinter jedem“ dieser Aktivisten hätten jedoch darüber hinaus noch „mindestens weitere zehn aktive Kämpfer“ gestanden, weshalb davon auszugehen sei, „dass allerwenigstens 10–15.000 Männer in diesem Bereich Anfang Juli 44 zur Aktion bereit“ gewesen wären. Aber dieses wirklich beachtliche Kontingent Aktionsgewillter sei eben nicht „für einen Bürgerkrieg vorbereitet“ oder für einen solchen Zweck jederzeit mobilisierbar gewesen. Zudem seien sie „weithin über das ganze Land verstreut und an keiner Stelle stark genug“ gewesen, „um die örtliche SS oder militärische Formationen zu schlagen“. Auch mit einer solch großen Gruppe von Aktivisten könne aber „militärisch und politisch" nichts angefangen werden, „wenn sie nicht an zentralen Stellen massiert" werden würden. Es wäre daher darauf angekommen, diese „Massen so zu verteilen, dass man mit ihnen um die Macht" hätte „kämpfen" können. Aber so, wie diese „politischen Gruppen" im ganzen „Gebiet aufgeteilt waren", wäre wie auch immer „kein Bürgerkrieg zu führen" gewesen, zumal nicht „gegen einen Gegner, der noch über alle Machtmittel" verfügte. „Zweifelsfrei" wäre alles „für einen Eisenbahnerstreik" und „auch wahrscheinlich" für die Ausrufung des „Generalstreiks" bereit gewesen. Aber hierfür hätte man sich zuvor in den „Besitz" des „Rundfunks" bringen müssen. Es sei auch „nichts unternommen" worden, „um auf ein Vorsignal hin, das Leuschner am 16. Juli" gegeben habe, „die Massen unauffällig auf die entscheidenden Städte zu konzentrieren", denn nur dort, „in den politischen Zentren" wäre „die Entscheidung" gefallen, „nicht in den Dörfern der Provinz". Und ausdrücklich ist von Henk in diesem Kontext abermals klargestellt worden, es habe sich bei alledem um „Gruppen" gehandelt, die „nach" der vom Militär herbeizuführenden „Entscheidung die Macht übernehmen konnten", vorher hätten „sie keinerlei einsatzfähigen Wert" gehabt, denn „die Massen" könnten „in einer Diktatur nicht mobil" eingesetzt werden. Daran sei „die politische Widerstandsbewegung" letztlich gescheitert, „selbst wenn das Signal zum Losschlagen ins Land" hinausgegangen wäre. Das Misslingen von Hitler-Attentat und daran gekoppelter Militäraktion habe somit das Scheitern der politischen Widerstandsbewegung zur Folge gehabt. Es sei allein schon „ein Wunder", dass „dieser riesige Apparat zum Sturz Hitlers" habe überhaupt „aufgezogen werden" können. Bei den von Henk gemachten Zahlenangaben handelt es sich natürlich um recht forsche Schätzungen. Aber Jakob Steffan hat gleich nach dem Krieg, er wirkte damals noch als von den Amerikanern für Rheinhessen eingesetzter Polizeipräsident mit Sitz in Mainz, nur für den dortigen, von ihm vordem konspirativ angeleiteten Strukturbereich dem US-Geheimdienstoffizier und Mitarbeiter der ersten Militärregierung auf dem Gebiet des späteren Landes Rheinland-Pfalz Arthur D. Kahn eine ebenso hohe Quantifizierung des von ihm allein durch „mündliche Aufklärung" für eine Kooperation mit den herannahenden US-Kampfverbänden gewonnenen zivilen Anti-Nazi-Potentials genannt: Er hat nämlich gleichfalls von „10.000 Mann" gesprochen, die „im Bezirk Mainz" zur Verfügung gestanden hätten.[388]

Auch wenn die Zahlenangaben Henks und Steffans wirklich exorbitant hoch sind, als „Glaubensfragen", wie leider viel zu oft geschehen, sollten solche Hinweise einstiger konspirativer Führungspersonen jedenfalls nicht behandelt werden. Sie müssen vielmehr als Fingerzeige auf die Existenz jenes reichsweiten, bis zuletzt sozialdemokratisch-gewerkschaftlich dominierten Vertrauensleutenetzwerks unbedingt ernst genommen werden, zumal die Akten der NS-Fahnder und -Ermittler, die jenen Strukturen damals nicht beizukommen vermochten, sich zwangsläufig hierzu ausschweigen. Aber allein für das von mir exemplarisch untersuchte Rhein-Main-Gebiet ließen sich auf dem Weg der Auswertung von Zeitzeugenberichten bislang Gruppen nachweisen, in denen mindestens 550 Regimegegner für ein Hervortreten nach einer erfolgreichen Militäraktion im Zusammenhang mit dem „20. Juli" parat gestanden haben.[389] Leider hat die deutsche Historiographie dieses wichtige Forschungsfeld bisher weitgehend ignoriert, dessen Relevanz nicht erkannt oder aber in Unkenntnis der Quellenlage die Bedeutung wie die Ergiebigkeit der Thematik bezweifelt. Nur die Professoren Dr. Karl Dietrich Bracher, Dr. Kurt Finker, Dr. Richard Löwenthal und Dr. Hans Mommsen sowie einige wenige andere haben mehr oder minder deutlich auf jenen Sachverhalt aufmerksam gemacht und – so Finker wiederholt in seinen Werken und Löwenthal dies sogar aufgrund eigenen Miterlebens im britischen Exil – manches wichtige lokale und regionale Beispiel für jene zivilen Widerstandsstrukturen veröffentlicht.[390] Zahllose relevante Hinweise haben die fulminanten Berliner Forschungsprojekte von Prof. Dr. Siegfried Mielke und Prof. Dr. Günter Morsch sowie von Dr. Hans-Rainer Sandvoß erbracht.[391] Zu den wenigen weiteren erfreulichen diesbezüglichen Ausnahmen gehören insbesondere die biographischen Arbeiten von Dr. Gerhard Beier über Wilhelm Leuschner und Willi Richter, von Wolfgang Hasibether über Leuschner, von den Professoren Dr. Kurt Finker und Dr. Johannes Tuchel über Hermann Maaß, von Dr. Stephanie Zibell und Dr. Walter Mühlhausen über Prof. Dr. Ludwig Bergsträsser, von Christina Stein über Ludwig Schwamb und von Sina Schiffel über Jakob Steffan.[392] Grit Stunnack hat vor 15 Jahren eine sehr bemerkenswerte, aber unveröffentlicht gebliebene Magisterarbeit über Willy Jesse erstellt, der spätestens 1943 von seinen Freunden Dr. Julius Leber und Gustav Dahrendorf mit der Organisierung der sozialdemokratisch-bürgerlich kombinierten zivilen Widerstandsbewegung im Bereich Mecklenburgs betraut worden ist. Grundlage dieser Biographie bildete neben anderen Quellen u. a. aus dem Archiv der sozialen Demokratie der Friedrich-Ebert-Stiftung in Bonn ein zeitgenössischer „Bericht aus Deutschland“ jenes früheren Rostocker SPD-Stadtverordneten und Bezirksparteisekretärs für Mecklenburg-Lübeck sowie Abgeordneten des Landtages von Mecklenburg-Schwerin, der wohl um wenige Wochen rückdatiert wurde auf „Ende August 1944“.[393] Jesse, der den braunen Häschern einen Monat nach dem „20. Juli“ in einer fast vierwöchigen dramatischen Flucht über Dänemark nach Schweden entkommen war, hatte dort sein Wissen über die zivilen Umsturzvorbereitungen im Mecklenburgischen erst Fritz Tarnow in einem mehrstündigen Rapport mündlich mitgeteilt und danach schriftlich ausgearbeitet. Tarnow hat den Bericht bald darauf dem SPD-Vorsitzenden sowie Vorsitzenden der Union deutscher sozialistischer Organisationen in Großbritannien Hans Vogel nach London gesandt. Diesem hatte er im Übrigen erstmals am 24. Juli 1944 offenbart, dass er vor Monaten schon Informationen erhalten habe über einen „seit längerer Zeit“ auf einen Umsturz hinarbeitenden „zentralen Oppositionskreis“ namhafter sozialdemokratischer, bürgerlicher und kirchlicher Anti-Nazi-Kräfte sowie solcher aus Verwaltung und Militär, die sich dank ihrer „weit verzweigten Verankerungen stark genug“ fühlten, „die Führung“ des Reiches „in die Hand bekommen zu können“. Vogel weihte nach Erhalt des Berichts Jesses sofort den mit diesem seit Jahren befreundeten Erich Ollenhauer ein, der wiederum den früheren „Neu Beginnen“-Funktionär Richard Löwenthal, Deckname Paul Sering, aufsuchte, um ihn zu einer entsprechenden Veröffentlichung zu bewegen. Löwenthal, der sich als freier Journalist für die Nachrichtenagentur Reuters betätigte, ist diesem Wunsch auch umgehend nachgekommen. Die gegen Jesses ausdrücklichen Wunsch erfolgte Weitergabe seines Berichts in Kreisen des schwedischen SPD-Exils durch Tarnow löste hingegen heftige Querelen aus und führte schließlich zum völligen Zerwürfnis zwischen den beiden vorherigen Freunden. 1945 wurde in der Exilpresse dann eine nur geringfügig auf zwölf Seiten gekürzte Fassung des Berichts Jesses publiziert.[394] Auch dieser Zeitzeuge hat damals darauf hingewiesen, dass es den Widerständlern allerorten zunächst darum gegangen sei, sich „eine Übersicht über die zur Verfügung stehenden, zuverlässigen

Antinazis" für „eine neue demokratische Staatsverwaltung" zu verschaffen, wobei nicht etwa nur an versierte „frühere sozialdemokratische Funktionäre gedacht" worden sei. Deshalb habe man auch sehr bald „die Verbindungen mit Vertrauensleuten anderer politischer Gruppierungen aufgenommen, so mit Kreisen des oppositionellen Bürgertums und mit Vertrauensleuten der Bekenntniskirche und mit katholischen Kreisen". Wo es sich angeboten habe, hätte „die Vorbereitung der Aktion" sowieso „in den Händen von Vertrauensleuten dieser Gruppen" gelegen. „Die Pläne für die Aktion" seien „in den einzelnen Bezirken" jeweils „in zahlreichen Besprechungen mit den Vertrauensleuten der Zentrale verabredet" worden. „Die Basis" jener „Koalition" habe „die gemeinsame Vorstellung" gebildet, „dass der Sturz der Diktatur nur durch das Zusammenwirken aller Gegner des Systems und aller Anhänger einer neuen freiheitlichen demokratischen Staatsform, vor allem eines Rechtsstaates, erreicht werden" könne. Zum Umfang des antinazistischen Potentials, auf welches im Umsturzfalle hätte zurückgegriffen werden können, hat Jesse konstatiert, von den einstmals in „mehr als 200 Ortsgruppen" im Bezirk Mecklenburg-Lübeck erfassten „über 30.000 Mitgliedern" der SPD sei „die große Masse" ihrer „Partei absolut treu geblieben". Seine eigene Aufgabe hätte darin bestehen sollen, im militärischen Aufstandsfall „zu einer Volksbewegung" aufzurufen, mit den „alten Genossen und Anhängern als Kerntruppe", um sodann für die Bildung einer demokratischen Regierung zu sorgen. Seinen Rapport hat der Sozialdemokrat – wie so viele andere nach ihm, die Ähnliches zu berichten wussten – dann mit der lapidaren Feststellung geschlossen, „dass die Widerstandsbewegung" im Zusammenhang mit dem „20. Juli" einen „Umfang hatte, wie er unter den gefahrvollen Umständen einer totalen Diktatur überhaupt nur zu denken war".[395]
Die politischen Kernaussagen des Jesse-Berichts decken sich haargenau mit den nach dem Krieg niedergeschriebenen entsprechenden Bekundungen anderer in jene Strukturen eingebundenen Widerstandsaktivisten. Überdies geht hieraus klar hervor, dass der Rostocker Stützpunkt im Rahmen der von Wilhelm Leuschner und seinen Mitstreitern organisierten Zivilkonspiration für das Gebiet Mecklenburgs eine ebenso zentrale Bedeutung besessen hat wie der in Frankfurt für das Gebiet des späteren Bundeslandes Hessen. Die von Jesse einerseits, von Henk, Knothe und Fries andererseits für die jeweiligen dortigen Regionalzentralen der Zivilverschwörung überlieferten Hinweise sollten insofern von den geschichts- und politikwissenschaftlichen Fachbereichen unserer Universitäten durchaus als Impuls verstanden werden, die – wo auch immer man näher hinschauen mag – lokal wie regional verblüffend weit verzweigten zivilen Verbindungen jener außerdem wegen ihrer politischen Bandbreite einzigartigen Widerstandsbewegung auch anderenorts bzw. besser noch gleich im Rahmen eines überregionalen Forschungsverbundes für das gesamte frühere Deutsche Reich möglichst umfassend zu rekonstruieren.

Von der antinazistischen Volksbewegung zur Parteiendemokratie

Vielleicht resultiert das Desinteresse, das den weitläufigen zivilen Widerstandsstrukturen im Zusammenhang mit dem Aufstandsversuch vom 20. Juli 1944 durch die überwiegende Mehrheit der deutschen Geschichts- und Politikwissenschaftler bislang entgegengebracht wurde, ganz einfach auch aus deren Leichtgläubigkeit hinsichtlich des Wahrheitsgehalts der Aussagen der Anführer der Zivilverschwörung zu ihrem Widerstandshandeln, die in den Ermittlungsakten sowie den Anklage- und Urteilsschriften der NS-Strafverfolgungsbehörden dokumentiert sind. Nimmt man nämlich die dortigen Verlautbarungen für bare Münze, dann ist es eigentlich kaum verwunderlich, wenn man zu der Annahme gelangt, das Umsturzvorhaben sei wirklich lediglich von einer „ganz kleinen Clique" militärischer und ziviler Verschwörer in Angriff genommen worden, wie im Anschluss an Hitlers Rundfunkansprache nach der raschen Niederwerfung der militärischen Umsturzaktivitäten durch die Berichterstattung in den Medien behauptet wurde, übrigens – von wenigen Ausnahmen abgesehen – auch durch die des Auslandes. Dieser nicht bloß oberflächliche, sondern vielmehr falsche Eindruck wird jedoch durch die vergleichsweise geringe Zahl der im Verlauf der nächsten Monate im unmittelbaren Zusammenhang mit dem gescheiterten Staatsstreich Ergriffenen – es waren wohl nur 600, womöglich 700 Festnahmen – scheinbar bestätigt. Der konspirativen Realität entsprach dies de facto aber nicht. Die Verhafteten wussten schon sehr genau, was sie aussagen durften und was nicht, um nicht zur Festnahme noch weiterer Gesinnungsfreunde beizutragen. So hat Dr. Theo Haubach z. B. behauptet, er und Dr. Mierendorff hätten sich ab und an darüber „lustig gemacht, wie Leuschner mit seiner angeblichen Gefolgschaft" geprahlt habe. Wo sich denn seine Anhängerschaft überhaupt befinde, darüber habe er sich selbst ihnen gegenüber „ausgeschwiegen". Auch von Mierendorff habe er, Haubach, „keine Namen der Mitarbeiter Leuschners" erfahren. Sein alter Freund aus Darmstädter Tagen habe Leuschners häufigen Verweis auf seine „Leute" für „Angabe" gehalten und dessen tatsächlichen Anhang „als ein halbes Bäckerdutzend alter Gröbels" bezeichnet. Dr. Goerdeler soll sich, so jedenfalls die Erkenntnis der „Sonderkommission 20. Juli" nach viermonatigen Ermittlungsanstrengungen, auch nicht besonders viele „Gedanken" gemacht haben, ob jene „Arbeiterführer", so ihre Selbstbezeichnung, überhaupt „noch irgendeine Gefolgschaft hinter sich hatten oder nicht". Er wäre eher davon ausgegangen, dass „die Einigung" mit jenen früheren Spitzenfunktionären die Einbindung der einst in deren Verbänden organisierten Arbeiterschaft in den angestrebten neuen Staat schon gewährleisten werde. Den ihnen anhaftenden „Nimbus" seien Leuschner, Kaiser und Habermann freilich tunlichst aufrechtzuerhalten bestrebt gewesen, weshalb sie so getan hätten, als würden sie die Verhandlungen nach wie vor „mit einer starken Gefolgschaft im Rücken" führen. In Wahrheit habe Goerdeler es aber mit „Männern ohne Anhang" zu tun gehabt, so der diesbezügliche Untersuchungsbericht der „Sonderkommission 20. Juli" weiter. Damit dies nicht herauskäme, sei Leuschner bestrebt gewesen, „alle Verbindungen möglichst in seiner Hand zu konzentrieren". Deshalb habe er auch das mehrfach vorgebrachte Ansinnen Goerdelers abgelehnt, mit weiteren SPD-Leuten zusammengebracht zu werden. Der von Leuschner angeblich erst spät in den Verschwörerkreis einbezogene Dr. Julius Leber soll ausgesagt haben, „Leuschners personelle Reserven" im Gewerkschaftsbereich seien „sehr schwach" und „die noch vorhandenen Stützpunkte" ebenfalls „nicht sehr bedeutend" gewesen. Gleichwohl habe Leuschner „mit der alten Anhänglichkeit breiterer Arbeiterkreise an den Gewerkschaftsgedanken" gerechnet. Seine personellen Ressourcen seien aber mehr noch „derart dürftig" gewesen, dass man nach dem Umsturz „auf eine Unterstützung aus der Emigration" gehofft habe. Einige Sozialdemokraten sind während der Verhöre sogar soweit gegangen zu behaupten, sie selbst und auch der eine oder andere ihrer Gesinnungsfreunde hätten sich, bevor sie in die Umsturzpläne verwickelt wurden, „eigentlich schon mit dem Nationalsozialismus abgefunden" bzw. sie würden sogar etlichen seiner Spezifika „positiv" gegenüberstehen. Dies waren Schutzbehauptungen, was selbst für Lebers Beteuerung gegolten haben wird, die Einheitsgewerkschaft unter Leuschners Führung sei angeblich „schon im Februar 1944 vollendet" gewesen und es wären lediglich noch „die theoretischen alten Streitpunkte auszuräumen" gewesen. Denn in Wahrheit war die Bildung einer umfassenden Volksgewerkschaft von den Anführern der wichtigsten nichtkommunistischen Richtungsgewerkschaften bereits mehr als zehn Jahre zuvor vereinbart worden, und sonderlich viele strittige Punkte werden zuletzt bestimmt nicht mehr auf ihrer Agenda gestanden haben. Die NS-Sonderermittler haben dies erstaunlicherweise nicht erkannt, sondern sind vielmehr Ende November 1944 noch immer davon ausgegangen, dass Leuschners paritätische „Beisitzer" Jakob Kaiser und Max Habermann „die ebenfalls einzigen" Vertreter ihrer Gewerkschaftsverbände in jener neuen Einheitsgewerkschaft gewesen sind. Auch das verschiedentlich vorgebrachte Bekunden der verhörten Funktionäre, die Arbeiterschaft sei „in ihrer Gesamteinstellung" dem NS-Staat und der „Deutschen Arbeitsfront" gegenüber „zugeneigt", weil sich ihre „Arbeitsverhältnisse sehr günstig gestaltet hätten", sollte – wie eigentlich unschwer zu erkennen gewesen sein müsste – eher der Beschwichtigung der Vernehmungs- und Folterexperten des Regimes dienen. Offenkundig nicht camoufliert dagegen war Dr. Popitz' Zeugnis, ihm sei klar gewesen, „dass mit der Einheitsgewerkschaft ein Machtzentrum ersten Ranges geschaffen würde, vor allem, wenn man diesen Gewerkschaften das Vermögen und die Einrichtungen der Arbeitsfront" überließe, was ihm und Prof. Dr. Jens Peter Jessen auch völlig „abwegig und politisch gefährlich erschienen" sei.[396]

Im selben Zwischenbericht der „Sonderkommission 20. Juli" sind darüber hinaus mehrere sehr bemerkenswerte Hinweise zu einer von den Verschwörern geplanten „Volksbewegung" enthalten, welche aber, wie die Vernehmung von Bernhard Letterhaus erbracht hatte, erst „nach der Regierungsumbildung" hätte „aufgezogen" werden sollen. Ulrich-Wilhelm Graf von Schwerin von Schwanenfeld hatte ausgesagt, jene „Volksbewegung" hätte nach der Vorstellung Goerdelers „die Deutschen von der Sozialdemokratie über das Zentrum bis zu den Deutschnationalen" umfassen und eine klar christliche Fundamentierung erhalten sollen. Der wie Habermann vordem deutschnational positionierte Leipziger Oberbürgermeister hatte den NS-Ermittlern gegenüber bekannt, sie hätten „keinen Parteienstaat mehr" gewollt, und jene „Volksbewegung" habe „alle Stände, Schichten und Gaue einen" sollen. Er sei davon ausgegangen, dass „die ganz überwiegende Mehrheit des deutschen Volkes" das NS-Regime ablehne, weshalb man die NSDAP habe auflösen wollen, um an deren Stelle eben jenes breite politische Bündnis zu rücken. Nach den Erkenntnissen der Verhörspezialisten waren durch Mierendorff, Leber und Reichwein bereits „Entwürfe" für einen entsprechenden „Aufruf" vorbereitet worden, in dem man sich zu den „unveräußerlichen Freiheitsrechten" und der „Wiederherstellung von Recht, Gesetz und Ordnung" bekannte, auch zur „Sozialisierung der Grund- und Schlüsselindustrien", zudem zur „Toleranz" in „Rassen-, Glaubens- und Klassenfragen", wobei ganz selbstverständlich u. a. „die Wiederherstellung der jüdischen Rechte" verlangt worden sei. Während das dort artikulierte Bekenntnis „zur deutschen Kultur" offenbar konsensfähig gewesen ist, soll die gleichzeitige, von Prof. Reichwein vorgeschlagene Berufung auf die „christliche Vergangenheit des deutschen Volkes" auf den „äußersten Widerspruch" Lebers gestoßen sein. Wegen weiterer sich herausbildender „Spannungen" zwischen „den christlich-reaktionären Teilen des Verschwörerkreises und den gewerkschaftlich-marxistischen Grüppchen" sei es jedoch „niemals zu einer endgültigen Einigung über" jene „Proklamation für die ‚Volksbewegung' und ihren politischen Inhalt gekommen", so jedenfalls der erwähnte Untersuchungsbericht.[397] Aus diesen wenigen Hinweisen wird zugleich ein weiteres Mal etwas von der durch viele der Verhörten angewandten ziemlich geschickten Verteidigungsstrategie erkennbar, nämlich z. B. grundsätzlich nur Dinge zuzugeben und diese gegebenenfalls sogar ausführlicher darzustellen, durch die andere nicht belastet würden, während über viele brisante Zusammenhänge und Details, auch über weitere Personen insbesondere im Zusammenhang mit den reichsweiten zivilen Widerstandsstrukturen des „20. Juli" kein Sterbenswort verloren wurde. In jenem in jahrelanger konspirativer Vernetzungsarbeit geschaffenen oppositionellen Stützpunktesystem war aber jenes breite Bündnis von den Sozialdemokraten bis hin zu den Rechtskonservativen bereits seit langem vorgeprägt, das dann in Gestalt jener „Volksbewegung" mit sich abzeichnendem Erfolg der Militäraktion gegen Hitler zu deren Flankierung hätte auf den Plan gerufen werden sollen. Und ebenso hatte Dr. Mierendorff, wenngleich nicht mit unmittelbarer Unterstützung durch Dr. Leber und Prof. Dr. Reichwein, wohl aber mit der von Dr. Haubach und sicherlich indirekt beeinflusst zudem durch dessen Ende 1938 vor den Nazis geflüchteten Freund Dr. Hans Robinsohn, tatsächlich ein halbes Jahr vor seinem tragischen Tod im alliierten Bombenhagel schon einen solchen Aufruf an die deutsche Bevölkerung zur Rettung ihres Landes ausgearbeitet, welcher aber der „Sonderkommission 20. Juli" anscheinend als Text nicht vorgelegen hat.

Jene Mobilisierung einer antinazistischen Volksbewegung im Umsturzfall war nämlich beileibe keine Idee, die erst 1943 kreiert worden wäre, und auch waren Goerdeler sowie die genannten Sozialdemokraten durchaus nicht deren alleinige Propagandisten. So hatte der frühere Liberaldemokrat Dr. Robinsohn[398] schon Ende 1941 im dänischen Exil ein umfangreiches Typoskript fertiggestellt, das nicht zuletzt als Schulungsmaterial für das Führungspersonal „einer auf das Hitler-Regime folgenden deutschen Regierung" gedacht gewesen ist.[399] Darin wurden alle möglichen Probleme behandelt, die bei der Vorbereitung und Durchführung eines Coup d'État zu beachten wären, auch Fragen des anschließenden politischen und verwaltungsmäßigen Wiederaufbaus, der Sicherung von innerer Ordnung, Volksernährung, Arbeit und Wirtschaftsleben, Fragen der Entnazifizierung, der Umbildung der „Deutschen Arbeitsfront", der sofortigen Herbeiführung des Friedens, der künftigen Völkerverständigung und der anzustrebenden europäischen Föderation. Die Zielsetzungen der neuen Regierung sollten sich in jedem Fall „in striktem inhaltlichen und methodischen Gegensatz zur Hitler-Regierung auf die Selbstverantwortung des deutschen Volkes im Innern und auf geistige und politische Freiheit sowie auf den Rechtsstaat richten“. Zur „Wiederherstellung des öffentlichen Lebens“ hatte Robinsohn festgestellt, um „ohne größere Erschütterungen“ zu einem Rechtsstaat zurückzugelangen, müsse „von vornherein“ versucht werden, „auf die fürchterliche Unfreiheit der Diktatur nicht sofort einen Zustand völliger Regellosigkeit folgen zu lassen, sondern für eine gewisse Leitung“ zu „sorgen“. Hierbei sei darauf zu achten, dass die Nach-Hitler-Regierung, die „unter keinen Umständen ohne einen starken Rückhalt in der Bevölkerung auskommen“ könne, bei der Artikulierung, Propagierung und Popularisierung ihrer Ziele „aus dem Volk heraus“ unterstützt würde. „Nach einiger Zeit der Übergangsregierung“ müsse dann aber „auch an Wahlen gedacht werden“. Deshalb müsse eine „Freiheitliche Erneuerungsbewegung (FEB)“ bereits „vorbereitet sein“. Diese habe „in Fühlung und auf Veranlassung der Regierung sofort mit folgenden Tatsachen an die Öffentlichkeit“ zu treten: Sie müsse bekannt geben, dass sich „eine FEB gebildet“ habe „mit einem Hauptvorstand für Deutschland“. Dieser wende sich mit jenem „Aufruf an das Volk“ und fordere dieses zur Mitwirkung auf. Selbstredend müssten außerdem „sowohl Programm als auch Organisationsstatut“ der FEB bereits „vorliegen“. Dazu noch sei es „nötig, dass möglichst in allen wichtigeren Gebieten bereits Gebietsvorstände bestehen, die gleichzeitig an die Öffentlichkeit“ zu treten hätten. Primär werde es sodann um die Gewinnung von Mitgliedern gehen, desgleichen um die „Gründung von Ortsgruppen“ und um die „Benennung von Ortsgruppenvorständen“, wobei jeweils „mit den Einzelstellen des Kommissariats für die Liquidierung des NS“ kooperiert werden müsse, „um Spitzel und andere ungeeignete Elemente fernzuhalten“. Damit „in den entscheidenden ersten Wochen“ ein reibungsloses Arbeiten garantiert werden könne, sei es ferner „absolut wünschenswert, dass die Gebietsvorstände bereits vorher in engere Berührung zu in Aussicht genommenen leitenden Beamten ihres Gebiets gebracht worden sind“. Die Ähnlichkeiten mit dem von Leuschner und seinen Freunden zur Unterstützung eines militärischen Umsturzunternehmens geschaffenen zivilen Vertrauensleutenetz und mit den dessen Aktivisten dabei zugedachten Aufgaben sind nicht zu übersehen. Es ist zudem sehr wahrscheinlich, dass Robinsohn, der vom Exil aus mit der von Ernst Strassmann bis zu seiner Verhaftung im Sommer 1942 alleine weiter angeleiteten Widerstandsstruktur durch getarnte Korrespondenzen und gelegentliche Besuche in Verbindung geblieben war, sein 1941 schriftlich ausgearbeitetes Umsturzkonzept in Grundzügen bereits bedeutend früher gedanklich zu entwickeln begonnen hatte. Seine eigenen konspirativen Gesprächskontakte und auch die seines in Deutschland gebliebenen Freundes mit Dr. Leber, Dr. Haubach, Wilhelm Leuschner und anderen werden hierbei mit Sicherheit ebenfalls nicht ohne Einfluss geblieben sein. Während diese drei Sozialdemokraten ebenso wie etliche ihrer Mitstreiter allesamt hingerichtet worden sind, haben sich Strassmann und Robinsohn alsbald auf vielfältige Weise um die neu geschaffene deutsche Demokratie verdient gemacht: Letzterer nach seiner erst 1958 erfolgten Rückkehr nach Deutschland u. a. durch Mitwirkung im politischen Beraterteam Willy Brandts, zudem als zeitweiliger Leiter der Forschungsstelle für die Geschichte des Nationalsozialismus in Hamburg sowie als Bundesvorsitzender der Humanistischen Union, sein Freund Strassmann, der nebenbei bemerkt während seiner mehr als zweieinhalbjährigen Inhaftierung durch seine Schwägerin Resi Prestin laufend mit seiner Widerstandstruktur hatte Kontakt halten können, bereits seit 1945 vor allem für die SPD, die Gewerkschaften und die Europa-Union.

Dr. Robinsohn hat in seiner Volksbewegungskonzeption viele weitere Überlegungen darüber angestrengt, was über jene FEB hinaus für die intendierte demokratische Reorganisation noch erforderlich wäre: „Da aus allgemeinen Gesichtspunkten eine Beibehaltung oder Neufrisierung des ‚Einparteiensystems' unmöglich" sei, komme es entscheidend darauf an, so war von ihm konstatiert worden, „das gesamte Vereinswesen, das ja durch die ‚Gleichschaltung' in den Diktaturstaat hineingepresst worden ist", neu zu regeln. „Geselligkeitsvereine, Sportvereine, kulturelle Vereine", desgleichen „religiöse Vereine, zu denen nicht die anerkannten Religionsgemeinschaften gehören", seien „sofort" wieder zuzulassen, ebenso „wirtschaftliche Vereine, soweit es sich nicht um Branchenvereine oder Vereine handelt, die Löhne und Arbeitsbedingungen zu beeinflussen" suchten. Auch wenn die Gewerkschaften hierdurch gegenüber nichtwirtschaftlich ausgerichteten Vereinen nur vorübergehend hätten benachteiligt sein sollen, war Letzteres freilich ein Vorschlag, der mit Bestimmtheit am Widerspruch Leuschners und der anderen Gewerkschaftsführer gescheitert wäre. Ohne Wenn und Aber würden sie hingegen dem Bestreben Robinsohns zugestimmt haben, selbst für jene nichtpolitischen Vereine das grundsätzliche „Verbot" zu verhängen, „offen oder verschleiert die Tätigkeit irgendwelcher nationalsozialistischen Organisationen oder Bestrebungen weiterzuführen". Selbstverständlich hätte dies erst recht auch für die politischen Vereine gelten sollen, die aber erst „nach einer Sperrfrist von einigen Wochen, die zugleich der FEB einen organisatorischen Vorteil" sichern würde, wieder erlaubt werden sollten. Diese hätten sich obendrein noch dazu verpflichten sollen, „von jeder Förderung von Diktaturbestrebungen in Theorie und Praxis abzusehen", was eine keineswegs nur für die Übergangsperiode relevante antinazistische Sicherungsmaßnahme gewesen wäre, welche Leuschner und seine Kollegen ebenfalls unbedingt befürwortet haben würden. Außerdem sollten das „Deutsche Nachrichtenbüro" und die „Reichsrundfunkorganisation" in „Regie der Regierung" gegeben und sofort mit „einer neuen Leitung" versehen werden. Die beschlagnahmten NS-Parteiorgane hätten „mit veränderten Titeln und Redaktionen im Zusammenhang mit der FEB weiter erscheinen" sollen, um dieser „als politische Instrumente" zu dienen. Für die parteiunabhängige Presse, die zwar der „allgemeinen Zensur" unterliegen sollte, wären ansonsten „keine weiteren Sonderbeschränkungen" vorgesehen gewesen. Als unabdingbar wurde auch die Schaffung einer neuen „Nachrichtenstelle der Regierung" angesehen, die dieser als Sprachrohr dienen, „für die Handhabung der Zensur" zuständig sein und „schließlich für die dauernde Aufrechterhaltung der Fühlung zwischen Regierung und öffentlicher Meinung" sorgen sollte. Für „absolut notwendig" wurden daneben ein „scharfes Uniformverbot" und manch andere Regelung von Belang erachtet. Zur höchstproblematischen „Judenfrage" wurde festgestellt, nach der ganzen antijüdischen „Propaganda der Vergangenheit" werde es wohl oder übel „zweckmäßig sein, auch hier das Steuer unbeschadet aller prinzipiellen Erwägungen nicht zu stark herumzureißen", um dafür dann etwas später den sich mit Sicherheit erhebenden Stimmen Geltung zu verschaffen, „die von der Regierung" auch diesbezüglich die „Wiederherstellung" der von ihr proklamierten

„Rechtsgleichheit“ einfordern würden. Alle antijüdischen Maßnahmen, die auf der gegen diese vom NS-Regime eingeführten „Sondergesetzgebung“ beruhten, seien dagegen gleich außer Kraft zu setzen. Da aber „mindestens eine halbe Generation“ inzwischen „verlernt“ habe, „auch nur die primitivsten Formen eines nicht auf Gewalttaten eingestellten öffentlichen Lebens und Zusammenlebens zu beherrschen“, könne, so wurde ferner festgestellt, „die Rückkehr zum Rechtsstaat nur etappenweise“ vor sich gehen. „Die neue Freiheit“ dürfe „nur sehr schrittweise dem kranken Volkskörper gewährt werden“, und zwar „nur in dem Maß, wie die Kräfte zur wirklichen Selbstverantwortung gewachsen sein“ würden. Es sei daher, so Robinsohn weiter, „sehr sorgfältig zu überlegen, wo zuerst sich die Möglichkeiten freier politischer Betätigung finden“ sollten „und wann dies geschehen“ dürfe. „Jedenfalls“ sei „dringend davor zu warnen, sofort Wahlen auszuschreiben“. Vordringlicher sei die sofortige „Hebung des Rechtsgefühls im Volk und der Kampf gegen politisches Verbrechertum, mit dem bestimmt gerechnet werden“ müsse.[400] Mit seiner Befürchtung, nach einem von den Nazi-Gegnern herbeigeführten Umsturz könne jederzeit eine pronazistische Gegenbewegung in Gang gebracht werden, weshalb der Weg zur Wiederherstellung demokratischer Verhältnisse sehr sorgsam geebnet und dann auf Dauer abgesichert werden müsse, stand der im Herbst 1943 den NS-Rassisten nach Schweden entkommene Dr. Robinsohn keineswegs alleine da. Dies zeigt beispielsweise der Blick in die von Prof. Dr. Ludwig Bergsträsser wohl im Vorjahr für Wilhelm Leuschner erstellte Ausarbeitung zur Re-Demokratisierung[401], in der genauso für ein Vorgehen peu à peu plädiert und noch manch anderer wichtige Vorschlag unterbreitet wurde, der ebenfalls stark an das kurz zuvor von Robinsohn für Umsturzzwecke ausgearbeitete Aktionsprogramm erinnert. Solche frappanten Übereinstimmungen ließen sich leicht damit erklären, dass entweder Diskussionen hierzu bereits zu einer Zeit erfolgt sind, als Dr. Hans Robinsohn noch in Deutschland war, oder aber dass zur Entstehungszeit beider Schriften eine wie auch immer geartete Kommunikationsschiene zwischen Dänemark und Darmstadt bestanden hat. Jedoch wird sich diese Frage – wie so vieles andere, wenn es um einstige Untergrundaktivitäten geht – kaum mehr klären lassen. Abgesehen davon sind in der Geschichte der politischen Ideen Phänomene, wie sie hier sichtbar werden, selbstverständlich keineswegs selten, was ganz einfach daher rührt, dass einander ähnelnde Problemstellungen oftmals auch zu ähnlichen Problemlösungsstrategien führen.

Mit dem von Dr. Mierendorff und Dr. Haubach binnen weniger Wochen verfassten, wohl auch mehrfach überarbeiteten und auf Pfingsten 1943 vordatierten Aufruf einer angeblich am 14. Juni „feierlich beschlossenen“ so genannten „Sozialistischen Aktion“[402] hätte entweder sofort oder gleich nach einem Umsturz das „arbeitende Volk in Stadt und Land“ ebenso wie die „tapferen Soldaten“ bzw. überhaupt „alle aufrechten Deutschen zu ehrlicher Mitarbeit“ aufgerufen werden sollen. Zu jener Zeit hat in Kreisau die dritte größere Zusammenkunft dieser im Prinzip aus bürgerlichen und sozialdemokratischen Regimegegnern kombinierten Oppositionsgruppe stattgefunden. Aus Sicherheitsgründen haben die beiden Sozialdemokraten – anders als Prof. Dr. Reichwein – allerdings selbst nicht an dem Treffen teilgenommen. Ihr Text ist dem Grafen von Moltke damals zwar durch Dr. Eugen Gerstenmaier übergeben worden, kam dort aber wahrscheinlich gar nicht zur Beratung. Insofern ist der feierliche Beschluss, von dem darin die Rede ist, reines Wunschdenken geblieben, zumal hinsichtlich der von Mierendorff und Haubach offenbar erhofften Einbindung auch der Kreisauer in die in ihrem Aufruf verkündete „überparteiliche Volksbewegung zur Rettung Deutschlands" unter Einschluss nun auch der Kommunisten. Selbstverständlich wurde auch in jenem „Aktionsprogramm" die „Wiederherstellung von Recht und Gerechtigkeit" gefordert, dazu Gewissensfreiheit sowie „unbedingte Toleranz in Glaubens- Rassen- und Nationalitätenfragen", die „Achtung vor den Grundlagen unserer Kultur, die ohne das Christentum nicht denkbar" sei, und außerdem die Schaffung einer sozialistischen Wirtschaftsordnung, um „soziale Gerechtigkeit" sowie „Menschenwürde und politische Freiheit zu verwirklichen". Des Weiteren wurden proklamiert: „Existenzsicherheit" für Arbeiter, Angestellte und Bauern, die „Enteignung der Schlüsselbetriebe der Schwerindustrie zugunsten des deutschen Volkes", die „Selbstverwaltung der Wirtschaft unter gleichberechtigter Mitwirkung des arbeitenden Volkes", die „Sicherung der Landwirtschaft vor der Gefahr, zum Spielball kapitalistischer Interessen zu werden", sodann der „Abbau des bürokratischen Zentralismus" und ebenso der „organische Aufbau des Reiches aus den Ländern". Schließlich bekannte sich jene „Sozialistische Aktion" zur „aufrichtigen Zusammenarbeit mit allen Völkern, insbesondere in Europa mit Großbritannien und Sowjetrussland". Der Nationalsozialismus müsse „mit Stumpf und Stiel ausgerottet werden". Ein „neues Deutschland" müsse geschaffen werden, in dem „sich das schaffende Volk sein Leben im Geist wahrer Freiheit selbst ordnet". Es gelte „zu handeln, ehe unsere Heimat ganz zerstört und der Zusammenbruch vollständig" sei. Hierfür bedürfe es der „Einheitsfront aller Feinde des Nationalsozialismus". Und dann wurde „im Gedenken an die Toten des Krieges und die Märtyrer der Freiheit, die vom Machtwahn des Faschismus hingemordet wurden, und an die Leiden unserer Soldaten" gelobt, dass sich „das deutsche Volk" niemals mehr „im Parteienstreit verirren" werde, „die Arbeiterschaft" sich niemals mehr „im Bruderkampf zerfleischen" dürfe und „nie wieder Diktatur und Sklaverei" zugelassen würden. „Das Gebot der Stunde" laute: „Fort mit Hitler! Kampf für Gerechtigkeit und Frieden!". Dieser „Kampf" werde „geführt unter dem Banner der Sozialistischen Aktion, der roten Fahne mit dem Symbol der Freiheit: dem mit dem Kreuz vereinten sozialistischen Ring als Zeichen der unverbrüchlichen Einigkeit des arbeitenden Volkes". Jenes ausdrucksstarke, jederzeit leicht mit Kreide oder Farbe an Häuserwände, sonstiges Mauerwerk und Zäune anzubringende Signum war übrigens kurz zuvor von Mierendorff, Deckname Dr. Friedrich, zusammen mit dem Künstler Harro Michael Siegel speziell für den Kreisauer Kreis entwickelt worden und soll auch von „allen Beteiligten" dort gebilligt worden sein, wie Mierendorff seinem sozialdemokratischen Freund daraufhin berichtet hat. Darüber hinaus birgt jenes – vor allem in Anbetracht heutiger Gepflogenheiten – wirklich bemerkenswert knapp gehaltene Programm die wohl kürzeste, wenngleich auch nur partiell zutreffende Zustandsbeschreibung der innerdeutschen antinazistischen Opposition überhaupt: Es wurde nämlich erklärt, der „Aktionsausschuss" jener Widerstandsbewegung würde von „Vertretern der christlichen Kräfte, der sozialistischen Bewegung, der kommunistischen Bewegung und der liberalen Kräfte als Ausdruck der Geschlossenheit und Einheit" gebildet. Ein solches Bündnis mit den Kommunisten hat aber in diesem Zusammenhang ganz bestimmt nicht existiert. Andererseits werden durch die sicherlich wohlüberlegt vorgenommene Differenzierung des Widerstandsspektrums in „Bewegungen" und „Kräfte", welche im Gegensatz zu Ersteren über keinen nennenswerten organisatorischen Hintergrund verfügten, die wichtigen diesbezüglichen Hinweise Henks bestätigt, nach denen die in diese breite Widerstandsfront einbezogenen konservativen und liberalen Regimegegner bis zuletzt niemals derart zahlreich gewesen sind, als dass sie als „Bewegung“ hätten bezeichnet werden können.[403]

Henk hat außerdem berichtet, die Alarmierung und Mobilisierung der antinazistisch stabil gebliebenen Bevölkerungsteile hätte „nach den ersten Stunden“ des Umsturzes eigentlich durch Leuschner erfolgen müssen. Dieser sei im Besitz eines fertigen Rundfunk-„Aufrufs an das deutsche Volk“ gewesen, d. h. einer „Regierungsproklamation“, als deren „Verfasser“ man wegen ihres „glänzenden Stils“ sofort Carlo Mierendorff habe erkennen können. Da aber Leuschner wie auch Haubach jedwede Kooperation mit kommunistischen Untergrundkadern strikt abgelehnt haben, mit denen sich jedoch – folgt man jenem Aufruf – die „Vertreter“ der „sozialistischen Bewegung“ sowie solche der „christlichen Kräfte“ und auch der „liberalen Kräfte“ angeblich zum „Aktionsausschuss“ einer überparteilichen antinazistischen „Volksbewegung“ zusammengeschlossen haben sollten, hätte dies im Falle von Mierendorffs Koautor Haubach schon eine ziemlich tiefe innere Zerrissenheit bedeutet. Allerdings relativierte sich dies, wenn berücksichtigt wird, dass die allenfalls von einer Minderheit der „20. Juli“-Verschwörer gewünschte Verbindung mit den Kommunisten tatsächlich erst im Anschluss an die erfolgreiche Militäraktion hätte herbeigeführt werden sollen, also exakt in dem Moment, in dem man mit jener Proklamation hätte hervortreten wollen. Henk hat dies insofern bestätigt, als er berichtete, man habe selbst „in den Wochen vor dem Attentat“ auf Hitler die Kommunisten, an deren „politischer Gegnerschaft“ kein Zweifel bestanden habe, nicht mit ins Boot geholt, denn „Jahre der Illegalität“ hätten „gezeigt, dass die Gestapo verstanden hatte, ein ganzes System von Spitzeln in die kommunistische“ Konspiration „zu schmuggeln“.[404] Es könnte natürlich auch so gewesen sein, dass

Prof. Dr. Adolf Reichwein vor dem „Volksgerichtshof“

Leuschner den ihm von Mierendorff bzw. von Haubach ausgehändigten Aufruf, über den noch 1944 eifrig diskutiert worden ist, zuletzt nach eigenem Gutdünken überarbeitet und dabei die von ihm nach wie vor nicht geschätzten Kommunisten einfach daraus gestrichen hat. Schließlich waren Leber und Reichwein nach einer von ihnen zwar mit Einverständnis Stauffenbergs, jedoch gegen den wiederholt erklärten Willen Leuschners und Haubachs wie auch Jakob Kaisers nur einen Monat vor dem „20. Juli" herbeigeführten Kontaktaufnahme mit konspirativen Spitzenfunktionären der KPD in Berlin verhaftet worden[405], was die harte diesbezügliche Anti-Haltung der beiden Gewerkschafter und des einstigen Reichsbanner-Führers ganz gewiss nicht ins Wanken gebracht haben wird. Es dürfte zudem ziemlich fraglich gewesen sein, ob der Verweis auf in die Anti-Hitler-Bewegung eingebundene Kommunisten damals innerhalb der deutschen Bevölkerung und gerade bei den für das Umsturzunternehmen doch völlig unverzichtbaren oppositionellen Militärs, desgleichen bei den konservativen und liberalen Regimegegnern und genauso bei den allermeisten der daran beteiligten Sozialdemokraten und Gewerkschafter wirklich Schubkraft hätte entwickeln können. Theo Haubachs seinerzeitige Mitwirkung an dem daher auch insofern höchst ungewöhnlichen Aufruf, die von der an dessen Entstehung im Büro von Viktor Bausch als Schreibkraft unmittelbar beteiligten Bettina Nickel, später Hiob, ebenso wie von Letzterem bezeugt worden ist[406], verlangt gleichermaßen nach einer Erklärung, die aber vollends schlüssig natürlich wiederum nicht gegeben werden kann. Die Annahme, es könne sich bei dem „Aktionsprogramm" um den Versuch gehandelt haben, eine strategische Neupositionierung der SPD anzubahnen, scheint einer gewissen Plausibilität allerdings nicht zu entbehren: Danach hätte sich jene antinazistische „Volksbewegung" primär auf die beiden vergleichsweise stabilen Fundamentsäulen der „sozialistischen" und der „kommunistischen Bewegung" stützen sollen, um dann noch durch Einbeziehung der „christlichen" und die „liberalen Kräfte" zur gemeinsamen, breiteren Anti-Nazi-Front erweitert zu werden. Durch die Überwindung des „Bruderkampfes" der Arbeiterbewegung hätte der Weg geebnet werden sollen zur Schaffung der „Einheitsfront aller Feinde des Nationalsozialismus". Jedoch selbst wenn Leber, Reichwein und vielleicht auch noch manch anderer Sozialdemokrat gewillt gewesen sind, dies zu ihrer neuen strategischen Leitidee zu erheben, so ist damit längst nichts ausgesagt über die Art und Weise ihrer praktischen Umsetzung. Leber selbst hatte bekanntlich nur wenige Monate vor dem Umsturzversuch kategorisch erklärt, er werde es „nicht zulassen", dass „auf Kosten der gewünschten Einigkeit wichtige Grundsätze der alten Sozialdemokratie einfach über Bord" gingen. Genau dies wird von Leuschner, dem antinazistischen Brückenbauer und zugleich Einheitsapologeten par excellence, ganz bestimmt nicht anders gesehen worden sein. Des ungeachtet soll es ihm, so hat Dr. Haubach dann ausgesagt, „sehr viel Sorge bereitet" haben, „dass für eine etwaige Regierungserklärung noch immer keine Einigungsformal gefunden" worden wäre, „die den christlichen Charakter des Staates ausreichend zur Darstellung" gebracht hätte.[407]

Den meisten Verschwörern, insbesondere aber Wilhelm Leuschner war völlig klar, dass eine antinazistische Volksbewegung nur eine Lösung auf Zeit wäre und dass man schon über kurz oder lang wieder eine wie auch immer strukturierte Demokratie errichten müsse. Dabei drängte sich natürlich auch die Frage auf, ob sich die antinazistische „überparteiliche Volksbewegung" Mierendorffs und Haubachs bzw. die

„Freiheitliche Erneuerungsbewegung" Robinsohns nicht ganz einfach in eine parteipolitische Organisation umwandeln lassen könnte. Der Idee einer mehrwöchigen „Sperrfrist", durch die jener Bewegung ein „organisatorischer Vorteil" gegenüber den dann erst wieder zuzulassenden „politischen Vereinen" verschafft werden würde, deutet darauf hin, dass schon Dr. Robinsohn diese Option in Erwägung gezogen hatte.[408] Und auch Dr. Goerdeler hat in seinen „Gedanken eines zum Tode Verurteilten über die deutsche Zukunft" vom September 1944 betont, „um so lange als möglich politische Parteien zu vermeiden, von denen" sowieso „immer nur die drei stärksten zugelassen werden" dürften, sei eine „Volksbewegung auf breitester Grundlage zu entwickeln, die zunächst von der Regierung, später selbständig zu führen" sei. „In ihr" sollten „auch Oppositionsgruppen gestattet" werden, denen die „Volksbewegung" bei „der Aufstellung der Kandidaten Rechnung tragen" solle. Später könnten „sich daraus Parteien", und zwar eine konservativ-liberale, eine sozialistische und eine kommunistische Partei, „entwickeln". Erläuternd wies der prominente Häftling darauf hin, „der Marxismus" habe „abgewirtschaftet" und könne ebenso wenig „wieder Grundlage einer Partei werden", wie „den Kirchen gestattet" werden dürfe, „über Parteien Politik zu machen". Jedoch ließe „sich in dieser Richtung nichts dogmatisch festlegen". Alles in allem müsse der Staat „nur dafür sorgen, dass möglichst wenig Parteien politisch wirken: Ideal" sei „eine für" und „eine gegen die Regierung" gerichtete Partei. Des Weiteren präzisierte Dr. Goerdeler in jener Ausarbeitung, „der Staat" habe „ferner die Aufgabe, die Arbeiter zu Mitträgern der Verantwortung für den Staat zu machen". Damit stellte er einmal mehr unter Beweis, wie sehr sich seine Vorstellungen mittlerweile mit denen Leuschners und der mit diesem verbundenen anderen nichtkommunistischen Arbeiterführer deckten. Der frühere hessische Innenminister hatte sich bekanntlich bereits vor Jahren – vielleicht nur pro forma, vielleicht auch aus tiefster Überzeugung – gegenüber den oppositionellen Militärs, darunter auch Generaloberst a. D. Ludwig Beck, mit einer demokratisch legitimierten Monarchie einverstanden erklärt. Goerdeler erschien jedenfalls „die erbliche Monarchie" immer noch „als beste Staatsführung" für die Deutschen, wobei „der Monarch" aber „nicht regieren" sollte, „sondern über der Verfassung wachen und den Staat repräsentieren". Könne jedoch keine Monarchie errichtet werden, dann müsse ein „Generalstatthalter oder Reichspräsident" an die Staatsspitze gerückt werden, „dessen unbeschränkte Wiederwahl möglich sein" sollte und der auch nach seiner dritten Wiederwahl sogar „auf Lebenszeit gewählt werden" können müsste.[409] Vor allem die hier zunächst wiedergegebenen Positionen Goerdelers widersprechen indessen seiner bereits an anderer Stelle zitierten Verhöraussage, einen neuerlichen „Parteienstaat" mitnichten angestrebt zu haben. Aber auch nach Hermann Maaß hätte das „frühere Viel-Parteien-System" nicht wiedererrichtet werden sollen, wohingegen Überlegungen angestrengt worden seien, nur „eine Partei als enge Auslese der bewusst politischen Elemente" zu bilden, was an Moltkes Vision einer supranationalen „Partei der Gleichgesinnten" denken lässt. Zugleich hat Maaß jedoch gegenüber den Sonderermittlern angegeben, es sei noch fraglich gewesen, „ob neben der Gewerkschaft" überhaupt „eine besondere politische Organisation gebildet werden sollte". Dr. Leber hingegen war davon überzeugt, dass ein Zwei-Parteien-System wohl die beste Lösung wäre, wobei er nur an eine bürgerliche Partei sowie eine einzige Arbeiterpartei unter Einschluss der Kommunisten gedacht haben kann.[410]

Noch am wahrscheinlichsten wäre es in der Tat gewesen, wenn zunächst jene antinazistische Volksbewegung durch Rückgriff auf das bereits vorhandene weit verzweigte Netzwerk von zivilen Widerstandsstützpunkten initiiert und dann sukzessive immer weiter ausgedehnt worden wäre. In der ersten Zeit nach dem Umsturz hätte sie neben dem Militär das Fundament der garantiert autoritär handelnden Zivilregierung gebildet. Sodann hätte sie durchaus zur Keimzelle einer völlig neuartigen, politisch außerordentlich breit aufgestellten Einheitspartei werden können bzw. einer nur auf wenigen politischen Parteien basierenden Demokratie. Sogar Generaloberst a. D. Ludwig Beck war der Meinung, wie er noch im Mai 1944 dem berühmten Historiker und einstigen Mitbegründer der linksliberalen Deutschen Demokratischen Partei Prof. Dr. Friedrich Meinecke bekundet hat, man müsse „nach der zu erwartenden Endkatastrophe eine antinazistische Einheitspartei gründen“, welche „von der äußersten Rechten bis zu den Kommunisten reiche“, zumal man sich auf deren „Zuverlässigkeit“ hinsichtlich „nationaler Grundfragen“ getrost „verlassen“ könne, wie er, Beck, „in Oberschlesien es erlebt habe“.[411] Diese letztgenannte Ansicht wurde von Dr. Goerdeler, Dr. Popitz und vielen anderen Verschwörern ganz und gar nicht geteilt, die jedwede Zusammenarbeit mit den deutschen Stalin-Anhängern grundsätzlich abgelehnt haben, was allerdings für den designierten Reichskanzler Goerdeler in puncto deren potentieller Einbindung in jene „Volksbewegung“ wieder zu relativieren wäre. Aber hinsichtlich der konkreten politischen Ausgestaltung der Nach-Hitler-Ära und insbesondere, was die Parteienfrage betraf, sind bis zuletzt viele Fragen offen geblieben. So soll beispielsweise auch von Max Habermann die Schaffung eines Drei-Parteien-Systems intendiert worden sein, das sich auf eine Bürgerpartei, eine Arbeiterpartei und eine Partei für die Bauernschaft unter Einschluss selbst der ostelbischen Rittergutsbesitzer hätte stützen sollen. Dr. Andreas Hermes hat hingegen die Bildung einer einzigen großen, christlich geprägten Volkspartei für Bürger, Bauern und Arbeiterschaft gemeinsam favorisiert. Die Gewerkschaftsführer um Wilhelm Leuschner, Jakob Kaiser und wiederum Habermann hätten, so das Zeugnis von Dr. Elfriede Nebgen, eine große „Partei der Arbeit“ ins Leben rufen wollen, in der „die Arbeiterschaft zumindest einen starken Kern bilden würde, ohne selbstverständlich reine Arbeiterpartei zu sein“. Hierdurch würde es möglich sein, so hätten sie gehofft, „dem neuen Staat ein echtes soziales Gepräge zu geben“, wobei die Idee einer „deutschen Labour-Party“ gerade auch bei den katholischen Arbeiterfunktionären auf starke Sympathien gestoßen sei. Auch Willy Elfes hat die „sofortige Bildung einer geschlossenen Front des schaffenden Volkes“ unter Einbeziehung auch seiner „positiven kirchlich-religiösen Elemente“ zu „einer Partei der Arbeit“ propagiert, welche „die soziale und politische Kraft der schaffenden Stände einheitlich zusammenfasst und der neuen deutschen Volks- und Staatspolitik eine breite und feste Grundlage gibt“.[412]

Ob nun neben eine einheitliche deutsche Volksgewerkschaft lediglich eine einzige Einheitspartei gerückt oder ob nicht besser neben ein bis zwei bürgerlichen Parteien eine große gemeinsame Arbeiterpartei geschaffen werden sollte oder vielleicht doch besser deren zwei – eine nichtkommunistische Sammlungspartei und eine kommunistische Partei nämlich –, das waren für jeden versierten Politiker und Gewerkschafter, auch für jeden pragmatisch denkenden Theoretiker, wie etwa Prof. Dr. Bergsträsser, natürlich Fragen nachrangiger Kategorie. Erst einmal musste der Umsturz gelingen. Dann waren rasch und effektiv die Entnazifizierungsmaßnahmen durchzuführen wie auch die Umerziehung der breiten Bevölkerungsmehrheit in die Wege zu leiten sowie überhaupt die innenpolitischen Verhältnisse zu stabilisieren, alles dies mit umfassender Unterstützung durch die antinazistische Volksbewegung, und dann erst würde man sich über die Parteifrage Klarheit verschaffen können. Dass eine wie auch immer neu herauszubildende Partei für die gesamte arbeitende Bevölkerung und auch die sonstigen Parteien einen strikt freiheitlichen und pluralistischen Zuschnitt bekommen würden, dafür wären Leuschner und seine Freunde die stärksten Garanten gewesen. Deshalb ist mit hundertprozentiger Gewissheit davon auszugehen, dass er einer künftigen Kooperation mit Kommunisten nur dann zugestimmt haben würde, wenn diese sich – ob nun in der neuen Partei oder in der Volksgewerkschaft – ohne Wenn und Aber den demokratischen Spielregeln zu unterwerfen gewillt gewesen wären. Doch jene Position Leuschners war keineswegs neu: Schon 1931 hatte er im Landtag des Volksstaates Hessen unmissverständlich klargestellt: „Wir wollen wieder die gesamte Arbeiterschaft in einer einigen Partei zusammenführen", weshalb es den Kampf „gegen Faschismus und gegen Kommunismus" gleichermaßen zu führen gelte „für ein arbeitsfähiges Parlament in Hessen" und folglich „für eine starke Sozialdemokratie".[413] Warum sollte sich seine Meinung seitdem geändert haben? Natürlich hat er gewusst, wie tapfer die Kommunisten gegen die Nazis gekämpft hatten in den langen Jahren der faschistischen Diktatur. Ebenso wird er die ihm durch einige von ihnen im KZ zuteil gewordene Kameradschaft in guter Erinnerung bewahrt haben. Aber auch die verheerende Rolle der Kommunisten bei der Zerstörung der Weimarer Republik wird ihm gegenwärtig geblieben sein. Genauso wenig waren ihre ständigen Verunglimpfungen seiner Freunde und seiner selbst vergessen, die Morddrohungen, die Steinwürfe, ihr zeitweiliges Paktieren mit den braunen Barbaren, ihre fortwährenden Ankündigungen, mit ihm und seinen Genossen „abrechnen" zu wollen, weil sie angeblich „Arbeiterverräter" seien. Und obendrein waren die noch viel übleren Methoden der Stalinisten bei der Bekämpfung bzw. „Ausschaltung" ihrer politischen Gegner damals schon allgemein bekannt, ob diese Verbrechen nun im Spanischen Bürgerkrieg, im „Vaterland aller Werktätigen", der UdSSR, oder anderswo begangen worden sind. Aber auch was die kommunistischen Mithäftlinge mit Mierendorff in der Nacht nach seiner Überstellung ins KZ Osthofen im Juni 1933 angestellt hatten, indem sie ihn nämlich krankenhausreif geprügelt haben, wird von Leuschner nicht vergessen worden sein, egal wie sein einstiger Pressechef zuletzt selbst darüber gedacht haben mochte. Leuschner wird hiervon spätestens durch Ernst von Harnack erfahren haben, der seinerzeit von Haubach, Mierendorffs engstem Freund, zeitnah, d. h. nur wenige Tage nach jener Missetat brieflich informiert worden war.[414]

Leuschner wird deshalb für eine linksorientierte Parteineugründung zwar unbedingt die Absorbierung des gesamten Spektrums proletarischer Kleinparteien und -organisationen sowie der sonstigen linkssozialistischen und pazifistischen Splittergrüppchen im Sinn gehabt haben, die während der Weimarer Jahre zwischen den beiden Arbeiterparteien SPD und KPD entstanden waren. Aber auch die Kommunisten würden in seinen Augen im Prinzip keine eigenständige Partei mehr benötigen bzw. es dürfte ihnen deren Neubegründung nicht ohne Weiteres oder überhaupt nicht gestattet werden, zumal sich die KPD-Führer durch ihr Insistieren auf der „Diktatur des Proletariats", durch ihre Distanz- und Kritiklosigkeit gegenüber ihrem großen Vorbild, der KPdSU, sowie durch vieles andere beileibe nicht nur für ihn restlos diskreditiert hatten. Und dass dem Faschismus 1932/33 der Weg an die Macht durch eine geeinte Arbeiterbewegung möglicherweise doch hätte versperrt werden können, das war bei den meisten linken Kadern im antinazistischen Untergrund in Deutschland wie in den entsprechenden Gruppen und Organisationen im Exil ohnehin die vorherrschende Meinung seit langer Zeit. Deshalb hatten sich Leuschner und Hermann Schlimme nach dessen Entlassung aus dem Zuchthaus auch darauf verständigt, wie dieser 1952 dem für eine von ihm zwar beabsichtigte, aber leider nicht realisierte Leuschner-Publikation recherchierenden Prof. Dr. Bergsträsser mitgeteilt hat, „dass nur eine einheitliche Gewerkschaftsbewegung und eine einheitliche Arbeiterpartei geschaffen werden" dürften.[415] Insofern wurde bereits damals im innerdeutschen Widerstand – wie schon seit 1941 im britischen Exil durch die Gründung der Union deutscher sozialistischer Organisationen – damit begonnen, den Weg zu ebnen für eine nach der Niederringung des „Dritten Reiches" sukzessive zur Volkspartei zu transformierende Sozialdemokratie mit Wirkkraft weit über das von ihr vordem erreichte politisch-soziale Milieu hinaus. Jakob Kaiser, Dr. Elfriede Nebgen und viele andere von Leuschners Mitstreitern haben nach dem Krieg bezeugt, dass dieser als Führungsfigur des gesamten sozialdemokratisch-gewerkschaftlichen Widerstandes völlig unangefochten gewesen sei, wodurch die Bedeutung Lebers, Mierendorffs, Reichweins, Haubachs, von Harnacks, Schwambs und all der anderen freilich nicht zu schmälern ist. Es kann mit großer Wahrscheinlichkeit davon ausgegangen werden, dass sich Leuschner nach einem Umsturz tatsächlich, ganz so wie Schlimme es Prof. Bergsträsser gegenüber bezeugt hat, hauptsächlich der Politik widmen wollte. Diese Annahme wird nicht zuletzt durch die seinerzeitigen Spekulationen bestärkt, der designierte Vizekanzler Leuschner könnte zu gegebener Zeit Dr. Goerdeler als Reichskanzler ablösen oder eventuell sogar dem krebskranken Beck als Staatoberhaupt nachfolgen. Der vorsichtige Gewerkschafter hielt sich aber diesbezüglich bedeckt und bekannte sich, anders als sein Vertrauter Leber und Stauffenberg etwa, weiterhin zu Goerdelers Kanzlerschaft, wenn auch womöglich nur aus taktischen Erwägungen heraus. Etliche andere haben dagegen in Dr. Julius Leber den geeigneten Mann für das Amt des Reichskanzlers gesehen.[416] Vermutlich unter der Folter hat dieser Wochen nach Leuschners Hinrichtung sogar behauptet, sein Parteigenosse habe ihm einmal gesagt, „er sehe über kurz oder lang den Fall eintreten", dass er als Repräsentant „der weitaus größten Gewerkschaftsorganisation vor 1933 eine große und schwierige Aufgabe zu erfüllen" hätte. Er, Leuschner, glaube nämlich, dass er dann „sowohl die Befugnisse des Reichspräsidenten als auch des Reichskanzlers in seiner Hand werde zusammenfassen müssen".[417] Hoffte Leber am Ende, mit solchen Äußerungen eine weitere Aussetzung der Vollstreckung seines eigenen Todesurteils oder vielleicht gar eine Begnadigung bewirken zu können? Oder hatte Leuschner als gewiefter politischer Pragmatiker wirklich eine solche unkonventionelle Lösung in Betracht gezogen? Wir wissen es nicht. Wie sehr er sich aber von jedwedem Parteienhader, allem kleinlichen Alltagszwist entfernt hatte, wurde kurz nach dem Krieg von Dr. Otto John in einem Gedenkartikel berichtet: Dieser erinnerte sich an sein letztes Gespräch mit Leuschner im Frühjahr 1944, in welchem jener ihm seine „Ideen und Pläne" für „ein anderes Deutschland" erläutert hatte. Dabei sei erstmals „deutlich" geworden, „dass es Leuschner nicht um die Durchsetzung eines erneuerten SPD-Programms zu tun war". Er habe „mit Wärme und Liebe von der Aufgabe" gesprochen, „die deutsche Jugend in erster Linie zu Menschen zu erziehen". Über deren „Zukunft" habe er „wie ein sorgenvoller Vater" gesprochen. Das Denken des „unumstrittenen Führers der illegalen Sozialdemokratie und einer geheimen Rumpforganisation der ehemaligen Freien Gewerkschaften" sei „auf diese Zukunft und nicht auf die Abrechnung mit der Vergangenheit" gerichtet gewesen.[418]

Zum Glück erlangten die faschistischen Sonderermittler trotz ihrer fürchterlichen Verhörmethoden keine Vorstellung vom wirklichen Ausmaß, welches die zivilen Untergrundstrukturen der „20. Juli"-Verschwörung im Laufe der Zeit erlangt hatten. In ihren Untersuchungsberichten finden sich regelmäßig Einschätzungen wie etwa die vom 11. August 1944, wonach die politischen Ansichten der „Verschwörerclique" außerhalb ihres Kreises nur „in einer zahlenmäßig begrenzten Schicht früherer Gegner und Reaktionäre Zustimmung gefunden" hätten, „nicht aber eine Resonanz in der Breite des deutschen Volkes".[419] Dennoch ist den Beamten recht bald klar gewesen, dass sie hierbei mit einer besonders gut abgeschotteten Konspirationsform konfrontiert waren, die mit den vordem vergleichsweise leicht zu enttarnenden Widerstandstrukturen zumeist kommunistischer, aber auch anderer Prägung nicht vergleichbar war. Dies hatte ihnen nämlich schon der am Tag zuvor zum Tode verurteilte und noch am selben 10. August hingerichtete, von den Verschwörern zeitweilig als Innenminister bzw. als Staatssekretär im Reichsinnenministerium vorgesehene Fritz Graf von der Schulenburg offenbart. Dieser hatte ausgesagt, was die Beamten allerdings erst vier Monate nach dem „20. Juli" in einem ihrer Untersuchungsberichte kundtun mochten, dass dem Umsturzversuch ein abgestuftes „System der Unterrichtung" zugrundegelegen habe. Es seien „nur ganz wenige Personen" über „gewisse Dinge" unterrichtet gewesen, wie z. B. die „Sprengstoffrage". Ein „größerer Kreis", der aber immer „noch sehr klein" gewesen ist, sei „in den Attentatsplan eingeweiht" gewesen. Ein wiederum „etwas weiterer Kreis" habe Kenntnis davon gehabt, „dass ein gewaltsames Unternehmen gestartet werden sollte, wobei die Frage offen blieb, inwieweit der Führer ausgeschaltet werden sollte". Sodann sei ein „Kreis von Personen" einbezogen gewesen, „mit denen nur über den Ernst der Lage" oder die „Notwendigkeit des militärischen Ausnahmezustandes" geredet worden wäre. Jeder Einzelne habe nur solche Informationen erhalten, die für seinen unmittelbaren Tätigkeitsbereich erforderlich waren. „Einzelne der Beteiligten" würden „nur für ganz bestimmte Aufgaben herangezogen und lediglich mit den für sie in Betracht kommenden Tatsachen vertraut gemacht" worden sein. Durch Aussagen anderer Verschwörer wurde die Herausbildung jenes „raffinierten Systems" der größtmöglichen wechselseitigen Abschottung der diversen Konspirationsbereiche mehrfach bestätigt, das auch von Stauffenberg, Beck und Goerdeler konsequent angewandt worden sei, wie der erwähnte Kaltenbrunner-Bericht vom 12. Dezember 1944 des Weiteren festgestellt hat. Außerdem hätten viele der Verschwörer selbst dringend darum ersucht, nicht mehr als unbedingt nötig zu erfahren, was dann insgesamt „dazu geführt" habe, „dass von den Hauptmachern abgesehen", so der Bericht nochmals in aller Deutlichkeit, „niemand ein Bild vom Umfang des Verschwörerkreises und der Art der Vorbereitungen" des Umsturzvorhabens gehabt habe. Und schließlich wurde konstatiert, dass außerdem der u. a. für die Gegnerbeobachtung zuständige „Nachrichten-Apparat" der Verschwörer „durch das weit verzweigte Netz von Verbindungen verhältnismäßig gut ausgebaut" gewesen sei, wodurch diese wiederholt an brisante Interna aus dem Polizeibereich gelangt seien. Das Gerücht von der „ganz kleinen Verschwörerclique" wäre durch Erkenntnisse solcher Art schwerlich aufrechtzuerhalten gewesen, nur ließ sich das von den Regimegegnern offenbar perfekt praktizierte „konspirative System der Geheimhaltung und des aufgeteilten Vertrauens" von den NS-Verfolgungsbehörden einfach nicht knacken.[420] Die zivilen Widerstandsstrukturen hinter der hauptsächlich gefassten Riege der politischen und militärischen Anführer des Unternehmens sowie der Verbindungsoffiziere und der Politischen Beauftragten und Unterbeauftragten blieben so überwiegend unentdeckt. Dadurch standen die darin involvierten NS-Gegner für die alsbald folgende Phase des demokratischen Neubeginns fast zur Gänze zur Verfügung.

Die bürgerlich-sozialdemokratisch kombinierte Widerstandsbewegung hatte quasi im Catch-all-Verfahren immer mehr lokal, seltener auch regional operierende Oppositionsgruppen konservativer, liberaler, zumeist aber sozialdemokratischer Prägung ihren lockeren konspirativen Strukturen zuzuführen vermocht bzw. solche Gruppierungen zum Teil sogar eigens initiiert, wozu von ihren Anführern und deren Emissären bis zuletzt ausgeprägte Reiseaktivitäten entfaltet worden sind. Das sozialdemokratisch-gewerkschaftliche Vertrauensleutenetz Wilhelm Leuschners und seiner Mitstreiter blieb dabei allein schon wegen seiner respektablen reichsweiten Ausdehnung der dominierende Faktor jenes Stützpunktesystems. Dieses erstreckte sich von Hamburg über die Städte des Rhein-Ruhr-Gebietes sowie die Rhein-Main-Region bis nach Karlsruhe, Stuttgart und Freiburg, von Bonn und Köln über Bielefeld und Hannover bis nach Potsdam und Berlin und weiter bis nach Königsberg, von Rostock über Leipzig, Dresden, Görlitz und Breslau bis nach Nürnberg und München und sogar nach Wien. Besonders dicht geknüpft war das antinazistische Netzwerk aus naheliegenden Gründen in der Reichshauptstadt sowie im Bereich des früheren Volksstaates Hessen, also im heutigen Südhessen sowie im rheinhessischen Teil von Rheinland-Pfalz.[421] Es waren in der Regel nur kleine und kleinste oppositionelle Gruppierungen und manchmal auch nur einzelne Regimegegner in zahllosen Städten und Gemeinden des Deutschen Reiches, die lediglich durch bestimmte Kontaktpersonen informell miteinander vernetzt waren, um erst im letzten Moment zum koordinierten Hervortreten zusammengeführt zu werden. Einbezogen waren am Ende einige Tausend frühere politische und gewerkschaftliche Funktionsträger, Arbeiter, Angestellte und Beamte, Hochschullehrer, Verwaltungsfachleute, Juristen und Unternehmer, kleine Gewerbetreibende, z. B. Gastwirte, Kioskbetreiber und Handlungsreisende, die vielfach auf diese Weise ihren Lebensunterhalt verdienten, nachdem sie 1933 aus ihren Berufen und Funktionen verdrängt worden waren. In immer mehr Städten waren unterdessen Fühlungnahmen mit gleichfalls meist nur kleineren Freundeskreisen von NS-Gegnern erfolgt, in denen Konservative, Liberale und Sozialdemokraten oftmals schon seit etlichen Jahren einvernehmlich zum oppositionellen Meinungsaustausch zusammenkamen und aus denen heraus manche Hilfsaktion für vom Regime Verfolgte organisiert worden ist. Auch mit weiteren kirchlichen Würdenträgern wurde der Kontakt gesucht, desgleichen wo immer es ging mit Polizeibeamten, selbst mit Funktionären des NS-Parteiapparates, sofern sie sich im Laufe der Zeit zu einer regimekritischen Haltung vorgearbeitet hatten.

Sogar zu solch höchst problematischen Persönlichkeiten wie dem wegen seines Verhaltens während des rechtsgerichteten Kapp-Lüttwitz-Putschversuchs 1920 aus der SPD und dem Deutschen Bauarbeiter-Verband ausgeschlossenen vormaligen Oberpräsidenten von Ostpreußen August Winnig[422] bestanden Verbindungen. Winnig war, nachdem er sich 1927/28 für die rechte Parteiabspaltung Alte Sozialdemokratische Partei engagiert hatte, 1930 der gerade frisch ins Leben gerufenen deutschnationalen Konservativen Volkspartei beigetreten und hat wohl schon vor 1933 profaschistische Positionen vertreten, auch wenn er sich der NSDAP dann doch nicht angeschlossen hat. Nach eigenem Zeugnis hat sich der zu jener Zeit recht erfolgreiche Publizist schließlich jedoch zu einem christlich geprägten Konservativen weiterentwickelt, was ihn 1945 auch zu einem der CDU-Gründer werden ließ. Während der damals in Potsdam wohnende Winnig sich schon seit dem Sommer 1934 regelmäßig mit Max Habermann austauschte und wiederholt zudem mit Jakob Kaiser zusammengetroffen ist, mochten die beiden, so jedenfalls Dr. Elfriede Nebgen, ihn als Gesprächspartner Wilhelm Leuschner besser nicht präsentieren. Dieser wusste zwar um jenen Kontakt, zog es aber vor, nichts dagegen zu unternehmen. In seinem Erinnerungsbuch „Aus zwanzig Jahren" hat Winnig u. a. über seine Beziehungen zu einigen Widerständlern des „20. Juli" Auskunft gegeben, und zwar außer zu Habermann und Jakob Kaiser zu Hauptmann Hermann Kaiser, zum früheren Vorsitzenden des Bergarbeiter-Verbandes Fritz Husemann sowie zu Fritz Graf von der Schulenburg, zuletzt Oberleutnant der Reserve. Während seine Erinnerung, aus den „Kreisen" der „christlich-nationalen Gewerkschaften" habe er „die erste konspirative Widerstandsbewegung entstehen" sehen, sicherlich so nur für seinen persönlichen Erlebnisbereich zutraf, zeugt Winnigs gleichzeitiges Urteil, „aus den Trümmern der Sozialdemokratie" sei „kein Widerstand" entstanden, nicht nur von seiner völligen Unkenntnis in dieser Hinsicht, sondern auch davon, dass seine einstigen Genossen, von Husemann vielleicht abgesehen, nicht erpicht waren auf konspirative Kontakte mit Leuten wie ihm. Demgegenüber hat ein anderes Zeugnis Winnigs seiner Tendenz nach durchaus den Fakten entsprochen, indem er nämlich außerdem berichtete, „beide", Habermann und Kaiser, hätten „allmählich ein Netz von Vertrauensleuten" geschaffen, von dem Letzterer „nach einigen Jahren" gesagt habe, nun sei „jede Stadt und jeder Kreis so besetzt", dass „bei einem Sturz des Regimes überall neue Männer bereitständen". Daraus geht zweifelsfrei hervor, dass Jakob Kaiser und Max Habermann den Namen ihres Freundes Leuschner Winnig gegenüber nicht preisgegeben haben und auch sonst kein weiteres konspiratives Detail.[423]

Leuschner ist im Übrigen ziemlich genau ein Jahr vor dem „20. Juli" auf Wunsch Jakob Kaisers nach Wien gefahren, wohin dieser bis dahin die Verbindung entweder selbst oder durch Dr. Nebgen per Korrespondenz aufrechterhalten hatte. Der Sozialdemokrat sollte versuchen, durch Gespräche u. a. mit einigen seiner österreichischen Genossen den dortigen Widerstand auf den von den deutschen NS-Gegnern gewünschten Kurs festzulegen. Während sich die militärische Niederlage des faschistischen Deutschland und seiner Verbündeten nach Stalingrad immer deutlicher abzeichnete, beabsichtigten die Verschwörer nämlich, bei der von ihnen damals schon diskutierten Bildung einer neuen, nichtnazistischen Reichsregierung der großdeutschen Lösung Geltung zu verschaffen, d. h. den deutsch-österreichischen Zusammenschuss beizubehalten. Deshalb sollte unbedingt auch ein Österreicher in ihrem Kabinett vertreten sein. Hierbei wurde vor allem an den christlichsozialen, aber als Bundeskanzler von Anfang an autoritär-diktatorisch regierenden Dr. Kurt von Schuschnigg gedacht, der 1938 von Hitler zum Rücktritt gezwungen worden war und sich seitdem in Haft befand, von 1941 bis 1945 übrigens im KZ Sachsenhausen. Leuschner wird vielleicht nicht gerade zu den stärksten Befürwortern einer Regierungsbeteiligung Schuschniggs gehört haben, dessen unrühmliche Rolle bei der Niederschlagung des österreichischen Februaraufstandes 1934, damals war Schuschnigg noch Justizminister, und der anschließenden brutalen Unterdrückung der dortigen Arbeiterbewegung sich schwerlich vergessen ließ. Der spätere SPÖ-Vorsitzende und Bundespräsident der Republik Österreich Dr. Adolf Schärf hat nach dem Krieg geschildert, wie er auf Leuschners Bericht über die von Berlin ausgehende reichsweite antinazistische Widerstandsbewegung und die von ihm und seinen Freunden erhoffte Einbindung auch der österreichischen NS-Gegner reagiert habe: „Der Anschluss" sei „tot", und „die Liebe zum Deutschen Reich" sei „den Österreichern ausgetrieben worden", habe er Leuschner unmissverständlich klar gemacht. Auch mit konservativen Widerständlern hat der deutsche Gewerkschaftsführer dort gesprochen, so mit Lois Weinberger, seit 1940 Anführer der illegalen christlichen Gewerkschaftsbewegung, und mit Dr. Felix Hurdes, den die Nazis erstmals 1938/39 für geraume Zeit ins KZ gesperrt hatten. Ihnen soll Leuschner, so Weinberger in seinem bald nach dem Krieg erschienenen Erinnerungsbuch „Tatsachen, Begegnungen und Gespräche", von seiner sehr weitgehenden Übereinstimmung mit Jakob Kaiser berichtet haben, auch von ihrer Überzeugung, dass „mit dem Rezept von anno dazumal" ein Weiterkommen nicht zu erzielen sein werde und ebenso „nicht mehr mit einer Wiederholung der Demokratie nach 1918". Beim Neuaufbau von Staat und Gesellschaft würden daher „die Gewerkschaften eine wichtige Rolle spielen und auch die Parteien" ganz anders „eingesetzt werden", was aber Goerdeler „nicht ganz" verstehe und worüber „es auch manchmal Differenzen mit ihm und seinen engeren Leuten gegeben" habe. Ansonsten hätte Leuschner versucht, Dr. Hurdes und ihn „vor allem für die erste Zeit zum Mittun zu gewinnen" und ihnen sogar schon „gewisse konkrete Aufgaben ‚anzuhängen'". Einige Monate zuvor, es war im Oktober 1942, war Weinberger bereits von Dr. Goerdeler aufgesucht worden. Während jener Unterredung, an der auch Otto Troidl, ebenfalls ein christlicher Gewerkschafter, Jakob Kaiser und Dr. Hurdes teilgenommen hatten, habe der frühere Leipziger Oberbürgermeister dargelegt, dass „die deutsche Widerstands- und Freiheitsbewegung" längst „von den stolzen Preußen und Deutschnationalen" bis hin „zu den linken Sozialdemokraten von einst und den Sozialisten von morgen" reiche und „auch die Kräfte aller gläubigen deutschen Katholiken und Protestanten umspanne". Desgleichen seien „aber auch liberale Kreise, verzweifelte und bekehrte Nationalsozialisten, ehemals idealistische Anhänger der NSDAP und Kreise der schwarzen SS" eingebunden. Letzteres bedarf sicherlich weiterer Forschungsanstrengungen, was genauso natürlich die Beteiligung vieler Polizeibeamter und das ganze reichsweite zivile Widerstandsnetzwerk Leuschners, Kaisers, Goerdelers usw. generell betrifft. Auch wenn die Österreicher sich bei jenen Begegnungen ganz offenbar reserviert gezeigt haben, sollten trotzdem vier von ihnen am Abend des 20. Juli 1944 immerhin als Politische Beauftragte bzw. Unterbeauftragte in den Wehrkreisen XVII Wien sowie XVIII Salzburg zum Einsatz herangezogen werden, nämlich der sozialdemokratische Parteivorsitzende und frühere Bürgermeister von Wien Karl Seitz, von 1919 bis Ende 1920 zudem erstes Staatsoberhaupt der österreichischen Republik, der vormalige christlichsoziale Landeshauptmann von Niederösterreich sowie zeitweilige Land- und Forstwirtschaftsminister Josef Reither, der von 1938 bis Sommer 1941 das KZ Dachau hatte erleiden müssen, ferner der frühere gleichfalls christlichsoziale Landeshauptmann von Salzburg Dr. Franz Rehrl und Dr. Anton Ritter

Mörl von Pfalzen zu Mühlen und Sichelburg, seit 1933 höchster Polizeibeamter von Tirol, der wie so viele andere seit dem „Anschluss“ seines Heimatlandes für längere Zeit in verschiedenen Konzentrationslagern inhaftiert gewesen war. Durch deren geplante Verwendung als höchste zivile Funktionsträger bereits während der unmittelbaren Umsturzphase hat die Wiener Bekundung Dr. Goerdelers zur politischen Bandbreite der Widerstandsbewegung vom Herbst 1942 späterhin auch dort ihre überzeugende Bestätigung gefunden. Nach dem „20. Juli“ wurden alle hier genannten österreichischen NS-Gegner in Haft genommen, aus der sie meist erst im Frühjahr 1945 wieder freikamen. Nur Dr. Mörl-Pfalzen ist schon bald wieder entlassen worden, weil sich seine Beteiligung an den Staatsstreichvorbereitungen nicht hatte nachweisen lassen.[424]

Sorgsam verborgene Verbindungsfäden des Widerstandsnetzwerks liefen aber nicht nur nach Österreich, sondern auch nach Skandinavien und in die Niederlande, nach Belgien und Frankreich sowie in die Schweiz, auf die Iberische Halbinsel, in die Türkei[425] und selbst nach Griechenland, was – mit Ausnahme vielleicht der Verbindung von Jakob Kaiser, Dr. Nebgen, Wilhelm Leuschner usw. zum auf Kreta stationierten Ludwig Reichhold – selbst vielen Widerstandsforschern unbekannt sein dürfte: Seit dem Juli 1941 wirkte an der Marinewetterwarte in Saloniki zunächst als 2. Meteorologe, dann als deren Dienststellenleiter der Sozialdemokrat Dr. Georg Eckert, der zur Tarnung seiner damaligen vielfältigen antinazistischen Aktivitäten 1937 nach Rücksprache mit seiner Partei der NSDAP beigetreten war. Bis 1933 ist er u. a. Reichsleiter der Sozialistischen Schülergemeinschaft und Vorsitzender der Sozialistischen Studentenschaft in Berlin gewesen. Wenig später hatte er abwechselnd in Bonn und wiederum in Berlin studentische und wohl auch andere Oppositionelle um sich geschart, um diese in Fühlung mit dem SPD-Exilvorstand für die Widerstandsarbeit zu präparieren. Auch in Saloniki vermochte Dr. Eckert mit der Zeit immer mehr Anti-Nazi-Kräfte um sich zu sammeln, die schließlich zu „einer festen Zelle von Antifaschisten aller Richtungen“ zusammengefasst werden konnten, wie er 1946 in seinem, im Archiv der sozialen Demokratie der Friedrich-Ebert-Stiftung in Bonn aufbewahrten handschriftlichen Bericht „Kurze Geschichte des Komitees ‚Freies Deutschland‘ in Saloniki bis November 1944“ dargelegt hat. Es seien deutsche Diplomaten ebenso darunter gewesen wie Lehrer der dortigen Deutschen Schule, Stabsoffiziere der Wehrmacht ebenso wie ein Abwehroffizier sowie ein Mitarbeiter der Geheimen Feldpolizei, durch den er „über alle gefährlichen Aktionen unterrichtet wurde“, die von dort geplant wurden. Auch zu Rumänen, Bulgaren, vor allem zu vielen Griechen verfügte seine Gruppe über Verbindungen, wobei die Kontakte zur griechischen Widerstandsbewegung sich hieraus entwickelt haben. Sein „Kreis“ habe antinazistische „Mundpropaganda“ betrieben, „später“ seien „auch Flugblätter“ verbreitet worden. Es sei ihnen um die „Vorbereitung eines Militärputsches“ gegangen, um „Sabotage in den NS-Stellen“, um „Hilfe für die griechische Bevölkerung“, zuletzt sogar um die „Aufstellung deutscher Partisanenverbände“ und den „offenen Bruch mit dem Regime“. Währenddessen unterhielt Dr. Eckert weiterhin konspirative Beziehungen zu sozialdemokratischen Widerstandskreisen in Deutschland, für die seine Dienststelle als Anlaufstation diente. Seiner Gruppe und ihm gelang es sogar, die Zerstörung mehrerer griechischer Dörfer zu vereiteln, verschiedenen rassistisch wie auch politisch Verfolgten die Flucht zu ermöglichen und 21 KZ-Häftlinge zu befreien. Die der jüdischen Gemeinde Salonikis über den Direktor der

Universitätsbibliothek Dr. Formozis im März 1943 zugeleitete Warnung vor den bevorstehenden Deportationen wurde jedoch in ihrer ganzen ungeheuerlichen Tragweite nicht erkannt. Eckert selbst konnte immerhin ungefähr einem Dutzend Juden zur Flucht in die Berge zu den Partisanen verhelfen. Im Frühsommer des nächsten Jahres erreichte Dr. Eckert aus Deutschland die Information, es sei mit einem Militärschlag gegen Hitler zu rechnen. Deshalb hielt er es für sinnvoll, nun zusammen mit seinem Stellvertreter Dr. Ernst Cremer und nach eingehender Beratung mit mehreren weiteren Gesinnungsfreunden ihre Zielsetzungen zu einem Zehn-Punkte-Programm zu komprimieren, das, so Eckert rückblickend, ein „Kompromiss zwischen katholisch-konservativen und sozialdemokratischen Auffassungen" gewesen sei. Der Deutsche Antifaschistische Kampfbund (DAK), wie sich die Gruppierung vorerst nannte, bekannte sich zu einem „freien, unabhängigen Großdeutschland", zur „engen wirtschaftlichen, kulturellen und politischen Zusammenarbeit aller Völker der Erde auf dem Boden völliger Gleichberechtigung und gegenseitiger Achtung" sowie zur „durch die gemeinsame Geschichte und Kultur bedingten europäischen Solidarität". Er propagierte den Kampf „gegen Chauvinismus, Völkerverhetzung, Rassen- und Religionsvorurteile" und forderte „eine allgemeine, aufrichtige Verständigungspolitik". Der DAK wandte sich gegen „jede imperialistische Kriegspolitik" und verlangte nach „allgemeiner Rüstungsbeschränkung und internationaler Schiedsgerichtsbarkeit". Außerdem trat er „für wirtschaftliche Gleichberechtigung, Handels- und Verkehrsfreiheit" genauso ein wie für „freie internationale Abmachungen" zur Ermöglichung „einer gerechten Verteilung der Rohstoffe- und Nahrungsvorräte der Welt". Innenpolitisch sprach sich der Kampfbund „für eine freiheitliche, demokratisch-parlamentarische Verfassung" aus, wobei auf eine Hebung der „Gemeinschaftsbildung" durch eine entsprechende „Form der lokalen und ständischen Selbstverwaltung" gedrungen wurde, eine Forderung, die bekanntlich etlichen Verschwörern des „20. Juli" nicht fremd gewesen ist. Eine „zentralistische Reichsreform", die „Wiederinkraftsetzung" der Weimarer Reichsverfassung, welche allerdings für reformierungsbedürftig erachtet wurde, ebenso „die Reinigung des öffentlichen Lebens von allen faschistischen Einflüssen", die entschiedene Kampfansage an „jede offene oder versteckte Form der Diktatur", alles dies waren Programmpunkte, die mit den Vorstellungen Leuschners völlig kompatibel waren. Und auch die „sofortige Einberufung einer gesamtdeutschen Nationalversammlung" wäre kein Gegensatz gewesen zur beispielsweise von Prof. Dr. Bergsträsser und Dr. Hans Robinsohn propagierten nur schrittweisen „Wiederherstellung" demokratischer Verhältnisse. Die Nachricht vom Scheitern des Umsturzversuches wurde von Dr. Eckert und seinen Vertrauten mit Enttäuschung aufgenommen, doch hofften sie offenbar noch auf einen Folgeversuch, Hitler und seine Diktatur zu beseitigen. Die sich mehrenden Meldungen über Desertionen bzw. Desertionsversuche, Gerüchte über bewaffnete Auseinandersetzungen zwischen Wehrmachtoffizieren und SS in Athen, die jetzt einsetzende Verhaftungswelle und vor allem drei gegen ihn gerichtete Denunziationen ließen es Eckert und seinen engsten Mistreitern ratsam erscheinen lassen, in Abstimmung mit der griechischen Widerstandsbewegung ihren Seitenwechsel vorzubereiten. Dieser erfolgte, nachdem sie noch für den kampflosen Abzug der Wehrmacht aus Thessaloniki gesorgt hatten, Ende Oktober 1944 unter Mitnahme einer größeren Menge Handgrananten und mehrerer Tausend Schuss Munition, wobei Dr. Eckert, Dr. Cremer und zwei weitere deutsche Antifaschisten auf ihrem Weg von bewaffneten griechischen Widerständlern gedeckt worden sind. Nach dem Krieg engagierte sich Dr. Eckert schon bald wieder für die SPD, dann auch für die neu gegründete Gewerkschaft Erziehung und Wissenschaft, mit deren Hilfe er 1951 in Braunschweig das Internationale Schulbuchinstitut ins Leben rief. Außerdem wirkte er seit dem Jahr darauf dort als Professor für Geschichte und für Methodik des Geschichtsunterrichts, gehörte ferner zu den ersten, die sich damals in Westdeutschland wissenschaftlich mit der Geschichte der deutschen Arbeiterbewegung befassten, und war dann auch Mitglied der Vorbereitungskommission des Godesberger Programms seiner Partei von 1959. Für die Friedrich-Ebert-Stiftung machte er sich ebenfalls auf vielfältige Weise stark, ist dazu noch u. a. Mitglied der Deutschen UNESCO-Kommission gewesen, deren Präsident er 1964 wurde, sowie Vorstandsmitglied im Deutschen Rat der Europäischen Bewegung.[426]

Etliche Zeit vor dem „20. Juli“ waren Leuschner und seine engsten Mitstreiter zu der Überzeugung gelangt, dass es zur Verbreiterung der Widerstandsbasis angebracht wäre, nun noch stärker Kontakte mit Regimegegnern zu suchen, die dem früheren linken SPD-kritischen Organisationsspektrum entstammten. So war bereits im Sommer 1942 durch einen Besuch des früheren Dortmunder Magistratsschulrats Ernst Müller bei Artur Ladebeck in Bielefeld eine zunächst nur indirekte Verbindung zwischen einem im Ruhrgebiet schon seit einigen Jahren bestehenden, außerordentlich locker geknüpften linkssozialistisch-pazifistischen Widerstandsnetzwerk und der Leuschner-Kaiser-Habermann-Konspiration in Berlin zustande gekommen. Zunächst wurde jener Kontakt durch den 1940 zur Wehrmacht eingezogenen Pädagogen und religiösen Sozialisten Dr. Emil Figge als Mittelsmann aufrechterhalten, dann auch durch Gustav Kettel, der vormals in Bad Ems Betriebsratsvorsitzender der zur Stolberger Gesellschaft gehörenden Blei- und Silberwerk AG und Leiter der dortigen Ortsgruppen von Deutscher Friedensgesellschaft (DFG) wie Sozialistischer Arbeiterpartei (SAP) gewesen war. Unter dem Decknamen Camphausen wirkte der von Müller hierfür angeworbene Kettel gleichzeitig mit an den weiteren Vernetzungsanstrengungen Leuschners und seiner Vertrauten. Im Februar 1943 fiel Dr. Figge als Kurier freilich aus, weil er wegen „Wehrkraftzersetzung“ verhaftet worden war. Müller hatte übrigens Leuschner seinerzeit sogleich über Ladebeck die Warnung zukommen lassen, allerorten würden einem in Oppositionskreisen sein Name und auch der Goerdelers zugeflüstert, was zu größter Besorgnis Anlass geben müsse. Leuschner ließ ihm daraufhin über Severing sowie Ladebeck ausrichten, so ist in einem 1952 verfassten Erinnerungsbericht Müllers festgehalten, dass ihm sein Name genannt worden wäre, sei „doch durchaus zu billigen“. Diese Ansicht soll er ein Jahr später, also 1943, nochmals persönlich bei einem Treffen mit Müller „im Nacht-D-Zug zwischen Hagen und Kreiensen“ bekräftigt haben. Ernst Müller vertrat die Auffassung, dass ein optimal abgesicherter Zusammenhalt der Regimegegner noch am ehesten durch konspirative Einzelkontakte gewährleistet werden könnte. Daran hat er sich selbst allerdings keineswegs immer konsequent gehalten, hatte er doch schon 1940 damit begonnen, zusammen mit mehreren anderen Regimegegnern ein Programm für eine von ihnen dann, wie er schrieb, „illegal ins Leben gerufene ‚Sozialistische Union'“ auszuarbeiten, wofür sie bis zu dessen endgültiger Ausformulierung Ende 1943 verschiedentlich sogar in größerer Runde – manchmal waren sie mehr als ein Dutzend – zusammengekommen sind. Diese Gruppierung habe, so Müller weiter, „durch Gustav Kettel bis ins hessische Gebiet und darüber hinaus und durch holländische Freunde weiter bis nach England ihre Verbindungen und Mitglieder" gefunden. Ihr Programm, das in starkem Maße den Vorstellungen der Union deutscher sozialistischer Organisationen in Großbritannien entsprochen hat, aber auch den Einfluss des elitären Politikverständnisses des Internationalen Sozialistischen Kampfbundes (ISK) erkennen ließ, sah Maßnahmen zur vollständigen Entnazifizierung und umfassenden Re-Demokratisierung Deutschlands vor, darunter die Einführung einer staatlichen Einheitsschule, ausgerichtet nach den Prinzipien von Humanität, Demokratie und Völkerverständigung, die Begründung eines öffentlich-rechtlichen Rundfunks bei gleichzeitigem Verbot von Privatsendern, die Einführung einer einmaligen Kapitalabgabe zum Ausgleich zu großer Vermögensunterschiede, die Verstaatlichung vor allem von Großbetrieben, Konzernen, Banken und Versicherungen sowie des Großgrundbesitzes, die staatliche Garantie eines Rechts auf Arbeit und selbstverständlich auch unabhängiger Gewerkschaften und Genossenschaften. Durch eine zunächst zwischengeschaltete Form von Erziehungsdiktatur sollten die Weichen gestellt werden für eine „Sozialistische Republik", die perspektivisch Teil einer erhofften „Föderation der europäischen Völker" werden sollte. Über die Niederlande gelangte dieses Programm, das Kettel über seinen Freund Seppl, eigentlich Josef Kudrnofsky in Frankfurt hatte drucken lassen, sogar zu Gesinnungsfreunden in der Schweiz. Der nur siebenköpfige Gründerkreis des verschiedentlich auch Neue Sozialistische Partei bzw. Sozialistische Staatspartei genannten Zusammenschlusses entstammte durchweg dem so genannten Hagener Kreis der 1933 verbotenen DFG, wobei einige davon sowie etliche weitere Aktivistinnen und Aktivisten zugleich Mitglieder der damals ebenfalls illegalisierten SAP gewesen sind. Der einstige Generalsekretär des Westdeutschen Landesverbandes der DFG August Bangel, der während des Krieges als Direktor einer Metallwarenfabrik in Bochum wirkte, war ebenfalls mit von der Partie. Fühlungnahmen gab es mit Pfarrern der Bekennenden Kirche, auch mit einigen „katholischen Kulturpolitikern, darunter Lehrer," so Müller weiter, der seit 1942 als Amtsschreiber in Lüdenscheid zwangsverpflichtet war. In der Hauptsache war er für die Abfassung des kulturpolitischen Teil des Dortmunder Unions-Programms zuständig gewesen. Von den Stützpunkten in Dortmund und Bochum liefen Verbindungswege zu einzelnen Vertrauten in der ganzen Region, z. B. nach Altena, Olpe, Gummersbach, Hagen, Schwerte, Lüdenscheid sowie ins nahe Trempershof, wo Müller seit Herbst 1933 im Haus seiner Schwiegereltern wohnte. „Persönlich enger mit Berlin in Kontakt" gekommen sei er, wie er weiter berichtet hat, „über die Gruppe von Karl Mierendorff, mit dem unmittelbar Fritz Küster" verkehrt habe, der einstige geschäftsführende Vorsitzende der DFG. Jene Ruhrgebietsstruktur unterhielt dazu noch verschiedene konspirative Kontakte in den Niederlanden, vor allem zum 1934 dorthin ausgewanderten Hein Herbers, vormals Lehrer in Bad Ems, dann Kassel und ebenfalls zugleich Aktivist von SAP und DFG. Er galt als Ideengeber der „Sozialistischen Union" und soll für diese auch etliche antinazistische Aufrufe im Vorfeld des „20. Juli" verfasst haben. Herber

Gustav Kettel

unterrichtete an der Werkplaats, Kindergemeenschap-Bilthoven, einer Experimentalschule bei Utrecht, die während der deutschen Besatzungsherrschaft ein Zentrum des ziviles Widerstandes war. Auch dorthin wurde die Verbindung durch Gustav Kettel wahrgenommen, der in Essen mittlerweile ein recht gut gehendes Geschäft für Großkücheneinrichtungen betrieb und aus dessen Erträgen nicht nur die Widerstandsarbeit seiner eigenen Gruppierung, sondern auch die in den Niederlanden gegen das „Dritte Reich" geleisteten Aktivitäten kräftig unterstützte. Die niederländischen Nazi-Gegner wiederum waren über Funk mit ihrer Exilregierung in Großbritannien verbunden, wurden aber auch seit 1940 durch den in London postierten Sender Radio Oranje mit Nachrichten versorgt. Im Fall eines geglückten Staatsstreichs hat Müller sich Ladebeck gegenüber schließlich „einverstanden" erklärt, „vorübergehend die behördliche Leitung im Gau Westfalen-Süd bzw. im Bezirk Arnsberg zu übernehmen, nachdem Kettel sich ebenso zur Übernahme der Verantwortung im benachbarten rheinischen Gebiet entschlossen" habe. Das an ihn über Kettel herangetragene Ansinnen, „die Aufgabe des Unterstaatssekretärs in dem vorgesehenen Kultusministerium" zu übernehmen, hatte Müller hingegen abgelehnt, wie er in seinem Widerstandsbericht von 1952 bekannt hat. 1945 ist er dann mit der Leitung des Schuldezernats im Regierungsbezirk Arnsberg betraut worden, während sich Dr. Emil Figge um den Wiederaufbau des Dortmunder Erziehungs- und Weiterbildungswesens verdient gemacht und von 1948 bis 1964 als Professor und Leiter der Pädagogischen Hochschule Ruhr gewirkt hat.[427]

In Frankfurt am Main war der einstige Vorsitzende der dortigen DFG Seppl Kudrnofsky der lokale Verbindungsmann jener „Union". Mit wem dieser dort konspirativ kooperierte, liegt fast vollständig im Dunkeln. Als ziemlich wahrscheinlich anzunehmen ist freilich eine verdeckte Verbindung mit Christian Fries, dem Stützpunktleiter Wilhelm Leuschners in der Mainmetropole. Beide standen nämlich etwa seit 1942/43 in Kontakt mit einem kleinen Oppositionszirkel im nahen Neu-Isenburg, der sich um den zehn Jahre zuvor wegen politischer Unzuverlässigkeit entlassenen Bibliotheksrat und damaligen Versicherungsvertreter Dr. Wilhelm Weinreich, einen Sozialdemokraten, gebildet hatte. Ein Zahnarzt, Dr. Ulrich Boelsen, der praktische Arzt Dr. Hans Hayn, der frühere SPD-Vorsitzende Georg Koser sowie Heinrich Meyer, der vordem – wie Kudrnofsky – im ISK aktiv gewesen ist, und einige wenige weitere Antifaschisten gehörten ebenfalls zum engeren Zirkel. Mit der Zeit hatten sich auch noch einige andere Sozialdemokraten, Sozialisten, Bürgerliche, Unpolitische und sogar ein paar nominelle NSDAP-Mitglieder der Oppositionsgruppe angeschlossen. Angeblich wurden von ihr an die 100 Personen politisch erreicht. Auf ein Losungswort hin wurde Durchreisenden Nachtquartier und Verpflegung gewährt. Außerdem wurden aus dem Abhören ausländischer Sender, etwa der BBC, gewonnene Nachrichten weiterverbreitet. Nach Kräften versuchte man auch, vom NS-Regime Verfolgten Unterstützung zu gewähren, was bei den Gruppen im Ruhrgebiet nicht anders war. Und 1944 wurden in Neu-Isenburg sogar antinazistische Flugblätter verteilt, die „Briefe des Paters Agostino", die in einer der Arztpraxen hergestellt worden sind. Die Gruppe soll zudem, so hat es Dr. Trude Greiling, eine damalige Beteiligte, 1978 zu Protokoll gegeben, über „Kontakte zu ähnlichen Gruppen in Frankfurt" verfügt haben, „wo es Männer" gegeben habe, „die von den Vorbereitungen zum 20. Juli 1944" gewusst hätten. „Andererseits" seien „über einen Verbindungsmann Fäden zur Union deutscher sozialistischer Organisationen in England" gelaufen. Bei dem Letzteren kann es sich eigentlich nur um Gustav Kettel gehandelt haben, der für die Vernetzung mit den vorgenannten Gruppen im Ruhrgebiet und mit Berlin gesorgt hat, mit den Ersteren können nur Leute aus dem Umfeld von Fries oder womöglich sogar dieser selbst gemeint gewesen sein. Christian Fries, der sich 1947 in seiner Rechtfertigungsschrift an den hessischen Minister für Wiederaufbau und politische Befreiung ausdrücklich auf das Programm der „Union" berufen hat, brachte jedenfalls nach dem gescheiterten Umsturzversuch vom „20. Juli" seine eigene Widerstandsgruppe gleichwohl noch mit der Neu-Isenburger Struktur in Verbindung, für welche ein dortiger Polizeibeamter eine gewisse Schutzfunktion ausgeübt haben soll. Kettel hingegen ist damals auf Nummer sicher gegangen und untergetaucht, zumal er einen Gestellungsbefehl erhalten hatte. Er fand von Oktober 1944 bis Mitte März des folgenden Jahres Unterschlupf bei Dr. Weinreich bzw. bei Dr. Hayn. Die Befreiung durch die US-Kampfverbände erlebte er in Darmstadt, wo sich 1943 eine weitere kleine überparteiliche, mehrheitlich pazifistisch ausgerichtete Gruppierung gebildet hatte, die sich auf die Unionsprogrammatik berief. Kettel beteiligte sich erst dort, dann in Frankfurt im Auftrag der US-Militärregierung an der demokratischen Erneuerung der Kommunalverwaltung. Weil sie sich den gerade eingerückten Amerikanern mit einem Losungswort der Londoner Union als Regimegegner zu erkennen gegeben hatten, wurden die beiden parteilosen Ärzte Hayn und Boelsen sogleich gemeinsam zu provisorischen Bürgermeistern ihrer Stadt bestimmt, während Weinreich in den Bürgerausschuss und den Entnazifizierungsausschuss Neu-Isenburgs berufen worden ist. Auch Georg Koser, der im Zuge der Aktion „Gitter" ins KZ Dachau verbracht worden war, hat in jenem Bürgerausschuss mitgewirkt und ist sodann abermals an die Spitze der Neu-Isenburger SPD getreten, ab 1947 als deren Ehrenvorsitzender, für die er sich überdies von 1946 bis zu seinem Tod im April 1950 im Stadtparlament engagiert hat.[428]

Selbst vom Exil aus gab es während des letzten Kriegsjahres Bestrebungen, die Untergrundarbeit in Deutschland zu unterstützen. So wurde der hierfür eigens geheimdienstlich ausgebildete frühere ISK-Aktivist Jupp, eigentlich Josef Kappius in der Nacht vom 1. auf den 2. September 1944 mit dem Fallschirm bei Sögel im Emsland abgesetzt. Nachdem er sich nach Bochum durchgeschlagen hatte, konnte er dort mit Hilfe einiger Mitglieder und Freunde jener revolutionären Kleinorganisation untertauchen. Dank der Unterstützung eines Mitarbeiters der Großhandlung seines ISK-Genossen Ernst Volkmann, der seinerzeit als Schreiber beim Wehrbezirkskommando See in Hamburg eingesetzt war, sowie entsprechender Vorbereitungen durch seine Ehefrau Änne Kappius gelang es ihm unter dem Deckmantel eines vorgeblichen Bautruppführers der Organisation Todt als Wilhelm Leineweber alsbald konspirative Verbindungen zu Gesinnungsfreunden in Hannover, Hamburg, Berlin, Köln, Göttingen, Kassel, Frankfurt, Darmstadt und Neu-Isenburg aufzunehmen. Hierbei half u. a. Gustav Kettel, der mit Kappius Fühlung hielt. Änne Kappius war, getarnt als Rotkreuzschwester und für den Ernstfall ausgestattet mit einer in ihrer Achselhöhle implantierten Giftkapsel, erstmals schon im Frühjahr jenes Jahres von der Schweiz aus illegal nach Deutschland eingereist, wobei sie bereits das Programm bzw. eine zweiseitige Resolution der Union deutscher sozialistischer Organisationen in Großbritannien auf Mikrofilm eingeschmuggelt hatte. Die von ihr kontaktierten Gesinnungsfreunde instruierte sie insbesondere hinsichtlich des in Großbritannien vollzogenen Zusammenschlusses von SPD, SAP, ISK und „Neu Beginnen“ und deren Wunsch, diese Einheit ohne Beteiligung der kommunistischen Partei nach der Befreiung vom Faschismus zu bewahren. So hat es jedenfalls Hellmut Kalbitzer, auch er ein ISK-Mitglied, für Hamburg bezeugt. Wenige Wochen vor dem „20. Juli“ hatte dort nebenbei bemerkt Volkmann aus dem Ruhrgebiet die Aufforderung erreicht, er möge sich doch für eine baldige Verwendung als Polizeipräsident bereithalten. Jupp Kappius war es dann zwar gelungen, einige Fabrikarbeiter und Bergleute um sich zu scharen, aber sein weiterer Auftrag, diese zu Sabotagehandlungen zu verleiten, hatte sich nicht ausführen lassen. Dies war aber nicht etwa an der mangelnden Risikobereitschaft seiner Mitstreiter gescheitert, sondern daran, dass die Briten vom bereits zugesagten Abwurf von Waffen und Brandsätzen wieder Abstand genommen hatten. Ihre Lageberichte wie auch die ihres Ehemannes, in denen u. a. von einer Zunahme der Sabotagehandlungen im Reich und von Unmutsbekundungen verschiedenerlei Art die Rede war, hatte Änne Kappius nach ihrer Rückkehr in die Schweiz jeweils nach Großbritannien weitergeleitet, wo sie teilweise durch die ISK-Auslandsleitung publik gemacht worden sind. Nachdem sie unter dem Decknamen Jutta schließlich ein drittes Mal illegal eingereist war, hatte sich allerdings die Gestapo auf ihre Fersen heften können. Während die Organisationsfragmente in Hamburg und von dort aus auch die im Ruhrgebiet gerade noch rechtzeitig gewarnt werden konnten, ließen sich Ende 1944, Anfang 1945 Verhaftungen in Berlin, Göttingen, Hannover und Braunschweig nicht mehr verhindern. Als Jupp Kappius zu jener Zeit von seiner unmittelbar bevorstehenden Festnahme erfahren hatte, war er sofort aus seinem Unterschlupf entwichen, um fortan bis zur Befreiung alle paar Tage sein Versteck zu wechseln. Ihr wegen seines Geheimeinsatzes zum Tode verurteilter Genosse Willi Kirstein, der ebenfalls an der Spezialschulung des amerikanischen Office of Strategic Services in Großbritannien teilgenommen und sich als angeblicher Gestapo-Beamter Wilhelm Drucker von der Schweiz nach Österreich eingeschleust hatte, entging dem ihm zugedachten Schicksal nur durch den zügigen Einmarsch der US-Kampftruppen. Hilde Meisel dagegen ist bei einem illegalen Grenzübertritt in der Nähe von Liechtenstein am 17. April 1945 erschossen worden. Die meisten Mitstreiter jenes linkssozialistischen Widerstandszweiges brachten sich ab dem Frühjahr 1945 unverzüglich in den Prozess zur Wiederherstellung demokratischer Verhältnisse ein und traten sodann der SPD bei: Hellmut Kalbitzer etwa legte sich für die gewerkschaftliche und politische Reorganisation in seiner Heimatstadt ins Zeug und wirkte sodann für seine Partei als Mitglied der Hamburgischen Bürgerschaft, des Deutschen Bundestages sowie des Europaparlaments, als dessen Vizepräsident er zudem von 1958 bis 1962 fungierte. Und Jupp Kappius, der auf der Wiedergründungskonferenz der SPD in Wennigsen bei Hannover vom 5. bis 7. Oktober 1945 zu den schärfsten Kritikern der von den Kommunisten rigoros angestrebten Parteienvereinigung unter ihrer Dominanz gehört hat, engagierte sich seitdem vor allem als Kultur- und Frauenpolitiker, wirkte viele Jahre als Vorsitzender des Zentralausschusses Sozialistischer Bildungsgemeinschaften von Nordrhein-Westfalen und als SPD-Landtagsabgeordneter von 1955 bis 1966.[429]

Noch unmittelbar vor dem „20. Juli“ kam es zu weiteren erstmaligen Kontaktaufnahmen mit eher bürgerlich geprägten sowie dezidiert links orientierten Oppositionsgruppen und Einzelpersonen, z. B. mit den winzigen in der Reichshauptstadt verbliebenen trotzkistischen Strukturresten. Diese haben daraufhin ein Flugblatt in minimaler Stückzahl herausgegeben, in dem sie ihre Mitglieder und Sympathisanten zum Abwarten gemahnt und vor einer Beteiligung an unkontrollierbaren Aktionen gewarnt haben, wie es Oskar Hippe, einer ihrer Anführer, in seinen Erinnerungen überliefert hat.[430] Der Grund für die fortgesetzten konspirativen Fühlungnahmen in alle möglichen Richtungen war einerseits die Befürchtung, das vorhandene antinazistische Kräftepotential könnte noch immer nicht ausreichend sein, um in der bevorstehenden Auseinandersetzung um die Macht wirklich zu bestehen. Manchmal ließen die zivilen Widerstandsstrukturen lokal oder regional – anders als z. B. im Rhein-Main-Gebiet – auch wirklich noch erheblichen Ergänzungsbedarf erkennen. Andererseits wollte man sondieren, inwiefern von kommunistischer Seite die Gefahr einer Revolution in der Revolution drohte, deren Risiken letztlich völlig unkalkulierbar wären. Jene brisante Frage hat auch während des Zusammentreffens von Legationsrat Dr. Adam von Trott zu Solz mit Willy Brandt, vormals Herbert Frahm, in Stockholm am 22. Juni 1944 eine Rolle gespielt, genau am selben Tag also, an dem das erste Treffen von Dr. Leber und Prof. Dr. Reichwein mit den Anführern der Untergrund-KPD in Berlin stattgefunden hat. Brandt ist dabei u. a. davon in Kenntnis gesetzt worden, wie er in seinem faszinierenden Buch „Links und frei" geschildert hat, dass „die Beseitigung Hitlers für die nächsten Wochen geplant sei, nachdem Attentatsversuche bisher erfolglos geblieben seien". Wenngleich die „Struktur einer neuen Regierung" im Grunde bereits feststehen würde, so sei ihm von Dr. von Trott beschieden worden, könne es aber doch „noch eine ‚fortschrittliche Korrektur' geben". Damit spielte er auf die Überlegungen an, gegebenenfalls Leber, von dem er Brandt im Übrigen aus Legitimationsgründen Grüße bestellt hat, oder womöglich „Wilhelm Leuschner anstelle des ‚deutschnationalen' Carl Goerdeler an die Spitze der Umsturzregierung treten zu lassen". Willy Brandt ist obendrein nach seiner Bereitschaft gefragt worden, ob er sich „der neuen Regierung zur Verfügung stellen und einstweilen für eine noch näher zu bestimmende Aufgabe in Skandinavien bleiben würde", was von ihm „ohne zu zögern" bejaht worden ist. Über die ihnen zu jener Zeit in Schweden „verbliebenen illegalen Kontakte" hätten sie „den Eindruck" gewonnen, so hatte er „noch im April 1944" in einem Bericht für einen amerikanischen Journalisten bekundet, „dass die Chancen für eine einheitliche Arbeiterbewegung, und zwar mit radikal-demokratisch-sozialistischer Orientierung, gestiegen seien", es aber zu einer „Erhebung breiter Volksschichten" erst „im Gefolge der zu erwartenden Niederlage" Deutschlands kommen werde. Möglicherweise hat ihm Dr. von Trott zu Solz bei jenem Treffen von Lebers Idee „einer Art neuer Volksfront" erzählt, die sich auf „alle überlebenden und lebensfähigen sozialen und demokratischen Kräfte" stützen sollte, wobei er „auch über ein Zweiparteiensystem mit Mehrheitswahlrecht" nachgedacht hat. Vielleicht hatte er dies aber auch schon von Theodor Steltzer vernommen, durch den der Kontakt zwischen Leber und Brandt „im Winter 1943/44" erneuert worden war. Jedenfalls war der damalige SAP-Aktivist und ehrenamtliche Sekretär der Internationalen Gruppe demokratischer Sozialisten, Arbeitskreis für Friedensfragen in Schweden wohlinformiert darüber, dass sich eine jener beiden geplanten „großen Parteien" nach Lebers Vorstellung auf die Anhängerschaft „der SPD und der Gewerkschaften zu stützen haben" werde, weshalb es wünschenswert sei, „dass sich nicht wieder eine kommunistische Partei mit Massenanhang bildete". Darüber hinaus wollte Dr. von Trott zu Solz von Willy Brandt wissen, auch dies hat der nachmalige deutsche Bundeskanzler in seinen Erinnerungen berichtet, ob er ihm, Trott, „zu einem Gespräch – und zwar über das sowjetische Verhalten nach einem Umsturz in Berlin – mit der Gesandtin Alexandra Kollontai verhelfen könne“. Dies habe er sich zwar zugetraut, doch bei einem zweiten Treffen am übernächsten Tag sei er, so Brandt weiter, von Trott bereits „dringend“ gebeten worden, „dem Kontakt zur sowjetischen Vertretung nicht weiter nachzugehen“. Er habe nämlich inzwischen die Information erhalten, „dass es bei den Sowjets in Stockholm eine undichte Stelle gebe, durch die er und seine Freunde bloßgestellt werden könnten“.[431]

Über all dies hat Dr. von Trott zu Solz nach seiner Rückkehr seine Mitstreiter selbstverständlich sofort informiert. Leuschner wird sich hierdurch in seiner Antihaltung hinsichtlich einer Kontaktaufnahme mit den Kommunisten nur bestärkt gesehen haben. Auch gegenüber Oberst Stauffenberg, mit dem er gerade erst vor kurzem bekannt gemacht worden war und mit dem er sich bis zum 20. Juli 1944 noch mehrmals getroffen hat, wird er mit seiner Meinung nicht hinter dem Berg gehalten haben. Aber das Desaster – das Treffen seiner beiden Parteifreunde Leber und Reichwein mit den KPD-Führern in Berlin – hatte selbst er nicht zu verhindern vermocht; wenn Emil Henks Zeugnis stimmt, dann hat Leuschner von dem Vorhaben der beiden überhaupt nichts gewusst und „sich später darüber bitter geäußert“. Bereits bei ihrer ersten Unterredung muss Stauffenberg von Leuschner einen rundum positiven Eindruck gewonnen haben, denn er hatte ihn sogleich gefragt, ob es nicht vielleicht besser wäre, wenn ein Arbeitervertreter an die Spitze der neuen Staatsführung rücken würde, was aber von Leuschner energisch zurückgewiesen worden war. Ihm sei es schon lieber, wenn Dr. Goerdeler mit der Kanzlerschaft betraut werden würde, soll er geantwortet haben, damit der Sozialdemokratie nicht wieder der irrsinnige Vorwurf des Vaterlandsverrats gemacht werden könne, wie damals, als der Erste Weltkrieg für das Deutsche Kaiserreich verloren gegangen war. Späterhin werde der Fall anders liegen. Auch hinsichtlich der Art und Weise des Umsturzes gingen beider Ansichten auseinander: Während der Oberst davon überzeugt war, einer vergleichsweise kleinen militärischen Aktivistengruppe könne der entscheidende Schlag durchaus gelingen, sah der Gewerkschaftsführer einen Erfolg nur dann gewährleistet, wenn nicht nur die Wehrmacht generell den Umsturz befürworten würde, sondern auch der überwiegende Teil der Bevölkerung.[432] Ob dies freilich der Fall gewesen wäre, wenn das Unternehmen einen kommunistischen Anstrich erhalten hätte, muss stark bezweifelt werden. Auf einen weiteren Grund, warum Wilhelm Leuschner im Leben nicht mit den Kommunisten gemeinsame Sache machen mochte, ist außerdem hinzuweisen: Warum um alles in der Welt hätte er das in mühsamer, jahrelanger konspirativer Kärrnerarbeit geschaffene breite antinazistische Bündnis von den Konservativen und den Liberalen über die Sozialdemokraten bis hin zu den Linkssozialisten hierdurch wieder gefährden sollen, zumal sie doch allesamt von den deutschen Parteigängern Stalins immer schon unnachgiebig bekämpft worden waren. Und dass diese eine demokratische Gesellschaft eben nicht angestrebt haben, wohl aber eine „Diktatur des Proletariats“, das war wahrlich kein Geheimnis. An diesem Punkt stießen also die konspirativen Ausdehnungsbestrebungen der nichtkommunistischen Widerständler an unüberwindbare politisch-ideologische Schranken, ganz gleich, ob manche von ihnen das vielleicht anders gesehen haben mögen. Aber auch Dr. Leber und Prof. Dr. Reichwein werden das Gespräch mit den Kommunisten bestimmt aus anderen Beweggründen als aus einem wie auch immer gearteten Fraternisationswunsch heraus gesucht haben. Das reichsweite Widerstandsnetzwerk, das von dem nichtkommunistisch, wenn nicht fast ausnahmslos klar antikommunistisch ausgerichteten Kooperationsverbund Leuschners und seiner Freunde geschaffen worden ist, konnte sich zwar nicht, wie Gerd Beier den Sachverhalt recht phantasievoll dargestellt hat, auf „ein rasch mobilisierbares Potential" stützen, „das viele Millionen zählte", und genauso wenig auf „20.000 oder 30.000 oder 40.000 Menschen", wie Emil Henk einst noch deutlich weniger überzogen behauptet hatte.[433] Aber etliche Tausend zivile NS-Gegner waren es sicherlich schon, die auf die eine oder andere Weise mit der Leuschner-Kaiser-Goerdeler-Beck-Konspiration in Verbindung gestanden haben.

Das bittere Ende

Die Abläufe der militärischen Erhebung vom 20. Juli 1944 und ihrer raschen Niederschlagung sind weitgehend bekannt. Auch deren unmittelbare Vorgeschichte[434] sowie die anschließenden juristischen und sonstigen Reaktionen des Regimes müssen hier nicht rekapituliert werden.[435] Und trotzdem sind noch immer nicht sämtliche Begleitumstände des Umsturzversuchs aufgeklärt. Jakob Steffan beispielsweise hat anderthalb Jahre danach darauf hingewiesen, dass dieser von ihnen eigentlich erst vier Wochen später erwartet worden wäre, weshalb sie von den Ereignissen völlig überrascht worden seien. Er habe nämlich am 16. Juli 1944 in Frankfurt am Main von Ludwig Schwamb „den letzten Befehl Leuschners" erhalten, demzufolge er die ihm „übertragenen Vorbereitungsarbeiten im XII. Wehrkreisbezirk nun abzuschließen" habe, da „für Mitte August" beabsichtigt sei, „in sämtlichen Wehrkreisbezirken Deutschlands zur gleichen Stunde loszuschlagen". Gustav Noske ist wie erwähnt am selben Tag ein Kurierbrief Leuschners von Schwambs Frau Elisabeth überbracht worden.[436] Käthe Bachmayer, die Tochter Leuschners, hat ebenfalls bald nach Kriegsende erklärt, kurz vor dem „20. Juli" sei ihr Vater noch in Darmstadt gewesen und habe Prof. Bergsträsser und Rechtsanwalt Ludwig Metzger „gefragt, ob sie bereit seien, im Falle eines Umsturzes politisch verantwortliche Positionen zu übernehmen", was beide „bejaht" hätten.[437] Andererseits hat Emil Henk 1946 berichtet, dass „die vorgesehene Regierung" am Umsturztag überhaupt nicht vollzählig in Berlin gewesen sei, „die künftigen Minister" zum Teil noch nicht einmal „den Termin" gewusst hätten. So sei Dr. Haubach z. B. am 20. Juli in Henks Ferienhaus in Oberstdorf im Allgäu gewesen und habe vom „Attentat erst durch den Rundfunk" erfahren. Den designierten Propaganda- bzw. Informationsminister habe die am 16. Juli aufgegebene Postkarte Leuschners erst am 21. Juli erreicht, mit der er gebeten wurde, „als Festredner" einer „in den nächsten Tagen" stattfindenden „Hochzeit" doch bitte „umgehend zu kommen".[438] Dem muss der genannte Hinweis Steffans ebenso wenig entgegenstehen wie der bereits früher erwähnte Fingerzeig auf eine Arbeitsniederlegung im Reichsbahnausbesserungswerk Mainz am Tag der Erhebung, die durchaus von einem aus Berlin eingetroffenen Telegramm oder durch eine entsprechendes Telephonat mit jeweils zuvor vereinbartem Codewort hätte ausgelöst worden sein können. Auf die gleiche Weise wird die Nachricht nach Frankfurt gelangt sein, wo Karl Kirchner sicherlich nicht nur seinen Neffen Rudi Arndt informiert hat, der sich dann mit einigen anderen Luftwaffenhelfern zum Frankfurter Sender auf den Weg gemacht hat.[439] Die Alarmierung der Politischen Beauftragten war erstmals sogar bereits Ende 1943 veranlasst worden. Dr. Goerdeler soll damals ziemlich ungehalten reagiert haben, als der Anschlag auf Hitler, durch den der Umsturz eingeleitet werden sollte, von den Militärs wieder einmal im letzten Moment verschoben worden war.[440] Furtwängler hingegen hat berichtet, er sei „einige Zeit vor dem festgesetzten Putschtag" durch Dr. Adam von Trott zu Solz nicht nur von Lebers Verhaftung „wegen Fühlungnahme mit Kommunisten" in Kenntnis gesetzt worden, sondern auch davon, dass es „losgehen" sollte, und zwar „am 15. Juli". Dann sei „der Stichtag" aber „bekanntlich ‚aus technischen Gründen' noch einmal um fünf Tage verlegt" worden.[441] Tatsächlich hatte aber Stauffenberg den Sprengstoff außer bei einer Lagebesprechung im so genannten Führerhauptquartier Wolfschanze bei Rastenburg in Ostpreußen am 15. Juli schon am 11. Juli anlässlich eines Treffens mit Hitler auf dessen Berghof in

Berchtesgaden mit sich geführt, worauf wiederum Henk korrekt hingewiesen hat.[442] Solche sich auf den ersten Blick widersprechenden Hinweise der Zeitzeugen sind womöglich konspirationsbedingt, d. h. sie lassen sich auf das differenzierte „System der Unterrichtung“ der Verschwörer zurückführen, jedenfalls zum Teil. Auch Hauptmann Kaiser, der als Verbindungsoffizier im Wehrkreis XII Wiesbaden am 20. Juli „sofort“ hätte herangezogen werden sollen, so das Fernschreiben Generaloberst Erich Hoepners als Chef des Heimatführungsstabes vom Abend jenes Tages, befand sich seinerzeit überhaupt nicht da, wo seine Mitverschwörer ihn glaubten, nämlich in seiner Rheingauer Heimatstadt, sondern er weilte in Kassel. Dort war am Vortag die Taufe seines Neffen Peter gewesen, bei der Hermann Kaiser als Patenonkel nicht fehlen mochte, dort erfuhr er aus dem Rundfunk, dass Hitler den Anschlag überlebt hatte, und dort wurde er auch tags darauf verhaftet, um zwecks Wohnungsdurchsuchung in Handschellen nach Wiesbaden und dann nach Berlin ins Reichssicherheitshauptamt verbracht zu werden.[443] Mit Widersprüchlichkeiten solcher Art, auch mit Ungereimtheiten und manch anderem Rätselhaftem werden wir trotz aller Forschungsanstrengungen auch weiterhin konfrontiert werden, wenn wir uns mit dem „20. Juli“ befassen, denn die damals unmittelbar daran Beteiligten, die allein Aufklärung geben könnten, stehen uns für Nachfragen zu dieser beeindruckenden deutschen Freiheitstradition leider nicht mehr zur Verfügung.

Nicht nur Emil Henk hat auf die entscheidende Schwachstelle des ganzen Unternehmens hingewiesen: Es habe eben alles an „einem einzigen Mann“ gehangen. Würde dieser aber versagen, „so versagte ein weltgeschichtlicher Umsturz“. Es sei allein schon „fast ein Zufall“ gewesen, „dass Stauffenberg das Attentat riskieren konnte“. Auch „weitere Zufälle“ habe es gegeben, von denen man aber „schweigen“ dürfe. Indes stehe es fest, so Henk weiter, dass in der Reichshauptstadt „nicht straff und organisatorisch zweckmäßig gehandelt“ worden sei, „nicht schnell genug“, auch „nicht planmäßig“. Die „allernotwenigsten Schritte in Deutschland, ja selbst in Berlin“ seien von den Generalen übersehen worden. „Nötig“ gewesen seien „blitzartige Zugriffe“, doch „überall“ seien „die Aktionen zu spät“ angelaufen. Die „alles entscheidenden ersten Stunden“ seien „ohne durchgreifende Aktionen“ verlaufen. Schwerlich wird Henk auch hinsichtlich seiner Einschätzung zu widersprechen sein, wonach der Umsturzversuch „nicht so vorbereitet“ gewesen sei, als dass er hätte „durchgekämpft werden“ können, „auch wenn Hitler“ den Anschlag überlebt hatte. Stark bezweifelt werden muss hingegen seine Prognose, zumal unter jenen Prämissen, dass, wenn es „den Militärs in den ersten Stunden gelungen“ wäre, „Berlin und einen großen Sender zu erobern“, was durchaus „möglich“ gewesen sei, hierauf „in die Provinz das Aufstandssignal hinausgetragen“ hätte werden können. „Das Scheitern des Attentats“ hätte die Militärs „zwingen“ müssen, „zunächst den großen Stützpunkt Berlin zu erobern“, wodurch „für die Entschlossenen das Zeichen zum Handeln“ und „den Aufständischen“ somit „eine weitere Chance“ gegeben gewesen wäre. „Von dieser Stunde an“, so Henks Meinung, „hätte die politische Aktion in Erscheinung treten müssen, und die Lage hätte sich für das faschistische Regime weiter verschärft“.[444] Auch Prof. Dr. Bergstrasser war davon überzeugt, dass „sich alles durchaus folgerichtig“ hätte „entwickeln können“, sofern „der Hauptschlag geglückt wäre“.[445] Nur wie hätte dann auch der Gefahr eines Bürgerkrieges begegnet werden können, den Leuschner unter allen Umständen vermeiden wollte? Seine strategisch-taktische Leitidee, die er mit der überwiegenden Mehrzahl der Regimegegner jener weit verzweigten Widerstandsbewegung teilte, sah die umgehende, aber nur vorübergehende Errichtung einer Militärdiktatur vor, welche auf der Stelle eine Zivilregierung auf den Plan ruft, die sogleich einen möglichst umfassenden Austausch des Führungspersonals auch in den Verwaltungen und in der „Deutschen Arbeitsfront“ sowie weitere durchgreifende Entnazifizierungsmaßnahmen hätte durchführen müssen. Hierzu hatten Leuschner und seine Mitstreiter während der letzten Jahre durch ihre unablässige Anwerbe- und Vernetzungsarbeit die personellen Voraussetzungen geschaffen. Dr. Nebgen hatte er jedenfalls auf deren Frage, ob die für diesen Zweck gewonnen Gewerkschafter tatsächlich in der beabsichtigten Weise „zur Mitarbeit kommen“ würden, kurz vor dem „20. Juli“ klipp und klar beschieden, „davon“ sei er „überzeugt“.[446] Durch jene Kombination allein – Eroberung und Sicherung der Macht durch die oppositionellen Militärs und gleichzeitige Installierung einer neuen antinazistischen Führung von der Ebene der Reichsregierung über die der Länder und Provinzen bis zu den Städten und Gemeinden sowie im Gewerkschaftsbereich – wären womöglich der Ausbruch eines Bürgerkrieges bzw. einer faschistischen Gegenrevolution oder auch eines kommunistischen Aufstandsversuchs zu verhindern gewesen. Aber ein Hervortreten des zivilen Arms der Umsturzbewegung ohne vorherige Realisierung der militärischen Primärziele, nämlich Beseitigung Hitlers sowie Eroberung der Macht, wäre einem Himmelfahrtskommando gleichgekommen, sodass sich jede weitere Spekulation diesbezüglich erübrigt.

Das Unternehmen wurde mit Sicherheit einige Zeit früher in Gang gesetzt als beabsichtigt, da mehrere Faktoren zusammengetroffen waren, die den Verschwörern unmissverständlich deutlich machten, dass höchste Eile das Gebot der Stunde war: Einer davon ist die Festnahme Dr. Lebers und Prof. Dr. Reichweins Anfang des Monats gewesen, weil man nicht sichergehen konnte, wie lange die beiden den Folterspezialisten des Regimes würden standhalten können. Genauso betraf dies natürlich den sich schon seit einem halben Jahr in Haft befindlichen Grafen von Moltke, der aber kaum etwas würde verraten können, was über die Diskussionsaktivitäten seines kleinen Oppositionskreises hinausging. Aber auch Oberst Wilhelm Staehle ist am 12. Juni verhaftet worden, und nach Dr. Goerdeler wurde seit dem 17. Juli gefahndet. Am nächsten Tag informierte dieser Leuschner und Kaiser hiervon, die gerade zusammen mit u. a. Max Habermann bei dessen Freund, Generaldirektor Arnold Knoblauch über Fragen des Wiederaufbaus der durch die alliierten Luftangriffe in Schutt und Asche gelegten Städte berieten. Die beiden Gewerkschafter empfahlen sofortiges Untertauchen, weil „die Aktion doch wohl bevorstehe“ und Goerdeler unter keinen Umständen „jetzt in die Hände der Gestapo fallen“ dürfe, so Dr. Elfriede Nebgen unter Berufung auf Jakob Kaiser. Sodann hat Goerdeler, der zunächst bei seiner Nichte Eva Held in Potsdam untergekommen war, ein Schreiben an Ludwig Beck verfasst, in dem er darauf drang, jetzt doch endlich unverzüglich gegen Hitler vorzugehen. Den Brief ließ er am 19. Juli durch seine Nichte Jakob Kaiser zur Weiterleitung zukommen, und am Morgen des 20. Juli wurde er dem gerade auf einem Spaziergang befindlichen Beck von Habermann übergeben. Ihm soll der General, der wie der erst kurz zuvor zum Stabschef beim Chef der Heeresrüstung und Befehlshaber des Ersatzheeres Generaloberst Fritz Fromm ernannte Hitler-Attentäter Oberst Claus Graf Schenk von Stauffenberg und einige andere der wichtigsten militärischen Anführer des Umsturzversuchs den nächsten Tag schon nicht mehr erleben sollte, erklärt haben, es gehe nunmehr „nur noch darum, dass aus dem Kreis des deutschen Volkes selbst die Handlung gegen das verbrecherische System" erfolge. Dennoch müssten „die Konsequenzen von Deutschland getragen werden", zumal „nach allem, was geschehen" wäre und „was versäumt" worden sei. In jedem Fall bedeutete die Umsturzaktion, selbst wenn sie „jetzt noch erfolge", gleichwohl „immer noch eine Erleichterung für das Schicksal des Volkes".[447] Wie sehr er damit Recht hatte, konnte Beck nicht ahnen. Denn tatsächlich sind dem damals schon fast fünf Jahre währenden Krieg bis dahin etwas mehr als 2,8 Millionen Wehrmachtangehörige und Zivilisten zum Opfer gefallen, nur auf deutscher Seite, wohingegen in den nicht mehr ganz zehn nachfolgenden Kriegsmonaten noch weitere 4,8 Millionen Deutsche ums Leben gekommen sind.[448] Hinzuzuzählen zu dieser allein schon entsetzlich hohen Zahl Kriegstoter – auch bedeutend höhere Schätzungen hierzu kommen vor – sind außerdem die Opfer der NS-Verfolgung aus rassistischen, politischen und religiösen Gründen, nicht zu vergessen die Millionen und Abermillionen Menschen der überfallenen europäischen Nachbarstaaten, welche die deutsche Okkupation nicht überlebt haben, sowie die weiteren vielen Millionen Kriegstoten weltweit. Bei Goerdelers fast vierwöchigem Versuch, sich der Festnahme zu entziehen, ist ihm übrigens anfänglich auch der Verkehrsreferent im Berliner Polizeipräsidium Oberregierungsrat Dr. Gerhard Wolf behilflich gewesen, später der mit ihm gleichfalls befreundete frühere Zweite Bürgermeister von Berlin Dr. Fritz Elsas und manch anderer auch. Nachdem sich der von der Gestapo Gehetzte für eine Weile von Berlin ferngehalten hatte, ist er jedoch ein paar Tage nach dem 20. Juli in die Reichshauptstadt zurückgekehrt, um sich mehrmals mit Leuschner und Kaiser, auch mit Dr. Nebgen, Josef Wirmer und weiteren Vertrauten zu beraten. Anschließend hat Goerdeler sich in wechselnden Verstecken am Rande der Metropole und in deren weiterer Umgebung verborgen gehalten, bis es ihn am Ende in seine westpreußische Heimat zog, wo er nach einer im Freien verbrachten Nacht am 12. August bei Konradswalde ergriffen worden ist. Auf ihn hatte das Regime ein Kopfgeld von einer Million Reichsmark ausgesetzt.[449] Aber nicht nur durch die Verhaftung wichtiger Anführer ihres Unternehmens sowie die Fahndung nach Goerdeler, auch durch die Lage an den Fronten mussten sich die Verschwörer in jenem Sommer 1944 zu einem zügigen Losschlagen gedrängt gesehen haben: Am

Wilhelm Leuschner vor dem „Volksgerichtshof"

4. Juni waren US-Kampftruppen in Rom einmarschiert, zwei Tage später hatte die Invasion der Westalliierten in der Normandie begonnen, die Rote Armee stieß mit wuchtigen Offensivschlägen immer weiter nach Westen vor und kam erst Anfang August 25 Kilometer vor Warschau vorübergehend zum Stehen, und außerdem flogen die amerikanischen und britischen Bomberverbände bei Nacht und bei Tag immer ungehinderter ihre verheerenden Flächenangriffe auf die Städte im deutschen Reichsgebiet. Am 15. Juli hatte Ernst Rommel in Anbetracht der militärischen Lage in der Normandie an Hitler telegraphiert, „die Truppe" kämpfe zwar „allerorts heldenmütig, jedoch der ungleiche Kampf" neige „sich dem Ende entgegen". Er bitte daher darum, „die Folgerungen aus dieser Lage unverzüglich zu ziehen", was natürlich nicht geschehen ist, jedenfalls nicht in der vom Generalfeldmarschall erhofften Weise. Am Vortrag war sogar eine Hochspannungsleitung bei Koblenz Ziel eines Sprengstoffanschlages geworden, was sicherlich nicht als x-beliebiger Dummejungenstreich abzutun gewesen ist.[450] Die Kriegschroniken verzeichnen Meldungen wie diese ohne Ende aus jenen Monaten, sodass es kaum noch einen größeren Gegensatz mehr geben konnte als den zwischen der von den NS-Medien trotzdem weiterhin unablässig propagierten Gewissheit eines deutschen „Endsiegs" und der brutalen Kriegswirklichkeit – im Felde wie an der „Heimatfront". Wer aber an jenem Lügengespinst zweifelte und dies gar anderen gegenüber zu äußern wagte, der riskierte damals Kopf und Kragen.

So hatten Wilhelm Leuschner und wohl auch Dr. Leber Mitte Mai bereits ihre Zweifel geäußert, ob vor dem Hintergrund der dramatischen militärischen Entwicklungen ein Umsturz überhaupt noch vertretbar und zweckdienlich sei. Auch Anfang Juni war es, wie Josef Wirmer dann ausgesagt hat, während einer Besprechung in seiner Wohnung „zu einer sich über den ganzen Abend erstreckenden Streiterei über die militärische Lage gekommen". An jener konspirativen Zusammenkunft, die von Dr. Goerdeler geleitet worden sei, hätten außerdem Jakob Kaiser, Julius Leber, Leuschner, Oberleutnant Graf von der Schulenburg, vielleicht auch Letterhaus teilgenommen. Leuschner habe die Frage aufgeworfen, „ob es überhaupt noch Sinn und Zweck habe, sich auf eine Handlung der Militärs einzustellen". Die „vielen ergebnislos verstrichenen Termine" hätten dazu geführt, dass er „keinerlei Zutrauen mehr" habe. Die Invasion stehe unmittelbar bevor, weshalb „es zweifelhaft geworden" sei, „ob der Anschlag nicht verspätet" komme und insofern „völlig nutzlos" bleibe. Schließlich sei man in der Runde aber übereingekommen, so der diesbezügliche Untersuchungsbericht der Sonderermittler des Reichssicherheitshauptamtes, „dass zumindest der Zusammenhalt" der Gruppe und ihr Kontakt „mit den Militärs aufrechterhalten werden müssten, damit für den Fall des militärischen Zusammenbruchs vorsorglich die neue Regierung gebildet und ihre Politik festgelegt" werden könnten.[451] Es hätte im Übrigen eine Regierung werden sollen, in welcher die Sozialdemokraten – anders als dies ihrer realen Dominanz innerhalb der zivilen Widerstandsbewegung entsprochen hätte – in der Minderzahl gewesen wären: Dr. Leber hätte wahrscheinlich das Innenministerium übernommen, Matthäus Herrmann vielleicht das Verkehrsministerium, Prof. Dr. Reichwein wäre womöglich Kultusminister geworden, Dr. Haubach unter Umständen Propagandaminister, Löbe gewiss wieder Reichstagspräsident und Leuschner mit Sicherheit Vizekanzler, um später unter Umständen ganz an die Regierungs- oder auch an die Staatsspitze zu rücken. Für alle anderen Ressorts waren Vertreter des konservativen und liberalen Bürgertums vorgesehen. Aber mit einem solchen Kompromiss ließ es sich für Leuschner leben, gingen er und seine Freunde doch sowieso davon aus, dass jenes Kabinett nur vorübergehender Natur sein würde und sie eine Regierungsbeteiligung gemäß ihrer eigenen politischen Bedeutung später würden unschwer durchsetzen können, wobei sie gerade der geplanten einheitlichen Volksgewerkschaft eine gewichtige Rolle zugedacht haben. Zu den wenigen von den Verschwörern ins Auge gefassten Ressortchefs, die dabei überhaupt über Regierungserfahrung verfügten, gehörte jedenfalls Wilhelm Leuschner, der frühere Innenminister des Volksstaates Hessen. Ansonsten hätten in der ersten nichtnazistischen Regierung Militärs grundsätzlich nur insofern vertreten sein sollen, als sie für die für sie vorgesehenen Posten auch fachlich geeignet waren, was einmal mehr beweist, dass die entscheidungsrelevanten oppositionellen Offiziere den Primat der Politik, also des zivilen Widerstandsfaktors, durchweg anerkannt haben.[452]

Leuschner ist vom Losschlagen der Militärs ganz offenbar überrascht worden. Zuletzt er hatte mit der Aktion erst zehn bis 14 Tage später gerechnet, also Ende Juli bis Anfang August.[453] Am 20. Juli hatte er sich kurz mit seinen Freunden Jakob Kaiser, Max Habermann und Josef Wirmer getroffen, wobei selbstverständlich das Schicksal Goerdelers im Gesprächsmittelpunkt stand. Morgens ist er sogar noch zum Augenarzt gegangen, um einen kleinen Eingriff vornehmen zu lassen. Dr. Nebgen hat überliefert, wie überrascht sie alle vom Gang der Dinge gewesen seien. Auch Leuschners Witwe hat später einige wichtige Hinweise festgehalten, die darauf hindeuten, dass er tatsächlich erst im Zuge der in der Reichshauptstadt gegen 16 Uhr angelaufenen Militäraktion hiervon Kenntnis bekommen hat. In ihren handschriftlichen, leider nicht sehr umfangreichen Notizen zu den wichtigsten Ereignissen aus dem Leben ihres Mannes während der NS-Diktatur hat sie nämlich geschildert, dass sie beide „am 20. Juli gegen Abend“ auf den „Balkon“ ihrer Wohnung in der Berlin-Charlottenburger Bismarckstraße 84 gegangen seien, als „ein Tankwagen“, so wurden damals Panzer genannt, vorbeigefahren wäre, während „gegenüber ein hoher Offizier mit einem Motorrad“ gestanden habe. Handelte es sich hierbei womöglich um das verabredete Zeichen für Leuschner? Da habe ihr Mann auch schon gesagt, „heute Abend werde“ er „im Rundfunk sprechen“. Es werde deshalb „ein Herr in Uniform oder in Zivil“ kommen. Tatsächlich hatte Leuschner noch Tage zuvor an jenem Aufruf an die Bevölkerung weiter gefeilt, wie wir aus anderen Quellen wissen. Aber „leider“ sei es dann „wieder nicht geglückt“, so Elisabeth Leuschner weiter. Es sei „furchtbar“ gewesen. Von Elfriede Nebgen wissen wir, dass sich Letterhaus, Habermann, Wirmer und Leuschner schon am nächsten Morgen bei Kaiser bzw. bei ihr getroffen haben, um darüber zu beraten, was zu tun sei. Sollten sie untertauchen, sich ins Ausland zu Freunden durchzuschlagen versuchen oder besser abwarten? Man könnte ja gegebenenfalls alles abstreiten, wenn da nicht die Listen mit den Namen der Politischen Beauftragten und Unterbeauftragten gewesen wären. Am selben Tag erfuhr Wilhelm Leuschner jr. von seinen Eltern, was geschehen war. Abends sei sein Vater von Jakob Kaiser „aufgefordert“ worden, mit diesem zusammen „zu verschwinden“, hat der selber in deren Widerstandsarbeit eingebundene Sohn zwei Jahre danach in einer kleinen Niederschrift zu jenen tragischen Ereignissen notiert. Dem kam Leuschner genauso wenig nach wie in den kommenden Tagen der Empfehlung weiterer Freunde, nun doch endlich auf Tauchstation zu gehen. Ihr Mann sei dann auf „Reisen“ gegangen, so abermals Elisabeth Leuschner, die damit Akquisitionsreisen gemeint haben wird, und als er zurückgekommen sei, habe er erzählt, „wer wieder verhaftet" worden wäre. „Anfang August" habe Wilhelm Leuschner „nicht mehr zu Hause schlafen" mögen. Es sei „zu gefährlich" geworden. „Am 3. August" seien sie daher „zu Bekannten" gegangen und hätten diese gefragt, ob er vielleicht „bei ihnen schlafen" könne. Kaum dass sie zurück in ihrer Wohnung gewesen seien, habe es auch schon geklingelt. Sie sei „an die Tür" gegangen, wo drei Männer gestanden hätten, die ihren „Mann sprechen" wollten. Sie hätte ihn aber verleugnet und die Tür wieder geschlossen. Ihr Mann habe mit ihr deswegen sogar noch geschimpft, weil er der Annahme war, die Besucher „hätten ihm etwas sagen müssen usw." Es sei aber „sein Glück" gewesen, denn es wären Polizeibeamte gewesen, die ihn hätten mitnehmen wollen. „Dieselben" Männer seien „am anderen Mittag" erneut gekommen, Leuschner war diesmal tatsächlich abwesend, und hätten „Haussuchung" gehalten. Unterdessen habe ihr Mann angerufen, der gegenüber dem Beamten, der den Hörer abgenommen hatte, vorgab ein Ingenieur zu sein, der „etwas Geschäftliches" wissen wolle. Den Polizisten hatte seine Frau gesagt, er sei „nach Bitterfeld" gefahren, zu den IG Farben. Anschließend sei sie „zur Vernehmung" mitgenommen worden. Diese habe „stundenlang" gedauert, weil immer wieder in Bitterfeld angerufen worden sei, wo Leuschner aber gar nicht war. Vielmehr habe er genau gegenüber gestanden, als sie von der Polizei mitgenommen wurde. „Die Vernehmung" sei einfach „furchtbar" gewesen, so Leuschners Witwe weiter. „Am Schluss" sei sie „verhaftet" worden „wegen Verdunkelungsgefahr". Noch am selben Tag, „es war Mittwoch, der 4. August", sei sie „nach Moabit in Einzelhaft" gekommen. Auch weiterhin wurde versucht, ihr den Aufenthaltsorts ihres Mannes zu entlocken, doch sie konnte nach wie vor völlige Ahnungslosigkeit vortäuschen. Nach ein paar Tagen wurde sie nach Fürstenberg ins KZ verbracht, anschließend zur weiteren Vernehmung in die SS-Kaserne Ravensbrück, dann wieder über Fürstenberg zurück nach Moabit. Dort besuchte sie „der Pfarrer, der", wie sie schrieb, „bei uns in der Widerstandsbewegung war", und informierte sie, ihr „Mann wäre verhaftet", weil „verraten" worden. Bei dem Überbringer der Hiobsbotschaft kann es sich nur um den religiösen Sozialisten Dr. Harald Poelchau gehandelt haben, der als Berliner Gefängnispfarrer damals vielen Inhaftierten und zum Tode Verurteilten geistlichen Beistand geleistet hat. Als Elisabeth Leuschner am 4. Oktober entlassen wurde, habe sie dann hören müssen: „Ihr Mann ist schon vollstreckt. Am 29. September."

Der Leiter der Gedenkstätte Deutscher Widerstand in Berlin, Prof. Dr. Johannes Tuchel, hat jüngst eine mit vorbildlicher Gründlichkeit erstellte Monographie über die staatspolizeilichen Ermittlungserkenntnisse zu Leuschners Widerstand sowie zum gegen ihn vor dem „Volksgerichtshof" geführten Schauprozess veröffentlicht.[454] Da dort die wichtigsten Informationen zu seinem letzten Lebensabschnitt prägnant zusammengefasst und analysiert sind, erübrigt es sich, diese hier nochmals detailliert auszubreiten. Hierzu daher nur so viel: Auch Leuschner hat sich in den wenigen Wochen vor seiner Festnahme ständig mit politischen Freunden ausgetauscht, so z. B. am 31. Juli mit Kaiser, Wirmer, Habermann und Goerdeler, der an diesem Tag seinen 60. Geburtstag beging. Seit dem 2. August war Leuschner reichsweit zur sofortigen Festnahme ausgeschrieben. Unterdessen hielt er sich an verschiedenen Orten versteckt, etwa in einer Laubenkolonie in Spandau, wo ein mit ihm befreundeter früherer Polizeibeamter über ein Gartengrundstück verfügte, oder bei einer Haushaltshilfe in der Wilmersdorfer Straße.

Dort lauerte die Gestapo auf ihn seit dem 15. August, nachdem sie von einer Nachbarin in der Bismarckstraße den entscheidenden Tipp bekommen hatte. Als er sich tags darauf bei seiner Zugehfrau mit frischer Kleidung versehen wollte, erfolgte dort der Zugriff. Erstmals wurde er wohl in der Gestapozentrale in der Prinz-Albrecht-Straße vernommen. Bald darauf wurde er ins KZ Ravensbrück verschubt, um alsbald zur Sicherheitspolizeischule Drögen, wo sich ein Teil der „Sonderkommission 20. Juli 1944" einquartiert hatte, zum Verhör verbracht zu werden. Dort wurden auch Leuschners Mitarbeiter Ernst Schneppenhorst und Hermann Maaß vernommen, ebenso Franz Göhr, Dr. Julius Leber, Dr. Theo Haubach, Dr. Andreas Hermes und viele andere. Trotz brutalster Folterungen, die damals aber nicht nur in diesem Zusammenhang an der Tagesordnung waren, konnten die Beamten den Gewerkschafter zu keinen sonderlich handfesten Aussagen bewegen. Vielmehr versuchte er seine Mitstreiter durch möglichst vage Angaben bzw. diese sogar entlastende Behauptungen zu schützen. Nachdem er im gestreiften KZler-Drillich und in Holzschuhen von Ravensbrück wieder in die Gestapo-Haftstätte in der Prinz-Albrecht-Straße zurückgebracht worden war, soll er in seiner ruhigen und besonnenen Art zu einem dortigen Gefängniswärter gesagt haben: „Alle können sie hinrichten; an der Sache selbst ist nichts mehr zu ändern; sie werden alle und müssen alle zugrunde gehen," womit sein Urteil über die Anführer des NS-Regimes und deren Handlanger gefällt war. Der „Volksgerichtshofs"-Prozess gegen Dr. Goerdeler, ihn, Josef Wirmer, Ulrich von Hassell und Dr. Paul Lejeune-Jung, der am 7. und 8. September unter Vorsitz von Dr. Roland Freisler unter denkwürdigsten Begleitumständen durchgeführt worden war, endete für alle mit dem Todesurteil.[455] An Wirmer, von Hassell und Dr. Lejeune-Jung wurde dieses schon wenige Stunden später im Strafgefängnis Plötzensee vollstreckt, während Dr. Goerdeler und Wilhelm Leuschner „noch zu weiteren Gegenüberstellungen benötigt" wurden, so das entsprechende Fernschreiben des Reichsjustizministers Dr. Otto Georg Thierack an Reichsleiter Martin Bormann vom Tag der Urteilsverkündung. Auch in den nächsten drei Wochen musste Leuschner fürchterliche Folterungen über sich ergehen lassen. Er wurde mit Fäusten und Füßen traktiert, auch mit dem Ochsenziemer, aber an seiner geschickten Ablenkungsstrategie vermochte selbst dies nichts zu ändern. So gestand er beispielsweise nur ein, sie hätten sich bloß Gedanken gemacht und gewisse Vorkehrungen anbahnen wollen zur Bewältigung eines von ihnen befürchteten Ausnahmezustandes nach einem verlorenen Krieg mit all seinen hinlänglich bekannten Risiken.

Bevor das Urteil auch an Wilhelm Leuschner am 29. September 1944 in der Hinrichtungsstätte in Berlin-Plötzensee vollstreckt wurde, hatte sich er auf verschiedenerlei Weise von seinen Angehörigen sowie von befreundeten Mithäftlingen verabschiedet: So soll der zuvor noch ins Strafgefängnis Berlin-Tegel überstellte Todgeweihte dort einen Tag vor der Urteilsvollstreckung, so das Zeugnis Gustav Dahrendorfs, seinen Genossen in Zeichensprache einen Einheitsappell übermittelt haben, während er nach Otto Buchwitz[456] vor seiner Zellentür sogar gerufen haben soll: „Morgen werde ich gehenkt, schafft die Einheit!". Der frühere niederschlesische Bezirksparteisekretär der SPD und Reichstagsabgeordnete sowie spätere sächsische SED-Landtagspräsident und Alterspräsident der DDR-Volkskammer verbüßte seine achtjährige Zuchthausstrafe jedoch zum damaligen Zeitpunkt in Brandenburg-Görden, weshalb Buchwitz als Zeitzeuge hierfür ausscheidet. Allein deshalb schon ist Dr. Gerhard Beier beizupflichten,

Neue Todesurteile für den Verrat des 20. Juli

Aburteilung der politischen Exponenten

Verbindung der Verschwörer mit dem Feind vom Volksgerichtshof aufgedeckt

Berlin, 10. 9.

Nachdem am 7. und 8. August der Volksgerichtshof die an den Ereignissen des 20. Juli militärisch beteiligten Verräter abgeurteilt hatte, hat er nunmehr auch über diejenigen Personen das Urteil gesprochen, die als Politiker an dem Anschlag des 20. Juli mitgewirkt haben und damals eine Regierung des Verrates unter Auslieferung des deutschen Volkes an seine Feinde aufrichten wollten. Es sind politische Ignoranten, skrupellose Ehrgeizlinge, abgewirtschaftete Parteipolitiker und ehrvergessene Reaktionäre, die die Anklagebank füllen.

Sie hatten sich unter der Führung des ehemaligen Bürgermeisters und Preiskommissars Goerdeler zusammengefunden, bereit, ihrem persönlichen Ehrgeiz Leben, Freiheit und Zukunft des deutschen Volkes bedenkenlos zu opfern. Den „Liquidationsausschuß des Deutschen Reiches und Volkes" nannte der Präsident des Volksgerichtshofes mit Recht diese Anhäufung politischer Verbrecher, die sich als eine „deutsche Regierung" etablieren wollten.

Ehemalige Parlamentarier wie der frühere Abgeordnete Paul Lejeune-Jung, ehemalige Systemminister wie der frühere hessische Innenminister Wilhelm Leuschner, ein ehemaliger Rechtsanwalt Josef Wirmer, ehemalige Diplomaten wie der frühere Botschafter Ulrich von Hassell und der ehemalige Legationsrat im Auswärtigen Amt von Trott zu Solz, der ehemalige Polizeipräsident von Berlin, der inzwischen aus der Partei, dem Beamtenstand und dem Reichstag ausgestoßene Graf Helldorf hatten sich zusammengefunden, um nach der beabsichtigten Ermordung des Führers zusammen mit eidbrüchigen ehemaligen Generälen eine Diktatur aufzurichten, die die kämpfende Front durch eine Kapitulation verraten und das ganze Volk seinen haßerfüllten Feinden ausliefern sollte.

Die Verhandlungen vor dem Volksgerichtshof haben den Verdacht, daß die Verschwörerbande von Anfang an Verbindung zu den Feinden gehabt und von ihnen sowohl Weisungen als auch Mittel zur Durchführung des Attentats auf den Führer erhalten haben, nunmehr zur traurigen Gewißheit werden lassen.

Bei Goerdeler, der als Kopf der Verschwörung für den Posten des „Reichskanzlers" ausersehen war, liefen alle Fäden zusammen. Er war es, der die Verrats- und Attentatspläne mit dem feindlichen Ausland abstimmte, der seit 1942 die Verbindung zwischen den militärischen Verrätern einerseits und den politischen Verschwörern andererseits herstellte und in zahlreichen Unterredungen alle Einzelheiten des Komplotts und des Attentats vorbereitete. Er hat von Anfang an darauf gedrängt, die Umsturzpläne durch einen direkten Mordanschlag auf den Führer einzuleiten. Nach dem Gelingen des Attentats wollte er eine Militärdiktatur einführen, Standgerichte einsetzen und vor dem Feinde kapitulieren. Schärfste Sozialreaktion nach innen und würdeloseste und feigste Unterwerfung nach außen — das waren die Grundzüge des von ihm aufgestellten „Regierungsprogramms".

Leuschner, der zum „Vizekanzler" ausersehen war, war ebenfalls über die Absichten des Mordanschlages auf den Führer völlig unterrichtet. Im übrigen spielte Leuschner bereits mit dem Gedanken, noch vor dem Putsch mit Hilfe von Stauffenberg wieder den Goerdeler zu stürzen und selbst Kanzler zu werden.

Hassell, den man auf Grund seiner früheren außenpolitischen Tätigkeit als zum „Außenminister" prädestiniert glaubte, hat ebenfalls gestanden, sich „an den Vorbereitungen und Handlungen, die eine gewaltsame Beseitigung der deutschen Reichsregierung zum Ziele hatten", beteiligt zu haben. Er hat laufend an den Aktionsbesprechungen teilgenommen und wußte seit spätestens im Frühjahr 1943, daß gegen den Führer ein Mordanschlag verübt werden sollte.

Wirmer fand sich 1942 mit Goerdeler auf dem Boden der gemeinsamen Feindschaft gegen den Führer und das nationalsozialistische Deutschland. Er hat in mehrfachen Vorbesprechungen mit Stauffenberg die „Ministerliste" zusammengestellt, in der er selbst als „Justizminister" figurierte. Er gibt zu, daß er es war, der Goerdeler immer wieder gedrängt habe, die „Aktion" doch möglichst zu beschleunigen, woraufhin Goerdeler seinerseits wieder Stauffenberg drängte, den Mord an dem Führer so schnell wie möglich zu vollziehen.

Lejeune-Jung, der präsumtive „Wirtschaftsminister", gestand ebenfalls, daß er über alle Einzelheiten des Komplotts im Bilde war.

Helldorf erklärte bei seiner Vernehmung, daß er sich schon seit längerer Zeit vom Führer und der nationalsozialistischen Bewegung aus gekränktem persönlichem Ehrgeiz entfernt habe. Er habe mit Olbricht und Beck Verbindung gehalten und sei von ihnen in alle Einzelheiten ihrer Pläne eingeweiht worden. Er selbst sollte dabei als Polizeipräsident von Berlin für die Aktion in der Reichshauptstadt alles notwendige vorbereiten und Kriminalbeamte zur Verhaftung der nationalsozialistischen Minister bereitstellen. Er bekannte, daß er durch sein Verhalten treulos und zum Verräter geworden sei.

Zum Kreise des ehemaligen Botschafters von Hassell gehörte Trott zu Solz, der sich Stauffenberg als „außenpolitischer Berater" zur Verfügung stellte und u. a. seine dienstlichen Reisen nach Schweden dazu benutzte um wichtigste Geheimnisse der deutschen Kriegführung mit feindlichen Ausländern zu besprechen.

Damit vollendet sich das Bild des Verrates. Nach der Anklagerede des Oberreichsanwaltes verkündet der Präsident des Volksgerichtshofes das Urteil: Todesstrafe durch den Strang für sämtliche Angeklagten.

Deutsche Allgemeine Zeitung, 11. September 1944

dass „einiges" für „die stumme Übermittlung eines einzigen Wortes" spricht, also des bekannten Einheitssymbols zweier ineinandergreifender Hände, wozu unter Umständen selbst ein Gefesselter noch imstande sein könnte. Beier meinte darüber hinaus, dieses Symbol lasse „viele Deutungen zu: Einheit der Gewerkschaften, Einheit der Menschheit oder Solidarität im Kampf gegen die Mächte der Unfreiheit und Unterdrückung."[457] Eine weitere Deutungsvariante wäre genauso naheliegend, nämlich die Einheit der Demokraten als Fundament für Freiheit und Recht sowie für eine soziale

Republik, wie Leuschner sie zeitlebens angestrebt hat. Im Abschiedsbrief an seinen Sohn, geschrieben am 29. September in der Todeszelle in Plötzensee, der zugleich ein Lebewohl an die politischen Freunde war, lautete es jedenfalls ähnlich beschwörend: „Haltet zusammen. Baut alles wieder auf.“[458] Auf so ganz andere Weise bewegende letzte Worte ihres Mannes hat dagegen seine Witwe in ihrem kleinen autobiographischen Bericht der Nachwelt überliefert: „Liebe Lisbeth“, so hatte er ihr geschrieben, „sei mir nicht böse. Ich habe es gut gewollt. Immer Dein Wilhelm.“[459]

Viele Gesinnungsfreunde und Mitstreiter Wilhelm Leuschners haben wegen ihrer Beteiligung am „20. Juli 1944" und folglich wegen der Unbeugsamkeit ihrer freiheitlichen, demokratischen Gesinnung ihr Leben verloren. Vom „Volksgerichtshof" zum Tode verurteilt wurden u. a. Hermann Maaß, Ludwig Schwamb, Dr. Theo Haubach, Dr. Carl Goerdeler, Hermann Kaiser, Dr. Adam von Trott zu Solz, Dr. Julius Leber, Ernst von Harnack, Josef Wirmer, Prof. Dr. Adolf Reichwein, Nikolaus Groß, Helmuth James Graf von Moltke, Franz Leuninger, Fritz Voigt, Bernhard Letterhaus und Oswald Wiersich. Es waren über hundert Mordopfer, Zivilisten wie Militärs, die allein die strafrechtliche Verfolgung des Aufstandsversuchs gefordert hat. Wie viele weitere NS-Gegner umgebracht wurden, bevor es zu einer Anklageerhebung kam, liegt im Dunkeln. Generaloberst a. D. Ludwig Beck z. B. bekam in der Nacht des 20. Juli Gelegenheit zur Selbsttötung, nach deren Misslingen er von einem Feldwebel den Gnadenschuss erhielt. Major Hans-Ulrich von Oertzen[460], am 20. Juli als Verbindungsoffizier im für das Unternehmen fundamental wichtigen Wehrkreis III Berlin im Einsatz, beging dort am Tag darauf mit einer Gewehrsprenggranate Selbstmord, genauso an der Ostfront Generalmajor Henning von Tresckow, zu dessen engsten Vertrauten von Oertzen gehörte hatte. Max Habermann floh am 30. Oktober 1944 im Gefängnis Gifhorn in den Tod, wie auf dem für ihn vor seinem letzten Domizil, Ostpreußendamm 51, in Berlin-Lichterfelde gesetzten Stolperstein vermerkt ist; auch er wollte der Gefahr entgehen, unter der Folter womöglich Namen von Mitverschwörern preiszugeben. Jakob Weimer starb am 21. November 1944 ebenfalls in der Haft, wie wir wissen, an den Folgen gnadenloser Misshandlungen. Dr. Fritz Elsas wurde Anfang 1945 im KZ ermordet. Leuschners Betriebsleiter Ernst Schneppenhorst, Wilhelm Staehle und etliche andere Häftlinge sind kurz vor der Kapitulation des „Dritten Reiches" in Berlin liquidiert worden. Über 50 weitere Angeklagte sind zu Freiheitsstrafen verurteilt oder freigesprochen worden und haben überlebt, darunter Matthäus Herrmann, Dr. Eugen Gerstenmaier und Hermann Lüdemann. Gleiches gilt für Gustav Noske, der nicht mehr zur Aburteilung durch den „Volksgerichtshof" gelangte. Auch wurden die Todesurteile von Theodor Steltzer sowie von Dr. Andreas Hermes nicht vollstreckt. Wiederum andere sind mit knapper Not untergetaucht, Jakob Kaiser zum Beispiel, der schließlich in einem Kellerdomizil im Haus von Gertrud Droste, der Nichte von Arnold Knoblauch, in Potsdam-Babelsberg Zuflucht fand, unterstützt von einer ganzen Reihe Helferinnen und Helfer, darunter vor allem seine treue Mitstreiterin Dr. Efriede Nebgen.[461] Kaiser war seit der Befreiung 1945 beständig bestrebt, die Erinnerung an Wilhelm Leuschner und seine anderen Freunde aus dem Widerstand durch Ansprachen und Presseartikel wachzuhalten, und ebenso ist die Kaiser-Biographie, die Nebgen 1967 über den von ihr 1953 geehelichten christdemokratischen Widerstandskämpfer veröffentlicht hat, eine der wichtigsten Quellen auch zum antinazistischen Wirken des sozialdemokratischen Gewerkschafters und Politikers Leuschner, der während jener finstersten Jahre der deutschen Geschichte mit ihnen beiden eng befreundet gewesen ist.

Die Nachricht von seinem Todesurteil verbreitete sich wie ein Lauffeuer durch die ganze sozialdemokratische und gewerkschaftliche Solidargemeinschaft, erreichte via Rundfunk auch Kaiser in dessen Kellerversteck[462] und führte zudem zu vielerlei Reaktionen im deutschsprachigen Exil: Schon fast zwei Wochen vor seiner Hinrichtung brachte die „Neue Volks-Zeitung" in New York einen Nachruf, der wohl auf der Meldung des „Volksgerichtshofs"-Urteils beruhte und irrtümlich von dessen bereits erfolgter Vollstreckung ausging. Darin wurde Leuschner als „Kämpfernatur" gerühmt, als einer, der, wenn es zuträfe, dass er „dem größten Mörder aller Zeiten nach dem Leben getrachtet" habe, es verdienen würde, „unter die größten Helden und Märtyrer der Geschichte einzugehen".[463] Im Informationsblatt der nach Schweden geflüchteten deutschen Gewerkschafter erschien wenig später ein weiterer Nekrolog auf ihn, der davon zeugte, dass man dort erstaunlich gut über seine antinazistischen Aktivitäten informiert gewesen ist: Er sei „der führende Kopf der unterirdischen Gewerkschaftsbewegung" gewesen, hieß es darin, und „einer der wichtigsten Männer in dem zentralen Aktionsausschuss der demokratischen Freiheitsbewegungen", der „im Reich seit einigen Jahren" bestehe. „Sofort" nach „seiner Entlassung aus dem KZ" habe er sich der Widerstandsarbeit gewidmet, in erster Linie der gewerkschaftlichen". Er sei sich „von Anfang an klar darüber" gewesen, „dass die Arbeiter allein die bewaffnete Nazi-Macht nicht würden niederwerfen können". Aber seine „Hoffnungen auf Reichswehrgenerale" seien „nicht in Erfüllung" gegangen. Überdies habe er „über außerordentliche und erstaunliche Verbindungen bis hinein in hohe Amts- und Nazi-Stellen" verfügt. „Für alle, die um seine unterirdische Tätigkeit wussten", sei „es ein Rätsel" gewesen, „wie er so lange den Spürhunden der Gestapo" habe entgehen können. Es sei aber auch noch nicht klar, „inwieweit der zentrale Aktionsausschuss, in dem Leuschner führend war, überhaupt mit dem ‚Attentat' und dem dazu genannten Offizierskreis etwas zu tun" gehabt habe. „Nach den bis jetzt vorliegenden Informationen" scheine es so, „als ob der Offizierskreis eine selbständige Oppositionsgruppe war, die mit dem zivilen Aktionsausschuss durch einen Verbindungsmann in loser Fühlung stand". Wollte man mit diesem Hinweis vielleicht eine falsche Fährte legen? Die scheinbar leichtfertige Offenbarung konspirativer Details könnte durchaus die Ablenkung vom wahren Sachverhalt bezweckt haben, auch die Entlastung möglicher Beteiligter, sofern diese noch ergriffen werden würden. Hinsichtlich Leuschners selbst glaubte das „Mitteilungsblatt" der Landesgruppe deutscher Gewerkschafter in Schweden jedenfalls keine Denunziation zu begehen, denn auch dieses Presseorgan hatte angenommen, dass er sofort nach der Urteilsverkündung hingerichtet worden sei.[464]

Am 7. Oktober 1944 führte die Union deutscher sozialistischer Organisationen in Großbritannien in der Londoner Caxton-Hall eine, so die „Sozialistischen Mitteilungen", seit 1939 das offizielle Parteiorgan des SPD-Exilvorstandes, „sehr gut besuchte, international zusammengesetzte Kundgebung" zum Thema „Hitler's Total War against the German Opposition" durch, und zwar „zum Gedenken an Wilhelm Leuschner, Rudolf Breitscheid, Ernst Thälmann and thousands of German Anti-Fascists, Trade Unionists, Socialists and Communists who have during the last few months been murdered or arrested by the Gestapo". Während Thälmann, der KPD-Vorsitzende, in der Tat am 18. August 1944 im KZ Buchenwald ermordet worden war, ist der Anfang 1941 von zwei französischen Polizeibeamten der Gestapo ausgelieferte Dr. Breitscheid hingegen am 24. August 1944 bei einem Luftangriff auf jenes Lager ums Leben gekommen, was Letzteres gleich an Mierendorff denken lässt. Schicksale wie diese hat es gar nicht so selten gegeben zu jener Zeit. Hans Gottfurcht, der Vorsitzende der Landesgruppe deut-

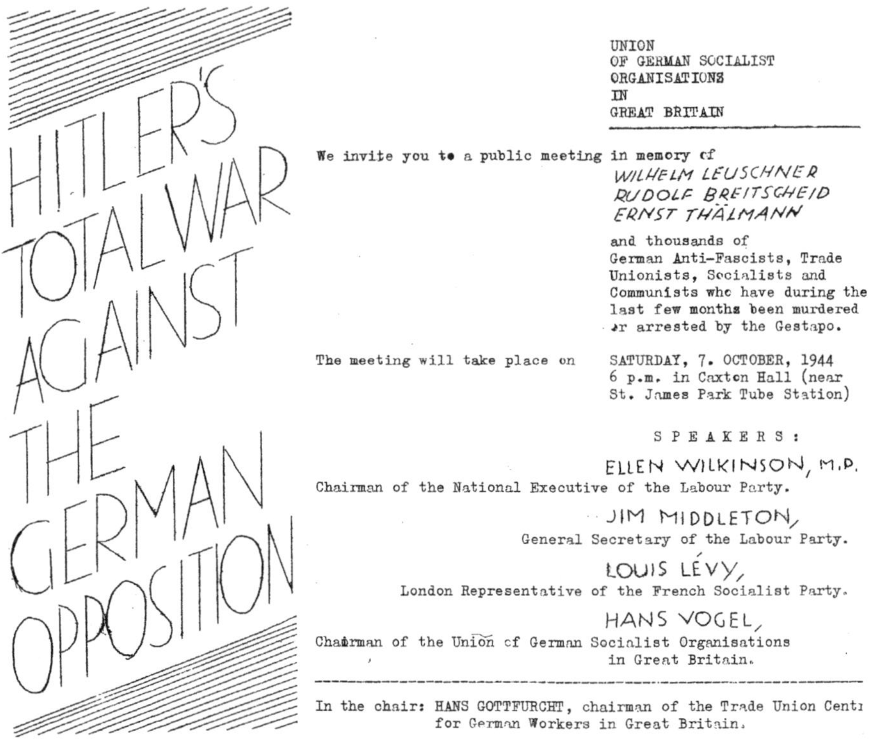

HITLER'S TOTAL WAR AGAINST THE GERMAN OPPOSITION

UNION
OF GERMAN SOCIALIST
ORGANISATIONS
IN
GREAT BRITAIN

We invite you to a public meeting in memory of
WILHELM LEUSCHNER
RUDOLF BREITSCHEID
ERNST THÄLMANN
and thousands of
German Anti-Fascists, Trade
Unionists, Socialists and
Communists who have during the
last few months been murdered
or arrested by the Gestapo.

The meeting will take place on SATURDAY, 7. OCTOBER, 1944
6 p.m. in Caxton Hall (near
St. James Park Tube Station)

SPEAKERS:

ELLEN WILKINSON, M.P.
Chairman of the National Executive of the Labour Party.

JIM MIDDLETON,
General Secretary of the Labour Party.

LOUIS LÉVY,
London Representative of the French Socialist Party.

HANS VOGEL,
Chairman of the Union of German Socialist Organisations
in Great Britain.

In the chair: HANS GOTTFURCHT, chairman of the Trade Union Centi
for German Workers in Great Britain.

Flyer der Union deutscher sozialistischer Organisationen in Großbritannien

scher Gewerkschafter, hob als Versammlungsleiter hervor, dass Leuschner, Breitscheid und Thälmann „nur drei Namen“ seien. „Seit fast zwölf Jahren“ habe aber „die Gestapo die Gegner des Regimes“ zu „Hunderten oder Tausenden offen ermordet“. Mit ihrer Veranstaltung würden „alle diese Kämpfer“ geehrt werden, „die bekannten und die unbekannten, die Sozialisten und Demokraten in ganz Europa, in den jetzt befreiten Ländern und in den Ländern, die noch unter der Herrschaft des Faschismus“ litten. Auch Ellen Wilkinson, die Vorsitzende des Exekutivkomitees der Labour Party, Louis Lévy als Londoner Vertreter der Sozialistischen Partei Frankreich, und der Generalsekretär der Labour Party Jim Middleton ergriffen während der Gedenkveranstaltung das Wort. Zuletzt sprach Hans Vogel, der Vorsitzende der Union, zu den Versammelten: Es gebe „in Deutschland eine wirkliche Opposition, die es verdienen würde, von den Alliierten anerkannt, ermutigt und aktiv wirksam unterstützt zu werden“, führte er aus. „Seit dem 20. Juli“ gehe „eine ununterbrochene Verhaftungswelle durch Deutschland, die alle Anti-Nazi-Gruppen“ erfasse, womit Vogel die Aktion „Gewitter“ bzw. „Gitter“ ansprach. „Trotz dieser neuesten Terrorwelle gegen alle Anti-Nazis“, beklagte er sodann, gebe „es immer noch Menschen“, die behaupteten, man könne „in Deutschland nicht zwischen Nazis und Deutschen unterscheiden“. Doch seit eh und je hätten es „die deutschen Sozialisten und die Gewerkschaften als eine ihrer wichtigsten Aufgaben betrachtet, die Deutschen zu guten Europäern und darüber hinaus zu guten und wirklichen Weltbürgern zu erziehen. Dieser Aufgabe“ wollten sie „auch jetzt treu bleiben“, da „sich die ganze Welt gegen" sie „zu richten" scheine. In diesem Sinne würden sie „bestimmt auch im Geiste aller jener Freunde" handeln, „deren gewaltsamen frühzeitigen Tod" sie beklagten und derer sie „ehrend" gedächten, „heute und für alle Zeiten". Mit dem Verweis auf den in der Arbeiterbewegung traditionell fest verwurzelten Internationalismus und speziell auf ihr Bekenntnis zum Europagedanken hatte Vogel einmal mehr eine scharfe Trennlinie gezogen zu den Anhängern und Propagandisten der NS-Diktatur, die sich ein geeintes Europa allenfalls unter deutscher Herrschaft vorstellen konnten. Die gleichzeitige Würdigung Thälmanns während jener Veranstaltung hatte zweierlei Gründe: Einerseits waren die nach Großbritannien geflüchteten Kommunisten durch ihre Mitgliedschaft in der Landesgruppe deutscher Gewerkschafter zwangsläufig irgendwie doch in der dortigen Union deutscher sozialistischer Organisationen vertreten, und zweitens befanden sich die Briten zusammen mit den Amerikanern zu jener Zeit im Bündnis mit den Sowjets, um die Hitler-Diktatur möglichst bald militärisch zu bezwingen.[465] Durch Veranstaltungen wie diese wurde nicht nur die europäische, völkerverbindende Dimension des antinazistischen Widerstandes[466] unterstrichen, sondern außerdem schon mitten im Krieg damit begonnen, behutsam den Weg zu bahnen für ein künftiges friedliches Miteinander der Staaten Europas mit Deutschland.

Dass Wilhelm Leuschner in vielen Fragen, zumal in solchen grundsätzlicher Art, kaum andere Ansichten vertreten haben wird als sein wichtigster Vertrauter Hermann Maaß, der für ihn auch mehrmals Gesprächstermine mit Oberst von Stauffenberg wahrgenommen hatte, wird sich schwerlich von der Hand weisen lassen. Wie Maaß zuletzt gedacht hat, können wir – wenigstens ansatzweise – aus seinen Briefen und Notizen entnehmen, die er während seiner Inhaftierung in Drögen und Fürstenberg zu Papier gebracht hat. So hat er am 12. August 1944 seiner Frau Eva, die ihm auch im Widerstand stets beigestanden hatte, nicht nur von seinem Gottesglauben und seinen Bedenken hinsichtlich der damaligen Befindlichkeit des Christentums berichtet, sondern auch von seiner Überzeugung, dass ein „neues Ethos" begründet werden müsse, das „wohl Elemente der alten, christlichen Kultur" zu „übernehmen" habe, ebenso „wie stets eine neue Kultur auf eine vorhergehende" aufbaue; „aber die neuen Elemente dieser entstehenden Kultur" würden „ihr die entscheidende Wendung zum Sozialismus" geben. Dieser müsse „als vorherrschende Kraft" an „die Stelle des Individualismus" treten. Künftig würden nicht mehr „Herkunft, Besitz oder Rang für den Wert einer Person maßgebend sein, sondern nur die persönliche Leistung". Dereinst würden „Person, Staat, Völker – eines Tages auch Staaten- und Völkergemeinschaften" vom „gleichen Blut des arbeitenden Menschen durchpulst und vom gleichen Geist belebt" werden. „Der arbeitende Mensch, nicht der Privilegierte oder von seinem Besitz lebende", werde „Träger der neuen Kultur sein, und er" werde „es bewusst sein". Die bisherige „Klassengesellschaft" werde „überwunden durch eine klassenlose, in der die natürlichen Gesellschaftsschichten gleich" seien.[467] Der Weg in die Zukunft, der hier beschrieben wurde, beruhte auf nichts anderem als auf der Hoffnung auf Zusammenführung von christlichen und sozialistischen Vorstellungen sowie deren Weiterentwicklung hin zur Leitidee einer wirklich sozialen Demokratie, in der niemand mehr Herrschaft über andere erlangen könnte. Jakob Kaiser hat dieses enorm produktive Interdependenzverhältnis sozialistisch orientierter Christdemokraten und das Christentum als ethisches Basiselement einer künftigen Gesellschaft anerkennender Sozialisten in einem Gedenkartikel zu Leuschners Todestag wie folgt auf den Punkt gebracht: „Wir sahen in einer gesunden Synthese von Sozialismus und Freiheit den richtigen Weg für das deutsche Volk. Das war auch die Auffassung von Wilhelm Leuschner, die er mit ebenso viel Freimut wie Beharrlichkeit vertrat, immer aber in verbindlicher Form und in taktischer Klugheit." In einer im Frühjahr 1946 in Düsseldorf gehaltenen Rede hat Kaiser dies dahingehend präzisiert, dass der „Wille zur Diktatur des Proletariats" weder „zur geistigen Grundlage der Gewerkschaften" gehöre noch „zum Wesensbestandteil des Sozialismus". Genauso wenig bedeute „Sozialismus Klassenkampf". Im Gegensatz zum „marxistischen Sozialismus", der den „Klassenkampf" zum allgemeingültigen „Gesetz für einen großen Teil der Arbeiterschaft" gemacht habe, würde von ihnen „die Freiheit und Verantwortlichkeit der menschlichen Persönlichkeit" bejaht werden, desgleichen „auch das Privateigentum"[468], das allerdings – wie gerade auch aus heutiger Perspektive zu ergänzen wäre – gemäß Artikel 14 unseres Grundgesetzes einerseits zwar „gewährleistet" wird, andererseits jedoch „zugleich dem Wohle der Allgemeinheit" zu „dienen" hat. Dass diese Freiheitsrechte nicht für die erwiesenen Feinde der Freiheit gelten sollten, ist bei allen NS-Gegnern, ob sie sich nun im Untergrund oder vom Exil aus antinazistisch betätigt hatten, völlig unstrittig gewesen. Auch von Wilhelm Leuschner ist niemals anderes zu vernehmen gewesen. Aus diesem Grund meinten die Väter und Mütter unserer Verfassung von 1949 auch Vorsorge für alle Zeiten getroffen zu haben, als sie darin den durch kein Grundrechtsänderungsverfahren korrigierbaren und ebenso wenig eliminierbaren Artikel 139 verankerten, welcher für uns das Fortgelten der alliierten Entnazifizierungsvorschriften für alle Zeiten fixiert und aus dem das kategorische Verbot jedweder faschistischen bzw. neonazistischen Betätigung herzuleiten ist.[469]

Die völkerverbindende Dimension des Widerstandes zeigte sich aber nicht allein daran, dass die Vision eines geeinten und friedlichen Europas in den Widerstandsbewegungen sowohl in den von der Wehrmacht okkupierten Ländern zahlreiche Anhänger gefunden hatte, etwa in Frankreich und Belgien, in Norwegen, Polen und den Niederlanden, als auch bei vielen deutschen Oppositionsgruppen, von der „Weißen Rose" über den Kreisauer Kreis bis zur Union deutscher sozialistischer Organisationen in Großbritannien. Sondern mit der Zerbrechung der faschistischen Herrschaft in den europäischen Staaten konnten dort zunächst überall Einheitsgewerkschaften geschaffen werden, wenngleich diese sehr bald – bedingt durch den Kalten Krieg – wieder in weltanschauliche Richtungsgewerkschaften zurückverwandelt wurden.[470] Während die Gewerkschaftsbewegungen in Großbritannien und den skandinavischen Ländern niemals gespalten waren, sind dagegen in Deutschland zwei unterschiedliche Modelle einer Einheitsgewerkschaft verwirklicht worden, und zwar der erst von der KPD, später dann von der SED gesteuerte, strikt zentralistisch strukturierte FDGB im Osten[471] sowie in der Bundesrepublik der DGB als Dachorganisation ansonsten souveräner und parteipolitisch unabhängiger Industriegewerkschaften, nachdem sich das in den Westzonen zunächst ebenfalls von vielen Gewerkschaftern favorisierte zentralistische Organisationsprinzip gegen den Willen der Besatzungsmächte nicht hatte durchsetzen lassen.[472] Neben dem vom 12. bis 14. Oktober 1949 in München gegründeten DGB – der FDGB war bereits zehn Monate vor der SED-Gründung und vier Jahre vor Gründung der DDR auf Befehl der sowjetischen Militärregierung Mitte des Jahres 1945 zustande gekommen, während auch in den drei westlichen Besatzungszonen Gewerkschaften auf lokaler Ebene ähnlich früh lizenziert worden sind – kam es in der Bundesrepublik freilich noch zu den Separatgründungen bzw. Abspaltungen der Deutschen Angestelltengewerkschaft, des Deutschen Beamtenbundes und des Christlichen Gewerkschaftsbundes Deutschlands sowie einer Vielzahl kleinerer und kleinster Einzelgewerkschaften bzw. gewerkschaftsähnlicher Organisationen. Beide deutschen Einheitsgewerkschaften wurzelten bzw. wurzeln auch nach ihrem Selbstverständnis im antifaschistischen Widerstand, wobei nach dem hier Dargelegten eigentlich nicht mehr extra betont werden muss, dass sich der östliche Typus auf Wilhelm Leuschner als Ideengeber – trotz mancher dortiger Vereinnahmungsversuche[473] – mitnichten berufen konnte.

Die zwar gleichfalls klar zentralistischen gewerkschaftspolitischen Neuordnungsvorstellungen Leuschners, der jedoch niemals die Subordination der von ihm geplanten Volksgewerkschaft unter eine wie auch immer geartete Partei akzeptiert haben würde, sind noch am ehesten in jenen gewerkschaftspolitischen Programmatiken zum Ausdruck gekommen, mit denen seine einstigen Mitstreiter, welche der massiven Verfolgungswelle im Anschluss an den „20. Juli" nicht zuletzt dank seiner Verschwiegenheit und auch wegen manch anderer glücklicher Umstände entgangen waren, sofort nach Einrücken der Alliierten hervorgetreten sind: Dies gilt z. B. für das von Jakob Kaiser, Hermann Schlimme, Ernst Lemmer und anderen in Berlin vorgelegte Programm des dortigen „Freien Deutschen Gewerkschaftsbundes" genauso wie für die von Hans Böckler in der britischen Besatzungszone entwickelten „Erläuterungen zur Absicht der Wiedererrichtung einer Gewerkschaft", für Willi Richters bemerkenswerterweise von allen noch am wenigsten zentralistisch anmutende Ausarbeitung „Grundsätze, Aufbau und Aufgaben" eines „Freien Deutschen Gewerkschaftsbundes FDGB Bezirk Rhein-Main, Sitz Frankfurt am Main" ebenso wie für „Die leitenden Grundsätze" des „Allgemeinen Deutschen Gewerkschaftsbundes Nürnberg", die durch Josef Simon und Lorenz Hagen und ihren Kollegenkreis veröffentlicht worden sind. Allesamt wollten sie in jenem Frühjahr bzw. Sommer 1945 eine Gewerkschaft als den demokratischen Grundsätzen verpflichtete Einheitsorganisation für alle Arbeiter, Angestellten und Beamten zusammen ins Leben rufen. Diese sollte der Durchsetzung und Wahrung der sozialen, wirtschaftlichen und kulturellen Belange ihrer Mitglieder dienen und sich parteipolitisch sowie weltanschaulich neutral verhalten, was nicht mit politischer Abstinenz zu verwechseln ist, zumal sie überall zugleich an der vollständigen Ausmerzung des nazistischen und militaristischen Ungeistes sowie an der Herbeiführung von Völkerverständigung und Völkerfrieden mitwirken sollte.[474] Da aber das Kriterium jeder Theorie die Praxis ist, wurde die zentralistische Organisationsstruktur am Ende in den Westzonen nicht realisiert, sondern es wurde dann dort allerorten der Weg zum gewerkschaftlichen Dachverband auf föderativer Grundlage beschritten, wobei dies, wie etwa auch die Entscheidungen für einen organischen Aufbau von unten nach oben und gegen eine Zwangs- bzw. Pflichtmitgliedschaft, sicherlich nicht unbeeinflusst war durch aus dem Exil zurückgekehrte Gewerkschafter sowie von Gewerkschaftsorganisationen aus den westlichen Siegerstaaten. So oder so bedeutete dies alles einen gewaltigen Fortschritt gegenüber der fürchterlich komplizierten Situation des Jahres 1933, als man zum entschlossenen, geeinten Eintreten für den Erhalt der Republik nicht mehr hatte zusammenfinden können. In der Tat wären hierzu auch hohen Hürden zu überwinden gewesen, wird allein die ganze Breite und politisch-weltanschauliche Zerrissenheit des seinerzeitigen gewerkschaftlichen Organisationsspektrums bedacht: Damals sind – nachdem etliche Verbandszusammenschlüsse schon in den Jahrzehnten zuvor erfolgt waren – immer noch fast 30 mehrberufliche Gewerkschaften im sozialdemokratisch festgelegten ADGB vereinigt gewesen, waren etwas mehr als 30 christliche Gewerkschaftsverbände in einem entsprechenden Gesamtverband zusammengeschlossen, wiederum 30 Einzelgewerkschaften liberaler Prägung ebenfalls assoziiert zu einem eigenständigen Gewerkschaftsring; dazu noch gab es den ebenfalls von der SPD beeinflussten Allgemeinen freien Angestellten-Bund mit weiteren 14 Verbänden, den Gewerkschaftsbund der Angestellten, den Allgemeinen Deutschen Beamtenbund und den Deutschen Beamtenbund, des Weiteren die kommunistische Revolutionäre Gewerkschafts-Opposition (RGO) und die anarchosyndikalistische Freie Arbeiter-Union Deutschlands, und diese Aufzählung ist beileibe nicht vollständig. Nur ein einziges Mal hatten sich all diese Gewerkschaften während der Weimarer Republik zum geeinten politischen Vorgehen gegen eine Bedrohung der jungen Demokratie zu verbünden vermocht, nämlich 1920 gegen den reaktionären Kapp-Lüttwitz-Putschversuch.[475] Die RGO existierte damals noch nicht. Insofern wurden mit der Verwirklichung des Organisationsmodells einer Einheitsgewerkschaft ganz gleich welchen Typs tatsächlich die Lehren aus den Fehlern der Vergangenheit gezogen, so wie es in den konspirativen Netzwerken, Gruppierungen, Kreisen, Zirkeln und Gesprächsrunden ebenso wie im Exil immer wieder gefordert worden war. Daran vermag selbst jener Sachverhalt nichts zu ändern, dass die von Leuschner, Kaiser, Habermann usw. ursprünglich vorgesehenen viel dezidierteren Organisationsgrundsätze in vielerlei Hinsicht nicht zum Tragen gekommen sind.

Kaum ein anderer Historiker der deutschen Arbeiterbewegung hat so beständig wie Dr. Gerhard Beier darauf hingewiesen, dass viele Errungenschaften unserer zweiten deutschen Demokratie in starkem Maße dem Wirken einstiger Mitstreiter Leuschners zu verdanken sind, wobei er vor allem Hans Böckler und Willi Richter, den ersten und den vierten DGB-Bundesvorsitzenden, im Blick gehabt hatte. Aber auch der frühere Hagener Bezirksleiter des Deutschen Metallarbeiter-Verbandes und preußische SPD-Landtagsabgeordnete sowie spätere nordrhein-westfälische Landtags-, dann Bundestagsabgeordnete Walter Freitag[476], den Willi Richter 1956 an der DGB-Spitze ablöste, hatte während der NS-Zeit illegal gearbeitet und ist dabei u. a. mit Wilhelm Leuschner in Kontakt gewesen, den er zuvor im KZ Lichtenburg näher kennengelernt hatte. Allein eine systematische Untersuchung darüber, wer in welchem Vorparlament bzw. Landesparlament und sodann 1948/49 im Parlamentarischen Rat bzw. ab 1949 im Deutschen Bundestag für die Einbringung sowie Durchsetzung bestimmter, vordem schon von Leuschner und seinen Freunden erhobenen sozial- und wirtschaftspolitischen sowie sonstigen Forderungen gesorgt hat bzw. wer von wem diesbezüglich beeinflusst worden ist, wäre eine lohnenswerte Aufgabe, die gewiss eine umfangreiche Monographie ergeben würde. Beispielsweise gründen die dezidierten Sozialisierungsvorschriften der Artikel 39, 41 und 42 der Verfassung des Landes Hessen von 1946 ganz unverkennbar in den vorherigen Postulaten des antinazistischen Widerstandes, genauso das generelle Diktaturverbot ihres Artikel 150 und das Recht auf „Widerstand gegen verfassungswidrig ausgeübte öffentliche Gewalt“ des Artikels 147, der – genauso wie übrigens der Schutz der Verfassung nach Artikel 146 – mehr noch „jedermanns Pflicht“ zu sein hat. Wenn auch oft in erheblich weniger entschiedener Form findet sich durchaus Ähnliches in vielen Verfassungen unserer Länder. Und auch das Grundgesetz von 1949, durch das eine Demokratie mit pluralistisch-parlamentarischer, rechtsstaatlicher und sozialer Ausrichtung auf föderalistischer Grundlage begründet wurde, weist eine klar erkennbare antinazistische Stoßrichtung auf. Diese gelangt in etlichen Verfassungsartikeln zum Ausdruck, nicht zuletzt im Bekenntnis zu den Menschenrechten (Artikel 1, Absatz 2) und zum Völkerrecht (Artikel 25), im Gleichheitsgebot und Diskriminierungsverbot (Artikel 3), im Ausbürgerungsverbot sowie in der Garantie des Asylrechts für politisch Verfolgte (Artikel 16 und 16 a), im Verbot von Angriffskriegen (Artikel 26, Absatz 1), in den Garantien persönlicher Freiheit (Artikel 2) sowie von Meinungs-, Informations- und Pressefreiheit, desgleichen von Wissenschafts- bzw. Kunstfreiheit (Artikel 5), im Verbot von Vereinigungen und Parteien mit verfassungsfeindlicher Zielsetzung (Artikel 9, Absatz 2, sowie Artikel 21, Absatz 2) und in vielem anderen mehr. Sogar Enteignungen sind nach unserem Grundgesetz möglich, jedoch nur sofern diese dem „Wohle der Allgemeinheit“ dienen und auf gesetzlicher Grundlage erfolgen (Artikel 14 und 15).

Gerd Beier hat immer wieder betont, die Aufnahme des an eine „sittliche Pflicht zur Arbeit“ gekoppelten „Rechts auf Arbeit“ (Artikel 28, Absatz 2), des Aussperrungsverbots (Artikel 29, Absatz 5) und anderer sozialer Grundrechte in die Hessische Verfas-

Wilhelm-Leuschner-Medaille

sung sei genauso nur auf das beharrliche und umsichtige Agieren Richters zurückzuführen gewesen wie später das neue Tarifvertragsgesetz, die „gesetzliche Regelung der Lohnfortzahlung im Krankheitsfalle" sowie die „Dynamisierung der Renten" auf Bundesebene. Auch für die Schaffung „einer einheitlichen Volksversicherung" habe Leuschners langjähriger Freund ein Vierteljahrhundert lang bis zu seinem Tod im Jahr 1972 gestritten.[477] Zweifellos ist der moderne deutsche Sozialstaat von diesem sozialdemokratischen Gewerkschafter, aber selbstverständlich auch von den Christdemokraten Jakob Kaiser und Ernst Lemmer und etlichen anderen ausgewiesenen NS-Gegnern nachhaltig mitgeprägt worden. Zu nennen wären außerdem u. a. Hans Böckler, Prof. Dr. Bergsträsser sowie der erste hessische Justizminister und dann langjährige Ministerpräsident Dr. h. c. Georg August Zinn[478], der spätere Stifter der Wilhelm-Leuschner-Medaille. Alle diese Politiker sind im Prinzip schon als Leuschners sozialpolitische Testamentsvollstrecker zu betrachten. Während das von ihm geforderte Recht auf Arbeit, das zwar auf Betreiben Richters in der Verfassung des Landes Hessen verankert werden konnte, noch immer seiner Verwirklichung harrt, sind Bildungs- und Weiterbildungsmöglichkeiten für alle sowie die soziale Absicherung Bedürftiger in der Bundesrepublik in einem Maße realisiert worden, wie man es vor einem Dreivierteljahrhundert nicht zu träumen gewagt hätte, selbst wenn diesbezüglich noch immer Optimierungsbedarf erkennbar ist. Auch die von Leuschner gewünschte Einheitsschule konnte wenigstens partiell realisiert werden. Die Einheitspartei für alle Linkskräfte mit Ausnahme der unverbesserlichen Stalinisten ist mit der Reorganisation der SPD Wirklichkeit geworden, in die damals viele jener linken und rechten Kritiker zurückgefunden haben, die sich vor 1933 aus Verdruss aus ihr zurückgezogen hatten; deren Neupositionierung als einem freiheitlich-demokratischen Sozialismuskonzept verpflichtete Volkspartei, welche ihre Wurzeln gleichermaßen in christlicher Ethik, Humanismus und klassischer Philosophie erblickt, wurde mit dem Godesberger Programm von 1959 vollendet. Und auch der DGB, der zusammen mit den ihm angeschlossenen Verbänden in der Tat eine Einheitsorganisation für die gesamte arbeitende Bevölkerung ist, kann sich diesbezüglich mit Fug und Recht als Erbe Leuschners begreifen. Zusammen mit den Christdemokraten und den Liberalen, deren 1945 geschaffene Parteien jeweils völlige Neugründungen waren, sowie den Sozialdemokraten gehörten die Einzelgewerkschaften und der DGB zu den entscheidenden gesellschaftspolitischen Faktoren[479], denen seinerzeit die Begründung einer neuen und sozialen Demokratie in unserem Land zu verdanken war, die sich zu unser aller Glück als stabil erwiesen hat.

Eine Demokratie ist ein subtiles, jederzeit störanfälliges Kommunikations- und Kooperationssystem, das im Grunde von uns allen täglich neu mit Wirkkraft zu versehen ist. Ihre Basis sind die Prinzipien der Freiheitlichkeit und der Rechtsstaatlichkeit, die gleichen Rechte und Pflichten ihrer Bürgerinnen und Bürger sowie deren Bereitschaft zum Engagement. Ihre Conditio sine qua non ist ihre solidarische sozialstaatliche Ausrichtung. Ihre Dauerhaftigkeit wird gewährleistet durch die Einheit der Demokraten. Für die Bundesrepublik Deutschland wurde diese vorgeprägt durch das Einvernehmen, welches von bürgerlichen, sozialdemokratischen bzw. sozialistisch-pazifistischen Anti-Nazi-Kräften unter wesentlicher Einflussnahme Wilhelm Leuschners in den Jahren der braunen Diktatur erzielt worden war. Der Prozess des demokratischen Neuaufbaus wäre 1945 und in den folgenden Jahren nicht so friktionslos vonstatten gegangen, wenn jener demokratische Grundkonsens damals erst hätte herbeigeführt werden müssen. Die eminente Bedeutung der Einigkeit der Widerständler im Grundsätzlichen wurde von ihnen selbst immer wieder hervorgehoben, so z. B. durch den am Umsturzversuch des „20. Juli" als Oberst beteiligten Wolfgang Müller. Dieser, der sich bald darauf als Vorsitzender, dann Geschäftsführer der Historischen Forschungsgemeinschaft „Das Andere Deutschland" wie auch als Mitarbeiter des gleichnamigen pazifistischen Periodikums engagierte, hat dies in seinem 1947 veröffentlichen, „gegen eine neue Dolchstoßlüge" gerichteten Widerstandsbericht wie folgt verdeutlicht: „Man" sei seinerzeit „einig" gewesen, „ohne Rücksicht, ob man früher ‚rechts' oder ‚links'" gewesen ist. Man habe „nicht als Soldat, als Beamter, als Gutsbesitzer oder als Bürgerlicher gegen Hitler" gekämpft. „Dafür" gehe „man nicht ins KZ, ins Gestapo-Gefängnis oder unter den Galgen. Dafür" opfere „man nicht seine Familie. – Im Umbruch des ganzen deutschen Volkes" werde „man in erster Linie Anti-Nazi, eng verbunden Arbeiter und Adeliger, Logenbruder und katholischer Priester. Geeint durch das gemeinsame Ringen für Menschlichkeit und Gerechtigkeit, bereit zur Verständigung und Versöhnung gegenüber dem Mitkämpfer. Selbstlose idealistische Kämpfer" hätten sich „in den Widerstandskreisen" zusammengefunden, „meist überparteilich gegliedert", jedenfalls in zunehmendem Maße in den letzten Jahren der NS-Herrschaft, wie ergänzt werden muss. Diese „jetzt nachträglich parteipolitisch abstempeln zu wollen", so Müller kategorisch, gebe „ein falsches Bild". Wilhelm Leuschner sei „kein ‚Gewerkschaftsbonze'" gewesen, General Beck „kein ‚Militarist'" und Dr. Goerdeler „kein ‚Reaktionär'". Plattitüden wie diese trübten „die Wahrheit über unsere Märtyrer, die nichts weiter sein wollten als Kämpfer für Frieden, Freiheit, Menschlichkeit und Gerechtigkeit".[480]

Wilhelm Leuschner war einer von jenen gar nicht so wenigen deutschen Widerstandskämpfern, die es verdienen, dass wir ihr Andenken unserer Jugend nahe bringen und für die nachwachsenden Generationen bewahren, damit auch diese begreifen, warum wir alle unsere Demokratie hüten müssen wie unseren Augapfel. Doch nicht nur das: Genauso gilt es, diese beständig weiterzuentwickeln, sie zu vervollkommnen und immer wieder aufs Neue zukunftsfähig zu machen. Denn nur so werden wir dem kostbaren Erbe, das uns die Protagonisten des antinazistischen deutschen Widerstandes hinterlassen haben, wirklich gerecht.

ANMERKUNGEN

[1] Erlass über die Stiftung der Wilhelm-Leuschner-Medaille vom 29. September 1964, in: Dirk METZ u. a. (Red.): Im Dienste der Demokratie. Die Trägerinnen und Träger der Wilhelm-Leuschner-Medaille. Hrsg.: Hessische Staatskanzlei. Wiesbaden 2004, S. 42; siehe dazu auch: Rolf BIEBRICHER: Aus dem Geist Wilhelm Leuschners – Die Wilhelm-Leuschner-Medaille, in: Klaus BÖHME, Walter MÜHLHAUSEN (Hrsg.): Hessische Streiflichter. Beiträge zum 50. Jahrestag des Landes Hessen. Frankfurt/M. 1995, S. 419–423. – Peter FORSTER: Vollrad Kutscher. Installationen im Hessischen Landtag und Museum Wiesbaden. Himmel über Hessen. Licht-gestalten. Leuchtende Vorbilder. Hrsg.: Präsident des Hessischen Landtags Norbert KARTMANN. Wiesbaden 2009.

[2] Nur 5,1 Prozent der knapp 600 befragten Frankfurter Schülerinnen und Schüler der 9. bzw. 10. Klassen aller Schultypen vermochten Leuschner überhaupt als dem antinazistischen Widerstand zugehörig zu klassifizieren, siehe: Thomas ALTMEYER: Kein Bock auf Geschichte? Ergebnisse einer quantitativen Schülerbefragung, in: informationen. Wissenschaftliche Zeitschrift des Studienkreises Deutscher Widerstand 1933–1945, 36. Jg., Nr. 74, November 2011, S. 29–33, hier: S. 32. – Zu den Leuschner-Porträts der genannten Autoren siehe die Auswahlbibliographie im Anhang. – Christl WICKERT u. a. (Red.): Der Freiheit verpflichtet. Gedenkbuch der deutschen Sozialdemokratie im 20. Jahrhundert. Hrsg.: Vorstand der Sozialdemokratischen Partei Deutschlands. Marburg 2000, S. 202 f.

[3] Joachim G. LEITHÄUSER: Wilhelm Leuschner. Ein Leben für die Republik. Köln 1962; siehe dazu: Gerhard BEIER: Willi Richter. Ein Leben für die soziale Neuordnung. Köln 1978, S. 13 f. u. S. 681, Anm. 20, und: Stephanie ZIBELL: Politische Bildung und demokratische Verfassung. Ludwig Bergsträsser (1883–1960). Bonn 2006 (Historisches Forschungszentrum der Friedrich-Ebert-Stiftung – Reihe: Politik- und Gesellschaftsgeschichte, Bd. 71), S. 103 ff. – Zu Bergsträssers Vita siehe auch z. B.: Eckhart G. FRANZ: Ludwig Bergsträsser (1883–1960), in: Bernd HEIDENREICH, Walter MÜHLHAUSEN (Hrsg.): Einheit und Freiheit. Hessische Persönlichkeiten und der Weg zur Bundesrepublik Deutschland. Wiesbaden 2000, S. 187–200, desgleichen die Kurzbiographien in: Jochen LENGEMANN: Das Hessen-Parlament 1946–1986. Biographisches Handbuch des Beratenden Landesausschusses, der Verfassungberatenden Landesversammlung Groß-Hessen und des Hessischen Landtags 1.–11. Wahlperiode. Hrsg.: Präsident des Hessischen Landtags. Frankfurt/M. 1986, S. 209 f., Martin SCHUMACHER (Hrsg.): M.d.R. Die Reichstagsabgeordneten der Weimarer Republik in der Zeit des Nationalsozialismus. Politische Verfolgung, Emigration und Ausbürgerung 1933–1945. Eine biographische Dokumentation. Mit einem Forschungsbericht zur Verfolgung deutscher und ausländischer Parlamentarier im nationalsozialistischen Herrschaftsbereich. 3., erhebl. erw. u. überarb. Aufl. Düsseldorf 1994 (Veröffentlichung der Kommission für Geschichte des Parlamentarismus und der politischen Parteien), S. 33 f., sowie in: Claudia GREB, Josef ZWESPER (Red.): Das Kollegiengebäude in Darmstadt – Ein Mosaikstein in Hessens Historie. Hrsg.: Regierungspräsidium Darmstadt. 7. Aufl. Darmstadt 2011, S. 36.

[4] Ludwig BERGSTRÄSSER: Geschichte der politischen Parteien in Deutschland. 7., verb. u. bis auf die Gegenwart fortgeführte Aufl. München 1952, S. 256–260, hier: S. 259. Unverständlicherweise ist das dort dem antinazistischen „Widerstand der politischen Parteien" gewidmete Kapitel in der 11., von Prof. Dr. Wilhelm Mommsen „völlig überarbeiteten" und 1965, also fünf Jahre nach Bergsträssers Tod, als Bd. 2 des Deutschen Handbuchs der Politik edierten Aufl. des Standardwerkes bis auf wenige kärgliche Zeilen entfallen; dabei wurde Bergsträssers ursprüngliche diesbezügliche Kernaussage auch noch ins glatte Gegenteil verkehrt, indem nun behauptet wurde, „Leuschner und Leber und einige führende Persönlichkeiten des Zentrums" hätten „in den Widerstandsgruppen, die dann in den Vorgängen vom 20. Juli ihren sichtbarsten Ausdruck fanden", als „führende Persönlichkeiten der alten Parteien nur begrenzt eine Rolle" gespielt, dort: S. 229 f.

[5] Schreiben Ludwig Bergsträssers an den SPD-Vorstand vom 15. August 1947, zit. nach: Walter MÜHLHAUSEN: Eine Denkschrift für Wilhelm Leuschner – Ludwig Bergsträsser und die Widerstandsbewegung, in: Renate KNIGGE-TESCHE, Axel ULRICH (Hrsg.): Verfolgung und Widerstand in Hessen 1933–1945. Frankfurt/M. 1996, S. 593–611, hier: S. 593.

[6] Peter GRASMANN: Sozialdemokraten gegen Hitler 1933–1945. München, Wien 1976 (Gesellschaft und Staat, Bd. 196/197), S. 73–87. Außer dieser doch sehr knappen Monographie widmen sich nur die jeweiligen Kapitel bzw. Abschnitte in den raren Überblicksdarstellungen zum antinazistischen Widerstand generell sowie einige wenige, gleichfalls nicht sonderlich umfangreiche Aufsätze diesem Thema, so etwa: Patrik von ZUR MÜHLEN: Sozialdemokraten gegen Hitler, in: Richard LÖWENTHAL, P. von ZUR MÜHLEN (Hrsg.): Widerstand und Verweigerung in Deutschland 1933 bis 1945. Berlin, Bonn 1984, S. 57–75; Hartmut MEHRINGER: Sozialdemokratischer und sozialistischer Widerstand, in: Peter STEINBACH, Johannes TUCHEL (Hrsg.): Widerstand gegen die nationalsozialistische Diktatur 1933–1945. Bonn 2004 (Bundeszentrale für politische Bildung – Schriftenreihe, Bd. 438), S. 56–78; siehe auch die exzellente Publikation: Ilse FISCHER, Mario BUNGERT (Red.): Nein zu Hitler! Sozialdemokratie und Freie Gewerkschaften in Verfolgung, Widerstand und Exil 1933–1945. Eine Ausstellung der Friedrich-Ebert-Stiftung. Hrsg.: Michael SCHNEIDER. Bonn 2008. – Jürgen HARRER: Gewerkschaftlicher Widerstand gegen das „Dritte Reich", in: Frank DEPPE, Georg FÜLBERTH, J. HARRER (Hrsg.): Geschichte der deutschen Gewerkschaftsbewegung. Köln 1977, S. 211–271, hier: S. 247.

[7] Siehe vor allem: Gerhard BEIER: Gutachten, Analyse und Kritik der Arbeitsweise und Methode von Historikern der Marburger Schule und der Deutschen Kommunistischen Partei, die Geschichte der freien deutschen Gewerkschaften in einem neostalinistischen Sinne umzuschreiben und zur Grundlage der gewerkschaftlichen Bildungsarbeit zu machen. Kronberg 1979 [Typoskript], S. 37 ff., sowie viele weitere Stellungnahmen zu diesem Sammelband in der diesbezüglichen Materialsammlung im Stadtarchiv Wiesbaden Bestand NL 75 Nr. 84 u. Nr. 705; Helga GREBING: „Eine große sozialwissenschaftliche und pädagogische Leistung"? Bemerkungen zu dem Buch von Deppe, Fülberth, Harrer (Hg.): Geschichte der deutschen Gewerkschaftsbewegung, in: Gewerk-

schaftliche Monatshefte, Heft 4, 1979, S. 204–228, hier: S. 216 ff.; Harrer zeigte sich allerdings außerordentlich beratungsresistent, mochte er doch selbst in der 1989 erschienenen 4., aktual. u. neu bearb. Aufl. der Publikation noch immer nicht von seinem unhaltbaren Leuschner-Verdikt und seinen anderen gewerkschaftsgeschichtlichen Fehlern und Verzerrungen abrücken.

[8] Gerhard BEIER: Die illegale Reichsleitung der Gewerkschaften 1933–1945. Köln 1981, S. 82; Willy BUSCHAK: „Arbeit im kleinsten Zirkel". Gewerkschaften im Widerstand gegen den Nationalsozialismus. Hamburg 1993, S. 16 ff., 207–211, hier insbesondere: S. 210 f., u. 239–259.

[9] Klaus SCHÖNHOVEN: Die deutschen Gewerkschaften. Frankfurt/M. 1987, S. 194 ff.

[10] Michael SCHNEIDER: Kleine Geschichte der Gewerkschaften. Ihre Entwicklung in Deutschland von den Anfängen bis heute. Bonn 1989, S. 230 u. S. 233; DERS.: Gewerkschafter unter nationalsozialistischer Diktatur: Verfolgung, Widerstand und Exil 1933–1945, in: DGB-Archiv im Archiv der sozialen Demokratie der Friedrich-Ebert-Stiftung (Hrsg.): Erschlagen – Hingerichtet – In den Tod getrieben. Gewerkschafter als Opfer des Nationalsozialismus. Bonn (-Bad Godesberg) 1995, S. 9–35, hier: S. 23 u. S. 30 f.; DERS.: Unterm Hakenkreuz. Arbeiter und Arbeiterbewegung 1933 bis 1939. Bonn 1999 (Geschichte der Arbeiter und der Arbeiterbewegung in Deutschland seit dem Ende des 18. Jahrhunderts, Bd. 12), S. 846, wobei der Hinweis gestattet ist, dass dieses ebenso akribische wie voluminöse Standardwerk eine wahre Fundgrube ist zum antinazistischen Agieren gerade auch der SPD und der mit ihr verbundenen Gewerkschaften in Widerstand und Exil.

[11] So z. B.: Karl Dietrich BRACHER: Auf dem Wege zum 20. Juli 1944, in: LÖWENTHAL, von ZUR MÜHLEN (wie Anm. 6) S. 143–172, hier: S. 158 f.; Kurt FINKER: Der 20. Juli 1944. Militärputsch oder Revolution? Berlin 1994, S. 200–222, 244 ff. u. 291–298; Joachim FEST: Staatsstreich. Der lange Weg zum 20. Juli. Berlin 1994, S. 245 u. S. 337.

[12] Siegfried MIELKE, Matthias FRESE (Bearb.): Die Gewerkschaften im Widerstand und in der Emigration 1933–1945. Frankfurt/M. 1999 (Quellen zur Geschichte der deutschen Gewerkschaftsbewegung im 20. Jahrhundert, Bd. 5), S. 21–27 u. S. 155–306, in den Anmerkungen dieser grandiosen Quellenedition finden sich biographische Hinweise zu zahlreichen der auch hier thematisierten Personen, siehe jeweils: Index; S. MIELKE, Günter MORSCH (Hrsg.): Gewerkschafter in den Konzentrationslagern Oranienburg und Sachsenhausen. Biographisches Handbuch. 3 Bde. Berlin 2002, 2003 u. 2005; S. MIELKE (Hrsg.): Gewerkschafterinnen im NS-Staat: Verfolgung, Widerstand, Emigration. Essen 2008; S. MIELKE, G. MORSCH (Hrsg.): „Seid wachsam, dass über Deutschland nie wieder die Nacht hereinbricht." Gewerkschafter in Konzentrationslagern 1933–1945. Begleitband zur Wanderausstellung des Otto-Suhr-Instituts der Freien Universität Berlin, der Gedenkstätte und des Museums Sachsenhausen und der Hans-Böckler-Stiftung. Berlin 2011; S. MIELKE, Stefan HEINZ (Hrsg.): Funktionäre des Deutschen Metallarbeiterverbandes im NS-Staat. Widerstand und Verfolgung. Red.: Marion GOERS. Berlin 2012 (Reihe: Gewerkschafter im Nationalsozialismus. Verfolgung – Widerstand – Emigration, Bd. 1); siehe auch: S. MIELKE: Gewerkschafter in den Konzentrationslagern Oranienburg und Sachsenhausen, in: Gewerkschaftliche Monatshefte, Heft 2, 2003, S. 111–119.

[13] Winfried MEYER (Hrsg.): Verschwörer im KZ. Hans von Dohnanyi und die Häftlinge des 20. Juli 1944 im KZ Sachsenhausen. Berlin 1999 (Schriftenreihe der Stiftung Brandenburgische Gedenkstätten, Bd. 5); Hans-Rainer SANDVOß: Die „andere" Reichshauptstadt. Widerstand aus der Arbeiterbewegung in Berlin von 1933 bis 1945. Berlin 2007, S. 134–150 u. siehe: Index.

[14] Siehe vor allem: Gerhard BEIER: Wilhelm Leuschner und das Verbindungsnetz sozialistischer Vertrauensleute in Hessen, in: KNIGGE-TESCHE, ULRICH (wie Anm. 5) S. 565–592; MÜHLHAUSEN (wie Anm. 5); Anton Maria KEIM: Ludwig Schwamb und die Widerstandsbewegung gegen Hitler im Rhein-Main-Gebiet, in: Hans-Georg MEYER, Hans BERKESSEL (Hrsg.): Die Zeit des Nationalsozialismus in Rheinland-Pfalz. Bd. 1: „Eine nationalsozialistische Revolution ist eine gründliche Angelegenheit." Mainz 2000, S. 400–406; Axel ULRICH: Der „20. Juli 1944" und seine Verbindungen nach Wiesbaden, in: Peter Joachim RIEDLE (Hrsg.): Wiesbaden und der 20. Juli 1944. Beiträge von Gerhard Beier, Lothar Bembenek, Rolf Faber, Peter M. Kaiser und A. Ulrich. Hrsg.: Magistrat der Landeshauptstadt Wiesbaden – Stadtarchiv. Wiesbaden 1996 (Schriften des Stadtarchivs Wiesbaden, Bd. 5), S. 11–61; DERS.: 20. Juli 1944. Versuch eines Militärputsches sowie einer politisch-sozialen Revolution. Verbindungen zum politischen Widerstand im Rhein-Main-Gebiet. Wiesbaden 1997 (Hessische Landeszentrale für politische Bildung: POLIS 23. Analysen – Meinungen – Debatten); DERS.: Politischer Widerstand gegen das „Dritte Reich" im Rhein-Main-Gebiet. Wiesbaden 2005 [nachfolgend abgekürzt: Politischer Widerstand im Rhein-Main-Gebiet], S. 175 ff., 191 ff. u. 195–238; DERS.: Ludwig Schwamb, Jakob Steffan und andere südwestdeutsche Mitstreiter Wilhelm Leuschners im antinazistischen Widerstand, in: Niersteiner Geschichtsblätter, 12, Dezember 2006, S. 21–50; DERS.: Zum politischen Widerstand gegen das „Dritte Reich" in Mainz, in: Mainzer Zeitschrift. Mittelrheinisches Jahrbuch für Archäologie, Kunst und Geschichte, 103. Jg., Mainz 2008, S. 215–229, hier: S. 215–219.

[15] So z. B.: Annedore LEBER (Bearb.): Das Gewissen steht auf. 64 Lebensbilder aus dem deutschen Widerstand 1933–1945. Hrsg. in Zusammenarbeit mit Willy BRANDT und Karl Dietrich BRACHER. Frankfurt/M. 1954, S. 97 ff.; DIES., Freya Gräfin von MOLTKE: Für und wider. Entscheidungen in Deutschland 1918–1945. 8. Aufl. Berlin, Frankfurt/M. 1967, S. 230 f.; Walter HAMMER: Hohes Haus in Henkers Hand. Rückschau auf die Hitlerzeit, auf Leidensweg und Opfergang Deutscher Parlamentarier. Frankfurt/M. 1956, S. 63; Gerhard BEIER: Wilhelm Leuschner. 15. Juni 1890 – 29. September 1944. Kampf bis zum Schafott: Für die Einheitsgewerkschaft, in: DERS.: Schulter an Schulter, Schritt für Schritt. Lebensläufe deutscher Gewerkschafter. Von August Bebel bis Theodor Thomas. Köln 1983, S. 133–138; DERS.: Arbeiterbewegung in Hessen. Zur Geschichte der hessischen Arbeiterbewegung durch einhundertfünfzig Jahre (1834–1984). 2. Aufl. Frankfurt/M. 1985, S. 355–615, hier: S. 484 f.; DERS.: Leuschner, Wilhelm, in: Manfred ASENDORF, Rolf von BOCKEL (Hrsg.): Demokratische Wege. Deutsche Lebensläufe aus fünf Jahrhunderten. Stuttgart, Weimar 1997, S. 379–381; FINKER (wie Anm. 11) S. 200–210; Michael SCHNEIDER: Leuschner, Wilhelm, in: Thomas MEYER, Karl-Heinz KLÄR, Susanne

MILLER u. a. (Hrsg.): Lexikon des Sozialismus. Köln 1986, S. 399; MIELKE, FRESE (wie Anm. 12) S. 170; WICKERT (wie Anm. 2); Peter STEINBACH, Johannes TUCHEL (Hrsg.): Lexikon des Widerstandes 1933–1945. München 1994, S. 122; Wilhelm Heinz SCHRÖDER: Sozialdemokratische Parlamentarier in den deutschen Reichs- und Landtagen 1867–1933. Biographien – Chronik – Wahldokumentation. Ein Handbuch. Düsseldorf 1995 (Handbücher zur Geschichte des Parlamentarismus und der politischen Parteien, Bd. 7), S. 585; Hans Georg RUPPEL, Birgit GROß: Hessische Abgeordnete 1820–1933. Biographische Nachweise für die Landstände des Großherzogtums Hessen (2. Kammer) und den Landtag des Volksstaates Hessen. Darmstadt 1980 (Darmstädter Archivschriften, 5), S. 174; ES [i. e. Peter ENGELS]: Leuschner, Wilhelm, in: Roland DOTZERT, P. ENGELS, Anke LEONHARDT (Red.): Stadtlexikon Darmstadt. Hrsg.: Historischer Verein für Hessen. Stuttgart 2006, S. 554; Hans-Joachim FIEBER, Klaus KEIM, Oliver RESCHKE: Widerstand in Berlin gegen das NS-Regime 1933 bis 1945. Ein biographisches Lexikon. Bd. 5: [Buchstaben L bis O] Laabs–Overlach. Hrsg.: Geschichtswerkstatt der Berliner Vereinigung ehemaliger Teilnehmer am antifaschistischen Widerstand, Verfolgter des Naziregimes und Hinterbliebener (BV VdN). Berlin 2004, S. 75 f.; Günter BRAKELMANN: Der Kreisauer Kreis. Chronologie, Kurzbiographien und Texte aus dem Widerstand. 2., korrig. Aufl. Münster 2004 (Schriftenreihe der Forschungsgemeinschaft 20. Juli 1944, Bd. 3) S. 91 ff.; Oliver WOLFF: Wilhelm Leuschner. 15. Juni 1890 – 29. September 1944, in: MIELKE, MORSCH: „Seid wachsam ...“ (wie Anm. 12) S. 144–147; siehe außerdem: Wolfgang HASIBETHER: Lebensstationen Wilhelm Leuschners, in: Michael SOMMER (Hrsg.): Wilhelm Leuschner. Ein Leben für die soziale Demokratie. Dokumentation der DGB-Veranstaltung zum 60. Todestag am 29. September 2004 in der Gedenkstätte Deutscher Widerstand in Berlin. Mit Beiträgen von W. Hasibether, Hans Mommsen, M. Sommer. Marburg 2005, S. 40–50; Kurzbiographien enthalten zudem folgende Werke aus der Schriftenreihe der Gedenkstätte Deutscher Widerstand über den antinazistischen Widerstand in Berlin von 1933 bis 1945: Heinrich-Wilhelm WÖRMANN: Widerstand in Charlottenburg. 2. Aufl. Berlin 1999, S. 101–104; Hans-Rainer SANDVOß: Widerstand in Kreuzberg. 2., veränd. u. erg. Aufl. Berlin 1997, S. 76 ff.; ebenso: Johann ZILIEN (Bearb.): „... ihr Gewissen war ihr Antrieb“. Der 20. Juli 1944 und Hessen. Katalog zur Ausstellung des Hessischen Hauptstaatsarchivs. Hrsg.: Hessisches Hauptstaatsarchiv Wiesbaden. Wiesbaden 2004, S. 80 ff., auch im Internet veröffentlicht durch: DigAM – digitales archiv marburg / Hessisches Staatsarchiv Marburg; GREB, ZWESPER (wie Anm. 3) S. 32; bemerkenswert ebenfalls: S[tephanie] N[AU]: Portrait Wilhelm Leuschner, in: Der kleine Dienstleistungsbote. H. B. Wagnitz-Seminar – Dienstleistungszentrum für den hessischen Justizvollzug, Nr. 1, 2010, S. 7.

[16] Kurzbiographien Elisabeth Leuschners und Wilhelm Leuschners jr. in: METZ (wie Anm. 1) S. 49 ff., nur von Leuschners Witwe auch in: DOTZERT, ENGELS, LEONHARDT (wie Anm. 15) S. 553 f.

[17] Udo ENGBRING-ROMANG: Die Verfolgung der Sinti und Roma in Hessen zwischen 1870 und 1950. Frankfurt/M. 2001, S. 118 ff.

[18] Wilhelm LEUSCHNER: Vom deutschen Volkstaat. Die Bedeutung der Weimarer Verfassung, auszugsweise wiedergegeben in: LEITHÄUSER (wie Anm. 3) S. 59–61, hier: S. 60 f.

[19] ZIBELL (wie Anm. 3) S. 106–120; MÜHLHAUSEN (wie Anm. 5).

[20] Zit. nach dem Auszug aus Leuschners Landtagsrede vom 19. April 1932, in: Karl Otmar Freiherr von ARETIN u. a.. Darmstadt und der 20. Juli 1944. Zehn Beiträge. Darmstadt 1974 (Darmstädter Schriften, 35), S. 79 ff.

[21] Zu den Wahlergebnissen siehe die Statistik in: Martin BROSZAT, Norbert FREI (Hrsg.): Das Dritte Reich im Überblick. Chronik · Ereignisse · Zusammenhänge. 2. Aufl. München, Zürich 1990, S. 196 f.; Eckhart G. FRANZ (Hrsg.): Die Chronik Hessens. Dortmund 1991, S. 356 u. S. 360 ff.; detailliert hierzu siehe noch immer: Eberhart SCHÖN: Die Entstehung des Nationalsozialismus in Hessen. Meisenheim 1972 (Mannheimer sozialwissenschaftliche Studien, Bd. 7). – Richard ALBRECHT: Sergej Tschachotin oder „Dreipfeil gegen Hakenkreuz“. Eine biographisch-historische Skizze, in: Exilforschung. Ein internationales Jahrbuch. Bd. 4: Das jüdische Exil und andere Themen. München 1986, S. 208–228.

[22] Bernd HEYL: Ein „Gerechter unter den Völkern“ – Wilhelm Hammann, in: KNIGGE-TESCHE, ULRICH (wie Anm. 5) S. 236–247.

[23] Diese Landtagsrede Wilhelm Hammanns vom 11. Dezember 1931 ist gekürzt wiedergegeben in: Eckhart G. FRANZ, Manfred KÖHLER (Bearb.): Parlament im Kampf um die Demokratie. Der Landtag des Volksstaats Hessen 1919–1933. Hrsg.: Hessische Historische Kommission Darmstadt. Darmstadt 1991 (Arbeiten der Hessischen Historischen Kommission, Neue Folge, Bd. 6; Vorgeschichte und Geschichte des Parlamentarismus in Hessen, Bd. 6), S. 494 ff.; in dieser verdienstvollen Dokumentation finden sich viele erschütternde Belege für den verzweifelten Abwehrkampf der hessischen Demokraten gegen ihre erklärten Feinde von links wie von rechts.

[24] LEITHÄUSER (wie Anm. 3) S. 72–78; Carl SEVERING: Mein Lebensweg. Bd. II: Im Auf und Ab der Republik. Köln 1950, S. 311 f.; Martin LOIPERDINGER: „Das Blutnest vom Boxheimer Hof“. Die antifaschistische Agitation der SPD in der hessischen Hochverratsaffäre, in: Eike HENNIG u. a. (Hrsg.): Hessen unterm Hakenkreuz. Studien zur Durchsetzung der NSDAP in Hessen. Frankfurt/M. 1983, S. 433–468; Paul GRÜNEWALD, Klaus POWELEIT: Die Boxheimer Dokumente und Dr. Werner Best, in: Ulrich SCHNEIDER u. a. (Hrsg.): Hessen vor 50 Jahren – 1933. Naziterror und antifaschistischer Widerstand zwischen Kassel und Bergstraße 1932/33. Frankfurt/M. 1983, S. 34–39; Ulrich HERBERT: Best. Biographische Studien über Radikalismus, Weltanschauung und Vernunft, 1903–1989. 3. Aufl. Bonn 1996, S. 111–119.

[25] Zit. nach: Sina SCHIFFEL: Jakob Steffan – ein streitbarer Sozialdemokrat in den politischen Auseinandersetzungen zwischen Weimarer Republik und demokratischem Neubeginn. Wissenschaftliche Prüfungsarbeit zur Erlangung des ersten Staatsexamens am Historischen Seminar der Johannes Gutenberg-Universität Mainz. 2010 [auch: Stadtarchiv Wiesbaden Bestand NL 75 Nr. 2678], S. 72; LEITHÄUSER (wie Anm. 3) S. 78. – Zu Steffan siehe ferner: S. SCHIFFEL: Jakob Steffan. Ein streitbarer Demokrat. Abgeordneter · KZ-Häftling · Innenminister. Hrsg.: Landeszentrale für politische Bildung Rheinland-Pfalz. Mainz, Osthofen 2012 (Gedenkarbeit

in Rheinland-Pfalz 5); siehe aber auch z. B.: SCHUMACHER (wie Anm. 3) S. 495 f.; SCHRÖDER (wie Anm. 15) S. 751; WICKERT (wie Anm. 2) S. 314; Bernhard SIMON: Die Abgeordneten der 1. Wahlperiode des rheinland-pfälzischen Landtages 18. Mai 1947 – 17. Mai 1951, in: Franz-Josef HEYEN (Hrsg.): Rheinland-Pfalz entsteht. Beiträge zu den Anfängen des Landes Rheinland-Pfalz in Koblenz 1945–1951. Boppard 1984 (Veröffentlichungen der Kommission des Landtages für die Geschichte des Landes Rheinland-Pfalz, Bd. 5), S. 127–183, hier: S. 176.

[26] Siehe hierzu z. B.: Franz OSTERROTH, Dieter SCHUSTER: Chronik der deutschen Sozialdemokratie. Bd. II: Vom Beginn der Weimarer Republik bis zum Ende des Zweiten Weltkrieges. 3., unveränd. Aufl. Berlin, Bonn 1980 (Internationale Bibliothek, Bd. 84), S. 249 ff.; Axel ULRICH: Freiheit! Das Reichsbanner Schwarz Rot Gold und der Kampf von Sozialdemokraten in Hessen gegen den Nationalsozialismus 1924–1938. Hrsg.: SPD-Bezirk Hessen-Süd u. Union-Druckerei und Verlagsanstalt. Frankfurt/M. 1988, S. 18 ff.

[27] Zur Endphase der ersten deutschen Demokratie siehe z. B.: Karl Dietrich BRACHER: Die Auflösung der Weimarer Republik. Eine Studie zum Problem des Machtzerfalls in der Demokratie. Düsseldorf 1984; Ludger GREVELHÖRSTER: Kleine Geschichte der Weimarer Republik 1918–1933. Ein problemgeschichtlicher Überblick. Münster 2000, S. 143–181; Henning GRUND: „Preußenschlag" und Staatsgerichtshof im Jahre 1932. Baden-Baden 1976 (Studien und Materialien zur Verfassungsgerichtsbarkeit, Bd. 5); Charles P. KINDLEBERGER: Die Weltwirtschaftskrise 1929–1939. München 1973 (Geschichte der Weltwirtschaft im 20. Jahrhundert, Bd. 4); Peter JAHN: Gewerkschaften in der Krise. Zur Politik des ADGB in der Ära der Präsidialkabinette 1930 bis 1933, in: Erich MATTHIAS, Klaus SCHÖNHOVEN (Hrsg.): Solidarität und Menschenwürde. Etappen der deutschen Gewerkschaftsgeschichte von den Anfängen bis zur Gegenwart. Bonn 1984, S. 233–253; viele Dokumente zur Politik des ADGB in jener Phase bringen: Frank DEPPE, Wittich ROßMANN (Hrsg.): Wirtschaftskrise, Faschismus, Gewerkschaften. Dokumente zur Gewerkschaftspolitik 1929–1933. Köln 1981, S. 138–245; zur Entwicklung der Mitgliederzahlen der diversen Richtungsgewerkschaften siehe: SCHNEIDER: Kleine Geschichte der Gewerkschaften (wie Anm. 10) S. 495; Axel SCHILDT: Die Republik von Weimar. Deutschland zwischen Kaiserreich und „Drittem Reich" (1918–1933). Hrsg.: Landeszentrale für politische Bildung Thüringen. Erfurt 1997, S. 93–152; DERS.: Militärdiktatur mit Massenbasis? Die Querfrontkonzeption der Reichswehrführung um General von Schleicher am Ende der Weimarer Republik. Frankfurt/M., New York 1981; DERS.: Militärische Ratio und Integration der Gewerkschaften. Zur Querfrontkonzeption der Reichswehrführung am Ende der Weimarer Republik, in: Richard SAAGE (Hrsg.): Solidargemeinschaft und Klassenkampf. Politische Konzeptionen der Sozialdemokratie zwischen den Weltkriegen. Frankfurt/M. 1986, S. 346–364.; LEITHÄUSER (wie Anm. 3) S. 84 ff.; HASIBETHER (wie Anm. 15) S. 44 f.

[28] Zit. nach: Wolfgang HASIBETHER: Ein Leben für die soziale Demokratie. Wilhelm Leuschner in Selbstzeugnissen, in: SOMMER (wie Anm. 15) S. 8–25, hier: S. 18.

[29] LEITHÄUSER (wie Anm. 3) S. 93 ff.; MIELKE, FRESE (wie Anm. 12) S. 101 f.; FRANZ (wie Anm. 21) S. 365 ff.

[30] OSTERROTH, SCHUSTER (wie Anm. 26) S. 300 ff.; Arno KLÖNNE u. a.: Die deutsche Arbeiterbewegung. Geschichte – Ziele – Wirkungen. 2. Aufl. Düsseldorf, Köln 1981, S. 250 ff.; Gerhard BEIER: Zur Entstehung des Führerkreises der vereinigten Gewerkschaften Ende April 1933. Dokumentation, in: Archiv für Sozialgeschichte. Bd. XV. Bonn-Bad Godesberg 1975, S. 365–392; DERS.: Gleichschaltung und Widerstand. Zum Verhalten der deutschen Gewerkschaften im April 1933 (Im Lichte bisher unbekannter Dokumente), in: Gewerkschaftliche Monatshefte, Heft 7, 1975, S. 410–421; DERS.: Das Lehrstück vom 1. und 2. Mai 1933. Frankfurt/M., Köln 1975, dort besonders: S. 40 f.; MIELKE, FRESE (wie Anm. 12) S. 127 f.; siehe aber auch: Peter RÜTTERS: Max Habermann und der „Führerkreis" der Gewerkschaften, in: IWK. Internationale wissenschaftliche Korrespondenz zur Geschichte der deutschen Arbeiterbewegung, Nr. 2, 2001, S. 201–211; Manfred SCHARRER (Hrsg.): Kampflose Kapitulation. Arbeiterbewegung 1933. Reinbek bei Hamburg 1984.

[31] LEITHÄUSER (wie Anm. 3) S. 109–116; Gerhard BEIER: Wilhelm Leuschners Widerstand gegen Hitler und sein Konzept für eine neue Gewerkschaftsbewegung, in: Gewerkschaftliche Monatshefte, Heft 10, 1994, S. 634–645, hier: S. 640; DERS.: Bruno Gleitze. 4. August 1903 – 17. November 1980. Chefökonom der Gewerkschaften, in: DERS.: Schulter an Schulter (wie Anm. 15) S. 67–72, hier: S. 69 f.; OSTERROTH, SCHUSTER (wie Anm. 26) S. 314 ff.; siehe auch: SCHNEIDER: Unterm Hakenkreuz (wie Anm. 10) S. 101 ff., desgleichen: Wolfgang HASIBETHER: Wilhelm Leuschner und der 30. Januar 1933. Hrsg.: Johannes-Sassenbach-Gesellschaft u. Förderverein für Bibliothek und Archiv der Gewerkschaftsbewegung. Welzow 2003 (Vortragsreihe zur Geschichte der deutschen Gewerkschaftsbewegung, Heft 5).

[32] LEITHÄUSER (wie Anm. 3) S. 116–125; Elfriede NEBGEN: Jakob Kaiser. Der Widerstandskämpfer. Stuttgart, Berlin, Köln, Mainz 1967, S. 11; BEIER (wie Anm. 3) S. 118 ff.; Reiner TOSSTORFF: Wilhelm Leuschner gegen Robert Ley. Ablehnung der Nazi-Diktatur durch die Internationale Arbeitskonferenz 1933 in Genf. Frankfurt/M. 2007.

[33] Antje DERTINGER, Jan von TROTT: „... und lebe immer in eurer Erinnerung". Johanna Kirchner – Eine Frau im Widerstand. Berlin, Bonn 1985; Renate KNIGGE-TESCHE: Zwei Frauen aus der Arbeiterwohlfahrt im Widerstand: Lotte Lemke und Johanna Kirchner, in: KNIGGE-TESCHE, ULRICH (wie Anm. 5) S. 346–357.

[34] Siehe hierzu den Bericht von Karl und Johanna Kirchners Tochter Lotte SCHMIDT: Frankfurter Verbindungen zur Emigration im Saargebiet, in: Axel ULRICH (Bearb.): Hessische Gewerkschafter im Widerstand 1933–1945. Hrsg.: DGB-Bildungswerk Hessen u. Studienkreis zur Erforschung und Vermittlung der Geschichte des deutschen Widerstandes 1933–1945. Gießen 1983, S. 238–241, hier: S. 239.

[35] Axel ULRICH: Heinrich Georg Ritzel. Vom antifaschistischen Abwehrkampf im Volksstaat Hessen zu den demokratischen Neuordnungsdiskussionen im Schweizer Exil, in: KNIGGE-TESCHE, ULRICH (wie Anm. 5) S. 358–373; siehe zu Ritzel, dem 1968 die Wilhelm-Leuschner-Medaille verliehen worden ist, auch: METZ (wie Anm. 1) S. 64 f.; LENGEMANN (wie Anm. 3) S. 363 f.; SCHUMACHER (wie Anm. 3) S. 397 ff.; SCHRÖDER (wie Anm. 15) S. 679 f.

[36] Heinrich G. RITZEL: Kurt Schumacher in Selbstzeugnissen und Bilddokumenten. Reinbek bei Hamburg 1972, S. 32; LEITHÄUSER (wie Anm. 3) S. 106 u. S. 120. – Bereits 1951 hat Ritzel „als Mitgründer der ‚Wilhelm Leuschner-Stiftung'", die nicht mit der heutigen gleichnamigen Bayreuther Stiftung verwechselt werden darf, sowie „als Freund dieses früh vollendeten guten Demokraten und Genossen" beabsichtigt, „eine kleine Schrift" über ihn zu verfassen, welche aber über das Planungsstadium nicht hinausgelangt ist, Schreiben Heinrich G. Ritzels an seinen Bundestagskollegen Prof. Dr. Ludwig Bergsträsser in Bonn vom 31. Januar 1951, Hessisches Staatsarchiv Darmstadt Bestand O 29 [Leuschner-Nachlass] Nr. 18. – Zu den Begleitumständen der Inhaftnahme Mierendorffs und zum erwähnten Telegrammwechsel zwischen Genf und Hessen siehe: Richard ALBRECHT: Der militante Sozialdemokrat. Carlo Mierendorff 1897 bis 1943. Eine Biografie. Berlin, Bonn 1987 (Internationale Bibliothek, Bd. 128), S. 154 ff.

[37] Emil SCHMIDT: Internationale Arbeiterhilfe in Frankfurt, in: ULRICH (wie Anm. 34) S. 196–200, hier: S. 197; siehe hierzu auch: Monica KINGREEN: Siegfried Höxter – ein kämpferischer Sozialdemokrat, in: KNIGGE-TESCHE, ULRICH (wie Anm. 5) S. 138–151, hier: S. 142 ff.; Marianne PETER: Widerstand und Verfolgung der Sozialistischen Arbeiterjugend (SAJ), in: KNIGGE-TESCHE, ULRICH (wie Anm. 5) S. 152–165, hier: S. 157 f.

[38] ULRICH: Politischer Widerstand im Rhein-Main-Gebiet (wie Anm. 14) S. 29 u. S. 33 ff.; DERS. (wie Anm. 26) S. 55 ff., siehe dort auch das Geheime Schreiben der Deutschen Gesandtschaft in Brüssel an das Auswärtige Amt in Berlin vom 25. Juli 1933 mit dem beigefügten, durch einen „Gewährsmann" übermittelten Bericht „Das Pioniersystem. Die illegale Organisationsform der SPD in Deutschland", S. 158–161.

[39] NEBGEN (wie Anm. 32) S. 11 f. u. S. 40 ff.

[40] SCHNEIDER: Unterm Hakenkreuz (wie Anm. 10) S. 60, 91–106, 114 ff. u. siehe: Index; BROSZAT, FREI (wie Anm. 21) S. 208; Heinrich POTTHOFF, Susanne MILLER: Kleine Geschichte der SPD 1848–2002. 8., aktual. u. erw. Aufl. Bonn 2002, S. 153; Carsten DAMS, Michael STOLLE: Die Gestapo. Herrschaft und Terror im Dritten Reich. München 2008, S. 107; OSTERROTH, SCHUSTER (wie Anm. 26) S. 319 ff.; ULRICH: Politischer Widerstand im Rhein-Main-Gebiet (wie Anm. 14) S. 32 u. S. 36 f.

[41] LEITHÄUSER (wie Anm. 3) S. 125–156; Wolfgang LANGHOFF: Die Moorsoldaten. Frankfurt/M. 1986, S. 227, 250 f. u. 265; Alfred MARCHAND: Mit Wilhelm Leuschner im KZ Lichtenburg, in: ULRICH (wie Anm. 34) S. 122–125, hier: S. 123 f.; siehe auch: Barbara BROMBERGER (Hrsg.): Alfred Marchand. Ich habe nie Langeweile gehabt. Ein Widerstandskämpfer gegen den Faschismus erzählt sein Leben. Frankfurt/M. 2001, S. 21, sowie die Kurzbiographie in: METZ (wie Anm. 1) S. 198.

[42] Siehe hierzu sowie zum Folgenden: LEITHÄUSER (wie Anm. 3) S. 157 ff.; NEBGEN (wie Anm. 32) S. 39 ff.

[43] Siehe hierzu vor allem: Tilman MAYER (Hrsg.): Jakob Kaiser. Gewerkschafter und Patriot. Eine Werkauswahl. Köln 1988; DERS.: Ein christlicher Gewerkschafter im Widerstand. Jakob Kaiser und der 20. Juli 1944, in: Gerhard RINGSHAUSEN, Rüdiger von VOSS (Hrsg.): Widerstand und Verteidigung des Rechts. Bonn 1997, S. 107–132; Gerhard BEIER: Kaiser, Jakob, in: ASENDORF, von BOKEL (wie Anm. 15) S. 315 ff.; SCHUMACHER (wie Anm. 3) S. 242 ff.

[44] NEBGEN (wie Anm. 32) S. 12 ff., 32 f. u. 40; Tilman MAYER: Elfriede Nebgen (1890–1983). Christliche Gewerkschafterin, in: Günter BUCHSTAB, Brigitte KAFF, Hans-Otto KLEINMANN (Hrsg.): Christliche Demokraten gegen Hitler. Aus Verfolgung und Widerstand zur Union. Freiburg, Basel, Wien 2004, S. 379–382, hier: S. 379 f.

[45] NEBGEN (wie Anm. 32) S. 124; LEITHÄUSER (wie Anm. 3) S. 199; Wolfgang HASIBETHER: Ein Streiter für Einigkeit und Recht und Freiheit. Wilhelm Leuschner (1890 bis 1944). Ein Lebensbild, in: METZ (wie Anm. 1) S. 13–37, hier: S. 31 f.; zu Leiparts Widerstandskontakten siehe zudem die Kurzmitteilung von Ulla PLENER: Theodor Leipart und gewerkschaftlicher Widerstand 1933–1945, in: Beiträge zur Geschichte der Arbeiterbewegung, 40. Jg., Nr. 3, 1998, S. 104–106, sowie: DIES.: Theodor Leipart. Persönlichkeit, Handlungsmotive, Wirken, Bilanz – Ein Lebensbild mit Dokumenten (1867–1947). 1. Halbbd.: Biographie. Berlin 2000 (Reihe: Biographien europäischer Antifaschisten, Bd. 5), S. 296–303; Gerhard BEIER: Theodor Leipart. 17. Mai 1867 – 23. März 1947. „Organisation – nicht Demonstration": Das war die Parole seines Lebens, in: DERS.: Schulter an Schulter (wie Anm. 15) S. 127–132; siehe auch die Kurzbiographie zu Leipart in: SCHRÖDER (wie Anm. 15) S. 583.

[46] Veröffentlicht unter dem Titel „Pläne zum Wiederaufbau der Gewerkschaften nach 1945 und die (gewerkschaftlichen) Vorbereitungen zum 20. Juli 1944. Bericht von Walter Maschke vom Juni/Juli 1945", in: Ulla PLENER: Zwei Dokumente über den gewerkschaftlichen Widerstand 1933–1945. Aus dem Nachlaß von Walter Maschke (1891–1980), in: Beiträge zur Geschichte der Arbeiterbewegung, 40. Jg., Nr. 3, 1998, S. 88–103, hier: S. 91–96, insbesondere: S. 91 f.; Fritz TARNOW: Rückblick, in: Mitteilungsblatt. Landesgruppe Deutscher Gewerkschafter in Schweden, 3. Jg., Nr. 13, 31. Dezember 1945, S. 3–5, hier: S. 3 [Kopie], Stadtarchiv Wiesbaden Bestand NL 75 Nr. 200.

[47] Zur Auslandsvertretung der deutschen Gewerkschaften siehe z. B.: BEIER (wie Anm. 8) S. 40 ff. u. S. 86–102; BUSCHAK (wie Anm. 8) S. 171–206 u. siehe: Index; Hans GOTTFURCHT: Als Gewerkschafter im Widerstand, in: LÖWENTHAL, von ZUR MÜHLEN (wie Anm. 6) S. 51–55; MIELKE, FRESE (wie Anm. 12) S. 53–57 u. siehe: Index; siehe dort auch die Kurzbiographie zu Schliestedt: S. 173.

[48] Organisationsplan für die Errichtung von illegalen Gewerkschaften in Deutschland, zit. nach: BEIER (wie Anm. 8) S. 35 f., siehe auch den Hinweis dort auf den Bericht des Gestapo-Spitzels „Go 1": S. 105.

[49] NEBGEN (wie Anm. 32) S. 15 ff. u. S. 24 f.; MAYER: Ein christlicher Gewerkschafter im Widerstand (wie Anm. 43) S. 119 ff.

[50] LEITHÄUSER (wie Anm. 3) S. 168 f.; HASIBETHER (wie Anm. 28) S. 21 f.; BEIER (wie Anm. 14) S. 567 f.; BUSCHAK (wie Anm. 8) S. 244 ff. – Zu den Angaben zur Zahl der Gewerkschaftsbeschäftigten sowie zu den aus politischen Gründen Inhaftierten siehe: BUSCHAK (wie Anm. 8) S. 49 bzw.: POTTHOFF, MILLER (wie Anm. 40) S. 153.

[51] NEBGEN (wie Anm. 32) S. 50–59 u. S. 64 f.; BEIER (wie Anm. 30); den Hinweis, dass die Unterredung zwischen Fritsch und Albrecht 1937 stattgefunden hat und nicht wie von Nebgen behauptet „im Herbst 1936",

verdanke ich – wie so viele andere wertvolle Informationen und Empfehlungen – meinem Kollegen Dr. Hans-Rainer Sandvoß, dem stellvertretenden Leiter der Gedenkstätte Deutscher Widerstand in Berlin. – Zu Albrecht siehe die biographischen Hinweise auf den Homepages des Instituts für Genossenschaftswesen der Philipps-Universität Marburg und des Fachbereichs Wirtschaftswissenschaft der Freien Universität Berlin, desgleichen die Kurzinformationen zu seiner Vita in: Walter HABEL (Hrsg.): Wer ist wer? Das deutsche Who's who. XIV. Ausgabe von Degeners Wer ist's? Bd. I: Bundesrepublik Deutschland und Westberlin. Berlin-Grunewald 1962, S. 12. – Zu Woldt siehe die Kurzbiographie mit beigefügten Dokumenten in: Siegfried MIELKE (Hrsg.): Einzigartig. Dozenten, Studierende und Repräsentanten der Deutschen Hochschule für Politik (1920–1933) im Widerstand gegen den Nationalsozialismus. Begleitband zur Ausstellung von S. Mielke in Verbindung mit der Gedenkstätte Deutscher Widerstand unter Mitarbeit von Marion Goers, Stefan Heinz, Matthias Oden, Sebastian Bödeker. Berlin 2008, S. 337–342; SCHRÖDER (wie Anm. 15) S. 808 f. – Zu Lemmer siehe die Kurzbiographie in: SCHUMACHER (wie Anm. 3) S. 285 f., sowie: Hans-Georg LÜTZENKIRCHEN: Lemmer, Ernst, in: ASENDORF, von BOCKEL (wie Anm. 15) S. 374 f., desgleichen die Autobiographie: Ernst LEMMER: Manches war doch anders. Erinnerungen eines deutschen Demokraten. Frankfurt/M. 1968.

52 OSTERROTH, SCHUSTER (wie Anm. 26) S. 306 u. S. 315 ff.; TOSSTORFF (wie Anm. 32). – Marion GOERS: Der freigewerkschaftliche Deutsche Metallarbeiter-Verband in Berlin, in: Hans COPPI, Stefan HEINZ (Hrsg.): Der vergessene Widerstand der Arbeiter. Gewerkschafter, Kommunisten, Sozialdemokraten, Trotzkisten, Anarchisten und Zwangsarbeiter. Berlin 2012 (Geschichte des Kommunismus und Linkssozialismus, Bd. XVI), S. 17–26; Johann KJERBÖL: Ein Gruß aus Dänemark, in: Paul UFERMANN (Hrsg.): Alwin Brandes. Leben und Wirken eines deutschen Gewerkschaftsführers. Berlin-Grunewald 1949, S. 81 f.; siehe dazu auch: Schreiben von Heinrich Schliestedt, Komotau/Tschechoslowakische Republik, an Fritz Tarnow, Kopenhagen, vom 14. August 1935, in: MIELKE, FRESE (wie Anm. 12) S. 197–202, hier: S. 202, wo der Briefempfänger gebeten wird, Kjærbøl auszurichten, „sein Besuch in B[erlin] sei sehr erwünscht"; zu Brandes siehe auch: Oliver KREUZAHLER, Arne PANNEN: Alwin Brandes. 12. Juni 1866 – 6. November 1949, in: MIELKE, MORSCH: „Seid wachsam ..." (wie Anm. 12) S. 32–39, ebenso: A. PANNEN: Alwin Brandes (1866–1949), in: MIELKE, HEINZ (wie Anm. 12) S. 53–74, desgleichen die Kurzbiographien in: WICKERT (wie Anm. 2) S. 48 u. MIELKE, FRESE (wie Anm. 12) S. 169. – Zum Eisenbahner-Widerstand und zur ITF siehe: Helmut ESTERS, Hans PELGER: Gewerkschafter im Widerstand. 2., mit einem forschungsgeschichtlichen Überblick von Alexandra SCHLINGENSIEPEN versehene Aufl. Bonn 1983; Alfred GOTTWALDT (Hrsg.): Eisenbahner gegen Hitler. Widerstand und Verfolgung bei der Reichsbahn 1933–1945. Wiesbaden 2009, darin u. a. auch: Stefan MÜLLER: Hans Jahn (1885–1960), S. 173–180; Eberhard PODZUWEIT: Johannes „Hans" Jahn. 29. August 1885 – 10. Juli 1960, in: MIELKE, MORSCH: „Seid wachsam ..." (wie Anm. 12) S. 100–107; Matthias FRESE: Jahn, Frieda (1904–1984). Kurierdienste für die Transportarbeiter-Internationale, in: MIELKE: Gewerkschafterinnen (wie Anm. 12) S. 185–198; Dieter NELLES: Widerstand und internationale Solidarität. Die Internationale Transportarbeiter-Föderation (ITF) im Widerstand gegen den Nationalsozialismus. Essen 2001 (Veröffentlichungen des Instituts für soziale Bewegungen – Schriftenreihe A: Darstellungen, Bd. 18), [nachfolgend zit.: NELLES I]; DERS.: Widerstand und internationale Solidarität. Die Internationale Transportarbeiter-Föderation, in: COPPI, HEINZ, a. a. O., S. 73–90; Willy BUSCHAK: Edo Fimmen. Der schöne Traum von Europa und die Globalisierung. Eine Biografie. Essen 2002; ULRICH: Politischer Widerstand im Rhein-Main-Gebiet (wie Anm. 14) S. 90–94; BUSCHAK (wie Anm. 8) S. 66–100. – Die dezidiert kritischen Äußerungen Jahns zur illegalen Reichsleitung der Gewerkschaften finden sich in einer wohl 1939 für den Internationalen Gewerkschaftsbund erarbeiteten Stellungnahme, vollständig abgedruckt in: MIELKE, FRESE (wie Anm. 12) S. 171–178, hier: S. 178. – Zu den Auslandskontakten der Leuschner-Konspiration siehe z. B. das Memorandum des stellvertretenden Leiters des OSS, Brigadegeneral Magruder, an das US State Department vom 17. Mai 1944, in: Heinz BERGSCHICKER: Deutsche Chronik 1933–1945. Ein Zeitbild der faschistischen Diktatur. 5., veränd. Aufl. Berlin 1990, S. 532, desgleichen: BEIER (wie Anm. 8) S. 33 ff., 41 ff. u S. 64 ff., sowie: MIELKE, MORSCH: Gewerkschafter (wie Anm. 12) Bd. 3, S. 77 f. u. S. 153 ff. – Siegfried MIELKE, Stefan MÜLLER: Traeder, Margarete, geb. Zschauer (1895–1965). Stille Helferin in Widerstand und Emigration, in: MIELKE: Gewerkschafterinnen (wie Anm. 12) S. 288–296, hier: S. 288 ff. – Gerhard BEIER: Hans Gottfurcht. 7. Februar 1896 – 18. September 1982. Arbeiterdiplomat aus der Angestelltenbewegung, in: DERS.: Schulter an Schulter (wie Anm. 15) S. 73–78; GOTTFURCHT (wie Anm. 47); Ursula BITZEGEIO: Über Partei- und Landesgrenzen hinaus. Hans Gottfurcht (1896–1982) und die gewerkschaftliche Organisation der Angestellten. Bonn 2009 (Historisches Forschungszentrum der Friedrich-Ebert-Stiftung – Reihe: Politik- und Gesellschaftsgeschichte, Bd. 83); siehe auch die kleine Materialsammlung zu Gottfurcht im Stadtarchiv Wiesbaden Bestand NL 75 Nr. 324. – Zur Arbeit der Landesgruppe deutscher Gewerkschafter in Großbritannien siehe: Werner RÖDER: Die deutschen sozialistischen Exilgruppen in Großbritannien 1940–1945. Ein Beitrag zur Geschichte des Widerstandes gegen den Nationalsozialismus. 2., verb. Aufl. Bonn-Bad Godesberg 1973 (Schriftenreihe des Forschungsinstituts der Friedrich-Ebert-Stiftung, Bd. 58), hier vor allem: S. 59–62, 239–242 u. 256–258; Max OPPENHEIMER: Aufgaben und Tätigkeit der Landesgruppe deutscher Gewerkschafter in Großbritannien. Ein Beitrag zur Vorbereitung der Einheitsgewerkschaft, in: Exilforschung. Ein internationales Jahrbuch. Bd. 5: Fluchtpunkte des Exils und andere Themen. München 1987, S. 241–256; MIELKE, FRESE (wie Anm. 12) S. 875–1008.

53 BUSCHAK (wie Anm. 8) S. 78 ff.

54 Deutschland-Bericht der Sopade, Nr. 1, Januar 1936, zit. nach: Deutschland-Berichte der Sozialdemokratischen Partei Deutschlands (Sopade) 1934–1940. Salzhausen, Frankfurt/M. (Neudruck) 1980, Bd. 3, S. 10–12, hier: S. 10 f.

55 Zit. nach: LEITHÄUSER (wie Anm. 3) S. 168.

56 Deutschland-Bericht (wie Anm. 54) S. 12.

57 Stephan STRACKE: Die Wuppertaler Gewerkschaftsprozesse, in: COPPI, HEINZ (wie Anm. 52) S. 47–71,

wobei die resümierende Einschätzung des Autors, es sei dort „zur Ausbildung von gleichberechtigten Einheitsfrontorganen" gekommen, stark bezweifelt werden muss, dort: S. 71. – Der „Wiederaufbau freier Gewerkschaften" wurde z. B. im so genannten Frankfurter Einheitsfront-Aufruf vom 5. September 1934 proklamiert, für den angeblich die KPD-Bezirksleitung Hessen-Frankfurt und die SPD-Bezirksleitung Hessen-Nassau verantwortlich zeichneten, wobei die Kommunisten von ihren dortigen „Verhandlungspartnern" bezeichnenderweise zuvor die Einstellung ihrer Aktivitäten für die SPD und die Eingliederung ihrer Widerstandszellen in die KPD gefordert hatten; jenes „Abkommen" ist folglich von sozialdemokratischer Seite, anders als von der KPD propagiert, auch niemals unterzeichnet worden. Die Bekundung, sich für die „Wiederherstellung demokratischer Freiheiten und Rechte" einzusetzen, findet sich nicht zuletzt im Manifest „An das werktätige deutsche Volk", das im Oktober 1935 während der so genannten Brüsseler Konferenz der KPD verabschiedet wurde, welche tatsächlich aber in der Nähe von Kunzewo bei Moskau durchgeführt worden ist; hierzu sowie zu ihrer Einheits- und Volksfront-Politik knapp: ULRICH: Politischer Widerstand im Rhein-Main-Gebiet (wie Anm. 14) S. 129–135 u. S. 142 f.; das Frankfurter „Einheitsfront-Abkommen" ist ebenso wie das von „Kommunisten und ehemaligen Sozialdemokraten" (!) veröffentlichte Befreiungsprogramm für die Belegschaft der IG-Farben Höchst vom Juli 1934 abgedruckt in: ULRICH (wie Anm. 34) S. 80–83, wobei der dortige Einleitungstext „Einheitsfront in Höchst und Kelsterbach" hinsichtlich des hier skizzierten Sachverhalts revisionsbedürftig ist, S. 76–79.

58 NEBGEN (wie Anm. 32) S. 42–48; Günter BUCHSTAB, Brigitte KAFF, Hans-Otto KLEINMANN: Verfolgung und Widerstand 1933–1945. Christliche Demokraten gegen Hitler. Düsseldorf 1986 (Veröffentlichung der Konrad-Adenauer-Stiftung), S. 180 ff. u. S. 218 ff.; MAYER: Ein christlicher Gewerkschafter im Widerstand (wie Anm. 43) S. 125 ff.

59 BERGSTRÄSSER (wie Anm. 4) S. 256.

60 LEITHÄUSER (wie Anm. 3) S. 168; Horst R. SASSIN: Liberale im Widerstand. Die Robinsohn-Strassmann-Gruppe 1934–1942. Hrsg.: Forschungsstelle für die Geschichte des Nationalsozialismus in Hamburg. Hamburg 1993 (Hamburger Beiträge zur Sozial- und Zeitgeschichte, Bd. 30), S. 79 f. – Zu Bergholz und Külz siehe die Kurzbiographien in: SCHUMACHER (wie Anm. 3) S. 31 f. u. S. 268, zu Bergholz auch: SCHRÖDER (wie Anm. 15) S. 365 f.

61 PLENER (wie Anm. 46); Arnd GROẞ: Maschke, Walter (1891–1980), in: MIELKE, MORSCH: Gewerkschafter (wie Anm. 12) Bd. 1, S. 238–240.

62 Kurt FINKER: Hermann Maaß – sozialdemokratischer Jugendpolitiker und Widerstandskämpfer, in: Beiträge zur Geschichte der Arbeiterbewegung, 40. Jg., Nr. 3, 1998, S. 107–126; DERS. (wie Anm. 11) S. 210–215; Johannes TUCHEL: Hermann Maaß im Widerstand gegen den Nationalsozialismus, in: Sigrid GRABNER, Hendrik RÖDER: Im Geist bleibe ich bei Euch. Texte und Dokumente zu Hermann Maaß. 2. Aufl. Berlin 2003, S. 66–81; siehe auch die Kurzbiographien in: Annedore LEBER (Bearb.): Das Gewissen entscheidet. Bereiche des deutschen Widerstandes von 1933 – 1945 in Lebensbildern. Hrsg. in Zusammenarbeit mit Willy BRANDT und Karl Dietrich BRACHER. Frankfurt/M. 1959, S. 64 ff., Ines REICH: Potsdam und der 20. Juli 1944. Auf den Spuren des Widerstandes gegen den Nationalsozialismus. Begleitschrift zur Ausstellung des Militärgeschichtlichen Forschungsamtes und des Potsdam-Museums. Freiburg im Breisgau 1994, S. 83 f., BRAKELMANN (wie Anm. 15) S. 93 ff., STEINBACH, TUCHEL (wie Anm. 15) S. 127 f., sowie: WICKERT (wie Anm. 2) S. 214.

63 Fritz ZIMMERMANN: Mitbegründer des FDGB. Hermann Schlimme, in: Beiträge zur Geschichte der Arbeiterbewegung, 29. Jg., Nr. 3, 1987, S. 378–390; siehe auch z. B. Schlimmes knappe Schilderungen seiner antinazistischen Aktivitäten in seinem Schreiben an das Zentralsekretariat der SED, Abteilung Personalpolitik, in Berlin vom 12. November 1948 [Kopie], Stadtarchiv Wiesbaden Bestand NL 75 Nr. 200, sowie in seinem Brief an den Bundestagsabgeordneten Prof. Dr. Ludwig Bergsträsser in Bonn vom 8. Oktober 1952, Hessisches Staatsarchiv Darmstadt Bestand O 29 [Leuschner-Nachlass] Nr. 18, wo er außerdem von der angeblich am „Mangel an Quellenmaterial" gescheiterten Absicht berichtet, „eine Broschüre über das Leben und Wirken von Leuschner zu schreiben".

64 LEITHÄUSER (wie Anm. 3) S. 169. – Zu Ebert jr. und Schneppenhorst siehe die Kurzbiographien in: SCHUMACHER (wie Anm. 3) S. 102 ff. u. S. 435 f., sowie in: SCHRÖDER (wie Anm. 15) S. 419 f. u. S. 730, zu Letzterem auch in: WICKERT (wie Anm. 2) S. 296.

65 Siegfried MIELKE, Peter RÜTTERS: Kern, Käthe (Katharina) (1900–1985). Von der sozialdemokratischen Gewerkschafterin zur SED-Aktivistin, in: MIELKE: Gewerkschafterinnen (wie Anm. 12) S. 209–218, hier: S. 211 ff.

66 Christina STEIN: „Weil zu wenig Liebe auf der Welt ist, darum ist es so dunkel geworden." Ludwig Schwamb. Ein rheinhessischer Widerstandskämpfer gegen die nationalsozialistische Diktatur. Wettbewerbsbeitrag zum Geschichtswettbewerb des Bundespräsidenten 2008/09 „Helden: verehrt – verkannt – vergessen". Rabanus-Maurus-Gymnasium Mainz 2009 [58 S. + CD mit Dokumenten aus dem Nachlass Schwambs im Stadtarchiv Mainz]; ULRICH: Ludwig Schwamb, Jakob Steffan (wie Anm. 14) S. 24 ff., 32, 40 u. 43; LEBER (wie Anm. 62) S. 67 f.; BEIER (wie Anm. 14) S. 570–575.

67 Walther G. OSCHILEWSKI: Gustav Dahrendorf. Ein Kämpferleben. Berlin-Grunewald 1955; Gustav DAHRENDORF: Der Mensch. Das Mass aller Dinge. Reden und Schriften zur deutschen Politik 1945–1954. Hrsg.: Ralf DAHRENDORF. Hamburg 1955, S. 61–87; SCHUMACHER (wie Anm. 3) S. 84; SCHRÖDER (wie Anm. 15) S. 403; WICKERT (wie Anm. 2) S. 72 f.; Heinrich-Kaufmann-Stiftung des Zentralverbandes deutscher Konsumgenossenschaften (Hrsg.): Gustav Dahrendorf. Hamburger Bürgermeister des 20. Juli 1944. Norderstedt 2005.

68 Dorothea BECK: Julius Leber. Sozialdemokrat zwischen Reform und Widerstand. Berlin 1983, S. 162 ff.; DIES.: Julius Leber, in: Rudolf LILL, Heinrich OBERREUTER (Hrsg.): 20. Juli. Porträts des Widerstands. Aktual. u. überarb. Neuausg. Düsseldorf, Wien 1994, S. 239–256; siehe auch die biographischen Porträts in: Ger van ROON: Neuordnung im Widerstand. Der Kreisauer Kreis innerhalb der deutschen Widerstandsbewegung. München 1967, S. 204–209, Hans COPPI: Julius Leber, in: MEYER (wie Anm. 13) S. 307–311, Wilhelm Ernst WINTERHAGER (Bearb.): Der Kreisauer Kreis. Porträt einer Widerstandsgruppe. Begleitband zu einer Ausstellung

der Stiftung Preußischer Kulturbesitz. Mainz 1985, S. 51–54, FINKER (wie Anm. 11) S. 194–200, sowie: GRASMANN (wie Anm. 6) S. 59–73, desgleichen die Kurzbiographien in: LEBER (wie Anm. 15) S. 224 ff., SCHUMACHER (wie Anm. 3) S. 278 ff., SCHRÖDER (wie Anm. 15) S. 580, WICKERT (wie Anm. 2) S. 200 f., sowie: STEINBACH, TUCHEL (wie Anm. 15) S. 118 f.; grundlegend auch: Hans MOMMSEN: Julius Leber und der deutsche Widerstand gegen Hitler, in: DERS.: Alternative zu Hitler. Studien zur Geschichte des deutschen Widerstandes. München 2000, S. 313–324.

[69] Gustav DAHRENDORF: Julius Leber, in: DERS. (wie Anm. 67) S. 85–87, hier: S. 86.

[70] Andrea WILFERT: Hermann Lüdemann, in: MEYER (wie Anm. 13) S. 312–315, hier: S. 312 f.; Matthias ODEN: Lüdemann, Hermann (1880–1959), in: MIELKE, MORSCH: Gewerkschafter (wie Anm. 12) Bd. 3, S. 105–117, hier: S. 111–115; WICKERT (wie Anm. 2) S. 211 f.; SCHRÖDER (wie Anm. 15) S. 597 f.

[71] Siehe z. B. Schlimmes Bericht über die illegale Gewerkschaftsarbeit 1933–1945 vom 4. September 1945, in: MIELKE, FRESE (wie Anm. 12) S. 300–303.

[72] BEIER (wie Anm. 3) S. 114 f., 127 ff., 133 ff. u. 139 ff.; DERS. (wie Anm. 14) S. 576; Richters Datierung des Beginns seiner Widerstandsaktivitäten auf 1934 deckt sich mit dem diesbezüglichen Hinweis Walter Maschkes aus demselben Jahr (wie Anm. 46); zu Richter siehe auch die Kurzbiographie in: LENGEMANN (wie Anm. 3) S. 361.

[73] Siegfried MIELKE, Bettina ENGELS: Eichler, Otto (1886–1948), in: MIELKE, MORSCH: Gewerkschafter (wie Anm. 12) Bd. 3, S. 310–314; DIES.: Otto Eichler (1886–1948), in: MIELKE, HEINZ (wie Anm. 12) S. 233–240; siehe auch die Kurzbiographie in: MIELKE, FRESE (wie Anm. 12) S. 301.

[74] Peter RÜTTERS, Siegfried MIELKE: Timm, Richard (1892–1983), in: MIELKE, MORSCH: Gewerkschafter (wie Anm. 12) Bd. 2, S. 98–106, hier: S. 101 ff.; siehe auch die Kurzbiographie in: MIELKE, FRESE (wie Anm. 12) S. 172.

[75] Achim ARNDT: Bührig, Erich (1896–1959), in: MIELKE, MORSCH: Gewerkschafter (wie Anm. 12) Bd. 1, S. 133–136; DERS.: Erich Bührig (1896–1959), in: MIELKE, HEINZ (wie Anm. 12) S. 188–210; siehe auch die Kurzbiographie in: MIELKE, FRESE (wie Anm. 12) S. 173.

[76] Zum Widerstand der Genannten finden sich außerdem viele weitere verstreute Hinweise in: MIELKE, FRESE (wie Anm. 12), auch in: MIELKE, MORSCH: Gewerkschafter (wie Anm. 12), sowie in: SANDVOß (wie Anm. 13), jeweils siehe: Index.

[77] Stefan MÜLLER: Hanschen, Carl (1889–1968), in: MIELKE, MORSCH: Gewerkschafter (wie Anm. 12) Bd. 3, S. 73–79, hier: S. 76–79.

[78] Siegfried MIELKE: Scheffler, Hermann (1884–1951), in: MIELKE, MORSCH: Gewerkschafter (wie Anm. 12) Bd. 3, S. 147–157, hier: S. 151–156; DERS.: Hermann Scheffler. 14. Oktober 1884 – 11. März 1951, in: MIELKE, MORSCH: „Seid wachsam ..." (wie Anm. 12) S. 168–179; siehe auch die Kurzbiographie in: MIELKE, FRESE (wie Anm. 12) S. 174.

[79] Siegfried MIELKE, Peter RÜTTERS: Barth, Richard (1882–1956), in: MIELKE, MORSCH: Gewerkschafter (wie Anm. 12) Bd. 2, S. 25–34, hier: S. 27 ff.; siehe auch Barths an das SED-Zentralsekretariat in Berlin gerichteten Bericht über seine antinazistischen Aktivitäten vom 23. November 1948, in: MIELKE, FRESE (wie Anm. 12) S. 303–306.

[80] BEIER (wie Anm. 8) S. 47 f., 59 ff. u. 106; SANDVOß (wie Anm. 13) S. 105 ff. u. S. 134 ff. – Arnd GROß: Scharfschwerdt, Otto (1887–1943), in: MIELKE, MORSCH: Gewerkschafter (wie Anm. 12) Bd. 1, S. 264 f.; DERS.: Otto Scharfschwerdt (1887–1943), in: GOTTWALDT (wie Anm. 52) S. 206–211; siehe auch die Kurzbiographie in: MIELKE, FRESE (wie Anm. 12) S. 158.

[81] Siegfried GRUNDMANN: Die V-Leute des Gestapo-Kommissars Sattler. Berlin 2010, hier besonders: S. 120–134, 241–245, 292 ff. u. 309 ff.; siehe dazu auch: Stefan APPELIUS: Heine. Die SPD und der lange Weg zur Macht. Essen 1999, S. 90–111 u. S. 470–477, wobei sich dieses umfangreiche Werk überhaupt als unverzichtbar zur Beurteilung von Widerstand und Exil der SPD empfiehlt; siehe aber auch: Frank MORAW: Die Parole der „Einheit" und die Sozialdemokratie. 2., aktual. Aufl. Bonn 1990 (Forschungsinstitut der Friedrich-Ebert-Stiftung – Reihe: Politik- und Gesellschaftsgeschichte, Bd. 23), S. 31 ff., dort Hinweise u. a. zum anfänglichen Umfang des SPD-Widerstandes in Berlin: S. 34 u. S. 36; siehe zur sozialdemokratischen Konspiration in der Reichshauptstadt überhaupt: SANDVOß (wie Anm. 13) S. 20 f., 56 ff., 61 ff., 67 ff., 84 ff., 90 ff., 96 ff., 102 ff. u. 609 f. – Im Nachlass des Speyerer sowie rheinland-pfälzischen SPD-Multifunktionärs und couragierten Antifaschisten Franz Bögler, der freilich 1962 von seiner Partei wegen parteischädigenden Verhaltens ausgeschlossen worden ist, sind einige Berichte von „S 18" überliefert; diese haben eine Rolle gespielt im Zusammenhang mit einem von Paul Röhle 1949 gegen zwei Kommunisten angestrengten Strafverfahren zur Abwehr des von diesen gegen ihn erhobenen Spitzelvorwurfs und entstammten wohl einem DDR-Archiv, Landesarchiv Speyer Bestand V 52 Nr. 606 u. Nr. 655. – Zu Röhle siehe auch: BEIER: Arbeiterbewegung in Hessen (wie Anm. 15) S. 537; SCHRÖDER (wie Anm. 15) S. 681; SCHUMACHER (wie Anm. 3) S. 400; SIMON (wie Anm. 25) S. 168 f., sowie die Materialsammlung im Stadtarchiv Wiesbaden Bestand NL 75 Nr. 2711 u. 2729, dort auch der erwähnte Gestapo-Bericht vom 23. Oktober 1937 [Kopie].

[82] Zur systematischen Verbreiterung des antinazistischen Leuschner-Netzwerkes während solcher „Geschäftsreisen" siehe z. B.: LEITHÄUSER (wie Anm. 3) S. 172 ff. u. S. 180 f.; BEIER (wie Anm. 3) S. 138 ff. u. S. 556, Anm. 149; Ludwig BERGSTRÄSSER: Erinnerungen an Wilhelm Leuschner, in: Das Parlament, Nr. 29, 20. Juli 1954, S. 8; ZIBELL (wie Anm. 3) S. 77, 97 f. u. 101 ff.; Ludwig METZGER: In guten und in schlechten Tagen. Berichte, Gedanken und Erkenntnisse aus der politischen Arbeit eines aktiven Christen und Sozialisten. Darmstadt 1980, S. 63; Susanne KIRÁLY: Ludwig Metzger. Politiker aus christlicher Verantwortung. Hrsg.: Hessische Historische Kommission Darmstadt u. Historische Kommission für Hessen. Darmstadt, Marburg 2004 (Quellen und Forschungen zur hessischen Geschichte, 144), S. 93 ff.; Wolfram WETTE: Gustav Noske. Eine politische Biographie. Hrsg.: Militärgeschichtliches Forschungsamt. Düsseldorf 1987, S. 769 ff.; SEVERING (wie Anm.

24) 437 f.; Max BLOCH: Albert Südekum (1871–1944). Ein deutscher Sozialdemokrat zwischen Kaiserreich und Diktatur. Eine politische Biographie. Düsseldorf 2009 (Beiträge zur Geschichte des Parlamentarismus und der politischen Parteien, Bd. 154), S. 300–313, hier: S. 308 ff.; zu Bayreuth und Oberfranken siehe: Geschäftsberichte 2010 und 2011 der Wilhelm-Leuschner-Stiftung, S. 5 bzw. S. 9; der Hinweis auf Schwambs reichsweite Kurierfunktion sowie auf den Mainzer Stützpunkt findet sich bei: STEIN (wie Anm. 66) S. 18 bzw. in dem wohl 1946 entstandenen Typoskript Freitags „Der Sozialist Ludwig Schwamb" auf der dort beigefügten CD, der Fingerzeig auf die Abstimmung der Geschäftsreisen durch Leuschner und Schwamb wiederum bei: BEIER (wie Anm. 14) S. 571.

[83] Zu Mierendorff siehe vor allem: ALBRECHT (wie Anm. 36), hier: S. 171 ff.; desgleichen: DERS.: Carlo Mierendorff (1897–1943) – Zwei biographische Texte. München, Ravensburg 2007; Ullrich AMLUNG, Gudrun RICHTER, Helge THIED: „... von jetzt an geht es nur noch aufwärts: entweder an die Macht oder an den Galgen!". Carlo Mierendorff (1897–1943). Schriftsteller, Politiker, Widerstandskämpfer. Marburg 1997, S. 68 ff.; Peter STEINBACH: „Wer wagt es noch, sich von den Dingen treiben zu lassen?". Carlo Mierendorff, in: DERS.: Der 20. Juli 1944. Gesichter des Widerstands. München 2004, S. 129–153; GRASMANN (wie Anm. 6) S. 87–93, hier: S. 90 ff.; FINKER (wie Anm. 11) S. 215–220; WINTERHAGER (wie Anm. 68) S. 47–51; Günter BRAKELMANN: Die Kreisauer: folgenreiche Begegnungen. Biographische Skizzen zu Helmuth James von Moltke, Peter Yorck von Wartenburg, Carlo Mierendorff und Theodor Haubach. 2., korrig. Aufl. Münster 2004 (Schriftenreihe der Forschungsgemeinschaft 20. Juli 1944, Bd. 4), S. 299–371, hier: S. 307 f. u. S. 339 ff.; siehe auch das biographische Porträt und viele weitere Hinweise in: van ROON (wie Anm. 68) S. 123–131 u. siehe: Index, außerdem die Kurzbiographien in: LEBER (wie Anm. 15) S. 211 ff., SCHUMACHER (wie Anm. 3) S. 322 ff., SCHRÖDER (wie Anm. 15) S. 619, WICKERT (wie Anm. 2) S. 224 f., sowie: STEINBACH, TUCHEL (wie Anm. 15) S. 131 f.

[84] LEITHÄUSER (wie Anm. 3) S. 175; ALBRECHT (wie Anm. 36) S. 171–187; AMLUNG, RICHTER, THIED (wie Anm. 83) S. 71 ff.; Rede von Emil Henk in Darmstadt-Griesheim anlässlich der Einweihung der Carlo Mierendorff-Schule im Mai 1960, Stiftung „Hilfswerk 20. Juli 1944", Frankfurt/M., Friedrichstr. 45 [Typoskript], S. 8, Stadtarchiv Mainz Bestand NL 106/9; LEBER (wie Anm. 62) S. 68; LEBER, MOLTKE (wie Anm. 15) S. 273; BRAKELMANN (wie Anm. 83) S. 340 f.

[85] Peter ZIMMERMANN: Theodor Haubach (1896–1945). Eine politische Biographie. Hrsg.: Forschungsstelle für Zeitgeschichte in Hamburg. München, Hamburg 2004 (Forum Zeitgeschichte, Bd. 15), S. 349–363 u. S. 370 ff.; Barbara BEUYS: Verteidigung der Republik: der sozialdemokratische Reformer Theodor Haubach (1896–1945). Hrsg.: Landeszentrale für politische Bildung Hamburg. Hamburg 2000, S. 75 f.; BRAKELMANN (wie Anm. 83) S. 373–412, hier: S. 376 ff. u. S. 387 ff.; siehe aber auch die Haubach gewidmeten Kapitel in: GRASMANN (wie Anm. 6) S. 53–59, van ROON (wie Anm. 68) S. 181–188, WINTERHAGER (wie Anm. 68) S. 43–47, sowie: Gerhard RINGSHAUSEN: Widerstand und christlicher Glaube angesichts des Nationalsozialismus. Berlin 2007 (Lüneburger Theologische Beiträge, Bd. 3), S. 301–332, hier besonders: 316 f., außerdem die Kurzbiographien in: LEBER (wie Anm. 15) S. 215 f., WICKERT (wie Anm. 2) S. 129 f., SCHRÖDER (wie Anm. 15) S. 491 f., sowie: STEINBACH, TUCHEL (wie Anm. 15) S. 83; SANDVOß (wie Anm. 13) S. 96 ff. u. siehe: Index; SASSIN (wie Anm. 60) S. 177 u. siehe: Index; siehe ferner den Lexikonbeitrag seines Freundes Emil HENK: Haubach, Theodor, in: Neue Deutsche Biographie. Hrsg.: Historische Kommission bei der Bayerischen Akademie der Wissenschaften. 8. Bd.: Hartmann – Heske. Berlin 1969, S. 68 f.

[86] Richard HENK (Hrsg.): In Memoriam Emil Henk. 1893–1969. Erinnerungen seiner Freunde. Heidelberg 1970; siehe auch die Kurzbiographie in: Klaus EISELE: Die „Aktion Goerdeler". Mitverschwörer des 20. Juli 1944 im deutschen Südwesten. Biographische Skizzen, in: K. EISELE, Rolf-Ulrich KUNZE (Hrsg.): Mitverschwörer – Mitgestalter. Der 20. Juli im deutschen Südwesten. Hrsg.: Forschungsstelle Widerstand gegen den Nationalsozialismus im deutschen Südwesten. Konstanz 2004 (Porträts des Widerstands, Bd. 7), S. 129–170, hier: S. 149 f.

[87] Willi BRUNDERT: Von Weimar bis heute. Im Spiegel eigenen Erlebens. Hannover 1965, S. 40 ff.; siehe auch die Kurzbiographie in: WICKERT (wie Anm. 2) S. 61, sowie die kleine Materialsammlung zu ihm im Stadtarchiv Wiesbaden Bestand NL 75 Nr. 336.

[88] Axel von HARNACK: Ernst von Harnack (1888 bis 1945). Ein Kämpfer für Deutschlands Zukunft. Schwenningen 1951, S. 50 ff.; Gustav-Adolf von HARNACK (Hrsg.): Ernst von Harnack. Jahre des Widerstands 1932–1945. Pfullingen 1989, S. 174 ff.; LEBER (wie Anm. 15) S. 117 ff.; GRASMANN (wie Anm. 6) S. 47–53; RINGSHAUSEN (wie Anm. 85) S. 169–180, hier: S. 177 f.

[89] Ullrich AMLUNG: Adolf Reichwein 1898–1944. Ein Lebensbild des politischen Pädagogen, Volkskundlers und Widerstandskämpfers. 2 Bde. Frankfurt/M. 1991 (Sozialhistorische Untersuchungen zur Reformpädagogik und Erwachsenenbildung, Bd. 12 u. Bd. 13), hier: Bd. 13, S. 387 ff. u. S. 456 ff.; DERS.: „... in der Entscheidung gibt es keine Umwege". Adolf Reichwein 1898–1944. Reformpädagoge, Sozialist, Widerstandskämpfer. 2., verb. u. erw. Aufl. Marburg 1999, S. 68 ff.; Peter STEINBACH: „Ein Leben ohne Kapitulation". Adolf Reichwein, in: DERS.: Der 20. Juli 1944 (wie Anm. 83) S. 155–184; WINTERHAGER (wie Anm. 68) S. 40–43; ZIMMERMANN (wie Anm. 85) S. 382; LEBER (wie Anm. 15) S. 60 ff.; GRASMANN (wie Anm. 6) S. 93–99, hier: S. 95 ff.; siehe auch das biographische Porträt in: van ROON (wie Anm. 68) S. 100–108, desgleichen die Kurzbiographien in: WICKERT (wie Anm. 2) S. 264 f., sowie: STEINBACH, TUCHEL (wie Anm. 15) S.151 f.; grundlegend auch: Hans MOMMSEN: Adolf Reichweins Weg in den Widerstand und den Kreisauer Kreis, in: DERS.: Alternative zu Hitler (wie Anm. 68) S. 352–365.

[90] Rede von Emil Henk (wie Anm. 84) S. 9 f.

[91] SANDVOß (wie Anm. 13) S. 134 ff. u. 139 ff.; BUSCHAK (wie Anm. 8) S. 104 ff., 111 ff., 161, 164 u. 180 ff.; GOERS (wie Anm. 52). – Zu Erich Bührig siehe: Anm. 75; zu Max Urich: Siegfried MIELKE, Matthias ODEN: Urich, Max (1890–1968), in: MIELKE, MORSCH: Gewerkschafter (wie Anm. 12) Bd. 3, S. 190–201; Marion GOERS, Eugenia FLEMMER: Max Urich. 20. Februar 1890 – 21. Juni 1968, in: MIELKE, MORSCH: „Seid wachsam ..." (wie Anm. 12) S. 220–229, M. GOERS, S. MIELKE, M. ODEN: Max Urich (1890–1968), in: MIELKE,

HEINZ (wie Anm. 12) S. 121–142, sowie: BUSCHAK (wie Anm. 8) S. 101 ff., 105 f., 111 u. 113 f.; zu Bernhard Göring siehe: Ulrich PETER: Der „Bund der religiösen Sozialisten" in Berlin von 1919 bis 1933. Geschichte-Struktur-Theologie und Politik. Frankfurt/M. u. a. 1995 (Europäische Hochschulschriften – Reihe 23: Theologie, Bd. 532), hier besonders: S. 366 ff. u. S. 406 ff., auch: BEIER (wie Anm. 8) S. 34, 38 u. 106, GOTTFURCHT (wie Anm. 47) S. 51 ff., sowie: Ingrid FRICKE: Flatau, Erich (1879–1946), in: MIELKE, MORSCH: Gewerkschafter (wie Anm. 12) Bd. 2, S. 191–193, hier: S. 192 f.; zu Alwin Brandes und Hans Gottfurcht siehe: Anm. 52. – Hinweise auf den „Roten Stoßtrupp" sowie Kurt und Else Megelin finden sich in: Dennis EGGINGER: Der Rote Stoßtrupp, in: COPPI, HEINZ (wie Anm. 52) S. 91–106; SANDVOß (wie Anm. 13) siehe: Index; DERS.: Widerstand in Pankow und Reinickendorf. Hrsg.: Gedenkstätte Deutscher Widerstand. 2., veränd. u. erg. Aufl. Berlin 1994 (Schriftenreihe über den Widerstand in Berlin von 1933 bis 1945, Bd. 6), S. 71–75, sowie: ULRICH: Politischer Widerstand im Rhein-Main-Gebiet (wie Anm. 14) S. 69 ff. – Zur Volksfront-Gruppe siehe vor allem: Hermann BRILL: Gegen den Strom. Offenbach 1946 (Wege zum Sozialismus, Heft 1); Manfred OVERESCH: Hermann Brill in Thüringen 1895–1946. Ein Kämpfer gegen Hitler und Ulbricht. Bonn 1992 (Forschungsinstitut der Friedrich-Ebert-Stiftung – Reihe: Politik- und Gesellschaftsgeschichte, Bd. 29); Jörg WOLLENBERG: Volksfront und Sozialdemokratie. Die Widerstandsgruppe Brass-Brill und das Zehn Punkte-Programm der Deutschen Volksfront von 1936, in: Renate KNIGGE-TESCHE, Peter REIF-SPIREK (Hrsg.): Hermann Louis Brill 1895–1959. Widerstandskämpfer und unbeugsamer Demokrat. Wiesbaden 2011, S. 77–104; SANDVOß (wie Anm. 13) S. 109–118; siehe hierzu auch z. B.: MIELKE, HEINZ (wie Anm. 12) S. 190 u. S. 581, FIEBER, KEIM, RESCHKE (wie Anm. 15) S. 75. – Susanne SUHR: Biographische Einleitung, in: Otto SUHR: Eine Auswahl aus Reden und Schriften. Tübingen 1967, S. 3–50, hier: S. 10 f., 15 u. 17–22; Walther G. OSCHILEWSKI, Walter WEGNER: Otto Suhr. Politik und Wissenschaft. Berlin-Grunewald 1954; Gunter LANGE: Otto Suhr. Im Schatten von Ernst Reuter und Willy Brandt. Eine Biographie. Bonn 1994, S. 92–106, hier: S. 98 ff.; siehe auch: Otto Suhr 1894–1957. Ein politisches Leben. Eine Ausstellung des Landesarchivs Berlin in Zusammenarbeit mit der Senatskanzlei 17. August bis 30. September 1994. Berlin 1994 (Ausstellungskataloge des Landesarchivs Berlin, 13), [Katalogbeitr.: Henrike HÜLSBERGEN]; Britta HERWEG, Siegfried MIELKE (Bearb.): Otto Suhr als Gewerkschafter. Von der Arbeiterbildung zur Politikwissenschaft. Eine Ausstellung des Otto-Suhr-Instituts. Berlin 1999, sowie die biographischen Hinweise in: MIELKE (wie Anm. 51) S. 47 u. S. 332–336. – Zu August Haas siehe: BEIER: Arbeiterbewegung in Hessen (wie Anm. 15) S. 433 f.; SCHRÖDER (wie Anm. 15) S. 480; Spitzelbericht von „S 18", also von Paul Röhle, vom 22. Oktober 1937 [Kopie], Stadtarchiv Wiesbaden Bestand NL 75 Nr. 2729.

92 SASSIN (wie Anm. 60) S. 29 ff., 78 ff., 107 ff., 150 ff., 177 ff., 195 u. 389 ff.; siehe im Anhang auch die Kurzbiographien der wichtigsten Protagonisten dieser Widerstandsstruktur, S. 371 ff. – ZIMMERMANN (wie Anm. 85) S. 382. – Manfred SCHMID: Fritz Elsas 1890–1945 – Eine biografische Skizze, in: DERS. (Hrsg.): Fritz Elsas. Ein Demokrat im Widerstand. Zeugnisse eines Liberalen in der Weimarer Republik. Gerlingen 1999, S. 11–59, hier: S. 40 ff.; zu Elsas siehe auch: LEBER (wie Anm. 15) S. 121 f.; Andrea WILFERT: Fritz Elsas, in: MEYER (wie Anm. 13) S. 222–228.

93 GRUNDMANN (wie Anm. 81) S. 18 ff.; APPELIUS (wie Anm. 81) S. 108 f.; SANDVOß (wie Anm. 13) S. 102 ff. u. S. 127 ff.; MORAW (wie Anm. 81) S. 42 ff.

94 LEITHÄUSER (wie Anm. 3) S. 180 f.

95 Albert HEINEMANN: Otto Müller, priesterlicher Dienst am Nächsten, in: Karl H. BRÜLS (Bearb.): Arbeit und Opfer. Hrsg.: Kettelerhaus GmbH Köln. Köln 1972, S. 91–154, hier: S. 118–148; Germar PAWELLETZ: Monsignore Dr. Otto Müller, in: Helmut MOLL (Hrsg.): Zeugen für Christus. Das deutsche Martyrologium des 20. Jahrhunderts. Bd. I. 3., durchges. Aufl. Paderborn, München, Wien, Zürich 2001, S. 282–285, hier: S. 283 f.; LEBER (wie Anm. 62) S. 174–177.

96 NEBGEN (wie Anm. 32) S. 70–81, hier: S. 74 f. u. S. 77 f.; Protokoll der Vernehmung Jakob Kaisers vom 25. April 1938, zit. nach: BUCHSTAB, KAFF, KLEINMANN (wie Anm. 58) S. 186 f.; Gestapo-Bericht vom 19. April 1938, zit. nach: MAYER: Ein christlicher Gewerkschafter im Widerstand (wie Anm. 43) S. 122; HASIBETHER (wie Anm. 15) S. 48. – Deutschland-Bericht der Sopade, Nr. 1, Januar 1935, zit. nach: Deutschland-Berichte (wie Anm. 54) Bd. 2, S. 1483 ff.

97 Detlev HÜWEL: Karl Arnold. Eine politische Biographie. Wuppertal 1980 (Düsseldorfer Schriften zur Neueren Landesgeschichte und zur Geschichte Nordrhein-Westfalens, Bd. 1), S. 31–60; Rudolf UERTZ: Karl Arnold (1901–1958). Ministerpräsident von Nordrhein-Westfalen, in: BUCHSTAB, KAFF, KLEINMANN (wie Anm. 44) S. 81–89, hier: S. 84 f.

98 Brigitte KAFF: Robert Lehr (1883–1956). Bundesinnenminister, in: BUCHSTAB, KAFF, KLEINMANN (wie Anm. 44) S. 337–343, hier: S. 338 ff.; siehe auch die Aufzeichnungen Dr. Walther Hensels über den Düsseldorfer Widerstandskreis in: BUCHSTAB, KAFF, KLEINMANN (wie Anm. 58) S. 235 ff.; NEBGEN (wie Anm. 32) S. 61 ff., 106 f. u. 114.

99 NEBGEN (wie Anm. 32) S. 62 ff. u. siehe: Index; da eine wissenschaftliche Biographie über den „roten General" immer noch fehlt, siehe zu Kurt Freiherr von Hammerstein-Equord: Hans Magnus ENZENSBERGER: Hammerstein oder Der Eigensinn. Eine deutsche Geschichte. Frankfurt/M. 2008. – Anders als seine Vertraute Dr. Elfriede Nebgen hat Kaiser selbst den Erstkontakt mit Hammerstein bereits auf 1935 datiert, siehe: Jakob KAISER: Weder Reaktionäre noch Revolutionäre, Juli 1952, in: MAYER (Hrsg.): Jakob Kaiser (wie Anm. 43) S. 525–532, hier: S. 526.

100 Frank RABERG: Josef Ersing (1882–1956). Landtagsabgeordneter in Baden-Württemberg, in: BUCHSTAB, KAFF, KLEINMANN (wie Anm. 44) S. 164–171, hier: S. 166 ff.; siehe auch die Kurzbiographie in: SCHUMACHER (wie Anm. 3) S. 119 f.

101 Herbert GEISLER, Karl H. BRÜLS: Nikolaus Groß, ein Leben für Familie und Volk, in: BRÜLS (wie Anm. 95) S. 155–240, hier: S. 184 ff.; Günter BEAUGRAND, Heiner BUDDE: Nikolaus Groß. Zeuge und Bekenner im Wi-

derstand der KAB 1933–1945. Augsburg 1989; Vera BÜCKER: Nikolaus Groß. Politischer Journalist und Katholik im Widerstand des Kölner Kreises. Münster 2003; DIES.: Nikolaus Groß, in: MOLL (wie Anm. 95) S. 165–169, hier: S. 166 ff.; LEBER (wie Anm. 15) S. 50 f.

[102] Albert EßER: Wilhelm Elfes 1884–1969. Arbeiterführer und Politiker. Mainz 1990 (Veröffentlichungen der Kommission für Zeitgeschichte – Reihe B: Forschungen, Bd. 53), S. 95–123; DERS.: Wilhelm Elfes (1884–1969). Oberbürgermeister von Mönchengladbach, in: BUCHSTAB, KAFF, KLEINMANN (wie Anm. 44) S. 155–163, hier: S. 157–162.

[103] Vera BÜCKER: Heinrich Körner, in: MOLL (wie Anm. 95) S. 172–175, hier: S. 173 ff.; LEBER (wie Anm. 62) S. 95 f.

[104] Erich KOCK: Bernhard Letterhaus. Ein Leben der Arbeit, in: BRÜLS (wie Anm. 95) S. 17–90; Jürgen ARETZ: Bernhard Letterhaus (1894–1944), in Rudolf MORSEY (Hrsg.): Zeitgeschichte in Lebensbildern. Aus dem deutschen Katholizismus des 20. Jahrhunderts. Bd. 2. Mainz 1975, S. 11–24; Germar PAWELLETZ, Helmut MOLL: Bernhard Letterhaus, in: MOLL (wie Anm. 95) S. 306–309; LEBER (wie Anm. 15) S. 100 ff.; Siegfried HEIMANN: Bernhard Letterhaus. Geboren am 10. Juli 1894 in Barmen, ermordet am 14. November 1944 in Berlin-Plötzensee. Hrsg.: Präsident des Abgeordnetenhauses von Berlin. Berlin 2010.

[105] Joseph JOOS: So sah ich sie. Menschen und Geschehnisse. Augsburg 1958; Oswald WACHTLING: Joseph Joos. Journalist, Arbeiterführer, Zentrumspolitiker. Politische Biographie 1878–1933. Mainz 1974 (Veröffentlichungen der Kommission für Zeitgeschichte – Reihe B: Forschungen, Bd. 16), S. 174; NEBGEN (wie Anm. 32) S. 117 f.; SCHUMACHER (wie Anm. 3) S. 234 ff.

[106] NEGBEN (wie Anm. 32) S. 46 u. S. 128; zu Strunk siehe auch den Gestapo-Bericht über Zusammenkünfte ehemaliger Zentrums-Mitglieder vom 23. Juli 1935, in: BUCHSTAB, KAFF, KLEINMANN (wie Anm. 58) S. 147.

[107] Zu den hier genannten wie auch diversen weiteren Widerstandskreisen, mit denen Jakob Kaiser in Verbindung stand, siehe: NEBGEN (wie Anm. 32) S. 42–48, desgleichen: BUCHSTAB, KAFF, KLEINMANN (wie Anm. 58) S. 218–238.

[108] Siehe z. B. den knappen Überblick: Hans MOMMSEN: Bürgerlicher (nationalkonservativer) Widerstand, in: Wolfgang BENZ, Walter H. PEHLE (Hrsg.): Lexikon des deutschen Widerstandes. 2., durchges. Aufl. Frankfurt/M. 1994, S. 55–67; weitere Beiträge hierzu außerdem in: Jürgen SCHMÄDEKE, Peter STEINBACH (Hrsg.): Der Widerstand gegen den Nationalsozialismus. Die deutsche Gesellschaft und der Widerstand gegen Hitler. 3. Aufl., Neuausg. München, Zürich 1994. – Viele Hinweise auf Retternetzwerke für verfolgte Jüdinnen und Juden finden sich etwa in: Wolfgang BENZ (Hrsg.): Überleben im Dritten Reich. Juden im Untergrund und ihre Helfer. München 2003; Arno LUSTIGER: Rettungswiderstand. Über die Judenretter in Europa während der NS-Zeit. Göttingen 2011; Petra BONAVITA: Mit falschem Pass und Zyankali. Retter und Gerettete aus Frankfurt am Main in der NS-Zeit. Stuttgart 2009.

[109] Siehe hierzu z. B.: Wolf-Arno KROPAT: „Reichskristallnacht". Der Judenpogrom vom 7. bis 10. November 1938 – Urheber, Täter, Hintergründe. Mit ausgewählten Dokumenten. Wiesbaden 1997 (Schriften der Kommission für die Geschichte der Juden in Hessen, Bd. XV).

[110] Wohltuend differenziert dagegen hierzu: Arnold PAUCKER: Deutsche Juden im Widerstand 1933–1945. Tatsachen und Probleme. Hrsg.: Gedenkstätte Deutscher Widerstand. 2., erw. u. verb. Aufl. Berlin 2003 (Beiträge zum Widerstand 1933–1945), desgleichen: Arno LUSTIGER: Zum Kampf auf Leben und Tod! Das Buch vom Widerstand der Juden in Europa 1933–1945. Erftstadt 2005. – Zu Haubach: ZIMMERMANN (wie Anm. 85) S. 23 ff. – Zu Strassmann: SASSIN (wie Anm. 60) S. 21 u. S. 386 f.; STEINBACH, TUCHEL (wie Anm. 15) S. 188. – Zu Lily Pringsheim und deren Sohn Karl: BEIER: Arbeiterbewegung in Hessen (wie Anm. 15) S. 524; KNIGGE-TESCHE, ULRICH (wie Anm. 5) siehe: Index; Ingrid LANGER: Zwölf vergessene Frauen. Die weiblichen Abgeordneten im Parlament des Volksstaates Hessen. Ihre politische Arbeit – ihr Alltag – ihr Leben. Frankfurt/M. 1989, darin die Biographie Lily Pringsheims mit vielen Hinweisen auf Leuschner: S. 100–165; siehe auch ihre Kurzbiographie in: SCHRÖDER (wie Anm. 15) S. 659. – Zu Ernst von Harnack: RINGSHAUSEN (wie Anm. 85) S. 174. – Zu Habermann siehe: Jakob KAISER: Max Habermann. Zu seinem Todestag am 30. Oktober 1944, in: Neue Zeit, 30. Oktober 1945, zit. nach: MAYER (Hrsg.): Jakob Kaiser (wie Anm. 43) S. 189–191; BEIER (wie Anm. 8) S. 38 f.; LEBER (wie Anm. 62) S. 100 ff.; RÜTTERS (wie Anm. 30); NEBGEN (wie Anm. 32) siehe: Index; LEITHÄUSER (wie Anm. 3) siehe: Index. – Zu Goerdeler siehe: Ines REICH: Carl Friedrich Goerdeler. Ein Oberbürgermeister gegen den NS-Staat. Köln, Weimar, Wien 1997, S. 125–134, 155–161, 203–207 u. 250–273. – Zur Reaktion einiger ranghoher Militärs auf die Novemberpogrome: FEST (wie Anm. 11) S. 106 f. – Siehe außerdem: Ekkehard KLAUSA: Ganz normale Deutsche. Das Judenbild des konservativen Widerstandes, in: Johannes TUCHEL (Hrsg.): Der vergessene Widerstand. Zu Realgeschichte und Wahrnehmung des Kampfes gegen die NS-Diktatur. Göttingen 2005 (Dachauer Symposien zur Zeitgeschichte, Bd. 5), S. 183–207.

[111] Otto JOHN: „Falsch und zu spät". Der 20. Juli 1944. Epilog. Erw., korrig. Ausg. Frankfurt/M., Berlin 1989; siehe auch die Ausführungen zu seinem Wirken in Widerstand und Exil z. B. in: Klaus SCHAEFER: Der Prozess gegen Otto John. Zugleich ein Beitrag zur Justizgeschichte der frühen Bundesrepublik Deutschland. Marburg 2009 (Wissenschaftliche Beiträge aus dem Tectum Verlag – Reihe: Rechtswissenschaften, Bd. 32), S. 17–28.

[112] LEBER (wie Anm. 15) S. 131 f.; STEINBACH, TUCHEL (wie Anm. 15) S. 30; zu Klaus Bonhoeffer siehe auch die Texte seiner Witwe: Emmi BONHOEFFER: Essay, Gespräch, Erinnerung. Hrsg.: Sigrid GRABNER, Hendrik RÖDER. Berlin 2004.

[113] Uwe SCHELLINGER: Tod eines „Friedenssüchtigen". Zur Biographie von Dr. Richard Kuenzer (1875–1945), in: Freiburger Diözesan-Archiv, Bd. 119, Freiburg 1999, S. 427–437; DERS.: Dr. Richard Kuenzer, in: MOLL (wie Anm. 95) S. 233–236; siehe auch die Kurzbiographie in: MIELKE (wie Anm. 51) S. 328..

[114] Elisabeth Schwambs eingangs zitierte Feststellung zur entscheidenden Rolle der Sozialisten beim Zustandekommen des bürgerlich-sozialdemokratischen Anti-Hitler-Bündnisses findet sich in einem Schreiben an einen Münchner Verlag vom 20. Juni 1947, Stadtarchiv Mainz Bestand NL 106/8; siehe auch: Anton Maria KEIM: Eli-

sabeth Schwamb (1897–1964), in: Hedwig BRÜCHERT (Bearb.): Rheinland-Pfälzerinnen. Frauen in Politik, Gesellschaft, Wirtschaft und Kultur in den Anfangsjahren des Landes Rheinland-Pfalz. Mainz 2001 (Veröffentlichungen des Landtages für die Geschichte des Landes Rheinland-Pfalz, Bd. 23), S. 382–384. – Annedore LEBER: Den toten immer lebendigen Freunden. Eine Erinnerung zum 20. Juli 1944. Berlin 1946, S. 6; BECK: Julius Leber. Sozialdemokrat (wie Anm. 68) S. 168; DIES.: Julius Leber (wie Anm. 68) S. 247; Gustav-Adolf von HARNACK (wie Anm. 88) S. 176 ff.; Axel von HARNACK (wie Anm. 88) S. 56; JOHN (wie Anm. 111) S. 133.

[115] KAISER (wie Anm. 99) S. 526 f.

[116] Jakob KAISER: Der Aufstand des Gewissens, Neue Zeit, 2. Februar 1947, zit. nach: MAYER (Hrsg.): Jakob Kaiser (wie Anm. 43) S. 279–289, hier: S. 281.

[117] Klaus-Jürgen MÜLLER: Generaloberst Ludwig Beck – Zentralfigur des national-konservativen Widerstandes, in: KNIGGE-TESCHE, ULRICH (wie Anm. 5) S. 538–547, hier: S. 541 ff.; ausführlicher dazu: DERS.: Generaloberst Ludwig Beck. Eine Biographie. Paderborn, München, Wien, Zürich 2008, S. 257–421; zu den Beckschen Aktivitäten des Jahres 1938 siehe außerdem die immer noch beste Gesamtdarstellung zur Geschichte jener Umsturzbemühungen einschließlich des Aufstandsversuchs vom 20. Juli 1944: Peter HOFFMANN: Widerstand · Staatsstreich · Attentat. Der Kampf der Opposition gegen Hitler. 4., neu überarb. u. erg. Ausg. München, Zürich 1985, S. 94–109.

[118] Heinz HÖHNE: Canaris. Patriot im Zwielicht. München 1984, S. 272 ff.; DERS.: Admiral Wilhelm Canaris, in: Gerd R. UEBERSCHÄR (Hrsg.): Hitlers militärische Elite. Bd. 1: Von den Anfängen des Regimes bis Kriegsbeginn. Darmstadt 1998, S. 53–60.

[119] Rainer A. BLASIUS: Für Großdeutschland – gegen den großen Krieg. Staatssekretär Ernst Frhr. von Weizsäcker in den Krisen um die Tschechoslowakei und Polen 1938/39. Köln, Wien 1981, siehe: Index.

[120] Siehe hierzu den Hinweis in: Gerhard RITTER: Carl Goerdeler und die deutsche Widerstandsbewegung. München 1964, S. 81.

[121] Gerd R. UEBERSCHÄR: Generaloberst Franz Halder. Generalstabschef, Gegner und Gefangener Hitlers. Göttingen 1991, S. 30–35; Christian HARTMANN: Halder. Generalstabschef Hitlers 1938–1942. Paderborn, München, Wien, Zürich 1991, S. 99–116.

[122] Romedio Graf von THUN-HOHENSTEIN: Der Verschwörer. General Oster und die Militäropposition. München 1984, S. 89 ff. u. S. 99 ff.; DERS.: Widerstand und Landesverrat am Beispiel des Generalmajors Hans Oster, in: SCHMÄDEKE, STEINBACH (wie Anm. 108) S. 751–762; DERS.: Hans Oster, in: LILL, OBERREUTER (wie Anm. 68) S. 325–343, hier: S. 336 ff.; DERS.: Hans Oster – Die „Seele des Widerstandes“, in: Klemens von KLEMPERER, Enrico SYRING, Rainer ZITELMANN (Hrsg.): „Für Deutschland“. Die Männer des 20. Juli. Frankfurt/M., Berlin 1995, S. 202–217, hier: S. 207 ff.; FINKER (wie Anm. 11) S. 58–62.

[123] Reiner POMMERIN: Erwin von Witzleben, in: LILL, OBERREUTER (wie Anm. 68) S. 481–499, hier: S. 491 f.; DERS.: Erwin von Witzleben – Der designierte Oberbefehlshaber, in: von KLEMPERER, SYRING, ZITELMANN (wie Anm. 122) S. 328–343, hier: S. 324 f.; Gene MUELLER: Generalfeldmarschall Erwin von Witzleben, in: UEBERSCHÄR (wie Anm. 118) S. 265–271; FINKER (wie Anm. 11) S. 82–87.

[124] Heinrich BÜCHELER: Carl-Heinrich von Stülpnagel. Soldat – Philosoph – Verschwörer. Biographie. Berlin, Frankfurt/M. 1989, S. 150 ff.; Friedrich-Christian STAHL: General der Infanterie Karl-Heinrich von Stülpnagel, in: UEBERSCHÄR (wie Anm. 118) S. 240–247; Winfried HEINEMANN: General der Infanterie Carl-Heinrich von Stülpnagel, in: Bernd HEIDENREICH, Sönke NEITZEL (Hrsg.): Der militärische Widerstand gegen Hitler – der Beitrag Hessens zum 20. Juli 1944. Wiesbaden 2000 (Hessische Landeszentrale für politische Bildung: POLIS 42. Analysen – Meinungen – Debatten), S. 51–68.

[125] Hans Bernd GISEVIUS: Bis zum bitteren Ende. Bericht eines Augenzeugen aus den Machtzentren des Dritten Reiches. München, Zürich 1982, S. 219 ff.; Susanne STRÄSSER: Hans Bernd Gisevius – Ein Oppositioneller auf „Außenposten“, in: von KLEMPERER, SYRING, ZITELMANN (wie Anm. 122) S. 56–70, hier: S. 59 ff.

[126] Susanne MEINL: Nationalsozialisten gegen Hitler. Die nationalrevolutionäre Opposition um Friedrich Wilhelm Heinz. Berlin 2000, S. 268–298.

[127] Ronald RATHERT: Verbrechen und Verschwörung: Arthur Nebe. Der Kripochef des Dritten Reiches. Münster, Hamburg, London 2001 (Anpassung – Selbstbehauptung – Widerstand, Bd. 17), S. 70 ff.; GISEVIUS (wie Anm. 125) S. 221 f., 241 u. 245 f.

[128] Ted HARRISON: „Alter Kämpfer“ im Widerstand. Graf Helldorff, die NS-Bewegung und die Opposition gegen Hitler, in: Vierteljahrshefte für Zeitgeschichte, 45. Jg., Heft 3, 1997, S. 385–423, hier: S. 413; siehe hierzu auch: Frank-Lothar KROLL: Ein nationalsozialistischer Aktivist im Widerstand. Wolf-Heinrich Graf von Helldorff, in: Stephen SCHRÖDER, Christoph STUDT (Hrsg.): Der 20. Juli 1944 – Profile, Motive, Desiderate. XX. Königswinterer Tagung 23.–25. Februar 2007. Berlin 2008 (Schriftenreihe der Forschungsgemeinschaft 20. Juli 1944, Bd. 10), S. 47–63.

[129] Ulrich HEINEMANN: Ein konservativer Rebell. Fritz-Dietlof Graf von der Schulenburg und der 20. Juli. Berlin 1990, S. 95; DERS.: Fritz Dietlof Graf von der Schulenburg. Preuße – Nationalsozialist – Widerstandskämpfer, in: von KLEMPERER, SYRING, ZITELMANN (wie Anm. 122) S. 218–232, hier: S. 225; DERS.: Fritz Dietlof Graf von der Schulenburg. Das Problem von Kooperation und Opposition und der Entschluß zum Widerstand gegen das Hitler-Regime, in: SCHMÄDEKE, STEINBACH (wie Anm. 108) S. 417–435, hier: S. 423; FINKER (wie Anm. 11) S. 148–157; LEBER (wie Anm. 15) S. 218 ff.; Hans MOMMSEN: Fritz-Dietlof Graf von der Schulenburg und die preußische Tradition, in: DERS.: Alternative zu Hitler (wie Anm. 68) S. 230–265.

[130] Zur Septemberverschwörung 1938 detaillierter z. B.: RITTER (wie Anm. 120) S. 177–209; HOFFMANN (wie Anm. 117) S. 109–129; FEST (wie Anm. 11) S. 76–104; Hermann WENTKER: Umsturzversuche 1938–1943, in: STEINBACH, TUCHEL (wie Anm. 6) S. 469–488, hier: S. 470–475; Gerd R. UEBERSCHÄR: Für ein anderes Deutschland. Der deutsche Widerstand gegen den NS-Staat 1933–1945. Frankfurt/M. 2006, S. 32–39; MÜLLER: Generaloberst Ludwig Beck. Eine Biographie (wie Anm. 117) S. 366 ff.; GISEVIUS (wie Anm. 125) S. 219–

253; Terry PARSSINEN: Die vergessene Verschwörung. Hans Oster und der militärische Widerstand gegen Hitler. München 2008. – Zu Noske siehe auch: WETTE (wie Anm. 82). – Zu Richard Woldt siehe: Anm. 51. – Zur informellen Einbindung von Leuschner sowie seinen Gesinnungsfreunden Maaß, Leber und Dahrendorf in jenes Umsturzvorhaben siehe: LEITHÄUSER (wie Anm. 3) S. 179; RITTER (wie Anm. 120) S. 200 u. S. 493, Anm. 64; HOFFMANN (wie Anm. 117) S. 124; MEINL (wie Anm. 126) S. 275–279 u. S. 293. – Zu den Kontakten der Leuschner-Konspiration mit oppositionellen „Stahlhelm"-Kreisen siehe: GRUNDMANN (wie Anm. 81) S. 131; MEINL (wie Anm. 126) S. 276 f.; Rudolf PECHEL: Deutscher Widerstand. Erlenbach-Zürich 1947, S. 84 ff.

131 RITTER (wie Anm. 120) S. 158–177.

132 THUN-HOHENSTEIN: Hans Oster (wie Anm. 122) S. 336 f.

133 Viele eindrucksvolle Beispiele hierfür präsentiert die Dokumentation der XVI. Königswinterer Tagung der Forschungsgemeinschaft 20. Juli 1944 e. V. vom Februar 2003: Detlef J. BLESGEN (Hrsg.): Financiers, Finanzen und Finanzierungsformen des Widerstandes. Berlin 2006 (Schriftenreihe der Forschungsgemeinschaft 20. Juli 1944, Bd. 5).

134 Joachim SCHOLTYSECK: Der „Stuttgarter Kreis". Ein Mikrokosmos des Widerstands gegen den Nationalsozialismus, in: EISELE, KUNZE (wie Anm. 86) S. 59–105, hier: S. 68; DERS.: Robert Bosch und der Boschkreis als finanzielle, geistige und politische Unterstützer des Widerstands vom 20. Juli 1944, in: BLESGEN (wie Anm. 133) S. 33–51, hier: S. 40.

135 Siehe hierzu z. B. auch: Wilhelm TREUE: Widerstand von Unternehmern und Nationalökonomen, in: SCHMÄDEKE, STEINBACH (wie Anm. 108) S. 917–937; Gerhard FISCHER: Landwirte im Widerstand 1933–1945. Hrsg.: Gesellschaft der Freunde und Förderer der Agrar- und Umweltwissenschaftlichen Fakultät der Universität Rostock. Rostock 2010.

136 LEITHÄUSER (wie Anm. 3) S. 182; HOFFMANN (wie Anm. 117) S. 135; siehe auch: Anm. 114.

137 NEBGEN (wie Anm. 32) S. 61–64 u. siehe: Index; Ludwig Freiherr von HAMMERSTEIN-EQUORD: Der 20. Juli 1944. Erinnerungen eines Beteiligten. Vortrag vor dem Europa-Institut der Universität des Saarlandes, Saarbrücken, den 27. Juni 1994. Saarbrücken 1994 (Vorträge, Reden und Berichte aus dem Europa-Institut, Sektion Rechtswissenschaft, Nr. 312); siehe auch die Kurzbiographie in: REICH (wie Anm. 62) S. 73 ff..

138 Joachim SCHOLTYSECK: Robert Bosch und der liberale Widerstand gegen Hitler 1933 bis 1945. München 1999, S. 188 ff.

139 Roland PETER: General der Infanterie Georg Thomas, in: UEBERSCHÄR (wie Anm. 118) S. 248–257.

140 NEBGEN (wie Anm. 32) S. 103 f. u. 106 f.; RITTER (wie Anm. 120) S. 158 ff. – Zum Erstkontakt von Goerdeler mit Leuschner siehe: Klemens von KLEMPERER: Die verlassenen Verschwörer. Der deutsche Widerstand auf der Suche nach Verbündeten 1938–1945. Berlin 1994, S. 66; vgl. auch: Heinrich BRÜNING: Memoiren 1918–1934. Stuttgart 1970, S. 218 f.

141 Rudolf LILL: Josef Wirmer, in: LILL, OBERREUTER (wie Anm. 68) S. 461–479, hier: S. 473; Gerhard LANGE: Joseph Wirmer, in: MOLL (wie Anm. 95) S. 150–153, hier: S. 152; FINKER (wie Anm. 11) S. 166–169; LEBER (wie Anm. 15) S. 124; NEBGEN (wie Anm. 32) S. 104 ff.

142 Elisabeth CHOWANIEC: Der „Fall Dohnanyi" 1943–1945. Widerstand, Militärjustiz, SS-Willkür. München 1991 (Schriftenreihe der Vierteljahrshefte für Zeitgeschichte, Bd. 62); Winfried MEYER: (wie Anm. 13) S. 70–115 u. S. 192–204; DERS.: Unternehmen Sieben. Eine Rettungsaktion für vom Holocaust Bedrohte aus dem Amt Ausland/Abwehr im Oberkommando der Wehrmacht. Frankfurt/M. 1993; Peter STEINBACH: „Preis des Sieges – die Zerstörung der Zivilisation!". Hans von Dohnanyi, in: DERS.: Der 20. Juli 1944 (wie Anm. 83) S. 215–233; zu Dohnanyi siehe auch: LEITHÄUSER (wie Anm. 3) siehe: Index. – Siehe außerdem: Winfried MEYER: Staatsstreichplanung, Opposition und Nachrichtendienst. Widerstand aus dem Amt Ausland/Abwehr im Oberkommando der Wehrmacht, in: Peter STEINBACH, Johannes TUCHEL (Hrsg.): Widerstand gegen den Nationalsozialismus. Bonn 1994 (Bundeszentrale für politische Bildung – Schriftenreihe, Bd. 323), S. 319–338, mit Hinweis auf den Erstkontakt von Beck und Leuschner, dort: S. 321; siehe hierzu auch z. B.: JOHN (wie Anm. 111) S. 133 ff.; LEBER (wie Anm. 15) S. 111 f.

143 Harold C. DEUTSCH: Verschwörung gegen den Krieg. Der Widerstand in den Jahren 1939–1940. Frankfurt/M., Wien, Zürich 1969, S. 48, Anm. 17; HOFFMANN (wie Anm. 117) S. 124.

144 Ingelore M. WINTER: Theodor Heuss. Ein Porträt. Tübingen 1983, S. 167, 182 ff. u. 202 ff.; Horst MÖLLER: Theodor Heuss. Staatsmann und Schriftsteller. Homme d'Etat et Homme de Lettres. Bonn 1990, S. 8 ff. – Theodor HEUSS: Robert Bosch. Leben und Leistung. Stuttgart, Tübingen 1946.

145 LEITHÄUSER (wie Anm. 3) S. 197 u. S. 227; SASSIN (wie Anm. 60) S. 123, 178 f. , 184, 195, 221, 224 u. 390; MEYER (wie Anm. 13) S. 87.

146 POTTHOFF, MILLER (wie Anm. 40) S. 154; spezifizierte Angaben hierzu z. B. in: SCHNEIDER: Unterm Hakenkreuz (wie Anm. 10) S. 1069.

147 BEIER (wie Anm. 3) S. 139; LEITHÄUSER (wie Anm. 3) S. 174 u. S. 183 f.; Gerhard BEIER: Wilhelm Leuschner, in: LILL, OBERREUTER (wie Anm. 68) S. 257–276, hier: S. 270 f.; NEBGEN (wie Anm. 32) S. 82 ff. u. S. 108 ff.

148 Gerhard BEIER: Fritz Tarnow. 13. April 1880 – 23. Oktober 1951. Arzt am Krankenbette des Kapitalismus, in: DERS.: Schulter an Schulter (wie Anm. 15) S. 197–202; DERS.: Tarnow, Fritz, in: ASENDORF, von BOCKEL (wie Anm. 15) S. 635 f.; siehe auch die Kurzbiographien in: MIELKE, FRESE (wie Anm. 12) S. 222, SCHUMACHER (wie Anm. 3) S. 509, SCHRÖDER (wie Anm. 15) S. 764 f. u. WICKERT (wie Anm. 2) S. 323 f., ebenso der Hinweis auf die Verbindung Tarnows mit Woldt in: MIELKE (wie Anm. 51) S. 337.

149 TARNOW (wie Anm. 46) S. 4; siehe auch: Diether GÜNTHER: Gewerkschafter im Exil. Die Landesgruppe deutscher Gewerkschafter in Schweden von 1938–1945. Marburg 1982 (Studiengesellschaft für Sozialgeschichte und Arbeiterbewegung Marburg – Schriftenreihe für Sozialgeschichte und Arbeiterbewegung, Bd. 28) S. 101 u. S. 221, Anm. 31. – Zu Dr. Schäffer siehe zudem die Kurzbiographie in: MIELKE (wie Anm. 51) S. 65.

[150] Erstmals wurde diese Botschaft Leuschners an Citrine usw. wohl durch Hans Vogel in seiner Funktion als Vorsitzender der Union deutscher sozialistischer Organisationen in Großbritannien öffentlich gemacht, und zwar während der Londoner Gedenkveranstaltung „Hitler's Total War against the German Opposition" zur Erinnerung an „Wilhelm Leuschner, Rudolf Breitscheid, Ernst Thälmann and thousands of German Anti-Fascists, Trade Unionists, Socialists and Communists who have during the last few months been murdered or arrested by the Gestapo", so der Veranstaltungsflyer, am 7. Oktober 1944; sie wird hier zit. nach: Sozialistische Mitteilungen. News for German Socialists in England, Nr. 67/68, Oktober – November 1944, S. 9 f. [Online-Edition der Friedrich-Ebert-Stiftung]; partiell wiedergegeben auch in: LEBER (wie Anm. 15) S. 97 f., sowie in: LEITHÄUSER (wie Anm. 3) S. 184.

[151] LEBER (wie Anm. 62) S. 101 f.

[152] Peter SCHÜTT: Vagts, Alfred, in: ASENDORF, von BOCKEL (wie Anm. 15) S. 652 ff.

[153] SASSIN (wie Anm. 60) S. 29 ff., 182, 187 ff., 252 u. 386, siehe dort auch Robinsohns Aufzeichnung über Strukturen und Ziele seiner Oppositionsgruppe, die er 1939 auf Wunsch seiner britischen Gesprächspartner entweder schon während seiner London-Reise zu Beginn jenes Jahres oder aber im Zusammenhang mit der erwähnten Akquisitionsvisite von ihm, Strassmann und Pagel Ende Mai, Anfang Juni angefertigt hat: S. 329–332.

[154] Frankreich und insbesondere Paris haben sich bis 1938/39 zum bedeutendsten Zentrum des politischen Exils aus Deutschland, dem Saargebiet, aus Österreich und dem Sudetenland entwickelt. Zeitweilig waren dorthin allein aus dem Deutschen Reich rund 3.000 Sozialdemokraten, an die 5.500 Kommunisten sowie etliche weitere Angehörige kleinerer linker Parteien, Organisationen und Gruppierungen und dazu noch nicht wenige bürgerliche Oppositionelle vor den faschistischen Häschern ausgewichen, vgl.: Patrik von ZUR MÜHLEN: Exil und Widerstand, in: BENZ, PEHLE (wie Anm. 108) S. 128–140, hier: S. 129 f.; siehe dazu ergänzend sowie mit differenzierten Zahlenangaben: Hartmut MEHRINGER: Widerstand und Emigration. Das NS-Regime und seine Gegner. München 1997, S. 123 ff.; zum gewerkschaftlichen Exil dort siehe: MIELKE, FRESE (wie Anm. 12) S. 58 f. u. S. 691–778.

[155] Zum Schmuggel jenes Materials nach Deutschland noch im August 1939 siehe: ESTERS, PELGER (wie Anm. 52) S. 73; NELLES I (wie Anm. 52) S. 331 ff. – Schreiben von Heinrich G. Ritzel in Basel „An die Genossen von der Sozialdemokratischen Partei und vom Reichsbanner in Gießen und Umgebung" vom 29. Juni 1945 [Kopie], Stadtarchiv Wiesbaden Bestand NL 75 Nr. 212; zu Ritzel siehe ansonsten: Anm. 35.

[156] TARNOW (wie Anm. 46); BEIER: Hans Gottfurcht (wie Anm. 52) S. 76 f.; GOTTFURCHT (wie Anm. 47) S. 54 f.; zur Arbeit der Landesgruppe deutscher Gewerkschafter in Schweden insgesamt bzw. zu Tarnows Briefwechsel mit Hans Gottfurcht siehe: GÜNTHER (wie Anm. 149); MIELKE, FRESE (wie Anm. 12) S. 60 ff. u. S. 779–874, hier besonders: S. 801 ff., 805 ff., 815 ff., 821 ff. u. 837 ff. – Hermann Schlimme: Illegale Gewerkschaftsarbeit in der Hitlerperiode, Aufzeichnung vom 7. November 1945, zit. nach: BEIER (wie Anm. 14) S. 585. – Manfred SÜß, Karlheinz KUBA: Bruno Süß 1876 bis 1943. Ein Leben für die Gewerkschaft. Berlin 2012; siehe aber auch die Kurzbiographien zu Bruno Süß und Anton Reißner in: MIELKE, FRESE, a. a. O., S. 106 u. 691, sowie in: RÖDER (wie Anm. 52) S. 54, Anm. 118; zu Reißner auch: SCHUMACHER (wie Anm. 3) S. 385, sowie: WICKERT (wie Anm. 2) S. 266.

[157] Hans J. L. ADOLPH : Otto Wels und die Politik der deutschen Sozialdemokratie1894–1939. Eine politische Biographie. Berlin 1971 (Veröffentlichungen der Historischen Kommission zu Berlin beim Friedrich-Meinecke-Institut der Freien Universität Berlin, Bd. 33; Publikationen zur Geschichte der Arbeiterbewegung, Bd. 3); Stefan APPELIUS: Gegen den Strom. Hans Vogel (1881–1945), in: Einsichten und Perspektiven. Bayerische Zeitschrift für Politik und Geschichte, Nr. 1, 2009 (Internet: 22 S.); Friedrich STAMPFER: Erfahrungen und Erkenntnisse. Aufzeichnungen aus meinem Leben. Köln 1957, S. 260–285; Jens FLEMMING: Stampfer, Friedrich, in: ASENDORF, von BOCKEL (wie Anm. 15) S. 611 ff.; Erich MATTHIAS (Hrsg.): Mit dem Gesicht nach Deutschland. Eine Dokumentation über die sozialdemokratische Emigration. Aus dem Nachlaß von Friedrich Stampfer, ergänzt durch andere Überlieferungen. Bearb.: Werner LINK. Düsseldorf 1968 (Veröffentlichung der Kommission für Geschichte des Parlamentarismus und der politischen Parteien); zu Wels, Vogel und Stampfer siehe z. B. auch die Kurzbiographien in: SCHUMACHER (wie Anm. 3) S. 492 ff., 542 f. u. 555 f., desgleichen in: SCHRÖDER (wie Anm. 15) S. 749, 782 u. 796 f., zu Vogel und Wels auch in: MEYER, KLÄR, MILLER (wie Anm. 15) S. 699 u. S. 705 f. – Zur genannten, der Aufstachelung der Bevölkerung zum Judenhass dienenden Wanderausstellung, die nach ihrer Präsentation im Deutschen Museum in München u. a. auch in Wien und Berlin zu sehen war, siehe etwa: Deutschland-Bericht der Sopade, Nr. 2, Februar 1938, zit. nach: Deutschland-Berichte (wie Anm. 54) Bd. 5, S. 195 f. – Siehe außerdem: Marlis BUCHHOLZ, Bernd ROTHER: Der Parteivorstand der SPD im Exil. Protokolle der Sopade 1933–1940. Bonn 1995 (Archiv für Sozialgeschichte, Beiheft 15); Erich MATTHIAS: Sozialdemokratie und Nation. Ein Beitrag zur Ideengeschichte der sozialdemokratischen Emigration in der Prager Zeit des Parteivorstandes 1933–1938. Stuttgart 1952 (Veröffentlichungen des Instituts für Zeitgeschichte München).

[158] Siehe Barths Bericht vom 23. November 1948 (wie Anm. 79).

[159] Zit. nach: POTTHOFF, MILLER (wie Anm. 40) S. 162. – Zu Breitscheid siehe z. B.: SCHUMACHER (wie Anm. 3) S. 61 ff.; SCHRÖDER (wie Anm. 15) S. 388; WICKERT (wie Anm. 2) S. 51.

[160] BUSCHAK (wie Anm. 8) S. 206. – Aufruf des Vorstandes der Sozialdemokratischen Partei Deutschlands „An das deutsche Volk!" vom 1. September 1939, in: Journal Antihitlerien. Neuer Vorwärts. Sozialdemokratisches Wochenblatt, Nr. 325, 10. September 1939, S. 1, zit. nach dem Faksimile in: Peter ALTMANN, Heinz BRÜDIGAM, Barbara MAUSBACH-BROMBERGER, Max OPPENHEIMER: Der deutsche antifaschistische Widerstand 1933–1945. In Bildern und Dokumenten. Frankfurt/M. 1975, S. 164. – SEVERING (wie Anm. 24) S. 426. – Siehe auch die Beispiele antifaschistischer Rundfunkpropaganda aus den Jahren 1937 bis 1939 und 1943 in der diesbezüglichen kleinen Materialsammlung im Stadtarchiv Wiesbaden Bestand NL 75 Nr. 526.

[161] Zu den Gegnerlisten siehe z. B.: UEBERSCHÄR (wie Anm. 130) S. 18 f.; ein Auszug aus einer dieser Listen mit Nennung u. a. Wilhelm Leuschners ist als Faksimile abgedruckt in: ALBRECHT (wie Anm. 36) S. 191. – Zu Noske siehe: SCHUMACHER (wie Anm. 3) S. 344; zu Haubach siehe: ZIMMERMANN (wie Anm. 85) S. 376 f.; zu Schneppenhorst siehe: WICKERT (wie Anm. 2) S. 296; zu Nikolaus Bernhard siehe die biographische Skizze in: Gerhard BEIER: Das Vergessenwollen verlängert die Spaltung – das Geheimnis der Einheit heißt Erinnerung. Vereinzelt sind wir nichts – vereint alles, in: Klaus WIESEHÜGEL, Industriegewerkschaft Bauen-Agrar-Umwelt (Hrsg.): Dokumentation: Festveranstaltung der IG Bau-Steine-Erden am 7. Oktober 1995 in Berlin „50 Jahre Berliner Baugewerkschaften". Frankfurt/M. 1995, S. 38–44, hier: S. 42, desgleichen: Lisabet MIELKE: Nikolaus Bernhard. 3. April 1881– 18. August 1957, in: MIELKE, MORSCH: „Seid wachsam ..." (wie Anm. 12) S. 16–21, sowie: Michaela BÜRKS: Bernhard, Nikolaus Johann (1881–1957), in: MIELKE, MORSCH: Gewerkschafter (wie Anm. 12) Bd. 1, S. 34–43; zu Maschke siehe: PLENER (wie Anm. 46) S. 88; zu Steinberg siehe: BEIER: Arbeiterbewegung in Hessen (wie Anm. 15) S. 569 f., desgleichen den Spitzelbericht von „S 18", also von Paul Röhle, vom 5. November 1937 [Kopie], Stadtarchiv Wiesbaden Bestand NL 75 Nr. 2729, sowie: Hessisches Hauptstaatsarchiv Wiesbaden Abteilung 518 Nr. 5572.

[162] LEITHÄUSER (wie Anm. 3) S. 185–189 u. S. 198; BEIER (wie Anm. 3) S. 143; HASIBETHER (wie Anm. 15) S. 48; DERS.: (wie Anm. 45) S. 32. – Zu Karl Wolff, der 1943 auch mit einigen konservativen Verschwörern des „20. Juli" in Berührung kam, nach dem Krieg andererseits aber wegen Beihilfe zum Mord in mindestens 300.000 Fällen zu einer Freiheitsstrafe von 15 Jahren verurteilt wurde, siehe: ALBRECHT (wie Anm. 36) S. 175 u. S. 298, Anm. 85; HOFFMANN (wie Anm. 117) S. 367 f., 465 u. 798; Artur Egon BRATU: Emil Henk, Zeuge und Deuter seiner Zeit, in: HENK (wie Anm. 86) S. 24–31, hier: S. 28 f..

[163] Zur Altersstruktur der beteiligten sozialdemokratischen Gewerkschaftsfunktionäre siehe die exemplarische Zusammenstellung in einem geheimen Untersuchungsbericht der „Sonderkommission 20. Juli" des Reichssicherheitshauptamtes vor allem hinsichtlich der „Einstellung des Verschwörerkreises vom 20. Juli 1944 zur Arbeiterschaft" vom 24. November 1944, in: Hans-Adolf JACOBSEN (Hrsg.): „Spiegelbild einer Verschwörung". Die Opposition gegen Hitler und der Staatsstreich vom 20. Juli 1944 in der SD-Berichterstattung. Geheime Dokumente aus dem ehemaligen Reichssicherheitshauptamt. 2 Bde. Stuttgart-Degerloch 1984, hier: Bd. 1, S. 496–501, hier: S. 498; zum Quellenwert jener Berichte siehe auch: DERS.: Die „Sonderkommission 20. Juli" des Reichssicherheitshauptamtes und die so genannten „Kaltenbrunner-Berichte", in: Manuel BECKER, Christoph STUDT (Hrsg.): Der Umgang des Dritten Reiches mit den Feinden des Regimes. XXII. Königswinterer Tagung (Februar 2009). Berlin 2010 (Schriftenreihe der Forschungsgemeinschaft 20. Juli 1944, Bd. 13), S. 109–116. Aus dem vergleichsweise hohen Durchschnittsalter der in die Leuschner-Konspiration involvierten NS-Gegner resultiert auch, dass beim Einsetzen der Oral-History-Befragungen zum Arbeiterwiderstand in der Bundesrepublik etwa Ende der 1960er, Anfang der 1970er Jahre bis auf einige wenige Ausnahmen zu diesem speziellen Oppositionsbereich bereits keinerlei Interviews mehr durchgeführt werden konnten. Für die frühere sowjetische Besatzungszone und spätere DDR existieren dagegen etliche diesbezügliche Zeitzeugenberichte, die zumeist recht zeitnah, d. h. schon bald nach Kriegsende verfasst worden sind; einen Eingang in die dort veröffentlichte Fachliteratur haben diese jedoch nur vereinzelt gefunden, da das von der SED vorgegebene Forschungsinteresse fast ausnahmslos den Widerstandsaktivitäten der KPD gegolten hat. – Zu Mierendorff siehe: ALBRECHT (wie Anm. 36) S. 190 ff. u. S. 306, Anm. 8.

[164] Emil HENK: Die Tragödie des 20. Juli 1944. Ein Beitrag zur politischen Vorgeschichte. 2., erw. Aufl. Heidelberg 1946, S. 9 f.; in seinem knappen Vorwort zur ersten Auflage hat Henk im Februar 1946 selbst darauf hingewiesen, dass er seine nicht ganz 60 Druckseiten umfassende Darstellung ohne alle schriftlichen Aufzeichnungen, ergo „ausschließlich auf sein Gedächtnis" gestützt, verfasst hat, dort: S. 4; siehe hierzu auch: BRATU (wie Anm. 162) S. 27, sowie: Kurt FINKER: Der Dämon kam über uns. Faschismus und Antifaschismus im Geschichtsbild und in der Geschichtsschreibung Westdeutschlands (1945–1955). Hrsg.: Friedrich-Martin BALZER. Bonn 2008, S. 59–63, wobei freilich dessen dezidiert vorgebrachte Kritik an Henk in manchen Punkten zwar berechtigt sein mag, aber nicht immer völlig nachvollziehbar ist; zu Henk siehe dort desgleichen: Index.

[165] Siehe z. B.: Ger van ROON: Hermann Kaiser und der deutsche Widerstand, in: Vierteljahrshefte für Zeitgeschichte, 24. Jg., Heft 3, 1976, S. 259–286; Bernhard R. KROENER: Hermann Kaiser – Opposition aus konservativer Verantwortungsethik, in: HEIDENREICH, NEITZEL (wie Anm. 124) S. 37–49; siehe auch das den Brüdern Heinrich, Hermann und Ludwig Kaiser gewidmete Kapitel in: RINGSHAUSEN (wie Anm. 85) S. 261–300, desgleichen die vorbildliche Edition: Peter M. KAISER (Hrsg.): Mut zum Bekenntnis. Die geheimen Tagebücher des Hauptmanns Hermann Kaiser 1941 / 1943. Berlin 2010; in Kaisers Berliner Dienstzimmer sind sich übrigens Dr. Goerdeler und Stauffenberg erstmals begegnet, siehe u. a.: DERS.: Die Verbindungen der Verschwörer des „20. Juli 1944" nach Hessen am Beispiel der Brüder Kaiser, in: KNIGGE-TESCHE, ULRICH (wie Anm. 5) S. 548–564, hier: S. 559.

[166] Urteil des „Volksgerichtshofs" gegen Hermann Kaiser und Busso Thoma vom 17. Januar 1945, zit. nach der Abschrift in: JACOBSEN (Hrsg.): „Spiegelbild einer Verschwörung" (wie Anm. 163) Bd. 2, S. 726–731, hier: S. 728. – In dem Schreiben Kaisers an Ludwig Schwenck in Wiesbaden vom 15. Mai 1944 heißt es u. a., er habe „am Nachmittag Gelegenheit" gehabt, „das Fliegen der Bienen im Garten zu beobachten, das sich wesentlich von dem der Fliegerwaffe" unterscheide. „Vor allem" machten „die Bienen keinen Lärm", würfen „auch keine Bomben", verschmähten „die Anwendung von Bordwaffen und" brächten „den Blüten die schönsten Überraschungen und Hilfe selbstloser Art. An den Bienen" könne „man sich also ohne Zweifel in jeder Hinsicht ein Vorbild nehmen", zit. nach: Lothar BEMBENEK, Axel ULRICH (Bearb.): Dokumente, in: RIEDLE (wie Anm. 14), S. 239–314, hier: S. 260 f.; kundigen Thebanern erschließt sich unschwer, dass die „Bienen", deren Fleiß bekanntlich sprichwörtlich ist, hier nichts anderes sind als ein Synonym für die oppositionelle Arbeiterschaft bzw. deren illegale Repräsentanten, die sich zwar nicht in eine bewaffnete Auseinandersetzung mit dem Regime stürzen wollten, den Umsturz aber dennoch mit ihren Möglichkeiten zu unterstützen bereit waren; unverständlich

daher die Zurückweisung dieser Deutung durch: RINGSHAUSEN (wie Anm. 85) S. 296, Anm. 189. – Zur Wiesbadener Oppositionsgruppe, in der sich Ludwig Schwenck antinazistisch engagiert hat, sowie zum hier geschilderten Sachverhalt siehe: Hedwig BRÜCHERT-SCHUNK: Beispiele bürgerlichen Widerstandes in Hessen: Der Freundeskreis um Heinrich Roos in Wiesbaden und der Kaufmann-Will-Kreis in Gießen, in: KNIGGE-TESCHE, ULRICH (wie Anm. 5) S. 508–524, hier: S. 509–515; ULRICH: Politischer Widerstand im Rhein-Main-Gebiet (wie Anm. 14) S. 172–178 u. S. 218–223.

[167] Helmuth GROSCURTH: Tagebücher eines Abwehroffiziers 1938–1940. Mit weiteren Dokumenten zur Militäropposition gegen Hitler. Hrsg.: Helmut KRAUSNICK, Harold C. DEUTSCH. Stuttgart 1970 (Quellen und Darstellungen zur Zeitgeschichte, Bd. 19); Helmuth GROSCURTH [jr.]: Christ, Patriot, Soldat. Aus Herkunft und Leben eines deutschen Offiziers, in: Militärgeschichte, Neue Folge, 1, 1991, S. 15 ff.

[168] Ulrich von HASSELL: Vom andern Deutschland. Aus den nachgelassenen Tagebüchern 1938–1944. 2. Aufl. Zürich, Freiburg im Breisgau 1946, zu seiner Haltung gegenüber den NS-Judenverfolgungen siehe dort z. B.: S. 29 ff. u. S. 35 f., zu seinen Kontakten zu Beck, Goerdeler und anderen Regimegegnern siehe: Index; siehe desgleichen die überarbeitete Neuedition: Friedrich Freiherr HILLER VON GAERTRINGEN, Klaus Peter REIß (Hrsg.): Die Hassell-Tagebücher 1938–1944. Aufzeichnungen vom andern Deutschland. Nach der Handschrift rev. u. erw. Ausg. Berlin 1988; Gregor SCHÖLLGEN: Ulrich von Hassell. Ein Konservativer in der Opposition. München 1990, S. 96 ff.; DERS.: Ulrich von Hassell, in: LILL, OBERREUTER (wie Anm. 68) S. 219–237, hier: S. 223 f.; FINKER (wie Anm. 11) S. 109–118; LEBER (wie Anm. 62) S. 198–201; STEINBACH, TUCHEL (wie Anm. 15) S. 82 f..

[169] Gerhard SCHULZ: Johannes Popitz, in: LILL, OBERREUTER (wie Anm. 68) S. 345–367; Reimer VOß: Johannes Popitz (1884–1945). Jurist, Politiker, Staatsdenker unter drei Reichen – Mann des Widerstands. Frankfurt/M. u. a. 2006; HOFFMANN (wie Anm. 117) siehe: Index; DEUTSCH (wie Anm. 143) siehe: Index.; FINKER (wie Anm. 11) S. 141–147; LEBER (wie Anm. 62) S. 217–220; STEINBACH, TUCHEL (wie Anm. 15) S. 148.

[170] Zu den Umsturzbemühungen seit dem Sommer 1939 siehe z. B.: HOFFMANN (wie Anm. 117) S. 130–195; FEST (wie Anm. 11) S. 105–139; UEBERSCHÄR (wie Anm. 130) S. 39 ff. u. S. 45–61; WENTKER (wie Anm. 130) S. 475 ff.; Hermann GRAML: Militärischer Widerstand, in: BENZ, PEHLE (wie Anm. 108) S. 83–97, hier: S. 90 ff.; DEUTSCH (wie Anm. 143) S. 187–289. – Zum Vorhaben Generaloberst von Hammerstein-Equords siehe: DEUTSCH (wie Anm. 143) S. 50 ff. – Zum Vorstoß Dr. Lebers bei General von Falkenhausen siehe: LEBER (wie Anm. 114) S. 5; BECK: Julius Leber. Sozialdemokrat (wie Anm. 68) S. 168.

[171] Zu Elser und seinem Münchner Bombenanschlag siehe z. B.: Lothar GRUCHMANN (Hrsg.): Autobiographie eines Attentäters. Johann Georg Elser. Der Anschlag auf Hitler im Bürgerbräu 1939. Neuaufl. Stuttgart 1989; Hellmut G. HAASIS: Den Hitler jag ich in die Luft. Der Attentäter Georg Elser. Vollst. neu überarb. Ausg. Hamburg 2009; Peter STEINBACH, Johannes TUCHEL: Georg Elser. Der Hitler-Attentäter. Berlin 2010, dort auch das Elser-Zitat aus seiner Vernehmung vom 21. November 1939, S. 265; Achim ROGOSS, Eike HEMMER, Edgar ZIMMER (Hrsg.): Georg Elser – Ein Attentäter als Vorbild. Bremen 2006. – Zu Kordts Berliner Attentatsvorhaben siehe z. B.: HOFFMANN (wie Anm. 117) S. 176 f. u. S. 320 ff. – Zu den Anschlägen auf Hitler generell siehe: HOFFMANN (wie Anm. 117) S. 315–388; Hermann WEIß: Attentate auf Hitler, in: BENZ, PEHLE (wie Anm. 108) S. 165 ff.; Will BERTHOLD: Die 42 Attentate auf Adolf Hitler. Wiesbaden 2000; siehe auch die Liste der Attentatsversuche auf Hitler, in: Information für die Truppe, Heft 7, 1984, S. 59.

[172] Hans ROBINSOHN: Von der Opposition in Deutschland, Arbetet [Malmö, 1944/45], zit. nach dem handschriftlich korrigierten deutschsprachigen Typoskript, in: SASSIN (wie Anm. 60) S. 151 f.

[173] HOFFMANN (wie Anm. 117) S. 132 f.; FEST (wie Anm. 11) S. 111.

[174] DEUTSCH (wie Anm. 143) S. 47 f., vor allem auch: Anm. 17; FEST (wie Anm. 11) S. 128; MÜLLER: Generaloberst Ludwig Beck. Eine Biographie (wie Anm. 117) S. 397 f. u. S. 685, Anm. 59; GRASMANN (wie Anm. 6) S. 79 f. – Zu Dr. Walter Bauer siehe: RITTER (wie Anm. 120) S. 113 f.; JOHN (wie Anm. 111) S. 134; HOFFMANN (wie Anm. 117) S. 643 f. u. S. 654 f.; siehe auch die Kurzbiographie in: EISELE (wie Anm. 86) S. 131 f.; manche Hinweise zum sonstigen Agieren des großzügigen Sponsors nicht nur jener Aktion, auf deren Finanzierungshintergrund Harold C. Deutsch unter Bezug auf Christine von Dohnanyi aufmerksam gemacht hat, auch in: Jutta KINDEL: Walter Bauer als Financier und Nothelfer der Bekennenden Kirche, in: BLESGEN (wie Anm. 133) S. 181–187; Anklageschrift des Oberreichsanwalts beim „Volksgerichtshof“ gegen Dr. Walter Albert Bauer und Prof. Dr. Constantin von Dietze vom 9. April 1945, in: BUCHSTAB, KAFF, KLEINMANN (wie Anm. 58) S. 253–256; Kurzinformationen zu Bauers Vita auch in: HABEL (wie Anm. 51) S. 59 f.

[175] LEITHÄUSER (wie Anm. 3) S. 191 ff.; HOFFMANN (wie Anm. 117) S. 166 ff.; JOHN (wie Anm. 111) S. 134 ff.; MÜLLER: Generaloberst Ludwig Beck. Eine Biographie (wie Anm. 117) S. 685, Anm. 59.

[176] LEITHÄUSER (wie Anm. 3) S. 191; DEUTSCH (wie Anm. 143) S. 48, Anm. 17, u. S. 68 f.; JOHN (wie Anm. 111) S. 135; MÜLLER: Generaloberst Ludwig Beck. Eine Biographie (wie Anm. 117) S. 442 f. u. S. 685, Anm. 59; NEBGEN (wie Anm. 32) S. 121 u. S. 124 ff.

[177] RITTER (wie Anm. 120) S. 277; DEUTSCH (wie Anm. 143) S. 295 f.; HOFFMANN (wie Anm. 117) S. 192 ff.; LEITHÄUSER (wie Anm. 3) S. 193 ff.; GRASMANN (wie Anm. 6) S. 79 f.

[178] DEUTSCH (wie Anm. 143) S. 324 ff.; HOFFMANN (wie Anm. 117) S. 208 ff.

[179] DEUTSCH (wie Anm. 143) S. 104 ff. u. S. 339 ff.; THUN-HOHENSTEIN: Hans Oster (wie Anm. 122) S. 339 ff.; SCHÖLLGEN: Ulrich von Hassell, in: LILL, OBERREUTER (wie Anm. 68) S. 224 ff.

[180] Popitz' Zehn-Punkte-Programm sowie seine nachfolgende, auch „Vorläufiges Staatsgrundgesetz“ genannte Ausarbeitung, die sich in seinem Nachlass im Bundesarchiv Koblenz befindet, wird hier zit. nach der vollständigen, kommentierten Wiedergabe in: Gerhard RINGSHAUSEN, Rüdiger von VOSS (Hrsg.): Die Ordnung des Staates und die Freiheit des Menschen. Deutschlandpläne im Widerstand und Exil. Bonn 2000, S. 117–132; eine knappe, ebenfalls kommentierte Zusammenfassung des letztgenannten Textes bringt: FINKER (wie Anm. 11) S. 145 ff., der die Entstehungszeit des Dokuments allerdings auf etwa „die Jahreswende 1939/40“ datiert,

während andere Quellen diese auch „in der zweiten Jahreshälfte 1940 oder 1941" vermuten, so: SCHULZ (wie Anm. 169) S. 362 f. – Zu Popitz' gewerkschaftsfeindlicher Grundhaltung siehe abermals: FINKER (wie Anm. 11) S. 142 ff., zu seiner Ablehnung durch die nichtkommunistischen Gewerkschaftsführer: NEBGEN (wie Anm. 32) S. 132 f.

[181] HASSELL (wie Anm. 168) S. 126–132, dort auch sein Statement nebst seiner handschriftlichen englischen Fassung als Faksimile: S. 128 ff.; siehe desgleichen in der Neuedition von HILLER VON GAERTRINGEN, REIß (wie Anm. 168) S. 169 ff.; SCHÖLLGEN (wie Anm. 179) S. 224 ff. u. S. 232 ff.; RITTER (wie Anm. 120) S. 270 ff.

[182] Schlimmes Brief an Prof. Dr. Bergsträsser vom 8. Oktober 1952 (wie Anm. 63), der offensichtlich auch von Leuschners erstem Biographen herangezogen worden ist, siehe: LEITHÄUSER (wie Anm. 3) S. 191; siehe hierzu ebenfalls: Gerhard BEIER: Die illegale Reichsleitung der Gewerkschaften, in: LÖWENTHAL, von ZUR MÜHLEN (wie Anm. 6) S. 25–50, hier: S. 48 f. – Bis zur DGB-Gründung hatte es in der britischen Besatzungszone eine gewerkschaftliche Spitzenorganisation von 15 Industriegewerkschaften gegeben, in der amerikanischen Besatzungszone drei Gewerkschaftsbünde, nämlich in Bayern, Württemberg-Baden und Hessen, mit 14, 16 bzw. 15 einzelnen Landesgewerkschaften und in der französisch besetzten Zone ebenfalls drei Gewerkschaftsbünde, und zwar in Rheinland/Pfalz mit 17 sowie in Süd-Württemberg/Hohenzollern und in Süd-Baden mit jeweils 13 Einzelgewerkschaften. Die damalige Unabhängige Gewerkschaftsopposition in den Berliner Westzonen, die dem DGB erst 1950 eingegliedert wurde, zählte hingegen in der Tat 18 Industriegewerkschaften. Der FDGB in der sowjetischen Besatzungszone bzw. dann DDR fasste seinerzeit 20 Einzelgewerkschaften zusammen, obwohl dort ursprünglich nur 18 nichtautonome Verbände gebildet worden waren, siehe: Kalender der Gewerkschaft Öffentliche Dienste, Transport und Verkehr 1950. Hrsg.: Verbands-Vorstand. o. O. o. J., S. 142 f.; Werner MÜLLER: DDR: Freier Deutscher Gewerkschaftsbund (FDGB), in: MEYER, KLÄR, MILLER (wie Anm. 15) S. 215 f.

[183] TARNOW (wie Anm. 46) S. 5; noch im Frühjahr 1940 hatte Tarnow allerdings Hans Vogel zu verstehen gegeben, von Schweden aus gebe es keinerlei Möglichkeit, „eine Verbindung mit dem Reich aufrechtzuerhalten", was er, „selbst wenn es technisch überhaupt möglich wäre", den „eigenen Leuten" auch „nicht zumuten" würde, da sie dies „sicher mit dem Tod bezahlen müssten"; Touristen und Geschäftsleute aus dem „Dritten Reich" würden dagegen ebenso wie nach Schweden zurückkehrende Deutschland-Besucher sehr wohl abgeschöpft, obwohl gerade die deutschen Geschäftsleute den Mund nicht aufbekämen, zit. nach: GÜNTHER (wie Anm. 149) S. 219, Anm. 19; der Hinweis auf die selbst während des Krieges fortbestehende Verbindung mit Leuschner findet sich in einem Brief von Fritz Tarnow an Hans Vogel vom 21. September 1944, zit. nach: GÜNTHER, a. a. O., S. 221, Anm. 31. – Siehe auch die diversen Schreiben von Bruno Süß aus den Jahren 1939, 1941 und 1942 in: MIELKE, FRESE (wie Anm. 12) S. 279–288 u. S. 749–771. – Der Hinweis auf den von Schweden bis 1942 „gut funktionierenden Nachrichtendienst nach London" findet sich in: Walter PÖPPEL: Deutschlands verlorene Jahre 1933–1945. Betrachtungen aus der Emigration. Stockholm 1986, S. 190 f.; zur Nachrichtenverbindung sudetendeutscher Widerständler in der Wehrmacht mit ihrem Exilposten in Schweden sowie mit ihrem sozialdemokratischen Parteivorsitzenden Wenzel Jaksch in London siehe: Lorenz KNORR: Gegen Hitler und Henlein. Antifaschistischer Widerstand unter den Sudeten und in der Wehrmacht. Köln 2008, S. 132 ff., 189 ff., 205 ff., 212 ff. u. 235 ff., siehe ergänzend: GÜNTHER (wie Anm. 149) S. 97 ff. – Zu Jaksch siehe z. B.: Martin K. BACHSTEIN: Wenzel Jaksch und die sudetendeutsche Sozialdemokratie. München, Wien 1974 (Veröffentlichungen des Collegium Carolinum, Bd. 29); siehe aber auch: Adolf HASENÖHRL: Kampf, Widerstand, Verfolgung der sudetendeutschen Sozialdemokraten. Dokumentation der deutschen Sozialdemokraten aus der Tschechoslowakei im Kampf gegen Henlein und Hitler. Hrsg.: SELIGER-ARCHIV für Studien zur Geschichte der sudetendeutschen und der deutschen Arbeiterbewegung Südosteuropas. Stuttgart 1983, sowie außerdem: Ernst PAUL: Was nicht in den Geschichtsbüchern steht. III. Teil: Das tragische Jahr 1938 – Ein Beitrag zur Vorgeschichte. Erlebnis und Rückblick. München 1972. – Hans GOTTFURCHT: Die internationale Gewerkschaftsbewegung im Weltgeschehen. Geschichte, Probleme, Aufgaben. Köln 1962, S. 159; Hartmut MEHRINGER, Dieter Marc SCHNEIDER: Deutsche in der europäischen Résistance, in: LÖWENTHAL, von ZUR MÜHLEN (wie Anm. 6) S. 263–281; D. M. SCHNEIDER: Deutschsprachige Emigranten in der europäischen Résistance und an der Seite der Alliierten, in: Claus-Dieter KROHN, Patrik von ZUR MÜHLEN, Gerhard PAUL, Lutz WINCKLER, Elisabeth KOHLHAAS (Hrsg.): Handbuch der deutschsprachigen Emigration 1933–1945. Darmstadt 1998, Sp. 621–629; Klaus-Michael MALLMANN: Frankreichs fremde Patrioten. Deutsche in der Résistance, in: Exilforschung. Ein internationales Jahrbuch. Bd. 15: Exil und Widerstand. München 1997, S. 33–65; Gerd R. UEBERSCHÄR: Emigrierte und vertriebene Hitlergegner im militärischen Kampf gegen Faschismus und Nationalsozialismus auf alliierter Seite, in: DERS., Peter STEINKAMP (Hrsg.): Handbuch zum Widerstand gegen Nationalsozialismus und Faschismus in Europa 1933/39 bis 1945. Berlin, New York 2011, S. 349–355. – Zum antinazistischen Einsatz von Kadern der Internationalen Transportarbeiter-Föderation und des ISK siehe z. B.: NELLES I (wie Anm. 52) S. 344 ff., 352 ff. u. 372 ff.; RÖDER (wie Anm. 52) S. 174; Werner LINK: Die Geschichte des Internationalen Jugend-Bundes (IJB) und des Internationalen Sozialistischen Kampf-Bundes (ISK). Ein Beitrag zur Geschichte der Arbeiterbewegung in der Weimarer Republik und im Dritten Reich. Meisenheim am Glan 1964 (Marburger Abhandlungen zur Politischen Wissenschaft, Bd. 1), S. 307–322; dazu ebenfalls grundlegend: Sabine LEMKE-MÜLLER (Hrsg.): Ethik des Widerstands. Der Kampf des Internationalen Sozialistischen Kampfbundes (ISK) gegen den Nationalsozialismus. Quellen und Texte zum Widerstand aus der Arbeiterbewegung 1933–1945. Bonn 1996; Heiner LINDNER: „Um etwas zu erreichen, muss man sich etwas vornehmen, von dem man glaubt, dass es unmöglich sei". Der Internationale Sozialistische Kampf-Bund (ISK) und seine Publikationen. Zugleich Einleitung zur Internetausgabe der Zeitschrift „Renaissance", Juli bis Oktober 1941, sowie der Pressekorrespondenzen „Germany speaks" und „Europe speaks", 1940, 1942 bis 1947. Hrsg.: Historisches Forschungszentrum der Friedrich-Ebert-Stiftung. Bonn (-Bad Godesberg) 2006 (Gesprächskreis Geschichte, Heft 64). – Zur antinazistischen Arbeit deutscher Kommunisten in Schweden, der Schweiz, in Frankreich und anderen ok-

kupierten europäischen Ländern sowie zum Einsatz kommunistischer Instrukteure, Agenten und dergleichen in Deutschland selbst siehe z. B.: Horst DUHNKE: Die KPD von 1933 bis 1945. Köln 1972, S. 407–417; Beatrix HERLEMANN: Auf verlorenem Posten. Kommunistischer Widerstand im Zweiten Weltkrieg. Die Knöchel-Organisation. Bonn 1986 (Forschungsinstitut der Friedrich-Ebert-Stiftung – Reihe: Politik- und Gesellschaftsgeschichte, Bd. 15); Allan MERSON: Kommunistischer Widerstand in Nazideutschland. Bonn 1999, S. 256–273; wichtige Hinweise hierzu auch in: Ursel HOCHMUTH: Illegale KPD und Bewegung „Freies Deutschland" in Berlin und Brandenburg 1942–1945. Biographien und Zeugnisse aus der Widerstandsorganisation um Saefkow, Jacob und Bästlein. Berlin 1998 (Schriften der Gedenkstätte Deutscher Widerstand – Reihe A: Analysen und Darstellungen. Bd. 4), S. 32 f., 48 f., 63, 77, 90, 164, 170, 192 u. 228, ebenso in: SANDVOß (wie Anm. 13) S. 469–477.

[184] OSTERROTH, SCHUSTER (wie Anm. 26) S. 388 ff.; Verordnung über außerordentliche Rundfunkmaßnahmen vom 1. September 1939, Reichsgesetzblatt 1939 I, S. 1683; GOTTFURCHT (wie Anm. 183) S. 150 f. u. S. 159. – Zum politischen, aber auch zum gewerkschaftlichen Exil in Großbritannien überhaupt siehe vor allem: RÖDER (wie Anm. 52); Ludwig EIBER (Bearb.): Die Sozialdemokratie in der Emigration. Die „Union deutscher sozialistischer Organisationen in Großbritannien" 1941–1946 und ihre Mitglieder. Protokolle, Erklärungen, Materialien. Hrsg.: Friedrich-Ebert-Stiftung. Bonn 1998 (Archiv für Sozialgeschichte, Beiheft 19); DERS.: Verschwiegene Bündnispartner. Die Union deutscher sozialistischer Organisationen in Großbritannien und die britischen Nachrichtendienste, in: Exilforschung, Bd. 15 (wie Anm. 183) S. 66–87; Heiner LINDNER: „Erkämpft Eure Freiheit! Stürzt Hitler!". Die „Sozialistischen Mitteilungen" 1939–1948. Zugleich Einleitung zur Online-Edition der „Sozialistischen Mitteilungen" http://library.fes.de/sozialistische-mitteilungen/ Hrsg.: Historisches Forschungszentrum der Friedrich-Ebert-Stiftung. Bonn (-Bad Godesberg) 2003 (Gesprächskreis Geschichte, Heft 52); MIELKE, FRESE (wie Anm. 12) S. 60 ff. u. S. 875–1008; darüber hinaus siehe auch: Waltraud STRICKHAUSEN: Großbritannien, in: KROHN, von ZUR MÜHLEN, PAUL, WINCKLER, KOHLHAAS (wie Anm. 183) Sp. 251–270.

[185] Auf die noch während des Krieges bestehenden gelegentlichen Verbindungen seiner Widerstandsstruktur mit der Internationalen Transportarbeiter-Föderation hat Adolph Kummernuss z. B. in einem 1967 von Ursel Hochmuth geführten Interview hingewiesen, abgedruckt in: Ursel HOCHMUTH, Gertrud MEYER: Streiflichter aus dem Hamburger Widerstand 1933–1945. Berichte und Dokumente. Frankfurt/M. 1980, S. 97–108, hier: S. 107; in derselben Zeitzeugenbefragung hat der langjährige Vorsitzende der Gewerkschaft Öffentliche Dienste, Transport und Verkehr außerdem bekundet, „weder im In- noch im Ausland" habe es seinerzeit „eine eigentliche Reichsleitung" der „illegalen deutschen Transportarbeiter-Bewegung" gegeben, für die „tatsächlich" aber die Internationale Transportarbeiter-Föderation „die führende Stelle" gewesen sei, a. a. O., S. 103 f. – Zur „Fight-for-Freedom"-Gruppe siehe: RÖDER (wie Anm. 52) S. 156 ff., vor allem jedoch die kommentierte Dokumentation: Curt GEYER, Walter LOEB u. a.: Fight for Freedom. Die Legende vom „anderen Deutschland". Hrsg.: Jan GERBER, Anja WORM. Freiburg 2009, darin z. B. die Erklärung „Der Kampf gegen den Nationalismus in der deutschen Arbeiterbewegung muss von vorn begonnen werden" vom 2. März 1942, S. 65–70; demgegenüber wurde deren Position etwa vom Generalsekretär der Labour Party Jim Middleton, auch von Hans Vogel von der Union deutscher sozialistischer Organisationen in Großbritannien und vielen anderen konsequent zurückgewiesen, beispielsweise während der Londoner Gedenkveranstaltung für die Opfer der deutschen Opposition gegen den Faschismus, darunter Leuschner, am 7. Oktober 1944, siehe hierzu den Bericht in: Sozialistische Mitteilungen (wie Anm. 150) S. 6 f. u. S. 8 f.

[186] Zu seinem antinazistischen Widerstand und den Jahren des Exils siehe vor allem die beiden Berichte: Artur Egon BRATU: Faschistischer Terror in Offenbach, sowie: Im belgischen und britischen Exil, in: ULRICH (wie Anm. 34) S. 32 f. u. S. 258–261. Siehe auch die Kurzbiographien in: BEIER: Arbeiterbewegung in Hessen (wie Anm. 15) S. 381 f., sowie in: Wolfgang REUTER: Offenbacher gegen die NS-Diktatur. Hrsg.: Historische Kommission des SPD-Unterbezirks Offenbach. Offenbach 2012, S. 27–29.

[187] RÖDER (wie Anm. 52) S. 59 ff. u. S. 117 ff.; LINDNER (wie Anm. 184) S. 54 ff.; MIELKE, FRESE (wie Anm. 12) S. 60 ff. u. S. 898 ff.

[188] Siehe hierzu ihre beiden Zeitzeugenberichte: Anna BEYER: Mit dem Frankfurter ISK im Widerstand, sowie: Meine Jahre im Exil, in: ULRICH (wie Anm. 34) S. 202–205 u. S. 247–249; ferner: DIES.: Politik ist mein Leben. Hrsg.: Ursula LÜCKING. Frankfurt/M. 1991, S. 42 ff., 59 ff. u. 71 ff.

[189] Zu der als Hilda Monte sowie unter mehreren anderen Decknamen zeitweilig sogar in Nazi-Deutschland operierenden Widerstandsaktivistin, die u. a. auch an der Vorbereitung eines Attentats auf Hitler beteiligt gewesen sein soll, siehe die Kurzbiographien in: LEBER (wie Anm. 15) S. 17 ff., WICKERT (wie Anm. 2) S. 227, STEINBACH, TUCHEL (wie Anm. 15) S. 134 f., FISCHER, BUNGERT (wie Anm. 6) Tafel 23, sowie: Jan FOITZIK: Zwischen den Fronten. Zur Politik, Organisation und Funktion linker politischer Kleinorganisationen im Widerstand 1933 bis 1939/40 unter besonderer Berücksichtigung des Exils. Bonn 1986 (Forschungsinstitut der Friedrich-Ebert-Stiftung – Reihe: Politik- und Gesellschaftsgeschichte, Bd. 16), S. 303.

[190] Siehe zu Gehm vor allem: Antje DERTINGER: Der treue Partisan. Ein deutscher Lebenslauf: Ludwig Gehm. Bonn 1989, aber auch die kleine Materialsammlung im Stadtarchiv Wiesbaden Bestand NL 75 Nr. 1101, desgleichen die Kurzbiographie in: METZ (wie Anm. 1) S. 69 f.

[191] Zu Lippmann siehe die Rechercheergebnisse von Dr. Ulrike Laufer und Jessica Küster in Verbindung mit einem Geschichtsleistungskurs der Wiesbadener Gutenbergschule für die Anfang 2011 im dortigen Rathaus präsentierte Ausstellung „Max Lippmann. Breslau–Paris–Algerien–Wiesbaden. Ein Leben für die Freiheit und den Film", mit der 45 Jahre nach dessen Tod erstmals an den bedeutenden Kulturjournalisten und Filmförderer erinnert wurde, Stadtarchiv Wiesbaden Bestand NL 75 Nr. 2575.

[192] Zu Höxter siehe: KINGREEN (wie Anm. 37) S. 144 ff., sowie: Axel ULRICH: Für Frieden, Freiheit und demokratischen Sozialismus. Vor 50 Jahren: Wiedergründung der SPD in Hessen-Süd. Hrsg.: SPD-Bezirk Hessen-Süd. Frankfurt/M. 1995, S. 23 ff.

[193] Zu den Rettungsaktivitäten von Fry, Heine und anderen in Südfrankreich siehe z. B.: APPELIUS (wie Anm. 81) S. 164–220; Varian FRY: Auslieferung auf Verlangen. Die Rettung deutscher Emigranten in Marseille 1940/41. Hrsg.: Wolfgang D. ELFE, Jan HANS. Neuausg. Frankfurt/M. 2009; Angelika MEYER, Marion NEUMANN (Red.): Ohne zu zögern. Varian Fry: Berlin–Marseille–New York. Hrsg.: Aktives Museum Faschismus und Widerstand in Berlin. 2., verb. Aufl. Berlin 2008 [Katalog zur Ausstellung anlässlich des 100. Geburtstages von Varian Fry in der Berliner Akademie der Künste vom 18. November bis 30. Dezember 2007]; Lisa FITTKO: Mein Weg über die Pyrenäen. Erinnerungen 1940/41. München 2004; siehe auch: Barbara VORMEIER: Frankreich, in: KROHN, von ZUR MÜHLEN, PAUL, WINCKLER, KOHLHAAS (wie Anm. 183) Sp. 213–250. – Zur Beteiligung deutscher Exilanten an der antinazistischen Propagandaarbeit der Briten siehe z. B.: RÖDER (wie Anm. 52) S. 176–192; APELLIUS (wie Anm. 81) S. 241 ff.; NELLES I (wie Anm. 52) S. 331–344, sowie auch: Ernst LOEWY: Freier Äther – freies Wort? Die Rundfunkarbeit deutscher Autoren im Exil 1933–1945, in: Exilforschung. Ein internationales Jahrbuch. Bd. 2: Erinnerungen ans Exil – kritische Lektüre der Autobiographien nach 1933 und andere Themen. München 1984, S. 238–256.

[194] Zum herausragenden militärischen wie paramilitärischen Befreiungsbeitrag von Jüdinnen und Juden siehe die ebenso faszinierende wie vorbildliche Dokumentation des 1998 mit der Wilhelm-Leuschner-Medaille ausgezeichneten Prof. Dr. h. c. Arno LUSTIGER: Zum Kampf auf Leben und Tod! Das Buch vom Widerstand der Juden in Europa 1933–1945. Neuausg. Erftstadt 2005; die Gesamtzahl der am bewaffneten Kampf gegen das „Dritte Reich" beteiligten Nazi-Gegner jüdischer Herkunft, d. h. einschließlich solcher aus nichteuropäischen Staaten sowie aus Palästina, wird von Lustiger auf 1.455.000 Personen geschätzt, dort: S. 523. Allein in sämtlichen britischen Streitkräften haben wohl bis zu 13.000 Juden deutscher Herkunft gedient, des Weiteren 1.000 nichtjüdische NS-Gegner aus Deutschland und dazu noch ca. 3.000 Österreicher, während insgesamt deutlich mehr als 20.000 deutsch-jüdische Personen beiderlei Geschlechts in den Armeen der Alliierten gegen den Hitler-Faschismus gekämpft haben, so Dr. Dr. h. c. Arnold PAUCKER: Deutsche Juden im Widerstand 1933–1945. Tatsachen und Probleme. Hrsg.: Gedenkstätte Deutscher Widerstand. 2., erw. u. verb. Aufl. Berlin 2003 (Beiträge zum Widerstand 1933–1945), S. 53 ff.; im Übrigen möchte der in Berlin geborene langjährige Direktor des Londoner Leo Baeck Instituts, der sich 1941 selbst als Freiwilliger zum Dienst in der britischen Armee gemeldet hatte, diesen jüdischen Kampfbeitrag als nicht dem antinazistischen Widerstand zugehörig verstanden wissen, sondern als völlig normalen „Militärdienst deutscher Juden".

[195] HENK (wie Anm. 164) S. 8 f. u. S. 14.

[196] SCHIFFEL: Jakob Steffan – ein streitbarer Sozialdemokrat in den politischen Auseinandersetzungen … (wie Anm. 25) S. 80–92; ULRICH: Ludwig Schwamb, Jakob Steffan (wie Anm. 14) S. 29 ff., 36, 39, 41 f. u. 44; Jakob STEFFAN: Von der Tyrannei gemordet, in: Neuer Mainzer Anzeiger, 22. Januar 1946, S. 2.

[197] Petra HARTH-MEYER: Ein Opfer des NS-Regimes – Der SPD-Vorsitzende Otto Wedekind, in: Hans-Georg MEYER, Caroline KLAUSING (Hrsg.): „Freudlose Gefolgschaft und bedingungslose Einordnung …"? Der Nationalsozialismus in Ingelheim. Hrsg.: Deutsch-Israelischer Freundeskreis Ingelheim u. Stadt Ingelheim am Rhein. Ingelheim 2011, S. 597–618, hier: S. 610 ff.; HENK (wie Anm. 164) S. 49 f.

[198] Claudia PUTTFARKEN: Spiegel, Georg (1885–1960), in: MIELKE, MORSCH: Gewerkschafter (wie Anm. 12) Bd. 3, S. 531–534; REICH (wie Anm. 62) S. 47 f.; FINKER (wie Anm. 11) S. 208; siehe auch die Kurzbiographien Spiegels in: GRABNER, RÖDER (wie Anm. 62) S. 30, sowie in: SASSIN (wie Anm. 60) S. 113 u. S. 385.

[199] SANDVOß (wie Anm. 15) S. 79; DERS. (wie Anm. 13) S. 91, 96 ff. u. 144.

[200] MIELKE, ODEN (wie Anm. 91) S. 194–199; GOERS, FLEMMER (wie Anm. 91) S. 224 u. S. 220 f., GOERS, MIELKE, ODEN (wie Anm. 91) S. 127–140; GOERS (wie Anm. 52) S. 24; SANDVOß (wie Anm. 13) S. 91 f., 135 f., 139 f. u. 143; SANDVOß (wie Anm. 15) S. 58–61; PANNEN (wie Anm. 52) S. 61–72.

[201] Niels REITH: Weiss, Johannes (1902–?), in: MIELKE, MORSCH: Gewerkschafter (wie Anm. 12) Bd. 3, S. 576 f. – Siegfried MIELKE, Juliane KÜCHHOLZ: Arndt, Karl (1886–1949), in: MIELKE, MORSCH, a. a. O., S. 229 ff., siehe zu ihm auch: SCHRÖDER (wie Anm. 15) S. 348. – Zu Arno Haufe siehe: MORAW (wie Anm. 81) S. 56, sowie: WICKERT (wie Anm. 2) S. 130 f.

[202] Ingrid FRICKE: Franz Künstler (1888–1942), in: MIELKE, HEINZ (wie Anm. 12) S. 360–372; DIES.: Künstler, Franz (1888–1942), in: MIELKE, MORSCH: Gewerkschafter (wie Anm. 12) Bd. 2, S. 286–290; WICKERT (wie Anm. 2) S. 193 f.; SCHUMACHER (wie Anm. 3) S. 268 f.; SCHRÖDER (wie Anm. 15) S. 573; SANDVOß (wie Anm. 13) S. 118–127 u. siehe: Index.

[203] Franz Josef FURTWÄNGLER: Männer die ich sah und kannte. Hamburg 1951, darin die Beiträge zu Julius Leber, Graf Helmuth von Moltke und Adam von Trott zu Solz: S. 212–229; Willy BUSCHAK: Franz Josef Furtwängler. Gewerkschafter, Indien-Reisender, Widerstandskämpfer. Eine politische Biografie. Essen 2010 (Veröffentlichungen des Instituts für soziale Bewegungen – Schriftenreihe A: Darstellungen, Bd. 45), S. 179 f., 183 ff. u. 203–210; LENGEMANN (wie Anm. 3) S. 258; BEIER: Arbeiterbewegung in Hessen (wie Anm. 15) S. 423 f. – Clarita von TROTT ZU SOLZ: Adam von Trott zu Solz. Eine Lebensbeschreibung. Berlin 1994 (Schriften der Gedenkstätte Deutscher Widerstand – Reihe B: Quellen und Berichte, Bd. 2), S. 160, 164 u. 192 f.; Henric L. WUERMELING: Adam von Trott zu Solz. Schlüsselfigur im Widerstand gegen Hitler. München 2009, zu Furtwängler siehe: Index; Rainer A. BLASIUS: Adam von Trott zu Solz, in: LILL, OBERREUTER (wie Anm. 68) S. 439–459, hier: S. 452 ff.; Peter STEINBACH: „Die Welt mit den Augen des anderen sehen!". Adam von Trott zu Solz, in: DERS.: Der 20. Juli 1944 (wie Anm. 83) S. 187–212; WINTERHAGER (wie Anm. 68) S. 26–31; siehe auch die biographischen Porträts in: van ROON (wie Anm. 68) S. 141–150, und: FINKER (wie Anm. 11) S. 157–166, sowie die Kurzbiographien in: LEBER (wie Anm. 15) S. 221 f., sowie: STEINBACH, TUCHEL (wie Anm. 15) S. 194 f.

[204] ZIMMERMANN (wie Anm. 85) S. 370 ff. u. S. 376 f.; BEUYS (wie Anm. 85) S. 75 ff.; Viktor Th. BAUSCH: Aufzeichnungen, in: Walter HAMMER (Hrsg.): Theodor Haubach zum Gedächtnis. 2., verb. u. erg. Aufl. Frankfurt/M. 1955, S. 56–59, hier: S. 56; Karl JASPERS: Doktor der Philosophie, in: HAMMER, a. a. O., S. 14–17, hier: S. 16

f.; von TROTT ZU SOLZ (wie Anm. 203) S. 166; Fritz SÄNGER: Verborgene Fäden. Erinnerungen und Bemerkungen eines Journalisten. Bonn 1978, S. 57–61, hier: S. 59.

[205] NEBGEN (wie Anm. 32) S. 114 f. u. S. 118.

[206] NEBGEN (wie Anm. 32) S. 45, 106, 154 u. 164; Günter BUCHSTAB: Biographische Skizze, in: Politische Mitte und nationale Einheit: Andreas Hermes 1878–1964. Hrsg.: Konrad-Adenauer-Stiftung. Sankt Augustin 1994, S. 8–18, hier: S. 10 ff.; Rudolf MORSEY: Andreas Hermes (1878–1964). Vorsitzender der CDU, in: BUCHSTAB, KAFF, KLEINMANN (wie Anm. 44) S. 240–247, hier: S. 241 f.; STEINBACH, TUCHEL (wie Anm. 15) S. 85 f.; SCHUMACHER (wie Anm. 3) S. 190 ff.; EßER: Wilhelm Elfes 1884–1969. Arbeiterführer und Politiker (wie Anm. 102) S. 119 ff.

[207] Zu Prof. Dr. König SJ siehe: HENK (wie Anm. 164) S. 36; STEINBACH, TUCHEL (wie Anm. 15) S. 110; BRAKELMANN (wie Anm. 15) S. 82 f.; van ROON (wie Anm. 68) S. 200–203; WINTERHAGER (wie Anm. 68) S. 77–80.

[208] Zum konspirativen Erstkontakt zwischen Leuschner und Dr. Goerdeler siehe z. B.: KAISER (wie Anm. 99) S. 530; DERS.: (wie Anm. 116) S. 284; RITTER (wie Anm. 120) S. 305 u. S. 507 f., Anm. 25; TARNOW (wie Anm. 46) S. 4 f.; NEBGEN (wie Anm. 32) S. 128 ff. – Elfriede Nebgen hat jenes Treffen allerdings auf „Ende 1941“ datiert und behauptet, die von Leuschner eigentlich gewünschte Einschaltung seines engen Vertrauten Hermann Maaß als Mittelmann sei nicht gelungen, weshalb Kaiser und sie selbst in dieser Hinsicht aktiv geworden seien. Nach einer „ersten Begegnung“ Goerdelers mit Kaiser „im Hospiz am Askanischen Platz“, wo Goerdeler in Berlin Quartier zu beziehen pflegte, sei es dann „am nächsten Abend zur Zusammenkunft Goerdeler, Kaiser, Leuschner und Habermann in der Wittelsbacher Straße“ gekommen, so: NEBGEN, a. a. O., S. 128; da aber Dr. Rudolf Pechel, wenngleich ohne dies zu datieren, bezeugt hat, dass er selbst am Zustandekommen der „engen Zusammenarbeit zwischen Goerdeler und Leuschner und Maaß“ beteiligt gewesen sei, indem er Letzteren nämlich erst einmal mit Goerdeler zusammengebracht habe, und zwar gleichfalls „im Hospiz am Askanischen Platz“, so: PECHEL (wie Anm. 130) S. 202, kann es sich bei der von Nebgen berichteten Zusammenkunft nur um ein anderes Spitzengespräch unter acht Augen gehandelt haben. Nach der von Leuschners erstem Biographen überlieferten Version sind am ersten Treffen Goerdelers mit Leuschner, das im Übrigen Dr. Robert Lehr angestoßen habe, auch dessen Arrangeure Jakob Kaiser und Dr. Nebgen zugegen gewesen, so: LEITHÄUSER (wie Anm. 3) S. 196 f.; der Biograph Ludwig Becks bleibt in diesem Punkt ziemlich vage, indem er schreibt, „seit Sommer 1940“ habe Leuschner „Kontakt mit Goerdeler“ bekommen, so: MÜLLER: Generaloberst Ludwig Beck. Eine Biographie (wie Anm. 117) S. 709, Anm. 181; anders dagegen der Bayreuther Leuschner-Experte Hasibether, der das Treffen auf „Herbst 1940“ datiert, siehe z. B.: Wolfgang HASIBETHER: Kämpfer für Freiheit und Recht. Materialien von und über Karl Friedrich Wilhelm Leuschner (* 15.6.1890, † 29.9.1944), in: DERS. (Hrsg.): Wilhelm Leuschner. „Schafft die Einheit“. Mit einem Beitrag von Peter Steinbach. Dokumentation der Veranstaltung zum Erhalt des Geburtshauses von Wilhelm Leuschner am 30. 11. 2000 im Alten Rathaus Bayreuth. Berlin 2001, S. 33–55, hier: S. 51. – Den Hinweis auf die 1941 „über 800“ in die Widerstandsbewegung Eingeweihten hat Willi Richter in seiner Gedenkrede zum 20. Hinrichtungstag Leuschners am 29. September 1964 während des Staatsaktes im Bürgerhaus der Stadt Darmstadt in Anwesenheit der Witwe Leuschners, des dortigen Oberbürgermeisters Dr. Ludwig Engel sowie des hessischen Ministerpräsidenten Dr. h. c. Georg August Zinn publik gemacht; erstmals veröffentlicht und mit einem einleitenden Kommentar versehen wurde der Redetext durch: BEIER (wie Anm. 3) S. 507–517, hier: S. 515. – Zur besonderen konspirativen Aufgabenzuweisung an Richter, Steffan und Henk sowie zu deren Datierung siehe überdies: HENK (wie Anm. 164) S. 9, 36 u. 49; Abschrift des Schreibens von Kriminalrat a. D. Christian Fries, Frankfurt/M., vom 12. Januar 1947 an das Großhessische Staatsministerium – Der Minister für Wiederaufbau und politische Befreiung, Kammer Frankfurt/M. – betr.: Feststellungsverfahren gemäß Gesetz vom 5. März 1946 gegen den Kriminalrat a. D. Christian Fries [Kopie], Blatt 5, Materialsammlung zu Fries im Stadtarchiv Wiesbaden Bestand NL 75 Nr. 1555; Statement von Jakob Steffan im Dokumentar-Feature des Südwestfunks „Das Stichwort kam nicht …“ mit Zeitzeugen des „20. Juli 1944“ von Anton Maria Keim, gesendet am 20. Juli 1955, zit. nach: KEIM (wie Anm. 14) S. 403; siehe zudem: BEIER (wie Anm. 3) S. 144 ff.; EISELE (wie Anm. 86) S. 149 f.

[209] Zu Arndgen siehe: LENGEMANN (wie Anm. 3) S. 199; BEIER: Arbeiterbewegung in Hessen (wie Anm. 15) S. 359 f.

[210] Axel ULRICH: Verfolgung und Widerstand christlicher Gewerkschafter im Rhein-Main-Gebiet während der NS-Diktatur, in: Nassauische Annalen. Jahrbuch des Vereins für nassauische Altertumskunde und Geschichtsforschung, Bd. 101, Wiesbaden 1990, S. 185–198, hier: S. 193 ff.; ULRICH: Politischer Widerstand im Rhein-Main-Gebiet (wie Anm. 14) S. 94 f.; ergänzend dazu die Materialsammlung zum Widerstand christlicher Gewerkschafter in Hessen im Stadtarchiv Wiesbaden Bestand NL 75 Nr. 199. – Die so genannten Frankfurter Leitsätze sind zit. nach der Kopie im Stadtarchiv Wiesbaden Bestand NL 75 Nr. 2739; siehe hierzu auch: Hans Georg WIECK: Christliche und Freie Demokraten in Hessen, Rheinland-Pfalz, Baden und Württemberg 1945/46. Düsseldorf 1958 (Beiträge zur Geschichte des Parlamentarismus und der politischen Parteien, Bd. 10), S. 35–60; grundlegend hierzu sind ferner z. B.: Walter MÜHLHAUSEN: Hessen 1945–1950. Zur politischen Geschichte eines Landes in der Besatzungszeit. Frankfurt/M. 1985, S. 107 ff., sowie: Franz FOCKE: Sozialismus aus christlicher Verantwortung. Die Idee eines christlichen Sozialismus in der katholisch-sozialen Bewegung und in der CDU. 2. Aufl. Wuppertal 1981, S. 175–193 u. S. 198–203. – Das Ahlener Wirtschaftsprogramm der CDU ist z. B. abgedruckt in: Ernst-Ulrich HUSTER, Gerhard KRAIKER, Burkhard SCHERER, Friedrich-Karl SCHLOTMANN, Marianne WELTEKE: Determinanten der westdeutschen Restauration 1945–1949. 4. Aufl. Frankfurt/M. 1976, S. 424–429. – Zu Karl Arnold siehe: Anm. 97. – Zu Wilhelm Elfes siehe: Anm. 102; seine politischen Neuordnungsvorstellungen hat er 1945 in der „als Manuskript gedruckten“ Broschüre „Ich bitte ums Wort. Zur Diskussion mit meinen Freunden“ veröffentlicht, in dem u. a. die Leitgedanken eines von ihm drei Jahre zuvor während einer „Geheimkonferenz“ in Bochum gehaltenen Vortrages in nur leicht veränderten Form fixiert worden sind; ein Exemplar der Schrift wird im Stadtarchiv Wiesbaden im Bestand NL 75 Nr. 2741 aufbewahrt. – Bruno

LOWITSCH: Der Kreis um die Rhein-Mainische Volkszeitung. Wiesbaden u. Frankfurt/M. 1980; ULRICH: Politischer Widerstand im Rhein-Main-Gebiet (wie Anm. 14) S. 180 ff.; Thomas SEITERICH-KREUZKAMP: Links, frei und katholisch – Walter Dirks. Ein Beitrag zur Geschichte des Katholizismus der Weimarer Republik. Frankfurt/M. u. a. 1986 (Europäische Hochschulschriften – Reihe 23: Theologie, Bd. 292); siehe auch z. B.: Ulrich BRÖCKLING: Dirks, Walter, in: ASENDORF, von BOCKEL (wie Anm. 15) S. 135 ff.

[211] Während Jakob Kaiser und Dr. Elfriede Nebgen die Bezeichnung „Goerdeler-Kreis“ verwandt haben, so z. B.: KAISER (wie Anm. 99) S. 531, desgleichen: DERS. (wie Anm. 116) S. 284, sowie: NEBGEN (wie Anm. 32) S. 128, sprechen Widerstandsforscher mitunter von einer „Goerdeler-Gruppe“, so: Ger van ROON: Widerstand im Dritten Reich. Ein Überblick. 7., überarb. Aufl. München 1998, S. 123, oder von der „Honoratioren-Gruppe“, wie etwa: MEHRINGER (wie Anm. 154) S. 187; Hermann Weiß wiederum hat für seinen Lexikonbeitrag zwar die Überschrift „Goerdeler-Kreis“ gewählt, bezeichnet diesen zugleich aber auch als „Goerdeler-Gruppe“, so in: BENZ, PEHLE (wie Anm. 108) S. 217–222, hier: S. 217 u. S. 221; zum „Goerdelerkreis“ siehe auch: van ROON (wie Anm. 68) S. 267–271. Nebgen meinte aber mit dem von ihr verwandten Begriff nur die engere „Arbeitsgemeinschaft“, welche die „verantwortlichen Gewerkschaftsführer“ und einige ihrer Vertrauten „seit Ende 1941“ zusammen mit Goerdeler gebildet haben. Dagegen bezog Kaiser selbst die Bezeichnung „Goerdeler-Kreis“ genauso wie die meisten Historiker auf das breite oppositionelle Flechtwerk, das sich im Umfeld des konservativen Regimegegners aus Leipzig ziemlich zügig herausgebildet hat; siehe dagegen aber auch: BUCHSTAB, KAFF, KLEINMANN (wie Anm. 58) S. 191 ff., die sich für den sicherlich besser geeigneten Begriff „Goerdeler-Verbund“ des Widerstandes entschieden haben.

[212] Helena P. PAGE: General Friedrich Olbricht. Ein Mann des 20. Juli. 2., erw. Aufl. Bonn 1994; Günter WOLLSTEIN: Friedrich Olbricht, in: LILL, OBERREUTER (wie Anm. 68) S. 301–323; FINKER (wie Anm. 11) S. 53–58; STEINBACH, TUCHEL (wie Anm. 15) S. 142 f.; LEBER (wie Anm. 62) S. 263–266.

[213] Siehe: KAISER (Hrsg.): Mut zum Bekenntnis (wie Anm. 165) S. 266 ff. u. siehe: Index.

[214] Regina SCHLÜTER-AHRENS: Der Volkswirt Jens Jessen. Leben und Werk. Marburg 2001 (Beiträge zur Geschichte der deutschsprachigen Ökonomie, Bd. 16); STEINBACH, TUCHEL (wie Anm. 15) S. 95 f.

[215] Zu Bolz siehe: EISELE (wie Anm. 86) S. 134 ff.; SCHUMACHER (wie Anm. 3) S. 47 ff.; STEINBACH, TUCHEL (wie Anm. 15) S. 29 f.; LEBER (wie Anm. 62) S. 192 ff.; Willi BOHN: Stuttgart: Geheim! Widerstand und Verfolgung 1933–1945. 3. Aufl. Frankfurt/M. 1978, S. 158–163; Frank RABERG: Eugen Bolz. Zwischen Pflicht und Widerstand. Leinfelden-Echterdingen 2009 (Prägende Köpfe aus dem Südwesten, Bd. 3).

[216] RABERG (wie Anm. 100); EISELE (wie Anm. 86) S. 140 f.; SCHUMACHER (wie Anm. 3) S. 119 f.; siehe auch die Auszüge aus Ersings 1947 veröffentlichter Schrift „Vorgeschichte und Verlauf des 20. Juli 1944“, in: Helmut FIDLER (Red.): Arbeiterbewegung in Stuttgart 1933. Erinnerungen, Berichte, Dokumente. Hrsg.: Arbeitskreis zur Erforschung der Geschichte der Stuttgarter Arbeiterbewegung beim DGB. Tübingen 1984, S. 132 ff.

[217] EISELE (wie Anm. 86) S. 144 f.; STEINBACH, TUCHEL (wie Anm. 15) S. 55.

[218] Zu den einzelnen lokalen Widerstandsgruppierungen siehe z. B.: Dagmar RÜBSAM, Hans SCHADEK (Hrsg.): Der „Freiburger Kreis“. Widerstand und Nachkriegsplanung 1933–1945. Freiburg im Breisgau 1990 (Veröffentlichungen aus dem Archiv der Stadt Freiburg im Breisgau, 25); Dagmar RÜBSAM-HAUG: Widerstand und Nachkriegsplanung. Der „Freiburger Kreis“ als Beispiel kirchlich-akademischen Widerstands gegen den Nationalsozialismus, in: Thomas SCHNABEL, Angelika HAUSER-HAUSWIRTH (Bearb.): Formen des Widerstandes im Südwesten 1933–1945. Scheitern und Nachwirken. Hrsg.: Landeszentrale für politische Bildung Baden-Württemberg u. Haus der Geschichte Baden-Württemberg. Ulm 1994, S. 114–123; Hugo OTT: Der „Freiburger Kreis“, in: EISELE, KUNZE (wie Anm. 86) S. 107–128; van ROON (wie Anm. 68) S. 271–273; BUCHSTAB, KAFF, KLEINMANN (wie Anm. 58) S. 248–258; Thomas VOGEL: Widerstand als Pflicht – Der „Freiburger Kreis“, in: Manuel BECKER, Stephanie BONGARTZ (Hrsg.): Die weltanschaulichen Grundlagen des NS-Regimes. Ursprünge, Gegenentwürfe, Nachwirkungen. Tagungsband der XXIII. Königswinterer Tagung im Februar 2010. Berlin 2011 (Schriftenreihe der Forschungsgemeinschaft 20. Juli 1944, Bd. 15), S. 147–162. – SCHOLTYSECK: Der „Stuttgarter Kreis“ (wie Anm. 134) siehe besonders: S. 62 ff. u. S. 74 f. – Michael KIßENER: Für das Recht. Die Karlsruher Widerstandsgruppe um Reinhold Frank, in: EISELE, KUNZE, a. a. O., S. 29–58, hier: S. 38, 46 f. u. 57, Anm. 52 u. 53.

[219] Zu Jakob Weimer siehe: NEBGEN (wie Anm. 32) S. 46 f.; EISELE (wie Anm. 86) S. 167; SCHUMACHER (wie Anm. 3) S. 554 f.; SCHRÖDER (wie Anm. 15) S. 795; MIELKE, FRESE (wie Anm. 12) S. 297; WICKERT (wie Anm. 2) S. 343; der Hinweis auf Erörterung gewerkschaftspolitischer Fragen durch Leuschner und Weimer „seit 1941/42“ findet sich in einem geheimen Untersuchungsbericht des Chefs der Sicherheitspolizei und des SD, SS-Obergruppenführer und General der Polizei Dr. Ernst Kaltenbrunner an Reichsleiter Martin Bormann „Zum Gewerkschaftskreis“ vom 26. Oktober 1944, in: JACOBSEN (Hrsg.): „Spiegelbild einer Verschwörung“ (wie Anm. 163) Bd. 1, S. 467–470, hier: S. 468. – Tatsächlich war der Autor jener, die Verhörprotokolle der Gestapo zusammenfassenden Berichte, deren Begleitschreiben in der Regel von Dr. Kaltenbrunner unterzeichnet waren, SS-Obersturmbannführer Walter von Kielpinski.

[220] EISELE (wie Anm. 86) S. 161 f.

[221] EISELE (wie Anm. 86) S. 148 f.

[222] Siehe hierzu z. B.: SCHOLTYSECK (wie Anm. 138); DERS.: Robert Bosch und der Boschkreis (wie Anm. 134).

[223] Siehe hierzu: Winfried MEYER: Albrecht Fischer, in: DERS. (wie Anm. 13) S. 232–236; EISELE (wie Anm. 86) S. 142 ff.; Albrecht FISCHER: Erlebnisse vom 20. Juli 1944 bis 8. April 1945, in: Otto KOPP (Hrsg.): Widerstand und Erneuerung. Neue Berichte und Dokumente vom inneren Kampf gegen das Hitler-Regime. Stuttgart 1966, S. 121–166, hier: S. 124 u. S. 129 f.; in jenem Sammelband sind viele weitere wichtige Hinweise auf die ausgeprägten konspirativen Kontakte Goerdelers mit Stuttgarter NS-Gegnern, insbesondere mit Robert Bosch und seinem Kreis enthalten.

[224] Alois LEUNINGER: Franz Leuninger zum Gedenken. 20. Juli 1944. Mengerskirchen 1970, S. 45–61; STEIN-

BACH, TUCHEL (wie Anm. 15) S. 121 f.; LEBER (wie Anm. 62) S. 92 ff.
[225] Zu Fritz Voigt siehe: LEBER (wie Anm. 62) S. 70 ff.; STEINBACH, TUCHEL (wie Anm. 15) S. 198; SCHRÖDER (wie Anm. 15) S. 783 f.; WICKERT (wie Anm. 2) S. 334 f.
[226] Zu Oswald Wiersich siehe: LEBER (wie Anm. 62) S. 98; MIELKE, FRESE (wie Anm. 12) S. 296 f.
[227] Zu Fritz-Dietlof Graf von der Schulenburg siehe: HEINEMANN: Ein konservativer Rebell (wie Anm. 129) S. 56 ff. , 92 ff. u. 97 ff.; der Hinweis auf Leuschners Auftragserteilung an Wiersich zur Kontaktaufnahme mit dem Grafen findet sich im geheimen Untersuchungsbericht des Chefs der Sicherheitspolizei und des SD, unterzeichnet durch SS-Gruppenführer und Generalleutnant der Polizei Müller, an Reichsleiter Martin Bormann „Zur Entwicklung innerhalb der Gewerkschaftsgruppe" vom 22. Oktober 1944, in: JACOBSEN (Hrsg.): „Spiegelbild einer Verschwörung" (wie Anm. 163) Bd. 1, S. 464–466, hier: S. 466, dort auch weitere Details zum hier Dargelegten.
[228] Zu Goerdeler siehe neben den beiden großen Biographien von RITTER (wie Anm. 120) und REICH (wie Anm. 110) und den vielen Hinweisen im nicht minder grundlegenden Werk von NEBGEN (wie Anm. 32) z. B. auch: Hans ROTHFELS: Carl Goerdeler, in: Hermann GRAML (Hrsg.): Widerstand im Dritten Reich. Probleme, Ereignisse, Gestalten. Frankfurt/M. 1984, S. 190–193; Erich KOSTHORST: Carl Friedrich Goerdeler, in: LILL, OBERREUTER (wie Anm. 68) S. 185–217; RINGSHAUSEN (wie Anm. 85) S. 225–260; FINKER (wie Anm. 11) S. 92–108; LEBER (wie Anm. 15) S. 146 ff.; STEINBACH, TUCHEL (wie Anm. 15) S. 67; Marianne MEYER-KRAHMER: Carl Goerdeler – Mut zum Widerstand. Eine Tochter erinnert sich. Durchges. u. erw. Neuausg. Leipzig 1998; unverzichtbar auch: Sabine GILLMANN, Hans MOMMSEN (Hrsg.): Politische Schriften und Briefe Carl Friedrich Goerdelers. 2 Bde. München 2003.
[229] HENK (wie Anm. 164) S. 11 u. S. 16 f.
[230] Zu Dr. Wurm siehe z. B.: STEINBACH, TUCHEL (wie Anm. 15) S. 233 f.; EISELE (wie Anm. 86) S. 169 f.
[231] Zu Dr. Delp SJ, seiner Kritik an Dr. Goerdeler und zur Beilegung seiner diesbezüglichen Differenzen mit den katholischen Arbeiterführern siehe: RITTER (wie Anm. 120) S. 521, Anm. 29; dazu ergänzend: van ROON (wie Anm. 68) S. 170–180; Roman BLEISTEIN: Alfred Delp, in: LILL, OBERREUTER (wie Anm. 68) S. 167–183, hier: S. 178; DERS.: Pater Dr. Alfred Delp, in: Helmut MOLL (Hrsg.): Zeugen für Christus. Das deutsche Martyrologium des 20. Jahrhunderts. Bd. II. 3., durchges. Aufl. Paderborn, München, Wien, Zürich 2001, S. 786–789; BRAKELMANN (wie Anm. 15) S. 83–86, hier: S. 84 f.; FINKER (wie Anm. 11) S. 181–186; ARETZ (wie Anm. 104) S. 21 f.; WINTERHAGER (wie Anm. 68) S. 80–83.
[232] Siehe z. B.: Robert STUPPERICH, Martin STUPPERICH: Otto Dibelius. Ein evangelischer Bischof im Umbruch der Zeiten. Göttingen 1989; zum Kontakt Dr. Goerdelers mit Dr. Dibelius bzw. zu dessen Mitwirkung an dem von Prof. Dr. Ritter so genannten „großen Zukunftsprogramm" der Freiburger Widerständler siehe dessen diesbezügliche Hinweise in: RITTER (wie Anm. 120) S. 513 f., Anm. 71, sowie dazu z. B. auch: RÜBSAM-HAUG (wie Anm. 218) S. 118 f.
[233] Eberhard BETHGE: Dietrich Bonhoeffer. Theologe – Christ – Zeitgenosse. Eine Biographie. 8., korrig. Aufl. Darmstadt 2004; DERS.: Dietrich Bonhoeffer. Bearb.: Werner MILSTEIN. 3., überarb. Neuausg. Reinbek bei Hamburg 2011; siehe aber auch die recht kontrovers diskutierte Biographie des US-amerikanischen Journalisten Eric METAXAS: Bonhoeffer. Pastor, Agent, Märtyrer und Prophet. Bearb.: Rainer MAYER. Holzgerlingen 2011; siehe ferner z. B.: RINGSHAUSEN (wie Anm. 85) S. 89–119; Hans-Walter SCHLEICHER: Dietrich Bonhoeffer, in: LILL, OBERREUTER (wie Anm. 68) S. 149–166, hier: S. 161 f.; FINKER (wie Anm. 11) S. 175–181; LEBER (wie Anm. 15) S. 190 ff.; STEINBACH, TUCHEL (wie Anm. 15) S. 30.
[234] George BELL: Anthony Eden glaubte es nicht, in: Hans ROYCE (Bearb.): 20. Juli 1944. Hrsg.: Bundeszentrale für Heimatdienst. Bonn o. J. (geänd. u. vervollst. Bearb. der Sonderausgabe der Wochenzeitung „Das Parlament": „Die Wahrheit über den 20. Juli 1944"), S. 93–97; das so genannte Schönfeld-Memorandum vom 31. Mai 1942 ist in seiner englischen Version sowie in deutscher Übersetzung abgedruckt z. B. in: BRAKELMANN (wie Anm. 15) S. 213–219.
[235] Detlef J. BLESGEN: Constantin von Dietze (1891–1973). Agrarpolitiker aus Freiburg, in: BUCHSTAB, KAFF, KLEINMANN (wie Anm. 44) S. 123–130; EISELE (wie Anm. 86) S. 137 f.
[236] EISELE (wie Anm. 86) S. 141 f.
[237] EISELE (wie Anm. 86) S. 154 f.
[238] EISELE (wie Anm. 86) S. 156 f.; Klaus SCHWABE: Der Weg der Opposition: Der Historiker Gerhard Ritter und der Freiburger Kreis, in: Eckhard JOHN (Hrsg.): Die Freiburger Universität in der Zeit des Nationalsozialismus. Freiburg im Breisgau, Würzburg 1991, S. 191–205.
[239] Die Denkschrift ist – mit einer Vorbemerkung versehen – nur unwesentlich gekürzt abgedruckt in: RINGSHAUSEN, von VOSS (wie Anm. 180) S. 239–316, siehe dort zu den hier angesprochenen Sachverhalten: S. 262 ff., 269 ff., 272 ff., 284 ff. u. 314 ff.; in anderen Werken, so auch in der Goerdeler-Biographie Ritters, verheißt der Untertitel jener Ausarbeitung jedoch einen „Versuch zur Selbstbesinnung des christlichen Gewissens", siehe: RITTER (wie Anm. 120) S. 513, Anm. 71; grundlegend dazu auch: Christine BLUMENBERG-LAMPE: Das wirtschaftspolitische Programm der „Freiburger Kreise". Entwurf einer freiheitlich-sozialen Nachkriegswirtschaft. Nationalökonomen gegen den Nationalsozialismus. Berlin 1973 (Volkswirtschaftliche Schriften, 208), sowie auch zu den sonstigen oppositionellen Wirtschaftsplanungen aus dem Bürgertum bei freilich deutlicher Schwerpunktsetzung auf Freiburg: Daniela RÜTHER: Der Widerstand des 20. Juli auf dem Weg in die Soziale Marktwirtschaft. Die wirtschaftspolitischen Vorstellungen der bürgerlichen Opposition gegen Hitler. Paderborn 2002.
[240] Zu dem 1972 mit der Wilhelm-Leuschner-Medaille ausgezeichneten Metzger siehe vor allem: KIRÁLY (wie Anm. 82); METZGER (wie Anm. 82); LENGEMANN (wie Anm. 3) S. 332 f.; METZ (wie Anm. 1) S. 79 f.; BEIER: Arbeiterbewegung in Hessen (wie Anm. 15) S. 497 f.
[241] Zum religiös motivierten Widerstand siehe z. B.: Kurt MEIER: Der evangelische Kirchenkampf. 3 Bde. Göttingen 1976, 1984; Wilhelm NIEMÖLLER: Der Pfarrernotbund. Geschichte einer kämpfenden Bruderschaft.

Hamburg 1973; Friedrich-Martin BALZER: Die Mitverantwortung des deutschen Protestantismus für Faschismus und Holocaust. Eine Streitschrift, in: DERS.: „Prüfet alles, das Gute behaltet“. Auf Spurensuche u. a. nach Wolfgang Abendroth, Erwin Eckert, Emil Fuchs, Kurt Julius Goldstein, Hans Heinz Holz, Eric Hobsbawm, Robert Neumann, Helmut Ridder und Wolfgang Ruge. Bonn 2010, S. 360–396; Ernst KLEE: „Die SA Jesu Christi“. Die Kirchen im Banne Hitlers. Frankfurt/M. 1989; Georg DENZLER, Volker FABRICIUS: Christen und Nationalsozialisten. Darstellung und Dokumente. Mit einem Exkurs: Kirche im Sozialismus. Überarb. u. aktual. Neuausg. Frankfurt/M. 1993; Ulrich von HEHL, Christoph KÖSTERS (Hrsg.): Priester unter Hitlers Terror. Eine biographische und statistische Erhebung. 2 Bde. 4., wesentl. erw. u. vollst. neu bearb. Aufl. Paderborn 1998 (Veröffentlichungen der Kommission für Zeitgeschichte – Reihe A: Quellen, Bd. 37); Helmut MOLL (Hrsg.): Zeugen für Christus. Das deutsche Martyrologium des 20. Jahrhunderts. 2 Bde. 5., erw. u. aktual. Aufl. Paderborn, München, Wien, Zürich 2010; zur Religiösen Gesellschaft der Freunde siehe z. B.: Axel ULRICH: Quäker-Hilfe gegen Hitler, in: AVS-Informationsdienst. Informationen der SPD. Arbeitsgemeinschaft ehemals verfolgter Sozialdemokraten – AvS, 20. Jg., Nr. 4, 1999, S. 9–12; DERS.: Politischer Widerstand im Rhein-Main-Gebiet (wie Anm. 14) S. 185 f.; zu den religiösen Sozialisten siehe z. B.: PETER (wie Anm. 91), sowie: Renate KNIGGE-TESCHE: NS-Gegner im politisch-kirchlichen Zwischensektor: die religiösen Sozialisten, in: KNIGGE-TESCHE, ULRICH (wie Anm. 5) S. 307–323. – Zur Zahl der Todesopfer des Widerstandes aus politischen sowie religiösen Gründen siehe: Hellmuth AUERBACH: Opfer der nationalsozialistischen Gewaltherrschaft und des Zweiten Weltkriegs, in: Wolfgang BENZ (Hrsg.): Legenden, Lügen, Vorurteile. Ein Wörterbuch zur Zeitgeschichte. 5. Aufl. München 1994, S. 161–163, hier: S. 162; zu den diversen Schätzungen und Statistiken zum Gesamtumfang des politisch motivierten deutschen Widerstandes siehe meine diesbezügliche Zusammenstellung vom Herbst 2011, Stadtarchiv Wiesbaden Bestand NL 75 Nr. 2627.

[242] Zu Dr. von Faulhaber siehe z. B.: Rudolf REISER: Kardinal Michael von Faulhaber. Des Kaisers und des Führers Schutzpatron. München 2000; Peter PFISTER (Hrsg.): Michael Kardinal von Faulhaber (1869–1952). Beiträge zum 50. Todestag und zur Öffnung des Kardinal-Faulhaber-Archivs. Predigt und Vorträge, Ansprachen und Berichte. Regensburg 2002.

[243] Urteil des „Volksgerichtshofs“ gegen Dr. (K)arl Goerdeler, Wilhelm Leuschner, Josef Wirmer, Ulrich von Hassell und Dr. Paul Lejeune-Jung vom 8. September 1944, zit. nach der Abschrift in: JACOBSEN (Hrsg.): „Spiegelbild einer Verschwörung“ (wie Anm. 163) Bd. 1, S. 533–545, hier: S. 535.

[244] Zu Dr. Raabe, dem 1967 die Wilhelm-Leuschner-Medaille verliehen worden ist, siehe vor allem: Brigitte WIEST-RAABE: Dr. Cuno Raabe im Widerstand, in: Fuldaer Geschichtsblätter, 60. Jg., 1984, S. 174–200, desgleichen die Kurzbiographien in: LENGEMANN (wie Anm. 3) S. 355, METZ (wie Anm. 1) S. 58 f., STEINBACH, TUCHEL (wie Anm. 15) S. 150, und außerdem: Hans-Otto KLEINMANN: Cuno Raabe (1888–1971). Oberbürgermeister von Fulda, in: BUCHSTAB, KAFF, KLEINMANN (wie Anm. 44) S. 403–410, hier: S. 406 f.; siehe auch die kleine Materialsammlung im Stadtarchiv Wiesbaden Bestand NL 75 Nr. 1168.

[245] Siehe vor allem: Theodor STELTZER: Von deutscher Politik. Dokumente, Aufsätze und Vorträge. Hrsg.: Friedrich MINSSEN. Frankfurt/M. 1949; DERS.: Sechzig Jahre Zeitgenosse. München 1966; Klaus ALBERTS: Theodor Steltzer. Szenarien eines Lebens. Eine Biographie. Heide 2009; Hans-Otto KLEINMANN: Theodor Steltzer (1885–1967). Ministerpräsident von Schleswig-Holstein, in: BUCHSTAB, KAFF, KLEINMANN (wie Anm. 44) S. 482–491; WINTERHAGER (wie Anm. 68) S. 62–66; van ROON (wie Anm. 68) S. 133–140; siehe auch z. B. die Kurzbiographien in: BRAKELMANN (wie Anm. 15) S. 68 ff., sowie: STEINBACH, TUCHEL (wie Anm. 15) S. 186 f.

[246] Augustin RÖSCH: Kampf gegen den Nationalsozialismus. Hrsg.: Roman BLEISTEIN. Frankfurt/M. 1985; R. BLEISTEIN: Augustin Rösch. Leben im Widerstand. Biographie und Dokumente. Frankfurt/M. 1998; BRAKELMANN (wie Anm. 15) S. 81 f.; van ROON (wie Anm. 68) S. 167 ff.; WINTERHAGER (wie Anm. 68) S. 75–77; STEINBACH, TUCHEL (wie Anm. 15) S. 155.

[247] Siehe z. B.: Harald POELCHAU: Die letzten Stunden. Erinnerungen eines Gefängnispfarrers, aufgez. von Graf Alexander STENBOCK-FERMOR. Köln 1987; Klaus HARPPRECHT: Harald Poelchau. Ein Leben im Widerstand. Reinbek bei Hamburg 2007; Henriette SCHUPPENER: „Nichts war umsonst“ – Harald Poelchau und der deutsche Widerstand. Berlin 2006 (Schriftenreihe der Forschungsgemeinschaft 20. Juli 1944, Bd. 7); FINKER (wie Anm. 11) S. 186–192; STEINBACH, TUCHEL (wie Anm. 15) S. 147; BRAKELMANN (wie Anm. 15) S. 73 ff.; van ROON (wie Anm. 68) S. 160–166; WINTERHAGER (wie Anm. 68) S.

[248] Siehe z. B.: AMLUNG: Adolf Reichwein (wie Anm. 89) S. 476.

[249] Jakob KAISER: „Einer von denen, die uns fehlen“. Zum Gedenken an Wilhelm Leuschner, Telegraf, 15. Juni 1947, zit. nach: MAYER (Hrsg.): Jakob Kaiser (wie Anm. 43) S. 304–307, hier: S. 305 ff.

[250] SASSIN (wie Anm. 60) S. 241 ff.

[251] HENK (wie Anm. 164) S. 48.

[252] Zum Freundeskreis von Heinrich Roos siehe vor allem dessen Erinnerungsbericht „Was heißt Widerstand im Dritten Reich?“ vom 29. März 1980, Stadtarchiv Wiesbaden Bestand NL 32 Nr. 5, unwesentlich gekürzt abgedruckt in: Lothar BEMBENEK, Axel ULRICH: Widerstand und Verfolgung in Wiesbaden 1933–1945. Eine Dokumentation. Hrsg.: Magistrat der Landeshauptstadt Wiesbaden – Stadtarchiv. Gießen 1990, S. 186–192; siehe ebenso dazu: ULRICH: Der „20. Juli 1944“ und seine Verbindungen nach Wiesbaden (wie Anm. 14) S. 48 ff; DERS.: Politischer Widerstand im Rhein-Main-Gebiet (wie Anm. 14) S. 175–178; BRÜCHERT-SCHUNK (wie Anm. 166). – Zum Kontakt von Ludwig Schwenck mit Hauptmann Hermann Kaiser siehe: Anm. 166, zu den sonstigen oppositionellen Beziehungen Kaisers außerhalb Berlins siehe den Bericht seines Bruders Ludwig Kaiser „Ein Beitrag zur Geschichte der Staatsumwälzung vom 20. 7. 1944 (Goerdeler-Bewegung)“ vom 31. Dezember 1945, zit. nach: KAISER: Die Verbindungen der Verschwörer des „20. Juli 1944“ nach Hessen …(wie Anm. 165) S. 558. – Zu Heinrich Roos siehe: BEMBENEK, ULRICH, a. a. O., sowie ferner: Index, desgleichen überhaupt seinen Nachlass im Stadtarchiv Wiesbaden Bestand NL 32. – Zu Ludwig Schwenck siehe ebenfalls seinen dort aufbewahrten Nachlass Bestand NL 51. – Zu Ferdinand Grün siehe: LENGEMANN (wie Anm. 3) S.

270; BEMBENEK, ULRICH, a. a. O., S. 105–110 u. siehe: Index. – Zu Erich Zimmermann siehe den Bericht des Wiesbadener Tagblatts vom 11. Mai 1960 aus Anlass seines 70. Geburtstages, Stadtarchiv Wiesbaden, personenbezogene Zeitungsausschnittsammlung. – Zu Heinrich Maschmeyer siehe seine Personalakte [Kopie] sowie die kleine Materialsammlung zu Leuschners Wiesbadener Widerstandsstützpunkt im Stadtarchiv Wiesbaden Bestand NL 75 Nr. 1190 u. Nr. 1591. – Die Existenz des Wiesbadener Leuschner-Stützpunktes wird vor allem bestätigt durch den „20. Juli"-Bericht von HENK (wie Anm. 164) S. 49, desgleichen durch ein inzwischen veröffentlichtes Gesprächsprotokoll des früheren Vorsitzenden der Sozialistischen Jugend in Eger und damaligen Wehrmachtfunkers Lorenz Knorr über ein bei einer zufälligen Zusammenkunft Anfang September 1943 in Wiesbaden mit einem ehemaligen dortigen Gewerkschaftsfunktionär geführtes Gespräch zu konspirativen Fragen, so: KNORR (wie Anm. 183) S. 200–211. – Zum Aufbau-Ausschuss Wiesbaden siehe: Heike GLASER: Demokratischer Neubeginn in Wiesbaden. Aspekte des sozialen, wirtschaftlichen und politischen Wiederaufbaus nach 1945. Hrsg.: Magistrat der Landeshauptstadt Wiesbaden – Stadtarchiv. 2. Aufl. Wiesbaden 1995 (Schriften des Stadtarchivs Wiesbaden, Bd. 4), S. 85–101; Axel ULRICH: Demokratischer Neubeginn in Wiesbaden: von den antifaschistischen Bürgerausschüssen und den Anfängen der politischen Reorganisation, in: Konrad SCHACHT (Hrsg.): Hessen 1945. Demokratischer Neubeginn zwischen Utopie und Pragmatismus. Ergebnisse der Fachtagung der Hessischen Landeszentrale für politische Bildung am 4. und 5. Mai 1995 in Wiesbaden. Wiesbaden (1996), S. 29–70; ULRICH: Politischer Widerstand im Rhein-Main-Gebiet (wie Anm. 14) S. 172–175.

[253] Ger van ROON: Wilhelm Staehle. Ein Leben auf der Grenze 1877–1945. Neuenhaus 1986 [Reprint der 1969 ersch. Erstaufl. des Gotthold Müller Verlages, München], hier besonders: S. 35–70; STEINBACH, TUCHEL (wie Anm. 15) S. 177 f.; Brigitte KAFF: Hildegard Staehle (1894–1945). Mitgründerin der CDU in Berlin, in: BUCHSTAB, KAFF, KLEINMANN (wie Anm. 44) S. 469–474; Gerd STEINWASCHER: Eine bürgerliche Widerstandsgruppe im Kreis Grafschaft Bentheim in der NS-Zeit, in: Bentheimer Jahrbuch 1996 (= Das Bentheimer Land, Bd. 135), 1995, S. 207–220. – Zu Ludwig Gehre siehe: STEINBACH, TUCHEL (wie Anm. 15) S. 62 f. – Zum Solf-Kreis siehe z. B.: Hermann GRAML: Solf-Kreis, in: BENZ, PEHLE (wie Anm. 108) S. S. 298 ff.; STEINBACH, TUCHEL (wie Anm. 15) S. 177 f.

[254] Zu August Kuhn siehe die Kurzbiographie in: EISELE (wie Anm. 86) S. 152 f.

[255] Zu Anton Sabel siehe die Hinweise in: ULRICH: Verfolgung und Widerstand christlicher Gewerkschafter im Rhein-Main-Gebiet (wie Anm. 210) S. 193 f. u. S. 198, Anm. 47.

[256] Zu Valentin Eichenlaub siehe: EISELE (wie Anm. 86) S. 138 f.

[257] Zu Jean (Johann) Keppi siehe: EISELE (wie Anm. 86) S. 151.

[258] Zu den konspirativen Verbindungen August Kuhns und Heinrich Wittkamps siehe: Lothar ALBERTIN, Klaus BURKHARDT, Brigitte ITZEROTT, Manfred KOCH: Christlicher Widerstand, in: Erich MATTHIAS, Hermann WEBER, Günter BRAUN, M. KOCH (Hrsg.): Widerstand gegen den Nationalsozialismus in Mannheim. Mannheim 1984, S. 357–434, hier: S. 391–395; NEBGEN (wie Anm. 32) S. 136.

[259] Zu Hugo Karpf, Jean Stock, Kurt Frenzel und Karl Weber siehe: Monika SCHMITTNER: Verfolgung und Widerstand 1933 bis 1945 am bayerischen Untermain. Aschaffenburg 2002, S. 128 ff., 138–142, 291–295 u. siehe: Index. – Hugo KARPF: Mein Lebensweg durch neun Jahrzehnte. Köln 1987 (Persönlichkeiten des Kolpingwerkes 4; Kolpingwerk in Staat und Gesellschaft 13); darin äußert sich der Autor zu seinen oppositionellen Aktivitäten allerdings lediglich andeutungsweise, indem er nämlich nur berichtet, „während der Verfolgungszeit" habe er „manches Gespräch" mit Jean Stock darüber „geführt, was wohl ‚am Tage danach' zu geschehen habe. Eine Vorstellung über ein solches Geschehen" hätten sie „natürlich beide nicht" gehabt, a. a. O., S. 52; siehe zu Karpf auch: SCHUMACHER (wie Anm. 3) S. 245 f. – Zu Blasy siehe den Gesprächsvermerk von Dr. Monika Schmittner vom 5. März 2003 sowie weitere biographische Hinweise in der kleinen Materialsammlung zum Widerstand in Aschaffenburg im Stadtarchiv Wiesbaden Bestand NL 75 Nr. 1144. – Zu Dr. Fritz Koch und seinem Sohn Friedrich Karl Koch siehe: SCHMITTNER, a. a. O., S. 295–300, desgleichen, aber auch zu Dr. Thomas Dehler und Erwin Bennewitz: SASSIN (wie Anm. 60) siehe: Index.

[260] Zu Noske siehe ansonsten: WETTE (wie Anm. 82); DERS.: Noske, Gustav, in: ASENDORF, von BOCKEL (wie Anm. 15) S. 457 f.; WICKERT (wie Anm. 2) S. 238 f.; SCHUMACHER (wie Anm. 3) S. 344 f.; SCHRÖDER (wie Anm. 15) S. 635 f.

[261] Zu Lüdemann siehe: Anm. 70.

[262] Zu Albin Karl siehe z. B.: MIELKE, FRESE (wie Anm. 12) S. 146 u. siehe: Index.

[263] Theresia BAUER: Anton Valentin Storch (1892–1975). Bundesarbeitsminister, in: BUCHSTAB, KAFF, KLEINMANN (wie Anm. 44) S. 492–500, hier: S. 494 ff.; Gerhard BEIER: Anton Storch. 1. April 1892 - 28. November 1975. Der Arbeitsminister mit dem Fahrrad, in: DERS.: Schulter an Schulter (wie Anm. 15) S. 189–195.

[264] Hans-Dieter SCHMID: Der 20. Juli 1944 in Hannover. Ein Fallbeispiel zur regionalen Verankerung der Verschwörung gegen Hitler, in: Niedersächsisches Jahrbuch für Landesgeschichte. Neue Folge der „Zeitschrift des Historischen Vereins für Niedersachsen", Bd. 74, 2002, S. 309–323; Urteil des „Volksgerichtshofs" gegen Paul Hahn und Dr. Arthur Menge vom 28. Februar 1945, zit. nach der Abschrift in: JACOBSEN (Hrsg.): „Spiegelbild einer Verschwörung" (wie Anm. 163) Bd. 2, S. 780–788, hier: S. 783 ff.; die diversen rekonstruierten Varianten der seit Anfang 1943 allmählich entwickelten Kabinettsliste der Verschwörer sind zusammengestellt bei: HOFFMANN (wie Anm. 117) S. 453 f., siehe dazu auch dort: S. 792 f., Anm. 238; die Fernschreiben zur Heranziehung von Dr. Menge sowie Hermann Lüdemann als Politischer Beauftragter bzw. als Unterbeauftragter im Wehrkreis XI Hannover und von Noske als Politischer Beauftragter im Wehrkreis IX Kassel wie auch die sonstigen diesbezüglichen Telegramme sind ebenfalls abgedruckt in: JACOBSEN, a. a. O., Bd. 1, S. 76–81, hier: S. 79; der Hinweis auf die für Dr. Menge vorgesehene Funktion eines Oberpräsidenten bzw. „Reichsstatthalters" findet sich im geheimen Untersuchungsbericht des Chefs der Sicherheitspolizei und des SD, SS-Obergruppenführer und General der Polizei Dr. Ernst Kaltenbrunner an Reichsleiter Martin Bormann zur „Auswahl der Politischen Beauftragten" sowie zur „Regierungsliste" vom 6. September 1944, gleichfalls in: JACOBSEN, a. a. O., Bd. 1, S. 357–361, hier: S. 358.

[265] Schreiben des Oberbürgermeisters der Stadt Bielefeld Artur Ladebeck an den Deutschen Gewerkschaftsbund z. Hd. von Herrn Generotzky vom 8. November 1950, als Faksimile abgedruckt in: George HOMBURG: Sozialdemokratie unterm Hakenkreuz. Ostwestfalen-Lippe 1933–1945. Hrsg.: Bezirksvorstand der SPD Ostwestfalen-Lippe. Hamburg 1988 (Schriftenreihe zur Geschichte der ostwestfälisch-lippischen Arbeiterbewegung), S. 99. – KAISER: Max Habermann (wie Anm. 110) S. 189 ff.; zu Habermanns Ende siehe auch: NEBGEN (wie Anm. 32) S. 213. – Hinweise auf Ladebecks Führungsrolle im sozialistischen westdeutschen Widerstand, die Kurierfunktion Kettels sowie Ladebecks Unterstützung für Max Habermann auf der Flucht finden sich erstmals in: Wolfgang MÜLLER: Gegen eine neue Dolchstoßlüge. Ein Erlebnisbericht zum 20. Juli 1944. 2., verb. Aufl. Hannover 1947, S. 57 u. S. 60; siehe dazu auch: Reinhold LÜTGEMEIER-DAVIN: Gustav Kettel. Pazifist – Sozialist – Widerstandskämpfer (12. 3. 1903 – 21. 2. 1983). Hrsg.: Verein für Geschichte / Denkmal- und Landschaftspflege Bad Ems. Bad Ems 1988 (Bad Emser Hefte, Nr. 71), S. 16. – Einige biographische Hinweise zu Artur Ladebeck birgt auch eine kleine Materialsammlung im Stadtarchiv Wiesbaden Bestand NL 75 Nr. 2748; zu Ernst Kettembeil siehe dort auch die umfassende Auskunft des Bielefelder Stadtarchivars Dr. Jochen Rath vom 19. Juni 2012, sowie ergänzend: NEBGEN, a. a. O., S. 50 u. S. 200.

[266] Zu Ernst-Jakob Wetzel siehe die Kopien aus dessen Personalakten im Archiv des Landtags Rheinland-Pfalz für die II. und die III. Wahlperiode, NS-Dokumentationszentrum Rheinland-Pfalz / Gedenkstätte KZ Osthofen, Archiv-Signatur 56/1058; HENK (wie Anm. 164) S. 49 ff.; siehe auch die Kurzbiographie Wetzels in: SIMON (wie Anm. 25) S. 180.

[267] Fabian von SCHLABRENDORFF: Offiziere gegen Hitler. Neue, durchges. u. erw. Ausg. von Walter BUßMANN. Nach der Edition von Gero von GAEVERNITZ. Berlin 1984, dort zur frühen antinazistischen Zellenbildung in Rheinhessen und Pommern: S. 27; jene Neuedition gibt den Text der Erstausgabe von 1946 wieder, dem in einem Anhang noch einige Passagen beigefügt wurden, welche der US-Ausgabe des Buches aus dem Jahr 1965 entnommen sind; siehe dazu auch: FINKER (wie Anm. 164) S. 128–134, sowie zu Schlabrendorff selbst dort: Index; zu etlichen diesem verbundenen NS-Gegnern siehe auch: F. von SCHLABRENDORFF: Begegnungen in fünf Jahrzehnten. 2. Aufl. Tübingen 1979, zu ihm des Weiteren: HOFFMANN (wie Anm. 117) siehe: Index, außerdem: Stadtarchiv Wiesbaden, personenbezogene Zeitungsausschnittsammlung. – Speziell zum Attentatsversuch von Smolensk siehe z. B.: von SCHLABRENDORFF: Offiziere gegen Hitler, a. a. O., S. 64–76; HOFFMANN (wie Anm. 117) S. 350–353. – Zur „Stiftung Hilfswerk 20. Juli 1944" bzw. zur „Stiftung 20. Juli 1944" siehe z. B.: Christiane TOYKA-SEID: Gralshüter, Notgemeinschaft oder gesellschaftliche „Pressure-Group"? Die Stiftung „Hilfswerk 20. Juli 1944" im ersten Nachkriegsjahrzehnt, in: Gerd R. UEBERSCHÄR (Hrsg.): Der 20. Juli. Das „andere Deutschland" in der Vergangenheitspolitik. Berlin 1998, S. 196–211; Rüdiger von VOSS: Der Staatsstreich vom 20. Juli 1944. Politische Rezeption und Traditionsbildung in der Bundesrepublik Deutschland. Berlin 2011, S. 103–136, 138–142 u. 155 f.

[268] Henning von TRESCKOW: Ich bin, der ich war. Texte und Dokumente. Hrsg.: Sigrid GRABNER, Hendrik RÖDER. 3., veränd. Aufl. Berlin 2005; Bodo SCHEURIG: Henning von Tresckow. Ein Preuße gegen Hitler. Biographie. Frankfurt/M., Berlin 1987; Peter HOFFMANN: Stauffenberg und Tresckow, in: Günter BRAKELMANN, Manfred KELLER (Hrsg.): Der 20. Juli 1944 und das Erbe des deutschen Widerstands. Münster 2005 (Schriftenreihe der Evangelischen Akademikerschaft Westfalen u. d. Evangelischen Stadtakademie Bochum, Bd. 1), S. 159–172; von SCHLABRENDORFF: Begegnungen (wie Anm. 267) S. 186–238 u. siehe: Index; Karl Otmar Freiherr von ARETIN: Henning von Tresckow, in: LILL, OBERREUTER (wie Anm. 68) S. 423–437; Stefan GLÄSER: Henning von Tresckow, in: MEYER (wie Anm. 13) S. 360–364; FINKER (wie Anm. 11) S. 77–82; LEBER (wie Anm. 15) S. 158 ff.; STEINBACH, TUCHEL (wie Anm. 15) S. 193 f. – Zu von Tresckow finden sich viele Vermerke in den geheimen Tagebüchern Hermann Kaisers, so z. B. der wichtige Eintrag vom 10. Juni 1943, aus dem klar hervorgeht, dass zu jenem Zeitpunkt noch keinerlei „Vorbereitungen" für den „Ausnahmezustand" getroffen waren. Zudem ist dort auch indirekt zu erfahren, wie sehr es Tresckow und Dr. Goerdeler auf die Zustimmung der „Volksmassen" bzw. der „Arbeiter" zu ihrem Vorgehen angekommen ist: KAISER (wie Anm. 165) S. 566–569, hier: S. 568 u. siehe: Index.

[269] Zur so wichtigen diesbezüglichen Umarbeitung der so genannten Walküre-Befehle zur Niederschlagung etwaiger innerer Unruhen bzw. von Aufständen Kriegsgefangener oder von Zwangsarbeitskräften durch von Tresckow und von Stauffenberg siehe z. B.: von SCHLABRENDORFF: Offiziere gegen Hitler (wie Anm. 267) S. 77 ff.; DERS.: Begegnungen (wie Anm. 267) S. 231 f.; HOFFMANN (wie Anm. 117) S. 374–388; DERS.: Stauffenberg und die Veränderungen der außen- und innenpolitischen Handlungsbedingungen für die Durchführung des „Walküre"-Plans, in: SCHMÄDEKE, STEINBACH (wie Anm. 108) S. 1003–1020; Gerd R. UEBERSCHÄR: Der militärische Umsturzplan „Walküre", in: STEINBACH, TUCHEL (wie Anm. 6) S. 489–504; FEST (wie Anm. 11) S. 222 ff.; SCHEURIG (wie Anm. 268) S. 184–195.

[270] Siehe z. B.: Peter HOFFMANN: Claus Schenk Graf von Stauffenberg und seine Brüder. Stuttgart 1992; DERS.: Stauffenberg und der 20. Juli 1944. München 1998; Kurt FINKER: Stauffenberg und der 20. Juli 1944. 7., überarb. Aufl. Berlin 1989; DERS.: (wie Anm. 11) S. 62–77; Walter BUSSMANN: Claus Schenk Graf von Stauffenberg, in: LILL, OBERREUTER (wie Anm. 68) S. 369–395; Harald STEFFAHN: Claus Schenk Graf von Stauffenberg. Reinbek bei Hamburg 1994; Peter STEINBACH: Claus von Stauffenberg. Zeuge im Feuer. Leinfelden-Echterdingen 2007 (Prägende Köpfe aus dem Südwesten, Bd. 1); LEBER (wie Anm. 15) S. 228–231; STEINBACH, TUCHEL (wie Anm. 15) S. 183 ff.

[271] von SCHLABRENDORFF: Offiziere gegen Hitler (wie Anm. 267) S. 86 ff.

[272] JOHN (wie Anm. 111) S. 119 ff., 139 u. 147 ff.

[273] HENK (wie Anm. 164) S. 14.

[274] Jehuda RIEMER: Fritz Perez Naphtali. Sozialdemokrat und Zionist. Gerlingen 1991 (Schriftenreihe des Instituts für Deutsche Geschichte, Universität Tel Aviv, Bd. 12); DERS.: Naphtali, Fritz (später Peretz), in: ASENDORF, von BOCKEL (wie Anm. 15) S. 441 ff.

[275] Siehe hierzu z. B.: Horst THUM: Wirtschaftsdemokratie und Mitbestimmung. Von den Anfängen 1916 bis zum Mitbestimmungsgesetz 1976. Köln 1991 (Schriftenreihe des DGB-Bildungswerkes: Gewerkschaften in Deutschland, Bd. 12); Michael SCHNEIDER: Höhen, Krisen und Tiefen. Die Gewerkschaften in der Weimarer Republik 1918 bis 1933, in: Klaus TENFELDE, Klaus SCHÖNHOVEN, M. SCHNEIDER, Detlev J. K. PEUKERT: Geschichte der deutschen Gewerkschaften von den Anfängen bis 1945. Hrsg.: Ulrich BORSDORF, Gabriele WEIDEN. Köln 1987, S. 279–446, hier: S. 378–382, 398–406 u. siehe: Index; Fritz VILMAR: Wirtschaftsdemokratie, in: MEYER, KLÄR, MILLER (wie Anm. 15) S. 713 ff.; Hans Willi WEINZEN: Gewerkschaften und Sozialismus. Naphtalis Wirtschaftsdemokratie und Agartz' Wirtschaftsneuordnung. Frankfurt/M., New York 1982.
[276] LEUSCHNER (wie Anm. 18).
[277] „Das Ziel" ist wiederholt ediert worden, so z. B. durch: Bodo SCHEURIG (Hrsg.): Deutscher Widerstand 1938–1944. Fortschritt oder Reaktion? 2. Aufl. München 1984, S. 53–129; RINGSHAUSEN, von VOSS (wie Anm. 180) S. 145–196; GILLMANN, MOMMSEN (wie Anm. 228) Bd. 2, S. 873–944, wobei die hier wiedergegebenen Gedankengänge und Zitate der letzteren, ebenso umfangreichen wie vorbildlichen Dokumentation entstammen, und zwar dort: S. 889 ff., 895 ff., 903 ff., 907 ff., 930 ff. u. 938 ff.; zu diesem, aber auch zu den sonstigen Zukunftsplänen Goerdelers siehe z. B.: RITTER (wie Anm. 120) S. 282–356, zum „Ziel" speziell dort: S. 291 ff.
[278] Diese zur Übernahme der Regierungsverantwortung durch die Verschwörer vorgesehene Rundfunkrede Goerdelers, in der die hier zitierten, unschwer erkennbar auf Einflussnahmen Leuschners und seiner Freunde zurückgehenden Forderungen als Programmpunkte enthalten sind, ist abgedruckt in: GILLMANN, MOMMSEN (wie Anm. 228) Bd. 2, S. 1036–1045, hier: S. 1039 f. u. S. 1043 ff. – Siehe ferner hierzu generell die beiden grundlegenden Studien von Hans MOMMSEN: Gesellschaftsbild und Verfassungspläne des deutschen Widerstandes, in: DERS.: Alternative zu Hitler (wie Anm. 68) S. 53–158, sowie: Neuordnungspläne der Widerstandsbewegung des 20. Juli 1944, a. a. O., S. 159–206.
[279] Zu Graf von Moltke siehe z. B.: Günter BRAKELMANN: Helmuth James von Moltke 1907–1945. Eine Biographie. München 2009; DERS.: Christsein im Widerstand: Helmuth James von Moltke. Einblicke in das Leben eines jungen Deutschen. Berlin 2008 (Schriftenreihe der Forschungsgemeinschaft 20. Juli 1944, Bd. 11); DERS. (wie Anm. 83) S. 7–128; Eugen GERSTENMAIER: Helmuth James Graf von Moltke, in: LILL, OBERREUTER (wie Anm. 68) S. 277–299; Golo MANN: Helmuth James von Moltke, in: DERS.: Wissen und Trauer. Historische Portraits und Skizzen. Leipzig 1991, S. 199–231; RINGSHAUSEN (wie Anm. 85) S. 333–390; Peter STEINBACH: „Was ethisch nicht zu verantworten ist, kann nicht entschuldigt werden". Helmuth James Graf von Moltke, in: DERS.: Der 20. Juli 1944 (wie Anm. 83) S. 55–77; siehe auch die Kurzbiographien in: BRAKELMANN (wie Anm. 15) S. 45–50; van ROON (wie Anm. 68) S. 56–75; WINTERHAGER (wie Anm. 68) S. 16–21; FINKER (wie Anm. 11) S. 118–141; LEBER (wie Anm. 15) S. 202 ff.; STEINBACH, TUCHEL (wie Anm. 15) S. 133 f.; viele wertvolle Hinweise bietet zudem die vortreffliche Edition: Helmuth James von MOLTKE: Briefe an Freya 1939–1945. Hrsg.: Beate Ruhm von OPPEN. München 1988. – Anders als Prof. Dr. Ger van Roon, der das erste Treffen Moltkes mit dem von Mierendorff begleiteten Leuschner auf den 10. Mai 1942 datiert hat, ist bei Prof. Dr. Günter Brakelmann eine erste, von Mierendorff vermittelte Zusammenkunft des Gewerkschaftsführers mit den Grafen von Moltke und Yorck von Wartenburg für den 15. Dezember des Vorjahres vermerkt, siehe: van ROON (wie Anm. 68) S. 228 f., sowie: BRAKELMANN (wie Anm. 15) S. 15.
[280] Zu Graf Yorck von Wartenburg siehe z. B.: Günter BRAKELMANN: Peter Yorck von Wartenburg 1904–1944. Eine Biographie. München 2012; DERS.: (wie Anm. 83) S. 129–297; DERS. (wie Anm. 15) S. 51 ff; Axel FROHN: Peter Graf Yorck von Wartenburg, in: LILL, OBERREUTER (wie Anm. 68) S. 501–520; Peter STEINBACH: „Den Geist kann man uns nicht nehmen". Peter Graf Yorck von Wartenburg, in: DERS.: Der 20. Juli 1944 (wie Anm. 83) S. 79–109; van ROON (wie Anm. 68) S. 76–87; WINTERHAGER (wie Anm. 68) S. 21–26; LEBER (wie Anm. 15) S. 164 ff.; STEINBACH, TUCHEL (wie Anm. 15) S. 234.
[281] Zum Kreisauer Kreis siehe neben dem großen Gruppenporträt durch Prof. Dr. van ROON, dem vorbildlichen Ausstellungsbegleitband von Prof. Dr. WINTERHAGER (beide wie Anm. 68) sowie den beiden nicht minder unverzichtbaren biographischen sowie chronologischen Darstellungen und Dokumentationen von BRAKELMANN (wie Anm. 15 u. 83) z. B.: Freya von MOLTKE: Erinnerungen an Kreisau 1930–1945. München 1997; DIES.: Aus dem Kreisauer Kreis, in: LÖWENTHAL, von ZUR MÜHLEN (wie Anm. 6) S. 173–176; Kurt FINKER: Graf Moltke und der Kreisauer Kreis. Berlin 1993; Volker ULLRICH: Der Kreisauer Kreis. Reinbek bei Hamburg 2008; Ger van ROON: Staatsvorstellungen des Kreisauer Kreises, in: SCHMÄDEKE, STEINBACH (wie Anm. 108) S. 560–569; Hans MOMMSEN: Der Kreisauer Kreis und die künftige Neuordnung Deutschlands und Europas, in: DERS.: Alternative zu Hitler (wie Anm. 68) S. 207–229; Günter BRAKELMANN: Der Kreisauer Kreis, in: STEINBACH, TUCHEL (wie Anm. 6) S. 358–374; DERS.: Der Kreisauer Kreis als christliche Widerstandsgruppe, in: BRAKELMANN, KELLER (wie Anm. 268) S. 67–85; Wilhelm Ernst WINTERHAGER: Die Zukunftsplanung im Kreisauer Kreis, in: Reinhard KÜHNL, Eckhart SPOO (Hrsg.): Was aus Deutschland werden sollte. Konzepte des Widerstands, des Exils und der Alliierten. Heilbronn 1995 (DISTEL HEFTE – Beiträge zur politischen Bildung, Bd. 27), S. 89–102; Angelika EBBINGHAUS: Neue Initiativen: Der Kreisauer Kreis, in: Karl Heinz ROTH, A. EBBINGHAUS (Hrsg.): Rote Kapellen – Kreisauer Kreise – Schwarze Kapellen. Neue Sichtweisen auf den Widerstand gegen die NS-Diktatur 1938–1945. Hamburg 2004, S. 69–90; Daniela RÜTHER: Auf dem Weg in die Soziale Marktwirtschaft – das wirtschaftsordnungspolitische Programm des Kreisauer Kreises für die Zeit nach Hitler, in: Historisch-Politische Mitteilungen, Nr. 11, 2004, S. 119–146; DIES. (wie Anm. 239) S. 374–415; Hermann WEIß: Kreisauer Kreis, in: BENZ, PEHLE (wie Anm. 108) S. 247–252; STEINBACH, TUCHEL (wie Anm. 15) S. 112 f.
[282] Siehe z. B. die Ausarbeitung „Das europäische Verfassungsproblem" vom Herbst 1942, in: BRAKELMANN (wie Anm. 15) S. 236–242. – Kurzbiographien aller engeren Mitglieder des Kreisauer Kreises sowie eine Liste seiner „Kontaktpersonen in engerer und weiterer Konsultation und Kooperation" präsentiert: BRAKELMANN, a. a. O., S. 45–101; siehe ferner das Schaubild hierzu in: BRAKELMANN: Der Kreisauer Kreis als christliche Widerstandsgruppe (wie Anm. 281) S. 70 f.

[283] Siehe z. B.: Eugen GERSTENMAIER: Streit und Friede hat seine Zeit. Ein Lebensbericht. Frankfurt/M., Berlin, Wien 1981; Matthias STICKLER: Eugen Gerstenmeier (1906–1986). Bundestagspräsident, in: BUCHSTAB, KAFF, KLEINMANN (wie Anm. 44) S. 217–226; Daniela GNISS: Der Politiker Eugen Gerstenmaier 1906–1986. Eine Biographie. Düsseldorf 2005 (Beiträge zur Geschichte des Parlamentarismus und der politischen Parteien, Bd. 144); siehe auch die biographischen Porträts bzw. Kurzbiographien in: BRAKELMANN (wie Anm. 15) S. 75 ff., van ROON (wie Anm. 68) S. 189–194, sowie: WINTERHAGER (wie Anm. 68) S. 57 ff. – Dr. Gerstenmaiers am 23. und 24. Juni 1945 in der „Neuen Zürcher Zeitung" publizierter Zeitzeugenbericht „Zur Geschichte des Umsturzversuches vom 20. Juli 1944" gehört neben einer wenig später dort ebenfalls veröffentlichten Darstellung von Dr. Hans Bernd Gisevius zu den frühesten Wortmeldungen hierzu überhaupt. Beide Artikel sind dann alsbald vom „Südkurier" dessen Leserschaft auch als „Sonderdruck" zugänglich gemacht worden: Der 20. Juli 1944. Beiträge zur Geschichte der deutschen Widerstandsbewegung. Mit einem Nachwort von Dr. Fritz HARZENDORF. Konstanz o. J. (Schriften des Südkurier, Nr. 1), wobei „der Ertrag" dieser zum Preis von 50 Pfennigen vertriebenen Publikation ausweislich des Deckblatts „für Angehörige der Männer vom 20. Juli bestimmt" gewesen ist; ein Exemplar jener Schrift befindet sich im Stadtarchiv Wiesbaden Bestand NL 75 Nr. 1434. – Zwangsläufig dezidiert kritisch äußert sich unter Heranziehung einer 1945 in Basel veröffentlichten Erklärung des berühmten sozialdemokratischen Bekenntnistheologen Prof. Dr. Karl Barth zu Gerstenmaier: FINKER (wie Anm. 164) S. 42–47, zu diesem dort außerdem siehe: Index.

[284] Zu von Trotts Bedeutung für die Widerstandsarbeit des Kreisauer Kreises siehe u. a.: Wilhelm Ernst WINTERHAGER: Zukunftsplanung – Netzwerkbildung – Staatsstreich: Adam von Trott als Spiritus rector im „Kreisauer Kreis" und Führungsgestalt im deutschen Widerstand, in: Ludwig MEHLHORN (Hrsg.): Gewissheit im Widerstand. Adam von Trott zum 100. Geburtstag. Berlin 2011 (Anpassung – Selbstbehauptung – Widerstand, Bd. 32), S. 152–191; Benigna von KRUSENSTJERN: „daß es Sinn hat zu sterben – gelebt zu haben". Adam von Trott zu Solz 1909–1944. Biographie. Göttingen 2009; siehe auch die Hinweise in: Anm. 203.

[285] Siehe den 1947 in den USA auf Englisch und im Jahr darauf dann in Zürich erstmals in deutscher Übersetzung erschienenen, wie so viele andere Darstellungen aus jenen frühen Nachkriegsjahren natürlich mit manchen Fehlern behafteten Bericht von Allen Welsh DULLES: Verschwörung in Deutschland. Kassel 1949, in dem sich der spätere CIA-Direktor in starkem Maße auf Erkenntnisse aus seiner geheimdienstlichen Zusammenarbeit mit den Widerstandsbewegungen im „Dritten Reich" und in den von diesem okkupierten Ländern gestützt hat. So wurde von ihm darin betont, dass er damals „oft die Hilfe von Mitgliedern der Sozialdemokratischen Parteien und anderer Sozialisten und Gewerkschaftler in Anspruch genommen" habe. Aus seiner Sicht der Dinge sind mit der Zeit „Haubach und Mierendorff die eigentlichen Führer der sozialistischen Untergrundbewegung" geworden, während die mit dieser kooperierenden „Gewerkschaftsführer", die längst „überall im Lande wieder neue Zellen aufgebaut hatten", von Wilhelm Leuschner angeführt wurden, „der schließlich der führende Repräsentant der Linken in der politischen Koalition des 20. Juli" gewesen ist. Dies hat zwar den Tatsachen durchaus entsprochen, jedoch wurde dabei Lebers wichtige konspirative Rolle spätestens seit Mierendorffs Tod Ende 1943 außer Acht gelassen, jedenfalls an jener Stelle. Ferner hat Dulles in seinem Bericht auf einen eminent bedeutsamen Sachverhalt aufmerksam gemacht, der in späteren Darstellungen zum antinazistischen Widerstand aus welchen Gründen auch immer oft übersehen wurde, dass nämlich „Mierendorff, Haubach, Ludwig Schwamb, Adolf Reichwein und andere" an den Kreisauer Beratungen nicht etwa „als Individuen, sondern als Vertreter der illegalen sozialdemokratischen Bewegung" teilgenommen haben, siehe dort: S. 125 u. S. 133 ff.

[286] Siehe z. B.: Hagen SCHULZE: Otto Braun oder Preußens demokratische Sendung. Eine Biographie. Frankfurt/M., Berlin, Wien 1981; SCHUMACHER (wie Anm. 3) S. 59 f.; SCHRÖDER (wie Anm. 15) S. 386.

[287] Wilhelm HOEGNER: Der schwierige Außenseiter. Erinnerungen eines Abgeordneten, Emigranten und Ministerpräsidenten. München 1959; DERS.: Flucht vor Hitler. Erinnerungen an die Kapitulation der ersten deutschen Republik 1933. 3. Aufl. München 1978; Peter KRITZER: Wilhelm Hoegner. Politische Biographie eines bayerischen Sozialdemokraten. München 1979; SCHUMACHER (wie Anm. 3) S. 207 f.; SCHRÖDER (wie Anm. 15) S. 515.

[288] Zu Wirth siehe z. B.: Heinrich KÜPPERS: Joseph Wirth. Parlamentarier, Minister und Kanzler der Weimarer Republik. Stuttgart 1997 (Historische Mitteilungen: Beiheft, Bd. 27); Ulrike HÖRSTER-PHILIPPS: Joseph Wirth 1879–1956. Eine politische Biographie. Paderborn, München, Wien, Zürich 1998 (Veröffentlichungen der Kommission für Zeitgeschichte – Reihe B: Forschungen, Bd. 82); Ulrich SCHLIE: Altreichskanzler Joseph Wirth im Luzerner Exil (1939–1948), in: Exilforschung, Bd. 15 (wie Anm. 183) S. 180–199; von KLEMPERER (wie Anm. 140) siehe: Index; SCHUMACHER (wie Anm. 3) S. 560 ff.

[289] Zu Ritzel siehe: Anm. 35, desgleichen die Materialsammlung im Stadtarchiv Wiesbaden Bestand NL 75 Nr. 158.

[290] Zu Gisevius siehe: Anm. 125.

[291] Siehe hierzu z. B.: ULRICH (wie Anm. 35) S. 365 ff.; ein Exemplar der Programmschrift „Das Demokratische Deutschland. Grundsätze und Richtlinien für den deutschen Wiederaufbau im demokratischen, republikanischen, föderalistischen und genossenschaftlichen Sinne. Hrsg. vom Hauptvorstand der Arbeitsgemeinschaft ‚Das Demokratische Deutschland': Dr. Josef Wirth, Reichskanzler a. D.; Dr. Otto Braun, Preuß. Ministerpräsident; Dr. Wilhelm Hoegner, Staatsanwalt; Dr. J. J. Kindt-Kiefer, Schriftsteller; H. G. Ritzel, Ober-Regierungsrat. Bern, Leipzig 1945" befindet sich im Stadtarchiv Wiesbaden Bestand NL 75 Nr. 159; das Programm ist ebenfalls publiziert in: RINGSHAUSEN, von VOSS (wie Anm. 180) S.357–373.

[292] Siehe hierzu ausführlich z. B.: WINTERHAGER (wie Anm. 68) S. 149–174; von KLEMPERER (wie Anm. 140) S. 268–326.

[293] Siehe die Hinweise in: von KLEMPERER (wie Anm. 140) S. 73, desgleichen im Brief Fritz Tarnows an Hans Vogel vom 21. September 1944, in dem Ersterer berichtet, er habe mit seinem „lieben Freund" Leuschner „die ganze Zeit über Kontakt" gehabt, zit. nach: GÜNTHER (wie Anm. 149) S. 221, Anm. 31, sowie im Schreiben von Leuschners einstigem hessischen Mitstreiter im antinazistischen Abwehrkampf Heinrich G. Ritzel aus Basel

„An die Genossen von der Sozialdemokratischen Partei und vom Reichsbanner in Gießen und Umgebung“ vom 29. Juni 1945, aus dem ebenfalls hervorgeht, dass zwischen ihm im schweizerischen Exil und Leuschner sowie dem erst 1938 aus der Haft entlassenen Mierendorff „noch lange Zeit“ konspirative Verbindungen bestanden haben (wie Anm. 155).

[294] Siehe hierzu z. B.: Therkel STRAEDE: Die Menschenmauer. Dänemark im Oktober 1943: Die Rettung der Juden vor der Vernichtung. Kopenhagen 1997; Anton Maria KEIM (Hrsg.): Yad Vashem. Die Judenretter aus Deutschland. 2. Aufl. Mainz u. München 1984, S. 41 f.; LUSTIGER (wie Anm. 198) S. 250–255; Hans KIRCHHOFF: Georg Ferdinand Duckwitz. Die Zeit in Dänemark, in: Boris RUGE (Red.): „Ich weiß, was ich zu tun habe.“ 19. September 1943 – zum Gedenken an Georg Ferdinand Duckwitz 1904–1973. Hrsg.: Auswärtiges Amt, Referat für Öffentlichkeitsarbeit Inland. Berlin 2004, S. 13–37; WINTERHAGER (wie Anm. 68) S. 168 ff.; Eckart CONZE, Norbert FREI, Peter HAYES, Moshe ZIMMERMANN u. a.: Das Amt und die Vergangenheit. Deutsche Diplomaten im Dritten Reich und in der Bundesrepublik. München 2010, S. 248 ff.

[295] Vollständig veröffentlicht sind alle Texte der Kreisauer in dem vortrefflichen Arbeits- und Lesebuch von Prof. Dr. Günter BRAKELMANN (wie Anm. 15) S. 109–372, Moltkes Denkschrift „Über die Grundlagen der Staatslehre“ vom 20. Oktober 1940 sowie die „Grundsätze für die Neuordnung“ mit den Weisungen an die „Landesverweser“ siehe dort: S. 136–146 u. S. 307–318; die erstere Ausarbeitung und die „Grundsätze“ sind beispielsweise auch abgedruckt in: RINGSHAUSEN, von VOSS (wie Anm. 180) S. 133–143 u. S. 331–340.

[296] Siehe hierzu z. B.: BECK: Julius Leber. Sozialdemokrat (wie Anm. 68) S. 182 ff.; MOMMSEN: Julius Leber (wie Anm. 68) S. 316 ff.; BRAKELMANN (wie Anm. 15) S. 95 f. – Franz Josef Furtwängler hat sich an ihn wie folgt erinnert: „Besonders sympathisch war mir an Leber während der Konspirationszeit, dass er nicht zu den geschäftig herumhüpfenden und schreibenden Plänemachern und Programmfabrikanten gehörte. ‚Was danach kommt, regelt sich von selber, wenn wir den Willen zu Verantwortung bewahren.’ Das könnte Lenin im Café Landolt in Genf gesagt haben. Vielleicht hat darum der Henker Freisler ihn den deutschen Lenin genannt.“, so: FURTWÄNGLER: Julius Leber 1891–1945, in: DERS.: (wie Anm. 203) S. 212–216, hier: S. 216.

[297] Siehe vor allem die Ergebnisse der zweiten Kreisauer Tagung vom 18. Oktober 1942 sowie die Grundsätze für die Neuordnung vom 9. August 1943, in: BRAKELMANN (wie Anm. 15) S. 242–248, hier: S. 245 ff., u. S. 307–314. – Seine Überlegungen über „Die kleinen Gemeinschaften“ und deren Bedeutung für Staat und Gemeinwesen hatte von Moltke bereits 1939/40 erstmals zu Papier gebracht, in: Brakelmann, a. a. O., S. 111–116.

[298] „Die Deutsche Opposition gegen den Nationalsozialismus“ vom 15. Juli 1944, zuerst abgedruckt in: STELTZER: Von deutscher Politik (wie Anm. 245) S. 81–96, hier: S. 82; die Schrift ist gleichfalls publiziert in: BRAKELMANN (wie Anm. 15) S. 330–341, siehe dort den Hinweis auf die rudimentäre Fortexistenz „der alten sozialistischen Gewerkschaftsorganisation“ während der Illegalität: S. 331. – Zu Steltzer siehe ansonsten: Anm. 245, aber auch: FINKER (wie Anm. 164) S. 117 f. u. siehe: Index.

[299] Carlo SCHMID: Erinnerungen. (München) 1981, S. 175 ff. u. S. 198–201; Petra WEBER: Carlo Schmid 1896–1979. Eine Biographie. München 1996, S. 133 ff. u. S. 174 ff.; Reiner ALBERT: Schmid, Carlo, in: ASENDORF, von BOCKEL (wie Anm. 15) S. 553 f. – Zu Werner von Haeften siehe z. B. die Erinnerungen seiner Verlobten Reinhild Gräfin von HARDENBERG: Auf immer neuen Wegen. Erinnerungen an Neuhardenberg und den Widerstand gegen den Nationalsozialismus. Berlin 2003, sowie die Kurzbiographie in: STEINBACH, TUCHEL (wie Anm. 15) S. 75 f.

[300] „Die Untergrundbewegung in Deutschland“, Bericht der Research & Analysis Branch des Office of Strategic Services (OSS), Nr. 992, vom 27. September 1943, abgedruckt in: Alfons SÖLLNER (Hrsg.): Zur Archäologie der Demokratie in Deutschland. Bd. 1: Analysen von politischen Emigranten im amerikanischen Geheimdienst 1943–1945. Frankfurt/M. 1986, S. 45–62, hier: S. 58 ff.

[301] Telegramm von Allen Welsh Dulles, OSS Bern, an OSS Washington vom 8. November 1943 sowie dessen Telegramm an denselben Adressaten vom 4. Februar 1944, in: Jürgen HEIDEKING, Christof MAUCH (Hrsg.): USA und deutscher Widerstand. Analysen und Operationen des amerikanischen Geheimdienstes im Zweiten Weltkrieg. Tübingen, Basel 1993, S. 73–76.

[302] Memorandum des stellvertretenden Leiters des OSS, Brigadegeneral Magruder, an das US State Department vom 17. Mai 1944, zit. nach: BEMBENEK, ULRICH (wie Anm. 166) S. 298 ff.

[303] Siehe z. B.: KOSTHORST (wie Anm. 228) S. 207 ff.; MÜLLER: Generaloberst Ludwig Beck. Eine Biographie (wie Anm. 117) S. 463 ff.; Helmut KRAUSNICK: Ludwig Beck, in: LILL, OBERREUTER (wie Anm. 68) S. 125–148, hier: S. 125 u. S. 144 ff.

[304] TUCHEL (wie Anm. 62) S. 73; REICH (wie Anm. 62) S. 84; van ROON (wie Anm. 68) S. 229 ff.; FINKER (wie Anm. 62) S. 115; zu Reinhard Henschels Blankoscheck siehe: Ulrich SAHM: Rudolf von Scheliha und die Finanzierung von Widerstandsaktivitäten in Deutschland, in: BLESGEN (wie Anm. 133) S. 133–135, zum „Putsch-Fonds“ der Verschwörer siehe: Harald JOERGES: Die Finanzierung des 20. Juli 1944, in: BLESGEN, a. a. O., S. 125–131.

[305] Ausnahmen bilden hierbei lediglich die Publikationen meines verstorbenen Freundes Dr. Gerhard Beier, von Prof. Dr. Kurt Finker und Dr. Ulla Plener, von Prof. Dr. Siegfried Mielke und dessen Team sowie von Dr. Hans-Rainer Sandvoß von der Berliner Gedenkstätte Deutscher Widerstand und von Wolfgang Hasibether von der Wilhelm-Leuschner-Stiftung in Bayreuth. – Berichte Maschkes und Schlimmes werden u. a. im Bundesarchiv Berlin aufbewahrt; eine wichtige Stellungnahme Schlimmes für Prof. Dr. Ludwig Bergsträsser befindet sich auch im Leuschner-Nachlass im Hessischen Staatsarchiv Darmstadt, siehe: Anm. 63.

[306] Maschke-Bericht vom Juni/Juli 1945 (wie Anm. 46) S. 92 ff.; Interner Prozessbericht von Dr. Hopf „zur Vorlage an Herrn Reichsleiter Bormann“ vom 19. Januar 1945, in: JACOBSEN (Hrsg.): „Spiegelbild einer Verschwörung“ (wie Anm. 163) Bd. 2, S. 731–735, hier: S. 732; siehe zudem: Abschrift des Urteils des „Volksgerichtshofs“ gegen Wilhelm zur Nieden, Walter Maschke und Bartholomäus Koßmann vom 19. Januar 1945, in: ebenda, S. 759–764, hier: S. 761 f.; GROß (wie Anm. 61) S. 239.

[307] Rede Willi Richters vor dem Ersten Hessischen Gewerkschaftskongress im Volkshaus in Frankfurt am Main-Enkheim am 24. August 1946, zit. nach: BEIER (wie Anm. 3) S. 295–310, hier: S. 299 f.

[308] STELTZER (wie Anm. 298) S. 82; HENK (wie Anm. 164) S. 8 f.; RICHTER (wie Anm. 307) S. 300.

[309] Maschke-Bericht vom Juni/Juli 1945 (wie Anm. 46) S. 96. – Hermann Schlimme hat sich Ende 1945 in seinem Bericht „Vorbereitungen zum 20. Juli 1944. Der Versuch einer deutschen Revolution" ganz genauso geäußert, siehe das Zitat in: BEIER: Wilhelm Leuschners Widerstand (wie Anm. 31) S. 644.

[310] Veröffentlicht unter dem Titel „Vorbereitung gewerkschaftlichen Wiederaufbaus während der Nazi-Diktatur. Vortrag von Walter Maschke am 18. März 1946 in Berlin", in: PLENER (wie Anm. 46) S. 97–103, hier: S. 99.

[311] Jakob KAISER: Drei Jahre danach, in: Neue Zeit, 20. Juli 1947, zit. nach: MAYER (Hrsg.): Jakob Kaiser (wie Anm. 43) S. 325–328, hier: S. 326 f.; Maschke-Vortrag vom 18. März 1946 (wie Anm. 310) S. 100 f. – Anlässlich des ersten Jahrestages des „20. Juli 1944" konnten in der SBZ noch etliche objektive öffentliche Stellungnahmen aus der Feder ausgewiesener deutscher NS-Gegner erscheinen, so von Gustav Dahrendorf und Jakob Kaiser, während in durch die Sowjetische Militäradministration bzw. die KPD-Führung beeinflussten Presseorganen bereits damals das Bestreben zutage trat, das diesbezügliche Geschichtsbild im eigenen Sinne zu instrumentalisieren, siehe hierzu: Kurt FINKER: Zwischen Integration und Legitimation. Der antifaschistische Widerstandskampf in Geschichtsbild und Geschichtsschreibung der DDR. Hrsg.: Rosa-Luxemburg-Stiftung Sachsen. Leipzig 1999, S. 29 ff. – Es ist insofern auch nicht verwunderlich, dass andererseits z. B. die wichtigen konspirativen Funktionen des von den Nazis hingerichteten Hermann Maaß ebenso wie die der dann Anfang 1946 in den FDGB-Bundesvorstand gewählten vormaligen Leuschner-Mitstreiter Walter Maschke und Hermann Schlimme in Dr. Elfriede Nebgens ansonsten fulminanter Kaiser-Biographie (wie Anm. 32) aus dem Jahr 1967 entweder keinen angemessenen oder gar keinen Niederschlag gefunden haben.

[312] Siehe hierzu: BEIER (wie Anm. 30).

[313] NEBGEN (wie Anm. 32) S. 52 ff., 104 f. u. 169.

[314] Anderen Hinweisen zufolge war an jener Unterredung auch Max Habermann beteiligt, so: NEBGEN (wie Anm. 32) S. 91, LEITHÄUSER (wie Anm. 3) S. 215, aber auch: Ludwig REICHHOLD: Europäische Arbeiterbewegung. 2 Bde. Frankfurt/M. 1953, hier: Bd. 1, S. VIII, wo zwar Habermann, nicht aber Letterhaus als Teilnehmer des Treffens genannt wird.

[315] Zum Smolensker Attentatsversuch siehe: Anm. 267, und zum von Oberst von Gersdorff beabsichtigten Selbstmordanschlag auf Hitler im Berliner Zeughaus siehe z. B.: von SCHLABRENDORFF: Offiziere gegen Hitler (wie Anm. 267) S. 76; HOFFMANN (wie Anm. 117) S. 353–360.

[316] REICHHOLD (wie Anm. 314) S. VII ff.; DERS.: Arbeiterbewegung jenseits des totalen Staates. Die Gewerkschaften und der 20. Juli 1944. Wien, Köln, Stuttgart, Zürich 1965, S. 9 ff. u. S. 15 ff.; DERS.: Begegnungen mit Jakob Kaiser, in: Tilman MAYER (Hrsg.): „Macht das Tor auf". Jakob-Kaiser-Studien. Berlin 1996 (Politische Dokumente, Bd. 14), S. 43–56; siehe hierzu ergänzend: NEBGEN (wie Anm. 32) S. 86–93; LEITHÄUSER (wie Anm. 3) S. 215 f.

[317] NEBGEN (wie Anm. 32) S. 122.

[318] Hierzu jeweils: JACOBSEN (Hrsg.): „Spiegelbild einer Verschwörung" (wie Anm. 163) siehe: Index.

[319] So Schlimme in seinem Brief an Prof. Dr. Bergsträsser vom 8. Oktober 1952 (wie Anm. 63); siehe auch: LEITHÄUSER (wie Anm. 3) S. 164 ff., desgleichen ein entsprechender Hinweis Willi Richters in seiner Präparation für ein BBC-Interview Ende 1961, in: BEIER (wie Anm. 3) S. 551 f., Anm. 88.

[320] Zit. nach der vorbildlich kommentierten Fassung in: MIELKE, FRESE (wie Anm. 12) S. 294–300; der Bericht ist ohne Erläuterungen ebenfalls abgedruckt in: JACOBSEN (Hrsg.): „Spiegelbild einer Verschwörung" (wie Anm. 163) Bd. 1, S. 383–386; siehe ergänzend dazu die beiden Organigramme zur „Deutschen Gewerkschaft", in: ebenda, Bd. 2, Übersichten 2 u. 3 [S. 1017 f.]. – Die Tatsache, dass Leuschner im Großen und Ganzen nur die Organisationsstruktur der geplanten Einheitsgewerkschaft preisgegeben hat, nicht aber deren komplette Führungsriege bis zur Ebene der Bezirke und schon gar nicht die für die Übernahme von Funktionen auf Gau- sowie kommunaler Ebene vorgesehenen Gewerkschaftsfunktionäre, ist partiell bereits dem Goerdeler-Biographen Prof. Dr. Gerhard Ritter aufgefallen, desgleichen Jakob Kaiser und Dr. Elfriede Nebgen. Diese sahen sich daher 1954 zur „Ergänzung" der Namen einiger Widerständler aus der christlichen Gewerkschaftstradition veranlasst, die Leuschner den faschistischen Verhörspezialisten verschwiegen hatte, darunter Franz Leuninger, Reimer Mager, Josef Ersing und Johannes Platte. Auch wurde von ihnen darauf hingewiesen, dass für das Gebiet Westdeutschlands nicht Letterhaus, sondern Kaisers „langjähriger Mitarbeiter" Heinrich Körner vorgesehen gewesen war, siehe: RITTER (wie Anm. 12) S. 549, sowie: NEBGEN (wie Anm. 32) S. 122 f. – Zur Gliederungsstruktur der ersten nach 1945 in den einzelnen Besatzungszonen geschaffenen regionalen bzw. überregionalen Gewerkschaftsorganisationen siehe: Anm. 182.

[321] Anlage 1 zum Untersuchungsbericht des Chefs der Sicherheitspolizei und des SD, SS-Obergruppenführer und General der Polizei Dr. Ernst Kaltenbrunner an Reichsleiter Martin Bormann „Zu den innerpolitischen Plänen der Verschwörerclique" [nachfolgend zit.: Kaltenbrunner-Bericht] vom 27. Juli 1944, in: JACOBSEN (Hrsg.): „Spiegelbild einer Verschwörung" (wie Anm. 163) Bd. 1, S. 59–62; hier: S. 61; JOHN (wie Anm. 111) S. 135 f. – Mehrere Ausarbeitungen bzw. Stellungnahmen Fritz Tarnows und anderer nach Schweden emigrierter Gewerkschafter zu dieser seit etwa Anfang der 1940er Jahre keineswegs nur dort recht kontrovers diskutierten Frage sind abgedruckt in: MIELKE, FRESE (wie Anm. 12) S. 781–835 u. S. 868–870; siehe dazu auch insbesondere: Siegfried MIELKE, Peter RÜTTERS: Die Deutsche Arbeitsfront (DAF): Modell für den gewerkschaftlichen Wiederaufbau? Diskussion in der Emigration und in der Gründungsphase der Bundesrepublik Deutschland, in: Hans-Erich VOLKMANN (Hrsg.): Ende des Dritten Reiches – Ende des Zweiten Weltkriegs. Eine perspektivische Rückschau. München, Zürich 1995, S. 675–708.

[322] Kaltenbrunner-Bericht vom 12. August 1944, in: JACOBSEN (Hrsg.): „Spiegelbild einer Verschwörung" (wie Anm. 163) Bd. 1, S. 204–209, hier: S. 205.

[323] Anlage 1 über „Die sozialpolitischen Pläne des Verschwörerkreises um Goerdeler" zum Kaltenbrunner-Bericht vom 29. August 1944, in: JACOBSEN (Hrsg.): „Spiegelbild einer Verschwörung" (wie Anm. 163) Bd. 1, S. 315–317, hier: S. 315 f.; diese Anlage ist ebenfalls abgedruckt in: MIELKE, FRESE (wie Anm. 12) S. 291–294. – Dr. Elfriede Nebgen hat sich dementgegen eigenartigerweise daran erinnert, dass man „die Frage einer Zwangsmitgliedschaft" zwar „länger diskutiert" habe, die Entscheidung dann „aber endgültig gegen sie" getroffen worden sei, so: NEBGEN (wie Anm. 32) S. 91 u. S. 192.
[324] Anlage 1 über „Die sozialpolitischen Pläne des Verschwörerkreises um Goerdeler", zit. nach: JACOBSEN (Hrsg.): „Spiegelbild einer Verschwörung" (wie Anm. 323) S. 316 f.
[325] Ebenda, S. 317; Leuschners Devise zur Ausbildungserfordernis Jugendlicher sowie Dr. Johns Diktum zit. nach: LEITHÄUSER (wie Anm. 3) S. 233; siehe dazu aber auch: Otto JOHN: Wilhelm Leuschner. Männer im Kampf gegen Hitler (IV), in: Blick in die Welt, Heft Nr. 9, 1946, S. 20; desgleichen: LEBER (wie Anm. 15) S. 98.
[326] Die bildungspolitische Denkschrift trägt den handschriftlich ergänzten Titel „Wissenschaftsprobleme", die zu Verfassungsfragen heißt „Wiederherstellung", Hessisches Staatsarchiv Darmstadt Bestand O 29 [Leuschner-Nachlass] Nr. 45; Kopien beider Bergsträsser-Memoranden befinden sich im Stadtarchiv Wiesbaden Bestand NL 75 Nr. 842.
[327] Handschriftlich hat Prof. Dr. Bergsträsser auf der ersten Seite des Typoskripts nachträglich auch dessen ungefähre Entstehungszeit, Leuschner als Adressaten sowie seine eigene Urheberschaft vermerkt.
[328] Ausnahmen sind lediglich: MÜHLHAUSEN (wie Anm. 5) S. 603 f., sowie: ZIBELL (wie Anm. 3) S. 106–109.
[329] Wilhelm ELFES: Ich bitte ums Wort (wie Anm. 210) S. 12.
[330] „Grundsätze für die Neuordnung", zit. nach: BRAKELMANN (wie Anm. 15) S. 307–314, hier: S. 312.
[331] KAISER (wie Anm. 249) S. 305 f.
[332] Siehe hierzu wiederum: MÜHLHAUSEN (wie Anm. 5) S. 599–603, sowie: ZIBELL (wie Anm. 3) S. 110–120, aber auch: SEVERING (wie Anm. 24) S. 437 f.
[333] Wer diese Denkschrift sorgfältig gelesen hat, wird mit Bestimmtheit nicht der seit vielen Jahren wiederholt vorgebrachten Meinung beipflichten können, im deutschen antinazistischen Widerstand seien keinerlei Wege angebahnt worden, die zu guter Letzt in unsere Länderverfassungen und unser Grundgesetz eingemündet sind. Auch das genauso vorschnelle Urteil, Bergsträsser habe darin eine demokratische Partizipation von Parteien nicht vorgesehen, entbehrt jedweder Grundlage. Treffsicher sind diesbezüglich lediglich die Textwiedergaben bzw. -analysen von Joachim G. Leithäuser, Dr. Walter Mühlhausen und Dr. Stephanie Zibell. – In der ersten großen Leuschner-Biographie aus dem Jahr 1962, dessen Autor viele Quellen herangezogen hat, welche dann Eingang gefunden haben in den 1973 im Hessischen Staatsarchiv Darmstadt gebildeten Nachlassbestand Leuschners, ist zwangsläufig nur sehr komprimiert auf die verfassungspolitische Ausarbeitung Bergsträssers eingegangen worden, während die Denkschrift zu Bildungsfragen bloß beiläufig erwähnt wurde, siehe: LEITHÄUSER (wie Anm. 3) S. 221–224 u. S. 233. – Erfreulich ist die erstmalige vollständige, mit einem kurzen Kommentar versehene Veröffentlichung der verfassungspolitischen Denkschrift im Jahr 2000, deren fachwissenschaftliche Rezeption freilich noch nicht einmal hierdurch stimuliert werden konnte, siehe: RINGSHAUSEN, von VOSS (wie Anm. 180) S. 219–232.
[334] Auf Seite 1 und 9 des Typoskripts hat Prof. Dr. Bergsträsser 1947 handschriftlich vermerkt, dass er die „für Leuschner" bestimmte Denkschrift „während des Krieges verfasst" und dann „an Severing gegeben" hat, und zwar „vermutlich 1942, nachdem wir den Sommer in Steinhagen gewesen waren".
[335] Den Leuschner-Hinweis auf die 1941 eingeweihten „über 800 Personen" hat Willi Richter in seiner Gedenkrede vom 29. September 1964 kundgetan (wie Anm. 208) S. 515. – Es gab damals 569 Städte und Gemeinden in Deutschland, siehe: Ralf ZEITLER, Bernhard MEWES (Hrsg.): Statistisches Jahrbuch Deutscher Gemeinden. 34. Jg., N. F. 13. Jg. Jena 1939, Alphabetisches Verzeichnis. – HENK (wie Anm. 164) S. 20 ff.; Gustav DAHRENDORF: Der 20. Juli 1944, seine Hintergründe und seine staatspolitischen Ziele, in: Heinrich-Kaufmann-Stiftung (wie Anm. 67) S. 12–16, hier: S. 14.
[336] Im KZ Buchenwald war im August 1944 vom dortigen, nur zwei Wochen vor dem „20. Juli" erstmals zusammengetretenen „Volksfront-Komitee" die Bildung entsprechender basisdemokratischer Volksfront-Gremien „in Stadt und Land" als strategische Leitidee empfohlen worden. Solche „Volksfront-Komitees" sollten „aus allen antifaschistischen Gruppen" gebildet werden, und zwar „im ganzen Reiche auf allen Stufen seiner politischen Gliederung", und sodann „in einem deutschen Volkskongress" zusammenzufassen sein, welcher „Regierung und Volksvertretung einzusetzen" habe. Jenes KZ-Komitee unter Leitung von Dr. Hermann Brill forderte nicht nur die vollständige „Vernichtung der Diktatur", sondern u. a. auch die Auflösung der „Deutschen Arbeitsfront" und „ihre Umwandlung in eine Einheitsgewerkschaft, notfalls auf gesetzlicher Grundlage", so der Bericht über die Tätigkeit des Volksfront-Komitees des ehemaligen KZ Buchenwald vom 19. April 1945, in: BRILL (wie Anm. 91) S. 89–93, hier: S. 90 u. S. 92. – Auch von Wilhelm Leuschner, Jakob Kaiser und Max Habermann war im Übrigen ein „Gewerkschaftsgesetz" vorbereitet worden, nach dem „die gewerkschaftliche Organisation, wie sie bis ins Einzelne durchdacht war", hätte „Leben gewinnen können", wodurch „bestimmt eine Gewerkschaftsbewegung" entstanden wäre, die „heute", so Kaisers Einschätzung 1947, „ein Element fortschreitender und beruhigender Gesundung für Deutschland sein würde", siehe: KAISER (wie Anm. 249) S. 306.
[337] MÜHLHAUSEN (wie Anm. 5) S. 604; FRANZ (wie Anm. 3) S. 194 ff.; ZIBELL (wie Anm. 3) S. 123–348.
[338] BERGSTRÄSSER (wie Anm. 4) S. 258 f.
[339] LEUSCHNER (wie Anm. 18) S. 59 ff.; NEBGEN (wie Anm. 32) S. 89 ff.; Gerhard BEIER: Sozialstaat als real-utopische Perspektive im Kampf gegen den Hitlerismus und für eine soziale Demokratie. Vergleichende Lebensbeschreibung von Willi Richter (1894–1972) und Wilhelm Leuschner (1890–1944) mit besonderer Berücksichtigung ihrer Vorstellung von Gesellschaft und Staat, in: Bernd HEIDENREICH (Hrsg.): Republik, Diktatur und Wiederaufbau. Hessische Persönlichkeiten des 20. Jahrhunderts. Wiesbaden 1996 (Hessische Landeszentrale für politische Bildung: Kleine Schriftenreihe zur hessischen Landeskunde 4), S. 61–65, hier: S. 64

f. – Die Notizen zur gesellschaftsbildenden Funktion der Gewerkschaften in europäischer Dimension sind wiedergegeben in: LEITHÄUSER (wie Anm. 3) S. 208 ff., sowie: HASIBETHER (wie Anm. 28) S. 22 f. – Zu den Mitgliedern des Parlamentarischen Rates, durch den das Grundgesetz 1948/49 erarbeitet worden ist, gehörten, wenn auch manchmal nur in beratender Funktion, mehrere Mitstreiter Leuschners aus dem antinazistischen Widerstand, nämlich Jakob Kaiser, Prof. Dr. Ludwig Bergsträsser, Paul Löbe und Dr. Otto Suhr, desgleichen eine ganze Reihe weiterer ausgewiesene NS-Gegner, von denen manche mit der hier beschriebenen Widerstandsstruktur ebenfalls auf die eine oder andere Weise Fühlung gehabt haben, so Dr. Thomas Dehler, Jean Stock und Dr. Robert Lehr. Zur Entstehungsgeschichte der Verfassung der Bundesrepublik Deutschland siehe z. B.: Christian BOMMARIUS: Das Grundgesetz. Eine Biographie. Berlin 2009; anders akzentuiert dagegen: Christian WALDHOFF: Der Widerstand gegen den Nationalsozialismus und das Grundgesetz. Festvortrag vom 19. Juli 2009 in der Parochialkirche in Berlin, abrufbar über das gemeinsame Internetangebot der Gedenkstätte Deutscher Widerstand und der Stiftung 20. Juli 1944: Der 20. Juli 1944. Erinnerungen an einen historischen Tag. Reden und Gedenkfeiern, wobei dessen Einschätzung, mit Ausnahme „weniger Randbereiche" fehlten „inhaltliche Verbindungslinien zwischen konkreten Verfassungsprojekten des Widerstands und der institutionellen Architektur des Grundgesetzes", vor dem Hintergrund des hier Dargelegten sicherlich nicht aufrechterhalten werden kann. – Das vom Conseil national de la Résistance, einem Zusammenschluss aller bedeutenden antinazistischen Kräfte im besetzten Frankreich, am 15. März 1944 verabschiedete Programm zur demokratischen Neuordnung nach der Befreiung von der deutschen Besatzungsherrschaft beinhaltete im Übrigen viele Forderungen, die denen Leuschners – ohne dass ein diesbezüglicher Meinungsaustausch mit ihm hätte damals stattgefunden haben können – zur Gänze entsprachen, siehe hierzu die wichtigen Hinweise in der kleinen, aber fulminanten Streitschrift des 1917 in Berlin geborenen französischen Widerstandskämpfers, KZ-Buchenwald-Häftlings und Mitverfassers der Allgemeinen Erklärung der Menschenrechte von 1948 Stéphane HESSEL: Empört euch! Berlin 2011.

340 Die Denkschrift ist abgedruckt in: RITTER (wie Anm. 120) S. 557–572, die hier zitierten Passagen finden sich dort: S. 568–571. – Exemplarisch zur tatsächlich nachweisbaren Entwicklung der antinazistischen Widerstands- und Protestaktivitäten auf dem Gebiet des nachmaligen Bundeslandes Hessen siehe die diversen vorbildlichen Pilotstudien in: Wolfgang FORM, Theo SCHILLER (Hrsg.): Politische NS-Justiz in Hessen. Die Verfahren des Volksgerichtshofs, der politischen Senate der Oberlandesgerichte Darmstadt und Kassel 1933–1945 sowie Sondergerichtsprozesse in Darmstadt und Frankfurt/M. (1933/34). 2 Bde. Marburg 2005 (Veröffentlichungen der Historischen Kommission für Hessen 65).

341 Zu Böcklers antinazistischem Widerstand siehe: NEBGEN (wie Anm. 32) S. 135; Ulrich BORSDORF: Hans Böckler. Bd. 1: Erfahrungen eines Gewerkschafters 1875–1945. Bearb. u. Red.: Ursula BITZEGEIO. 2., aktual. u. erw. Aufl. Frankfurt/M. 2005, S. 300 ff.; siehe außerdem: SCHUMACHER (wie Anm. 3) S. 45 f.; SCHRÖDER (wie Anm. 15) S. 376; Gerhard BEIER: Böckler, Hans, in: ASENDORF, von BOCKEL (wie Anm. 15) S. 69 f.

342 SEVERING (wie Anm. 24) S. 434 ff. – Dass ihr Mann vordem „sehr viel nach Bielefeld zu Genosse Severing" gefahren ist, hat nach dem Krieg Elisabeth Leuschner in ihrem undatierten handschriftlichen Bericht „Was mein Mann erlebte von 1933 bis 1944" bezeugt, Hessisches Staatsarchiv Darmstadt Bestand O 29 [Leuschner-Nachlass] Nr. 18.

343 Paul LÖBE: Der Weg war lang. Lebenserinnerungen. 3., erw. Neuausg. Berlin-Grunewald 1954, S. 236 ff.; Mitteilung Jakob Kaisers zur „letzten Ministerliste vom Juli 1944", zit. nach: RITTER (wie 120) S. 577; WICKERT (wie Anm. 2) S. 207; SCHUMACHER (wie Anm. 3) S. 291–294; SCHRÖDER (wie Anm. 15) S. 592; Gerhard BEIER: Löbe, Paul, in: ASENDORF, von BOCKEL (wie Anm. 15) S. 393 ff.; siehe auch z. B.: Arno SCHOLZ, Walther G. OSCHILEWSKI (Hrsg.): Ein großes Vorbild. Paul Löbe zum Gedächtnis. Berlin 1968.

344 „20. Juli in Franken", in: Der Vorstand der Sozialdemokratischen Partei Deutschlands: [Rundschreiben an die Genossen], London, 17. November 1945 [Kopie], Stadtarchiv Wiesbaden Bestand NL 75 Nr. 200; eine noch knappere Version des Berichts wurde veröffentlicht in: Sozialistische Mitteilungen. News for German Socialists in England, Nr. 81, Dezember 1945, S. 18 [Online-Edition der Friedrich-Ebert-Stiftung]. – Josef SIMON: Erinnerungen aus meinem Leben, in: Adolf MIRKES (Hrsg.): Josef Simon. Schuhmacher, Gewerkschafter, Sozialist mit Ecken und Kanten. Köln 1985, S. 11–202, hier: S. 152 f. u. S. 200 f.; Juliane JUREWICZ: Josef Simon. 23. Mai 1865 – 1. April 1949, in: MIELKE, MORSCH: „Seid wachsam …" (wie Anm. 12) S. 196–203; siehe auch die Kurzbiographien in: WICKERT (wie Anm. 2) S. 307 f., SCHUMACHER (wie Anm. 3) S. 470 ff., SCHRÖDER (wie Anm. 15) S. 705 f., MIELKE, FRESE (wie Anm. 12) S. 221 f. – HBe [i. e. Helmut BEER]: Sozialdemokratischer Widerstand (1933–45), in: Michael DIEFENBACHER, Rudolf ENDRES (Hrsg.): Stadtlexikon Nürnberg. 2., verb. Aufl. Nürnberg 2000, S. 1176; ChB [i. e. Charlotte BÜHL]: Meier, August, in: ebenda, S. 683; siehe auch die umfassende Auskunft des Nürnberger Stadtarchivars Herbert Schmitz u. a. zu August Meier vom 8. September 2010. – Eberhard PODZUWEIT: Lorenz Hagen. 21. Juli 1885 – 23. Juli 1965, in: MIELKE, MORSCH: „Seid wachsam …" (wie Anm. 12) S. 82–89.

345 Andrea WILFERT: Franz Göhr, in: MEYER (wie Anm. 13) S. 249–252.

346 Siehe hierzu die geheimen Untersuchungsberichte des Chefs der Sicherheitspolizei und des SD, SS-Obergruppenführer und General der Polizei Dr. Ernst Kaltenbrunner an Reichsleiter Martin Bormann zur „Gewerkschaftsgruppe" sowie zur „Heranziehung von Gewerkschaftlern im Regierungssystem" vom 18. sowie vom 23. September 1944, in: JACOBSEN (Hrsg.): „Spiegelbild einer Verschwörung" (wie Anm. 163) Bd. 1, S. 392 f. u. S. 415.

347 Rainer MERTENS: Matthäus Herrmann (1879–1959), in: GOTTWALDT (wie Anm. 52) S. 316–322; WICKERT (wie Anm. 2) S. 142; SCHRÖDER (wie Anm. 15) S. 504; MIELKE, FRESE (wie Anm. 12) S. 299.

348 Bernhard FORSTER: Adam Stegerwald (1874–1945). Christlich-nationaler Gewerkschafter, Zentrumspolitiker, Mitbegründer der Unionsparteien. Düsseldorf 2003 (Forschungen und Quellen zur Zeitgeschichte, Bd. 41); SCHUMACHER (wie Anm. 3) S. 496 f.; BUCHSTAB, KAFF, KLEINMANN (wie Anm. 58) siehe: Index.

349 Zu Herrmanns und Schneppenhorsts Verhöraussagen siehe die beiden Kaltenbrunner-Berichte vom 18. und 23. September 1944 (wie Anm. 346).

[350] Zu Ernst Schneppenhorst siehe auch: Anm. 64; zu Franz Göhrs tragischem Schicksal siehe: WILFERT (wie Anm. 345) S. 250 f.; zu Matthäus Herrmann siehe auch das Urteil des „Volksgerichtshofs" gegen Walter Schwartz, Ludwig Schwamb und ihn vom 13. Januar 1945 [Kopie] in der Materialsammlung im Stadtarchiv Wiesbaden Bestand NL 75 Nr. 2771, sowie: Anm. 347.

[351] Siehe z. B.: Ulrike EICH: Suizid – Volksgerichtshof – Standgerichte: Die Opfer des 20. Juli, in: LILL, OBERREUTER (wie Anm. 68) S. 543–571. – Während spätere Schätzungen von 600 bis 700 Festnahmen im unmittelbaren Konnex mit dem Aufstandsversuch ausgehen, waren die ersten diesbezüglichen Quantifizierungen nach dem Krieg sicherlich viel zu hoch angesetzt: So hat der damals gerade erst von der US-Militärregierung in das Amt des ersten hessischen Ministerpräsidenten eingesetzte parteilose Prof. Dr. Karl Geiler im Herbst 1945 mitgeteilt, „im Zusammenhang mit dem Attentat auf Hitler" seien „6.000 deutsche Antifaschisten hingerichtet" worden, Der 20. Juli, in: Mitteilungsblatt. Landesgruppe Deutscher Gewerkschafter in Schweden, 3. Jg., Nr. 12, Dezember 1945, S. 8 [Kopie], Stadtarchiv Wiesbaden Bestand NL 75 Nr. 392. – Andererseits hat schon Prof. Dr. Peter Hoffmann darauf aufmerksam gemacht, dass die Verhaftungen „in den Wehrkreisen und in den Bereichen der Militärbefehlshaber der besetzten Gebiete" auf „ein verhältnismäßig geringes, der tatsächlichen Verbreitung der Verschwörung nicht entsprechendes Maß beschränkt" gewesen sind, HOFFMANN (wie Anm. 117) S. 636. – Siehe auch z. B.: Ulrike HETT, Johannes TUCHEL: Die Reaktionen des NS-Staates auf den Umsturzversuch vom 20. Juli 1944, in: STEINBACH, TUCHEL (wie Anm. 6) S. 522–538.

[352] Siehe hierzu z. B.: Michael KIßENER: Die Aktion „Gewitter", in: BECKER, STUDT (wie Anm. 163) S. 185–197.

[353] So die auf einen „Befehl der Parteikanzlei vom 10. Februar 1945" Bezug nehmende, wie dieser geheime Anweisung von Gauleiter und Reichsverteidigungskommissar Jakob Sprenger an die Kreisleiter im NSDAP-Gau Hessen-Nassau „betr.: Vorgehen seitens der Partei zur Inschachhaltung der Volksgenossen bis zum Kriegsende" vom 15. Februar 1945, erstmals veröffentlicht durch die Frankfurter Rundschau am 4. August 1945, abgedruckt in: BEMBENEK, ULRICH (wie Anm. 252) S. 420 f.

[354] SANDVOß (wie Anm. 13). Im Rahmen dieses Forschungsprojektes zum antinazistischen Widerstand in den einzelnen Berliner Bezirken, das von einem integralen Widerstandsverständnis ausgeht, sind seit 1983 insgesamt 14 Publikationen erschienen. Zehn davon hat Sandvoß selbst erstellt, drei Heinrich-Wilhelm Wörmann und eine Felicitas Bothe-von Richthofen. Die für die politische Bildungsarbeit gedachten vorbildlichen Publikationen können gratis, allerdings gegen Erstattung der Versandkosten bei der Gedenkstätte Deutscher Widerstand in Berlin bestellt werden.

[355] Hermann SCHLIMME: Das Vermächtnis Wilhelm Leuschners, in: Neues Deutschland, Nr. 228, 29. September 1954, zit. nach: DERS.: Für Frieden und Einheit. Aus Reden und Schriften 1945 bis 1956. Berlin 1957, S. 191–192, hier: S. 192.

[356] Dr. Gerhard Beier hatte bereits „das Material zu einem umfangreichen Widerstandsband", d. h. genau zu diesem speziellen gewerkschaftlichen Themenkomplex, „von bis zu 1.000 Seiten gespeichert", wie er Dr. Ulla Plener in einem Schreiben vom 9. April 1999 [Kopie], Stadtarchiv Wiesbaden Bestand NL 75 Nr. 200, und auch mir selbst mehrfach berichtet hat. Die für diese Leuschner-Biographie herangezogenen Quellen füllen ebenfalls mehrere Aktenordner. Es handelt sich dabei u. a. um Urteilsschriften, Artikel aus der damaligen Exilpresse sowie um solche aus hiesigen Zeitungen der unmittelbaren Nachkriegszeit, um mehr oder minder umfangreiche Zeitzeugenberichte, zum Teil auch lediglich um kurze Textauszüge und nur marginale Hinweise, die es aber allesamt verdienten, dass ihnen im genannten Kontext weiter nachgegangen wird. Wichtige neue Erkenntnisse würde sicherlich auch eine systematische wissenschaftliche Auswertung der Akten der Entschädigungsbehörden zutage fördern, wie eine stichprobenartige Überprüfung durch Angelika Arenz-Morch vom NS-Dokumentationszentrum Rheinland-Pfalz / Gedenkstätte KZ Osthofen für den dortigen Bereich erbracht hat.

[357] Zu Knothe und zum Arbini-Kreis siehe: BEIER (wie Anm. 14) S. 578–581; zu Knothe siehe auch: LENGEMANN (wie Anm. 3) S. 302 f., BEIER: Arbeiterbewegung in Hessen (wie Anm. 15) S. 467 f., WICKERT (wie Anm. 2) S. 179 f., zu seiner wichtigen Rolle in der unmittelbaren Nachkriegszeit ferner: ULRICH (wie Anm. 192) S. 18 ff.

[358] Zu General Georg Thomas siehe: Anm. 139; HOFFMANN (wie Anm. 117) siehe: Index; Wigbert BENZ: Der Hungerplan im „Unternehmen Barbarossa" 1941. Berlin 2011.

[359] Zu Dr. Altheim siehe die Auskunft von Lutz Becht vom Frankfurter Institut für Stadtgeschichte vom 21. März 2006 sowie seine undatierte Erklärung zur eigenen politischen Einstellung [Kopie], Stadtarchiv Wiesbaden Bestand NL 75 Nr. 201.

[360] Jan von TROTT, Peter FRIEDL: Karl Kirchner. Porträt eines Frankfurter Kommunalpolitikers. Hrsg.: SPD-Stadtverordnetenfraktion. Frankfurt/M. 1983; BEIER: Arbeiterbewegung in Hessen (wie Anm. 15) S. 464 f.; siehe ferner: Sabine HOCK, Reinhard FROST (Bearb.): Frankfurter Biographie. Personengeschichtliches Lexikon. Hrsg.: Wolfgang KLÖTZER. 1. Bd.: A–L. Frankfurt/M. 1994 (Veröffentlichungen der Frankfurter Historischen Kommission, XIX/1), S. 395.

[361] Hierzu sowie zu den folgenden konspirativen Führungskräften siehe: HENK (wie Anm. 164) S. 49 f. – Zu Zinnkann, dem 1965 als Erstem überhaupt die Wilhelm-Leuschner-Medaille verliehen worden ist, siehe ferner: METZ (wie Anm. 1) S. 46; LENGEMANN (wie Anm. 3) S. 442; BEIER: Arbeiterbewegung in Hessen (wie Anm. 15) S. 613; SCHRÖDER (wie Anm. 15) S. 819.

[362] Zu Maschmeyer siehe: Anm. 252.

[363] Zu Widmann siehe vor allem die Biographie in: Wolfgang REUTER: Zwölf Offenbacher Sozialdemokraten 1870 bis 1970. Hrsg.: Historische Kommission des SPD-Unterbezirks Offenbach. Offenbach 2004, S. 83–97; siehe aber auch die Kurzbiographien in: BEIER: Arbeiterbewegung in Hessen (wie Anm. 15) S. 597 f., sowie: SCHRÖDER (wie Anm. 15) S. 800.

[364] Zu Weber siehe vor allem die Biographie in: REUTER (wie Anm. 363) S. 69–82; siehe ebenso: Erich HERRMANN: Wilhelm Weber (MdR), in: Wolfgang REUTER: Offenbacher gegen die NS-Diktatur. Hrsg.: Historische Kommission des SPD-Unterbezirks Offenbach. Offenbach 2012, S. 57–59; BEIER: Arbeiterbewegung in Hessen

(wie Anm. 15) S. 593 f.; SCHRÖDER (wie Anm. 15) S. 790 f.; SCHUMACHER (wie Anm. 3) S. 551 f.
365 Zu Freitag siehe dessen Selbstauskunft für die Betreuungsstelle „Opfer des Faschismus" beim Regierungspräsidenten für Rheinhessen in Mainz vom 24. Juni 1949, Amt für Wiedergutmachung Saarburg Verwaltungsakte Nr. 13090; siehe ferner: BEIER: Arbeiterbewegung in Hessen (wie Anm. 15) S. 418; SCHRÖDER (wie Anm. 15) S. 448.
366 Zu Calujek siehe: SIMON (wie Anm. 25) S. 143 f.
367 Zu Dr. Doller siehe die Bestätigung des Ministers des Innern Rheinland-Pfalz Jakob Steffan über dessen Beteiligung am antinazistischen Widerstand in Verbindung mit Wilhelm Leuschner für die Betreuungsstelle „Opfer des Faschismus" beim Regierungspräsidenten für Rheinhessen in Mainz vom 5. April 1949, Amt für Wiedergutmachung Saarburg Verwaltungsakte Nr. 187727.
368 Willy KNOTHE: Menschen und Aktionen um den 20. Juli! Zum Gedenken Wilhelm Leuschners! [Kopie eines 1951 verfassten, vermutlich seinerzeit aber unveröffentlicht gebliebenen Typoskripts zur Erinnerung an den „20. Juli"], Stadtarchiv Wiesbaden Bestand NL 75 Nr. 201. Nur unwesentlich gekürzt publiziert wurde der erst wenige Jahre zuvor von Christa Klammer im Zuge eines Forschungsprojektes zur Geschichte der SPD in Südhessen wiederaufgefundene Bericht dann 1996 in: BEMBENEK, ULRICH (wie Anm. 166) S. 287–289, nachdem ein kurzer Textauszug bereits 1990 veröffentlicht worden ist, nämlich in: BEMBENEK, ULRICH (wie Anm. 252) S. 413 f.; HENK (wie Anm. 164) S. 49 f.
369 Auszüge aus Knothes Typoskript „Im Dschungel der Illegalität" befinden sich in seiner Spruchkammerakte, Hessisches Hauptstaatsarchiv Wiesbaden Abteilung 520 F; Schreiben der Gemeinschaft verfolgter Sozialdemokraten. Gemeinschaft der politisch, rassisch, religiös verfolgten und geschädigten Sozialdemokraten Hessen-Süd an die Redaktion der Deutschen Woche, Frankfurt/M., vom 5. September 1949 sowie an die Zentralberufungskammer Hessen-Süd, z. Hd. Herrn Metz, ebenfalls Frankfurt/M., vom 20. Februar 1950 [Kopien], Stadtarchiv Wiesbaden Bestand NL 75 Nr. 201.
370 Siehe hierzu z. B.: SCHIFFEL: Jakob Steffan – ein streitbarer Sozialdemokrat in den politischen Auseinandersetzungen ... (wie Anm. 25) S. 90–94; DIES.: Jakob Steffan. Ein streitbarer Demokrat (wie Anm. 25) S. 31 f. u. S. 65 [„Bescheinigung" des Regierungspräsidenten für Rheinhessen Jakob Steffan für „den früheren Gestapo-Beamten Peter Eisenhauer" vom 8. Februar 1946 über dessen Warnungen vor der Verhaftung politisch, rassistisch und religiös Verfolgter]; siehe zudem: Barbara NICHTWEIß: Nachwort. Beobachtungen und Anregungen zur Text-Dokumentation und zur Stohr-Forschung, in: Karl Kardinal LEHMANN, Peter REIFENBERG, B. NICHTWEIß (Hrsg.): Dominus Fortitudo. Bischof Albert Stohr (1890–1961). Mainz, Würzburg 2012 (Neues Jahrbuch für das Bistum Mainz. Beiträge zur Zeit- und Kulturgeschichte der Diözese 2011), S. 405–441, hier: S. 431 ff., wobei der Vorschlag von Dr. Nichtweiß, der Leiterin der Publikationsabteilung im Bischöflichen Ordinariat Mainz, die Einbindung katholischer NS-Gegner in die zivilen Widerstandsstrukturen zur Vorbereitung eines Umsturzes auf lokaler bzw. Diözesanebene gründlich aufzuarbeiten, unbedingt zu unterstützen ist.
371 Schreiben der Gemeinschaft verfolgter Sozialdemokraten Hessen-Süd an die Redaktion der Deutschen Woche, Frankfurt/M., vom 5. September 1949 (wie Anm. 369).
372 HENK (wie Anm. 164) S. 49.
373 Spruchkammerakte Christian Fries, Frankfurt/M., Hessisches Hauptstaatsarchiv Wiesbaden Abteilung 520 F. – Seit etlichen Jahren habe ich in vielen Vorträgen vor allem im Bereich Südhessens und Rheinhessens auf die Notwendigkeit hingewiesen, die zivilen Widerstandsstrukturen im Zusammenhang mit dem Umsturzvorhaben des „20. Juli" endlich im lokalen wie regionalen Kontext zu erforschen. Nachdem mir dann der Sohn Jakob Steffans, Dr. Lothar Steffan, Bad Kreuznach, kurz zuvor freundlicherweise u. a. eine Kopie der umfangreichen Rechtfertigungsschrift von Kriminalrat a. D. Christian Fries an die Spruchkammer Frankfurt/M. vom 12. Januar 1947 zu seinen Aktivitäten während der NS-Zeit zur Verfügung gestellt hatte, die sich in einer Abschrift im Nachlass des früheren rheinland-pfälzischen Innenministers, dann Sozialministers erhalten hat, konnte ich seit 2006 regelmäßig auch auf Fries' wichtige Rolle im regionalen Widerstand näher eingehen, so z. B. in meinem Beitrag zu Ludwig Schwamb und Jakob Steffan als Mitstreiter Leuschners im Rahmen der Vortragsveranstaltung des Landtages Rheinland-Pfalz „Lebensbilder von Gegnern des NS-Regimes aus Rheinland-Pfalz" am 22. Januar 2007; der Vortrag wurde sodann veröffentlicht in: Hans-Peter HEXEMER (Red.): Veranstaltungen zum Tag des Gedenkens an die Opfer des Nationalsozialismus 2007. Plenarsitzung, Vorträge und Ausstellung im Landtag Rheinland-Pfalz. Hrsg.: Der Präsident des Landtags Rheinland-Pfalz. Mainz 2007, S. 95–123, hier: S. 107 f. – Fries' Rechtfertigungsschrift, von der seinerzeit offenbar sonst kein weiteres Exemplar in einem öffentlichen Archiv überliefert war, habe ich sodann jeweils in Kopie der Gedenkstätte Deutscher Widerstand in Berlin, dem Dokumentationsarchiv des Studienkreises Deutscher Widerstand in Frankfurt/M., der Wilhelm-Leuschner-Gedenkstätte in Bayreuth und einigen weiteren Einrichtungen wie auch mehreren am Thema interessierten Einzelpersonen zukommen lassen. Eine Kopie befindet sich zudem im Stadtarchiv Wiesbaden Bestand NL 75 Nr. 1555.
374 Rechtfertigungsschrift vom 12. Januar 1947 sowie Spruchkammerakte Christian Fries (wie Anm. 373).
375 Ebenda.
376 Zum Problem der adäquaten Polizeibewaffnung, das aber offenbar bis kurz vor dem „20. Juli" noch immer nicht zufriedenstellend gelöst war, siehe z. B. die wichtigen Hinweise im geheimen Untersuchungsbericht des Chefs der Sicherheitspolizei und des SD, SS-Obergruppenführer und General der Polizei Dr. Ernst Kaltenbrunner an Reichsleiter Martin Bormann „Zum Anwachsen der Verschwörung" vom 2. September 1944, in: JACOBSEN (Hrsg.): „Spiegelbild einer Verschwörung" (wie Anm. 163) Bd. 1, S. 339–345, hier: S. 341. – Zu den in Mainz und Frankfurt am 20. Juli 1944 bereits angelaufenen Maßnahmen zur Unterstützung der Militäraktion siehe: HENK (wie Anm. 164) S. 49 f.; Karl Otmar Freiherr von ARETIN: Der deutsche Widerstand gegen Hitler, in: DERS. u. a. (wie Anm. 20), S. 7–38, hier: S. 36; HOFFMANN (wie Anm. 117) S. 556; siehe außerdem den die Erkenntnisse von Prof. Dr. Hoffmann zur Besetzung des Frankfurter Senders ergänzenden Hinweis im Bericht

Rudi Arndts über seine eigene Verbindung zum „20. Juli 1944“, in: Axel ULRICH: Konrad Arndt. Ein Wiesbadener Gewerkschafter und Sozialdemokrat im Kampf gegen den Faschismus. Mit einem Beitrag von Hajo RÜBSAM zur Geschichte des Alten Gewerkschaftshauses in Wiesbaden. Hrsg.: IG Metall Verwaltungsstelle Wiesbaden-Limburg u. Verein Volkshaus J. P. Wiesbaden 2001, S. 72–75, hier: S. 74 f.; siehe im Vergleich dazu z. B. die Situation beim Berliner Rundfunk, dessen sich die SS erst bemächtigte, nachdem dieser fast zwei Stunden lang von Aufständischen besetzt gewesen war, WÖRMANN (wie Anm. 15) S. 124 ff., während der Deutschlandsender dort sein Programm ungestört weiter ausstrahlen konnte, siehe: HOFFMANN (wie Anm. 117) S. 608. – Zu Rudi Arndts Vita während der NS-Zeit siehe: Sabine HOCK: Im Schatten des Hakenkreuzes. Eine Jugend in der Weimarer Republik und unter Hitler (1927–1945), in: Hans SARKOWICZ, DIES. (Red.): Rudi Arndt. Politik mit Dynamit. Eine politische Biographie [Beiträge]. Hanau 2011, S. 12–50, hier: S. 19 ff.

[377] Hierzu siehe z. B.: SÄNGER (wie Anm. 204) S. 57–61; NEBGEN (wie Anm. 32) S. 96; BECK: Julius Leber. Sozialdemokrat (wie Anm. 68) S. 192 ff.; Günther GILLESSEN: Auf verlorenem Posten. Die Frankfurter Zeitung im Dritten Reich. Berlin 1986, S. 394, 400 u. 500 ff.; Birgit RÄTSCH: „Der Tätige ist stets wichtiger als der Tote oder auch nur der Gefesselte“. Das Dilemma Fritz Sängers zwischen Mittun und Opposition, in: Christoph STUDT (Hrsg.): „Diener des Staates“ oder „Widerstand zwischen den Zeilen“? Die Rolle der Presse im „Dritten Reich“ (XVIII. Königswinterer Tagung Februar 2005). Berlin 2007 (Schriftenreihe der Forschungsgemeinschaft 20. Juli 1944, Bd. 8), S. 183–194, hier: S. 190 ff. – Dagmar BUSSIEK: Benno Reifenberg 1892–1970. Eine Biographie. Göttingen 2011.

[378] Zu Ulrich-Wilhelm Graf von Schwerin von Schwanenfeld siehe vor allem: Detlef Graf von SCHWERIN: „Dann sind's die besten Köpfe, die man henkt“. Die junge Generation im deutschen Widerstand. München, Zürich 1991, siehe: Index; siehe ferner z. B.: LEBER (wie Anm. 15) S. 161 f.; STEINBACH, TUCHEL (wie Anm. 15) S. 171 f.; HOFFMANN (wie Anm. 117) siehe: Index.

[379] Zu Dr. Lukaschek siehe z. B.: STEINBACH, TUCHEL (wie Anm. 15) S. 127; BRAKELMANN (wie Anm. 15) S. 86 ff.; WINTERHAGER (wie Anm. 68) S. 66 ff.

[380] Zu August Frölich siehe z. B.: SCHUMACHER (wie Anm. 3) S. 139 f.; SCHRÖDER (wie Anm. 15) S. 453 f.

[381] Reinhold BOST: Bartholomäus Koßmann. Christ · Gewerkschafter · Politiker 1883–1952. Blieskastel 2002, S. 272– 292; siehe auch das biographische Porträt in: Klaus-Michael MALLMANN, Gerhard PAUL: Das zersplitterte Nein. Saarländer gegen Hitler. Widerstand und Verweigerung im Saarland 1935–1945. Bd. 1. Hrsg.: Hans-Walter HERRMANN. Bonn 1989, S. 137–145, hier: S. 141 ff.; SCHUMACHER (wie Anm. 3) S. 263 f.

[382] Zu den Politischen Beauftragten und deren Unterbeauftragten sowie den Verbindungsoffizieren für die einzelnen Wehrkreise siehe: NEBGEN (wie Anm. 32) S. 177–181; LEITHÄUSER (wie Anm. 3) S. 230 f.; HOFFMANN (wie Anm. 117) S. 430 ff., 439 ff. u. 631; FINKER (wie Anm. 270) S. 205 ff.; MÜLLER: Generaloberst Ludwig Beck. Eine Biographie (wie Anm. 117) S. 485 f.; die Fernschreiben der Verschwörer zur Heranziehung des genannten Personenkreises wie auch Listen mit den Namen und Wohn- bzw. Dienstanschriften der Betreffenden sind in Anlagen mehrerer geheimer Untersuchungsberichte des Chefs der Sicherheitspolizei und des SD, SS-Obergruppenführer und General der Polizei Dr. Ernst Kaltenbrunner an Reichsleiter Martin Bormann dokumentiert, so zu den Berichten vom 24., 25. u. 27. Juli 1944, in: JACOBSEN (Hrsg.): „Spiegelbild einer Verschwörung“ (wie Anm. 163) Bd. 1, S. 26 ff., 50 ff. u. 75 ff.

[383] Zu Prof. Dr. Schreiber siehe z. B.: SCHUMACHER (wie Anm. 3) S. 442 f.

[384] Zu Koßmann siehe: „Volksgerichtshofs“-Urteil sowie Prozessbericht von Dr. Hopf vom 19. Januar 1945 (wie Anm. 306) S. 731 f., 760 u. 762 ff. – Zum frühen Stand der Ermittlungen gegen Gustav Noske und Ludwig Schwamb siehe den geheimen Untersuchungsbericht des Chefs der Sicherheitspolizei und des SD, SS-Obergruppenführer und General der Polizei Dr. Ernst Kaltenbrunner vom 23. August 1944 über die „Beteiligung früherer Sozialdemokraten“ am Umsturzversuch, in: JACOBSEN (Hrsg.): „Spiegelbild einer Verschwörung“ (wie Anm. 163) Bd. 1, S. 288–294, hier: S. 290 f. – Der Hinweis auf die Noske belastende Aussage Leuschners ist enthalten im geheimen Untersuchungsbericht Dr. Kaltenbrunners über die „Politischen Beauftragten bzw. Unterbeauftragten sowie die Verbindungsoffiziere zum Oberkommando des Heeres“ vom 18. August 1944, in: a. a. O., S. 256–261, hier: S. 259. – Zu Schwambs Schutzbehauptungen vor den NS-Ermittlungsbeamten sowie vor dem „Volksgerichtshof“ siehe dessen Urteil gegen Walter Schwartz, Matthäus Herrmann und ihn vom 13. Januar 1945 (wie Anm. 350); die erwähnte Episode in der Berliner Wohnung der Lebers Anfang 1943 sowie Schwambs damaliges Diktum hat dessen Witwe in einem Brief an Annedore Leber vom 18. Januar 1956 in Erinnerung gebracht, Stadtarchiv Mainz Bestand NL 106/10.

[385] Urteil des „Volksgerichtshofs“ gegen Walter Schwartz, Ludwig Schwamb und Matthäus Herrmann vom 13. Januar 1945 (wie Anm. 350); geheimer Untersuchungsbericht des Chefs der Sicherheitspolizei und des SD, SS-Obergruppenführer und General der Polizei Dr. Ernst Kaltenbrunner an Reichsleiter Martin Bormann zur „Auswahl der Politischen Beauftragten“ sowie zur „Regierungsliste“ vom 6. September 1944 (wie Anm. 264) S. 358; Dr. Cuno Raabe, in: WIEST-RAABE (wie Anm. 244) S. 194. – Zur Geschichte der Groß-Hessen-Vision siehe z. B.: LEITHÄUSER (wie Anm. 3) S. 56 ff.; Walter MÜHLHAUSEN: Die Gründung des Landes Hessen 1945. Wiesbaden 2005 (Hessische Landeszentrale für politische Bildung: Blickpunkt Hessen, Nr. 4 / 2005).

[386] Rechtfertigungsschrift von Christian Fries vom 12. Januar 1947 (wie Anm. 373); Gustav NOSKE: Das freie Wort. Keine Einigung, in: Neue Zeitung, 25. Februar 1946, zit. nach: WETTE (wie Anm. 82) S. 771 ff.; BEIER (wie Anm. 14) S. 574; STEIN (wie Anm. 66) S. 22 ff.; HENK (wie Anm. 164) S. 55 f.

[387] Beispielhaft sei hier nur auf die Wiesbadener Widerstandsgruppe um Heinrich Roos sowie die Gruppe christlicher Gewerkschafter im Rhein-Main-Gebiet verwiesen, siehe hierzu: Anm. 166 u. Anm. 210.

[388] HENK (wie Anm. 164) S. 51 u. S. 60 ff.; Arthur D. KAHN: Offiziere, Kardinäle und Konzerne. Ein Amerikaner über Deutschland. Berlin 1964, S. 45 ff.; der Autor hat in jenem in der DDR erschienenen Bericht über seine Erfahrungen während der Besatzungszeit u. a. bezeugt, der mit ihm bald befreundete Steffan sei 1945 überhaupt „der antifaschistische Held“ in Mainz gewesen.

[389] Siehe hierzu vor allem: ULRICH: Politischer Widerstand im Rhein-Main-Gebiet (wie Anm. 14) S. 195–229.
[390] Siehe z. B.: BRACHER (wie Anm. 11) S. 158 f. – FINKER (wie Anm. 11); DERS.: (wie Anm. 281) S. 162 ff. u. S. 240 ff., wobei er dort zwar die Zahlenangaben Henks als „übertrieben" beurteilt, gleichzeitig aber einräumt, dass in der Tat „ein relativ weitverzweigtes, tief nach unten reichendes Netz von Vertrauensleuten geschaffen wurde, das durchaus ein wichtiger Faktor für die Auslösung einer demokratischen Bewegung von unten hätte werden können". – Richard LÖWENTHAL: Widerstand im totalen Staat, in: LÖWENTHAL, von ZUR MÜHLEN (wie Anm. 6) S. 11–24, hier: S. 16 f.; DERS.: Widerstand im Unrechtsstaat – und in der Demokratie? Vortrag in der Staatskanzlei Rheinland-Pfalz am 27. Juni 1984, in: Landeszentrale für politische Bildung Rheinland-Pfalz (Hrsg.): Widerstand im Dritten Reich – und heute? Beiträge zur Klärung des Begriffes mit Interviews mit Anneliese Knoop-Graf, Dr. Susanne Miller, Dr. Paul Hoffacker und einem Vortrag von Prof. Dr. Richard Löwenthal. Mainz 1984, S. 41–54, hier: S. 47 ff. – MOMMSEN (wie Anm. 68) passim; DERS.: Wilhelm Leuschners Kampf für die Zukunft der Gewerkschaften und gegen die Nazidiktatur, in: SOMMER (wie Anm. 15) S. 26–35, hier: S. 29 u. S. 31 ff.
[391] Zu den vielen von den Professoren Dr. Mielke und Dr. Morsch angeregten, betreuten bzw. herausgegebenen zumeist kleineren biographischen Arbeiten siehe: Anm. 12, 51 u. 91; zu Sandvoß' Berliner Großprojekt siehe: Anm. 13 u. 354.
[392] Zu Dr. Beiers biographischen Würdigungen siehe z. B.: Anm. 3, 14, 15 u. 31, desgleichen seine in der Auswahlbibliographie aufgeführten Titel; zu Wolfgang Hasibethers Studien siehe: Anm. 15, 28, 31, 45 u. 208 bzw. seine Monographien ebenfalls in der Auswahlbibliographie; siehe des Weiteren die Werke von: FINKER (wie Anm. 62), TUCHEL (wie Anm. 62), ZIBELL (wie Anm. 3), MÜHLHAUSEN (wie Anm. 5), STEIN (wie Anm. 66) und SCHIFFEL (wie Anm. 25).
[393] Grit STUNNACK: Willy Jesse – Eine Biographie. Wissenschaftliche Hausarbeit zur Erlangung des akademischen Grades Magister Artium am Fachbereich Geschichtswissenschaften der Universität Rostock. 1997 [auch: Stadtarchiv Wiesbaden Bestand NL 75 Nr. 2772]; die Autorin ordnet Jesses regionale konspirative Spitzenfunktion allerdings irrtümlich dem Kreisauer Kreis zu, obwohl sie doch seine enge antinazistische Anbindung an seine Parteifreunde Dr. Julius Leber und Gustav Dahrendorf klar aufgezeigt hat, siehe dort: S. 23 ff. – Siehe ebenso die biographische Skizze: DIES.: Willy Jesse, in: Zeitgeschichte regional. Mitteilungen aus Mecklenburg-Vorpommern, Heft 2, 1997, S. 35–38, desgleichen die Kurzbiographien in: WICKERT (wie Anm. 2) S. 158 f.; SCHRÖDER (wie Anm. 15) S. 530 f.
[394] Löwenthals hierüber verfasster Artikel ist daraufhin in zwei Londoner Tageszeitungen erschienen. Eine umfangreichere, wohl um brisante Passagen gekürzte Version des Jesse-Berichts wurde ebenfalls aus Gründen konspirativer Sicherheit erstmals Monate später veröffentlicht, und zwar nachdem der darin namentlich genannte Leuschner längst hingerichtet worden war. Goerdeler wurde in jenem Rapport zwar gleichfalls erwähnt, aber zu jenem Zeitpunkt war wohl auch sein Todesurteil schon vollstreckt bzw. konnte mit seiner Begnadigung nicht mehr gerechnet werden, siehe: Der 20. Juli 1944, in: Sozialistische Mitteilungen, Nr. 70/71, Januar – Februar 1945, Beilage [Online-Edition der Friedrich-Ebert-Stiftung]; in Argentinien erschien eine weitere Version des Berichts, nämlich in: Das Andere Deutschland, VII. Jg., Nr. 93, April 1945; siehe hierzu: LÖWENTHAL: Widerstand im Unrechtsstaat (wie Anm. 390) S. 48. – Schreiben von Fritz Tarnow an Hans Vogel vom 21. Juli 1944, Archiv der sozialen Demokratie der Friedrich-Ebert-Stiftung Bestand NL Karl Raloff Allgemeine Korrespondenz 44; eine Kopie befindet sich im Stadtarchiv Wiesbaden Bestand NL 75 Nr. 2772. – Zum heftigen Disput, welchen die Weitergabe des Jesse-Berichts durch Fritz Tarnow in schwedischen Exilkreisen ausgelöst hatte und in den u. a. auch Willy Brandt verwickelt gewesen ist, siehe: STUNNACK: Willy Jesse – eine Biographie (wie Anm. 393) S. 29–40, sowie: GÜNTHER (wie Anm. 149) S. 101 f. – 50 Jahre nach dem „20. Juli" wurde Jesses wichtiges Zeugnis zum zivilen „20. Juli"-Untergrund erstmals einer größeren deutschen Leserschaft zugänglich gemacht, und zwar durch die zweifellos verdienstvolle Edition: Ursula ADAM (Hrsg.): „Die Generalsrevolte". Deutsche Emigranten und der 20. Juli 1944. Eine Dokumentation. Berlin 1994, S. 185–194; nicht recht verständlich ist nur, warum die Herausgeberin in Kenntnis dieses Berichts in ihrer Einführung gleichwohl die Annahme äußert, „so etwas wie eine zweite Reihe hinter den Verschwörern des Juli" habe „offenbar nicht" existiert, a. a. O., S. 14.
[395] Zit. nach den Auszügen des Jesse-Berichts in: BEMBENEK, ULRICH (wie Anm. 166) S. 291–297, hier: S. 292 f. u. S. 295 f., sowie nach: STUNNACK: Willy Jesse – Eine Biographie (wie Anm. 393) S. 25.
[396] Geheimer Untersuchungsbericht des Chefs der Sicherheitspolizei und des SD, unterzeichnet durch SS-Gruppenführer und Generalleutnant der Polizei Müller, an Reichsleiter Martin Bormann über „‚Das Volk' und ‚die Arbeiterschaft' in den Vorstellungen des Verschwörerkreises" vom 24. November 1944, in: JACOBSEN (Hrsg.): „Spiegelbild einer Verschwörung" (wie Anm. 163) Bd. 1, S. 496–501, hier: S. 496 f. u. S. 499 f.
[397] Ebenda, S. 500 f. – Zur Frage der Absicherung des Umsturzes durch eine Volksbewegung siehe z. B.: MOMMSEN: Neuordnungspläne der Widerstandsbewegung des 20. Juli 1944 (wie Anm. 278) S. 184 ff.
[398] Zu Dr. Hans Robinsohn siehe seine Kurzbiographien in: SASSIN (wie Anm. 60) S. 384, sowie: STEINBACH, TUCHEL (wie Anm. 15) S. 154.
[399] Denkschrift Dr. Hans Robinsohns, ca. November/Dezember 1941, Bundesarchiv Koblenz Bestand NL Robinsohn Nr. 31, auszugsweise abgedruckt in: SASSIN (wie Anm. 60) S. 345–370, dort besonders: S. 359 u. S. 363 f.
[400] Ebenda, S. 364 ff.
[401] Zu Prof. Dr. Bergsträssers Denkschrift zur „Wiederherstellung" demokratischer Verhältnisse siehe: Anm. 326, 332 u. 333.
[402] Der ursprünglich unbetitelte Aufruf, dem aber regelmäßig unter Bezugnahme auf die darin verwandte Bezeichnung die Überschrift „Sozialistische Aktion" zugewiesen wird, ist z. B. abgedruckt in: BRAKELMANN (wie Anm. 15) S. 294 f.; ALBRECHT (wie Anm. 36) S. 222 ff.; siehe dazu u. a. auch: DERS.: Carl Mierendorff und das

Konzept einer demokratischen Volksbewegung, in: SCHMÄDEKE, STEINBACH (wie Anm. 108) S. 838–848; MOMMSEN: Carlo Mierendorffs Programm der „Sozialistischen Aktion", in: DERS.: Alternative zu Hitler (wie Anm. 68) S. 341–351; FINKER (wie Anm. 11) S. 218 ff.; DERS. (wie Anm. 281) S. 206 f.; ZIMMERMANN (wie Anm. 85) S. 391 ff.; WINTERHAGER (wie Anm. 68) S. 119 f. u. S. 134 f.

[403] Siehe z. B.: HENK (wie Anm. 164) S. 7 ff., 11, 16 f., 48 u. 56.

[404] HENK (wie Anm. 164) S. 8, 48 u. 51 f.; dass sein Vater am 20. Juli 1944 „am Rundfunk in der Masurenallee" eigentlich „die Proklamation an das deutsche Volk" hätte „verlesen" sollen, ist im Übrigen auch von Wilhelm Leuschner jr. in seinem Manuskript „Abschied für immer" vom 7. Juni 1946 bezeugt worden, Hessisches Staatsarchiv Darmstadt Bestand O 29 [Leuschner-Nachlass] Nr. 17.

[405] Siehe hierzu z. B.: Johannes TUCHEL: Kontakte zwischen Sozialdemokraten und Kommunisten im Sommer 1944. Zur historischen Bedeutung des 22. Juni 1944, in: Dachauer Hefte, Heft 11: Orte der Erinnerung 1945 bis 1995. Dachau 1995, S. 78–101; SANDVOß (wie Anm. 13) S. 147 ff.; LEITHÄUSER (wie Anm. 3) S. 234 ff.; NEBGEN (wie Anm. 32) S. 174 ff.

[406] BAUSCH (wie Anm. 204) S. 56; ZIMMERMANN (wie Anm. 85) S. 391.

[407] Geheimer Untersuchungsbericht des Chefs der Sicherheitspolizei und des SD, SS-Obergruppenführer und General der Polizei Dr. Ernst Kaltenbrunner an Reichsleiter Martin Bormann vom 16. August 1944, in: JACOBSEN (Hrsg.): „Spiegelbild einer Verschwörung" (wie Anm. 163) Bd. 1, S. 232–235, hier: S. 234 f.; MOMMSEN (wie Anm. 402) S. 348 f.; ZIMMERMANN (wie Anm. 85) S. 397.

[408] Denkschrift Dr. Hans Robinsohns von Ende 1941 (wie Anm. 399) S. 365.

[409] Dr. Goerdelers Denkschrift vom September 1944 in: GILLMANN, MOMMSEN (wie Anm. 228) Bd. 2, S. 1148–1189, hier: S. 1159 f.

[410] Hermann Maaß zit. nach: Kaltenbrunner-Bericht vom 12. August 1944 (wie Anm. 322) S. 205; siehe dazu auch: NEBGEN (wie Anm. 32) S. 103; MOMMSEN (wie 402) S. 347. – Außerdem siehe: BECK: Julius Leber. Sozialdemokrat (wie Anm. 68) S. 178 u. S. 186.

[411] Friedrich MEINECKE: Die deutsche Katastrophe. Betrachtungen und Erinnerungen. Wiesbaden 1946, S. 150; siehe hierzu auch: MÜLLER: Generaloberst Ludwig Beck. Eine Biographie (wie Anm. 117) S. 504 f.

[412] NEBGEN (wie Anm. 32) S. 186 ff; ELFES (wie Anm. 210) S. 9.

[413] Leuschners letzte Parlamentsrede vor der dort am 15. November 1931 durchgeführten Landtagswahl, zit. nach: LEITHÄUSER (wie Anm. 3) S. 71.

[414] Siehe von Harnacks Notiz zum „Fall Mierendorff" in dessen im Bezirksgefängnis Überlingen am Bodensee verfasster Zusammenstellung über seine „vom März bis zum Juni" 1933 „geleistete Betreuungsarbeit", in: von HARNACK (wie Anm. 88) S. 71.

[415] Brief Hermann Schlimmes an Prof. Dr. Ludwig Bergsträsser vom 8. Oktober 1952 (wie Anm. 63).

[416] Siehe hierzu wiederum die diversen rekonstruierten Varianten der seit Anfang 1943 allmählich entwickelten Kabinettsliste der Verschwörer, in: HOFFMANN (wie Anm. 117) S. 453 f.; auch in den Kaltenbrunner-Berichten finden sich viele diesbezügliche Hinweise, siehe z. B.: JACOBSEN (Hrsg.): „Spiegelbild einer Verschwörung (wie Anm. 163) Bd. 1, S. 189, 206, 234 u. 286; siehe ferner u. a.: NEBGEN (wie Anm. 32) S. 165 ff.; LEITHÄUSER (wie Anm. 3) S. 216, 219 f. u. 231 f.; FINKER (wie Anm. 270) S. 165; MÜLLER: Generaloberst Ludwig Beck. Eine Biographie (wie Anm. 117) S. 488 f.

[417] Geheimer Untersuchungsbericht des Chefs der Sicherheitspolizei und des SD, SS-Obergruppenführer und General der Polizei Dr. Ernst Kaltenbrunner an Reichsleiter Martin Bormann zur „Bedeutung des persönlichen Ehrgeizes innerhalb der Verschwörerclique" vom 2. November 1944, in: JACOBSEN (Hrsg.): „Spiegelbild einer Verschwörung" (wie Anm. 163) Bd. 1, S. 477–480, hier: S. 480.

[418] JOHN (wie Anm. 325).

[419] Anlage 1 zum geheimen Untersuchungsbericht des Chefs der Sicherheitspolizei und des SD, SS-Obergruppenführer und General der Polizei Dr. Ernst Kaltenbrunner an Reichsleiter Martin Bormann zum „Zusammenbruch der Angeklagten" vom 11. August 1944, in: JACOBSEN (Hrsg.): „Spiegelbild einer Verschwörung" (wie Anm. 163) Bd. 1, S. 196–199, hier: S. 199.

[420] Geheimer Untersuchungsbericht des Chefs der Sicherheitspolizei und des SD, SS-Obergruppenführer und General der Polizei Dr. Ernst Kaltenbrunner an Reichsleiter Martin Bormann zu den „konspirativen Methoden des Verschwörerkreises vom 20. Juli 1944" vom 12. Dezember 1944, in: JACOBSEN (Hrsg.): „Spiegelbild einer Verschwörung" (wie Anm. 163) Bd. 1, S. 521–524.

[421] Zum sozialdemokratisch-gewerkschaftlichen Widerstand in Berlin siehe insbesondere die Arbeiten von Dr. Sandvoß sowie zahllose Hinweise in den vielen biographischen Porträts, die vor allem von den Professoren Dr. Mielke und Dr. Morsch erstellt bzw. angeregt worden sind, siehe: Anm. 391. – Während für die Rhein-Main-Region einige exemplarische, wenngleich keineswegs erschöpfende Darstellungen zum konspirativen Vertrauensleutenetzwerk Wilhelm Leuschners und seiner Mitstreiter vorliegen, siehe: Anm. 14, gilt dies nicht etwa für die Bereiche der Bundesländer Hessen und Rheinland-Pfalz in ihrer Gesamtheit. – Aufgrund der vor geraumer Zeit zusammen mit Gisela Thrun-Ulrich in Angriff genommenen Vorarbeiten für eine Quellenedition zum reichsweiten Widerstand Leuschners und seiner Gesinnungsfreunde ist erkennbar, dass diese in Anbetracht der außerordentlichen Materialfülle unschwer ein umfangreiches, wenn nicht sogar mehrbändiges Werk ergeben würde.

[422] Wilhelm RIBHEGGE: August Winnig. Eine historische Persönlichkeitsanalyse. Bonn-Bad Godesberg 1973 (Schriftenreihe des Forschungsinstituts der Friedrich-Ebert-Stiftung, Bd. 99); siehe auch: NEBGEN (wie Anm. 32) S. 113 f. u. S. 223; SCHUMACHER (wie Anm. 3) S. 559 f.; SCHRÖDER (wie Anm. 15) S. 803 f.

[423] August WINNIG: Aus zwanzig Jahren. 1925 bis 1945. Hamburg 1951, S. 202 ff., 204 ff., 208 ff., 212 ff., 216 u. 241 ff.

[424] Lois WEINBERGER: Tatsachen, Begegnungen und Gespräche. Ein Buch um Österreich. Wien 1948, S. 127

ff. u. S. 137 ff.; LEITHÄUSER (wie Anm. 3) S. 226; NEBGEN (wie Anm. 32) S. 147–150; Josef HINDELS: Österreichs Gewerkschaften im Widerstand 1934–1945. Wien 1976, S. 360 ff.; HOFFMANN (wie Anm. 117) S. 437 f. u. S. 441. – Siehe hierzu außerdem: Ludwig JEDLICKA: Der 20. Juli 1944 in Österreich. Wien, München 1965; Wolfgang NEUGEBAUER: Der österreichische Widerstand 1938–1945. Wien 2008.

[425] Zu konspirativen Kontakten in den genannten Ländern finden sich viele wichtige Hinweise u. a. in: von KLEMPERER (wie Anm. 140), desgleichen auch in der Literatur speziell zum Kreisauer Kreis, so z. B. in: van ROON (wie Anm. 68); WINTERHAGER (wie Anm. 68).

[426] Heinz A. RICHTER: Sozialdemokratischer Widerstand im besetzten Griechenland: Georg Eckert und seine Gruppe, in: Thetis. Mannheimer Beiträge zur Klassischen Archäologie und Geschichte Griechenlands und Zyperns, Bd. 7, Mannheim 2000, S. 237–252.

[427] Ernst Müllers „Aufzeichnungen aus meinem ungeschriebenen politischen Tagebuch zwischen 1933 und 1945. – Und hernach!" vom 10. September 1952 wurden mir freundlicherweise zur Verfügung gestellt von meinem Kollegen Dieter Knippschild vom Stadtarchiv Dortmund; sie befinden sich in Kopie zusammen mit einigen anderen diesbezüglichen Materialien jetzt auch im Stadtarchiv Wiesbaden Bestand NL 75 Nr. 2776. – Zur Ruhrgebietsstruktur jener „Sozialistischen Union" siehe vor allem: LÜTGEMEIER-DAVIN (wie Anm. 265) S. 13–29 u. S. 32; DERS.: Hakenkreuz und Friedenstaube. „Der Fall Hein Herbers" (1895–1968). Frankfurt/M. 1988, S. 286–300.

[428] LINK (wie Anm. 183) S. 310–322; Dieter REBENTISCH, Angelika RAAB (Bearb.): Neu-Isenburg zwischen Anpassung und Widerstand. Dokumente über Lebensbedingungen und politisches Verhalten 1933–1945. Hrsg.: Magistrat der Stadt Neu-Isenburg. Neu-Isenburg 1978, S. 202 ff., 226–228, 321, 327–337 [Auszüge aus der Erinnerungsaufzeichnung des Dr. Ulrich Boelsen vom September 1977; Vermerk über die Erinnerungsbefragung von Dr. Trude Greiling vom 21. Februar 1978; Auszug aus: Ludwig ARNOUL: Zwischen Vergangenheit und Zukunft. Die letzten Kriegstage und ersten Nachkriegsjahre in Neu-Isenburg 1945 bis 1948, Privatdruck; Brief von Wilhelm Weinreich an Hermann Strauß vom 23. November 1945]; Rechtfertigungsschrift von Christian Fries vom 12. Januar 1945 (wie Anm. 373); Bericht von Julius Reiber über „Die politische Situation in Darmstadt" vom 20. September 1945 [Kopie], Stadtarchiv Wiesbaden Bestand NL 75 Nr. 201; Heidi FOGEL: Georg Koser (SPD Neu-Isenburg – Internet: 2 S.); ULRICH: Politischer Widerstand im Rhein-Main-Gebiet (wie Anm. 14) S. 210 ff.

[429] Zu Änne und Jupp Kappius siehe z. B.: Hellmut KALBITZER: Widerstehen oder Mitmachen. Eigensinnige Ansichten und sehr persönliche Erinnerungen. Hamburg 1987, S. 87–95; LÜTGEMEIER-DAVIN (wie Anm. 265) S. 22; DERS.: Hakenkreuz und Friedenstaube (wie Anm. 427) S. 298; Susanne MILLER: Änne und Josef Kappius – Handeln nach sozialistischer Ethik, in: Bernd FAULENBACH, Günter HÖGL (Hrsg.): Eine Partei in ihrer Region. Zur Geschichte der SPD im Westlichen Westfalen. Essen 1988, S. 176–182; Stefan APPELIUS: Amerikas Agent. Kampf eines Sozialdemokraten gegen die Nazis (Internet: 2 S.). – Zu Hilde Meisel siehe: Anm. 189

[430] Siehe hierzu: Oskar HIPPE: … und unsere Fahn' ist rot. Erinnerungen an sechzig Jahre in der Arbeiterbewegung. Hamburg 1979, S. 185 f. u. S. 188 f.

[431] Willy BRANDT: Links und frei. Mein Weg 1930–1950. München (1984), S. 364–375, hier: S. 364 f., 368 f. , 371 u. 374; eine Neuausgabe dieser bewegenden Autobiographie ist 2012 erschienen. Siehe auch die Kurz biographie Brandts in: FOITZIK (wie Anm. 189) S. 257.

[432] Zu Leuschners Unkenntnis bezüglich des Vorhabens Lebers und Reichweins, mit den Anführern der KPD Kontakt aufzunehmen, siehe: HENK (wie Anm. 164) S. 52 f. – Zur Verbindung Leuschners mit Oberst Stauffenberg siehe z. B.: LEITHÄUSER (wie Anm. 3) S. 231 f.; FINKER: Stauffenberg (wie Anm. 270) S. 143 u. S. 165.

[433] BEIER (wie Anm. 8); HENK (wie Anm. 164) S. 59 f.

[434] Neben etlichen Monographien, darunter die noch immer beste wissenschaftliche Gesamtdarstellung des „20. Juli" und seiner Vorgeschichte überhaupt von Prof. Dr. Peter Hoffmann (wie Anm. 117), sowie einigen Film- und Fernsehdokumentationen, die aber die beachtliche Breite der zivilen Basis der Erhebung durchweg außer Acht lassen, existieren auch einige mehr oder minder ausführliche Chronologien hierzu, so vor allem: Heinrich WALLE: Der 20. Juli 1944. Eine Chronik der Ereignisse von Attentat und Umsturzversuch, in: STEINBACH, TUCHEL (wie Anm. 6) S. 505–521.

[435] Siehe z. B.: HETT, TUCHEL (wie Anm. 351); KIßENER (wie Anm. 352); Arnim RAMM: Der 20. Juli vor dem Volksgerichtshof. Berlin 2007 (Schriften zur Rechtswissenschaft, Bd. 80)..

[436] STEFFAN (wie Anm. 196). – Der Hinweis auf den von Elisabeth Schwamb am 16. Juli 1944 Noske in Frankfurt am Main überbrachten Kurierbrief Leuschners wurde erstmals publiziert in: BEIER (wie Anm. 14) S. 574.

[437] Zit. nach: KIRÁLY (wie Anm. 82) S. 94.

[438] HENK (wie Anm. 164) S. 58 f. – Viktor Bausch hat 1955 weitere Einzelheiten zu Haubachs Aufenthalt in Oberstdorf „bei seinem alten Freund Emil Henk" genannt: „Nach der Verhaftung von Dr. Leber und Professor Reichwein" seien sie „der Meinung" gewesen, „dass Haubach eine Zeit lang aus Berlin verschwinden" solle. „Nach dem 20. Juli" sei dieser „in Unkenntnis der Lage" erst noch „unschlüssig" gewesen, „was er tun sollte". Sein Aufenthaltsort im Allgäu sei „außer Leuschner" und ihm, Bausch, lediglich zwei „eingeweihten Sekretärinnen" bekannt gewesen. Erst durch „Eilbrief- und Telegrammwechsel" mit ihm sei Haubach „zu dem Entschluss" gelangt, „dass er doch wohl am besten täte, zur Firma zurückzukommen, um keinerlei Verdacht auf sich zu lenken, zumal die Schergen weder in seiner Wohnung noch in" ihrem „Büro nach ihm gefragt hatten". Nach Beendigung seines „Urlaubs" habe Haubach in Berlin „seine alte Tätigkeit ganz so" fortgesetzt, „als habe er mit dem am 20. Juli Geschehenen nicht das Geringste zu tun gehabt", so: BAUSCH (wie Anm. 204) S. 56 f. – Dr. Haubach ist erst Ende des Monats in die Reichshauptstadt zurückgefahren, aber nicht ohne einen Stopp in Heidelberg eingelegt zu haben, um zusammen mit Henk Prof. Dr. Karl Jaspers sowie dessen Frau Gertrud einen letzten Besuch abzustatten und um als Trauzeuge bei der Hochzeit von Richard Henk, dem Sohn seines Freundes, zu fungieren. Leuschners per Postkarte übermittelte Aufforderung, sich doch „umgehend" als Hochzeits-

redner einzufinden, und zwar im darin wohlweislich nicht erwähnten Berlin, war insofern perfekte Camouflage. Haubachs Festnahme ist am 9. August 1944 erfolgt, siehe: JASPERS (wie Anm. 204) S. 17; ZIMMERMANN (wie Anm. 85) S. 408.

439 Siehe hierzu die diesbezüglichen Hinweise von Aretins sowie Rudi Arndts (wie Anm. 376).

440 Urteil des „Volksgerichtshofs" gegen Dr. (K)arl Goerdeler, Wilhelm Leuschner und andere (wie Anm. 243) S. 536; NEBGEN (wie Anm. 32) S. 180 f. u. S. 191.

441 FURTWÄNGLER (wie Anm. 203) S. 216.

442 Siehe z. B.: HENK (wie Anm. 164) S. 55; HOFFMANN (wie Anm. 117) S. 469 ff.

443 Das Fernschreiben Generaloberst Hoepners vom 20. Juli 1944 zur sofortigen Heranziehung des Politischen Beauftragten und des Unterbeauftragten sowie des Verbindungsoffiziers für den Wehrkreis XII, und zwar mit der Aufenthaltsortsangabe „Hauptmann Kaiser, OKH, z. Zt. Wiesbaden", ist als Faksimile abgedruckt z. B. in: RIEDLE (wie Anm. 14) S. 17. – Zu den Umständen der Festnahme Hauptmann Kaisers in Kassel siehe: KAISER: Die Verbindungen der Verschwörer des „20. Juli 1944" nach Hessen ... (wie Anm. 165) S. 560 f.

444 HENK (wie Anm. 164) S. 58 f.

445 BERGSTRÄSSER (wie Anm. 82).

446 NEBGEN (wie Anm. 32) S. 185.

447 NEBGEN (wie Anm. 32) S. 191 ff.

448 FEST (wie Anm. 11) S. 8 f.

449 NEBGEN (wie Anm. 32) S. 194 ff.; RITTER (wie Anm. 120) S. 430–435; Leithäuser (wie Anm. 3) S. 239.

450 Zu Rommels Telegramm an Hitler vom 15. Juli sowie zum Sprengstoffanschlag bei Koblenz vom Vortag und der Kriegslage überhaupt zu jener Zeit siehe: Manfred OVERESCH, Wolfgang HERDA, Jork ARTELT: Das III. Reich 1939–1945. Eine Tageschronik der Politik · Wirtschaft · Kultur. Augsburg 1991, hier: S. 505.

451 MÜLLER: Generaloberst Ludwig Beck. Eine Biographie (wie Anm. 117) S. 499 f.; Geheimer Untersuchungsbericht des Chefs der Sicherheitspolizei und des SD, SS-Obergruppenführer und General der Polizei Dr. Ernst Kaltenbrunner an Reichsleiter Martin Bormann zum „20. Juli 1944" vom 9. August 1944, in: JACOBSEN (Hrsg.): „Spiegelbild einer Verschwörung" (wie Anm. 163) Bd. 1, S. 177–182, hier: S. 179.

452 So gemäß den diversen Kabinettslisten der Verschwörer: HOFFMANN (wie Anm. 117) S. 453 f.

453 Zum Folgenden siehe vor allem das unveröffentlichte Manuskript von Elisabeth Leuschner „Was mein Mann erlebte von 1933 bis 1944" (wie Anm. 342), desgleichen das ihres Sohnes Wilhelm „Abschied für immer" vom 7. Juni 1946 (wie Anm. 404); außerdem: NEBGEN (wie Anm. 32) S. 194 ff.; LEITHÄUSER (wie Anm. 3) S. 237 ff., wobei dessen in mancherlei Hinsicht von den hier zitierten Darstellungen Elisabeth Leuschners sowie Wilhelm Leuschners jr. abweichende Ereignisschilderung sich wegen der dort leider grundsätzlich fehlenden Nachweise vielfach weder verifizieren noch falsifizieren lässt. In den „Quellenhinweisen" am Schluss seiner nach wie vor unbedingt empfehlenswerten Leuschner-Biographie hat Leithäuser zwar etliche Personen aufgeführt, die ihn mit Materialien und Auskünften unterstützt haben, darunter an erster Stelle die Familie Leuschner, auch Prof. Dr. Ludwig Bergsträsser, Dr. Elfriede Kaiser-Nebgen, Annedore Leber, Dr. Andreas Hermes und Ludwig Metzger, während jedoch andere „Zeugen der Geschehnisse" ihn extra darum gebeten hatten, „dass ihr Name nicht genannt wird", a. a. O., S. 251–255, hier: S. 251 f.

454 Johannes TUCHEL: Zur Verfolgung von Gewerkschaftern nach dem 20. Juli 1944. Die Gestapoermittlungen und der Schauprozess gegen Wilhelm Leuschner vor dem nationalsozialistischen „Volksgerichtshof", in: Ursula BITZEGEIO, Anja KRUKE, Meik WOYKE (Hrsg.): Solidargemeinschaft und Erinnerungskultur im 20. Jahrhundert. Beiträge zu Gewerkschaften, Nationalsozialismus und Geschichtspolitik. Bonn 2009 (Historisches Forschungszentrum der Friedrich-Ebert-Stiftung – Reihe: Politik- und Gesellschaftsgeschichte, Bd. 84), S. 329–360; siehe ergänzend vor allem: LEITHÄUSER (wie Anm. 3) S. 239 ff.; NEBGEN (wie Anm. 32) S. 199, 201 u. 203 f.

455 Siehe: Anm. 243.

456 Jener letzte Einheitsruf Leuschners wurde Buchwitz in dieser, seitdem immer wieder zitierten Form angeblich von Gustav Dahrendorf überliefert, nachdem er Ende Oktober 1944 nach Brandenburg-Görden überstellt worden war, siehe: Otto BUCHWITZ: 50 Jahre Funktionär der deutschen Arbeiterbewegung. 3. Aufl. Stuttgart 1954, S. 197; zu Buchwitz siehe z. B.: SCHUMACHER (wie Anm. 3) S. 73 f; SCHRÖDER (wie Anm. 15) S. 396. – Dahrendorf hat zum Ende Leuschners aus eigenem Miterleben jedoch auch Folgendes berichtet: „Wilhelm Leuschner war bereits zum Tode verurteilt, und man hatte ihn dann erneut, nach dem Todesurteil, an die Gestapo ausgeliefert, die ihn, wie es hieß, brauchte, um von ihm weitere Auskünfte zu erpressen – man muss es so nennen, denn die Methode der Vernehmung war nichts anderes als eine Erpressung. Jeden Tag berichtete er mir in Zeichensprache, was man von ihm gewollt habe und wie man ihn misshandelt hat. Das ging sieben Tage lang, dann war er eines Tages nicht mehr in seiner Zelle. Später habe ich erfahren, dass er inzwischen erhängt worden war. Ich vergesse nie, wie er mir am letzten Tage, als eine Verständigungsmöglichkeit zwischen uns noch bestand, hinterließ, er habe die Hoffnung, dass ich diese furchtbare Zeit und das Hitler-Reich überleben würde, und er hinterließe mir das Vermächtnis, alles zu tun, dass nie eine Zeit wiederkehre, in der die Freiheit des Geistes und die Freiheit der Persönlichkeit unterdrückt würde, wie dies durch Hitler und sein Regime geschehen war", so sein Zeugnis in einem Typoskript für die Sendung des Nordwestdeutschen Rundfunks „Das taten sie für Deutschland" am 27. April 1951, zit. nach: Gustav DAHRENDORF: Männer des 20. Juli: Wilhelm Leuschner, in: DERS. (wie Anm. 67) S. 79–81, hier: S. 80 f.

457 BEIER (wie Anm. Anm. 147) S. 276; siehe hierzu auch: TUCHEL (wie Anm. 454) S. 359.

458 Zit. nach: Eckhart G. FRANZ, Diether DEGREIF: Verteidiger der Freiheit. Texte von und über Wilhelm Leuschner, in: DIES. (Red.): Verteidiger der Freiheit. Wilhelm Leuschner (1890–1944). Feierstunde zum 100. Geburtstag. Justus-Liebig-Haus Darmstadt 15. Juni 1990. Hrsg.: Hessischer Ministerpräsident. Wiesbaden 1991, S. 29–47, hier: S. 46.

459 Zit. nach Elisabeth Leuschners Manuskript „Was mein Mann erlebte von 1933 bis 1944" (wie Anm. 342).

[460] Lars-Broder KEIL: Hans-Ulrich von Oertzen. Offizier und Widerstandskämpfer. Ein Lebensbild in Briefen und Erinnerungen. Berlin 2005.
[461] Siehe ihren bewegenden Bericht über Kaisers Leben im Untergrund: NEBGEN (wie Anm. 32) S. 200–224.
[462] NEBGEN (wie Anm. 32) S. 209 ff.
[463] Der Artikel „Wilhelm Leuschner“ birgt allerdings auch etliche fehlerhafte Angaben zu dessen Biographie, die sich unschwer auf die große räumliche Distanz des Autors zum Gewürdigten wie zum Ort des Geschehens zurückführen lassen, Neue Volks-Zeitung, New York, 13. Jg., Nr. 38, 16. September 1944, zit. nach: ADAM (wie Anm. 394) S. 130–133.
[464] Wilhelm Leuschner, in: Mitteilungsblatt. Landesgruppe Deutscher Gewerkschafter in Schweden, 2. Jg., Nr. 9, September 1944, S. 5, zit. nach: ADAM (wie Anm. 394) S. 166–169.
[465] Hitlers Total War against the German Opposition, in: Sozialistische Mitteilungen (wie Anm. 150) S. 1 f., 8 f. u. 11. – Die in die USA geflüchteten Sozialdemokraten beabsichtigten im Jahr darauf, Leuschners Hinrichtungstag künftig „als Märtyrer-Tag“ zu begehen „und zu einem allgemeinen Gedenktag für die Illegalen auszugestalten“, siehe die Meldung „Todesopfer [...] der Friedensbewegung vom 20. Juli 1944“, in: Sozialistische Mitteilungen. News for German Socialists in England, Nr. 77/78, August – September 1945, S. 22; in jener Rubrik wurde gleichzeitig die Ermordung der beiden Mitarbeiter Leuschners Ernst Schneppenhorst und Hermann Maaß gemeldet.
[466] Siehe hierzu z. B.: Walter LIPGENS (Hrsg.): Europa-Föderationspläne der Widerstandsbewegungen 1940–1945. Eine Dokumentation. München 1968 (Schriften des Forschungsinstituts der Deutschen Gesellschaft für Auswärtige Politik, 26); Frank NIESS: Die europäische Idee – aus dem Geist des Widerstands. Frankfurt/M. 2001, S. 30–47; Axel SCHÄFER, Christof TANNERT, Barbara WEILER (Hrsg.): „... als einen Anfang des solidarischen europäischen Staates“. Sozialdemokratie und Europa: Vom Völkerfrühling 1848 bis zur politischen Union. Dokumentation: Ingo BAUTZ. Bonn 1998 (Fraktion der Sozialdemokratischen Partei Europas: Thema Europa), S. 31–40; Klaus VOIGT (Hrsg.): Friedenssicherung und europäische Einigung. Ideen des deutschen Exils 1939–1945. Frankfurt/M. 1988.
[467] Die Wiedergabe der Zitate aus dem Maaß-Brief vom 12. August 1944 erfolgt aus zwei Quellen, die den Text unterschiedlich gekürzt überliefert haben, nämlich aus einer Vortragsausarbeitung Walter Maschkes vom März 1946 (wie Anm. 310) S. 103, sowie aus der Maaß-Edition von GRABNER, RÖDER (wie Anm. 62) S. 10–17, hier: S. 13.
[468] Beides zit. nach: NEBGEN (wie Anm. 32) S. 97.
[469] Siehe hierzu z. B.: Wolfgang ABENDROTH: Über die Bedeutung des Artikels 139 GG, in: DERS. u. a.: Antifaschistische Politik heute. Verteidigung der demokratischen Grundrechte – Erfüllung antifaschistischer Verfassungsaufträge. Mit Thesen zu Faschismus und Militarismus. Frankfurt/M. 1975 (Antifaschistische Arbeitshefte – Texte zur Demokratisierung, 15), S. 39–51.
[470] Siehe hierzu wiederum prägnant, wenn auch nicht in allen Wertungen akzeptabel: Wolfgang ABENDROTH: Das Erbe des Widerstandes: Einheitsgewerkschaft, in: ULRICH (wie Anm. 34) S. 310–317.
[471] Der FDGB begriff sich als „erste einheitliche revolutionäre Gewerkschaftsorganisation der deutschen Arbeiterklasse“, so dessen Vorsitzender Herbert Warnke 1956 in seinem Vorwort zu: SCHLIMME (wie Anm. 355).
[472] In Wiesbaden z. B. hatte 1945/46 zunächst eine zentralistische Einheitsgewerkschaft bestanden, siehe hierzu: Axel ULRICH: Ein neues Leben beginnt! Die Gründung der Demokratischen Einheitsgewerkschaft Wiesbaden. Hrsg.: DGB Kreis Wiesbaden-Rheingau-Taunus zum 50. Jahrestag der Gründung. Wiesbaden 1995.
[473] So z. B. durch Hermann Schlimme in seinem Artikel „Das Vermächtnis Wilhelm Leuschners“ (wie Anm. 355).
[474] Zur Berliner Gewerkschaftsgründung siehe z. B. den Bericht: Zum Neuaufbau der Gewerkschaften in Deutschland, in: Mitteilungsblatt. Landesgruppe deutscher Gewerkschafter in Schweden, 3. Jg., Nr. 10, Oktober 1945, S. 3 [Kopie], Stadtarchiv Wiesbaden Bestand NL 75 Nr. 392; das Konzept Hans Böcklers und auch einige andere frühe Programme sind abgedruckt in: Ulrich BORSDORF, Hans O. HEMMER, Martin MARTINY (Hrsg.): Grundlagen der Einheitsgewerkschaft. Historische Dokumente und Materialien. Köln, Frankfurt/M. 1977, S. 234–311, Böcklers Ausarbeitung dort. S. 270–273; Willi Richters Entwurf ist veröffentlicht in: BEIER (wie Anm. 3) S. 276–280; die Nürnberger „leitenden Grundsätze der Gewerkschaft“ sind als Faksimile wiedergegeben in: Fritz OPEL, Dieter SCHNEIDER, Kurt Thomas SCHMITZ u. a.: 90 Jahre Industriegewerkschaft 1891 bis 1981. Vom Deutschen Metallarbeiter-Verband zur Industriegewerkschaft Metall. Ein Bericht in Wort und Bild. Köln 1981, S. 346. – Siehe hierzu z. B.: MIELKE, RÜTTERS (wie Anm. 321) S. 689–700; für Frankfurt bzw. Hessen siehe: Anne WEIß-HARTMANN: Der Freie Gewerkschaftsbund Hessen 1945–1949. 2. Aufl. Marburg 1978 (Schriftenreihe für Sozialgeschichte und Arbeiterbewegung, Bd. 2), S. 40 ff., wobei die dort vorgebrachte Einschätzung, Willi Richter habe in seinem Programmentwurf vom Mai 1945 keine „zentrale Einheitsgewerkschaft“, sondern „selbständige Industriegewerkschaften zu bilden“ beabsichtigt, aus jenem Text jedenfalls nicht abzuleiten ist; vielmehr ist darin von einer Erfassung „aller Arbeiter, Beamten, Angestellten und Lehrlinge zu einer machtvollen Organisation“ die Rede, was eindeutig auf den FDGB als Ganzes bezogen ist und nicht etwa auf eine einzelne, selbständige Gewerkschaft mit Beitragshoheit. Vielleicht hat Richter, um unnötigen Diskussionen mit der für diese Dinge zuständigen Abteilung der US-Militärregierung aus dem Weg zu gehen, damals ganz einfach „Gewerkschaften“ geschrieben und nicht – so wie es der Organisationsplan von Leuschners „Deutscher Gewerkschaft“ vorsah – „Industriegruppen“. Dass Letztere aber gemeint gewesen sind, wo immer bei Richter von „Gewerkschaften“ die Rede ist, geht aus seinem Papier vom Mai 1945 einwandfrei hervor. Wenig später schwenkte allerdings auch er auf den von der amerikanischen Besatzungsmacht vorgegebenen Kurs um, der zunächst die Bildung einzelner Industriegewerkschaften auf lokaler Ebene vorsah. Auf die von den Frankfurter Gewerkschaftern diesbezüglich geführten „längeren Diskussionen“ weist Weiß-Hartmann an anderer Stelle ihrer herausragenden Dissertation selbst hin, ebenso wie übrigens darauf, dass „in fast allen anderen Orten Hessens zentrale Einheitsorganisationen gebildet“ worden sind, so: S. 82. Vom am 24./25. August 1946 in Frankfurt durchgeführten Gründungskongress des Freien Gewerkschaftsbundes Hessen wurde Richter dann zum Vorsitzenden gewählt.

[475] Hermann SCHLIMME: Zur Einheit der deutschen Gewerkschaftsbewegung, in: Die Freie Gewerkschaft, 2. Jg., Nr. 33, 9. Februar 1946, zit. nach: DERS. (wie Anm. 355) S. 17–19, hier: S. 17 f. – Hinweise und Zusammenstellungen wie diese wurden nach dem Zusammenbruch der NS-Diktatur zunächst noch in zahlreichen Presseartikeln, Broschüren und Büchern zur Geschichte der deutschen Gewerkschaften bzw. Arbeiterbewegung publiziert, während das Wissen um deren heillose Zersplitterung in der Zeit bis 1933 inzwischen zunehmend verblasst.

[476] Zu Walter Freitag siehe z. B.: WICKERT (wie Anm. 2) S. 101 f.; SCHRÖDER (wie Anm. 15) S. 448 f.; Gerhard BEIER: Freitag, Walter, in: ASENDORF, von BOCKEL (wie Anm. 15) S. 186 f.; DGB-Bundesvorstand: Bewegte Zeiten – Frühere Vorsitzende des DGB (Internet: 6 S., hier: S. 4).

[477] BEIER (wie Anm. 3) S. 196 f.; DERS.: (wie Anm. 14) S. 577.

[478] Auch Georg August Zinn, der zunächst zusammen mit seinem Bruder Karl in die Widerstandsaktivitäten des seit Herbst 1932 von Berlin aus überregional operierenden „Roten Stoßtrupp" involviert gewesen ist, hatte dann später Verbindungen mit Verschwörern des „20. Juli" unterhalten, nämlich mit Ernst von Harnack und Prof. Dr. Reichwein, siehe: Gerhard BEIER: Zinn, Georg-August, in: ASENDORF, von BOCKEL (wie Anm. 15) S. 712 f., hier: S. 712; ULRICH: Politischer Widerstand im Rhein-Main-Gebiet (wie Anm. 14) S. 69–71, hier: S. 70; Andreas HEDWIG: Georg August Zinn. „Unsere Aufgabe heißt Hessen". Ministerpräsident 1950–1969. Katalog zur Ausstellung des Hessischen Hauptstaatsarchivs im Auftrag der Hessischen Landesregierung. Wiesbaden 2001, S. 22; siehe auch: LENGEMANN (wie Anm. 3) S. 441 f.

[479] In der ersten Zeit nach der Befreiung von der NS-Diktatur wurden auch von zahlreichen Kommunisten entschieden radikaldemokratische Positionen vertreten. Deshalb und auch wegen ihrer allemal anerkennenswerten Widerstandstätigkeit in den Jahren zuvor sind sie damals als Gesprächs- und sogar Kooperationspartner von den westlichen Besatzungsmächten, auch von sozialdemokratischen und bürgerlichen Politikern durchaus akzeptiert und vielfach sogar geschätzt worden. Aber schon bald konnten sie nicht mehr verbergen, dass sie sich wiederum als verlängerter Arm des Sowjetkommunismus betätigten, weshalb sie sich als politischer Partner im soeben entstehenden demokratischen Gefüge der westlichen Besatzungszonen und dann auch in der Bundesrepublik Deutschland restlos diskreditierten.

[480] MÜLLER (wie Anm. 265) S. 60 f.

Auswahlbibliographie und Archivhinweise

Gerhard BEIER: Das Lehrstück vom 1. und 2. Mai 1933. Frankfurt/M., Köln 1975.
Gerhard BEIER: Zur Entstehung des Führerkreises der vereinigten Gewerkschaften Ende April 1933. Dokumentation, in: Archiv für Sozialgeschichte. Bd. XV. Bonn-Bad Godesberg 1975, S. 365–392.
Gerhard BEIER: Gleichschaltung und Widerstand. Zum Verhalten der deutschen Gewerkschaften im April 1933 (Im Lichte bisher unbekannter Dokumente), in: Gewerkschaftliche Monatshefte, Heft 7, 1975, S. 410–421.
Gerhard BEIER: Willi Richter. Ein Leben für die soziale Neuordnung. Köln 1978.
Gerhard BEIER: Die illegale Reichsleitung der Gewerkschaften 1933–1945. Köln 1981.
Gerhard BEIER: Wilhelm Leuschner. 15. Juni 1890 – 29. September 1944. Kampf bis zum Schafott: Für die Einheitsgewerkschaft, in: DERS.: Schulter an Schulter, Schritt für Schritt. Lebensläufe deutscher Gewerkschafter. Von August Bebel bis Theodor Thomas. Köln 1983, S. 133–138.
Gerhard BEIER: Die illegale Reichsleitung der Gewerkschaften, in: Richard LÖWENTHAL, Patrik von zur MÜHLEN (Hrsg.): Widerstand und Verweigerung in Deutschland 1933 bis 1945. Berlin, Bonn 1984, S. 25–50.
Gerhard BEIER: Wilhelm Leuschner, in: Rudolf LILL, Heinrich OBERREUTER (Hrsg.): 20. Juli. Porträts des Widerstands. Aktual. u. überarb. Neuausg. Düsseldorf, Wien 1994, S. 257–276.
Gerhard BEIER: Wilhelm Leuschners Widerstand gegen Hitler und sein Konzept für eine neue Gewerkschaftsbewegung, in: Gewerkschaftliche Monatshefte, Heft 10, 1994, S. 634–645.
Gerhard BEIER: Das Vergessenwollen verlängert die Spaltung – das Geheimnis der Einheit heißt Erinnerung. Vereinzelt sind wir nichts – vereint alles, in: Klaus WIESEHÜGEL, Industriegewerkschaft Bauen-Agrar-Umwelt (Hrsg.): Dokumentation: Festveranstaltung der IG Bau-Steine-Erden am 7. Oktober 1995 in Berlin „50 Jahre Berliner Baugewerkschaften". Frankfurt/M. 1995, S. 28–52 [darin besonders: Märtyrer der Einheit: Wilhelm Leuschner (1890 bis 1944), S. 32–38].
Gerhard BEIER: Sozialstaat als realutopische Perspektive im Kampf gegen den Hitlerismus und für eine soziale Demokratie. Vergleichende Lebensbeschreibung von Willi Richter (1894–1972) und Wilhelm Leuschner (1890–1944) mit besonderer Berücksichtigung ihrer Vorstellung von Gesellschaft und Staat, in: Bernd HEIDENREICH (Hrsg.): Republik, Diktatur und Wiederaufbau. Hessische Persönlichkeiten des 20. Jahrhunderts. Wiesbaden 1996 (Hessische Landeszentrale für politische Bildung: Kleine Schriftenreihe zur hessischen Landeskunde 4), S. 61–65.
Gerhard BEIER: Wilhelm Leuschner und das Verbindungsnetz sozialistischer Vertrauensleute in Hessen, in: Peter Joachim RIEDLE (Hrsg.): Wiesbaden und der 20. Juli 1944. Beiträge von G. Beier, Lothar Bembenek, Rolf Faber, Peter M. Kaiser und Axel Ulrich. Hrsg.: Magistrat der Landeshauptstadt Wiesbaden – Stadtarchiv. Wiesbaden 1996 (Schriften des Stadtarchivs Wiesbaden, Bd. 5), S. 101–133 [ungekürzte Fassung des in Anm. 14 ausgewiesenen Aufsatzes].
Gerhard BEIER: Wilhelm Leuschner and the Underground Network of Socialist Agents in Hessen, 1933–1945, in: Andrew BONNELL, Gregory MUNRO, Martin TRAVERS

(eds): Power, Conscience, and Opposition. Essays in German History in Honour of John A. Moses. New York, Washington, D.C./Baltimore, Bern, Frankfurt/M., Berlin, Vienna, Paris 1996, pp. 253–277 [englische Version des Beitrages in Bd. 5 der Schriften des Stadtarchivs Wiesbaden].

Ludwig BERGSTRÄSSER: Geschichte der politischen Parteien in Deutschland. 7., verb. u. bis auf die Gegenwart fortgeführte Aufl. München 1952, S. 256–260.

Rolf BIEBRICHER: Aus dem Geist Wilhelm Leuschners – Die Wilhelm-Leuschner-Medaille, in: Klaus BÖHME, Walter MÜHLHAUSEN (Hrsg.): Hessische Streiflichter. Beiträge zum 50. Jahrestag des Landes Hessen. Frankfurt/M. 1995, S. 419–423.

Willy BUSCHAK: „Arbeit im kleinsten Zirkel". Gewerkschaften im Widerstand gegen den Nationalsozialismus. Hamburg 1993, S. 239–259 u. siehe: Index.

Eckhart G. FRANZ, Diether DEGREIF (Red.): Verteidiger der Freiheit. Wilhelm Leuschner (1890–1944). Feierstunde zum 100. Geburtstag. Justus-Liebig-Haus Darmstadt 15. Juni 1990. Hrsg.: Hessischer Ministerpräsident. Wiesbaden 1991.

Peter GRASMANN: Sozialdemokraten gegen Hitler 1933–1945. München, Wien 1976 (Geschichte und Staat, Bd. 196/197), S. 73–87.

Adolf GRIMME: Wilhelm Leuschner, in: Karl Otmar Freiherr von ARETIN u. a.: Darmstadt und der 20. Juli 1944. Zehn Beiträge. Darmstadt 1974 (Darmstädter Schriften, 35), S. 68–78.

Wolfgang HASIBETHER (Hrsg.): Wilhelm Leuschner. „Schafft die Einheit". Mit einem Beitrag von Peter Steinbach. Dokumentation der Veranstaltung zum Erhalt des Geburtshauses von Wilhelm Leuschner am 30. 11. 2000 im Alten Rathaus Bayreuth. Berlin 2001.

Wolfgang HASIBETHER: Wilhelm Leuschner und der 30. Januar 1933. Hrsg.: Johannes-Sassenbach-Gesellschaft u. Förderverein für Bibliothek und Archiv der Gewerkschaftsbewegung. Welzow 2003 (Vortragsreihe zur Geschichte der deutschen Gewerkschaftsbewegung, Heft 5).

Wolfgang HASIBETHER: Ein Streiter für Einigkeit und Recht und Freiheit. Wilhelm Leuschner (1890 bis 1944). Ein Lebensbild, in: Dirk METZ u. a. (Red.): Im Dienste der Demokratie. Die Trägerinnen und Träger der Wilhelm-Leuschner-Medaille. Hrsg.: Hessische Staatskanzlei. Wiesbaden 2004, S. 13–37.

Emil HENK: Die Tragödie des 20. Juli 1944. Ein Beitrag zur politischen Vorgeschichte. 2., erw. Aufl. Heidelberg 1946.

Kyle JANTZEN: Wilhelm Leuschner – Der Gewerkschaftsführer, in: Klemens von KLEMPERER, Enrico SYRING, Rainer ZITELMANN (Hrsg.): „Für Deutschland". Die Männer des 20. Juli. Frankfurt/M., Berlin 1994, S. 152–168.

Eugen KOGON: Wilhelm Leuschners politischer Weg, in: Rolf BIEBRICHER (Red.): Wilhelm Leuschner. Auftrag und Verpflichtung. Biographische Würdigung des Innenministers des Volksstaates Hessen und Widerstandskämpfers gegen den Nationalsozialismus. Dokumentation des Festaktes der Verleihung der Wilhelm-Leuschner-Medaille zum hessischen Verfassungstag 1987. Hrsg.: Hessendienst der Staatskanzlei. Neu bearb. Aufl. Wiesbaden 1988, S. 7–28.

Annedore LEBER (Bearb.): Das Gewissen steht auf. 64 Lebensbilder aus dem deutschen Widerstand 1933–1945. Hrsg. in Zusammenarbeit mit Willy BRANDT und Karl Dietrich BRACHER. Frankfurt/M. 1954, S. 97 ff.

Annedore LEBER, Freya Gräfin von MOLTKE: Für und wider. Entscheidungen in

Deutschland 1918–1945. 8. Aufl. Berlin, Frankfurt/M. 1967, S. 93 ff. u. S. 230 f.
Joachim G. LEITHÄUSER: Das Jahr 1933 in Wilhelm Leuschners Tagebuch, in: Gewerkschaftliche Monatshefte, Heft 10, 1961, S. 607–610.
Joachim G. LEITHÄUSER: Wilhelm Leuschner. Ein Leben für die Republik. Köln 1962.
Hans-Georg MEYER, Hans BERKESSEL (Hrsg.): Die Zeit des Nationalsozialismus in Rheinland-Pfalz. Bd. 1: „Eine nationalsozialistische Revolution ist eine gründliche Angelegenheit". Mainz 2000 [darin: Gerhard BEIER: Wilhelm Leuschner: Gewerkschaftsführer und Widerstandskämpfer, 389–399; Anton Maria KEIM: Ludwig Schwamb und die Widerstandsbewegung gegen Hitler im Rhein-Main-Gebiet, S. 400–406; Axel ULRICH: 20. Juli 1944 – Versuch eines Militärputsches sowie einer politisch-sozialen Revolution, S. 407–427].
Siegfried MIELKE, Matthias FRESE (Bearb.): Die Gewerkschaften im Widerstand und in der Emigration 1933–1945. Frankfurt/M. 1999 (Quellen zur Geschichte der deutschen Gewerkschaftsbewegung im 20. Jahrhundert, Bd. 5), S. 21–27, 155–306 u. siehe: Index.
Hans MOMMSEN: Alternative zu Hitler. Studien zur Geschichte des deutschen Widerstandes. München 2000 [darin u. a.: Der 20. Juli und die deutsche Arbeiterbewegung, S. 284–312; Wilhelm Leuschner und die Widerstandsbewegung des 20. Juli 1944, S. 325–340].
Hans MOMMSEN: Die Stellung der Sozialisten in der Bewegung des 20. Juli 1944. Hrsg.: Vorstand der Stiftung Bibliothek des Ruhrgebiets. Essen 2002 (Schriften der Stiftung Bibliothek des Ruhrgebiets, Heft 7).
Walter MÜHLHAUSEN: Eine Denkschrift für Wilhelm Leuschner – Ludwig Bergsträsser und die Widerstandsbewegung, in: Renate KNIGGE-TESCHE, Axel ULRICH (Hrsg.): Verfolgung und Widerstand in Hessen 1933–1945. Frankfurt/M. 1996, S. 593–611.
Elfriede NEBGEN: Jakob Kaiser. Der Widerstandskämpfer. Stuttgart, Berlin, Köln Mainz 1967, siehe: Index.
Ludwig REICHHOLD: Arbeiterbewegung jenseits des totalen Staates. Die Gewerkschaften und der 20. Juli 1944. Wien, Köln, Stuttgart, Zürich 1965.
Hans-Rainer SANDVOß: Die „andere" Reichshauptstadt. Widerstand aus der Arbeiterbewegung in Berlin von 1933 bis 1945. Berlin 2007, S. 134–150.
Michael SCHNEIDER: Zwischen Standesvertretung und Werksgemeinschaft. Zu den Gewerkschaftskonzeptionen der Widerstandsgruppen des 20. Juli 1944, in: Jürgen SCHMÄDEKE, Peter STEINBACH (Hrsg.): Der Widerstand gegen den Nationalsozialismus. Die deutsche Gesellschaft und der Widerstand gegen Hitler. 3. Aufl., Neuausg. München, Zürich 1994, S. 520–532.
Michael SOMMER (Hrsg.): Wilhelm Leuschner. Ein Leben für die soziale Demokratie. Dokumentation der DGB-Veranstaltung zum 60. Todestag am 29. September 2004 in der Gedenkstätte Deutscher Widerstand in Berlin. Mit Beiträgen von Wolfgang Hasibether, Hans Mommsen, M. Sommer. Marburg 2005.
Peter STEINBACH: „Schafft die Einheit!" Wilhelm Leuschner 1890–1944. Vortrag bei einer Veranstaltung der Friedrich-Ebert-Stiftung und des Vereins für Kultur und Sozialgeschichte Bayreuth am 30. November [2000] in Bayreuth. Hrsg.: Historisches Forschungszentrum der Friedrich-Ebert-Stiftung. Bonn (-Bad Godesberg) 2000 (Reihe: Gesprächskreis Geschichte, Heft 37).
Peter STEINBACH: „Der Staat schlägt den Menschen". Wilhelm Leuschner, in: DERS.:

Der 20. Juli 1944. Gesichter des Widerstands. München 2004, S. 111–127.
Peter STEINBACH: Wilhelm Leuschner, in: Günter BRAKELMANN, Manfred KELLER (Hrsg.): Der 20. Juli 1944 und das Erbe des deutschen Widerstands. Münster 2005 (Schriftenreihe der Evangelischen Akademikerschaft Westfalen und der Evangelischen Stadtakademie Bochum, Bd. 1), S. 105–116.
Reiner TOSSTORFF: Wilhelm Leuschner gegen Robert Ley. Ablehnung der Nazi-Diktatur durch die Internationale Arbeitskonferenz 1933 in Genf. Frankfurt/M. 2007.
Johannes TUCHEL: Zur Verfolgung von Gewerkschaftern nach dem 20. Juli 1944. Die Gestapoermittlungen und der Schauprozess gegen Wilhelm Leuschner vor dem nationalsozialistischen „Volksgerichtshof", in: Ursula BITZEGEIO, Anja KRUKE, Meik WOYKE (Hrsg.): Solidargemeinschaft und Erinnerungskultur im 20. Jahrhundert. Beiträge zu Gewerkschaften, Nationalsozialismus und Geschichtspolitik. Bonn 2009 (Historisches Forschungszentrum der Friedrich-Ebert-Stiftung – Reihe: Politik- und Gesellschaftsgeschichte, Bd. 84), S. 329–360.
Axel ULRICH: 20. Juli 1944. Versuch eines Militärputsches sowie einer politisch-sozialen Revolution. Verbindungen zum politischen Widerstand im Rhein-Main-Gebiet. Wiesbaden 1997 (Hessische Landeszentrale für politische Bildung: POLIS 23. Analysen – Meinungen – Debatten).
Axel ULRICH: Ludwig Schwamb, Jakob Steffan und andere südwestdeutsche Mitstreiter Wilhelm Leuschners im antinazistischen Widerstand, in: Niersteiner Geschichtsblätter, 12, Dezember 2006, S. 21–50.
Axel ULRICH: Ludwig Schwamb und Jakob Steffan – Mitstreiter Wilhelm Leuschners im Widerstand, in: Hans-Peter HEXEMER (Red.): Veranstaltungen zum Tag des Gedenkens an die Opfer des Nationalsozialismus 2007. Plenarsitzung, Vorträge und Ausstellung im Landtag Rheinland-Pfalz. Hrsg.: Der Präsident des Landtags Rheinland-Pfalz. Mainz 2007, S. 95–123.
Axel ULRICH: Politischer Widerstand gegen das „Dritte Reich" im Rhein-Main-Gebiet. 3., unveränd. Aufl. Wiesbaden 2008, S. 195–238.
Stephanie ZIBELL: Politische Bildung und demokratische Verfassung. Ludwig Bergsträsser (1883–1960). Bonn 2006 (Historisches Forschungszentrum der Friedrich-Ebert-Stiftung – Reihe: Politik- und Gesellschaftsgeschichte, Bd. 71), S. 101–120 u. siehe: Index.

Viele wichtige Hinweise enthalten die verschiedentlich bereits publizierten, nunmehr jedoch nur noch antiquarisch greifbaren Erinnerungsberichte und Stellungnahmen von Weggefährten Leuschners aus der unmittelbaren Nachkriegszeit, aber auch etliche bislang nicht veröffentlichte autobiographische Zeugnisse in Archiven. Relevant sind ebenso die Biographien zu Carlo Mierendorff, Theo Haubach, Adolf Reichwein, Julius Leber, Hermann Maaß, Hans Böckler, Carl Goerdeler, Ludwig Beck usw., desgleichen die Monographien zum Kreisauer Kreis wie zum „20. Juli 1944" überhaupt.

Unabdingbar für weitere Forschungen ist die Auswertung des Leuschner-Nachlasses im Hessischen Staatsarchiv Darmstadt (Karolinenplatz 3, 64289 Darmstadt, Tel.: 06151/165900, E-Mail: poststelle@stad.hessen.de); siehe hierzu das publizierte Findbuch: Eckhart G. FRANZ, Eva HABERKORN, Heike ROLF (Bearb.): Nachlässe zur Geschichte der Arbeiterbewegung im Hessischen Staatsarchiv Darmstadt und im

Stadtarchiv Darmstadt. Bd. 1: Nachlässe Carl Ulrich (Abt. O 28), Wilhelm Leuschner (Abt. O 29) und Carlo Mierendorff (Abt. ST 45). Darmstadt 2003 (Repertorien des Hessischen Staatsarchivs Darmstadt 16/1).

Sinnvoll ist überdies die Heranziehung des Nachlasses von Jakob Kaiser im Bundesarchiv Koblenz (Potsdamer Str. 1, 56075 Koblenz, Tel.: 0261/505383, E-Mail: koblenz @bundesarchiv.de); siehe hierzu das ebenfalls veröffentlichte Findbuch: Hanne MARSCHALL-REISER, Marianne LOENARTZ (Bearb.): Nachlass Jakob Kaiser. Bestand N 1018. Koblenz 1993 (Findbücher zu Beständen des Bundesarchivs, Bd. 45). Gleiches gilt u. a. für die Nachlässe von Gustav Dahrendorf, Fritz Tarnow, Hans Vogel und Dr. Gerhard Beier im Archiv der sozialen Demokratie der Friedrich-Ebert-Stiftung (Godesberger Allee 149, 53175 Bonn, Tel.: 0228/8838026, E-Mail: archiv.auskunft@fes.de).

Über die mittlerweile wohl umfassendste Sammlung von 5000 digitalisierten Dokumenten zu Leuschner sowie eine umfangreiche Fachbibliothek zum gewerkschaftlichen Widerstand verfügt die Wilhelm-Leuschner-Stiftung (Herderstr. 29, 95447 Bayreuth, Tel.: 0921/1507269, Fax: 0921/1507271, E-Mail: post@wilhelm-leuschner-stiftung.de; Internet: www.wilhelm-leuschner-stiftung.de [dort auch: Online-Findbuch zu den Archivalien sowie -Katalog der Präsenzbibliothek]). – Die im Erdgeschoss von Leuschners Geburtshaus befindliche Wilhelm-Leuschner-Gedenkstätte wartet mit einer eindrucksvollen Dauerausstellung sowie einer Videopräsentation zu Leuschners Vita auf (Moritzhöfen 25, 95447 Bayreuth, Tel.: 0921/1507200 u. 764010).

Nachwort

Kennengelernt haben wir uns 1978 vor dem Gewerkschaftshaus in der Wilhelm-Leuschner-Straße in Frankfurt am Main. Natürlich war mir geläufig, wer Dr. Gerhard Beier war, und er wusste wohl auch, dass ich kurz zuvor für ein Forschungs- und Dokumentationsprojekt des DGB-Bildungswerks Hessen und des Studienkreises zur Erforschung und Vermittlung der Geschichte des deutschen Widerstandes 1933–1945 über den antinazistischen Kampf hessischer Gewerkschafter engagiert worden war. Er interessierte sich sehr für die Oral-History-Interviews, die ich damals mit etlichen Gewerkschaftsveteraninnen und -veteranen zu führen begonnen hatte. Und ich wiederum war enorm beeindruckt davon, wie unkompliziert und kollegial man mit diesem in so vielerlei Hinsicht herausragenden Historiker der deutschen Arbeiterbewegung kommunizieren konnte. Trotz seines geradezu phantastischen Wissens, seiner zahlreichen Publikationen und des außerordentlichen Rufs, den er sich als unerbittlicher Kritiker parteikommunistischer Verirrungen in einem Teilbereich der seinerzeitigen Gewerkschaftsgeschichtsschreibung erworben hatte, war er kein bisschen prätentiös oder gar dünkelhaft. Er war so ganz anders als viele jener Historiker, denen ich bis dahin und auch später begegnet bin. Der vielzitierte Funke sprang bei uns jedenfalls sofort über, und dann schenkte er mir auch noch ein Exemplar seiner gerade erst erschienenen, voluminösen Biographie über Willi Richter, das er flugs aus der Filiale der Büchergilde Gutenberg geholt hat. Meine Freude darüber war riesengroß. Seit jener ersten Begegnung sind wir uns menschlich immer näher gekommen, haben politisch und gewerkschaftlich fortwährend enger miteinander kooperiert, auch gemeinsame Veranstaltungen bestritten und bei mehreren Publikationen zusammengewirkt.

Obwohl wir in vielerlei Hinsicht einer Meinung waren, vertraten Gerd Beier und ich – wie sollte es auch anders sein – gelegentlich unterschiedliche Auffassungen. Vor allem betraf dies die von ihm über viele Jahre hinweg aufrechterhaltene, wie er aber schließlich sogar selbst einräumte, einfach nur provokante These von einem angeblichen antinazistischen Potential mehrerer Millionen Deutscher, das sich im Umsturzfalle durch Wilhelm Leuschner und dessen Vertrauensleute gegen die NS-Unrechtsherrschaft hätte mobilisieren lassen. Demgegenüber habe ich 1983 in dem im Wesentlichen von mir bearbeiteten Sammelband zum antinazistischen Widerstand hessischer Gewerkschafter einer deutlich vorsichtigeren Einschätzung den Vorzug gegeben. So konzedierte ich zwar, dass Leuschner und seine Freunde in ganz Deutschland ein lockeres konspiratives Netzwerk primär sozialdemokratisch-gewerkschaftlicher Vertrauensleutestützpunkte geschaffen hatten, das die Grundlage für die gewerkschaftliche und politische Reorganisation nach der Niederringung des Faschismus hätte bilden sollen. Aber zugleich bezweifelte ich noch die reichsweit führende Rolle Leuschners und seiner Mitstreiter in jenem besonderen Widerstandsbereich. Dass dieser durch Emil Henk und noch mehr durch Gerd Beier völlig überzogen quantifiziert worden war, bedurfte für mich keiner besonderen Erörterung. Hingegen war ich der Überzeugung, dass in jene Widerstandsstruktur insgesamt nur vergleichsweise wenige, allenfalls einige Hundert Vertrauensmänner einbezogen gewesen seien. Diese frühe, minimalisierende Einschätzung ist dann allerdings seit den 1990er Jahren durch meine eigenen Widerstandsforschungen für das Rhein-Main-Gebiet und einige andere exemplarisch untersuchte

Regionen und Städte Deutschlands falsifiziert worden. Dort fanden sich nämlich immer mehr Hinweise auf Regimegegner, die in dieses Netzwerk ebenfalls involviert gewesen sind. Es war selbstverständlich, dass ich Gerd Beier jeweils sofort hierüber informiert habe, wie auch er mir regelmäßig seine neuesten Erkenntnisse zukommen ließ. Spannend war diese genuine Kooperation zweier im besonderen Maße der hessischen Arbeitergeschichtsschreibung verpflichteten Wissenschaftler nicht zuletzt deshalb, weil sich der eine dabei primär mit den Lebensgeschichten antinazistischer Führungspersönlichkeiten vorwiegend aus dem sozialdemokratischen Organisationsspektrum beschäftigte, während der andere sich schon immer für die Rekonstruktion der persönlichen Beziehungen, politischen Verflechtungen und konspirativen Strukturen aller Widerständler interessiert hat. Am Ende führte dies dazu, dass Gerd Beier von seiner früheren, völlig zu Recht Widerspruch herausfordernden These eines geradezu gigantischen Widerstandspotentials Abstand genommen hat, derweil ich immer stärker zur Gewissheit gelangte, dass das Vertrauensleutenetzwerk Leuschners und seiner Freunde ganz bestimmt einige Tausend umfasst haben musste. Leider ist es Gerd Beier nicht mehr vergönnt gewesen, diese Erkenntnis in die von ihm schon seit langem geplante große biographische Arbeit über den Widerstand Wilhelm Leuschners einfließen zu lassen und zu veröffentlichen.

Da ich die seit über 30 Jahren geführte Debatte über diesen besonderen Widerstandsbereich zunehmend als unbefriedigenden, wenn nicht als geradezu ärgerlichen gewerkschaftsgeschichtlichen Glaubensstreit bestimmter irreversibel festgelegter Kontrahenten und ihrer jeweiligen Adepten empfunden habe, war für mich ab einem gewissen Punkt klar, dass man hierzu endlich die authentischen Verlautbarungen der früheren Widerstandsaktivistinnen und -aktivisten heranziehen müsste. Wenn auch diese bis auf ganz wenige Ausnahmen nicht mehr selbst befragt werden konnten, so existierten doch einige wenige ihrer Denkschriften und Proklamationen sowie zudem die schriftlich fixierten Erinnerungen etlicher von ihnen, ob als autobiographische Zeugnisse, als Zeitungsartikel bzw. als Leserbriefe publiziert oder als Redetexte sowie sonstige unveröffentlichte Berichte. Diese werden zwar in unseren Archiven sorgsam aufbewahrt, sind aber eigentlich von der Widerstandsforschung weitgehend unbeachtet geblieben. Jene Selbstzeugnisse und Berichte, die vielfach bereits kurz nach der Befreiung von der NS-Unrechtsherrschaft entstanden sind, kannte jedenfalls kaum einer derer, die sich zum Leuschner-Widerstand seit der zweiten Hälfte der 1970er Jahre zu Wort gemeldet haben. Deshalb hatten meine Verlegerin Gisela Thrun-Ulrich und ich schon vor geraumer Zeit damit begonnen, eine umfassende, kommentierte Quellenedition vorzubereiten, von der wir sehr bald wussten, dass sie leicht einen mehrbändigen Umfang einnehmen könnte. Die frühen Hinweise auf das antinazistische Agieren von Wilhelm Leuschner, Jakob Kaiser, Hermann Maaß, Walter Maschke, Hermann Schlimme und Ludwig Schwamb – um nur einige zu nennen – sind derartig zahlreich, dass nur eine Auswahl aus der überwältigenden Materialfülle in Frage gekommen wäre, wegen der besseren Rezipierbarkeit des Werks und auch aus finanziellen Gründen. Dass Prof. Dr. Ludwig Bergsträsser in den 1950er Jahren schon die gleiche Idee hatte, wurde mir erst vor geraumer Zeit durch die Wiesbadener Politikwissenschaftlerin Dr. Stephanie Zibell kundgetan, die über jenen couragierten NS-Gegner und Demokraten eine imposante Habilitationsschrift verfasst hat.

Im vergangenen Jahr wurde ich dann von Dr. Heinrich-Wilhelm Wörmann von Arbeit und Leben Berlin, Dr. Hans-Rainer Sandvoß von der dortigen Gedenkstätte Deutscher Widerstand und einigen anderen eingeladen, am Jahrestag der Hinrichtung Leuschners im Schöneberger DGB-Haus eine Gedenkrede zu halten. Das Ergebnis jenes Berichts über seinen antinazistischen Widerstand und der anschließenden Diskussion, an der sich insbesondere die von mir seit Schüler- und Studententagen hochgeschätzte Prof. Dr. Helga Grebing überaus engagiert beteiligte, bestand darin, dass ich von den Genannten gebeten wurde, meine Ausführungen doch auszuformulieren und zu veröffentlichen. Dieser freundlich, aber recht bestimmt vorgebrachten Bitte konnte ich mich natürlich nicht versagen, zumal kurz darauf auch noch Renate Knigge-Tesche und Jürgen Kerwer von der Hessischen Landeszentrale für politische Bildung ähnlich motivationsfördernd auf mich eingewirkt haben. Zunächst dachte ich lediglich an eine kleinere Publikation, eher an eine Broschüre von höchstens 80 Seiten Umfang einschließlich einiger besonders aussagekräftiger Dokumente. Aber dann hat das Projekt ziemlich bald seine eigene Dynamik entfaltet, was sicherlich zum einen auf meine langjährige Beschäftigung mit diesem Thema und zum anderen auf die bereits geleisteten Vorarbeiten für die erwähnte, nun aber vorerst aufgegebene Quellenedition zurückzuführen ist. Bei dem jetzt entstandenen ausführlichen Buch handelt es sich gleichwohl nur um eine exemplarische Darstellung. Viele weitere bereits eruierte Zeitzeugenberichte haben darin keinen Eingang gefunden, um den Umfang nicht noch mehr auszuweiten. Anderen Hinweisen konnte aus Zeitgründen nicht näher nachgegangen werden. Eine systematische Auswertung aller in den Archiven vorhandenen Quellen wäre eigentlich ein unabdingbarer nächster Arbeitsschritt, um den Sachverhalt erschöpfend zu erhellen, würde aber wahrscheinlich ein ganzes Forscherteam erforderlich machen.

Die für diese Monographie hauptsächlich herangezogenen Texte stammen also nicht aus der Feder nachgeborener Fachgelehrter, sondern von einstigen Widerständlern gegen das „Dritte Reich“, so von Jakob Kaiser, Dr. Elfriede Nebgen und Willy Elfes, von Walter Maschke und Dr. Otto John, von Annedore Leber, Emil Henk und Willy Jesse ebenso wie von Fritz Tarnow, Paul Löbe und Carl Severing, von Jakob Steffan, Christian Fries, Willy Knothe, Gustav Dahrendorf und vielen anderen mehr. Auch die Anklage- und Urteilsschriften gegen Leuschner und einige weitere Protagonisten seines Widerstandsnetzwerks, welche vom „Volksgerichtshof“ zumeist zum Tode verurteilt und hingerichtet worden sind, wurden herangezogen, natürlich stets unter Beachtung quellenkritischer Gesichtspunkte. Dies bedeutet, dass die darin festgehaltenen Äußerungen einiger Anführer der Widerstandsbewegung als Ausdruck einer extremen persönlichen Zwangslage gesehen werden müssen, von deren Ausmaß wir, die wir zum Glück in einer Demokratie leben dürfen, uns keinerlei Vorstellung zu machen vermögen. Allzu viele Wissenschaftler, die mit diesem Material gearbeitet haben, sind aber der Versuchung erlegen, jene in der Regel durch bestialische Folterungen zustande gekommenen Aussagen wortwörtlich zu nehmen, wodurch das Erscheinungsbild des Widerstandes naturgemäß eklatant verzerrt worden ist. Einer der schwerwiegendsten Fehler, die dabei begangen wurden, bestand darin, den nach dem Scheitern des Umsturzunternehmens offenbar gewordenen Teilbereich der Zivilverschwörung für diese selbst, für das Ganze also zu nehmen, d. h. aus der vergleichsweise geringen Zahl der von den faschistischen Strafverfolgungsbehörden ermittelten Widerständler auf einen vermeintlich nur geringfügigen Gesamtumfang der von Leuschner und seinen Mitstreitern geschaffenen Widerstandsstrukturen rückzuschließen.

Wie die ungeheure Fülle an authentischen Hinweisen zu jener breiten zivilen Basis der Umsturzbewegung des „20. Juli" jahrzehntelang übersehen werden konnte, ist mir unerklärlich. Aber außer Dr. Gerhard Beier und mir sind tatsächlich allein die Professoren Dr. Siegfried Mielke und Dr. Günter Morsch mit ihren Forscherteams von der Arbeitsstelle Nationale und Internationale Gewerkschaftspolitik des Otto-Suhr-Instituts für Politikwissenschaft an der Freien Universität Berlin, Prof. Dr. Michael Schneider vom Archiv der sozialen Demokratie der Friedrich-Ebert-Stiftung in Bonn sowie Wolfgang Hasibether von der Wilhelm-Leuschner-Stiftung in Bayreuth und noch einige andere, darunter meine Kolleginnen Angelika Arenz-Morch vom NS-Dokumentationszentrum Rheinland-Pfalz / Gedenkstätte KZ Osthofen und Dr. Stephanie Zibell vom Institut für Politikwissenschaft der Johannes Gutenberg Universität Mainz solchen Spuren bislang ebenfalls nachgegangen. Wie ertragreich solche Vorstöße in die noch immer nicht vollends erforschte Welt des gegen die NS-Diktatur auf so vielfältige Weise geleisteten Widerstandes sein können, hat z. B. mein Kollege Dr. Walter Mühlhausen von der Stiftung Reichspräsident-Friedrich-Ebert-Gedenkstätte in Heidelberg überzeugend unter Beweis gestellt, als er vor 15 Jahren meiner Bitte entsprach und für einen von Renate Knigge-Tesche und mir herausgegebenen Sammelband über Verfolgung und Widerstand in Hessen während der Jahre 1933 bis 1945 die von Prof. Dr. Ludwig Bergsträsser für Leuschner verfassten beiden Denkschriften zur demokratischen Reorganisation erstmals gründlich analysiert und in ihren zeitgeschichtlichen Kontext gestellt hat. Zum Glück sind seitdem einige weitere Arbeiten zu Leuschners Widerstandsnetzwerk sowie über darin eingebundene NS-Gegner entstanden, darunter verschiedene universitäre Abschlussarbeiten und auch eine Schülerarbeit von bemerkenswert hoher Qualität, nämlich die von Christina Stein vom Mainzer Rabanus-Maurus-Gymnasium über Ludwig Schwamb, den rheinhessischen Widerstandskämpfer gegen die nationalsozialistische Diktatur, welche im Rahmen des Geschichtswettbewerbs des Bundespräsidenten 2008/09 preisgekrönt worden ist. Diese jüngste Entwicklung würde Gerhard Beier ganz gewiss sehr gefreut haben. So scheint die von ihm einst angestoßene, keineswegs nur gewerkschaftshistoriographisch relevante Debatte sukzessive doch zu einem positiven Resultat zu führen. Meinem am 13. Dezember 2000 in Kronberg im Taunus verstorbenen Freund Dr. Gerhard Beier, der sich wie kaum ein Zweiter für eine adäquate Würdigung Wilhelm Leuschners ins Zeug gelegt hat, ist dieses Buch daher gewidmet.

Bücher verdanken ihre Entstehung nie ihren Autorinnen bzw. ihren Autoren allein. In jedem einzelnen Fall haben sich dabei meist sogar etliche Menschen verdient gemacht, und zwar auf recht unterschiedliche Weise, so auch hier. Allen voran danke ich Prof. Dr. Helga Grebing ganz herzlich für ihre ergänzenden, gelegentlich auch kritischen Hinweise und Vorschläge. Dass gerade sie, deren Publikationen zum Nationalsozialismus und zur Geschichte der deutschen Arbeiterbewegung einst bestimmend waren für meinen politischen wie wissenschaftlichen Werdegang, das Vorwort zu dieser Leuschner-Monographie geschrieben hat, erfüllt mich mit besonderer Dankbarkeit und ebenso mit Stolz. Auch Dr. Hans-Rainer Sandvoß, für dessen geradezu gigantische Dokumentations- und Vermittlungsarbeit zur Geschichte des antinazistischen Widerstandes in Berlin ich seit vielen Jahren außerordentlichen Respekt empfinde und mit dem ich mich durch unsere vielen diesbezüglichen Telephonate seither freundschaftlich verbunden fühle, hat mit mehreren wichtigen Anregungen zur Optimierung des Textes beigetragen. Nicht anders gilt dies für meine Kolleginnen Dr. Stephanie Zibell und Nazlı İlhan, die beide mit bewundernswürdiger Akribie das gesamte Typoskript durchgegangen sind und etliche Korrekturen, Ergänzungen und Präzisierungen beigesteuert haben. Der größte Dank aber gebührt meiner guten Kollegin und Vertrauten Renate Knigge-Tesche, mit der mich seit fast zwei Jahrzehnten eine unvergleichlich produktive Kooperation bei der Erforschung und Vermittlung von Verfolgung und Widerstand während der NS-Zeit in Hessen sowie in der hiesigen Gedenkstättenarbeit verbindet. Ihrem bewährten kritischen Blick sind selbst kleinste Nachlässigkeiten und Flüchtigkeitsfehler nicht entgangen. Auch Prof. Dr. Peter Steinbach, der vor sechs Jahren mein Buch über den politischen Widerstand gegen das „Dritte Reich" im Rhein-Main-Gebiet im Hessischen Ministerium für Wissenschaft und Kunst vorgestellt hat, möchte ich an dieser Stelle von Herzen danken, hat er mich doch damals darin bestärkt, das Thema Leuschner-Widerstand auf keinen Fall aus dem Blick zu verlieren.

Für die Überlassung diverser Materialien, die Gewährung mancherlei Recherchehilfe sowie etliche weiterführende Hinweise gebührt herzlicher kollegialer Dank auch Wolfgang Hasibether und Hans-Otto Hemmer von der Bayreuther Wilhelm-Leuschner-Stiftung, Thomas Altmeyer vom Frankfurter Studienkreis Deutscher Widerstand 1933–1945, Angelika Arenz-Morch vom NS-Dokumentationszentrum Rheinland-Pfalz / Gedenkstätte KZ Osthofen, Dr. Wolfgang Form vom Forschungs- und Dokumentationszentrum für Kriegsverbrecherprozesse an der Philipps-Universität Marburg, Dr. Volker Eichler und Peter Haberkorn vom Hessischen Hauptstaatsarchiv in Wiesbaden, Eva Haberkorn vom Hessischen Staatsarchiv Darmstadt, Dr. Peter Engels vom Stadtarchiv Darmstadt, Dr. Mechthild Haas vom Hessischen Landesmuseum Darmstadt, Nicole Stascheit-König vom Regierungspräsidium Darmstadt, Dr. Wolfgang Dobras vom Stadtarchiv Mainz, Dr. Walter Rummel vom Landesarchiv Speyer, Dr. Jochen Rath vom Stadtarchiv Bielefeld, Dr. Michael Diefenbacher und Herbert Schmitz vom Stadtarchiv Nürnberg, Dieter Knippschild vom Stadtarchiv Dortmund, Lutz Becht vom Frankfurter Institut für Stadtgeschichte, Johannes Schwartz von der Gedenkstätte KZ Lichtenburg Prettin, Dr. Heinrich-Wilhelm Wörmann von Arbeit und Leben Berlin, Dr. Rainer Mertens vom DB Museum Nürnberg sowie Dr. Alfred Gottwaldt vom Deutschen Technikmuseum Berlin. Des Weiteren haben sich um diese Publikation auf verschiedenerlei Weise verdient gemacht: Dr. Monika Schmittner aus Goldbach, Dr. Barbara Bromberger, Lorenz Knorr und Dr. Sabine Hock aus Frankfurt am Main, Friedrich Rewinkel aus Neu-Anspach, Wolfgang Reuter aus Offenbach, Dr. Udo Engbring-Romang aus Marburg, Jochen Dollwet, Dr. Rolf Faber, Bernhard Lorenz, Paul Hellenbart, Hubert Müller und Jochen Enders, alle aus Wiesbaden. Gleiches gilt für Doro Zinke vom DGB-Bezirk Berlin-Brandenburg, für Stefan Körzell vom DGB-Bezirk Hessen-Thüringen, für Horst Koch-Panzner von der DGB-Region Frankfurt-Rhein-Main sowie für Jürgen Planert und Horst Raupp von der DGB-Region Südhessen, nicht zu vergessen selbstverständlich Karlheinz Pfaff und Oliver Schopp vom SPD-Bezirk Hessen-Süd. Auch ihnen allen gebührt ein ganz herzliches Dankeschön. Andreas Dickerboom, Sprecher der Regionalen Arbeitsgruppe Rhein-Main innerhalb des Vereins Gegen Vergessen – Für Demokratie, hat mit seinem mit mir aus Anlass des 120. Geburtstages von Wilhelm Leuschner vor zwei Jahren geführten Online-Interview maßgeblich dazu beigetragen, dass mein diesbezüglicher Rechercheeifer nicht erlahmte, und Dr. Lothar Steffan, der Sohn von Wilhelm Leuschners Mitstreiter Jakob Steffan, hat mir seit vielen Jahren immer wieder neues Material aus dem Nachlass seines Vaters zukommen lassen, durch das überhaupt erst viele konspirative Sachverhalte im Bereich Südhessens erhellt werden konnten. Auch hierfür bin ich ganz außerordentlich zu Dank verpflichtet.

Dem Buch wird lediglich eine Auswahlbibliographie zum Widerstand Wilhelm Leuschners beigefügt. Sämtliche darüber hinaus herangezogene Fachliteratur ist in den jeweiligen Anmerkungen ausgewiesen und kann zudem jederzeit auf den Internetseiten der Deutschen Nationalbibliothek sowie unserer Landes- und Universitätsbibliotheken abgerufen werden. Viele dieser Titel, aber auch die hier als Primärquellen benutzten Autobiographien und sonstigen Erinnerungsberichte einstiger Widerstandsaktivistinnen und -aktivisten aus Leuschners Umfeld können über das Zentralverzeichnis antiquarisch lieferbarer Bücher unschwer erworben werden (Internet: zvab.com). Da in diesem Buch nur ein kleiner Teil der in die Widerstandsstrukturen Leuschners einbezogenen Regimegegner erwähnt werden kann und so viele andere ungenannt bleiben müssen, habe ich mich entschlossen, auf einen Index zu verzichten, den ich als eine grobe Missachtung der Nichtgenannten empfinden würde.

Diese Biographie soll im Übrigen die Aufnahme systematischer Forschungen zum zivilen Widerstandsnetzwerk Leuschners und seiner Freunde anregen, und zwar auf kommunaler, regionaler wie überregionaler Ebene. Auch weitere biographische Arbeiten zu Protagonisten jener Konspiration wären dringend geboten. Überhaupt sollten sich die geschichts- und politikwissenschaftlichen Fachbereiche unserer Universitäten endlich wieder stärker dem antinazistischen Widerstand generell wie speziell dem aus dem Bereich der Gewerkschaften annehmen. Dieser war nämlich wirklich bedeutend umfangreicher, als die meisten der in den letzten Jahrzehnten hierzu vorgelegten wissenschaftlichen Publikationen den Eindruck vermitteln.

Wiesbaden, im November 2012

Axel Ulrich